böhlau

Wolfram Pyta · Nils Havemann

ALFRED DREGGER

Zeitpolitiker der Wiedervereinigung
und Anwalt des Parlamentarismus

BÖHLAU VERLAG WIEN KÖLN

Bibliografische Information der Deutschen Nationalbibliothek:
Die Deutsche Nationalbibliothek verzeichnet diese Publikation in der Deutschen Nationalbibliografie; detaillierte bibliografische Daten sind im Internet über http://dnb.de abrufbar.

Coverabbildung: Der innenpolitische Sprecher der Opposition, Alfred Dregger (CDU), während der Aussprache über den Etat des Bundesinnenministeriums am 12.05.1976 im Deutschen Bundestag in Bonn. Foto: Egon Steiner +++© dpa – Report+++ [dpabilderarchiv]
Aufnahmedatum: 12.05.1976 © picture-alliance/ dpa | Egon Steiner

Lektorat und Korrektorat: Volker Manz, Kenzingen
Umschlaggestaltung: Guido Klütsch, Köln
Satz und Layout: Michael Rauscher, Wien
Druck und Bindung: Generaldruckerei, Szeged
Printed in the EU
Gedruckt auf holz- und säurefreiem Papier

Vandenhoeck & Ruprecht Verlage | www.vandenhoeck-ruprecht-verlage.com

ISBN 978-3-412-52682-5

Inhalt

Politikgestaltung im Fraktionsvorsitz

Politveteran im wiedervereinigten Deutschland

Einleitung

Welchen Erkenntniswert verspricht eine Monographie über einen bundesdeutschen Politiker, der nie ein Staatsamt innehatte? Welche heuristischen Erträge kann man vom Leben einer politischen Persönlichkeit erwarten, die gleich viermal daran scheiterte, wenigstens in einem deutschen Bundesland ein Regierungsamt zu erlangen? Meist wird ein Politiker erst dann für biographiewürdig erachtet, wenn er es zu Spitzenämtern in der Exekutive gebracht hat. Durch dieses Raster fällt Alfred Dregger ohne Zweifel. Einer solchen Herangehensweise läge jedoch ein verkürzter Politikbegriff zugrunde, der das Politische allein auf Haupt- und Staatsaktionen reduziert.

Politik ist, wie eine kulturgeschichtlich sensible Politikgeschichte deutlich gemacht hat,[1] auch eine kommunikativ erzeugte Deutungsleistung. Es geht darum, politischen Sinn in Umlauf zu bringen und dabei Begriffe zu prägen, mit denen die Welt politisch geordnet wird. Auf diesem Feld – auf dem Feld der politischen Kommunikationskultur[2] – hat Dregger von den späten 1960er Jahren bis Mitte der 1990er Jahre tiefe Spuren hinterlassen. Sein Beitrag zu dieser Kommunikationskultur ist damit eine zentrale Leitfrage des vorliegenden Buches. Dreg-

1 Vgl. Karl Rohe: Politische Kultur und ihre Analyse. Probleme und Perspektiven der politischen Kulturforschung, in: Historische Zeitschrift 250 (1990), S. 321–346; Thomas Mergel: Überlegungen zu einer Kulturgeschichte der Politik, in: Geschichte und Gesellschaft 28 (2002), S. 574–606; Barbara Stollberg-Rilinger (Hg.): Was heißt Kulturgeschichte des Politischen? Berlin 2005; Willibald Steinmetz/Heinz-Gerhard Haupt: The Political as Communicative Space in History: The Bielefeld Approach, in: Willibald Steinmetz/Heinz-Gerhard Haupt/Ingrid Gilcher-Holtey (Hg.): Writing Political History Today. Frankfurt/Main 2013, S. 11–33.

2 Der Begriff geht in normativer Variante zurück auf Jay G. Blumler/Michael Gurevitch: The Crisis of Public Communication. London, New York 1995, S. 12, und zielt auf die kommunikative Verbindung zwischen den Massenmedien und der Politik. Kommunikationskultur ist damit der Teil der politischen Kultur, der jeweils spezifische kommunikative Wechselbeziehungen zwischen politischen Akteuren, Massenmedien und Publikum stiftet. Hieran anknüpfend definierten neuere Studien politische Kommunikationskultur »als *die empirisch vorfindbaren Orientierungen der Akteure im System der Produktion politischer Botschaften gegenüber spezifischen Objekten der politischen Kommunikation, die die Art und Weise bestimmen, in der politische Akteure und Medienakteure in Bezug auf das gemeinsame politische Publikum kommunizieren*«. Barbara Pfetsch: Politische Kommunikationskultur. Politische Sprecher und Journalisten in der Bundesrepublik und den USA im Vergleich. Opladen 2003, bes. S. 31–36, Zitat S. 36 (kursiv i. O.).

ger war in diesen formativen Jahren bundesdeutscher Geschichte in vorderster Reihe dabei, als leidenschaftlich um die »Neue Ostpolitik« gestritten und um die richtige Sicherheitspolitik gerungen wurde, bis schließlich die Überwindung der deutschen Teilung zum alles überragenden Thema aufstieg.[3] Dabei nahm er eine einzigartige Position ein: Es gab keinen anderen bundesdeutschen Politiker, der in vergleichbarer Weise über 15 Jahre lang Landes- und Bundespolitik miteinander verzahnte und damit zwei üblicherweise auseinanderfallende und in der Forschung eher getrennt behandelte Kommunikationsräume miteinander verband. In der bundesdeutschen Politik war es zwar üblich, dass sich erfolgreiche Politiker in den Ländern für bundespolitische Karrieren warmliefen. Immerhin hatten die zwischen 1966 und 1974 sowie zwischen 1982 und 2005 amtierenden Kanzler Kurt Georg Kiesinger, Willy Brandt, Helmut Kohl und Gerhard Schröder zuvor das höchste Regierungsamt in einem Bundesland innegehabt, während Helmut Schmidt immerhin Innensenator in Hamburg gewesen war. Aber mehrfach in Folge für das Amt des Ministerpräsidenten zu kandidieren und zur selben Zeit in der Bundespolitik in der ersten Reihe mitzuwirken, das war ein Alleinstellungsmerkmal Dreggers: Viermal hintereinander (1970, 1974, 1978 und 1982) trat er in seiner politischen Heimat Hessen als Ministerpräsidentenkandidat an, wobei seine Partei bei den drei letzten der genannten Landtagswahlen jeweils mehr als 45 Prozent der abgegebenen Stimmen erhielt. Zugleich vertrat er den Wahlkreis Fulda seit 1972 im Deutschen Bundestag und zählte bereits als Parlamentsneuling in Bonn zur Personalreserve der Opposition für die Besetzung von Regierungsämtern.

Dregger schaffte es, in Hessen wie im Bund gleichermaßen kommunikativ präsent zu sein. Wie kein anderer Politiker der 1970er und 1980er Jahre brachte er Landes- und Bundesebene in eine funktionale Austauschbeziehung, die seinem kommunikativen Output nicht nur Breite und Vielfalt, sondern auch eine besondere Dynamik verlieht. Als Landesvorsitzender seiner Partei und unangefochtener Spitzenkandidat bei den Landtagswahlen versetzte ihn seine landespolitische Verwurzelung in die Lage, politische Trends frühzeitig wahrzunehmen, daraus politische Antworten abzuleiten und diese in die Bundespolitik einzuspeisen. Hessen war dafür ein ideales Pflaster. Die dortige Landespolitik wirkte wie ein politisches Frühwarnsystem, weil in keinem anderen westdeutschen

3 Vgl. lediglich die Darstellungen bei Andreas Wirsching: Abschied vom Provisorium. 1982–1990. Stuttgart 2004; Eckart Conze: Die Suche nach Sicherheit. Eine Geschichte der Bundesrepublik Deutschland von 1949 bis in die Gegenwart. München 2009, S. 331–746; Petra Weber: Getrennt und doch vereint. Deutsch-deutsche Geschichte 1945–1989/90. Berlin 2020, S. 457–1138.

Flächenland so engagiert über die Umgestaltung der Gesellschaft, den Umbau der Wirtschaft und das Vordringen des Staates gestritten wurde. Hier »wurden zentrale Konflikte […] quasi ›stellvertretend‹ für die ganze Republik ausgetragen«,[4] und immer wieder erwies sich das fünftgrößte Bundesland als »bundespolitischer Trendsetter«.[5] Hessens polarisierte politische Landschaft lässt sich als Experimentierfeld verstehen, auf dem die politischen Kernkonflikte der 1960er und 1970er Jahre in einer Weise ausgetragen wurden, die Dregger geradezu prädestinierte, in der Bundespolitik zum wortgewaltigen Streiter über politische Grundsatzfragen aufzusteigen.

Damit haben wir das Markenzeichen Dreggers umrissen: Es zeigte sich in seinem unverwechselbaren Stil in der bundesdeutschen Kommunikationskultur. Dregger verhedderte sich nicht in Detailfragen, sondern war bestrebt, das Prinzipielle freizulegen und politische Streitfragen auf ihren grundsätzlichen Kern zu komprimieren. Dabei setzte er mit seinem angriffslustigen, aber die Integrität des politischen Gegners achtenden Politikstil einen Kontrapunkt zu konservativer Bedächtigkeit und eingefahrener Honoratiorenpolitik. An Dregger lassen sich so wichtige Einsichten in die spezifische Verfasstheit einer bundesdeutschen Kommunikationskultur gewinnen, deren politische Akteure gerade wegen eines in Wahlkämpfen kultivierten Stils der Sachlichkeit auf Unterscheidbarkeit der Positionen und eine gewisse symbolische Zuspitzung setzen mussten. Seinen Höhepunkt fand das in den polarisierten Wahlkämpfen der 1970er Jahre.[6] Gewiss ist dies auch Ausdruck jener Fundamentalpolitisierung, die alle westlichen Demokratien in den 1960er und 1970er Jahren erfasste und damit auch in der Bundesrepublik tiefe Spuren hinterließ.[7] Doch gab es bundesdeutsche Sondereffekte, die bislang zu wenig beachtet wurden – und sich gerade am Beispiel Dreggers zeigen

---

4 Wolfgang Schroeder/Arijana Neumann: Politische Herausforderungen in Hessen, in: dies. (Hg.): Politik und Regieren in Hessen. Wiesbaden 2016, S. 1–7, hier S. 4; vgl. auch Helmut Berding/Klaus Eiler (Hg.): Hessen. 60 Jahre Demokratie (Politische und parlamentarische Geschichte des Landes Hessen 45). Wiesbaden 2006.

5 Ebd. S. 5.

6 Vgl. Thomas Mergel: Der mediale Stil der »Sachlichkeit«. Die gebremste Amerikanisierung des Wahlkampfs in der alten Bundesrepublik, in: Bernd Weisbrod (Hg.): Die Politik der Öffentlichkeit. Die Öffentlichkeit der Politik. Politische Medialisierung in der Geschichte der Bundesrepublik. Göttingen 2003, S. 29–53; ders.: Propaganda nach Hitler. Eine Kulturgeschichte des Wahlkampfs in der Bundesrepublik 1949–1990. Göttingen 2010, bes. S. 257–281, 296–309.

7 Vgl. nur Norbert Frei: 1968. Jugendrevolte und globaler Protest. München 2018: Ulrich Herbert (Hg.): Wandlungsprozesse in Westdeutschland. Belastung, Integration, Liberalisierung. Göttingen 2002; Sven Reichardt: Authentizität und Gemeinschaft. Linksalternatives Leben in den siebziger und frühen achtziger Jahren. Berlin 2014; Thomas Mergel: Zeit des Streits. Die siebziger Jahre

lassen. So war die Auseinandersetzung mit dem Nationalsozialismus ein bundesdeutsches Spezifikum, das gerade in der jüngeren Generation auf allen Seiten des politischen Spektrums seit Mitte der 1960er einen Politisierungsschub bewirkte.[8] Doch solche Sonderfaktoren müssen auch für die Themenfelder Deutschlandpolitik und Sicherheitspolitik berücksichtigt werden. Kein anderes westeuropäisches Land sah sich mit der staatlichen Teilung der Nation konfrontiert, die zugleich die sicherheitspolitische Konfrontation beider Blöcke im Kalten Krieg widerspiegelte.

Die Forschung hat den Politisierungseffekt der nationalen Frage bislang eher am Rande behandelt. Das war nicht zuletzt dem Umstand geschuldet, dass der Umgang mit ihr lange Zeit politisch stark umstritten war. Mehr als dreißig Jahre nach der Wiederherstellung der staatlichen Einheit Deutschlands sollte die Zeit reif sein, mit nüchternem Blick die Frage aufzuwerfen, auf welche Weise nationale Themen in den Diskursen der 1970er und 1980er Jahre präsent waren und inwieweit sich diese Präsenz in Handlungsoptionen niederschlug. Dregger ist in diesem Kontext ein überaus geeigneter Untersuchungsgegenstand, bildete doch die nationale Frage im Verein mit der Sicherheitspolitik das Zentrum seines politischen Koordinatensystems. Hinzu kommt der für die zeitgeschichtliche Betrachtung strukturelle Vorteil, dass er ein aktiv handelnder Politiker war und kein Ideenschmied, der in akademischer Weise über die Offenheit der deutschen Frage reflektierte. Die Fokussierung auf einen dynamischen, streitbaren und kampagnenfähigen Politiker zwingt den Forscher dazu, Debattenbeiträge in Feuilletons, Strategiepapiere von Parteizentralen und die elaborierte Begriffsarbeit in Programmkommissionen als wichtigen Beitrag zum Ringen um Begriffe einzuordnen,[9] der aber nicht mit praktischer Politik identisch ist. Wie jede Kulturgeschichte, die Kultur als »handlungsorientierende Sinnkonfiguration«[10] ver-

in der Bundesrepublik als eine Periode des Konflikts, in: Michael Wildt (Hg.): Geschichte denken. Perspektiven auf die Geschichtsschreibung heute. Göttingen 2014, S. 224–243.

8 Vgl. Detlef Siegfried: Vom Teenager zur Pop-Revolution. Politisierungstendenzen in der westdeutschen Jugendkultur 1959 bis 1968, in: Axel Schildt/Karl C. Lammers/Detlef Siegfried (Hg.): Dynamische Zeiten. Die 60er Jahre in den beiden deutschen Gesellschaften. Hamburg 2000, S. 582–623; Anna von der Goltz: Eine Gegen-Generation von »1968«? Politische Polarisierung und konservative Mobilisierung an westdeutschen Universitäten, in: Massimiliano Livi u. a. (Hg.): Die 1970er Jahre als schwarzes Jahrzehnt. Politisierung und Mobilisierung zwischen christlicher Demokratie und extremer Rechter. Frankfurt/Main 2010, S. 73–89.

9 Vgl. Martina Steber: Die Hüter der Begriffe. Politische Sprachen des Konservativen in Großbritannien und der Bundesrepublik Deutschland 1945–1980. Berlin 2017.

10 Thomas Luckmann: Die »massenkulturelle« Sozialform der Religion, in: Hans-Georg Soeffner (Hg.): Kultur und Alltag. Göttingen 1988, S. 37–48, hier S. 38.

steht, muss auch eine kulturgeschichtliche Annäherung an Alfred Dregger den Handlungsaspekt seiner diskursschöpferischen Produktion betonen.

Es ist daher die methodische Leitlinie der vorliegenden Studie, Diskurse und Praxen miteinander zu verschränken. Dies bedeutet, dass Dreggers Kommunikationsgebaren stets auf seinen Handlungsaspekt hin abgeklopft wird. Methodisch ist das auch deswegen besonders verlockend, weil Dregger sich auf ein Thema fokussierte, dessen praktischer Nutzen überaus limitiert zu sein schien: die Überwindung der deutschen Teilung. Denn angesichts einer Verfestigung der Zweistaatlichkeit in den 1980er Jahren galt eine Beschäftigung mit der deutschen Frage in weiten Kreisen der westdeutschen Politik, Gesellschaft und Medienwelt als politisches Auslaufmodell, in das nur Ewiggestrige ihre Energie investierten. Da sich insbesondere meinungsbildende Kreise längst in der deutschen Teilung eingerichtet hatten,[11] bedeutete ein engagiertes Streiten für die Einheit, dass man sich für ein Thema einsetzte, das außerhalb des Möglichen und auch des Wünschbaren zu liegen schien. Damit – und dies ist der entscheidende systematische Aspekt – ist Dregger ein Musterfall für das, was eine für Temporalität sensible Geschichtswissenschaft als »Kontingenzgeschichte« bezeichnet.[12]

Was vermag der Leitbegriff der »Kontingenz« als heuristischer Zugriff auf Dregger zu leisten? Kontingenz bedeutet nicht weniger, als dass es in der Geschichte stets die Möglichkeit eines unvorhergesehenen Verlaufs gibt. Sie impliziert die Überzeugung, dass die Zukunft offen ist und es anders kommen kann, als die meisten Zeitgenossen prognostizieren. Dregger hat auf die Macht der Kontingenz vertraut, wenn er der Wiedervereinigung einen Möglichkeitshorizont eröffnen wollte, während sie für die allermeisten seiner Zeitgenossen unvorstellbar war. Daher lohnt es sich, ihn als Beispiel für eine bestimmte Weise der Kontingenzbewältigung heranzuziehen – nicht zuletzt deswegen, weil er als diskursmächtiger Politiker das Reden über eine offene Zukunft mit praktischem Handeln verknüpfte.[13]

Dreggers Profil wird noch deutlicher, wenn man den Kontingenzstatus der Wiedervereinigung bestimmt. Der Historiker Lucian Hölscher hat dazu ein Definitionsangebot unterbreitet, das überaus anschlussfähig ist. Als Ereignistypus mit kontingentem Charakter definiert er »Ereignisse, die zwar als Möglichkeit schon

11 Dazu mit einer Fülle von Belegen Jens Hacker: Deutsche Irrtümer. Schönfärber und Helfershelfer der SED-Diktatur im Westen. Berlin 1992; Weber: Getrennt und doch vereint, S. 883–886.

12 Vgl. Markus Bernhardt/Stefan Brakensiek/Benjamin Scheller (Hg.): Ermöglichen und Verhindern. Vom Umgang mit Kontingenz. Frankfurt/Main 2016.

13 Diese Verbindung wird als Desiderat eingefordert bei Stefan Brakensiek: Ermöglichen und Verhindern, in: ebd., S. 9–22, hier S. 12.

gesehen, die aber faktisch nicht oder nur von wenigen erwartet wurden«.[14] Diese Definition trifft uneingeschränkt auf den Kontingenzstatus der Wiedervereinigung vor allem in den 1980er Jahren zu. Die Leitfrage an einen kontingenzsensiblen Politiker wie Dregger lautet daher, wie er mit diesem Status umging. Wie warb ein Spitzenpolitiker um Positionen, die auf die Offenhaltung eines Möglichkeitsraums ausgerichtet waren, der vielen als auf absehbare Zeit verschlossen galt und den sie daher als politische Fata Morgana ansahen? Woher bezog ein Kontingenzpolitiker wie Dregger die politische Energie, um sein Lieblingsthema gegen Gleichgültigkeit auch in den eigenen Reihen zu kommunizieren?

Der politische Aktionsradius von Dregger war breit angelegt, konzentrierte sich aber – wenngleich nicht ausschließlich – auf seine Mutterpartei. Da die Bundesrepublik Deutschland insofern eine Parteiendemokratie war, als die Parteien bei der Rekrutierung politischen Personals und damit der politischen Willensbildung eine herausragende Rolle spielten,[15] verstand es sich von selbst, dass auch Dregger über eine Partei politisch aufstieg. In seinem Fall war es die CDU. Damit liegt die Frage nahe, in welcher Weise er für eine historische Standortbestimmung der CDU von Bedeutung ist. In einem aktuellen Sammelband über die Geschichte der Union taucht Dregger nur wenige Male an entlegener Stelle auf.[16] Ist dies ein Indiz dafür, dass es sich bei ihm letztlich doch nur um einen Politiker aus der zweiten Reihe handelte?

Zu seinen Wirkungszeiten ist Dregger mangelndes parteipolitisches Profil nie abgesprochen worden – im Gegenteil. Für den politischen Hauptkonkurrenten der Union, die SPD, verkörperte er ein Feindbild, das auch zur Selbstmobilisierung diente. Für den linken Flügel der SPD war Dregger der Prototyp eines »Reaktionärs«, der den demokratischen und freiheitlichen Rechtsstaat peu à peu demontieren wollte.[17] Bereits seit seinem Auftreten als hessischer Landesvorsitzender der CDU begleiteten Dregger Zuschreibungen, die ihn als unberechen-

---

14 Lucian Hölscher: Der Zufall als Problem der Geschichtsschreibung, in: Wolfram Pyta (Hg.): Krieg und Revolution. Historische Konstellationen seit der Französischen Revolution. Stuttgart 2022, S. 81–98, Zitat S. 84.

15 Vgl. Christian Meier: Die parlamentarische Demokratie. München 2001, S. 146–149; Hans-Ulrich Wehler: Deutsche Gesellschaftsgeschichte. Bd. 5: Bundesrepublik und DDR 1949–1990. München 2008, S. 7–11; Manfred G. Schmidt: Das politische System Deutschlands. Institutionen, Willensbildung und Politikfelder. 2., überarbeitete, aktual. u. erw. Aufl. München 2011, S. 29, S. 80–107.

16 Vgl. Norbert Lammert (Hg.): Christlich Demokratische Union. Beiträge und Positionen zur Geschichte der CDU. München 2020, S. 45, 289, 292 und 718

17 Vgl. den entsprechenden Vorwurf des SPD-Bundestagsabgeordneten Gansel in seiner Bundestagsrede vom 13.03.1975, Verhandlungen des Deutschen Bundestags, Stenographische Berichte, 7. Wahlperiode, 155. Sitzung, S. 10847.

baren »Law and order«-Mann darstellten; ihren semantischen Ausdruck fanden sie in dem wenig schmeichelhaften Etikett »Django«.[18] In den 1980er Jahren kam das Wort von der »Stahlhelmfraktion« in Umlauf, das Medien, die Dregger gegenüber eher kritisch eingestellt waren, genüsslich kolportierten, um ihn in die Nähe eines bornierten Nationalismus zu rücken. An solchen Beispielen lässt sich ablesen, wie sehr Zuschreibungen von anderen – in diesem Falle durch politische Gegner – ein zähes Eigenleben aufweisen und bis heute eine unvoreingenommene Beschäftigung mit Dregger erschweren. Denn wer will sich schon ernsthaft mit einem Reaktionär und Nationalisten abgeben?

Solche geschichtspolitischen Zuspitzungen sollte hinter sich lassen, wer das parteihistorische Erkenntnispotenzial heben will, das in der Person Dreggers steckt. Denn Dregger besitzt für die Geschichte der CDU eine erhebliche Bedeutung, da er als Exponent einer politischen Grundströmung innerhalb der Union gelten kann. Skepsis ist allerdings angebracht, ob Dregger für den konservativen Flügel innerhalb der CDU in Beschlag genommen werden kann. Dies liegt nicht allein daran, dass sich der Konservatismus in der Bundesrepublik in sehr verschiedenen Nuancierungen ausprägte, was seine definitorische Abgrenzung zum Liberalismus erschwert hat.[19] Dregger selbst hat dieses Problem zu Beginn seiner bundespolitischen Laufbahn thematisiert, wenn er ausführte: »Im übrigen sind die Begriffe […] liberal und konservativ […] außerordentlich unscharf. Ich trete mit Entschiedenheit für die freiheitlich-rechtsstaatliche Demokratie und auch für die Grundrechte des einzelnen Menschen gegenüber dem Staat ein. Das ist die Position, die im 19. Jahrhundert von den Liberalen gegen die Konservativen durchgefochten wurde. Wenn ich heute diese liberalen Positionen verteidige, bin ich dann ein Liberaler oder ein Konservativer?«[20]

Was ist das entscheidende Kriterium, um ungeachtet fließender Übergänge den zentralen Unterschied zwischen Konservatismus und Liberalismus vor dem Hintergrund deutscher Geschichte zu markieren? Die *differentia specifica* liegt im Stellenwert der Freiheit: Der Konservatismus pflegt ein Ordnungsdenken, das soziale Entitäten und intermediäre Einheiten aufgrund ihrer Tradition legitimiert und ihnen die Funktion zuweist, dem Einzelwesen Halt zu geben. Solche vorgefundenen Ordnungen dienen dem Individuum als Orientierung. Damit ist die Freiheit des Individuums der Bewahrung der gewachsenen Ordnung unter-

18 Vgl. z. B. Der Spiegel, 40/1978, 02.10.1978, S. 21, sowie 34/1982, 23.08.1982, S. 47.

19 Vgl. Steber: Hüter der Begriffe, S. 240–242 und 260 f.

20 Alfred Dregger: Furchtlos den eigenen Standort vertreten, Interview Dreggers in: Die Welt, 06.12.1972.

geordnet.[21] Eine Partizipation der Individuen, gar in Gestalt größerer Zusammenschlüsse, wird von Konservativen mit Skepsis betrachtet; die Beteiligung von »Massen« gilt als potenzielle Gefahr für die Ordnungspfeiler der Gesellschaft. In den 1960er Jahren hatte der bundesdeutsche Konservatismus zwar seinen Frieden mit der Demokratie als Herrschaftsordnung gemacht, er blieb aber von einem tiefen Misstrauen gegen politische und gesellschaftliche (Selbst-)Mobilisierung erfüllt.[22]

Für den Liberalismus hingegen ist die Freiheit des Individuums Dreh- und Angelpunkt von Denken und Handeln. Dreggers zitierte Selbstaussage aus dem Jahr 1972 kann so als Angebot gelesen werden, ihn im politischen Spektrum des Liberalismus einzuordnen. Der Rechtswissenschaftler und Ideenhistoriker Christoph Möllers hat in einer überaus anregenden Studie die Vielschichtigkeit des Liberalismus dargelegt und argumentiert, dass man die facettenreichen Entwürfe liberalen Denkens und liberaler Politik erfassen müsse, um dem Liberalismus *in toto* gerecht zu werden. Es sei eine Verkürzung, Liberalismus mit »Linksliberalismus« gleichzusetzen und damit den »Rechtsliberalismus« aus der liberalen Tradition zu verbannen.[23] Damit ist ein Weg gewiesen, der es erlaubt, Dregger politisch innerhalb des Liberalismus zu verorten. Dass dies bislang unterblieb, hängt nicht nur damit zusammen, dass das Feindbild eines autoritären Politdjangos bis heute nicht gänzlich verschwunden ist. Hinzu kommt, dass die CDU die in ihr beheimatete rechtsliberale Strömung nie als wirklich traditionsbildend für das eigene Selbstverständnis aufgefasst hat. Dass der »Rechtsliberalismus« auch in der Union – und zwar gerade seit den 1960er Jahren – eine politische Heimat fand, ist nicht wirklich systematisch reflektiert worden. Insofern bietet eine Beschäftigung mit Dregger auch die Chance, die parteipolitische Verortung des Liberalismus neu zu bedenken. Auf ihn besaß die FDP nie ein politisches Monopol;[24] und implizierte er in seiner sozialliberalen Komponente eine Option für die SPD, so bedeutete er in seiner nationalliberalen Version durchaus ein mögliches Votum für die CDU.

---

21 Vgl. Andreas Rödder: Die radikale Herausforderung, München 2002, S. 53–57; Karl Mannheim: Konservatismus. Ein Beitrag zur Soziologie des Wissens, Frankfurt/Main 1984, S. 117.

22 Siehe Axel Schildt: Konservatismus in Deutschland. Von den Anfängen im 18. Jahrhundert bis zur Gegenwart. München 1998, S. 211–252.

23 Christoph Möllers: Freiheitsgrade. Elemente einer liberalen politischen Mechanik. Berlin 2020, S. 11 f.

24 Vgl. Jens Hacke: Die Gründung der Bundesrepublik aus dem Geist des Liberalismus? Überlegungen zum Erbe Weimars und zu liberalen Legitimitätsressourcen, in: Anselm Doering-Manteuffel/ Jörn Leonhard (Hg.): Liberalismus im 20. Jahrhundert. Stuttgart 2015, S. 219–238, hier S. 227.

Der maßgebliche Schwerpunkt der vorliegenden Studie liegt allerdings auf Dreggers parlamentarischer Tätigkeit. Dregger ist für die historische Parlamentarismusforschung insofern ein idealer Gegenstand, als er neun Jahre lang – von 1982 bis 1991 – die weitaus größte Regierungsfraktion leitete. An seiner Tätigkeit als Fraktionsvorsitzender lässt sich ablesen, welchen Stellenwert einer Fraktion im parlamentarischen System der Bundesrepublik zufällt. Damit schließt dieses Werk unmittelbar an konzeptionelle Anregungen aus der politikwissenschaftlichen Parlamentarismusforschung an, wie sie vor allem von der Politikwissenschaftlerin Suzanne Schüttemeyer entwickelt wurden. Sie und das von ihr begründete »Institut für Parlamentarismusforschung« haben sich der gestalterischen Funktion von Fraktionen im bundesdeutschen Parlamentarismus zugewandt: Wird der Bundestag als »Fraktionenparlament« analysiert und damit die Fraktion als Zentralakteur parlamentarischer Willensbildung in den Blick genommen,[25] ergeben sich daraus für die historische Forschung heuristisch ergiebige Anstöße, mit deren Hilfe vor allem die Position eines Fraktionsvorsitzenden vermessen werden kann.

Gerade der Vorsitzende einer großen Regierungsfraktion sieht sich in einer besonderen Schwierigkeit gegenüber, an der sich die Gestaltungskraft des bundesdeutschen Parlamentarismus in besonderer Weise ablesen lässt.[26] Wie findet er die politische Balance zwischen seinen beiden Kernaufgaben? Auf der einen Seite muss er der Bundesregierung den erforderlichen parlamentarischen Rückhalt und bei Abstimmungen die notwendigen Mehrheiten verschaffen. Auf der anderen Seite hat er den eigenen Gestaltungswillen seiner Fraktion zur Geltung zu bringen, deren Mitglieder selbstbewusste Vertreter des Volkes sind und sich nicht zu Befehlsempfängern von Regierungsdirektiven degradieren lassen wollen. Dieser Spagat zwischen der gouvernementalen und der parlamentarischen Funktion stellt jeden Fraktionsvorsitzenden vor enorme Herausforderungen – so auch Alfred Dregger.

Doch Dregger musste noch mit einem besonderen Faktor umgehen: Er stand an der Spitze einer Bundestagsfraktion, deren Mitglieder aus zwei verschiedenen Parteien stammten. Zwar waren CDU und CSU »Schwesterparteien«, die in keinem parteipolitischen Konkurrenzverhältnis standen, weil die CSU allein

25 In monographischer Form ist dies ausgeführt bei Suzanne S. Schüttemeyer: Fraktionen im Deutschen Bundestag 1949–1997. Opladen 1998.

26 Dazu grundlegend aus politikwissenschaftlicher Perspektive Danny Schindler: Politische Führung im Fraktionenparlament. Rolle und Steuerungsmöglichkeiten der Fraktionsvorsitzenden im Deutschen Bundestag. Baden-Baden 2019.

in Bayern tätig war, wo die CDU ihr das Feld überließ. Doch handelte es sich um zwei eigenständige Parteien, deren politisches Spitzenpersonal Helmut Kohl und Franz Josef Strauß ein als »Männerfreundschaft« euphemistisch tituliertes Konkurrenzverhältnis verband.[27] Dass die CSU im Herbst 1976 kurzzeitig die gemeinsame Fraktionsgemeinschaft aufgekündigt hatte, zeugt von den Spannungsmomenten, denen sich die Tätigkeit des Vorsitzenden der gemeinsamen Bundestagsfraktion strukturell ausgesetzt sah. Wie also ging Dregger mit dieser heiklen Konstellation um, die noch dadurch verschärft wurde, dass der starke Mann der CSU, Strauß, als bayerischer Ministerpräsident und CSU-Vorsitzender eine derartig starke Stellung besaß, dass er sich in die Regierungspolitik nach Belieben einschaltete und damit die Bundestagsfraktion mehr als einmal in große Verlegenheit brachte?

Der parlamentarismushistorische Fokus trägt wesentlich dazu bei, dass eine vertiefte Beschäftigung mit Dregger weit mehr verspricht, als nur einen Beitrag zur Parteiengeschichte zu leisten. Aber selbst unter diesem Aspekt reicht der Erkenntnisertrag über die Mutterpartei Dreggers hinaus. Die Bundestagsfraktion bildete die wichtigste institutionelle Klammer zwischen den beiden Schwesterparteien; von ihr aus lässt sich daher eine Beobachterperspektive gewinnen, um die Elemente herauszuarbeiten, welche die Unionsparteien vereinten und sie zu einer schlagkräftigen politischen Einheit zusammenwachsen ließen. Hinzu kommt, dass sich die gemeinsame Bundestagsfraktion unter tatkräftiger Mithilfe Dreggers in einer verfahrenen Lage – bei der Nominierung des gemeinsamen Kanzlerkandidaten im Jahr 1979 – zur Herrin des Verfahrens aufschwang. Die Gestaltungskraft der Fraktion reichte mithin aus, um einen harten Konflikt zu schlichten und beide Parteien auf eine von der Fraktion getroffene Entscheidung festzulegen.

Mit den voranstehenden Ausführungen sollte deutlich geworden sein, dass eine Fragestellung zu Alfred Dregger, die sich stark von der Parlamentarismusforschung inspirieren lässt, systematische Erträge verspricht, deren Bedeutung über die Person selbst hinausgeht. Insofern ist das inhaltliche und methodische Herzstück des vorliegenden Werks die Zeitspanne von 1982 bis 1991, in der Dregger länger als jeder Unionsfraktionsvorsitzende vor ihm und nach ihm – abgesehen von Volker Kauder, der von 2005 bis 2018 amtierte – die Geschicke der Fraktion lenkte. In diesen Zeitraum fielen überdies grundstürzende Weichen-

27 Dies geht eindeutig aus den beiden maßgeblichen Biographien hervor: Hans-Peter Schwarz: Helmut Kohl. Eine politische Biographie. München 2012, sowie Horst Möller: Franz Josef Strauß. Herrscher und Rebell. München 2015.

stellungen auf den beiden Politikfeldern, in die er sich inhaltlich besonders stark einbrachte: der Sicherheits- und der Deutschlandpolitik. Inwieweit vermochte Dregger vom Fraktionsvorsitz aus inhaltliche Impulse zu setzen und mit seinem Agendasetting auch die Politik der Bundesregierung zu beeinflussen? Nachdem die staatliche Einheit Deutschlands erreicht war, war Dregger am Ende seiner Amtszeit zudem mit einer herausragenden Frage befasst, bei deren Entscheidung der Bundestag zum zentralen Ort wurde: der Hauptstadtfrage. Der Umgang damit stellte den Fraktionsvorsitzenden vor eine besondere Herausforderung, da die Abstimmung freigegeben war und sich insbesondere in der Unionsfraktion massive Spannungen zwischen den Befürwortern Berlins und den Anwälten Bonns zeigten. Das strategische Geschick und die Führungskunst eines Unionsfraktionsvorsitzenden sollten sich nicht zuletzt daran bewähren, ob er einen Weg fand, diesen tiefen Konflikt zu entschärfen und für eine Befriedung zu sorgen.[28]

Eine kulturgeschichtlich akzentuierte Parlamentarismusforschung, der sich diese Studie verpflichtet weiß, interessiert sich auch für kommunikative Praktiken, die in parlamentarischen Körperschaften gepflegt werden.[29] Beim »Parlament als Kommunikationsraum«[30] ist bislang vor allem untersucht worden, welche Kommunikationsformen sich im Plenum ergeben haben. Der Historiker Thomas Mergel hat in seiner Pionierstudie[31] zum Reichstag der Weimarer Republik demonstriert, welchen Erkenntniswert eine Untersuchung des Parlaments als sozialer Raum und der in ihm gepflegten Redepraxen abwirft. Die vorliegende Studie greift viele dieser Impulse auf, setzt aber auch eigene Akzente, indem sie das bislang kaum erforschte Fraktionsplenum in den Blick nimmt. Die Frage lautet, ob und welche kommunikativen Praxen der Fraktionsvorsitzende Dregger in seiner Amtszeit etablierte. Hat er eine spezifische Diskussionskultur gefördert oder hat er Partizipation eher abgewürgt? Der Fokus auf die von Dregger gepflegte Führungskultur führt uns ein in das kommunikative Binnenleben der Fraktion, das dem Historiker offensteht, weil sämtliche Fraktionssitzungen auf

28 Vgl. dazu Wolfram Pyta: Berlin statt Bonn: Die Hauptstadtentscheidung des Bundestags vom 20. Juni 1991 als Ergebnis überfraktioneller Willensbildung, in: Zeitschrift für Parlamentsfragen 53 (2022), S. 409–433.

29 Vgl. Dominik Geppert: Die ungeschriebenen Regeln der repräsentativen Demokratie. Neuere Ansätze der historischen Parlamentarismusforschung, in: Geschichte in Wissenschaft und Unterricht 71 (2020), S. 237–244.

30 Andreas Schulz/Andreas Wirsching (Hg.): Das Parlament als Kommunikationsraum. Düsseldorf 2012.

31 Thomas Mergel: Parlamentarische Kultur in der Weimarer Republik. Politische Kommunikation, symbolische Politik und Öffentlichkeit im Reichstag, Düsseldorf 2005.

Tonband aufgenommen wurden. Die ungeschützten, offenen, spontanen Wortbeiträge machen das Reden im geschützten Mikrokosmos der Fraktion zu einem parlamentarischen Redetypus *sui generis*.

Insgesamt besaß der Fraktionsvorsitzende Dregger ein Aufgabenspektrum, das so vielseitig war wie keines seiner Vorgänger und Nachfolger, die mehr als vier Jahre im Amt waren. Dregger ist schließlich auch deswegen für parlamentarismushistorische Fragen besonders interessant, weil ihm das parlamentarische Amt genügte und er den Fraktionsvorsitz nicht als Sprungbrett zur Erlangung exekutiver Ämter einsetzte. Er verkörpert damit die klarste Form parlamentarischer Führung. Insofern lässt sich an seinem politischen Wirken der Stellenwert des Parlamentarismus im politischen System der Bundesrepublik in Reinkultur ablesen.

Der hier gewählte biographische Zugriff erliegt nicht der Illusion, das »wahre Ich« des Protagonisten freizulegen. Biographien sind wie alle geschichtswissenschaftlichen Darstellungsformen quellenbasierte Konstruktionen, die den »Rohstoff« der Quellen zu einem Gesamtbild veredeln. Ihr heuristisches Potenzial besteht darin, Querverbindungen zwischen Bereichen herzustellen, deren sektorale Trennung eine Erkenntnisminderung bewirkt. Zweifelsohne ließe sich aus Dreggers parlamentarischer Tätigkeit allein genügend Ertrag für eine monographische Studie gewinnen. Doch ohne vertieften Einblick in seine Positionierung innerhalb der Bundes-CDU ließe sich sein Wirken als Parlamentarier nicht umfassend nachvollziehen. Ebenso könnten ohne Rekurs auf diejenigen Tätigkeitsbereiche, in denen er seine ausgeprägte Fähigkeit zur Delegation und seinen kollegialen Führungsstil erworben hatte, die Wurzeln seiner parlamentarischen Führungskultur nicht freigelegt werden. Der biographische Ansatz vermag es mithin am besten, solche Leitaspekte in ein Beziehungsgeflecht einzufügen, deren Mittelpunkt die zu analysierende Person darstellt. Einer der Urväter der Geisteswissenschaften, Wilhelm Dilthey, hat diese Verwobenheit mit dem treffenden Begriff »Kreuzungspunkt«[32] bezeichnet: Im Individuum kreuzen sich überindividuelle Entwicklungstendenzen, übergreifende Strömungen und kollektiv geteilte Dispositionen in je eigener Weise.[33] Auch Dregger ist als ein sol-

32 Wilhelm Dilthey: Der Aufbau der geschichtlichen Welt in den Geisteswissenschaften. Frankfurt/Main 1981, S. 310.

33 Die Leistung Diltheys besteht gerade darin, über den Zugriff auf das Individuum überindividuelle Erscheinungen einzufangen; daher hat die Biographieforschung Dilthey zu Recht neu entdeckt. Siehe dazu u.a. Bernhard Fetz: Die vielen Leben der Biographie. Interdisziplinäre Aspekte einer Theorie der Biographie, in: ders. (Hg.): Die Biographie – Zur Grundlegung ihrer Theorie. Berlin 2009, S. 3–66, hier S. 9 und 39; Wilhelm Hemecker: Between Art and Academia: Wil-

cher »Kreuzungspunkt« anzusehen; und aus seinem Leben lässt sich eine Fülle an Deutungsmustern, Kommunikationsformen und Politikpraxen herausschälen, die für die jüngere deutsche Geschichte markant sind.

Das bedeutet aber auch, dass es eine unzulässige Verkürzung wäre, sich auf einen bestimmten Dregger zu fixieren: Er geht nicht in der Figur des Hauptmanns der Wehrmacht auf, der zum Ende seines politischen Lebens seine Kriegszeit auch aus autobiographischen Gründen zu rechtfertigen suchte. Ebenso wenig lässt er sich auf die Person des wirtschaftsliberalen Flügelmanns reduzieren, der sich zu Beginn seiner bundespolitischen Laufbahn erfolgreich gegen die Sozialausschüsse profilierte. Und er lässt sich nicht in toto erfassen, wenn man ihn auf die Rolle eines unbeugsamen Mahners gegen die vom Warschauer Pakt ausgehende militärische Bedrohung verdichtet.

Eine biographische Komposition besitzt vor allem auch den Vorzug, dass der Mensch hinter dem Politiker sichtbar wird. Das Heranzoomen an den Hauptakteur erlaubt es, sich – insofern es für die Anlage der Studie einen systematischen Ertrag verspricht – dem privaten Dregger zu nähern. Daher wird im vorliegenden Werk immer wieder in kleinen Exkursen seine Privatheit durchschimmern. Das ändert aber nichts daran, dass das Schwergewicht auf dem politischen Akteur Dregger liegt – nicht zuletzt, weil der Protagonist ein Leben abseits der politischen Bühne kaum kannte. Er hatte seit der Übernahme des CDU-Landesvorsitzes in Hessen 1967 sein Leben nahezu komplett der Politik gewidmet.

Welche Stationen des Lebenswegs dabei besonders vertieft werden können, hängt wie bei jeder geschichtswissenschaftlichen Arbeit von der Quellenlage ab. Über die ersten zwanzig Lebensjahre Dreggers liegen nur spärliche Zeugnisse vor; es bleibt weitgehend nur, das soziale und kulturelle Umfeld auszuleuchten, in dem Dregger aufwuchs. Dafür ist das Quellenfundament für seine Dienstzeit in der Wehrmacht relativ dicht, weil eine Fülle von Briefen an seine Eltern und seinen Bruder überliefert ist. Sie gewähren Einblick in das militärische Selbstverständnis und die Gedankenwelt eines begeisterten Soldaten, dessen politische Sozialisation in der NS-Zeit stattfand. Insbesondere in Privatbesitz befindliche Briefe sind hierfür aufschlussreich. Für das erste Dezennium der Nachkriegszeit fließen die Quellen eher spärlich, schwellen dann aber mit der Übernahme des Oberbürgermeisteramts in Fulda im Jahr 1956 an. Als Dregger den Landesvorsitz der CDU in Hessen 1967 übernimmt und von 1970 an in der Bundespolitik mit-

helm Dilthey's Theory of Biography, in: ders. (Hg.): Biography in Theory. Berlin 2017, S. 35–46; Wolfram Pyta: Geschichtswissenschaft, in: Christian Klein (Hg.): Handbuch Biographie. Stuttgart 2009, S. 331–338.

mischt, wird die im umfänglichen Nachlass Dreggers verwahrte Überlieferung ergänzt um Geschäftsschriftgut, das aus der Bundes-CDU und der hessischen CDU stammt. Seine Tätigkeit als Bundestagsabgeordneter und Fraktionsvorsitzender lässt sich dank des einmaligen Quellenbestands der CDU/CSU-Fraktion minutiös nachverfolgen: Das Fraktionsplenum wurde mittels eines Tonbandes aufgezeichnet; und dieses Material liegt mittlerweile für den Zeitraum von 1972 bis 1994 entweder in edierter Form vor oder wurde den Verfassern als transkribierte Manuskripte von den Editoren überlassen.

Von der Soester Börde an die Ostfront

1. Kindheit und Jugend

Biographen neigen dazu, die Wurzeln für den späteren politischen Lebensweg ihres Protagonisten in Kindheit und Jugend aufzufinden. Oft gehen sie damit voreilig über die tiefen Brüche hinweg, die das Leben auch derer geprägt haben, die sich nach außen hin im Rückblick als homogene Persönlichkeiten präsentierten.[1] Eine gezielte Suche nach den Kräften, die Alfred Dregger geprägt haben, muss sich dieser Problematik bewusst sein. Gleichwohl bleibt es ein legitimes Anliegen, nach Ordnungsvorstellungen Dreggers Ausschau zu halten, deren Grundlegung in der frühesten Phase seiner Sozialisation erfolgte. Dabei drängen sich zwei Gemeinschaftskonzepte auf, die Dregger zeit seines Lebens Halt gaben und die er unhinterfragt als politischen Ankerplatz ansah: Heimat und Nation. Bildete auch bei Dregger die Familie die überragende Sozialisationsagentur, so

1 Einflussreich geworden ist die Warnung Pierre Bourdieus vor der »biographischen Illusion« einer sich vermeintlich kohärent entwickelnden Persönlichkeit. Anstatt dieser Illusion zu erliegen, müssten Akteure vielmehr als Schnittpunkte zwischen verschiedenen sozialen Feldern im Verlauf der Zeit verstanden werden. Vgl. Pierre Bourdieu: Die biographische Illusion, in: BIOS I (1990), S. 75–81. Hierzu auch Birgit Giese/Martina Schiebel: Bourdieu und die Biographieforschung, in: Helma Lutz/Martina Schiebel/Elisabeth Tuider (Hg.): Handbuch Biographieforschung. 2., korr. Aufl. Wiesbaden 2018, S. 115–126. Dieses Postulat haben in der Geschichtswissenschaft methodisch anspruchsvollere Biographien insofern umgesetzt, als es ihnen nicht darum geht, in introspektiver Weise »die Persönlichkeit« spezifischer Akteure in Form einer vermeintlich kohärenten Erzählung rekonstruieren zu wollen. Vielmehr sehen sie die Chancen biographischer Arbeiten darin, anhand einer Person politisch-soziale Kontexte auszuleuchten, also soziale Strukturen und Personen zusammenzubringen. Vgl. exemplarisch etwa die methodischen Reflexionen bei Friedrich Lenger: Werner Sombart 1863–1941. Eine Biographie. 3. Aufl. München 2012, bes. S. 13–16; Margit Szöllösi-Janze: Fritz Haber. 1868–1934. Eine Biographie. München 1998, S. 9–15; Aribert Reimann: Dieter Kunzelmann. Avantgardist, Protestler, Radikaler, Göttingen 2009, bes. S. 16–22. Allgemein zu den narrativen und methodischen Herausforderungen einer wissenschaftlichen Biographie: Pyta: Geschichtswissenschaft; Alexander Gallus: Politikwissenschaft (und Zeitgeschichte), in: Christian Klein (Hg.): Handbuch Biographie. Methoden, Traditionen, Theorien. Stuttgart, Weimar 2009, S. 382–387; Margit Szöllösi-Janze: Lebens-Geschichte – Wissenschafts-Geschichte. Vom Nutzen der Biographie für Geschichtswissenschaft und Wissenschaftsgeschichte, in: Berichte zur Wissenschaftsgeschichte 23 (2000), S. 17–35; dies.: Biographie, in: Stefan Jordan (Hg.): Lexikon Geschichtswissenschaft. Hundert Grundbegriffe, Stuttgart 2002, S. 44–48; Zusammenfassungen der neueren Diskussionen bei Thomas Etzemüller: Biographien. Lesen – erforschen – erzählen, Frankfurt/New York 2012.

war es vor allem sein Vater, der das Fundament für eine betont nationale Einstellung legte.

Dregger lebte in seiner Kindheit und Jugend in der westfälischen Provinz in einem kleinen Ort namens Westönnen, der eingebettet war in eine Landschaft von weiten Feldern und großen Bächen. Dieser Flecken gehörte zur Soester Börde, einer landwirtschaftlich ertragreichen Zone. Dregger wuchs so in einem Mikrokosmos auf, der prädestiniert zu sein schien für einen klassischen Milieukatholizismus. Von den 1108 Einwohnern, die dort im Dezember 1871 gezählt wurden, gehörten 1107 der katholischen Kirche an.[2] Eine agrarische Lebensform verschränkte sich also mit einer katholisch bestimmten Kirchlichkeit. Westfalen war eine Hochburg des politischen Katholizismus, wie die Wahlergebnisse in Westönnen und Werl deutlich machen. Selbst bei den letzten Reichstagswahlen im März 1933, als die NSDAP mit der Verfolgung politischer Gegner längst begonnen hatte, konnte sich das katholische Zentrum sowohl in Werl (57,7 %) als auch in Westönnen (47,9 %) als stärkste politische Kraft behaupten, während die NSDAP (21,7 bzw. 39,7 %) mit Abstand dahinter rangierte. Die SPD spielte mit 6,7 Prozent in Werl und 2,2 Prozent in Westönnen praktisch keine Rolle.[3] Man möchte daher meinen, Dregger sei in einem typisch katholischen Milieu sozialisiert und dort auch mit einer gewissen weltanschaulichen Resistenz gegenüber dem Nationalsozialismus ausgestattet worden.[4]

Je kleiner die Ortschaft, desto größer war der Einfluss der dörflichen Honoratioren und nicht zuletzt der katholischen Geistlichkeit. Doch die Familie von Alfred Dregger gehörte nicht zu den Ortsansässigen, die seit Generationen in der näheren Umgebung von Westönnen beheimatet gewesen waren. Dreggers Eltern hatten sich kurz nach dem Ersten Weltkrieg dort niedergelassen und ein zweigeschossiges Haus aus grünem, grob behauenem Sandstein errichtet. Vater

---

2 Die Gemeinden und Gutsbezirke des Preußischen Staates und ihre Bevölkerung. Nach den Urmaterialien der allgemeinen Volkszählung vom 1. Dezember 1871, bearbeitet und zusammengestellt vom Königlichen Statistischen Bureau. Bd. IX: Provinz Westfalen. Berlin 1874, S. 75.

3 Vgl. hierzu Wilhelm Topp: Die Wahlen 1933 und der Beginn der Nazi-Schreckensherrschaft in Werl. Werl vor 80 Jahren, in: Jahrbuch Werl gestern – heute – morgen. Hg. von der Stadt Werl und dem Neuen Heimat- und Geschichtsverein Werl e. V. Werl 2013, S. 78 – 89, hier S. 84 ff.

4 Vgl. zur Lebendigkeit des katholischen Milieus in Westfalen am Ende der Weimarer Republik die vergleichende Untersuchung von Antonius Liedhegener: Christentum und Urbanisierung. Katholiken und Protestanten in Münster und Bochum 1830 – 1933. Paderborn u. a. 1997; Christoph Kösters: »Fest soll mein Taufbund immer stehn …« – Demonstrationskatholizismus im Bistum Münster 1933 bis 1945, in: Rudolf Schlögl/Hans-Ulrich Thamer (Hg.): Zwischen Loyalität und Resistenz. Soziale Konflikte und politische Repression während der NS-Herrschaft in Westfalen. Münster 1996, S. 158 – 184.

Alfred Georg entstammte einer Familie, deren Vermögensverhältnisse es durchaus ermöglicht hätten, sich in einer größeren Stadt niederzulassen und dem »gutbürgerlichen« Milieu einzugliedern. Den Grundstein dafür, dass es der jungen Familie in Westönnen gut gehen sollte, hatte der Großvater gelegt. Der 1857 geborene Georg Dregger war zunächst im landwirtschaftlichen Bereich tätig gewesen, bevor er in Frankfurt am Main ein Hotel führte.[5] Dort lernte er den Inhaber des in Thüringen ansässigen Vogel-Verlags kennen, der Fachzeitschriften, unter anderem für das produzierende Gewerbe, vertrieb. Georg Dregger eröffnete sich die Möglichkeit, die Expansion des Verlages im Westen, insbesondere im Rheinland, im Ruhrgebiet, in Westfalen und im Siegerland, voranzutreiben, wo er das Anzeigengeschäft aufbaute. Seine drei Söhne, unter ihnen Alfred Georg, teilten das stark wachsende Geschäft in Vertriebsgebiete auf und führten es jeweils selbständig fort. Sollten die Umsätze konjunkturbedingt einmal hinter den Erwartungen zurückbleiben, gab es noch ein zweites Standbein, das eine relativ sorgenfreie Existenz sicherte: Bei seinem Tod im Dezember 1921 hinterließ Georg Dregger unter anderem ein vierstöckiges Mietshaus, das 1914 in Köln-Ehrenfeld errichtet worden war.

Wenn nicht alle Hinweise täuschen, waren es die engen familiären Bande der Mutter, die den Ausschlag dafür gaben, weit abseits einer großen Stadt zu ziehen. Anne Dregger kam von einem Bauernhof in Westönnen, den ihr Bruder Heinrich Sasse übernommen hatte. Die Entscheidung, in der Heimat der jungen Ehefrau das Leben zu bestreiten, mag durch die noch frischen Erfahrungen des Ersten Weltkrieges befördert worden sein, in dem in Deutschland allein durch Hunger oder Unterernährung rund 763.000 Menschen starben.[6] Wenn die Jahre der Lebensmittelknappheit etwas gelehrt hatten, dann war es die vergleichsweise gute Versorgungslage der Landbevölkerung. Viele Bauern waren durch Tauschgeschäfte mit darbenden Städtern sogar in den Besitz von wertvollen Luxusartikeln gelangt.[7]

Jedenfalls bedeutete die Kindheit in Westönnen für Alfred Dregger, in einer Familie mit vielen nahen Verwandten in unmittelbarer Nähe aufzuwachsen, für die

5 Hierzu und zum Folgenden: Schriftliche Auskunft von Meinulf Dregger vom 04.09.2018 an die Verf.

6 Vgl. Christoph Dieckmann/Babette Quinkert: »Kriegsnotwendigkeiten« und die Eskalation der deutschen Massengewalt im totalen Krieg. Einführende Bemerkungen, in: Christoph Dieckmann/Babette Quinkert (Hg.): Kriegführung und Hunger 1939–1945. Zum Verhältnis von militärischen, wirtschaftlichen und politischen Interessen. Göttingen 2015, S. 9–32, hier S. 18.

7 Vgl. Daniela Münkel: Konsum auf dem Land vom Kaiserreich bis in die Bundesrepublik, in: Heinz-Gerhard Haupt/Claudius Torp (Hg.): Die Konsumgesellschaft in Deutschland 1890–1990. Ein Handbuch. Frankfurt/Main 2009, S. 205–217, hier S. 208.

christliche Feste eine besondere Bedeutung besaßen und entsprechend gefeiert wurden.[8] Dregger empfand das dörfliche Umfeld offenbar nicht als unerträgliche Horizontbegrenzung, gewährte ihm doch sein Elternhaus durch die bürgerliche Prägung den nötigen geistigen Freiraum, um über die Enge der Provinz hinauszublicken. Er konnte daher vorbehaltlos Westönnen und die Soester Börde als seine »Heimat« wertschätzen. Heimat gehört zu den Gemeinschaftsvorstellungen, die auf lokaler Ebene Zugehörigkeit stiften, welche sich vor allem in enger Verbundenheit mit einem abgegrenzten Raum manifestiert.[9] Diese Ortsgebundenheit macht »Heimat« zum Reservoir von Gemeinschaftsbezügen, die zumal dann, wenn sie einen agrarischen Einschlag besitzen, von besonderer sensitiver Eindringlichkeit sind. Alfred Dregger ließ sich auf das bäuerliche Umfeld ohne innere Reserven ein. Es prägte den jungen Alfred derart, dass er als kleiner Junge den Wunsch hegte, selbst einmal Landwirt zu werden. Wie er viele Jahrzehnte später erzählte, habe er sich damals »nichts Schöneres vorstellen« können, »als einen Hof mit vielen Pferden und Hunden zu haben«.[10] Regelmäßig ging er auf den Hof seines Onkels und half entsprechend seinen wachsenden körperlichen Fähigkeiten bei den anfallenden Arbeiten, wobei ihn sein Bruder Wolfgang, der im November 1925 zur Welt gekommen war, häufig begleitete.[11]

Doch der junge Alfred war weit davon entfernt, in der westfälischen Provinz zu »verbauern«. Die Familie spielte zunächst wohl die wichtigste Rolle dafür, dass die lokalen, agrarisch geprägten Gegebenheiten keine unhinterfragten Schranken bildeten. Seine Eltern waren für ihn natürliche Autoritäten, und es entsprach dem damals üblichen Familienbild, wenn die politisch prägenden Einflüsse dabei vom Vater ausgingen. Die Mutter war die Instanz, die Zuwendung und Geborgenheit schenkte, wie spätere Zeugnisse glaubhaft versichern. Dregger selbst beschrieb sie 1994 in einem Hintergrundgespräch im Rückblick als »großzügig und tolerant«, während ihm zu seinem Vater die Adjektive »fleißig und tüchtig« einfielen.[12] Allem Anschein nach kam er nicht einmal auf den Gedanken, gegen sie zu rebellieren: Er betrachtete sie nicht als gestrenge Autoritäten, die seine Per-

8 Wolfgang Dregger am 03.08.1941 an Anna Dregger; Wolfgang Dregger am 17.05.1944 an Anna Dregger, beide ACDP, 01-347-123/3.

9 Vgl. Wolfram Pyta, Heimatvorstellungen in Gemeinschaftsbezügen, in: Detlef Lehnert (Hg.), Gemeinschaftsdenken in Europa. Köln 2013, S. 173–184; Sebastian Hösch, Heimattage. Methoden der Beheimatung in Hessen, Baden-Württemberg und Westfalen (1945–1985). Paderborn 2019.

10 Texte von Frau Mahlkorn/PR-Beraterin, die Texte zur positiven Außendarstellung von Dregger verfasste (1982), ACDP, 01-347-222.

11 Wolfgang Dregger am 31.07.1943 an die Eltern, ACDP, 01-347-123/3.

12 Peter Scherer: Ein Mann mit dem Mut zur Popularität, in: Die Welt, 23.04.1994.

sönlichkeitsentfaltung einengten, sondern nahm sie vielmehr als wohlmeinende Menschen wahr, die seine Entwicklung positiv befördern wollten.

Der Vater war es denn auch, der seinen Erstgeborenen schon in jungen Jahren für eine dezidiert nationale Haltung einzunehmen vermochte. Für die politische Prägung des jungen Alfred ist entscheidend, dass diese nationale Gesinnung über einen genuin militärischen Diskurs eingepflanzt wurde. Sein Vater, der im Zweiten Weltkrieg in den Feldpostbriefen seiner Söhne als Major adressiert wurde, hatte im Ersten Weltkrieg gekämpft und war offenbar rasch innerhalb der militärischen Hierarchie aufgestiegen. Im November 1914 war der 1891 in Niesig bei Fulda geborene Senior noch Gefreiter, wie aus einer Verlustliste hervorgeht, die eine leichte Verwundung verzeichnet, die Dregger allerdings bei der Truppe auskurieren konnte.[13] Leider gibt die Quellenlage kaum Aufschluss über die Kriegserfahrungen des Vaters, geschweige denn darüber, wie er diese deutete. Er diente jedenfalls in der 3. Kompagnie des 7. Jäger-Bataillons, das in Bückeburg stationiert war.[14] Das Bataillon kämpfte während des Weltkriegs beim Vormarsch in Belgien und war dabei auch an Strafaktionen gegen angeblich illegitim bewaffnete Zivilisten beteiligt.[15] Ob Dregger zu diesem Zeitpunkt schon an der Front war oder sich bei Kriegsbeginn freiwillig meldete und erst im Spätherbst nachrückte, muss offenbleiben. Nach der Erstarrung der Westfront im Grabenkrieg kämpfte die Einheit im Osten und spielte unter anderem eine Rolle bei der »Bandenbekämpfung in Litauen«,[16] über deren Um-

13 Vgl. Deutsche Verlustlisten Nr. 77, S. 2606; hierüber berichtete auch die Presse: Fuldaer Zeitung, 41. Jg., Nr. 265 (16.11.1914, Mittag-Ausgabe).

14 Vgl. zum Folgenden die offiziöse Geschichte dieser Einheit, die in ihren Rahmentexten konsequent auf den Topos der ›unbesiegten Truppe‹ und den angeblichen Dolchstoß hin angelegt ist. Das Kgl. Preußische (Westfälische) Jäger-Bataillon Nr. 7 (Feldbataillon) im Weltkrieg 1914–18. Herausgegeben von dem Verein der Offiziere des ehemaligen Kgl. Preußischen (Westfälischen) Jäger-Bataillons Nr. 7, Oldenburg i. D., Berlin 1929.

15 Vgl. zu der unlängst wieder äußerst polemisch geführten Debatte über Realität, Legitimität bzw. Legalität, Abläufe und mögliche Erklärungen der entsprechenden Handlungen in Belgien John Horne/Alan Kramer: Deutsche Kriegsgräuel 1914. Die umstrittene Wahrheit. Hamburg 2004; kritisch bis tendenziös dagegen: Gunter Spraul: Der Franktireurkrieg 1914. Untersuchungen zum Verfall einer Wissenschaft und zum Umgang mit nationalen Mythen. Berlin 2016. Innovativ ist Ulrich Keller: Schuldfragen. Belgischer Untergrundkrieg und deutsche Vergeltung im August 1914. Mit einem Vorwort von Gerd Krumeich. Paderborn 2017. Ein neuer Konsens zeichnet sich, nicht zuletzt aufgrund der überbordenden Polemik, bisher nicht ab. Als Überblick über die Debatte Markus Pöhlmann: Habent sua fata libelli. Zur Auseinandersetzung um das Buch »German Atrocities 1914«, in: Portal Militärgeschichte, 16.11.2017, URL: https://www.portal-militaergeschichte.de/sites/default/files/pdf/Poehlmann_Habent%20sua%20fata.pdf [11.09.2022].

16 Das Kgl. Preußische (Westfälische) Jäger-Bataillon Nr. 7 (Feldbataillon) im Weltkrieg 1914–18, S. 234.

fang und Abläufe sich die offiziöse Geschichtsschreibung ausschweigt. Ab Dezember 1917 stand die Truppe dann im Gebirgskrieg an der Italienfront, bevor sie im Frühjahr 1918 an den letzten Westoffensiven teilnahm. Am 9. November 1918 trat das Bataillon den Rückzug an und erreichte am 23. November Köln. Sollte Alfred Dregger senior wirklich durchgehend im Einsatz gewesen sein, so hatte er auf drei Kriegsschauplätzen Erfahrungen gesammelt und dürfte auch vor moralisch schwierigen Entscheidungen gestanden haben.

Die Quellen aus der Nachkriegszeit jedenfalls lassen nicht darauf schließen, dass der Vater schwer traumatisiert oder als Pazifist aus dem Krieg heimkehrte. Im Gegenteil, das Militär und die Nation bildeten offenbar Fixsterne seiner geistigen Orientierung, an denen sich dann rasch auch der junge Alfred Dregger orientierte. Neben Fleiß und Strebsamkeit, die der selbständige Verlagsdirektor seinen beiden Söhnen vorlebte, war dies vor allem eine militaristische Grundhaltung, die sich nicht zuletzt darin äußerte, dass sich der Major a. D. oft in Uniform ablichten ließ. Das Militär – und nicht die Kirchengemeinde – war ihm geistige Heimat geworden; er engagierte sich nicht im katholischen Vereinswesen, sondern nebenberuflich beim Reichswehrersatzamt in Soest sowie im Krieger- und Landwehrverein.

Nun war es nach 1918 gerade in Westfalen keine Seltenheit, dass Katholizismus und ein aus dem Kriegserlebnis gespeistes Nationalgefühl eine Synthese bildeten, bei der die Orientierung an der Nation genauso stark ins Gewicht fiel wie die Verbundenheit zur »Mutter Kirche«.[17] Der Westfale Heinrich Brüning,

17 Vgl. allg. zur im Laufe des 19. Jahrhunderts zunehmenden Offenheit des deutschen Katholizismus gegenüber der (protestantisch grundierten) Vorstellung einer deutschen Nation, die schließlich im Weltkrieg kulminierte, Frank Becker: Konfessionelle Nationsbilder im Deutschen Kaiserreich, in: Heinz-Gerhard Haupt/Dieter Langewiesche (Hg.): Nation und Religion in der deutschen Geschichte. Frankfurt/Main 2001, S. 389–418; Siegfried Weichlein: Nationsbilder und Staatskritik im deutschen Katholizismus des 19. und 20. Jahrhundert, in: Urs Altermatt/Franziska Metzger (Hg.): Religion und Nation. Katholizismen im Europa des 19. und 20. Jahrhunderts. Stuttgart 2007, S. 136–151; zur Kriegsdeutung im Katholizismus und zum mehrheitlichen Schulterschluss zwischen »Kirche« und »Nation« s. Heinz Hürten: Die katholische Kirche im Ersten Weltkrieg, in: Wolfgang Michalka (Hg.): Der Erste Weltkrieg. Wirkung, Wahrnehmung, Analyse. München, Zürich 1994, S. 725–735; Stephan Fuchs: »Vom Segen des Krieges«. Katholische Gebildete im Ersten Weltkrieg. Eine Studie zur Kriegsdeutung im akademischen Katholizismus. Stuttgart 2004, bes. S. 302–304, 307. Bei einigen der einfachen katholischen Soldaten stießen die stark nationalistisch gefärbten Kriegsreden der deutschen Kirchenoberen allerdings mit zunehmender Kriegsdauer auf Widerstand. Die Verhältnisse und soldatischen Aneignungen in der militärseelsorgerischen Praxis stellten sich also noch einmal deutlich vielfältiger dar, als es Sammlungen zeitgenössischer Predigten oder allein der Blick auf die Kirchenoberen suggerieren mögen. Vgl. Benjamin Ziemann: Katholische Religiosität und die Bewältigung des Krieges. Soldaten und Militärseelsorger in der deut-

Reichskanzler von 1930 bis 1932, repräsentierte in besonders eindrücklicher Weise diese Mischung, die nicht frei von gelegentlichen nationalistisch anmutenden Aufwallungen war.[18] Doch wurde das emphatische Bekenntnis zur Nation im Zaum gehalten durch die unverbrüchliche Bindung an einen politischen Katholizismus, der von seiner Ausrichtung her eine universalistische Ader besaß, die sich niemals unterdrücken ließ. Er war bei aller in der Person Brünings besonders markant hervorstechenden nationalen Haltung denn auch davor gefeit, die Nation zum archimedischen Punkt politischer Selbstvergewisserung zu erheben. In dieser Tradition stand die Familie Dregger nicht. Vielmehr ist eine politische Nähe zu jener Spielart eines autoritär und deutschnational gefärbten Katholizismus zu registrieren, wie sie in der Gestalt eines gebürtigen Werlers repräsentiert wurde, der bei der Aushöhlung der ersten deutschen Demokratie eine wichtige Rolle spielte: des 1879 geborenen Franz von Papen.[19] Manche Anzeichen deuten darauf hin, dass Alfred Dregger senior wie Papen zu den sogenannten »Rechtskatholiken« zu zählen ist, die keine innere Bindung an die erste deutsche Demokratie zu entwickeln vermochten, weil sie von einem unbändigen Nationalismus erfüllt waren. Und wie Franz von Papen als Berufsmilitär im Kaiserreich politisch sozialisiert wurde, scheint auch Vater Dregger seine emotionale Hinneigung zur deutschen Nation über einen militärisch konnotierten Wertekanon vollzogen zu haben: Nation als genuin männliche Verkörperung von Ehre, Tapferkeit und Bereitschaft zur Aufopferung.

Alfred Dreggers Ausprägung einer prononciert nationalen Haltung vollzog sich so vor dem Hintergrund einer imaginierten Nation, deren Entstehung sich nicht zuletzt militärischen Taten verdankte. Überliefert ist eine Zeichnung, die der noch nicht einmal 13Jährige im Laufe des Jahres 1933 anfertigte. Sie sollte laut handschriftlicher Legende einen Soldaten der 4. Eskadron des 16. Reiter-

---

schen Armee 1914–1918, in: Friedhelm Boll (Hg.): Volksreligiosität und Kriegserleben. Münster 1997, S. 116–136.

18 Vgl. die monumentale Studie von Peer Oliver Volkmann: Heinrich Brüning (1885–1970). Nationalist ohne Heimat. Eine Teilbiographie. Düsseldorf 2007, bes. S. 33–36, 80–81, 91–95, 112–118, 755–769.

19 Zu Papen vgl. Joachim Petzold: Franz von Papen. München 1995, vor allem S. 15–62, sowie Wolfram Pyta: Franz von Papen – Grenzgänger zwischen Unternehmertum und Politik, in: Manfred Rasch (Hg.): Adel als Unternehmer im bürgerlichen Zeitalter, Münster 2006, S. 289–307; umfassend zur Konstitution der Rechtskatholiken im Kaiserreich bis zum Beginn des »Dritten Reiches« Christoph Hübner: Die Rechtskatholiken, die Zentrumspartei und die katholische Kirche in Deutschland bis zum Reichskonkordat von 1933. Ein Beitrag zur Geschichte des Scheiterns der Weimarer Republik, Berlin 2014, hier zur Rolle eines der wichtigsten Exponenten dieser Strömung, nämlich Franz von Papens, bes. S. 64–65 und 403–415.

Regiments in Langensalza darstellen, der – hoch zu Ross und mit Stahlhelm auf dem Kopf – in der linken Hand den Zügel hält und mit der rechten Hand die Trompete an den Mund setzt.[20] In der Reichswehr hatte die 4. Eskadron des 16. Reiter-Regiments die Traditionsträgerschaft des Thüringischen Ulanen-Regiments Nr. 6 inne. Dass der heranwachsende Alfred Dregger davon wusste, offenbart die von ihm verfasste Bildlegende. Dieses Ulanen-Regiment war in den Befreiungskriegen vom Lützowschen Freikorps ins Leben gerufen worden, das im Laufe des 19. Jahrhunderts zum Symbol für die vielfältigen Bestrebungen wurde, einen deutschen Nationalstaat militärisch zu erkämpfen. Indem sich der junge Alfred diese aus den Befreiungskriegen stammende Tradition zu eigen machte, legte er ein zeichnerisches Zeugnis dafür ab, wie sehr ihm der dahinterstehende nationale Opfergeist imponierte und wie intensiv er in der preußisch-deutschen Geschichte nach entsprechenden Vorbildern Ausschau hielt. Sein lebenslanges Interesse an geschichtlicher Traditionspflege kam mithin schon in jungen Jahren zum Ausdruck.

Der Besuch des katholischen Marien-Gymnasiums in Werl ab dem Jahr 1931 hat den Oberschüler Dregger in ein schulisches Umfeld geführt, dessen Prägekraft nach 1933 an Bedeutung verlor. Die 1907 gegründete Jungenschule befand sich in der Trägerschaft des Erzbistums Paderborn und verstand sich lange Zeit als Pflanzstätte eines Katholizismus, der auf Zentrumslinie lag. Dafür bürgte nicht zuletzt ein Direktor, der katholischer Geistlicher war. Doch 1933 änderten sich die Rahmenbedingungen grundlegend: Der als »nationaler Aufbruch« gefeierte Übergang zu einem Regime, das in Gestalt Adolf Hitlers und des Reichspräsidenten Paul von Hindenburg das »junge« und das »alte« Deutschland zusammenzuführen schien, ging nicht spurlos am Werler Gymnasium vorbei. Dregger wuchs so an einer höheren Lehranstalt auf, die wohl kein natürlicher Nährboden mehr für eine gegen den Geist der neuen Zeit immunisierende Grundhaltung war. Ohnehin forcierte das NS-Regime mit seinen Attacken gegen die organisatorischen Stützen katholischer Lebensführung einen Abschmelzungsprozess des katholischen Milieus.[21] Umso mehr musste dieser Umstand bei jenen Zöglingen ins Gewicht fallen, die – wie Alfred Dregger – nicht in einem genuin katholischen Umfeld groß wurden.

Als er begann, im Marien-Gymnasium die Schulbank zu drücken, waren viele seiner Kameraden in dem zur katholischen Jugendbewegung gehörenden Bund

---

20 Zeichnung von Alfred Dregger von 1933, ACDP, 01-347-123/3.

21 Dazu die Pionierstudie von Christoph Kösters: Katholische Verbände und moderne Gesellschaft. Organisationsgeschichte und Vereinskultur im Bistum Münster 1918 bis 1945. Paderborn 1995.

Neudeutschland organisiert.[22] Zwar unterschied sich dieser nicht zuletzt aufgrund seiner christlichen Ausrichtung deutlich vom Nationalsozialismus, besaß aber mit der Verherrlichung des Germanentums, der Pflege von Gemeinschaft und dem Streben nach einem natürlichen Leben Elemente,[23] die von den entsprechenden nationalsozialistischen Organisationen später leicht besetzt und ideologisch vereinnahmt werden konnten. Eine Bemerkung Dreggers aus einem Lebenslauf, den er 1950 anlässlich seiner Promotion verfasste, ist ein starkes Indiz dafür, dass er zumindest bis 1933 dem Bund angehörte: Er habe die Schulferien zu ausgiebigen Touren mit dem Fahrrad oder dem Faltboot in die Landschaften genutzt und dadurch schon in jungen Jahren große Teile Deutschlands kennengelernt.[24] Solche Urlaube, in denen die Schüler bei Lagerfeuer und Liedgesang entlegene Ziele aufsuchten und erwanderten, gehörten zum üblichen Programm der Werler Neudeutschen, die auf dem Dachboden des Marien-Gymnasiums ihr erstes Heim hatten.[25]

Es ist in gewisser Hinsicht bezeichnend, dass es in Werl im Gegensatz zu anderen Gemeinden zu keinen handfesten Auseinandersetzungen zwischen den Neudeutschen und der Hitlerjugend (HJ) gekommen ist.[26] Es wird sogar erzählt, dass sich ein Werler Jungvolkführer bei nationalsozialistischen Parteioberen Ärger einhandelte, weil er Pimpfe geschlossen antreten ließ, um mit ihnen zur Kirche zu marschieren und dort andächtig dem Gottesdienst zu lauschen.[27] Dregger war eigenen Angaben zufolge ab 1933 Mitglied der HJ beziehungsweise des Deutschen Jungvolks.[28] Angesichts der anfänglich vergleichsweise konfliktarmen Koexistenz beider Organisationen ist aber nicht auszuschließen, dass er seine Aktivitäten bei der katholischen Konkurrenz am Gymnasium nicht ganz einstellte, sondern nur reduzierte.

22 Vgl. Ludwig Siegeroth: 1933–1945, in: Städtisches Marien-Gymnasium Werl (Hg.): 75 Jahre Marien-Gymnasium Werl. 1907–1982. Werl 1982, S. 25.

23 Vgl. hierzu Rolf Eilers: Konfession und Lebenswelt. 75 Jahre Bund Neudeutschland 1919–1994. Mainz 1998; Stephanie Kühner: »Lebensgestaltung in Christus«. Katholische Jugendbewegung in der Zwischenkriegszeit (1919–1938) aufgezeigt am Beispiel des Bundes Neudeutschland. Freiburg im Breisgau 1999.

24 UAM, 3076/2172, Promotionsakte Alfred Dregger, »Mein Lebenslauf« (21.06.1950).

25 Vgl. Siegeroth: 1933–1945, S. 25.

26 Vgl. ebd., S. 26.

27 Vgl. Helmuth Euler: Werl unterm Hakenkreuz. Brauner Alltag in Bildern, Texten, Dokumenten. 2. Aufl. Werl 1984, S. 168.

28 HHStA, 520 Marb.St. B-II-E, Nr. 22108 Dregger A., Meldebogen vom 21.05.1946; UAM, 3076/2172, Promotionsakte Alfred Dregger, »Mein Lebenslauf« (21.06.1950).

1926 aus dem von Hitler gegründeten Jugendbund der NSDAP hervorgegangen, wurde die HJ am 1. Dezember 1933 von einem eingetragenen Verein in eine Körperschaft des öffentlichen Rechts umgewandelt und im März 1935 der NSDAP angegliedert. Alle Heranwachsenden im Alter von 10 bis 18 Jahren sollten ihr angehören, wobei die Mitgliedschaft spätestens mit dem sogenannten Gesetz über die Hitlerjugend vom 1. Dezember 1936 samt der Ersten und Zweiten Durchführungsverordnung vom 25. März 1939 keineswegs mehr freiwillig war.[29] Dreggers frühes Engagement in der HJ offenbart, dass für ihn die Hitlerjugend als Betätigungsfeld für seine militärisch konnotierten Vorstellungen eher in Frage kam als katholische Milieuorganisationen. Mochte bei manchen aus einem katholischen Umfeld stammenden Jugendlichen das HJ-Engagement auch Protest gegen ein als zu milieukonform empfundenes Elternhaus gewesen sein, spielte dieser Generationenkonflikt beim jungen Alfred keine Rolle. Im Gegenteil: Er handelte im Einklang mit seinem Vater, der Gefallen am Einsatz seiner beiden Söhne bei der HJ fand und sich stolz zeigte über die Leistungen, die sie dort erbrachten.[30] Seine natürliche Führungsbegabung hat Alfred Dregger allem Anschein nach hier erstmals zur Anwendung bringen können. Die Welt, die sich ihm in der Werler HJ erschloss, dürfte er als einen Mikrokosmos erfahren haben, in dem ein Geist jugendbewegter Kameradschaft zu spüren war. Neben seiner festen Verwurzelung in seiner westfälischen Heimat und seiner tiefen emotionalen Verbindung mit dem allem übergeordneten Fixpunkt »Nation« bildete seine Wertschätzung von »Kameradschaft« den dritten gemeinschaftsbezogenen Anker seines politischen Koordinatensystems. Sie begleitete ihn auch, als er sich im Jahr 1939 entschloss, eine Laufbahn als Berufsmilitär einzuschlagen. Bis dahin brachte es Dregger in der HJ immerhin bis zum Scharführer,[31] womit er 20 bis 60 Jungen befehligte, die wiederum auf zwei bis vier sogenannte Kameradschaften aufgeteilt waren. Dregger erreichte damit einen Rang, der in der Hierarchie mit seinem späteren Dienstgrad als Hauptmann in der Wehrmacht durchaus vergleichbar war. Ähnlich wie im Fußball, wo die Clubs ab 1936 ihren Nachwuchs kontinuierlich an die HJ verloren,[32] wird der örtliche Reiterverein, in dem er sich ebenfalls engagierte,[33]

---

29 Vgl. Heinz Schreckenberg: Erziehung, Lebenswelt und Kriegseinsatz der deutschen Jugend unter Hitler. Anmerkungen zur Literatur. Münster 2001, S. 212 f.

30 Alfred Dregger sen. am 11.09.1943 an Wolfgang Dregger, ACDP, 01-347-123/3.

31 HHStA, 520 Marb.St. B-II-E, Nr. 22108 Dregger A., Meldebogen vom 21.05.1946; UAM, 3076/2172, Promotionsakte Alfred Dregger, »Mein Lebenslauf« (21.06.1950).

32 Vgl. Nils Havemann: Fußball unterm Hakenkreuz. Der DFB zwischen Sport, Politik und Kommerz. Frankfurt/Main 2005, S. 187 ff.

33 UAM, 3076/2172, Promotionsakte Alfred Dregger, »Mein Lebenslauf« (21.06.1950).

seine jungen Mitglieder und damit auch ihn immer seltener zu Gesicht bekommen haben.

Selbst wenn die Geschichte des Marien-Gymnasiums, an der Dregger 1939 seine Reifeprüfung absolvierte, weitgehend unbekannt wäre, müsste davon ausgegangen werden, dass die Schule nach 1933 seiner Begeisterung für Vaterland und das Soldatische keinen sonderlichen Abbruch tat. Zwar schwankte die nationalsozialistische Schulpolitik vor allem in der ersten Phase bis 1937 zwischen Kontinuität und Bruch, und mit dem Hinweis auf schulische Eigengesetzlichkeiten konnten bisweilen allzu unverschämte Anmaßungen von Partei und HJ abgewehrt werden. Doch selbst in jenen Jahren bestand auf diesem Feld ähnlich wie in anderen gesellschaftlichen Bereichen eine starke Tendenz zur ideologischen Indoktrination, und die Autonomie der Pädagogik hatte dem Primat der Politik allmählich zu weichen.[34] Am Marien-Gymnasium machte sich dieser schleichende Prozess unter anderem in einem zunehmenden Engagement der Schule bei parteipolitischen Veranstaltungen, in einer starken Aufwertung der Leibesübungen, in der Einführung der »Rassenkunde«, ja selbst im Wandel der Aufsatzthemen bemerkbar, die den angehenden Abiturienten in der Oberstufe vorgegeben wurden.[35] 1937 schließlich wurde die Einrichtung nicht nur ihres Charakters einer humanistischen Lehranstalt beraubt, was sich vor allem in der beträchtlichen Verringerung der Stundenzahl für die Altsprachen äußerte, sondern auch ihres Namens. Der Lehrerschaft musste klar sein, dass die Nationalsozialisten mit den verordneten Änderungen im Lehrplan und der neuen Bezeichnung »Deutsche Oberschule für Jungen« ihren Einfluss auf die Jugend zu erhöhen versuchten. Allerdings scheint bei weitem nicht jeder mit diesen Vorgaben einverstanden gewesen zu sein. Wie sehr das Kollegium an seinen christlichen Wurzeln hing, verdeutlicht ein Foto, das im Oktober 1936 entstand: Es zeigt den versammelten Lehrkörper vor einer Wand, an der das Porträt Adolf Hitlers rechts unterhalb eines weitaus größeren Kruzifixes angebracht war.[36]

Dregger ging gerne auf diese Schule, und ähnlich wie über seine Familie sollte er über das Gymnasium später nie ein schlechtes Wort verlieren. Im Gegenteil lobte er es – etwas phrasenhaft – als eine Institution, »die für meine Entwicklung wichtig« gewesen sei.[37] Dabei war er kein überragender Schüler, sondern

34 Vgl. Renate Fricke-Finkelnburg (Hg.): Nationalsozialismus und Schule. Amtliche Erlasse und Richtlinien 1933–1945. Opladen 1989, Einleitung, S. 11 ff.

35 Vgl. Siegeroth: 1933–1945, S. 26 ff.

36 Siehe das Bild bei Euler: Werl unterm Hakenkreuz, S. 185.

37 Dregger: Maschinenschriftliche Notizen vom 15.01.1998, ACDP, 01-347-121/2.

schwamm »nur« im vorderen Drittel mit. Die besonderen Interessen des Pennälers galten den Fächern Geschichte, Deutsch und den Altsprachen.[38] In ihnen verzeichnete sein Abiturzeugnis ein »Gut«, in Geschichte sogar ein »Sehr gut«, während seine Leistungen in Mathematik, den Naturwissenschaften Physik und Chemie sowie in Musik lediglich als »befriedigend« galten.[39]

Insgesamt besteht kein Zweifel daran, dass sich Dregger als Heranwachsender schnell in der nationalsozialistischen Gesellschaft mit ihren attraktiven Angeboten für die »Volksgemeinschaft« zurechtfand. Politische Schnittmengen waren dort besonders groß, wo das NS-Regime den Anschein erweckte, als wolle es dem Deutschen Reich lediglich eine führende machtpolitische Position in Europa sichern und dazu die aus dem verlorenen Ersten Weltkrieg resultierenden Fesseln des Versailler Vertrags abschütteln. Doch dabei blieb es nicht: Der Primaner Dregger zeigte sich auch überaus eifrig darin, im Schulunterricht vermittelte Gedanken über Volk und Nation so wiederzugeben, dass ein natürlicher Expansionsdrang Deutschlands auch mit dessen völkischer Überlegenheit legitimiert wurde.[40]

Doch wie stand es mit der Haltung des jungen Alfred Dregger zu den Kernelementen des Nationalsozialismus? Wie hielt er es mit dem Rassenantisemitismus und dem Eroberungskrieg? Um diese Frage beantworten zu können, ist zunächst ein kleiner Exkurs zu Umfang und Qualität der Quellen erforderlich, mit deren Hilfe Dreggers Leben bis 1945 erschlossen werden kann. Neben den ergiebigen Wehrmachts- und Personalakten, die Aufschluss über seine Schulausbildung und seine Karriere als Offizier geben, sind seine in Reden und Interviews eingestreuten Erinnerungen durchaus informativ. Sie besitzen insofern eine gewisse Glaubwürdigkeit, als er sich darin nicht immer bemühte, eine unüberbrückbare Distanz zwischen sich und dem NS-Regime in der damaligen Zeit zu konstruieren oder sich auf eine altersbedingte politische Naivität zu berufen. Von großem Wert ist überdies ein Buch, das 1958 veröffentlicht wurde, im Zusammenhang mit Alfred Dregger bislang aber unbeachtet blieb. Es befasst sich mit der Kriegsgeschichte der 6. Infanterie-Division, der er als Wehrmachtssoldat angehörte. Das Werk – Autor war General Horst Großmann, der Oberbefehlshaber der Einheit – ähnelt auf vielen Seiten stilistisch der Landser-Literatur, die in den 1950er Jahren eine

38 UAM, 3076/2172, Promotionsakte Alfred Dregger, »Mein Lebenslauf« (21.06.1950).

39 UAM, 3076/2172, Promotionsakte Alfred Dregger, Zeugnis der Reife vom 03.03.1939 (Abschrift).

40 Vgl. den Schulaufsatz Dreggers vom 26.06.1938 zum Thema »Volk, Staat, Vaterland (Fichtes Gedanken in heutiger Sicht)«, Stadtarchiv Werl, kleiner Bestand 125, Nr. 256.

beachtliche Breitenwirkung zu entfalten begann.[41] Trotz seiner trivialen, bisweilen äußerst fragwürdigen Darstellungsweise kann es Anspruch darauf erheben, die Einsätze der Division und die Stimmungen in der Truppe weitgehend korrekt wiederzugeben.[42] Dadurch wird es zu einer nahezu unerschöpflichen Fundgrube für jeden, der Dreggers militärische Erlebnisse geographisch und strategisch nachzuvollziehen sowie seine innere Haltung zum Krieg zu ergründen versucht. Zudem erwähnt Großmann den jungen Offizier Dregger nicht nur mehrere Male in seiner Beschreibung der Frontereignisse, sondern führt ihn auch namentlich im Anhang unter der Rubrik »Es stellten Material zur Verfügung« auf.[43]

Am aussagekräftigsten ist allerdings ein Bestand aus der Zeit des Nationalsozialismus, der die innerfamiliäre Korrespondenz mit insgesamt rund 100 Briefen von Alfred Dregger, seinem Bruder und seinen Eltern umfasst. Es handelt sich überwiegend um Feldpostbriefe. Deren Quellenwert gilt in der Geschichtswissenschaft zwar als beschränkt, weil sie der militärischen Zensur unterlagen, die dafür sorgte, dass die Soldaten nicht bedenkenlos über das Erlebte schreiben konnten. Dennoch ist ihr Nutzen für die Forschung insofern kaum zu überschätzen, als sie Zeugnis ablegen von den Ansichten, Überzeugungen und Vorstellungswelten der deutschen Frontkämpfer.[44]

Im Fall von Alfred Dregger könnte man den Einwand erheben, dass sich die erhaltenen Feldpostbriefe entweder im Familienbesitz oder in seinem Nachlass befinden, den wiederum das Archiv für Christlich-Demokratische Politik der Konrad-Adenauer-Stiftung in Sankt Augustin der Forschung zugänglich gemacht hat. Damit könnte der Verdacht aufkommen, dass er der Nachwelt lediglich jene Dokumente hinterließ, die ein schmeichelhaftes Licht auf seine Einstellung in jener Zeit werfen. Doch gleich mehrere Gründe stehen dieser Vermutung entgegen: Zum einen weist die Korrespondenz keine Lücken auf, die nicht mit den

---

41 Vgl. u.a. Bernd Lemke/Reiner App: Der Weltkrieg im Groschenheft-Format. Über den Lektüre-Reiz der Landser-Romane und ihre Verherrlichung des Zweiten Weltkriegs, in: Geschichte in Wissenschaft und Unterricht (GWU) 56 (11/2005), S. 636ff.

42 Zu den Lücken und Unzulänglichkeiten dieser Quellengattung s. vor allem Hans Joachim Schröder: Die gestohlenen Jahre. Erzählgeschichten und Geschichtserzählungen im Interview. Der Zweite Weltkrieg aus der Sicht ehemaliger Mannschaftssoldaten. Tübingen 1992, S. 1ff.

43 Horst Großmann: Die Geschichte der rheinisch-westfälischen 6. Infanterie-Division 1939–1945. Bad Nauheim 1958, S. 312.

44 Vgl. hierzu u.a. Manfred Oldenburg: Ideologie und militärisches Kalkül. Die Besatzungspolitik der Wehrmacht in der Sowjetunion 1942. Köln, Weimar, Berlin 2004, S. 31f.; Klaus Latzel: Vom Kriegserlebnis zur Kriegserfahrung. Theoretische und methodische Überlegungen zur erfahrungsgeschichtlichen Untersuchung von Feldpostbriefen, in: Militärgeschichtliche Mitteilungen 56 (1997), S. 1–30.

üblichen Verlusten durch die Beförderung unter Kriegsbedingungen oder infolge von unglücklichen Umständen bei der späteren Aufbewahrung erklärt werden könnten. Zum anderen enthält sie derart viele aus heutiger Sicht befremdliche Informationen über die innere Einstellung der Familie, dass die Briefe überhaupt nicht mehr existieren dürften, wenn sich Dregger tatsächlich Sorgen um einen negativen Eindruck bei ihrer Lektüre gemacht hätte. In all den späteren Debatten um die nationalsozialistische Vergangenheit legte er großen Wert auf Wahrhaftigkeit. Sie war zwar auch bei ihm persönlich stark gefärbt und nicht frei von psychologisch bedingten Verdrängungsleistungen und Erinnerungsschwächen. Sie schloss aber die Überzeugung ein, mit allen noch erhaltenen Zeugnissen von dem wirklichen Charakter und den eigentlichen Motiven seiner Generation künden zu müssen, die er in einer unfairen, unredlichen, geradezu unverschämten Weise diskreditiert sah. Was aber am stärksten gegen eine manipulierte Überlieferung der Korrespondenz spricht, war sein Verhältnis zu seinem Bruder Wolfgang: Es war derart innig, dass Dregger alles, was im weiteren Sinne mit ihm zusammenhing, wie einen kostbaren Schatz hütete – und sei es nur, um daraus vielleicht eines Tages doch noch unwichtig erscheinende Informationen zu ziehen, mit denen sich das ungewisse Schicksal des Bruders aufklären ließe.

Was verraten nun all diese Dokumente über seine Haltung zu den Juden? Sie geben keinen Hinweis darauf, ob er, Wolfgang oder die Eltern ihre Verfolgung und Ermordung befürworteten oder ablehnten, wird doch das Thema in ihnen mit keiner Silbe erwähnt. Dabei war die jüdische Bevölkerung auch in Werl von Anfang an in aller Öffentlichkeit zahllosen Demütigungen und Schikanen ausgesetzt.[45] Bereits im März 1933 kam es zu ersten antisemitischen Ausschreitungen, bei denen die Fensterscheiben der meisten jüdischen Geschäfte eingeschlagen wurden. Zwar verurteilte die örtliche Presse die Exzesse als Maßnahmen, die der örtlichen Wirtschaft schaden könnten, sie unterließ es aber – anders als bei sonstigen kriminellen Delikten –, Zeugen dazu aufzurufen, bei der Aufklärung der Taten mitzuwirken. Nachdem der Appell zum Boykott jüdischer Geschäfte von der örtlichen Bevölkerung nicht in dem Maße befolgt worden war, wie sich dies die örtliche SA erhofft hatte, ging sie dazu über, die verbliebenen Kunden aufzuschreiben und zu fotografieren. Esel wurden durch die Innenstadt gezogen, denen man Plakate mit der Aufschrift »Werler kaufen bei Juden nichts« umgehängt hatte. Umgekehrt gingen die Einwohner dazu über, Juden nicht mehr zu bedienen oder zu beliefern, was sie zunehmend ihrer wirtschaftlichen und privaten

45 Vgl. hierzu und zum Folgenden Hans-Jürgen Zacher: Die Synagogengemeinde Werl in der Zeit von 1847–1941. Phil. Diss. Dortmund 1988, S. 39 und 81 ff.

Existenzgrundlage beraubte. Die örtliche Presse befeuerte solche Maßnahmen mit propagandistischen Aufrufen und suchte die Ausgrenzung der jüdischen Bevölkerung mit pseudoreligiösen Botschaften zu legitimieren. Zwar schien es im Februar 1934 in der katholischen Gemeinde zu rumoren; lokalen Nachrichten zufolge wurde das »Gesetz zur Verhütung erbkranken Nachwuchses« sogar von der Kanzel herab vorsichtig kritisiert. Doch solche Formen der Insubordination verstärkten lediglich den Druck auf die Katholiken vor Ort, so dass auch aus ihren Reihen immer öfter antisemitische Aussagen zu vernehmen waren. Jüdische Mitbürger wurden nach und nach aus lokalen Vereinen ausgeschlossen, und »arischen« Angestellten war es bald untersagt, für Juden zu arbeiten. Im Juni 1936 wurde in Werl erstmals ein jüdischer Mitbürger verhaftet, um ihn in ein Konzentrationslager zu bringen. Die Synagoge in Werl wurde, anders als in den meisten Städten, nicht in der Reichspogromnacht am 9. November 1938 niedergebrannt, sondern am nächsten Morgen – vermutlich weil einige Brandstifter erst noch aus dem rund 20 Kilometer entfernten Soest anreisen mussten, wo sie wenige Stunden zuvor die dortige Synagoge in Schutt und Asche gelegt hatten. 1933 lebten in Werl 41 Juden, 1939 noch 38 – bei einer Gesamtbevölkerung von fast 10.000 war es so keine Selbstverständlichkeit, einen von ihnen persönlich zu kennen. Dennoch war ihre Verfolgung für jeden sichtbar, wie nicht zuletzt die viereckige »Schandsäule« beweist, die auf dem Marktplatz von Werl stand: Auf der ersten Seite wurden die jüdischen Geschäfte in der Stadt benannt, auf der zweiten die Häuser aufgelistet, in denen Juden wohnten, auf der dritten antisemitische Karikaturen aufgehängt und auf der vierten ein Hitlerzitat veröffentlicht: »Was nicht Rasse ist auf dieser Welt[,] ist Spreu!«

Als Dregger in der Bundesrepublik längst zu politischer Prominenz gelangt war, warfen ihm Journalisten bisweilen vor, seltsam vage auf die Frage zu reagieren, was er persönlich von der Judenverfolgung im »Dritten Reich« mitbekommen habe.[46] In der Tat war er schmallippig und neigte zu unpräzisen Ausflüchten, sobald in Diskussionen dieses Thema zur Sprache kam. Allerdings gab er indirekt zu, zumindest jene Maßnahmen wahrgenommen zu haben, die bis 1939 gegen Juden ergriffen wurden. Im März 1995 schrieb er: »Das NS-Unrechtsregime begann in der Tat bereits kurz nach der Machtübernahme.« Und er ließ dem einige Sätze folgen, mit denen er implizit seine Haltung als Jugendlicher gegenüber den Geschehnissen zu erklären versuchte: »Doch diese wiederum wäre nicht zu verstehen ohne die Folgen des Ersten Weltkrieges und die Demütigungen von Versailles. Es ist auch nicht zu bestreiten: Hitler hatte Erfolg in Deutsch-

46 Vgl. z. B. Charlotte Wiedemann: Ein trotziger Veteran, in: Die Woche, 05.05.1995.

land und im Ausland. Die ehemaligen Kriegsgegner gewährten ihm, was sie der Weimarer-Demokratie verweigert haben.«[47] Im Grunde bestätigte Dregger damit die Analyse von Joachim Fest, der in seiner Biographie über Hitler schrieb, dass wahrscheinlich nur wenige damals gezögert hätten, den Diktator »einen der größten Staatsmänner der Deutschen, vielleicht den Vollender ihrer Geschichte, zu nennen«, wenn er Ende 1938 einem Attentat zum Opfer gefallen wäre.[48] Der aggressive Antisemitismus, der ab 1933 unmittelbar in die Politik Einzug hielt, wurde von den vermeintlichen Errungenschaften des Regimes – dem raschen Abbau der Arbeitslosigkeit, der kühnen Revision des Versailler Vertrags und der territorialen Ausdehnung des Reiches ohne Krieg – weit in den Hintergrund gedrängt. Er galt in Teilen der Bevölkerung als kleiner Schönheitsfehler und war der Popularität Hitlers selbst in jenen Kreisen nicht abträglich, die sein lärmendes Auftreten als primitiv empfanden und seine Gewalttätigkeit als vulgär ansahen.

Wohl kaum eine historische Figur der damaligen Zeit verkörperte die unheilvolle Allianz zwischen dem katholisch gefärbten Nationalkonservatismus und dem Nationalsozialismus mehr als der bereits erwähnte Franz von Papen. Dem damals 12jährigen Alfred Dregger entging sicherlich nicht, dass dieser Politiker, der die Kanzlerschaft Adolf Hitlers mit anbahnte, ein gebürtiger Werler war. Magistrat und Stadtverordnete verliehen ihm im April 1933 die Ehrenbürgerschaft, und bei diesem Ereignis entstanden Bilder von der Fahrt des Vizekanzlers im offenen Wagen durch die mit nationalsozialistischen Symbolen geschmückten Werler Straßen. Bei aller propagandistischen Inszenierung zeugen sie von einer Begeisterung unter der Bevölkerung, die eine weit verbreitete Zuversicht erkennen ließ, mit der Machtübernahme durch die Nationalsozialisten die politische Wende zum Besseren vollzogen zu haben.[49] Diese Überzeugung festigte sich bis März 1938 derart, dass sich bei der Volksabstimmung über den »Anschluss« von Österreich nicht einmal 60 der über 5500 Werler, die zur Urne gingen, Hitler verweigerten.[50]

Es widerspräche allen zusammengetragenen Spuren, wenn die Familie Dregger zu den wenigen Nestern politisch weitsichtiger Insubordination gehört hätte. Im Gegenteil: Ist ab 1933 ein verstärktes politisches Engagement der Familie Dregger zu verzeichnen, lässt sich darin durchaus ein Bekenntnis zum neuen

47 Dregger am 10.03.1995 an Gomann, ACDP, 01-347-195/5.

48 Joachim Fest: Hitler. Eine Biographie. 11. Aufl. München 2010. S. 37. Vgl. zu Hitlers Ansehen Ende der 1930er Jahre auch Volker Ullrich: Adolf Hitler. Bd. 1: Die Jahre des Aufstiegs 1889–1939. Frankfurt/Main 2013, S. 833–838; differenziert und skeptischer: Peter Longerich: Hitler. Biographie. München 2015, S. 541–549.

49 Vgl. Euler: Werl unterm Hakenkreuz, S. 31 ff.

50 Vgl. ebd., S. 60.

Staate sehen. Bei Alfred Dregger senior verlief der Einstieg in die Politik über ein kommunalpolitisches Engagement. Auf der untersten kommunalen Ebene, den Gemeinden und Amtsvertretungen, dominierte noch bei der letzten freien Kommunalwahl, der vom 12. März 1933, das Prinzip der Persönlichkeitswahl. Gestimmt wurde nicht für Parteien, sondern für Personen. In dieser Eigenschaft wurde der »Direktor Alfred Dregger« für Westönnen in die Amtsvertretung des Amtes Werl gewählt, wo er sich zunächst einer »bürgerlichen Einheitsliste« anschloss.[51] Nicht nur in Werl waren solche »bürgerliche Einheitslisten« eine Zwischenstation auf dem Wege zur NSDAP – zumal nach dem Ermächtigungsgesetz vom 24. März 1933, das den legalen Weg für die Diktatur Hitlers bereitete.

Allem Anschein nach wurde Dregger senior von der nationalen Aufbruchsstimmung des Frühjahrs 1933 so ergriffen, dass er möglichst schnell den Beitritt zur NSDAP suchte. Opportunistische Erwägungen dürften in diesem Fall kaum eine Rolle gespielt haben, da aus genuin beruflichen Gründen ein Parteieintritt keineswegs nahelag. Vielmehr scheint sich darin der Wille zur Mitwirkung im neuen »nationalen Staat« manifestiert zu haben, einem Staat, der in dem Bündnis zwischen der nationalen Symbolfigur Hindenburg und Hitler zum Ausdruck kam.[52] Der Vater wollte der NSDAP bereits am 1. Mai 1933 beitreten, sein Antrag wurde allerdings mit Verweis auf Paragraph 3 Absatz 2 der Parteisatzung – also ohne Angabe von Gründen – abgelehnt.[53] Das Ansinnen von Alfred Dregger senior fiel allem Anschein nach der ab dem 30. April 1933 geltenden Aufnahmesperre zum Opfer, mit der sich die NSDAP gegen den Zustrom politischer Konjunkturritter abschirmen wollte. Am 20. Dezember 1937 stellte Dregger erneut einen Antrag auf Mitgliedschaft, der aber erst im April 1938 mit einer Sammelsendung vom Gauschatzmeister des Gaues Westfalen-Süd an das Amt für Mitgliedschaftswesen weitergereicht wurde.[54] Bei diesem Vorgang musste das Familienoberhaupt genau Auskunft darüber geben, ob seine Frau »frei von jüdischem oder farbigem Rasseeinschlag« sei und ob sie »früher bereits mit einem nichtarischen Ehegatten verheiratet« gewesen sei.[55] Im Mai 1940, also mehr als zwei

51 Ergebnis der Wahl zur Amtsvertretung des Amtes Werl vom 12. März 1933 in: Der Freimütige an der Haar, 13.03.1933; siehe auch Topp, Wahlen 1933, S. 87 f.

52 Ausführlich dazu Wolfram Pyta: Hindenburg. Herrschaft zwischen Hohenzollern und Hitler. München 2007, S. 807–828.

53 BAB, R 9361-IX, Kartei/6810992; R 9361-II/178997, Mitgliedschaftsamt am 20.05.1940 an Gauschatzmeister des Gaues Westfalen-Süd.

54 BAB, R 9361-II/178997, Angabe auf dem Fragebogen Nr. A 848 des Amts für Mitgliedschaftswesen vom 08.12.1938.

55 BAB, R 9361-II/178997, Fragebogen (Anlage zum Antrag auf Aufnahme) vom 20.12.1937.

Jahre später, notierte das Mitgliedschaftsamt, dass die »damaligen Ablehnungsgründe«, die nicht weiter spezifiziert wurden, mittlerweile »ihre Berechtigung verloren« hätten.[56] Entsprechend wurde dem Aufnahmeantrag stattgegeben und die Mitgliedschaft des Vaters auf den 1. Mai 1937 zurückdatiert.[57] Der Eintritt des Vaters in die NSDAP stellt den Endpunkt einer politischen Entwicklung dar, die den Verlagsdirektor immer näher an das Regime herangeführt hatte. Da Alfred Dregger senior nicht im Staatsdienst beschäftigt war, wo eine Parteigenossenschaft die Karriere durchaus zu befördern vermochte, wird man ihm bei seinem hartnäckigen Bemühen um Eintritt in die Hitler-Bewegung durchaus eine gewisse Grundüberzeugung attestieren dürfen.

In jedem Fall wirkte das Vorbild des Vaters auch auf seine beiden Söhne zurück. Alfred Dregger junior legte mit seinem Parteieintritt im Alter von 19 Jahren am 1. September 1940 ein Bekenntnis zu einer politischen Führung ab, der er den nationalen Wiederaufstieg Deutschlands zu machtvoll-einschüchternder Größe positiv anrechnete.[58] Wolfgang Dreggers Mitgliedschaft war hinsichtlich des Lebensalters des neuen Parteigenossen bemerkenswert: Er stellte am 9. Januar 1943 einen entsprechenden Antrag und wurde am 20. April desselben Jahres offiziell aufgenommen[59] – also vor Vollendung seines 18. Lebensjahres, was eigentlich einen Verstoß gegen die Satzung der NSDAP darstellte. Hier zeigt sich die Tendenz jener Zeit, die Statuten aufzuweichen, um möglichst rasch einen Großteil der jungen Generation an die Partei heranzuführen. Außergewöhnlich bleibt seine Mitgliedschaft dennoch, da erst im Januar 1944 die Partei-Kanzlei mit der Anordnung 8/44, welche die Aufnahme der Angehörigen der Jahrgänge 1926 und 1927 in die NSDAP regelte, diesem Trend einen offiziellen Anstrich gab.[60] In jedem Fall beweist der Vorgang, wie eilig es Wolfgang Dregger hatte, dem Beispiel seines Vaters und seines älteren Bruders zu folgen.

Die männlichen Angehörigen der Familie Dregger hatten – so lässt sich bilanzieren – mit ihrem Eintritt in die NSDAP ihre politische Einstellung bekundet. Dies musste keine ideologische Deckungsgleichheit mit allen Kernzielen des Nationalsozialismus bedeuten, vor allem nicht mit dem Rassenantisemitismus, wohl aber stand es für eine deutliche Übereinstimmung mit dem Ziel einer auch militärisch durchzusetzenden Ausdehnung des Deutschen Reiches. Alfred Dreg-

---

56 BAB, R 9361-II/178997, Mitgliedschaftsamt am 20.05.1940 an Gauschatzmeister des Gaues Westfalen-Süd.

57 Ebd.

58 BAB, R 9361-IX, Kartei/6810933.

59 BAB, R 9361-IX, Kartei/6811000.

60 BAB, NS 6/346, Reichsverfugungsblatt der Reichskanzlei (Anordnung 8/44 vom 08.01.1944).

ger ließ sich aufgrund seiner Jugend in besonderem Maße für die Wiederherstellung nationaler Größe begeistern. Sein tiefer Wunsch, als Berufssoldat seinen Teil dazu beizutragen, war Ausdruck dieser Geisteshaltung. Doch damit ist noch nicht alles über die Gründe gesagt, warum sich Alfred Dregger bis 1945 loyal gegenüber dem NS-Regime verhielt. Vor allem aber vermögen diese Aspekte nicht den provokativen Trotz zu erklären, mit dem er seine Konformität selbst noch viele Jahrzehnte später verteidigen sollte, obwohl er politisch nur verlieren konnte, wenn er eine differenziertere Betrachtung der Motive seiner Generation anmahnte. Verstehbar wird diese Verstocktheit in der Tat nur, wenn man Alfred Dreggers Laufbahn als Wehrmachtsoffizier nicht isoliert betrachtet, sondern diese Jahre zu einer Doppelbiographie erweitert, welche die Geschichte seines jüngeren Bruders als Soldat miterzählt.

2. Vorzeigekrieger – sechs Jahre Soldat in der Wehrmacht

Alfred Dregger bedurfte keiner besonderen Anreize, um sich für den Lebensweg eines Berufssoldaten zu entscheiden. Im Soldatenrock hoffte er seine bereits in der HJ unter Beweis gestellte Führungseigenschaft entfalten zu können; vor allem aber sah er sich so in der Lage, mit eigener Kraft am nationalen Wiederaufstieg des Reiches mitzuarbeiten. Es war vollkommen klar, dass der tatendurstige junge Alfred dabei die Offizierslaufbahn anstrebte – alles andere hätte seinen Ansprüchen an sich selbst nicht entsprochen. Daher verwundert es nicht, dass er im Rahmen seiner Abiturprüfung bereits am 3. März 1939 vor dem staatlichen Prüfungsausschuss seine feste Absicht äußerte, Offizier der Infanterie zu werden.[1] Nach sechs Monaten Reichsarbeitsdienst, der ihn unter dem Motto »Mit Spaten und Ähre« ins Saarland nach Hirstein und St. Wendel geführt hatte,[2] rückte er am 27. August 1939, also fünf Tage vor dem deutschen Angriff auf Polen, als »Fahnenjunker-Schütze« ein.[3]

Für seine militärische »Feuertaufe« im Krieg gegen Polen war es aber noch zu früh. Für die Ausbildung zum Leutnant waren in der Wehrmacht ursprünglich vier Jahre vorgesehen, in denen nach der Grundausbildung und neben dem üblichen Dienst noch die Offiziers- und Waffenschule besucht werden sollten. Doch unter den Bedingungen des Krieges, der den Bedarf an Offizieren erhöhte, verkürzte sich kontinuierlich die Zeit, in der man bis zum Leutnant aufsteigen konnte.[4] Dennoch war in jedem Fall vorgesehen, dass der Offiziersanwärter erst einmal ohne Privilegien in der Truppe seinen Dienst verrichten musste. Für

---

1 UAM, 3076/2172, Promotionsakte Alfred Dregger, Zeugnis der Reife vom 03.03.1939 (Abschrift); StAFu, Stadt Fulda-Amt 10/3, Personalakte Dr. Alfred Dregger, Abschrift der Abschrift von der Urschrift vom 21.01.1954.

2 StAFu, Stadt Fulda-Amt 10/3, Personalakte Dr. Alfred Dregger, Dregger am 07.08.1956 an Raabe. Zum Reichsarbeitsdienst vgl. u.a. Michael Hansen: »Idealisten« und »gescheiterte Existenzen«. Das Führerkorps des Reichsarbeitsdienstes. Inaug.-Diss. Trier 2004, S. 89 ff; Manfred Seifert: Kulturarbeit im Reichsarbeitsdienst. Theorie und Praxis nationalsozialistischer Kulturpflege im Kontext historisch-politischer, organisatorischer und ideologischer Einflüsse. Münster, New York 1996.

3 BA-MA, Pers 6/267764, Personalakte Alfred Dregger, Dienstlaufbahn.

4 Vgl. Dirk Richardt: Ausbildung und Auswahl junger Offiziere 1930–1945. Zur sozialen Genese des deutschen Offizierskorps. Inaug.-Diss. Marburg 2002, S. 79.

Dregger bedeutete dies, dass er wie jeder andere mit der harten Grundausbildung begann, die er im Infanterie-Ersatz-Bataillon 58 absolvierte.[5] Als Teil der 6. Infanterie-Division wurde es bei der Mobilmachung Ende August 1939 in Herford aufgestellt und sollte Anfang November 1939 nach Danzig verlegt werden.[6] Dregger selbst wurde hingegen erst am 25. Juni 1940 – und dies nur für wenige Wochen – nach Westpreußen in Marsch gesetzt.[7] In den sechs Monaten zuvor hatte er seinen Dienst in Bielefeld verrichtet, von wo er schnell zu seinen ersten kriegerischen Einsätzen an die Westfront abkommandiert worden war. So war er als MG-Schütze am Durchbruch der deutschen Truppen zum Ärmelkanal, am Vormarsch durch Belgien und Frankreich sowie bei Kämpfen an der Somme und Seine beteiligt, von wo aus er Mitte Juni 1940 mit seiner Einheit letzte versprengte Reste des französischen Feindes bis zur Loire verfolgte.

Es gibt zwar keine persönlichen Äußerungen von Dregger, aus denen hervorgeht, wie er seine militärische »Feuertaufe« im Frankreichfeldzug im Sommer 1940 erlebte. Doch vor dem Hintergrund seiner politischen Prägung und der von Divisionskommandeur Großmann beschriebenen Stimmung in der Truppe erscheint die Vermutung nicht zu gewagt, dass er die Besetzung und Kapitulation Frankreichs, die mit dem Waffenstillstand von Compiègne am 22. Juni 1940 besiegelt wurde, als großen Triumph empfand. Jedenfalls war in der 6. Infanterie-Division sehr aufmerksam Hitlers Aufruf an das Westheer registriert worden, es sei das Ziel Englands und Frankreichs, Deutschland zu zerschlagen, in lauter kleine Staaten aufzuteilen und ihm somit »sein Lebensrecht auf dieser Erde« zu nehmen.[8] Den Soldaten wurde eingetrichtert, beide Länder hätten beschlossen, Deutschland von Norden her zu attackieren, was »im Keim erstickt« werden müsse. Dregger wähnte sich also nicht nur in der Vorstellung, einen Angriff auf sein Vaterland abgewehrt zu haben. Im Alter von 19 Jahren hatte er auch an der endgültigen Zerstörung eines Vertragswerks mitgewirkt, das große Teile der deutschen Bevölkerung als eine entehrende Demütigung aufgefasst hatten. Zum 1. Juli 1940 wurde er zum Unteroffizier befördert, vor allem aber hatte er rund zwei Wochen zuvor als Anerkennung seiner militärischen Leistungen das Eiserne Kreuz 2. Klasse erhalten.[9] Zwar stellte es mit rund 2,3 Millionen Verleihungen im Zweiten Weltkrieg keine

5 BA-MA, Pers 6/267764, Personalakte Alfred Dregger, Dienstlaufbahn.

6 Vgl. http://www.lexikon-der-wehrmacht.de/Gliederungen/InfErsBat/InfErsBat58-R.htm [10.10.2018].

7 Vgl. hierzu und zum Folgenden BA-MA, Pers 6/267764, Personalakte Alfred Dregger, Dienstlaufbahn, sowie Karteikarte über Dreggers Teilnahme an Feldzügen etc. vom 26.02.1942.

8 Dieses und das folgende Zitat bei Großmann: Geschichte, S. 13 f.

9 BA-MA, Pers 6/267764, Personalakte Alfred Dregger, Karteikarte über Dreggers Teilnahme an Feldzügen etc. vom 26.02.1942.

außergewöhnliche Auszeichnung dar,[10] eignete sich aber durchaus dazu, das militärisch-nationale Bewusstsein des jungen Mannes weiter zu festigen und ihn mit Stolz zu erfüllen. Damit konnte er nun auch seinem Vater unter die Augen treten, der zufrieden zur Kenntnis nahm, dass der Sohn ihm keine Schande bereitete.

Ebenso wenig Anlass zur kritischen Reflexion gab Dregger die Art, wie die Kapitulation Frankreichs errungen worden war. Der Feldzug nahm sich im Vergleich zum zermürbenden Stellungskrieg 25 Jahre zuvor wie ein militärischer Spaziergang aus, auf dem »lediglich« 49.000 deutsche Soldaten gefallen oder vermisst waren.[11] Überdies konnte er aus der damaligen Perspektive als ein Sieg gefeiert werden, bei dem die Wehrmacht ihren »ritterlichen« Charakter unter Beweis gestellt habe – eine Feststellung, auf die Dregger später in den erinnerungspolitischen Debatten großen Wert legte.[12] Die mehr als 100.000 gefallenen französischen Soldaten waren – so die Wahrnehmung – in fairen Kämpfen getötet worden, und dass viele der rund 1,9 Millionen französischen Gefangenen nie mehr heimkehren sollten, war im Sommer 1940 nicht unbedingt vorhersehbar. Zufrieden setzte Dregger also seinen Dienst bei der Truppe fort, wo ihn nach dem kurzen Intermezzo in Danzig ohnehin erst einmal eine relativ entspannte Etappe seiner Ausbildung erwartete.

Am 19. August 1940 begann für ihn der 5. Offiziersanwärterlehrgang an der Waffenschule in Potsdam-Krampnitz.[13] Die Ausbildungsstätte kam insofern seinen Neigungen entgegen, als sie neben Schützen, Panzerfahrern und motorisierten Aufklärern auch Kavalleristen zusammenführte: Das Reiten war nicht nur in seiner Kindheit und Jugend eine große Passion Dreggers gewesen, sondern sollte es in eingeschränktem Maße auch weit nach 1945 bleiben. Allerdings fiel der Lehrgang in eine Zeit, als der fachliche Austausch mit anderen Gattungen nur noch begrenzt stattfand, hatte sich doch die Ausbildung an den Waffenschulen längst spezialisiert. Der Typ des »Allrounders« unter den Offizieren war dem Fachmann gewichen, der zumeist nur noch auf einem Gebiet umfangreiche Kenntnisse besaß.[14] Dregger erhielt in dem viermonatigen Lehrgang den letzten Schliff als Infanterist, der mit den technischen und taktischen Feinheiten im

10 Vgl. Johannes-Paul Kögler: Ehre als tragbares Zeichen. Zur politischen, sozialen und kulturgeschichtlichen Bedeutung von Orden und Ehrenzeichen am Beispiel des Königsreichs Hannover 1814–1866. Baden-Baden 2018, S. 68.

11 Zu Verlauf, Bilanz und Konsequenzen des Westfeldzugs vgl. Karl-Heinz Frieser: Die Blitzkrieg-Legende. München 2012, zu den Verlustzahlen S. 400.

12 Siehe dazu Kapitel 16.

13 UAM, 3076/2172, Promotionsakte Alfred Dregger, »Mein Lebenslauf« (21.06.1950).

14 Vgl. Richardt: Ausbildung und Auswahl junger Offiziere, S. 80 ff.

Kampf mit Handwaffen vertraut gemacht wurde. Mit seiner Ausbildung war er nun auf allen Feldzügen zu Lande einsetzbar, und alles spricht dafür, dass er geradezu darauf brannte, seine erworbenen Fähigkeiten erneut im Feld einsetzen zu können. Insofern gehörte er nicht der Gruppe von Soldaten an, die nach dem gewonnenen Westfeldzug einen raschen Frieden herbeisehnten.

Am 1. Dezember 1940, also vor der offiziellen Beendigung des Offizierslehrgangs, wurde Dregger zum Fahnenjunker, rund zwei Monate später, im Februar 1941, zum Leutnant ernannt.[15] Dieser lang ersehnte Schritt musste nicht unbedingt ein Ausweis herausragender Fähigkeiten sein. Vielmehr war er auch dem Mangel an Führungspersonal in der Wehrmacht geschuldet. Wie aus einem Schreiben des Oberbefehlshabers des Heeres, Walther von Brauchitsch, vom 21. Januar 1941 hervorgeht, war er Teil einer Massenbeförderung, bei der Diensteintritt und Lebensalter zu den einzigen Kriterien erhoben wurden, »da ein ausreichender Maßstab für die Beurteilung nach Leistungen nicht gegeben« war.[16] Mit Dregger wurden offenkundig alle Teilnehmer des Lehrgangs, unter ihnen Soldaten, die ursprünglich die formalen Voraussetzungen für diese Laufbahn nicht erfüllt hatten, zu Offizieren befördert.[17] Daher besitzt auch die knappe Beurteilung von Dreggers Leistungen, die sein Vorgesetzter im Februar 1941 niederschrieb, nur bedingt Aussagekraft: »Frische und tatkräftige Persönlichkeit. Offen, klar und zielsicher. Hat sich vor dem Feinde bewährt. Zeigt gute Dienstkenntnisse und Führereigenschaften.«[18]

Unabhängig davon war Dregger jedoch mit der Verleihung eines Offiziersdienstgrades nun in einer militärischen Position, die ihm die Übernahme militärischer Führungsverantwortung gestattete. Die klassische Bestimmung eines frisch zum Leutnant beförderten Infanteristen ist die Führung eines Zugs in einer Kompanie, und so wurde Dregger ab Ende Dezember 1940 zunächst in seiner Stammeinheit, dem Infanterie-Ersatz-Bataillon 58, mit dieser Aufgabe betraut. Nach einer kurzen Etappe beim Küstenschutz an der französischen Kanal- und Atlantikküste wartete dann ab dem 25. Februar 1941 ein Einsatz auf ihn, der ihn weit weg von der Heimat führte: nach Norwegen zur – wie es in seiner Personalakte euphemistisch hieß – »Sicherung« eines Territoriums,[19] das deutsche Trup-

15 BA-MA, Pers 6/267764, Personalakte Alfred Dregger.

16 BA-MA, Pers 6/267764, Personalakte Alfred Dregger, von Brauchitsch Nr. 370/41 am 21.01.1941.

17 Ebd.

18 BA-MA, Pers 6/267764, Personalakte Alfred Dregger, Beurteilung durch den Regimentskommandeur (Februar 1941).

19 BA-MA, Pers 6/267764, Personalakte Alfred Dregger, Karteikarte über Dreggers Teilnahme an Feldzügen etc. vom 26.02.1942.

pen im Rahmen der »Weserübung« im Frühjahr 1940 angegriffen und besetzt hatten. Die Einnahme des skandinavischen Landes besaß für die deutsche Militärstrategie große Bedeutung, drohte das Reich doch bei Verlust von der enorm wichtigen Erzzufuhr aus Schweden abgeschnitten zu werden. Außerdem diente es im Rahmen der Atlantikkriegsführung als Basis für die überseeischen Ambitionen des NS-Regimes als künftige Welt, Flotten- und Kolonialmacht.[20]

Die überlieferten Akten geben uns keine genaueren Informationen darüber, wo Dregger in jener Zeit stationiert und mit welchen Aufgaben er im Detail befasst war. Allerdings lässt die Tatsache, dass er damals der 11. Kompanie des Infanterie-Regiments 340[21] angehörte, auf den Standort Rörvik schließen,[22] eine kleine Ortschaft tief im Norden des Landes. Die anderen dort untergebrachten Truppenteile – Vorposten und Minensuch-Flottillen sowie der Stab einer Marine-Artillerie-Abteilung – legen die Vermutung nahe, dass Dregger mit seinem Zug ähnlich wie zuvor bei dem kurzen Aufenthalt an der französischen Kanal- und Atlantikküste vornehmlich zum Schutz der dortigen Küstenregion vor Angriffen der Westmächte beizutragen hatte. Mit anderen Worten: Die rund 21 Monate, die er in Rörvik verbrachte, bestanden überwiegend aus routiniert zu verrichtendem Wachdienst, der vom militärischen Standpunkt aus tatsächlich so ereignislos verlief, wie es der knappe Vermerk dazu in seiner Personalakte beschrieb: »Einsatzzeit an der Front ohne Kampfhandlung«.[23] An einem Frontabschnitt Dienst zu tun, an dem keine Feindberührung absehbar war, konnte das Soldatenherz Dreggers auf Dauer nicht zufriedenstellen. Ohnehin drängte die innerfamiliäre Konstellation Alfred geradezu nach einem erneuten Fronteinsatz: In militärischer Hinsicht blieb sein Vater sein großes Vorbild, der im Ersten Weltkrieg an drei Kriegsschauplätzen an der Front gewesen war. Um nicht hinter ihn zurückzufallen, hatte Dregger sich nach dem Einsatz in Frankreich noch mindestens an einem zweiten Frontabschnitt zu bewähren, wobei nach Lage der Dinge im November 1942 nur die Ostfront in Frage kam. Deutlich wird der innerfamiliäre Ansporn in seinem ersten Schreiben an die Familie, nachdem ihn die Nachricht von der Abkommandierung nach Osten erreicht hatte: »Ihr wißt, daß damit mein Wunsch in Erfüllung geht[,] und ich hoffe, daß Ihr Euch deswegen mit mir freut, trotzdem ich Gefahren entgegen gehe. Denn Ihr wollt ja keinen

20 Vgl. Klaus Hildebrand: Das Dritte Reich. 6. Aufl. München 2003, S. 69.

21 Es wurde im Oktober 1942 in Grenadier-Regiment 320 umbenannt.

22 Vgl. http://www.lexikon-der-wehrmacht.de/Kasernen/Norwegen/KasernenRoervik-R.htm [13.10.2018].

23 BA-MA, Pers 6/267764, Personalakte Alfred Dregger, Vorschlag für vorzugsweise Beförderung vom 07.03.1944.

Etappenhasen, sondern einen Frontsoldaten als Sohn haben. Ich tue damit nur das Gleiche, was Millionen vor mir getan haben und was auch mein Vater im ersten Weltkrieg unter Beweis gestellt hat«.[24]

Alfred junior hatte sich nun also auf dem sowjetischen Kriegsschauplatz an der Front zu bewähren. Damit war er an einem Krieg beteiligt, der von anderer Qualität war als der Westfeldzug, einem Krieg, in dem sich der rassenideologische Charakter des NS-Regimes schonungslos offenbarte.[25] Als Dregger im November 1942 zur Führerreserve der Heeresgruppe Mitte abkommandiert und damit zu seiner alten Einheit, dem Grenadierregiment 58, versetzt wurde,[26] geriet er mithin in ein militärisches Geschehen, das auch als weltanschaulicher Bestimmungspunkt gelten kann. Denn in der unmittelbaren Teilnahme an den militärischen Geschehnissen in den Weiten der Sowjetunion, wo Dregger fast zwei Jahre im Einsatz war, offenbarte sich, wie weit das Parteimitglied Dregger mit den Weltanschauungskernen des Nationalsozialismus übereinstimmte. Die überaus enge Beziehung zu seinem fünf Jahre jüngeren Bruder Wolfgang, seinem einzigen Geschwister, ermöglicht es uns, die politische Haltung des jungen Leutnants einer familiären Überprüfung zu unterziehen. Beide Brüder waren nicht nur Parteigenossen, sie sollten auch – wenngleich in sehr unterschiedlicher Weise – im Ostkrieg zum Einsatz kommen. Fiel dem Älteren da nicht die Aufgabe zu, den Jüngeren, der sich intensiv auf seinen Kriegsdienst vorbereitete, vor dem zu warnen, was dort auf ihn zukommen würde? Bedurfte es nicht auch einer politischen Aufklärung unter Brüdern darüber, dass im Osten nicht nur gegen einen anderen Feind, sondern auch auf eine ganz andere Art als im Westen Krieg geführt wurde?

Wolfgang war in mancherlei Hinsicht das *alter ego* seines großen Bruders. Wie dieser hatte er innerhalb der Hitlerjugend seine Führungsbegabung unter Beweis gestellt. Zwei Jahre nach seinem HJ-Eintritt am 1. Mai 1938 war ihm die Führung einer Jungenschaft, wiederum ein Jahr später sogar eines Jungzugs anvertraut worden.[27] Verweisen konnte er auch darauf, das HJ-Leistungsabzeichen in Sil-

24 Alfred Dregger an seine Familie, 11.11.1942 (Privatbesitz Meinulf Dregger).

25 Vgl. klassisch: Andreas Hillgruber: Die »Endlösung« und das deutsche Ostimperium als Kernstück des rassenideologischen Programms des Nationalsozialismus, in: Vierteljahrshefte für Zeitgeschichte 20 (1972), S. 133–153; Christian Hartmann: Unternehmen Barbarossa. Der deutsche Krieg im Osten 1941–1945. München 2011; Ulrich Herbert: Geschichte Deutschlands im 20. Jahrhundert. München 2014, S. 428–445; ders.: Das Dritte Reich. Geschichte einer Diktatur, München 2016, S. 68–85.

26 BA-MA, Pers 6/267764, Personalakte Alfred Dregger, Fernschreibstelle am 09.11.1942 an A.O.K. Norwegen u. a.

27 Wolfgang Dregger, »Mein Lebenslauf« vom 17.03.1942, ACDP, 01-347-123/3.

ber erworben zu haben,[28] was immerhin die »Erfüllung gesteigerter Anforderungen« im Bereich der Leibesübungen, bei der weltanschaulichen Prüfung und beim praktischen Einsatz verlangte.[29] Aufgeregt berichtete Wolfgang im März 1942 seinen Eltern und seinem Bruder davon, was er auf einem HJ-Lehrgang in Lüdenscheid alles lernte: Geländekunde, Meldewesen, Schießlehre und noch vieles mehr, was ihn auf den Kampf mit der Waffe vorbereiten sollte. Mit großem Stolz erfüllte es ihn, dass er an einem Tag »Führer vom Dienst« war und in dieser Funktion den Lehrgang zur Flaggenparade und zu Aufmärschen antreten lassen durfte.[30] Es bereitete ihm sogar »Spaß«, sich während des Kurses auch einer ordentlichen »Schleiferei« unterziehen zu müssen, rund zwei Stunden durch die »Patsche« zu robben und dabei nass »bis auf die Haut« zu werden.[31] Alles, was der Vorbereitung auf soldatisches Kämpfertum diente, nahm Wolfgang Dregger wie sein Bruder mit einer Mischung aus Begeisterung und Pflichterfüllung auf.

Es verwundert daher nicht, dass er ebenso wie der ältere Sohn den unbedingten Willen besaß, in die Fußstapfen seines Vaters zu treten und Offizier zu werden. Das innerfamiliäre Konkurrenzmodell verleitete ihn sogar dazu, so rasch wie möglich den Fronteinsatz anzustreben und dafür das Gymnasium in Werl noch vor Ablegen des Abiturs zu verlassen. Sein älterer Bruder hielt zwar nichts von einer solchen Unterbrechung des Lebenslaufs – auch weil bei ihm Bildung hoch im Kurs stand und er deswegen die Aufweichung der Zugangsbeschränkung für die Offizierslaufbahn, nämlich den Verzicht auf das Abitur, kritisierte.[32] Aber Bruder Wolfgang empfand dies geradezu als Einladung, es auch ohne Abitur seinem Bruder nachtun zu können und so rasch wie möglich die Offizierslaufbahn einzuschlagen. Er war also bereit, den immer noch herausragenden Befähigungsnachweis bürgerlicher Karrierewege auszuschlagen, wenn es seinem übergeordneten Ziel diente, als Offizier seinem Bruder nachzueifern.

Während sich Wolfgang seit Sommer 1943 in der Grundausbildung befand, hatte sich der militärische Alltag seines großen Bruders längst gewandelt. Mochte in Norwegen noch eine gewisse Gleichförmigkeit vorgeherrscht haben, nahm Alfred Dregger nun, mit Wirkung zum 1. Februar 1943 zum Oberleutnant befördert,[33] bereits seit Januar 1943 im Grenadier-Regiment 58 an Einsätzen an

28 Alfred Dregger sen. am 11.09.1943 an Wolfgang Dregger, ACDP, 01-347-123/3.

29 Vgl. dazu Michael Buddrus: Totale Erziehung für den totalen Krieg. Hitlerjugend und nationalsozialistische Jugendpolitik. Teil 1, München 2003, S. 234, Anm. 281.

30 Wolfgang Dregger am 19.03.1942 an die Familie Dregger, ACDP, 01-347-123/3.

31 Wolfgang Dregger an die Eltern (ohne Datum), ACDP, 01-347-123/3.

32 Vgl. das Schreiben Alfred Dreggers an seine Familie, 10.11.1942 (Privatbesitz Meinulf Dregger).

33 BA-MA, Pers 6/267764, Personalakte Alfred Dregger, OKH am 21.01.1943.

der Ostfront teil. Noch als Leutnant und gerade einmal 22 Jahre alt, fungierte er bereits als Kompanieführer – eine Aufgabe, die ihm auf den Leib geschneidert war, weil er hier seine Führungsstärke unter Beweis stellen und zugleich die ihm ans Herz gewachsene militärische Kameradschaft pflegen konnte: »Es gibt nichts Schöneres als Kompaniechef zu sein! Vor allem bei einer Infanteriekompanie an der Front. Ich fühle mich schon so weit mit meinen Männern verwachsen und für die 600 Meter Graben, die mir zur Verteidigung anvertraut sind, verantwortlich, daß es für mich eine zweite Heimat ist.«[34]

Alfred Dregger ist damit ein eindrückliches Beispiel dafür, wie sehr sich ein genuin militärisches Wertesystem in eine Person einzuschreiben und deren Denken und Handeln zu bestimmen vermag.[35] Er hatte die Vorstellungen von soldatischer Pflichterfüllung und Tapferkeit so verinnerlicht, dass er in dieser Hinsicht zu einem Vorzeigeoffizier der Wehrmacht wurde. In seinem Dienst an der Ostfront ging er auf, weil sich hier – und nicht in der Etappe oder im ruhigen Norwegen – die militärische Leistungskultur in Reinform entfalten konnte. Er war ein begeisterter Infanterist, weil die unmittelbare Feindberührung – und sei es im Nahkampf – für diese Waffengattung kennzeichnend war und weil ein Infanterist ein komplett ausgebildeter Soldat sein sollte: Er musste mit dem Spaten Gräben bauen, sein Gewehr einsetzen und auch imstande sein, ein Maschinengewehr zu bedienen. In diesem infanteristischen Selbstverständnis zählte allein breit gefächertes militärisches Können, das umso mehr zur Geltung gebracht werden konnte, als die seit dem Ende des 19. Jahrhunderts gepflegte militärische Führungskultur zur Eigeninitiative ermunterte.[36] Und es war diese Führungskultur, die den jungen Leutnant Dregger in die Lage versetzte, schon nach wenigen Wochen an der Front dort aushilfsweise ein ganzes Bataillon zu führen.

Notwendig wurde das, weil Dreggers Einheit an einem der umkämpftesten Abschnitte der Ostfront – dem vorgeschobenen Frontbogen von Rshew – eingesetzt war. Die Rote Armee hatte seit Dezember 1941 versucht, diesen Frontvorsprung, der 200 Kilometer westlich von Moskau lag, zurückzuerobern. Als Leutnant Dregger dort eintraf, wurde er in ein Schlachtgeschehen geworfen, das

34 Schreiben Alfred Dreggers an Eltern und Bruder, 27.12.1942 (Privatbesitz Meinulf Dregger).

35 Zur vergemeinschaftenden Kraft dieses militärischen Wertekanons vgl. die vorzügliche Synthese von Sönke Neitzel: Deutsche Krieger. Vom Kaiserreich zur Berliner Republik – eine Militärgeschichte. Berlin 2020, vor allem S. 190–216.

36 Dazu ausführlich Wolfram Pyta: Militärische Entscheidungskultur. Prolegomena zu einer dezisionistischen Führungskultur des Militärs, in: Martin Clauss/Christoph Nübel (Hg.): Militärisches Entscheiden. Voraussetzungen, Prozesse und Repräsentationen einer sozialen Praxis von der Antike bis zum 20. Jahrhundert. Frankfurt/Main 2020, S. 49–72.

gerade für den Mittelabschnitt der Ostfront typisch war: Die Überlegenheit der Roten Armee an Material und Soldaten verschaffte sich immer mehr Geltung, so dass die deutschen Verteidiger nur mühsam ihre Stellung behaupten konnten. Im Falle des Kompaniechefs Dregger brachten es diese Umstände mit sich, dass er Ende Januar 1943 die Führung des vier Kompanien zählenden I. Bataillons übernehmen musste, da dessen Kommandeur ausgefallen war. Acht Tage lang führte Leutnant Dregger die Einheiten und verzichtete dabei weitgehend auf Schlaf, waren doch außer ihm im ganzen Bataillon nur noch zwei weitere Offiziere einsatzfähig. »So war ich denn Kommandeur, Adjutant, Ordonnanzoffizier und oft Kompanieführer in einer Person«.[37]

Dregger wuchs mit dieser Aufgabe – und er wuchs förmlich über sich hinaus: Er ignorierte zwei in diesem Zeitraum erlittene Verwundungen und wurde erst nach sieben Tagen, als das Gröbste überstanden war, am Hauptverbandsplatz medizinisch versorgt. Vor allem musste man ihm Stecksplitter im rechten Oberschenkel entfernen, die schon einen Abszess verursacht hatten. Dregger praktizierte hier eine Führungskultur, die sich durch Tatkraft und Eigeninitiative auszeichnete und in der preußisch-deutschen Tradition etabliert war.[38] Indem er sie schon früh verinnerlicht und bejaht hatte, war er bestens darauf vorbereitet, sie in der Stunde der Bewährung zu praktizieren und sich als 22jähriger Leutnant an die Spitze eines kämpfenden Bataillons zu stellen. »Die Verantwortung, die in diesen Tagen des Großkampfes mit seinen oftmals kritischen Lagen in der Führung des Bataillons auf meinen jungen Schultern ruhte, war doch eine ungeheure und sie wird wohl den meisten Menschen nie in ihrem Leben zuteil werden.«[39]

Der junge Dregger – so wird man sagen können – ergriff beherzt Führungsverantwortung, wenn es geboten schien. Bereits Anfang 1943 an der Ostfront manifestierte sich so jene Führungsstärke, die ihn später im Berufsleben und im politischen Metier auszeichnen sollte. Er zählte die Gefahren, denen er dabei ausgesetzt war, zu seinem Berufsrisiko, das er kannte und das er vorbehaltlos bejahte. Tiefschürfende weltanschauliche Reflexionen über die Sinnhaftigkeit seines Einsatzes sind bei ihm nicht zu finden. Sein christlicher Hintergrund unterfütterte diese Einsatzbereitschaft:[40] Wer sich wie er im Glauben getragen wusste, der

37 Dregger an Eltern und Bruder, 28.01.1943 (Privatbesitz Meinulf Dregger).

38 Vgl. Pyta: Führungskultur.

39 Dregger an Eltern und Bruder, 28.01.1943 (Privatbesitz Meinulf Dregger).

40 Vgl. dazu u.a. Martin Löw: Militärseelsorge unter dem Hakenkreuz. Paderborn 2014; Antonia Leugers: Jesuiten in Hitlers Wehrmacht. Paderborn 2009; Felix Römer: Volksgemeinschaft in der Wehrmacht?, in: Harald Welzer/Sönke Neitzel/Christian Gudehus (Hg.): »Der Führer war wieder viel zu human, viel zu gefühlvoll«. Frankfurt/Main 2011, S. 55–95.

konnte Gottes Wirken auch im Kriegsgeschehen am Werk sehen: »Im übrigen ist mein Schicksal ganz in Gottes Hand und er hat mich jetzt wieder derart wunderbar und gnädig beschützt, daß ich ihm von Herzen danke und vertraue!«[41]

Nach dieser Bewährungsprobe erhielt Dregger nicht nur das silberne Verwundetenabzeichen als Ausweis seiner Tapferkeit, er wurde auch zum Oberleutnant befördert und zum Chef seiner Kompanie ernannt. Einige Wochen lang musste er im Frontabschnitt von Rshew unter Aufbietung aller Kräfte aushalten – und er verschwieg gegenüber seinen Lieben nicht, welche harte Zeit er durchmachte. Siegeszuversicht schimmerte immer weniger aus seinen Briefen an die Angehörigen durch, eher unerschütterlicher Durchhaltewillen. Oberleutnant Dregger verhehlte dabei nicht, wie ernst die Lage auch für ihn persönlich war: »Die dazwischen liegende Zeit war sehr hart. Dreimal war ich Führer der Nachttruppen. 2x bin ich in dolle Situationen gekommen, so daß einem jetzt noch manchmal die Haare zu Berge stehen. Aber es wurde geschafft, was ich weniger meiner Führungskunst als der Hilfe des Allmächtigen und der Dummheit der russischen Offiziere, die mir gegenüber lagen, zuschreibe«.[42]

Dregger hat nahezu seine gesamte Zeit an der Ostfront bei der kämpfenden Truppe zugebracht. Der geschilderte soldatische Wertekanon hatte sich dabei so fest in sein Innerstes eingebrannt, dass die mit dem Ostkrieg untrennbar verbundenen Verbrechen an der jüdischen Einwohnerschaft, den politischen Kommissaren der Roten Armee, den Partisanen und der Zivilbevölkerung im Mikrokosmos seines Grenadier-Regiments 58 nicht auftauchten. Dies erklärt auch, warum Dregger im Herbst seines politischen Lebens vehement für die Wahrung der Truppenehre eintrat. Er hatte die Truppe als reine Kampfgemeinschaft erlebt und war daher nicht in der Lage, ein differenziertes Bild von der Wehrmacht zu entwerfen, in dem auch die von ihr gerade im Ostkrieg verübten Verbrechen[43] ihren Platz einnahmen.

Nach einigen Monaten des Pausierens kam seine Einheit im Juli 1943 in der Schlacht von Kursk zum Einsatz. Dabei handelte es sich um den letzten Versuch der Wehrmacht, die Initiative – diesmal in der Ukraine – wieder an sich zu reißen. Dass die »Operation Zitadelle« nach acht Tagen abgebrochen wurde, hatte auch damit zu tun, dass sich die militärische Großwetterlage durch die

---

41 Dregger an seine Eltern, 28.01.1943 (Privatbesitz Meinulf Dregger).

42 Dregger an seine Eltern, 15.03.1943 (Privatbesitz Meinulf Dregger).

43 Zu den Verbrechen der Wehrmacht vgl. die souveräne Darstellung bei Neitzel: Deutsche Krieger, S. 216–241.

Landung alliierter Truppen in Sizilien grundlegend verändert hatte. Vor allem aber bewogen heftige sowjetische Gegenangriffe die deutsche Militärführung dazu, die Offensive einzustellen.[44] Oberleutnant Dregger bekam von diesen Führungsentscheidungen nichts mit, weil er bereits am ersten Tag der Schlacht – am 5. Juli 1943 – schwer verwundet wurde. Das bleibende Andenken, das ihm im Alter schwer zu schaffen machte, waren zwei Granatsplitter im Rücken und mehrere ganz kleine im Kopf; ein haarscharf vor der Lunge sitzender Granatsplitter wurde herausoperiert.[45]

Es war die gefährlichste Verletzung, die der Frontoffizier Dregger erleiden sollte. Der Umstand, dass er dem Tod nur knapp entronnen war, bewirkte allerdings nicht, dass sich sein Bild vom Krieg im Allgemeinen und vom Ostfeldzug im Besonderen wandelte. Alfred Dregger blieb Offizier durch und durch. Von seiner militärischen Aufgabe völlig in Anspruch genommen, verbat er sich jede Überlegung, ob der Krieg nicht militärisch falsch geführt wurde und obendrein eine verbrecherische Seite offenbarte, die mit »soldatischer Ehre« unvereinbar war. Hieran zeigt sich, wie begrenzt der politische Horizont des knapp 23 Jahre alten Oberleutnants Dregger zu diesem Zeitpunkt war.[46] Gewiss war Dregger kein Einzelfall unter den jungen Offizieren – und dies sticht markant ins Auge, wenn man sich vor Augen hält, dass mit Helmut Schmidt ein Angehöriger seiner Generation, der später ebenfalls in der bundesdeutschen Politik Karriere machen und es zum Inhaber des wichtigsten Regierungsamts bringen sollte, den verbrecherischen Charakter des Ostkriegs allem Anschein nach nicht präziser thematisierte beziehungsweise mehr oder weniger genaue Kenntnis davon stets

44 Vgl. ausführlich zu Vorbereitung, Verlauf und strategischen Konsequenzen Roman Töppel: Kursk 1943. Die größte Schlacht des Zweiten Weltkriegs. Paderborn 2017, bes. S. 15–221.

45 Vgl. das Schreiben Alfred Dreggers an seine Eltern, 09.07.1943 (Privatbesitz Meinulf Dregger).

46 Im Vergleich mit seinen Generationsgenossen Helmut Schmidt und Franz Josef Strauß offenbart sich, wie unterschiedlich die Aneignung der Kriegserfahrung verlaufen konnte. Strauß, der ebenfalls in Frankreich und im Ostfeldzug diente, stand dem Regime ablehnend gegenüber und hielt den Krieg von Beginn an für eine verlorene Sache, durch die man irgendwie hindurchkommen musste. Er berief sich schon damals – noch als aufgehender Stern der Altphilologie – auf seine umfassende humanistische Bildung, die ihn davor bewahrte, den Krieg reduktionistisch als nationale Pflichterfüllung oder gar affirmativ im Sinne des Nationalsozialismus zu deuten (vgl. Möller: Strauß, S. 40–42; Peter Siebenmorgen: Franz Josef Strauß. Ein Leben im Übermaß. München 2015, S. 36–46). Helmut Schmidt dagegen diente »nur« ein halbes Jahr an der Ostfront und ab Anfang 1945 bis zum Kriegsende im Westen. Obwohl auch er Krieg und Regime ambivalent gegenüberstand, berief er sich – darin Dregger durchaus ähnlich – auf nationale Pflichterfüllung und war auch für die zeitgenössischen Ideale heroischer Männlichkeit durchaus empfänglich (vgl. Hartmut Soell: Helmut Schmidt. 1918–1969. Vernunft und Leidenschaft. München 2003, S. 91–168).

in Abrede stellte.[47] Doch wer sich keine Illusionen über den menschenverachtenden Charakter des Nationalsozialismus machte und mit offenen Augen und Ohren das Geschehen im rückwärtigen Frontabschnitt verfolgte, der musste geheilt sein von der Vorstellung, im Osten für eine »gerechte« Sache zu kämpfen, ja eine zivilisatorische Mission gegen den die westliche Zivilisation bedrohenden »Bolschewismus« zu führen, ohne dabei die Diktatur Stalins verharmlosen zu müssen. Der fünf Jahre jüngere Franz Josef Strauß, als Leutnant Dregger rangmäßig fast ebenbürtig und ebenfalls mit Fronterfahrung im Ostkrieg, hielt jedenfalls nicht mit seiner Kritik an der politischen Führung zurück – auch deswegen, weil er Spuren des mörderischen Wütens der auf Judenmord spezialisierten »Einsatzgruppen« in der Ukraine mit eigenen Augen gesehen hatte.[48]

Es mag sein, dass Dregger schlichtweg zu spät in der Sowjetunion zum Einsatz kam, um ähnlich wie Strauß, mit dem ihn Jahrzehnte später eine enge politische Allianz verbinden sollte, mit unwiderlegbaren Hinterlassenschaften des ideologisch-rassistischen Vernichtungskriegs konfrontiert zu werden, den das NS-Regime gegen die jüdische Bevölkerung der westlichen Sowjetunion führte. Auch wurde Dregger ausschließlich in der Hauptkampflinie eingesetzt, während Strauß bei der Heeresflak diente und über einen größeren Bewegungsradius verfügte, der ihn manches sehen ließ, was dem Frontinfanteristen Dregger nicht zugänglich war. Wichtiger aber dürfte der Umstand gewesen sein, dass ein ideologischer Panzer Dregger umgab, der ihn erst gar nicht in »Versuchung« führte, in eine solche Richtung hin geistige Suchbewegungen anzustellen. Für ihn blieb auch der Krieg im Osten zuallererst militärische Pflichterfüllung, und die Konzentration auf den Mikrokosmos der eigenen Einheit bewahrte ihn davor, ins Grübeln oder gar ins Zweifeln zu kommen. Unterstützung erhielt er dabei von seinem ähnlich ausgerichteten Vater. Alfred Dregger senior verbarg zwar keineswegs seine Erleichterung, dass sein ältester Sohn nicht »auf dem Feld der Ehre« gefallen war.[49] Aber Bemerkungen, in denen die natürliche Angst um die Kinder kurz aufleuchtete, traten rasch wieder hinter die militärischen Ideale von Tapferkeit, Gehorsam und Pflichtbewusstsein zurück. Während die Mutter nie die alltägliche Lebensgefahr für ihre Söhne aus dem Auge verlieren sollte, schien den

---

47 Nun ausführlich zur Wahrnehmung des Ostkriegs durch den Leutnant Helmut Schmidt die mitunter sehr kritische Darstellung bei Sabine Pamperrien: Helmut Schmidt und der Scheißkrieg. Die Biografie 1918 bis 1945. München, Zürich 2014; zu Schmidts Haltung in den Debatten um Wehrmacht, Vernichtungskrieg und Nationalsozialismus nach 1945 Thomas Karlauf: Helmut Schmidt. Die späten Jahre. München 2016, S. 280–319.

48 Vgl. Möller: Strauß, S. 40 f.

49 Alfred Dregger sen. am 19.07.1943 an Wolfgang Dregger, ACDP, 01-347-123/3.

Vater nach dem ersten Schrecken über Alfreds Verwundung vor allem die Vorstellung zu bekümmern, dem zweiten Sohn Wolfgang könnte der Schritt zum Offizier misslingen: »Die Hauptsache ist, dass Dir der Dienst Freude macht. Sei immer auf Draht. Deine Beurteilungen müssen immer gut sein.«[50]

Auch Bruder Alfred trug seinen Teil dazu bei, den jüngeren Bruder anzuspornen. Allerdings wusste der mittlerweile erfahrene Offizier nur zu gut, dass sein geliebter Bruder zuallererst eine fundierte Ausbildung benötigte, um an der Front bestehen zu können. Der Ostfrontveteran und Oberleutnant hatte genügend Erfahrungen gesammelt, um den Wert einer solchen Ausbildung für das Überleben unter immer anspruchsvolleren Bedingungen ermessen zu können. Daher war es ihm mehr als recht, dass Wolfgang im westpreußischen Gnesen eine vielseitige, aber eben auch zeitaufwendige Ausbildung genoss, die ihn zunächst vor einem Verheizen an der Front verschonte: »Ich habe den Eindruck, daß die Ausbildung hier gut und vielseitig ist. Sie dauert übrigens wohl bis Juni nächsten Jahres, höchstwahrscheinlich jedenfalls. Ich bin froh, daß er diesen Winter noch nicht mitmachen muß und wir uns nicht um ihn sorgen müssen«,[51] schrieb Alfred an seine Eltern. Die Sorge um das Schicksal seines Bruders ging mit ermunternden Worten einher. Am 2. August 1943 ließ er Wolfgang wissen: »Ich freue mich, dass Du mit Passion bei der Sache bist und es Dir Freude macht. Das ist ja wohl auch das wichtigste und die Voraussetzung für den Offiziersberuf. Lass dich also auf keinen Fall unterkriegen.«[52]

Immer wieder blitzte in den brüderlichen Ermahnungen des Älteren an den Jungspund das Motiv auf, das für Alfred Dregger die Keimzelle seines soldatischen Daseins war und das er als traditionswürdige Errungenschaft des Krieges auch dann noch ansah, als er Jahre später zu der Erkenntnis vorgedrungen war, eben auch einem verbrecherischen Regime gedient zu haben: Kameradschaft. Gerade im so erbittert geführten Ostkrieg, in dem alle herkömmlichen Maßstäbe der Kriegsführung entwertet wurden, war »Kameradschaft« als Überlebensgemeinschaft gleichsam die »eiserne Ration«. Dregger pflegte einen solchen Kameradschaftsdiskurs, wie er schon in der Weimarer Republik mythisch verklärt und von allen politischen Gruppen geteilt worden war, wenn er seinem Bruder einimpfte: »Sei kameradschaftlich! Du wirst bald merken, dass man in einer so engen Gemeinschaft völlig hilflos ist, wenn nicht die Kameraden zu einem stehen!«[53] Die

50 Alfred Dregger sen. am 19.07.1943 an Wolfgang Dregger, ACDP, 01-347-123/3.

51 Alfred Dregger an seine Eltern, Gnesen, 12.11.1943 (Privatbesitz Meinulf Dregger).

52 Alfred Dregger am 02.08.1943 an Wolfgang, ACDP, 01-347-123/3.

53 Alfred Dregger an Wolfgang Dregger, 02.08.1943, ACDP, 01-347-123/3.

historische Forschung hat herausgestrichen, dass die kameradschaftliche Vergemeinschaftung in einer soldatischen Primärgruppenbeziehung auch nach dem Verhallen des Schlachtenlärms und dem Eintreten des Friedenszustandes bei ehemaligen Soldaten hoch im Kurs stand.[54] Die Wertschätzung der »Kameradschaft« war denn auch stilprägend für die Art und Weise, wie Alfred Dregger in der hessischen CDU mehr als 20 Jahre nach diesen Worten seinen Politikstil auffasste: Für ihn war seine politische Heimat, in die er wahrlich nicht hineingeboren worden war, immer auch eine Kampfgemeinschaft, die sich nur dann erfolgreich behaupten konnte, wenn man einen kameradschaftlichen Umgang pflegte und der politische Führer ein entsprechendes Vorbild war. Die ehemaligen Wehrmachtsoldaten konnten demnach ihre Kameradschaftserfahrung auf unterschiedliche Weise nutzen, um eine Ressource politischer Vorstellungen und Kommunikationsformen zu gewinnen. So transferierte etwa Helmut Schmidt seine Kameradschaftsvorstellungen in den Solidaritätsgedanken der Sozialdemokratie. Er meinte, auf diese Weise eine positive Kontinuität aus seiner Kriegszeit bis in die Demokratie ziehen zu können, machte aber auch deutlich, dass diese Kameradschaft keine Deckung von Kriegsverbrechen einschließen könne.[55]

Zum Kameradschaftsideal gehörte es, nach einer Verwundung möglichst schnell wieder auf die Beine zu kommen, um die »Kameraden« an der Front nicht im Stich zu lassen. Alfred Dregger hatte diese Vorstellung so sehr internalisiert, dass er die Lebensgefahr, in der man als Soldat im Krieg ständig schwebte, weitgehend ignorierte. Er konnte es kaum erwarten, den Kameraden aus seiner Kompanie beizustehen, ungeachtet der hohen Verlustrate seiner Einheit, die er

---

54 Vgl. insbesondere die aufschlussreichen Studien von Thomas Kühne: Kameradschaft – »das Beste im Leben eines Mannes«. Die deutschen Soldaten des Zweiten Weltkriegs in erfahrungs- und geschlechtergeschichtlicher Perspektive, in: Geschichte und Gesellschaft 22 (1996), S. 504–529; ders.: Zwischen Männerbund und Volksgemeinschaft. Hitlers Soldaten und der Mythos der Kameradschaft, in: Archiv für Sozialgeschichte 38 (1998), S. 165–189; ders.: Gruppenkohäsion und Kameradschaftsmythos in der Wehrmacht, in: Rolf-Dieter Müller/Hans-Erich Volkmann (Hg.): Die Wehrmacht. Mythos und Realität. München 1999, S. 534–549; ders.: Kameradschaft. Die Soldaten des nationalsozialistischen Krieges und das 20. Jahrhundert (Kritische Studien zur Geschichtswissenschaft 173). Göttingen 2006; ders.: Zärtlichkeit und Zynismus. Militärische Vergemeinschaftung 1918–1945, in: Manuel Borutta/Nina Verheyen (Hg.): Die Präsenz der Gefühle. Männlichkeit und Emotion in der Moderne. Bielefeld 2010, S. 179–202; ders.: Kameradschaft, in: Gerhard Hirschfeld u. a. (Hg.): Enzyklopädie Erster Weltkrieg. Erneut aktualisierte und erweiterte Studienausgabe. Paderborn 2014, S. 602–603; vgl. ferner Felix Römer: Kameraden. Die Wehrmacht von innen. München, Zürich 2012, S. 158–204.

55 Vgl. Kühne: Kameradschaft. Die Soldaten des nationalsozialistischen Krieges, S. 234–235 und 264; allgemein zur Umdeutung der Kameradschaft in der Bundesrepublik bis hin zu ihrer weitgehenden Bedeutungslosigkeit als gesellschaftlicher Leitwert ebd., S. 209–270.

selbst thematisierte. Im Sommer 1943 zählte er kurz nach seiner Verwundung in einem Brief an seinen Bruder auf: »Meine K[om]p[anie] hat sich phantastisch bewährt, leider aber auch von 95 Mann 75 verloren, davon 16 gefallen.«[56] Schon fünf Monate nach dem lebensbedrohenden Granatenbeschuss war Dregger wieder an vorderster Front zu finden und musste sich in Abwehrkämpfen bewähren, die sein altes Regiment auszufechten hatte.

Dreggers Selbstverständnis als professioneller Krieger verschaffte sich markanten Ausdruck, nachdem er seine alte Einheit als Kompaniechef übernommen, aber nur drei vertraute Gesichter unter der kämpfenden Truppe wiedergefunden hatte. Es galt, seine Kompanie neu zu einer kampffähigen Einheit zu formen: »Ich muß meine Kompanie erst wieder zu einer solchen machen. Hoffentlich bekomme ich bald das Material dazu«.[57] Doch ein so tatkräftiger Frontoffizier wie Oberleutnant Dregger wäre mit der Leitung einer Kompanie unterfordert gewesen. Im Dezember 1943 wurde ihm die Leitung der Maschinengewehr-Kompanie seines Bataillons anvertraut. Dreggers Reaktion auf diese neue Aufgabe zeugt davon, dass in der militärischen Leistungskultur der Wehrmacht die Aussicht auf Beförderung einen starken Anreiz bildete.[58] Er verstand es als erforderlichen Zwischenschritt auf seinem Weg an die Spitze des Bataillons: »Bevor man Bataillonsführer wird, muß man mal die MgK geführt haben.«[59] Und Dregger machte sich mit Feuereifer daran, sich in der neuen Funktion für höhere Aufgaben zu empfehlen: »In der MgK habe ich mich schon prächtig wieder eingelebt. Augenblicklich bin ich dabei, auch diese Kompanie wieder aufzumöbeln. Sie haben es alle sehr nötig.«[60]

Dreggers Aufstiegschancen in seinem Regiment waren mehr als gut, hatte der Krieg doch bislang schon große Verluste mit sich gebracht. Anfang 1944 zählte der gerade einmal 23jährige Oberleutnant zu den drei am längsten dem Grenadierregiment 58 angehörenden Offizieren.[61] Und der Tod riss im Januar 1944 weitere Lücken in den Reihen seines Regiments, als die Rote Armee den weißrussischen Frontabschnitt bei Slobin mit nie gekannter Wucht attackierte. Gewiss traf die Offensive das Regiment nicht unvorbereitet, wie das ausgeklügelte System rückwärtiger Befestigungen zeigt, das es zu diesem Zweck errichtet hatte. Alfred

56 Alfred Dregger an Wolfgang Dregger (ohne Datum), ACDP, 01-347-123/3.

57 Dregger an seine Eltern, 07.12.1943 (Privatbesitz Meinulf Dregger).

58 Vgl. Neitzel: Deutsche Krieger, S. 190–195.

59 Dregger an seine Eltern, 18.12.1943 (Privatbesitz Meinulf Dregger).

60 Dregger an seine Eltern, 23.12.1943 (Privatbesitz Meinulf Dregger).

61 Dregger an seine Eltern, 06.01.1944 (Privatbesitz Meinulf Dregger); einer von den dreien war der Ritterkreuzträger Hans Werner Deppe.

Dregger war durch den Kriegsverlauf zu einem Abwehrexperten geworden, der seine Einheit unablässig auf die zu erwartende Offensive vorbereitete: Es »ist unermüdlich zu schuften, um den Stellungsausbau immer mehr zu vervollkommnen. Wir geben uns nach unseren Erfahrungen keine Ruhe. Unaufhörlich werden Wechselstellungen, Riegelstellungen, Sehnenstellungen, Verbindungsgräben usw. gebaut.«[62] Unausgesprochen hatte sich der erfahrene Frontoffizier Dregger wohl damit abgefunden, dass im Osten nur noch Verteidigung praktiziert und der Rückzug verlangsamt werden konnte. Insofern kam für ihn wie für alle Offiziere der 6. Infanteriedivision der Angriff nicht überraschend, der Mitte Januar 1944 über seine Einheit hereinbrach und sie beinahe völlig vernichtete. Als er am 20. Januar 1944 seinen Eltern berichtete, er sei gerade noch einmal davongekommen, ließ sich seinen Worten entnehmen, dass er die militärische Lage immer pessimistischer einschätzte: »Ich lebe noch und bin gesund. Wir haben furchtbare Kämpfe hinter uns. Trommelfeuer von nie gekanntem Ausmaß. Gegen unsere und unsere Nachbardivision traten 3 Armeen und 2 Panzerarmeen mit rund 35 Divisionen zum Angriff an.«[63] Allein dieses Zahlenverhältnis veranschaulichte für den Oberleutnant die krasse Unterlegenheit, die auch durch Führungskunst nicht mehr kompensiert werden konnte. Gerade die führungserfahrenen Offiziere hatten in diesem ungleichen Ringen ihr Leben gelassen: »Unsere Kerle haben sich heldenhaft geschlagen und sind in der Masse in ihren Stellungen gefallen, darunter 2 von 3 Regimentskommandeuren, alle 6 Bataillonskommandeure der Infanterie, 2 Abteilungskommandeure der Artillerie.«

Dass der Führer der Maschinengewehrkompanie, Oberleutnant Alfred Dregger, überlebte, verdankte er nicht zuletzt seiner Taktik, sich von dem haushoch überlegenen Gegner überfluten zu lassen und dann im Strom mitzuschwimmen: »Ich habe mich mit meinem Bataillon immer wieder angeklammert und einschließen lassen und mich Stunden später wieder nach Westen durchgekämpft«. Als fronterfahrener Krieger räumte er aber auch ein, dass ihn nur der pure Zufall und ein gütiger Gott vor dem Schicksal seiner Offizierskollegen bewahrt hatten: »Ich habe ungeheures Glück gehabt. Dankt dem Herrgott«. Aus dieser Einschätzung sprach mehr als nur eine gewisse Skepsis hinsichtlich des weiteren Kriegsverlaufs. Die Überlegenheit der Roten Armee an Menschen und Material war so erdrückend, dass ein erfahrener Profi wie Dregger nicht die Augen davor verschließen konnte, wie sich der Krieg weiter entwickeln würde. Seine Hoffnung

62 Dregger an seine Eltern, 06.12.1944 (Privatbesitz Meinulf Dregger).

63 Dregger an seine Eltern, 20.01.1944 (Privatbesitz Meinulf Dregger); daraus auch alle folgenden Zitate.

klang wie ein Pfeifen im dunklen Walde: »Hoffentlich kriegen wir den Iwan bald zum Stehen!«

Bereits einen Monat später blickte Oberleutnant Dregger erneut dem Tod ins Gesicht. Im weißrussischen Tschirkowitschi wurde seine Einheit in ein Gefecht verwickelt, in dem er – wie schon ein Jahr zuvor bei Rshew – nach Verwundung seines Bataillonskommandeurs die Führung des III. Bataillons übernahm und danach die eigene Stellung konsolidierte. Obwohl er durch einen Stecksplitter am rechten Oberschenkel verletzt wurde, verblieb er bei der Truppe.[64] Mit seiner dritten Verwundung war auch die Bedingung für das Verwundeten-Abzeichen in Silber erfüllt, das er im Februar 1944 verliehen bekam.[65] Sein schneidiger Gegenstoß von Tschirkowitschi trug ebenso dazu bei, das er das Infanterie-Sturmabzeichen erhielt,[66] das die Beteiligung an drei Sturmangriffen – »mit der Waffe in der Hand einbrechend« – auf feindliche Stellungen in vorderster Linie voraussetzte.[67] Damit hatte er sich als kompletter Infanterist an der Ostfront bewährt und konnte dies mit seinen Orden zum Ausdruck bringen.

Doch vermochte diese Anerkennung für seine militärischen Leistungen ihn von der Erkenntnis abzuhalten, dass der Krieg nicht mehr zu gewinnen war? Musste nicht in den zwei Wochen, die er auf einem Kriegsverbandsplatz zubrachte, die Einsicht reifen, dass zumindest der Krieg im Osten militärisch nicht zu einem für Deutschland akzeptablen Ende zu bringen war? Und geriet damit nicht Hitler als oberster Befehlshaber der Wehrmacht ins Zentrum seiner Überlegungen?

In der Kriegszeit hatte die Person des »Führers« in Dreggers privater Korrespondenz bislang keine Rolle gespielt. Dies änderte sich nun ausgerechnet zu dem Zeitpunkt, an dem Dregger nach Gründen suchte, die einem Weiterkämpfen im Osten überhaupt noch Sinn verleihen konnten. Hier fiel Hitlers im Radio übertragene Ansprache vom 30. Januar 1944 auf fruchtbaren Boden. Hitlers Fähigkeit, durch das via Radio übermittelte gesprochene Wort eine akusmatische Herrschaft auszuüben, war zwar in dem Maße geschwunden, in dem der oberste Befehlshaber der Wehrmacht keine Siege mehr verkünden konnte, sondern militä-

64 Vgl. hierzu die präzisen Angaben bei Heinz Löhdorf: Infanterie-Regiment 58. O. O 1976, S. 183 f.; siehe auch das Schreiben Dreggers an seine Eltern, 22.02.1944 (Privatbesitz Meinulf Dregger).

65 BA-MA, Pers 6/267764, Personalakte Alfred Dregger, Vorschlag für vorzugsweise Beförderung vom 07.03.1944.

66 Ebd.

67 Vgl. Ingeborg Giesler/Friedrich Giesler: Spurensuche Klaus Erwin Scholl. Ein Opfer der NS-Militärjustiz. Marburg 2015, S. 238.

rische Rückschläge erläutern musste.[68] Aber allem Anschein nach vermochte es seine Stimme immer noch, bei erfahrenen Frontoffizieren auch in bedrohlicher Lage Gefolgschaft zu generieren, wenn er die richtigen Worte fand. Oberleutnant Dregger lauschte den Worten des »Führers« auf dem Kriegsverbandsplatz und spendete ausweislich seines am selben Tag verfassten Schreibens an seine Eltern der Kernaussage der Ansprache ungeschmälerten Beifall. Laut Hitler war das Weiterkämpfen im Osten erforderlich, damit Deutschland seine europäische Mission erfüllen und Europa vor der dräuenden Gefahr des »Bolschewismus« bewahren könne.[69] Damit traf er den politischen Nerv Dreggers und wohl auch den der gesamten Familie: Der Kampf gegen die »rote Gefahr« aus dem Osten war das wichtigste weltanschauliche Bindeglied zwischen nationalkonservativen Kreisen wie jenen der Dreggers und dem Nationalsozialismus. Lassen wir dazu Dregger selbst zu Wort kommen: »Eben habe ich die Rede des Führers gehört. Hoffentlich begreifen auch die anderen europäischen Nationen mal, in welcher Gefahr auch sie schweben. Denn wenn er sagt, daß es nur unseren Sieg und damit die Hoffnung der europäischen Kultur oder den bolschewistischen Sieg und damit den Untergang insgesamt geben kann, so ist das auch meiner Auffassung nach keine Phrase, sondern blutige Wahrheit.«[70]

Alfred Dregger klammerte sich an das Sinnangebot, das Hitler vor allem den Kriegern an der Ostfront und damit auch ihm machte. Denn nur so ließ sich nicht nur der bisherige Kampf im Osten nachvollziehbar einordnen, auch das künftige militärische Durchhalten wurde mit welthistorischer Bedeutung aufgeladen: »Aber wenn die Geschichte einen Sinn behalten soll, müssen wir deswegen schließlich auch siegen[,] und wenn unsere letzte Stellung an der Reichsgrenze sein sollte.«[71] Die Suche nach dem Sinn des Ostfeldzugs sollte Dregger bis an sein Lebensende beschäftigen und maßgeblich dazu beitragen, dass er ab 1995 öffentlich dafür eintrat, das Weiterkämpfen der Wehrmacht bis zum bitteren Ende zu rechtfertigen. Es war nicht die NS-Rassenideologie und schon gar nicht der menschenverachtende Antisemitismus, für den der Frontoffizier Dregger sein Leben einzusetzen gedachte. Vielmehr glaubte er, Europa einen Dienst zu erweisen, wenn er es davor bewahrte, von der diktatorischen Sowjetmacht in Besitz genommen zu werden. Zweifellos bedeutete die Ausdehnung der Herrschaft Stalins die

68 Vgl. dazu Wolfram Pyta. Hitler. Der Künstler als Politiker und Feldherr. München 2015, hier S. 447f.

69 Hitlers Rundfunkrede vom 30.01.1944 ist abgedruckt bei Max Domarus: Hitler. Reden und Proklamationen 1932–1945 (Bd. II). München 1965, S. 2082–2086.

70 Dregger an seine Eltern, 30.01.1944 (Privatbesitz Meinulf Dregger).

71 Ebd.

Expansion einer brutalen Diktatur. Doch war ausgerechnet Hitler, dessen Herrschaft die größte Vernichtungsaktion der Menschheitsgeschichte bewirkt hatte, berufen, im Namen der europäischen Kultur gegen die Diktatur aus dem Osten zu Felde zu ziehen? Solche bohrenden Fragen tauchten bei Dregger nicht auf, und deswegen hat er wohl auch nie in Erwägung gezogen, den Weg einzuschlagen, den viele nationalkonservative Offiziere gingen, um glaubhaft gegen den Kommunismus kämpfen zu können, nämlich Hitler durch eine andere Führung zu ersetzen.

Die zweite Antriebskraft, die Dreggers Kampfbereitschaft stärkte, entsprach einem Deutungsmuster, das bereits aus dem Ersten Weltkrieg vertraut war: Gerade weil der Krieg lang und opferreich gewesen war, konnte nur ein Sieg ihm einen angemessenen Sinn verleihen! Um sich nicht die Sinnlosigkeit des eigenen Handelns eingestehen zu müssen, war schon während des Ersten Weltkriegs das Weiterkämpfen bis zum Sieg als probate Sinnofferte ausgegeben worden.[72] Dregger knüpfte nahtlos an dieses Narrativ an, wenn er anlässlich des Heldengedenktags 1944 sinnierte: »Ich habe doch schon manchen guten Kameraden, der im Kampf neben mir gefallen ist, zu betrauern. Es ist ein ungeheurer Blutzoll, den unser geprüftes Volk wieder zu entrichten hat. Es darf nicht umsonst gewesen sein! Nur der Sieg kann ihr Opfer rechtfertigen. Wie viele Westönner sind bis jetzt gefallen und wie steht die Zahl im Vergleich zum 1. Weltkrieg?«[73]

Jedenfalls mangelte es Dregger nicht an Motivation, weiter als Soldat im Ostkrieg seinen Aufgaben nachzugehen. Wäre er an einem anderen Frontabschnitt – zum Beispiel in Italien – eingesetzt gewesen, hätten ihn vielleicht doch Zweifel an der Sinnhaftigkeit weiterer Kriegsanstrengungen beschlichen. Im Osten sah er sich jedoch der »bolschewistischen Gefahr« gegenüber, und da er bis zum Kriegsende nur gegen die Rote Armee kämpfen sollte, änderten sich seine Sichtweise und seine Einsatzbereitschaft bis zum Schluss nicht. Zudem hatte Dregger die militärische Leistungskultur der Wehrmacht so verinnerlicht, dass die Aussicht auf Beförderungen und Dekorationen seinen Einsatzwillen nie erlahmen ließ. Er entwarf seine bisherige Lebensgeschichte anhand der von ihm absolvierten herausragenden militärischen Einsätze und der ihnen korrespondierenden Auszeichnungen. In diesem Sinne hielt er im Februar 1944 Rückschau: »Heute vor einem Jahr hatten wir einen sehr schweren Tag während der Rückzugbewegung von Rshev bei Sytschevka. Ich verdiente mir damals das E. K. I. Solche Daten sind wohl für immer in die Erinnerung gemeißelt«.[74] Bei diesem Maßstab war es mehr als verständlich, dass Dreg-

---

72 Dazu die wichtige Untersuchung von Gerd Krumeich: Die unbewältigte Niederlage. Freiburg 2018.

73 Dregger an seine Eltern, 11.03.1944 (Privatbesitz Meinulf Dregger).

74 Dregger an seine Eltern, 07.03.1944 (Privatbesitz Meinulf Dregger).

ger es gar nicht abwarten konnte, nach seinem vergleichbaren Einsatz im Januar 1944 endlich den verdienten Lohn in Gestalt seiner Beförderung zum Hauptmann zu erlangen: »Ich habe schon eine Mordswut, daß sie bisher nicht erfolgt ist. Der Regimentskommandeur ist voller Wohlwollen und Anerkennung für mich, aber läßt sich nichts merken. Er ist eben stur.«[75] Erst im April 1944 war es so weit; nun konnte Dregger sich als Hauptmann mit dem zweiten Stern schmücken.

Am 22. Juni 1944 brach ein Großangriff über die Heeresgruppe Mitte herein, der sie innerhalb weniger Tage zerschlug und zur größten militärischen Niederlage der deutschen Kriegsgeschichte führte. Hauptmann Dregger war mit seinem Regiment im Herzen dieses Geschehens. Dass er als einer von ganz wenigen aus dem riesigen, von der Roten Armee errichteten Kessel entkommen konnte, grenzte an ein Wunder,[76] wurde doch die 9. Armee, der er angehörte, binnen weniger Tage im Kessel von Bobruisk ausgelöscht; nur etwa 15.000 Soldaten gelang der Ausbruch, darunter auch ihm.[77] Am 4. Juli 1944 schilderte er seinen Eltern, was sich ereignet hatte: »Ich war im Kessel von Bobruisk eingeschlossen. Wir haben dann aber die Einschließung durchbrochen und in tagelangen Gefechten gegen uns immer wieder zu umfassen versuchende Panzer, Infanterie und starke Partisanenverbände [uns] bis zu den eigenen Linien durchgekämpft.«[78] Dregger stand noch so unter dem Eindruck dieser schwersten Niederlage der deutschen Militärgeschichte, dass er bei der Ursachenforschung bis dahin zu keinem klaren Ergebnis gekommen war, wenngleich er die drückende Luftüberlegenheit des Gegners als maßgeblichen Faktor ausmachte: »Diese Tage waren das furchtbarste, was ich je erlebte. Man kann nicht darüber schreiben, und ich kann auch nicht darüber urteilen, ehe ich nicht innerlich Abstand zu den Ereignissen gewonnen habe. Besonders unangenehm war die absolute, intensivst sich auswirkende russo-amerikanische Luftherrschaft.«[79]

Sinn gab er dieser militärischen Katastrophe in der bislang praktizierten Weise. Erneut mobilisierte der gläubige Katholik Dregger die schützende Hand,

---

75 Ebd.

76 Vgl. Karl-Heinz Frieser: Der Zusammenbruch der Heeresgruppe Mitte im Sommer 1944, in: ders. (Hg.): Die Ostfront 1943/44. Der Krieg im Osten und an den Nebenfronten (Das Deutsche Reich und der Zweite Weltkrieg, Bd. 8). München 2007, S. 526–603. Insgesamt beliefen sich die Verluste auf ca. 390.000 Mann (Zahlenangaben nach ebd., S. 593–594).

77 Sein Regiment hatte insgesamt 826 Vermisste zu beklagen, und der Regimentsadjutant bemerkte später, dass es »nur ganz wenigen« gelungen sei, sich »bis zur deutschen Linie durchzuschlagen«; vgl. Löhdorf: Regiment 58, S. 204.

78 Dregger an seine Eltern, 04.07.1944 (Privatbesitz Meinulf Dregger).

79 Ebd.

die Gott über ihn gehalten habe: »Der Herrgott hat mich immer wieder auf das wunderbarste beschützt. Wir können ihm nicht genug dafür danken und ihn bitten, daß er es auch für die Zukunft tun wird!«[80] Aber auch davon abgesehen vermochte die Vernichtung der Heeresgruppe Mitte weder Dreggers Vertrauen in die militärische Führung zu erschüttern noch seine Bereitschaft zum Weiterkämpfen ins Wanken zu bringen: »Trotzdem müssen wir uns wieder fangen und uns einsetzen. Unser Schicksal würde sonst furchtbar sein«.[81] Dregger sah die Weiterexistenz Deutschlands so sehr mit dem Schicksal seiner politischen und militärischen Führung verwoben, dass für ihn das Weiterkämpfen um der Nation willen außer Frage stand. Indem er für den Fall der militärischen Niederlage *finis Germaniae* beschwor, fehlte ihm das argumentative Rüstzeug, um gerade aus patriotischen Gründen mit Hitler zu brechen, wie es siebzehn in sowjetische Kriegsgefangenschaft geratene Generale der Heeresgruppe Mitte tun sollten: Sie kündigten dem obersten Kriegsherrn Hitler den Gehorsam auf und schlossen sich einer auf sowjetischem Boden operierenden Organisation an, dem »Bund Deutscher Offiziere«, um die Wehrmacht aufzurufen, sich selbst von Hitler zu befreien und dabei auch das Mittel des Überlaufens auf die Gegenseite in Erwägung zu ziehen.[82] Dregger indessen machte unverdrossen weiter und verbrachte die nächsten Wochen in seiner westfälischen Heimat in Sennelager, wo aus den Resten der vernichteten Armeen neue Einheiten aufgestellt wurden. Der Hauptmann hatte die bittere Erfahrung zu machen, dass die Tradition der 6. Division, der er angehört hatte, völlig ausgelöscht war und dass – dies wog ebenfalls schwer – damit auch sein weiterer Aufstieg in der Rangordnung erschwert wurde. Ohne die Absolvierung eines Bataillonsführerlehrgangs musste ihm die Leitung eines Bataillons, nach der er sich so sehnte, verwehrt bleiben.[83]

Die Motivation Dreggers war somit auch im Herbst 1944 trotz aller militärischen Rückschläge noch intakt. Sein Nationalismus blieb der archimedische Punkt seiner politischen Vorstellungswelt. Aus seiner Sicht kämpfte er für den Erhalt der nationalen Lebenskraft, die einen militärischen Sieg voraussetzte. Dies war ein agonales Verständnis, das nur die Alternative »Sieg« oder »Untergang« kannte, während eine Zwischenlösung ausgeschlossen war. Mit solchen Soldaten konnte die Wehrmacht bis zum bitteren Ende ohne Selbstzweifel kämpfen: »Die Opfer unseres Volkes sind derartig groß, daß es sie nur in einem langen Frieden

80 Ebd.

81 Ebd.

82 Zur Wirkung dieses Schrittes auf Hitler und Goebbels vgl. Pyta: Hitler, S. 564f.

83 Vgl. die Briefe Dreggers an seine Eltern vom 03.08. und 09.08.1944 (Privatbesitz Meinulf Dregger).

nach einem gewonnenen Krieg verwinden kann. [...] Wenn wir diesen Krieg verlieren, werden wir insgesamt als Volk untergehen. Deshalb hoffe ich, daß sich jetzt unser ganzes Volk nochmals aufrafft.«[84]

Dreggers Kampfbereitschaft blieb aber auch deswegen unverändert hoch, weil er in der militärischen Karriereleiter doch noch weiter aufstieg. Mittlerweile der 90 Kilometer südlich von Warschau am Warka-Brückenkopf operierenden 6. Volksgrenadierdivision zugeteilt, wurde er am 1. Oktober 1944 zum Kommandeur des 6. Füsilier-Bataillons ernannt. Was ihm das bedeutete, war unverkennbar, als er diese frohe Kunde seinen Eltern mitteilte: »Ich bin wohl einer der jüngsten Kommandeure in der Wehrmacht. Mein Bataillon ist elektrisiert. Immerhin ein stolzer Erfolg für mich«.[85] Dregger setzte noch im Oktober 1944 ernsthafte Hoffnungen darin, dass sich die neue Position als Sprungbrett für eine Generalstabsausbildung erweisen könnte. Er war also fest entschlossen, in die Kaderschmiede der preußisch-deutschen Militärelite vorzudringen, und nutzte die Ruhe vor dem Sturm, um nachzufragen »wegen einer eventuellen Generalstabsausbildung und späteren Einschlagens dieser Laufbahn«.[86]

Der Bataillonskommandeur Hauptmann Alfred Dregger repräsentiert eine Generation von Offizieren, die, kaum der Schule entwachsen, den Krieg von Anfang an mitgemacht und in dieser Zeit einen enormen Reifungsprozess durchlebt hat. Das bewirkte bei ihnen einen Entwicklungssprung, weil sie in einem Lebensabschnitt Verantwortung übernahmen, in dem sonst erste Schritte im Berufsleben unternommen oder die Hörsäle bevölkert werden. Dabei kletterten sie rasch die militärische Karriereleiter empor, waren sie doch durch Kampferfahrung an vorderster Front für den neuen Offizierstypus prädestiniert, der durch sein Vorbild die Einheit mitreißen sollte.[87] Alfred Dregger hat darüber schriftlich reflektiert, als er sich am Vorabend seines 24. Geburtstags an seine Eltern wandte: »Die letzten 5 Jahre waren mir sehr erlebensreich und haben mich daher mehr geformt und reicher gemacht[,] als es 5 Friedensjahre vermocht hätten. Die sorglose Jugendzeit, wie Ihr sie mir bis zu meinem Abitur so schön geschenkt habt, ist dadurch sehr verkürzt worden. Das ist bedauerlich. Trotzdem bin ich dem Schicksal dankbar, daß es mich so früh vor eine so große Verantwortung gestellt

84 Schreiben Dreggers an seine Eltern, 02.10.1944, Unterstreichung im Original (Privatbesitz Meinulf Dregger).

85 Ebd.

86 Dregger an seine Eltern, 11.10.1944 (Privatbesitz Meinulf Dregger).

87 Vgl. Christopf Rass: »Menschenmaterial«: Deutsche Soldaten an der Ostfront. Innenansichten einer Infanteriedivision 1939–1945. Paderborn 2003, vor allem S. 212–215.

hat und ich schon Kommandeur eines Füsilierbataillons sein darf«.[88] Jene aus der Jungoffiziersgeneration, die wie Dregger den Krieg überstanden, verfügten damit über Führungserfahrungen, die in ihrem zivilen Berufsleben nutzbringend eingesetzt werden und auch einer politischen Karriere dienlich sein konnten.

Dregger hatte sich so sehr dem Militärhandwerk verschrieben, dass er nur den Tunnelblick auf die eigene Einheit besaß. Er blendete alles aus, was bei nüchterner Betrachtung Zweifel am weiteren Kriegsverlauf wecken musste. Die Lokalisierung des Krieges auf das unmittelbare Umfeld der eigenen Einheit flößte ihm Zuversicht ein: War die eigene Truppe erst einmal wieder besser in Form, konnte man, so glaubte er, der nächsten Offensive der Roten Armee zuversichtlich entgegensehen. So schrieb Dregger im Dezember 1944 nach viermonatigem Warten auf einen erneuten Ausbruch der Kampfhandlungen: »Wir sind jetzt wieder alle von einer großen Siegeszuversicht erfüllt. Es ist ganz anders als noch im Sommer. Wir spüren, daß der Höhepunkt der Krise überschritten ist. Wir werden wieder stärker. Wenn wir den Winter überstehen, können wir den Krieg nicht mehr verlieren.«[89] Doch hier war der Wunsch Vater des Gedankens. Am 14. Januar 1945 setzte die Rote Armee mit der Weichsel-Oder-Offensive zum entscheidenden Vorstoß auf das Reich an und schlug auch Dreggers Einheit in Trümmer. Zwei Wochen später konnte Dregger seinen Eltern berichten, dass ihn wieder einmal nur Schutz von ganz oben vor dem Kriegstod bewahrt habe. Aber etwas anderes kam hinzu: Hatte er im Juni 1944 oder im Januar 1945 noch darauf verweisen können, dass die Wehrmacht immer noch im Feindesland stand, so war der Krieg jetzt endgültig auf deutschem Boden angekommen: »Ich scheine mal wieder unter Gottes Schutz gestanden zu haben. Ich habe selten so viele kniffelige Situationen überstanden [...]. Es ist bitter, daß der Krieg jetzt in der Heimat tobt.«[90]

Damit schien nun doch ein Ende in Sicht, wenngleich eines, auf das sich Dregger nicht eingestellt hatte. Es gab keine geordneten Einheiten mehr, denen er in der Schlussphase des Krieges angehörte. Die nächsten drei Monate war er in Kampfgruppen eingesetzt, improvisiert zusammengestellten Einheiten, deren Angehörige nicht einmal mehr eine Feldpostnummer besaßen.[91] Mit der militärischen Niederlage schien er sich nun abgefunden zu haben; er kämpfte pflichtschuldig in Schlesien bis zum Schluss weiter, aber ohne selbstmörderisches Aufbäumen. Hatte er früher stolz auf die neu erworbenen militärischen Aus-

88 Dregger an seine Eltern, 09.12.1944 (Privatbesitz Meinulf Dregger).
89 Dregger an seine Eltern, 19.12.1944 (Privatbesitz Meinulf Dregger).
90 Dregger an seine Eltern, Freystadt (Schlesien), 25.01.1945 (Privatbesitz Meinulf Dregger).
91 Dregger an seine Eltern, 28.01.1945 (Privatbesitz Meinulf Dregger).

zeichnungen verwiesen, so mochte nun keine rechte Begeisterung aufkommen, als er sogar für das »Deutsche Kreuz in Gold« vorgeschlagen war, die höchste militärische Auszeichnung unterhalb des Ritterkreuzes. »Bei der augenblicklichen Lage ist die Freude darüber natürlich gedämpft.« Sein vorletztes Schreiben an seine Eltern vom Februar 1945 verrät, dass er die Augen nicht mehr vor der Unausweichlichkeit der militärischen Niederlage verschließen konnte: »Die letzten Tage haben für mich wieder harte Kämpfe und äußerst kritische Situationen gebracht, die ich mit viel Glück überstanden habe. Ich habe wieder Kampfgruppen zusammengewürfelter Soldaten, Volkssturm, Polizei usw. mit entsprechendem Kampfwert geführt. Man ist Gottseidank zu überanstrengt und übermüdet, um viel an die große Lage denken zu können. [...] Ein Glück, daß Ihr dieses Elend nicht zu erleben braucht.«[92]

Dregger hatte den Krieg überstanden, ohne körperlich deformiert zu sein. Zwar hatte er in den letzten Kriegstagen noch einen Durchschuss des rechten Unterschenkels erlitten und musste sich bis zum Oktober 1945 in diversen Lazaretten auskurieren. Aber angesichts dessen, dass er mindestens dreimal in nahezu ausweglosen Situationen in vorderster Linie gekämpft hatte, grenzte es an ein Wunder, dass er lebend und körperlich unversehrt dem Krieg entronnen war. Auch hatte er sich über Böhmen zu amerikanischen Truppen durchschlagen können und war nicht in sowjetische Kriegsgefangenschaft geraten. Dregger war mit sich im Reinen, weil er seine militärische Aufgabe, mit der er sich vorbehaltlos identifizierte, bis zum Ende durchgeführt hatte. Dieses Musterexemplar eines »deutschen Kriegers«[93] konnte damit der Zukunft trotz allem erwartungsoffen entgegenblicken, zumal ihm das schwere Los sowjetischer Kriegsgefangenschaft erspart geblieben war. »Was wird uns die Zukunft bringen? Ich weiß es nicht.«[94]

Welches kulturelle Marschgepäck nahm Dregger mit ins Zivilleben? Nach dem Ersten Weltkrieg hatten nicht wenige Soldaten mit einer »unbewältigten Niederlage«[95] zu kämpfen, weil sie dem verlorenen Krieg nachträglich einen Sinn geben wollten. Diese Sinnsuche belastete in politischer Hinsicht die deutsche Nachkriegsdemokratie erheblich. Aber es gab auch nicht wenige Soldaten, die aus dem Weltkrieg die Lehre gezogen hatten, nie wieder einen Krieg zulassen

---

92 Dregger an seine Eltern, 14.02.1945 (Privatbesitz Meinulf Dregger).

93 Die Verfasser greifen hier die Bezeichnung in dem Grundlagenwerk von Sönke Neitzel auf: Neitzel: Deutsche Krieger.

94 Schreiben Dreggers aus dem Lazarett im sächsischen Schneeberg an seine Eltern, 04.06.1945 (Privatbesitz Meinulf Dregger).

95 So der Titel des Standardwerks von Krumeich: Unbewältigte Niederlage.

zu dürfen, und daraus ein politisches Engagement ableiteten.[96] In nicht wenigen Fällen hatte der Verlust naher Angehöriger eine solche Einstellung befördert. Traf dies auch auf Alfred Dregger zu, der seinen ihm am nächsten stehenden Familienangehörigen, seinen fünf Jahre jüngeren Bruder Wolfgang, im Krieg verloren hatte?

Wolfgang Dregger hatte geradezu darauf gebrannt, nach seiner Ausbildung an die Front zu kommen.[97] Wie Tausende Gleichaltriger war er von keinem Zweifel angekränkelt und fasste die Frontbewährung nicht als sinnlosen Opfergang, sondern als Erfüllung einer Berufung auf. Dass er bei seinem ersten Einsatz ein Gefühl der Beklemmung nicht verleugnen konnte, war nicht ungewöhnlich: Immerhin war der Krieg trotz aller mentalen Vorbereitung ein unbekanntes Terrain, in dem eigene Gesetze galten. Doch über allem thronten die Grundsätze, die ihm insbesondere sein Vater eingeimpft und die er in HJ und Wehrmacht endgültig internalisiert hatte: »Natürlich werde ich meine Pflicht erfüllen, wie es sich für einen Offiziersbewerber gehört.«[98]

Der erfahrene Frontoffizier Alfred legte an den Offiziersbewerber Wolfgang Dregger dieselben strengen fachlichen Maßstäbe an wie an jeden anderen Wehrmachtangehörigen auch. Insofern erfüllte es ihn mit echter Freude, dass sein jüngerer Bruder der Familie alle Ehre machte und die Offiziersausbildung mit Bravour abschloss; insbesondere im Scharfschießen zeichnete er sich aus: »Wolf ist wirklich ein Mordskerl. Daß er sämtliche Bedingungen der Scharfschützenklasse erfüllt hat, ist eine erstaunliche Leistung. Ich würde es nicht schaffen«.[99] Im Mai 1944 stattete der Ältere dem Jüngeren einen Überraschungsbesuch ab, als dieser gerade seine Offiziersausbildung im westpreußischen Hohensalza abgeschlossen hatte – ein Zeichen brüderlicher Zuneigung, aber auch militärischer Wertschätzung.[100] Ohnehin wuchs Alfred Dregger immer mehr in die Rolle des väterlichen Ratgebers hinein. Während der Vater nur abgestandene Phrasen eines Majors

96 Vgl. Benjamin Ziemann: Veteranen der Republik. Kriegserinnerung und demokratische Politik 1918–1933, Bonn 2014.

97 Vgl. zur engen Schichtung generationeller Kohorten und deren Prägung durch den Krieg Wehler: Deutsche Gesellschaftsgeschichte, Bd. 5, S. 185–188. Der 1925 geborene Wolfgang Dregger war gerade alt genug, um an der Front zu kämpfen, während die Jahrgänge ab 1926/27 seit Anfang 1943 in der Regel als sogenannte Luftwaffen- oder Marinehelfer dienten. Vgl. Rolf Schörken: »Schülersoldaten« – Prägung einer Generation, in: Rolf-Dieter Müller/Hans-Erich Volkmann (Hg.): Die Wehrmacht. Mythos und Realität. München 1999, S. 456–473.

98 Wolfgang Dregger am 19.07.1944 an die Familie, ACDP, 01-347-123/3.

99 Alfred Dregger an seine Eltern, 26.03.1944 (Privatbesitz Meinulf Dregger).

100 Vgl. das von beiden Brüdern verfasste Schreiben an die Eltern, 04.05.1944 (Privatbesitz Meinulf Dregger).

a. D. zu bieten hatte, mit denen er den »jungen Krieger« in die Phase der Frontbewährung mit dem Auftrag entließ, diese »ehrenvoll« zu bestehen,[101] schärfte der fronterfahrene große Bruder dem Neuling unmissverständlich ein, dass es bei den ersten Einsätzen vor allem darauf ankomme, sie lebend zu überstehen. Die Ratschläge des Hauptmanns Dregger an den Offiziersbewerber waren eine Einführung in Überlebenstraining unter den Bedingungen des Ostkrieges: »Ich muss Dir als alter Fronthase sagen, dass Du noch ein Greenhorn bist. Und Du musst erst einmal mit Vernunft und Überlegung Erfahrungen sammeln. Man kann nichts mit blöder Gewalt erzwingen, sondern muss immer ein listiger Jäger sein: sich selbst nicht fassen lassen und den Gegner in einem schwachen Moment treffen. Dann noch eins: Der Spaten ist die wichtigste Waffe des Infanteristen. Schanzen bis zur Bewusstlosigkeit! Also sei vernünftig: Die Auszeichnungen kommen von selbst.«[102] Alfred ließ nicht den geringsten Zweifel daran, dass der Krieg zu einer todernsten Angelegenheit geworden war: »Der Herrgott hat mich beschützt, möge er auch Dich führen! […] Hals und Beinbruch, Dein Alfred«.

Wolfgang Dregger hatte keine Gelegenheit mehr, die wohlmeinenden Ratschläge seines Bruders zu beherzigen. Zu dem Zeitpunkt, an dem sein Bruder dies zu Papier brachte, konnte er schon nicht mehr darauf reagieren. Am 27. Juli 1944 war er westlich vom litauischen Olita (Alytus) an einem Gegenangriff auf die russische Linie beteiligt, von dem er nicht mehr zurückkehrte.[103] Wolfgang war nach dem ersten Fronteinsatz nicht mehr auffindbar und wurde als vermisst gemeldet. Gewiss klammerte sich die Familie an die Hoffnung, dass der jüngere Sohn eines Tages wieder auftauchen würde; und auch Alfred Dregger nährte diesen Gedanken bei seinen Eltern. Aber im Innersten seines Herzens machte er sich keine Illusionen darüber, dass sein Bruder gefallen war. Dregger haderte nicht mit diesem Schicksalsschlag, sondern versuchte ihn seinen trauernden Eltern gegenüber mit Sinn zu belegen: Der Tod auf dem Schlachtfeld diene einer höheren Sache. Zum 25. Hochzeitstag der Eltern versuchte er Vater und Mutter Trost zu spenden: »Verzweifelt nicht wegen seines harten Schicksals. Nichts würde ihm mehr weh tun! Begeht diesen Tag in stillem Gedenken an die Jahre, die Ihr und dann wir gemeinsam durchmessen durften und in der Hoffnung, daß wir uns wiedersehen werden. Wenn jedoch das Schicksal unser Opfer für

101 Alfred Dregger senior am 30. 7. 1944 an Wolfgang Dregger, ACDP, 01-347-123/3.

102 Dieses und das folgende Zitat: Alfred Dregger am 29.07.1944 an Wolfgang Dregger, ACDP, 01-347-123/3.

103 Sommer an Alfred Dregger sen. (ohne Datum); Alfred Dregger sen. am 27.08.1944 an 196. Infanterie-Division; Alfred Dregger sen. am 31.01.1946 an die Auskunft- und Entlassungsstelle für Russland-Gefangene, alle ACDP, 01-347-123/4.

das Vaterland verlangen sollte, so wißt, daß Eure Söhne keine feigen Memmen sind, sondern so anständig, wie sie sich zu leben bemüht haben, auch zu sterben wissen.«[104] Wie Wolfgang sein Leben auf dem Altar des Vaterlands dargebracht hatte, so war auch Alfred dazu bereit. Mehr patriotischer Opfermut ging nicht!

Die klassischen Vorstellungen des deutschen Nationalismus hatte Alfred Dregger somit bis in die innersten Fasern seines Herzens internalisiert, wenn er den Kriegstod seines Bruders mit dem Opferdiskurs verband. Dass Bruder Wolfgang für Vaterland *und Führer* sein Leben hingegeben hätte, kam ihm jedoch nicht über die Lippen und floss ihm nicht aus der Feder. Die Mitgliedschaft Dreggers in der NSDAP führte – wie bei vielen anderen Parteigenossen auch – keineswegs dazu, dass er die Nation mit Hitler identifiziert hätte. Die deutsche Nation war von Hitler und dem Nationalsozialismus ablösbar – gerade deswegen konnte es eine politische Zukunft für Deutschland auch jenseits des NS-Regimes geben. Dregger hatte sich daher auch nicht von originär nationalsozialistischem Gedankengut freizumachen, als er sich nach Kriegsende im Nachkriegsdeutschland orientierte. Als glühender Nationalist hatte er bis zum Ende an einem Krieg teilgenommen, den er im Kern als nationalen, nicht als NS-Weltanschauungskrieg auffasste. An dieser Einschätzung sollte er bis zu seinem Lebensende festhalten. Sein Bekenntnis zu einer kämpferischen Nation baute ihm eine Brücke zum NS-Staat, war aber nicht genuin nationalsozialistischen Ursprungs.[105] Daher konnten bestimmte Bestandteile davon beim zweiten demokratischen Gehversuch politisch wiederbelebt werden.

Es kann insofern nicht verwundern, dass Alfred Dregger bei seinem eher zufälligen Einstieg in die Politik mehr als zehn Jahre nach Kriegsende an Grundsätze anknüpfte, die er für politisch unbescholten hielt und die er – am Ende immer verbissener – gegen all jene verteidigte, die darin eine historisch belastete Tradition erblickten. Dregger irritierte damit auch jene, die ihm wohlwollend

104 Dregger an seine »lieben Eltern«, 14.11.1944 (Privatbesitz Meinulf Dregger).

105 Vgl. zur Entwicklung des Nationalismus in Deutschland, der sich stets, speziell auch zur NS-Zeit, zwischen den Polen »Partizipation und Aggression« (Dieter Langewiesche) bewegte, den konzisen Überblick auf neuestem Forschungsstand bei Andreas Fahrmeir: Die Deutschen und ihre Nation. Geschichte einer Idee. Stuttgart 2017, zum »Dritten Reich« S. 145–154; Dieter Langewiesche: Nationalismus im 19. und 20. Jahrhundert: zwischen Partizipation und Aggression, in: ders.: Nation, Nationalismus, Nationalstaat in Deutschland und Europa. München 2000, S. 35–54; Jost Dülffer: Hitler, Nation und Volksgemeinschaft, in: Otto Dann (Hg.): Die deutsche Nation. Geschichte, Probleme, Perspektiven. Vierow bei Greifswald 1994, S. 96–116; zur soldatischen (Selbst)Mobilisierung im Zeichen des Nationalismus Sven Oliver Müller: Deutsche Soldaten und ihre Feinde. Nationalismus an Front und Heimatfront im Zweiten Weltkrieg. Frankfurt/Main 2007.

gegenüberstanden. Doch sein Beharren dürfte nicht zuletzt darin seine Wurzel gehabt haben, dass er den Ostkrieg ohne den ideologischen Ballast geführt hatte, den viele Soldaten mit sich trugen, selbst wenn sie keine NS-Parteigenossen waren. Dass die Rechtfertigung des Überfalls auf die Sowjetunion als Feldzug gegen den »jüdischen Bolschewismus« zum weltanschaulichen Markenkern der Legitimation dieses Vernichtungskriegs gehörte, hatte zur Folge, dass eine Übernahme dieser Schlüsselkategorie eine überaus große Nähe zum Vernichtungswillen der NS-Führung schuf. Doch auch weit unterhalb dieser semantischen Demarkationslinie gab es fließende Übergänge: Wer in seinen privaten Zeugnissen die Sowjetunion als eine vor Schmutz und Dreck starrende kulturelle Wüste darstellte, in der stumpfsinnige Menschen ein primitives Leben fristeten, der mochte gegenüber dem Narrativ durchaus aufgeschlossen sein, das »Großdeutsche Reich« habe eine kulturzivilisatorische Mission zu erfüllen, indem es die angeblich primitive slawische Bevölkerung an deutsche Zucht und Ordnung gewöhnte und sich damit zum Herrn über kulturlose Völkerschaften aufschwang.[106] In den aus der Kriegszeit stammenden Selbstzeugnissen Alfred Dreggers gibt es jedoch keinen Hinweis weder in die eine noch in die andere Richtung: Weder taucht die Denkfigur eines »zersetzenden jüdischen Einflusses« auf, noch finden sich die im Ostheer so verbreiteten Stereotypen eines wegen seiner Rückständigkeit zu kolonisierenden Landes. Dregger wählte die Sprache der Landser, wenn er den Feind im Osten als »Iwan« bezeichnete und durchaus respektvoll über dessen militärische Fähigkeiten sprach.

106 Die Wahrnehmung eines Kulturgefälles nach Osten hatte schon die Vorstellungen der Frontsoldaten im Ersten Weltkrieg strukturiert und war nahtlos anschlussfähig an bürgerliche Reinlichkeitsvorstellungen, die sich zu dem Bild einer Kulturaufgabe der »Reinigung« des »dreckigen« Ostens verdichteten; vgl. Aribert Reimann: Der große Krieg der Sprachen. Untersuchungen zur historischen Semantik in Deutschland und England zur Zeit des Ersten Weltkriegs. Essen 2000, S. 210–222, 281; Jochen Böhler: Auftakt zum Vernichtungskrieg. Die Wehrmacht in Polen 1939. Frankfurt/Main 2006, S. 42–53; Michaela Kipp: »Großreinemachen im Osten«. Feindbilder in deutschen Feldpostbriefen im Zweiten Weltkrieg. Frankfurt/Main, New York 2014; dies.: Reinlichkeitsvorstellungen in Feldpostbriefen. Herausforderung für die Kriegsgeschichte, in: Veit Didczuneit/Jens Ebert/Thomas Jander (Hg.): Schreiben im Krieg. Schreiben vom Krieg. Feldpost im Zeitalter der Weltkriege. Essen 2011, S. 457–468; Klaus Latzel: Tourismus und Gewalt. Kriegswahrnehmung in Feldpostbriefen, in: Hannes Heer/Klaus Naumann (Hg.): Vernichtungskrieg. Verbrechen der Wehrmacht 1941–1944. Hamburg 1995, S. 447–459; ders.: Wehrmachtssoldaten zwischen »Normalität« und NS-Ideologie, oder: Was sucht die Forschung in der Feldpost?, in: Rolf-Dieter Müller/Hans-Erich Volkmann (Hg.): Die Wehrmacht. Mythos und Realität, München 1999, S. 573–588, bes. S. 580–588; Müller: Deutsche Soldaten, S. 175–193; Andreas Jasper: Kriegserfahrungen deutscher Soldaten in Ost und West 1939–1945. Paderborn 2011, S. 262–275.

Wie nahmen Altersgenossen Dreggers, die als Berufssoldaten ebenfalls geraume Zeit im Osten gekämpft hatten und die in den 1950er und 1960er Jahren wie er in die vordersten Reihen der bundesdeutschen Politik einrückten, den Weltkrieg im Allgemeinen und insbesondere den Krieg gegen die Sowjetunion im Besonderen wahr? Bei näherem Hinsehen lässt sich eine nicht geringe Zahl solcher maßgeschneiderten Protagonisten identifizieren, die vor allem in der FDP ihre politische Heimat fanden: Der Wohnungsminister im ersten Kabinett Adenauer, Eberhard Wildermuth (1890 – 1952), gehörte ebenso dazu wie Wolfgang Döring (1919 – 1963), der spätere Landesgeschäftsführer der nordrhein-westfälischen FDP. Und auch Walter Scheel (1919 – 2016), der es später immerhin zu mehrfachen Bundesministerwürden und sogar zum Bundespräsidenten bringen sollte, hatte – nur ein Jahr älter als Dregger – sechs Jahre als Soldat der Wehrmacht zugebracht.[107] Welche Vorstellungen vom Ostkrieg diese Aushängeschilder der bundesdeutschen Demokratie besaßen, von denen sich vor allem Döring und Scheel als Kritiker der Adenauer-CDU profilierten, ist noch nicht hinreichend untersucht. Gerade deswegen ist eine Untersuchung ihres Generationsgenossen Dregger dazu angetan, in die Komplexität der Gemengelage einzutauchen, die dieses Thema in sich birgt. Besonders fruchtbar ist dabei der Vergleich mit jenem Politiker, der einen ganz ähnlichen Lebensweg vorzuweisen hat: dem späteren FDP-Vorsitzenden und Vizekanzler im Kabinett Adenauer, Erich Mende. Wie Dregger kam er aus der katholischen Provinz, in diesem Fall aus Schlesien; und wie Dregger schlug der 1916 geborene Mende den Weg eines Berufsmilitärs ein, der ihn vor allem an die Ostfront führte und ihm sogar die höchste militärische Auszeichnung, das Ritterkreuz, bescherte. Als die Waffen im Mai 1945 endlich ruhten, fand er sich wie Dregger in Schlesien wieder.[108]

---

107 Zu Scheel die Skizze bei Franz Walter: Walter Scheel: Fröhlicher Realist mit Fortune, in: ders.: Charismatiker und Effizienzen. Porträts aus 60 Jahren Bundesrepublik. Frankfurt/Main 2009, S. 136 – 142. Zu Wildermuth vgl. die Kurzbiographie sowie das Dokument 187 bei Sönke Neitzel: Abgehört. Deutsche Generäle in britischer Kriegsgefangenschaft 1942 – 1945. Mit einem Geleitwort von Ian Kershaw. 6. Aufl. Berlin 2012, S. 421 – 424, 480 – 481; eher hagiographisch Wilhelm Kohlhaas: Eberhard Wildermuth. Ein aufrechter Bürger. Ein Lebensbild. Bonn 1960. Zu Wolfgang Döring die ältere Darstellung von Wolfram Dorn/Wolfgang Wiedner: Der Freiheit gehört die Zukunft. Wolfgang Döring. Eine politische Biographie. Bonn 1974.

108 Vgl. zu Mendes Zeit im Weltkrieg die vollkommen unkritische und mit militärischen Metaphern sowie verharmlosenden Karikaturen des Kriegsgeschehens gespickte Darstellung bei Hermann O. Bolesch/Ernst Goyke: Kennen Sie eigentlich den? Band 4: Erich Mende, Bonn 1961, S. 7 – 32; umfassend die Selbstdarstellung Erich Mende: Das verdammte Gewissen. Zeuge der Zeit 1921 – 1945. München, Berlin 1982; weiterführend auch zu Mendes Selbstinszenierung als stolzer Vertreter der »Frontkämpfergeneration« die Skizze bei Franz Walter: Erich Mende: Der

Man wird also auch an diese Altersgenossen Dreggers die Frage richten dürfen, inwieweit sie ihre Kriegserfahrungen mit Deutungen versahen, die eine gewisse Affinität zu den vom Regime verbreiteten Interpretamenten aufweisen. Und auch hier wird man in Rechnung stellen müssen, in welchem familiären Umfeld sich die Frontoffiziere bewegten, wenn sie ihre Einschätzungen brieflich kundtaten. Dregger jedenfalls hätte sich angesichts des antislawischen Tones in seiner Familie mit Bemerkungen über »die Polen« und »die Russen« keineswegs zurückhalten müssen. Die Art und Weise, wie dort über »die Polen« gesprochen wurde, kam geradezu einer Ermunterung gleich, die »Russen« in ähnlicher Weise abzuwerten. Vater Dregger pflegte typisch antipolnische Stereotypen,[109] wenn er sich noch 1943 gegenüber dem jüngsten Sohn ausließ: »Die Polen sind sehr falsch.«[110] Wolfgang Dregger stieß tendenziell in dasselbe Horn, wenn er im Februar 1944 schrieb: »Der Pole ist weiterhin völlig ruhig, sonst würden wir ihm auch schon was geben.«[111] Von konfessioneller Solidarität gegenüber dem nahezu rein katholischen Nachbarvolk keine Spur; stattdessen dominiert ein Diskurs, der sich die klassischen nationalen Topoi und Überlegenheitsansprüche zu eigen macht. Von Alfred Dregger stammt indes keine dieser antipolnischen Äußerungen!

In dieses Bild fügt sich eine Begebenheit aus den letzten Kriegstagen ein, die Dregger im schlesisch-böhmischen Grenzgebiet verbrachte. Im niederschlesischen Marklissa legte er am 8. Mai 1945 die Waffen nieder und setzte sich danach nach Mittelböhmen ab, um sowjetischer Kriegsgefangenschaft zu entgehen.[112] Dort wäre er aber fast tschechischen Partisanen in die Hände gefallen; und es waren allem Anschein nach Soldaten der »Roten Armee«, die ihn vor dem Schlimmsten bewahrten.[113] Dregger hat mithin nicht nur negative Erfahrungen mit sowjetischen Soldaten gemacht; und auch dies mag ihn gegen weit verbreitete Stereotypen gefeit haben. Das Glück der ersten Friedenstage rundete der Umstand ab, dass ihn diese sowjetischen Soldaten nicht als Gefangenen in ihre Obhut nahmen, sondern dass er nach einer Odyssee durch das Erzgebirge in

---

Liberale aus dem Schützengraben, in: ders.: Charismatiker und Effizienzen. Porträts aus 60 Jahren Bundesrepublik. Frankfurt/Main 2009, S. 131–136.

109 Vgl. zu den teilweise weit zurückreichenden antipolnischen Stereotypen, die bei Kriegsbeginn aktualisiert und verschärft werden konnten, Böhler: Auftakt, S. 25–41.

110 Alfred Dregger sen. am 24.09.1943 an Wolfgang Dregger, ACDP, 01-347-123/3.

111 Wolfgang Dregger am 20.02.1944 an die Familie, ACDP, 01-347-123/3.

112 Hierzu und zum Folgenden ACDP, 01-347-121/2, Dregger: Maschinenschriftliche Notizen vom 15.01.1998; UAM, 3076/2172, Promotionsakte Alfred Dregger, »Mein Lebenslauf« (21.06.1950).

113 Ebd.

Sachsen auf US-amerikanische Streitkräfte stieß, die ihn in die Wunschgefangenschaft überführten und in ein Lazarett überstellten.

Nach allem, was wir wissen, hielt Dregger sich also von nationalsozialistischen und kulturimperialistischen Vorstellungen gegenüber der Sowjetunion beziehungsweise Russland fern. Dennoch bleibt eine Frage, die an alle im Osten eingesetzten Offiziere zu richten ist: Was wussten sie von den Verbrechen, die deutsche Soldaten während des Vernichtungskrieges begangen hatten? Ohne hier bereits eine umfassende Analyse der Diskurse um Dreggers spätere Einwürfe vornehmen zu wollen: Er selbst bestritt nicht, dass »auch Soldaten der Wehrmacht an solchen Verbrechen beteiligt waren«.[114] Entgegen dem Eindruck, den viele seiner Einlassungen erweckten, mimte er nicht immer den Ahnungslosen, der als Frontsoldat nichts mitbekommen habe und daher bei der Präsentation einschlägiger Dokumente aus allen Wolken gefallen sei. Dregger wählte bisweilen seine Worte sehr genau, wenn er in solchen erinnerungspolitischen Diskussionen davon sprach, dass »die Verbrechen Hitlers dem größten Teil unseres Volkes erst nach dem Kriege bekannt geworden« seien,[115] oder wenn er beteuerte, »Morde an Juden durch Wehrmachtsangehörige […] nicht gesehen« zu haben.[116] Man muss keine umfassende Untersuchung anstellen, um zu dem Urteil zu gelangen, dass er von den Verbrechen im Osten – unabhängig davon, von wem sie begangen wurden – durchaus wusste. Sicherlich konnte er sich in den Kriegsjahren kein vollständiges Bild über Umfang und Art solcher Gräueltaten machen, die bei der Wehrmacht von der Umsetzung des Kommissarbefehls oder des Sühnebefehls über die Befolgung des Nacht- und Nebelerlasses bis hin zur Beteiligung an Deportationen und Exekutionen von Juden, Kriegsgefangenen und Zivilisten reichten. Vielleicht hat Dregger, wie er später versicherte, bestimmte Verbrechen wie die Ermordung von Juden durch Wehrmachtsoldaten nicht mit eigenen Augen gesehen. Und man durfte ihm glauben, wenn er beteuerte, dass er sich als Soldat zumindest »immer bemüht« habe, »es mit Anstand zu sein«.[117] Aber als Offizier, der es immerhin zum Kompaniechef einer kämpfenden Einheit brachte und im Rahmen seiner Fronteinsätze sowie bei seinen Fahrten in die Heimat regelmäßig Polen und Weißrussland durchquerte, müsste er mit Blind- und Taubheit geschlagen gewesen sein, wenn ihm solche Geschehnisse vollkommen entgangen wären.

114 Dregger: Erklärung zur Abstimmung gemäß § 31 der Geschäftsordnung des Deutschen Bundestages zum Zusatzpunkt 6 (24.04.1997), ACDP, 01-347-121/2.

115 Dregger am 09.03.1982 an Wenck, ACDP, 01-347-112/2.

116 Charlotte Wiedemann: Ein trotziger Veteran, in: Die Woche, 05.05.1995.

117 Dregger am 09.10.1978 an Blüm, ACDP, 01-347-115/1.

Das ergibt sich keineswegs nur aus der Tatsache, dass die Verbrechen teilweise eines erheblichen logistischen Aufwandes bedurften, der sich schwerlich geheim halten ließ und viel militärisches Personal erforderte. Ebenso fällt ins Gewicht, dass vor allem nach der Zunahme alliierter Bombenangriffe im Verlauf des Jahres 1943 die NS-Propaganda mehr als nur andeutete, welche Untaten sich im Osten ereignet hatten, und so zu verstehen gab, dass damit alle zivilisatorischen Brücken abgebrochen seien und die Deutschen als Kollektiv dafür haftbar gemacht würden. Aus einer solchen Komplizenschaft konnte und sollte es keinen Ausstieg geben![118] Hinzu kommen die Ergebnisse der Forschung, die akribisch herausgearbeitet hat, dass die Verbrechen nicht nur im Hinterland, sondern auch direkt an der Front begangen wurden.[119] In der 6. Infanterie-Division, der Dregger angehörte, sind Erschießungen der »politischen Kommissare«, also der Politoffiziere in der »Roten Armee«, schon zu einem sehr frühen Zeitpunkt des Krieges, nämlich im Sommer 1941, aktenkundig geworden.[120]

Die Lektüre von Großmanns Geschichte der 6. Infanterie-Division vermittelt eine Ahnung davon, wie schwer es Dregger und seinen Kameraden aus praktischen wie psychologischen Gründen gefallen sein muss, den Krieg gemäß den damaligen Normen des Völkerrechts zu führen. Das Buch ist in dieser Hinsicht insofern aufschlussreich, als es die Diskrepanz zwischen den weitgehend »zivilisierten« Feldzügen im Westen und dem Schlachten im Osten enthüllt, das von einem hohen Maß an Verrohung gekennzeichnet war. Während die fliehende Bevölkerung im französischen Norden – »Kranke und Alte auf Kinderwagen oder Schubkarren verladen, Mütter, die ihre Kleinsten an die Brust gebunden hatten.

---

118 Vgl., zum zeitgenössischen Kenntnisstand von Judenmord und Kriegsverbrechen Frank Bajohr/Dieter Pohl: Der Holocaust als offenes Geheimnis. Die Deutschen, die NS-Führung und die Alliierten. München 2006; Kühne: Kameradschaft. Die Soldaten des nationalsozialistischen Krieges, S. 196; Harald Welzer: Die Deutschen und ihr »Drittes Reich«, in: Aus Politik und Zeitgeschichte 14–15/2007, S. 21–28; Nicholas Stargardt: Der deutsche Krieg 1939–1945. Frankfurt/Main 2014, S. 285–323; Christian Gerlach: Der Mord an den europäischen Juden. Ursachen, Ereignisse, Dimensionen. München 2017, S. 106–107, 227–230.

119 Vgl. hierzu u.a. die Aufsätze in dem Sammelband von Christian Hartmann/Johannes Hürter/Ulrike Jureit (Hg.): Verbrechen der Wehrmacht. Bilanz einer Debatte. München 2005. So kann beispielsweise davon ausgegangen werden, dass in über 90 Prozent aller Divisionen Exekutionen regulärer Kombattanten gemäß den Kommissarrichtlinien vorgenommen wurden (vgl. Römer: Kameraden, S. 415; ders.: Die Wehrmacht und der Kommissarbefehl. Neue Forschungsergebnisse, in: Militärgeschichtliche Zeitschrift 69 (2012), S. 243–274, hier S. 249).

120 Vgl. Felix Römer: Der Kommissarbefehl. Wehrmacht und NS-Verbrechen an der Ostfront 1941/42. Paderborn u.a. 2008, S. 49f., 338, 404, 516ff.

Welch namenloses Elend!«[121] – unter den Soldaten der Division noch Mitgefühl erzeugte, wurde es in den russischen Gebieten auf eine harte Probe gestellt. Denn immer häufiger hatten sie es mit Kombattanten zu tun, die ohne Uniform die regulären Truppen der Rotarmisten unterstützten.[122] Zwar wurde die Parole ausgegeben, die Bevölkerung »fürsorglich und kameradschaftlich« zu behandeln,[123] zumal sie den deutschen Truppen vielerorts angeblich eine gewisse Sympathie entgegengebracht habe.[124] Aber der Vorsatz, auch Gefangene unter dem »Gebot der Menschlichkeit«[125] zu behandeln, muss auf Dauer unter Nachrichten gelitten haben, wonach sich russische Verbände als unerbittlich erwiesen und deutsche Kriegsgefangene ebenso schnell erschossen wie Verräter aus den eigenen Reihen.[126] Hingegen war, verfolgt man den Schlachtenverlauf genauer, das größte Problem bei der Absicht, Gefangene gemäß dem Kriegsrecht zu behandeln, technischer Art: Wie sollten lebende Rotarmisten, deren deutsche Soldaten habhaft wurden, noch in geordneter Form in Gefangenenlager gebracht oder mit Nahrungsmitteln versorgt werden, wenn die deutschen Einheiten selbst immer häufiger eingekesselt, umzingelt oder vom notwendigen Nachschub abgeschnitten wurden? Ihre Freilassung hingegen beschwor die Gefahr herauf, dass sie sich unmittelbar wieder in die feindlichen Linien einreihten und damit die missliche militärische Lage weiter verschärften. Großmann verpackte dieses grundsätzliche Dilemma in Schilderungen von einzelnen Begebenheiten, die als versteckte Hinweise auf die ›Lösung‹ solcher Schwierigkeiten gelesen werden können: »Da Iwan stocknachtblind und zudem etwas dusselig war, verfranzte er sich und zog stracks auf die deutsche H.K.L. los. Auch das Drahthindernis machte ihn noch nicht bedenklich. Er versuchte durch das lästige Hindernis durchzukommen. Die Landser vom G.R. 58 hatten Ruhe und Humor genug, Iwan und die beiden anderen machen zu lassen. Dann vereinnahmten sie Iwan mit Wagen und Inhalt, nur die beiden Begleiter legten sie um, da sie entwetzen wollten.«[127]

Was in solchen Histörchen über »auf der Flucht Erschossene« lustig und gerecht daherkommen sollte, konnte in Wirklichkeit – sofern nicht bereits jegliches Gefühl von Mitmenschlichkeit erstorben war – eine deprimierende Wirkung

121 Großmann: Geschichte, S. 15.
122 Ebd., S. 65.
123 Ebd., S. 88.
124 Ebd., S. 108 f.
125 Ebd., S. 67.
126 Ebd., S. 72. Vgl. zu diesen Erkenntnissen, welche die 6. Infanterie-Division aus Gefangenenverhören gewann, Römer: Der Kommissarbefehl, S. 231.
127 Ebd., S. 171.

entfalten. In einem von Alfred Dreggers Feldpostbriefen gibt es eine Stelle, die als Beleg dafür gelten kann, dass auch er zumindest Zeuge von Handlungen wurde, die selbst ihn als kampferprobten Soldaten nach rund zwei Jahren an vorderster Front zutiefst erschütterten. Bei ihrer Lektüre ist in Rechnung zu stellen, dass Kritik an Maßnahmen der Truppe untersagt war, bei Entdeckung der Zensur zum Opfer fiel und nicht zuletzt für denjenigen nachteilig werden konnte, der sie formuliert hatte.[128] Aber allein wegen der schieren Fülle von Feldpostbriefen mussten sich Wehrmachtangehörige nicht auf die Zunge beißen, wenn sie mehr als nur Andeutungen über das fallen lassen wollten, was sie bis ins Mark erschütterte.[129] Insofern musste man nicht zu verklausuliert schreiben, sofern man allzu offensichtliche Attacken gegen die NS-Führung und Hitler vermied.

Der Brief Alfred Dreggers, der tief blicken lässt, stammt vom 29. Juli 1944 und ist das letzte an den Bruder adressierte Schreiben: »Die Zeit Deiner Frontbewährung fällt in die bisher größte Krise der Ostfront. Sie wird Dich vor besonders schwierige Situationen stellen, wie sie sonst nicht eintreten und die gerade für einen anständigen Soldaten besonders bitter sind. Ich weiß, daß Dich das in Deiner Einsatzfreude nicht hemmen wird.«[130] Diese Sätze sind höchst aufschlussreich. Zum einen waren sie offenbar auf konkrete, selbst erlebte Vorfälle gemünzt. Zum anderen enthüllten sie Dreggers innere Haltung dazu: Bei aller Brutalität, die jedem Krieg eigen ist, waren aus seiner Sicht längst Grenzen zu einem Bereich überschritten worden, den er für falsch oder – um in seiner Terminologie zu bleiben – für »besonders bitter« und unanständig hielt. Dennoch rief er seinen Bruder dazu auf, sich von solchen Erfahrungen nicht in seiner Kampfbereitschaft beeinflussen zu lassen – ein Appell, der ohne Zweifel auch an ihn selbst gerichtet war.

Der Krieg entließ Alfred Dregger weder als körperliches noch als seelisches Wrack. Für ihn war nach der Kriegsniederlage keine Welt zusammengebrochen, weil er weder seine persönliche noch seine politische Identität an das »Dritte Reich« geknüpft hatte. Die wenigen Koordinaten seiner politisch anschlussfähi-

---

128 Vgl. Martin Humburg: Das Gesicht des Krieges. Feldpostbriefe von Wehrmachtssoldaten aus der Sowjetunion 1941 – 1944. Wiesbaden 1998, S. 96.

129 Vgl. zur Briefzensur und ihren durchaus ambivalenten Effekten Benjamin Ziemann: Feldpostbriefe und ihre Zensur in den zwei Weltkriegen, in: Klaus Beyrer/Hans-Christian Täubrich (Hg.): Der Brief. Eine Kulturgeschichte der schriftlichen Kommunikation. Heidelberg 1996, S. 163 – 171; Klaus Latzel: Deutsche Soldaten – nationalsozialistischer Krieg? Kriegserlebnis – Kriegserfahrung 1939 – 1945. Paderborn u. a. 1998, S. 25 – 31.

130 Alfred Dregger am 29.07.1944 an Wolfgang Dregger, ACDP, 01-347-123/3.

gen Ordnungsvorstellungen – nämlich »Nation« und »Kameradschaft« – waren seiner Auffassung nach durch das NS-Regime nicht kontaminiert worden. Entsprechend ergaben sich politische Anknüpfungspunkte, sollte er in der Nachkriegszeit das ihm bislang fremde Terrain der Politik beackern wollen.

Vor allem war Dregger noch jung genug, um sich nicht dauerhaft im Schatten eines verlorenen Krieges einrichten zu müssen. Wenngleich er sporadischen Kontakt zu einigen überlebenden Kameraden hielt, beteiligte sich der Hauptmann a. D. nach seiner Entlassung nicht an militärischer Traditionspflege. Der Krieg war ein Lebensabschnitt, der ihn vor allem aufgrund des ungewissen Schicksals seines Bruders zwar nicht loslassen sollte, aber mit dem er nach außen weitgehend abzuschließen versuchte. Im Unterschied zu Erich Mende, dessen nationalliberale Grundeinstellung er teilte, trug er seine Kriegsauszeichnungen nicht vor sich her; er hat sie in der Öffentlichkeit überhaupt nie getragen.[131] Damit hatte er in symbolischer Hinsicht eine Zäsur vollzogen, um sich auf die Herausforderungen des Zivillebens einlassen zu können. Er fror die Erinnerung an seine Jahre in der Wehrmacht ein und taute sie erst Jahrzehnte später in den heftigen erinnerungspolitischen Debatten wieder auf.

131 Schriftliche Mitteilung Burkard Dreggers an die Verfasser, 14.01.2021.

Vom Verwaltungsjuristen zum Kommunal- und Landespolitiker

3. Berufsfindung, Familiengründung und beruflicher Einstieg

Alfred Dregger hatte das 25. Lebensjahr noch nicht vollendet, als das Kriegsende ihn in einen neuen Lebensabschnitt entließ. Anders als viele andere seiner Generation, die wie er knapp sechs Jahre in Uniform verbracht hatten, war er kein klassischer Kriegsheimkehrer. Ihm blieb das Schicksal erspart, längere Zeit in der Kriegsgefangenschaft der Siegermächte zu verbringen. Wurde das weitaus schlechteste Los denen zuteil, die in die Hände der »Roten Armee« fielen,[1] so entging er diesem Schicksal, obwohl er am Kriegsende mit sowjetischen Soldaten in Kontakt kam. Außerdem war für ihn im Unterschied zu den Kameraden etwa aus Ostpreußen, Schlesien oder Hinterpommern die Beendigung des Krieges nicht gleichbedeutend mit dem Verlust der Heimat. Die durch den Krieg erlittenen Verwundungen beeinträchtigten Dregger zwar, waren aber nicht derart schwer, dass sie ihn an der Aufnahme eines ordentlichen Berufes hindern konnten. Noch am Tag nach der offiziellen Kapitulation war er ein viertes Mal verwundet worden, so dass seine gesundheitliche Kriegsbilanz mit Stecksplittern in Lunge und Rücken sowie mit einem Schussbruch im rechten Wadenbein einschließlich Schädigung der Wadenbeinnerven alles andere als befriedigend ausfiel.[2] Die Folgen waren so gravierend, dass ihm 1957 eine offizielle Erwerbsminderung von 40 Prozent zuerkannt wurde.[3] Aber im Gegensatz zu vielen seiner Kameraden war er nicht nur mit dem Leben davongekommen, sondern durfte seine Verletzungen auch in Lazaretten der amerikanischen und britischen Zone behandeln lassen, aus denen er im Oktober 1945 in die Freiheit entlassen wurde.[4]

---

1 Zur Konstellation dieser Generation vgl. Gabriele Rosenthal: »Wenn alles in Scherben fällt«. Von Leben und Sinnwelt der Kriegsgeneration. Typen biographischer Wandlungen. Opladen 1987; Svenja Goltermann: Die Gesellschaft der Überlebenden. Deutsche Kriegsheimkehrer und ihre Gewalterfahrungen im Zweiten Weltkrieg. München 2009.

2 StAFu, Stadt Fulda-Amt 10/3, Personalakte Dr. Alfred Dregger, Versorgungsamt Fulda am 27.02.1957 an amtliche Fürsorgestelle der Stadt Fulda u.a.; UAM, 3076/2172, Promotionsakte Alfred Dregger, »Mein Lebenslauf« (21.06.1950).

3 StAFu, Stadt Fulda-Amt 10/3, Personalakte Dr. Alfred Dregger, Versorgungsamt Fulda am 27.02.1957 an amtliche Fürsorgestelle der Stadt Fulda u.a.

4 UAM, 3076/2172, Promotionsakte Alfred Dregger, »Mein Lebenslauf« (21.06.1950).

Insofern brachte Dregger viele Voraussetzungen mit, um beim Wiederaufbau nach 1945 mit gewohnter Tatkraft dabei zu sein: Verabschiedete Offiziere der Wehrmacht stellten eine Reserve an Führungspersönlichkeiten dar, war doch nach 1945 ein Elitenwechsel in vielen Bereichen der deutschen Gesellschaft zu verzeichnen, die sich wenige Jahre später in Gestalt der Bundesrepublik in Westdeutschland eine neue politische Organisationsform unter starker westalliierter Mitwirkung geben sollte. Zeitungen und Rundfunk verlangten nach neuen Köpfen, die sich – auch aufgrund ihrer Jugend – nicht durch eine publizistische Tätigkeit in der NS-Zeit kompromittiert hatten.[5] Phänomenal war etwa der Erfolg des Wehrmachtsoffiziers Rudolf Augstein, der mit dem »Spiegel« das neue Format des Nachrichtenmagazins in der Bundesrepublik schuf und zu einem lukrativen Geschäftsmodell etablierte. Dem journalistischen Senkrechtstarter, der nur drei Jahre jünger als Dregger war, dürften seine Erfahrungen an der Ostfront zumindest nicht geschadet haben.[6] Auch der Aufstieg des acht Jahre älteren Axel Springer zu einem der führenden Verleger ist dem Umstand zu verdanken, dass im Medienbereich die Karten nach 1945 neu gemischt wurden und diejenigen reüssierten, die ein Gespür für neue Zeitungsformate besaßen.[7] Bei Zeitungen und dem neuen Leitmedium Rundfunk waren die Karrierechancen für 30Jährige so besonders groß.[8] Aber auch darüber hinaus standen leistungsbereiten Vertretern der Offiziersgeneration der Wehrmacht im westdeutschen Gemeinwesen zwar nicht alle, aber doch viele Türen offen.

Dies galt nicht zuletzt für die Politik: Beim Aufbau einer Demokratie eröffneten sich ihnen vielfältige Aufstiegsmöglichkeiten – und zwar in den Parteien, die sich besonders stark für die Integration der ehemaligen Wehrmachtsoffiziere einsetzten und dafür Repräsentanten vorweisen wollten, die diese Wählergruppe habituell ansprachen. Für einen zwischen 1915 und 1920 geborenen Weltkriegsoffizier, der von prononciert nationaler Gesinnung war und die bürgerliche Eigentumsordnung gegen alle Sozialisierungsbestrebungen verteidigen wollte, bot sich daher die Freie Demokratische Partei (FDP) als politische Heimat an. Sie

5 Vgl. Norbert Frei/Johannes Schmitz: Journalismus im Dritten Reich. München 1999.

6 Vgl. Peter Merseburger: Rudolf Augstein. Der Mann, der den »Spiegel« machte. München 2007; Ulrich Greiwe: Augstein. Ein gewisses Doppelleben. München 2003; Irma Nelles: Der Herausgeber. Erinnerungen an Rudolf Augstein. Berlin 2017.

7 Vgl. Michael Jürgs: Der Verleger. Der Fall Axel Springer. München 2001; Hans-Peter Schwarz: Axel Springer. Die Biografie. Berlin 2008; Tilman Jens: Axel Cäsar Springer. Ein deutsches Feindbild. Freiburg im Breisgau 2012.

8 Hierzu generell Christina von Hodenberg: Konsens und Krise. Eine Geschichte der westdeutschen Medienöffentlichkeit 1945 – 1973. Göttingen 2006, S. 253 ff.

eröffnete zugleich Karrierechancen, welche die politische Konkurrenz nicht zu bieten hatte.[9] Erich Mende, Wolfgang Döring und Walter Scheel hatten diesen politischen Lebensweg vorexerziert. Und auch für die eine Generation älteren ehemaligen Berufsmilitärs war die FDP eine sich aufdrängende politische Option, wie die Vita des ehemaligen Panzergenerals Hasso von Manteuffel zeigt, der für die FDP im Bundestag saß.[10]

Wenn Dregger schon in den späten 1940er Jahren vorgehabt hätte, sich parteipolitisch zu engagieren, wäre seine Wahl vermutlich auf die FDP gefallen. Sie war die natürliche politische Heimat für diejenigen, die sich als nationalliberal einstuften. Zwar war Dregger in jener Zeit noch ein politisch unbeschriebenes Blatt und hätte sich nicht vorbehaltlos zu dieser Ausprägung des Liberalismus bekannt. Doch wer im bestehenden Parteiensystem seine Parteipräferenz danach aussuchte, dass der Wertekanon des deutschen Soldatentums in Ehren gehalten, dem Sozialismus mannhaft die Stirn geboten und ein Bekenntnis zu den Grundwerten der jungen Bundesrepublik abgegeben wurde, für den war aller Wahrscheinlichkeit nach die FDP allererste Wahl. Hinzu kam, dass viele derjenigen, die man cum grano salis dem nationalliberalen Flügel innerhalb der FDP zurechnen konnte, katholischer Konfession waren. In der Weimarer Republik war der Nationalliberalismus, der sich parteipolitisch in der »Deutschen Volkspartei« organisiert hatte, noch eine praktisch rein protestantische Vereinigung gewesen, da er Traditionen eines antikatholischen Kulturprotestantismus gepflegt hatte. Nach 1945 fand dieser Antikatholizismus im Nationalliberalismus keinen wirklichen Nährboden mehr vor. Entsprechend hatten auch Katholiken, die zumindest gelegentlich einen Kirchenraum von innen sahen, keine Scheu, sich einer nationalliberalen FDP anzuschließen. Dies galt nicht nur für den aus Schlesien stammenden Ritterkreuzträger Erich Mende, der in der FDP eine steile Karriere hinlegte. Auch der von der FDP gestellte Vizekanzler im ersten Kabinett Adenauer, der von der Forschung vernachlässigte Franz Blücher,[11] war katholischer Konfession und durchaus der nationalliberalen Richtung zuzurechnen.

---

9 Vgl. Jürgen Dittberner: FDP – Partei der zweiten Wahl. Ein Beitrag zur Geschichte der liberalen Partei und ihrer Funktionen im Parteiensystem der Bundesrepublik. Opladen 1987; Wolfgang Stauft: Liberale in Hessen seit 1945. Materialien zum 50jährigen Bestehen der FDP in Hessen. St. Augustin 1996; Dieter Hein: Zwischen liberaler Milieupartei und nationaler Sammlungsbewegung. Gründung, Entwicklung und Struktur der Freien Demokratischen Partei 1945–1949. Düsseldorf 1985.

10 Vgl. Dorothee Hochstetter: Hasso von Manteuffel (1897–1978). Vom Panzergeneral zum Bundestagsabgeordneten, in: Jahrbuch für Liberalismusforschung 27 (2015), S. 205–237.

11 Zu Blücher siehe u. a. Anne Rüter: Franz Blücher als Marshallplan-Minister und Parteivorsitzender, in: Jahrbuch für Liberalismus-Forschung 20 (2008), S. 59–83.

Bei solchen Vorbildern hätte auch der katholische Offizier Alfred Dregger, wenn er – ohne festen politischen Kompass und damit ohne eine Verankerung im Zentrumskatholizismus – nach parteipolitischer Orientierung gesucht hätte, problemlos zur FDP finden können. Allein, er liebäugelte ganz und gar nicht damit, sich einer politischen Partei anzuschließen. Der Umstand, dass er bis 1956 keine festen parteipolitischen Bindungen einging und erst mit Mitte 30 – und zwar über das Feld der Kommunalpolitik – in die Parteipolitik fand, macht deutlich, dass er in dieser Hinsicht ein Spätberufener war. Dregger brauchte die Politik nicht, um sich im neuen Staatswesen einzurichten und dort voranzukommen. Er absolvierte den klassischen Karriereweg, wie er im bürgerlichen Lebensentwurf vorgesehen war: Studium eines Faches mit einem breiten beruflichen Anwendungsspektrum und danach Einstieg in einen wirtschaftsnahen Berufssektor. Kernantriebskraft war das für Dregger konstitutive Leistungsdenken: Hatte er als Wehrmachtsoffizier seine Leistung an der Front zu erbringen versucht, so wollte er diese Leistungsbereitschaft nun auch auf den zivilen Feldern Studium und Beruf unter Beweis stellen.

Dregger hatte mithin eine Lebenseinstellung internalisiert, die um ein Leistungsethos kreiste und in dieser Hinsicht als Ausweis von »Bürgerlichkeit« gelten kann. »Bürgerlichkeit« meint hier eine spezifische Lebensweise, in deren Zentrum Leistungsorientierung steht und die sich häufig in einer Gemeinwohlorientierung niederschlägt. Individuelle Leistungsbereitschaft, die eben auch in einer privaten Konsumfreudigkeit ihren Niederschlag finden kann, wird durch eine Art innerer Dienstverpflichtung für das Gemeinwesen fruchtbar gemacht.[12] Daher wird man durchaus sagen können, dass in Dregger die Keime einer solchen kompletten »Bürgerlichkeit« bereits angelegt waren, als er sich in der Nachkriegszeit neu ausrichtete: Zuerst etablierte er sich in beruflicher Hinsicht, bevor er dann seine bürgerlichen Tugenden dem Gemeinwesen zur Verfügung stellte. Dregger hatte den »bürgerlichen Wertehimmel«[13] also fest in seinen Nachkriegslebensentwurf integriert.

Dabei konnte er an seinen militärischen Lebensweg in der NS-Zeit anknüpfen. Auch die Nationalsozialisten hatten ein Leistungsethos zu mobilisieren versucht.

---

12 Dazu Wolfram Pyta/Carsten Kretschmann (Hg.): Bürgerlichkeit. Spurensuche in Vergangenheit und Gegenwart. Stuttgart 2016; Manfred Hettling: Bürgerlichkeit als kulturelles System. Halle an der Saale 2010; Andreas Schulz: Lebenswelt und Kultur des Bürgertums im 19. und 20. Jahrhundert. 2. Aufl. Berlin u. a. 2014.

13 Vgl. dazu Manfred Hettling/Stefan-Ludwig Hoffmann: Zur Historisierung bürgerlicher Werte. Einleitung, in: Manfred Hettling/Stefan-Ludwig Hoffmann (Hg.): Der bürgerliche Wertehimmel. Innenansichten des 19. Jahrhunderts. Göttingen 2000, S. 7–21.

Sie hatten es stets mit einer genuin rassistischen Ausrichtung in Verbindung gebracht[14] und sein zerstörerisches Potenzial zu entfesseln verstanden, indem sie Karriere und gesellschaftliche Anerkennung in Aussicht stellten. In diesem Sinne war auch die Wehrmacht Bestandteil einer nationalsozialistisch gefärbten »Leistungsgemeinschaft«. Allerdings beruhte der militärische Leistungskodex in der preußisch-deutschen Armee auf einem Wertefundament, das der nationalsozialistischen Instrumentalisierung der bewaffneten Macht im Wege stand. Leitbild der »Auftragstaktik« war seit dem ausgehenden 19. Jahrhundert die charakterlich gereifte Führungspersönlichkeit, die durch geistige Beweglichkeit, Improvisationsgabe und Urteilskraft selbständig die Mittel definierte, die zur Erreichung des militärischen Ziels einzusetzen waren.[15] Die auf diese Weise gepflegte militärische Entscheidungs- und Führungskultur[16] stand in krassem Gegensatz zur sturen Befolgung von Anweisungen durch die oberste militärische Führung und damit zum Führungsstil Hitlers, wie er seit Ende 1942 in geradezu dogmatischer Weise vor allem an der Ostfront die Operationen bestimmte.

Der Wehrmachtsoffizier Dregger hatte eine genuin militärische Persönlichkeitsbildung durchlaufen. Die so erworbene Fähigkeit zur Mobilisierung der eigenen Leistungsbereitschaft, gepaart mit Entschlusskraft, prädestinierte ihn bestens für einen Karriereweg in einer bürgerlichen Gesellschaft. Es ist typisch für diesen Habitus eines bürgerlichen »Leistungsfanatismus«,[17] keine Zeit zu verlieren und die berufliche Karriereleiter schnell zu erklimmen. Sechs Jahre Militärzeit konnten aus Dreggers »curriculum vitae« nicht mehr gelöscht werden. Das aber nahm er zum Anlass, im Schnelldurchlauf die nächsten Etappen zu bewältigen. Damit schuf er die Voraussetzungen dafür, später bei der Übernahme politischer Ämter zu den jüngsten Amts- und Mandatsträgern zu zählen: 1956 war er jüngster Oberbürgermeister einer kreisfreien hessischen Stadt und 1960 jüngstes Mitglied des hessischen Landtags.

Dregger konnte allerdings das Studium ohne Zeitverlust auch deswegen in Angriff nehmen, weil sein Entnazifizierungsverfahren ihn nicht daran hinderte. Als er sich wie jeder Deutsche über 18 Jahren diesem Prozess unterziehen musste,

---

14 Vgl. Jörn Echternkamp: Soldaten im Nachkrieg. Historische Deutungskonflikte und westdeutsche Demokratisierung 1945–1955. München 2014; Kühne: Kameradschaft. Die Soldaten des nationalsozialistischen Krieges.

15 Grundlegend hierzu sind Stephan Leistenschneider: Auftragstaktik im preußisch-deutschen Heer 1871 bis 1914. Hamburg 2002, sowie Marco Sigg: Der Unterführer als Feldherr im Taschenformat. Paderborn 2014.

16 Vgl. dazu Pyta: Militärische Entscheidungskultur, S. 49–72.

17 Wehler: Deutsche Gesellschaftsgeschichte, Bd. 5, S. 214.

wohnte er als Student der Rechtswissenschaften in Marburg; zuständig war daher die US-amerikanische Besatzungsmacht. Handschriftlich und mit Großbuchstaben füllte er den üblichen Meldebogen aus; dabei hielt er seine Angaben so knapp und bündig wie möglich und verzichtete auf jegliche ergänzende Erklärung. Aus dem Dokument atmet der Geist eines angehenden Juristen, der um die Gefahr weiß, sich mit wortreichen Darstellungen in Widersprüche zu verwickeln. Dennoch verhedderte er sich im Netz der peniblen Fragen:[18] In dem Abschnitt, wo nach der Mitgliedschaft in der Partei und ihren Gliederungen gefragt wurde, ist lediglich seine Zugehörigkeit zur HJ angegeben, während in der Zeile zur NSDAP ein großes »Nein« prangt.[19] Der Spruchkammer in Marburg hakte nach und lud Dregger für den 6. Oktober 1947, mehr als ein Jahr später, mit dem Hinweis, der eingereichte Meldebogen sei »unvollständig ausgefüllt«, »zu einer Rücksprache« vor.[20] Wie dieses Gespräch verlief, wie sich Dregger rechtfertigte, ob er überhaupt erschien – über all dies geben die erhaltenen Schriftstücke keine Auskunft. Fest steht nur, dass er im Februar 1948 erneut Post von der Spruchkammer erhielt, dieses Mal mit einer ausgesprochen guten Nachricht: Gemäß einer Jugendamnestie-Verordnung, die in der US-amerikanischen Besatzungszone im August 1946 beschlossen worden war, gehöre Dregger zu dem Personenkreis, gegen den das schwebende Verfahren eingestellt werde.[21] Auch wenn diese frohe Botschaft unter dem Vorbehalt stand, dass bei neuen Beschuldigungen gegen ihn die Ermittlungen wieder aufgenommen werden könnten, hatte sich damit das investigative Bohren in Dreggers Vergangenheit erledigt.

Doch es gab noch eine aus der Kriegszeit herrührende Angelegenheit, die Dregger jahrelang verfolgen sollte: das Schicksal seines jüngeren Bruders Wolfgang, der seit Ende Juli 1944 als vermisst galt. Gerade Alfred Dregger ließ nichts unversucht, um in dieser ihn existenziell bewegenden Frage Klarheit zu erlangen. Die rastlosen Aktivitäten, die er und seine Eltern unmittelbar nach Kriegsende in Gang setzten, um auch nur den kleinsten Hinweis auf das Schicksal des Jüngsten zu erhalten, lassen die quälende Ungewissheit erahnen, die damals die Stimmung in vielen Familien kennzeichnete. Denn mehr als 10 Millionen Deutsche waren im Mai 1945 im Gewahrsam der Siegermächte, und wenngleich schon im ersten

18 Vgl. dazu noch immer Lutz Niethammer: Die Mitläuferfabrik. Die Entnazifizierung am Beispiel Bayerns. Bonn 1999.

19 HHStA, 520 Marb.St. B-II-E, Nr. 22108 Dregger A., Meldebogen vom 21.05.1946.

20 HHStA, 520 Marb.St. B-II-E, Nr. 22108 Dregger A., Spruchkammer Marburg am 01.10.1947 an Dregger.

21 HHStA, 520 Marb.St. B-II-E, Nr. 22108 Dregger A., Spruchkammer Marburg am 19.02.1948 an Dregger.

Jahr etwa die Hälfte von ihnen aus der Gefangenschaft entlassen wurde, blieb 1950 immer noch eine Zahl von 1,4 Millionen Vermissten.[22] Objektiv waren die Möglichkeiten, in dem politischen, wirtschaftlichen und gesellschaftlichen Chaos der unmittelbaren Nachkriegszeit etwas über ihr Schicksal herauszufinden, ziemlich bescheiden. Aber die tiefe Sorge erzeugte auch bei den Dreggers ein hohes Maß an Kreativität, um doch einen entscheidenden Wink zu bekommen. Sie befragten Überlebende der Einheit, in der Wolfgang gekämpft hatte, schrieben Gefangenensuchdienste an, die sich gebildet hatten, kontaktierten Kriegsgefangenenlager, deren Adressen sie recherchiert hatten, verteilten Fotos des Vermissten und unternahmen noch vieles mehr, was nur die geringste Aussicht auf Erfolg verhieß.[23] Das Resultat all dieser Bemühungen waren einige äußerst vage Auskünfte, wonach Wolfgang mal in diesem, mal in jenem Lager gesehen worden sei, nachdem man ihn angeblich in Russland zu Zwangsarbeit verurteilt habe. Aber nichts von all dem erwies sich als eine heiße Fährte.

Dregger klammerte sich an solche Informationen noch lange, nachdem er als Politiker zu Prominenz gelangt war. Bevor Wolfgang am 12. November 1968 vom Amtsgericht Werl offiziell für tot erklärt wurde,[24] hegte Alfred stets die Hoffnung, sein Bruder könnte von irgendwoher noch auftauchen. Selbst nach der Todeserklärung setzte er alle Hebel in Bewegung, um zumindest die genaueren Umstände zu erhellen, unter denen Wolfgang ums Leben gekommen war. Dazu nutzte er in den 1980er Jahren auch seine privilegierte Stellung und seinen kürzeren Draht zu Institutionen in der Sowjetunion. Es war allerdings das Generalsekretariat des Deutschen Roten Kreuzes, das im Sommer 1986 nach intensiven Nachforschungen zu dem Schluss gelangte, der Vermisste sei »mit hoher Wahrscheinlichkeit« im Winter 1947/48 in einem Kriegsgefangenenlager in Ufa, im mittleren westlichen Uralgebiet, verstorben.[25] Aber auch diese Auskunft war für Dregger derart unbefriedigend, dass er in den folgenden Jahren weitere Tiefenbohrungen anstellte. Er spornte das DRK an, die Nachforschungen fortzusetzen, schrieb unter großem Rechercheaufwand Personen an, die in jener Region, wo sein Bruder angeblich gestorben war, Kriegsgefangene gewesen sein könnten, und wandte sich im Herbst 1988 sogar an Alexander Nikolajewitsch Jakowlew, den persönlichen Berater von Michail Gorbatschow, mit der Bitte, weitere Quellen in sowjetischen

22 Vgl. Wolfgang Benz: Deutschland unter alliierter Besatzung 1945–1949. Stuttgart 2009 (= Gebhardt Handbuch der deutschen Geschichte, Bd. 22), S. 95.

23 Vgl. hierzu die umfangreiche Korrespondenz in ACDP, 01-347-123/4.

24 Beglaubigte Abschrift vom 24.06.1977, ACDP, 01-347-123/3.

25 Gutachten des DRK vom 31.07.1986, ACDP, 01-347-123/5.

Archiven auszuwerten.[26] Nach dem Ende des Kommunismus in der Sowjetunion setzte sich Dregger für eine gemeinsame Erklärung von Bundeskanzler Kohl und dem russischen Staatspräsidenten Boris Jelzin zur Rehabilitierung von zu Unrecht verurteilten deutschen Kriegsgefangenen ein.[27] Dahinter verbarg sich sein Kalkül, dass dadurch auch individuelle Verfahren eingeleitet werden könnten, die wiederum die Auswertung noch gesperrter Unterlagen erforderlich machen würden. Sein oberstes Ziel blieb es, wie er noch im Juni 1995 an den Generalstaatsanwalt der Russischen Föderation schrieb, »über das Schicksal und den Verbleib meines Bruders, der ein anständiger Kerl war, mehr in Erfahrung zu bringen«.[28]

Und in der Tat schien Dregger im November 1995 endlich eine Antwort auf all die Fragen erhalten zu haben, die ihn ein halbes Jahrhundert nicht losgelassen hatten: Über die bundesdeutsche Botschaft in Moskau benachrichtigte die Oberste Militärstaatsanwaltschaft der Russischen Föderation ihn, Wolfgang sei am 28. September 1948 von einem sowjetischen Militärtribunal zu acht Jahren Haft verurteilt worden. Er sei damals für schuldig befunden worden, im Holzchemiekombinat von Aschinsk drei Bronzeersatzteile von dem Kondensator eines Geräts gestohlen zu haben.[29] Ein halbes Jahr später, im Mai 1996, erfuhr Dregger allerdings, dass auch diese Informationen falsch waren, weil sie auf einer Namensverwechslung beruhten.[30] Damit befand er sich – rund sechs Jahre vor seinem eigenen Tod – wieder auf dem Wissensstand der unmittelbaren Nachkriegszeit.

Dass Dregger fünfzig Jahre nach dem Krieg immer noch Anstrengungen unternahm, Licht in das Dunkel zu bringen, ist in doppelter Hinsicht für seinen Lebensweg charakteristisch. Zum einen konnte er die Kriegszeit mental nicht abschließen, solange die immer noch schwärende Wunde in Gestalt des ungeklärten Schicksals von Wolfgang Dregger schmerzte. Zum anderen hatte sich der Weltkrieg in einer ganz konkreten Weise in das Leben des älteren Bruders eingebrannt: Er hatte ihm das einzige Geschwister genommen. Der Krieg war in Gestalt des Verlustes des Bruders nun endgültig mit seiner ganzen Grausamkeit unmittelbar an Dregger herangerückt – und auch daraus erklärt sich, dass sich der Politiker Dregger wie viele seiner Generationsangehörigen dazu bekannte, entsprechende Lehren aus ihm zu ziehen. Es war kein sonntägliches Gerede, wenn er

26 Dregger im Oktober 1988 an Jakowlew, ACDP, 01-347-123/5.

27 Pressekonferenz zu Gesprächen in Moskau am 16.12.1992 (unkorrigiertes Manuskript), ACDP, 01-347-123/5.

28 Dregger am 08.06.1995 an Kopalin, ACDP, 01-347-123/5.

29 Von Studnitz am 14.11.1995 an Dregger, ACDP, 01-347-123/5.

30 Wagenlehner am 14.05.1996 an Dregger, ACDP, 01-347-123/5.

behauptete, seine politischen Überzeugungen seien durch »meinen Kriegseinsatz von 1939 bis 1945, durch den Verlust meines einzigen Bruders in Russland, durch meine vier – zum Teil schwere – Verwundungen, durch das Erlebnis des Krieges für uns, für unser Volk und für die anderen Völker« geprägt worden.[31] Und genauso ernst war es ihm mit der Feststellung: »Wer so viel kriegsbedingtes Leid gesehen und zum Teil selbst erlitten hat, der wird zum Kriegsgegner und zum Anhänger eines vereinten Europa. Mein einziger Bruder ist im Krieg geblieben.«[32]

Als sich Dregger zum Sommersemester 1946 an der Philipps-Universität in Marburg für das Studium der Rechts- und Staatswissenschaften immatrikulierte, wählte er mit Bedacht eine Fächerkombination, die ihm eine möglichst breite berufliche Verwendung garantierte. Das Studium der Rechte galt auch in den 1940er Jahren als gute Voraussetzung für einen beruflichen Aufstieg in einer Vielzahl von Berufsfeldern. Von Anfang an scheint Dregger an eine Laufbahn in der Wirtschaft gedacht zu haben. Dabei mag das Vorbild des Vaters eine Rolle gespielt haben, der als Verlagsdirektor unternehmerisch tätig gewesen war und sich so einen respektablen Lebensstandard erarbeitet hatte. Auch die inhaltlichen Schwerpunkte, die Dregger während des Studiums setzte, sprechen dafür, dass er eine spätere Tätigkeit in einem Unternehmen im Sinn hatte: Neben dem Verwaltungsrecht widmete er sich besonders dem Gesellschafts, Handels- und Wertpapierrecht.[33] Doch »als Jurist in der Wirtschaft«[34] konnte man auch reüssieren, wenn man Führungskompetenzen und eine entscheidungsfreudige Persönlichkeitsstruktur mitbrachte, wie sie in der Wehrmacht ausgebildet worden waren. Dazu musste sich allerdings das Anforderungsprofil in der deutschen Wirtschaft so ändern, dass Leute seines Schlags besonders nachgefragt waren. Und in der Tat: In den 1950er Jahren setzte ein allmählicher Wandel im Leitbild des Unternehmertums ein. Die autoritär-patriarchalische Unternehmenskultur, in der die leitenden Mitarbeiter Anweisungen der Spitze auszuführen hatten, geriet auch und gerade von Seiten der Wirtschaft in die Kritik. Stattdessen war eine Persönlichkeit gefragt, die mit Verantwortungsbereitschaft die ihr auf dem Wege der Delegation überlassenen Tätigkeitsbereiche entscheidungsfreudig ausfüllte. Vieles deutet darauf hin, dass man in der Wirtschaft bewusst an militärisches Führungsdenken anknüpfte, welches wiederum von den Traditionen der Auftrags-

31 Interview der dpa mit Dregger vom 28.11.1995, ACDP, 01-347-092/2.
32 Dregger am 07.12.1995 an Brandner, ACDP, 01-347-092/2.
33 UAM, 3076/2172, Promotionsakte Alfred Dregger, »Mein Lebenslauf« (21.06.1950).
34 UAM, 3076/2172, Promotionsakte Alfred Dregger, »Mein Lebenslauf« (21.06.1950).

taktik geprägt war.[35] Das war Teil jener »konservativen Modernisierung«, die den 1950er Jahren das Gepräge gab und in politischer Hinsicht vom ersten Bundeskanzler Adenauer verkörpert wurde.[36] In diesem Sinne sollte Dregger von der Ära Adenauer profitieren – auch wenn er zunächst zur Parteipolitik im Allgemeinen und zur CDU im Besonderen Distanz wahrte.

Das Studium der Rechtswissenschaft als Königsweg für eine Karriere in der Wirtschaft war Dregger nicht in die Wiege gelegt worden. Auf dem Gymnasium hatte er sich vor allem für Geschichte und alte Sprachen interessiert, und Geschichte blieb zeitlebens seine heimliche Leidenschaft.[37] Aber wer einen Brotberuf als ideales Sprungbrett für den beruflichen Aufstieg ergreifen wollte, der war auch und gerade in der Nachkriegszeit mit einem erfolgreich absolvierten Jurastudium bestens ausgerüstet. Spannend war die erste Begegnung mit der akademischen Welt in jedem Fall, als sich Dregger im Frühjahr 1946 an der Universität Marburg einschrieb. Nicht nur dass die Studierenden – wie er selbst zumeist Kriegsteilnehmer – mit hektographierten Skripten auf dünnstem Papier arbeiten und an kalten Tagen in Mänteln in ungeheizten Räumen büffeln mussten.[38] Sie

35 Zum Einsickern militärischen Führungsdenkens in die Debatte um eine neue unternehmerische Führungskultur gibt es erheblichen Forschungsbedarf; siehe als ersten Einstieg Adelheid von Saldern: Das »Harzburger Modell«. Ein Ordnungssystem für bundesrepublikanische Unternehmen, 1960–1975, in: Thomas Etzemüller (Hg.): Die Ordnung der Moderne. Social Engineering im 20. Jahrhundert. Bielefeld 2009, S. 303–329, insbesondere S. 310; Morten Reitmayer: »Unternehmer zur Führung berufen« – durch wen?, in: Volker R. Berghahn/Stefan Unger/Dieter Ziegler (Hg.): Die deutsche Wirtschaftselite im 20. Jahrhundert. Essen 2003, S. 317–336; siehe auch Wolfgang Schall: Führungstechnik und Führungskunst in Armee und Wirtschaft. Bad Harzburg 1965.

36 Auf die vom Konservativen Adenauer angestoßenen Modernisierungstendenzen in Gesellschaft und Wirtschaft hat in monographischer Form erstmals Hans-Peter Schwarz aufmerksam gemacht; vgl. Hans-Peter Schwarz: Die Ära Adenauer. Stuttgart 1981, insbesondere S. 382–405. Aufgegriffen wurde diese Einschätzung u. a. bei Axel Schildt/Arnold Sywottek (Hg.): Modernisierung im Wiederaufbau. Die westdeutsche Gesellschaft der 50er Jahre. Bonn 1998; in Bezug auf das unternehmerische Leitbild siehe Saldern, Harzburger Modell, S. 328.

37 Bezeichnend hierfür war seine Gewohnheit, längere Abhandlungen mit einer fundierten Darstellung der historischen Entwicklung bestimmter Sachverhalte einzuleiten, die ihn als Kenner des Altertums ebenso wie der preußischen Geschichte des 19. Jahrhunderts auswies (vgl. u. a. Die Stadt und ihre Bürger. Demokratie und Selbstverwaltung. Vortrag auf der Lehrabschlußfeier der Industrie- und Handelskammer am 18. April 1961 von Oberbürgermeister Dr. Alfred Dregger – StAFu, F-Ful-143).

38 Vgl. hierzu und zum Folgenden Udo Steiner: Rechtsstaat im (Wieder)Aufbau, in: Martin Löhnig (Hg.): Zwischenzeit: Rechtsgeschichte der Besatzungsjahre. Regenstauf 2011, S. 175–186; Michael Stolleis: Geschichte des öffentlichen Rechts. Bd. 4: Staats- und Verwaltungsrechtswissenschaft in West und Ost 1945–1990. München 2017.

stießen auch auf Professoren, die während des »Dritten Reichs« erheblich dazu beigetragen hatten, dass das Recht verbogen, verdreht oder gänzlich außer Kraft gesetzt worden war. Eine unbelastete Generation von Juristen gab es 1945 nicht, und so gehört es zu den befremdlichen Ironien der deutschen Nachkriegsjurisprudenz, dass beispielsweise das erste Lehrbuch zum neuen bundesrepublikanischen Staatsrecht 1951 aus der Feder von Theodor Maunz stammte, der mit seinen Publikationen im Nationalsozialismus den Führerstaat juristisch zu legitimieren versucht hatte.[39]

Die Generation von Soldaten, der Dregger angehörte, tauchte nun in eine neue Welt ein, die in vielerlei Hinsicht das Gegenteil des Militärs war. Anstelle einer Kultur des Gehorsams und der Befehlsausführung konnten Tugenden wie Kritik an der herrschenden Lehrmeinung und wissenschaftlichen Autoritäten gedeihen, wenn sie denn von professoraler wie studentischer Seite aus gepflegt wurden. Insgesamt machte sich in den Kreisen der Jungakademiker eine intellektuelle Aufbruchstimmung bemerkbar: Die durch ihre Kriegsteilnahme gezeichneten 25- bis 35Jährigen wollten den Dingen auf den Grund gehen. Die Frage, wie es zur NS-Herrschaft und zum Krieg hatte kommen können, fristete dabei beileibe keine Randexistenz.[40] Ob ein akademischer Neuankömmling die Universität nun aber als Stätte intellektueller Selbstfindung entdeckte oder ob er zielstrebig auf einen möglichst zügigen akademischen Abschluss hinarbeitete, blieb ihm letztlich selbst überlassen. Dregger scheint in der ihm eigenen Zielorientierung das Studium als einen möglichst rasch zu absolvierenden Lebensabschnitt aufgefasst zu haben, in dem Aktivitäten außerhalb des anspruchsvollen Studienfachs auf ein Minimum reduziert wurden. Bezeichnend dafür ist der Umstand, wie Dreggers lebenslange persönliche Beziehung zu Hans-Jochen Vogel, dem späteren Oberbürgermeister von München, SPD-Parteivorsitzenden und Kanzlerkandidaten, zustande kam. Diese Duz-Freundschaft, die trotz aller politischen Gegensätze in den Jahrzehnten danach nie in Frage gestellt wurde, entstand in Dreggers Studentenbude, wo sich die Kommilitonen zum gemeinsamen Pauken

---

39 Vgl. Bernd Rüthers: Geschönte Geschichten – Geschönte Biografien. Sozialisationskohorten in Wendeliteraturen. Ein Essay. Tübingen 2001; Joachim Rückert: Abschiede vom Unrecht. Zur Rechtsgeschichte nach 1945. Tübingen 2015. Speziell zu Theodor Maunz vgl. Michael Stolleis: Theodor Maunz – ein Staatsrechtslehrerleben, in: Kritische Justiz 26 (4/1993), S. 393–396.

40 Waldemar Krönig/Klaus-Dieter Müller: Nachkriegssemester, Stuttgart 1990; Axel Schildt, Im Kern gesund? Die deutschen Hochschulen 1945, in: König, Helmut (Hg.): Vertuschte Vergangenheit. Der Fall Schwerte und die NS-Vergangenheit der deutschen Hochschulen. München 1997, S. 223–240; Margit Szöllösi-Janze: Zwischen »Endsieg« und Examen. Studieren an der Universität Köln 1943–1948. Brüche und Kontinuitäten. Köln 2007.

des in den Vorlesungen vorgetragenen Stoffs trafen. Es war also eine studentische Lerngemeinschaft, die den Nukleus für diese Freundschaft stiftete, und keine Begegnung in studentischen Diskussionszirkeln, in denen man sich die Köpfe über die Zukunft Deutschlands heißredete. Vogel schrieb im Rückblick über die Marburger Studienzeit, er und Dregger hätten sich zwar auch über Politik unterhalten, und die unterschiedlichen Lehren, die sie aus der jüngsten Vergangenheit zogen, seien bereits hier zum Vorschein gekommen: Während Vogel in solchen Gesprächen für »grundlegende gesellschaftliche Veränderungen« eingetreten sei, habe Dregger »in den positiven Elementen des Preußentums oder in den Traditionen des Bismarckreiches« die Zukunft Deutschlands erblickt, obgleich er »deren Missbrauch und Perversion durch Hitler [...] nicht minder kritisch sah als andere«.[41] Aber letztlich war stud. iur. Alfred Dregger am Ende seines zwanzigsten Lebensjahrzehnts noch kein durch und durch politischer Mensch, der von Gestaltungsdrang in einem demokratisch verfassten Gemeinwesen erfüllt war.

Dregger schloss innerhalb von sieben Semestern sein Jurastudium mit dem ersten juristischen Staatsexamen und mit der beachtlichen Note »vollbefriedigend« ab,[42] was ihm die Möglichkeit zur Promotion eröffnete. Um dieses Ergebnis zu erreichen, hatte er sich einer strengen Zeitdisziplin unterworfen. Nur ein Semester hatte er außerhalb Marburgs – an der Universität Tübingen – zugebracht; angesichts der damaligen Studiergewohnheiten spricht das für eine strikte Selbstbeschränkung. Von der rege genutzten Möglichkeit eines »studium generale« scheint er kaum Gebrauch gemacht zu haben; jedenfalls geben die vorhandenen Zeugnisse keinen Hinweis darauf, dass er außerhalb der Rechtswissenschaft Vorlesungen wissenschaftlicher Koryphäen anderer Fächer zwecks Horizonterweiterung besucht hätte. Mindestens genauso bedeutsam ist der Umstand, dass er keiner studentischen Korporation angehörte, obgleich in Marburg gerade unter den Studierenden der Rechtswissenschaft das Verbindungsstudententum weit verbreitet war.[43] Dregger störte sich vermutlich vor allem daran, dass die Mitgliedschaft in einer studentischen Verbindung sehr zeitaufwendig und dem raschen Abschluss eines Studiums wenig förderlich war. Und möglicherweise hat

41 Hans-Jochen Vogel: Er hat Freunde und Gegner – Feinde hat er nicht, in: Michael Schwab/Stadt Fulda (Hg.): Alfred Dregger für Fulda und Deutschland. Petersberg 2008, S. 103–105, hier S. 104.

42 StAFu, Stadt Fulda-Amt 10/3, Personalakte Dr. Alfred Dregger, Zeugnis (beglaubigte Abschrift vom 05.12.1953).

43 Zum Hintergrund vgl. Holger Zinn: Zwischen Republik und Diktatur. Die Studentenschaft der Philipps-Universität Marburg in den Jahren von 1925 bis 1945. Köln 2002; Anne-Christine Nagel (Hg.): Die Philipps-Universität Marburg im Nationalsozialismus. Dokumente zu ihrer Geschichte. Stuttgart 2000.

der ehemalige hochdekorierte Wehrmachtsoffizier darüber hinaus den in schlagenden Korporationen gepflegten Männlichkeitskult, der sich in Pflichtmensuren niederschlug, als juvenilen Überschwang belächelt.

Welche Anregungen mochte Dregger in dem von ihm systematisch durchgezogenen Jurastudium in Marburg empfangen haben? Schauen wir zunächst auf seinen akademischen Mentor, der die oben angedeutete Ambivalenz in den akademischen Laufbahnen der herausragenden juristischen Köpfe jener Zeit verkörperte: Rudolf Reinhardt. Dieser Rechtswissenschaftler, 18 Jahre älter als Dregger, war 1933 der NSDAP beigetreten[44] – wahrscheinlich um seine Karrierechancen im »Dritten Reich« zu erhöhen. Sollte dies tatsächlich sein Kalkül gewesen sein, so war es spätestens 1935 mit seiner Ernennung zum außerordentlichen Professor an der Universität Halle aufgegangen. Sein weiterer Aufstieg zum ordentlichen Professor an der Universität in Königsberg und schließlich in Marburg, wo er von 1942 bis 1945 sogar als Rektor fungierte, hielt ihn jedoch nicht davon ab, sich unter jene Wissenschaftler einzureihen, die durch Gutachten und Fürsprache die Hinrichtung des Marburger Romanisten Werner Krauss verhinderten. Dieser war im Januar 1943 als Mitglied der Widerstandsbewegung Rote Kapelle wegen Beihilfe zum Hochverrat zum Tode verurteilt worden, bevor die Strafe auf fünf Jahre Zuchthaus herabgesetzt wurde. Krauss wiederum gehörte der Kommission an, die nach dem Krieg für die Entnazifizierung von Reinhardt zuständig war, und trug dort wesentlich dazu bei, dass einer seiner Lebensretter die akademische Laufbahn an der Universität Marburg fortsetzen konnte.

Als Doktorvater war Reinhardt derjenige Rechtswissenschaftler, der den angehenden Dr. iur. Alfred Dregger am nachhaltigsten wissenschaftlich beeinflusste. Dass Dregger nach dem ersten juristischen Staatsexamen eine Promotion anstrebte, war für damalige Verhältnisse der Regelfall. Juristische Promotionen dauerten in der Regel wenig mehr als ein Jahr; Dregger konnte mit seiner Zielstrebigkeit bereits ein Dreivierteljahr nach dem Studienabschluss seine Dissertation über »Haftungsverhältnisse bei der Vorgesellschaft« einreichen.[45] Da

44 Vgl. hierzu und zum Folgenden Ernst Klee: Das Personenlexikon zum Dritten Reich. Wer war was vor und nach 1945. Frankfurt/Main 22003, S. 488; Helmut Lethen: Die Staatsräte. Elite im Dritten Reich: Gründgens, Furtwängler, Sauerbruch, Schmitt. Berlin 2018, S. 237ff.; Peter Jehle/Peter-Volker Springhorn (Hg.): Werner Krauss. Ein Romanist im Widerstand. Briefe an die Familie und andere Dokumente. Berlin 2004, S. 192ff.

45 Alfred Dregger: Haftungsverhältnisse bei der Vorgesellschaft. (Die Rechtswirkungen der für AG, GmbH, Genossenschaft und Verein vor ihrer Eintragung in das Register vorgenommenen Rechtshandlungen.) Jur. Diss. Marburg 1950. Die 1951 in einem Kölner Verlag erschienene Buchausgabe der Dissertation umfasst 119 Seiten.

er keine akademische Karriere anstrebte und seine Doktorarbeit sein einziger Abstecher in die Wissenschaft blieb, lohnt es sich nicht, auf diese typische akademische Abschlussarbeit im Detail einzugehen. Viel interessanter als die thematischen Ausführungen über einen vergleichsweise sperrigen Gegenstand war das übergeordnete Urteil Reinhardts zur methodischen Sicherheit und zum außergewöhnlichen Denkvermögen des Promovenden: »Überall hat der Leser den Eindruck, es mit einem reifen Juristen zu tun zu haben, der den Stoff nicht nur außerordentlich beherrscht, sondern gelernt hat, in das innere Gefüge der Rechtsordnung zu schauen und den Problemen aus dem Zusammenhang mit der zu ordnenden Wirklichkeit Leben einzuhauchen«. Dregger habe auf rechtsdogmatischem Gebiet eine Leistung erbracht, »die weit über dem Durchschnitt einer Doktorarbeit steht«, wobei nicht zuletzt »die in allen Teilen der Arbeit bewiesene Fähigkeit« hervorgehoben werden müsse, sich »klar und präzise auszudrücken«.[46] Angesichts solcher lobenden Worte konnte das Gesamturteil nur »sehr gut« lauten. Das Ergebnis der mündlichen Doktorprüfung fiel zwar nicht ganz so glanzvoll aus, weil der Kandidat im Strafrecht winzige Schwächen zeigte, aber auch hier reichte es insgesamt für ein »gut bis sehr gut«.[47] Nach der Abgabe der sieben Pflichtexemplare, die ihm eine erhebliche Schreibarbeit abverlangte,[48] wurde Dregger der Grad eines Doktors der Rechte mit dem Gesamtprädikat »sehr gut« verliehen.

Der wissenschaftliche Ansatz, den Dregger für seine Dissertation wählte, verspricht einige Einblicke in sein politisches Koordinatensystem. In politischer Hinsicht ist uns Dregger bislang als Hüter nationaler Gemeinschaftsvorstellungen begegnet. Nation, Kameradschaft und Heimat bildeten für ihn die Keimzellen eines lebendigen Gemeinwesens. Als angehender Jurist reicherte er diese für ihn weiterhin gültigen Ordnungsmuster nun um einen bis dahin nicht explizit zum Ausdruck gebrachten Bezug auf die Legitimität pluralistischer Interessenartikulation an. Wissenschaftlich kam dies dadurch zum Vorschein, dass er sich in der Einleitung seiner Doktorarbeit methodisch auf die »Interessenjurisprudenz« berief, wie sie maßgeblich Philipp Heck und Rudolf Müller-Erzbach begründet hatten.[49] Die Interessenjurisprudenz, deren theoretische Entwicklung bereits im ausgehenden Kaiserreich begann, genoss als Methodenlehre in Tei-

---

46 UAM, 3076/2172, Promotionsakte Alfred Dregger, Reinhardts Erstgutachten zur Dissertation vom 25.07.1950.

47 UAM, 3076/2172, Promotionsakte Alfred Dregger, Doktorprüfung vom 26.07.1950.

48 UAM, 3076/2172, Promotionsakte Alfred Dregger, Dregger am 25.09.1950 an das Dekanat.

49 Vgl. Dregger: Haftungsverhältnisse, Buchausgabe 1951, S. 3 ff.

len der Rechtswissenschaft während der Weimarer Republik ein beträchtliches Ansehen.[50] In Abgrenzung von der sogenannten Begriffsjurisprudenz,[51] die mit einem festen System von Begriffen bei der Auslegung von Gesetzen operierte, hob sie bei der Interpretation von Normen auf die Abwägung der Einzelinteressen ab, die das Gesetz begründet und hervorgebracht hatten.[52] Dass nationalsozialistische Rechtsgelehrte diese Schule heftig attackierten und sogar vor persönlichen Angriffen auf ihre Repräsentanten nicht zurückschreckten, ist leicht nachzuvollziehen: Bei dieser Methode drohten bei Auslegung des bestehenden Gesetzeswerkes materielle Partikularinteressen ständig den Vorzug vor »ideellen« Gemeinschaftsinteressen zu erhalten.[53] Pointiert formuliert, rehabilitierte gerade der Ansatz der »Interessenjurisprudenz« in gewisser Weise die Pluralität der Interessenlagen und damit die Heterogenität der Gesellschaft. Statt vom Leitbild eines homogenen »Volkskörpers« auszugehen, verortete er das Recht im legitimen Interessenstreit einer ausdrücklich als pluralistisch anerkannten Gesellschaft. Insofern stellt die »Interessenjurisprudenz« das juristische Pendant zur Pluralismustheorie dar, wie sie in den 1960er Jahren in der jungen, demokratieaffinen Disziplin der Politikwissenschaft vor allem von Ernst Fraenkel[54] begründet werden sollte.

Wenn Dregger sich nun auf die Interessenjurisprudenz stützte, legt das einen neuen Kern seines politischen Selbstverständnisses frei. Sein Denken kreiste nicht mehr ausschließlich um die ihn bislang begleitenden Gemeinschaftsvorstellungen; ihm zur Seite gesellte sich eine zunehmende Anerkennung individueller Autonomie gerade im Bereich der Ökonomie. Diese Neuakzentuierung sollte

---

50 Vgl. Martin Löhnig/Mareike Preisner (Hg.): Weimarer Zivilrechtswissenschaft. Tübingen 2014; Franz Wieacker: Privatrechtsgeschichte der Neuzeit unter besonderer Berücksichtigung der deutschen Entwicklung. 3. Aufl. Göttingen 2016, S. 543–558.

51 Vgl. Werner Krawietz (Hg.): Theorie und Technik der Begriffsjurisprudenz. Darmstadt 1976; Ulrich Falk: Ein Gelehrter wie Windscheid. Erkundungen auf den Feldern der sogenannten Begriffsjurisprudenz. Frankfurt/Main 1989; Hans-Peter Haferkamp: Georg Friedrich Puchta und die Begriffsjurisprudenz. Frankfurt/Main 2004.

52 Vgl. als Fallbeispiel die Studie von Christian Nunn: Rudolf Müller-Erzbach. 1874–1959. Von der realen Methode über die Interessenjurisprudenz zum kausalen Rechtsdenken. Frankfurt/Main u. a. 1998.

53 Zur Einordnung Bernd Rüthers: Die unbegrenzte Auslegung. zum Wandel der Privatrechtsordnung im Nationalsozialismus. 8. Aufl. Tübingen 2017.

54 Vgl. Ernst Fraenkel: Gesammelte Werke, Bd. 5: Demokratie und Pluralismus. Hg. von Alexander v. Brünneck. Baden-Baden 2007; Winfried Steffani: Pluralistische Demokratie. Studien zur Theorie und Praxis. Opladen 1980; vgl. auch Oliver Schirmer: Ernst Fraenkel. Pluralismus und Neopluralismus. München 2003.

den Weg bahnen für Dreggers tiefe Aversion gegen kollektivistische Erklärungsmuster, wie sie dem Nationalsozialismus, aber eben auch einem marxistischen Sozialismus innewohnten. Dregger näherte sich daher folgerichtig eher liberalen Standpunkten an, wie sie im Zuge der Re-Education nach Kriegsende aus dem Motivkreis des amerikanischen *consensus liberalism* auch in Westdeutschland bekannt wurden.[55] Damit entsprach er zugleich einer seit den 1950er Jahren an Fahrt aufnehmenden Tendenz, Gemeinschaftsvorstellungen mit liberalen Ansätzen in pragmatischer Absicht zu verschmelzen. Insofern lassen sich bei Dregger bereits früh Entwicklungen hin zu einer genuin liberal-konservativen Bürgerlichkeit[56] ablesen.

Doch noch war nicht absehbar, dass Dregger seine sich allmählich herauskristallisierende Grundorientierung in der Politik zur Entfaltung bringen sollte. Vielmehr investierte er alle Anstrengungen zunächst einmal darin, im Berufsleben so Fuß zu fassen, dass Führungspositionen für ihn erreichbar waren. Die erste Zeit nach dem Doktorexamen überbrückte er mit seinem Referendariat in seiner westfälischen Heimat. Das ersparte ihm die mühsame Suche nach einer ersten Anstellung und eröffnete ihm gleichzeitig die Möglichkeit, sich für eine Tätigkeit im Staatsdienst zu empfehlen. Das auf drei Jahre angelegte Referendariat führte ihn zunächst ans Amtsgericht Werl,[57] bevor es ihn im Juni 1951 zur Staatsanwaltschaft Dortmund verschlug. Seinem Ausbilder fiel dort vor allem Dreggers rhetorisches Talent auf, das sich unter anderem darin äußerte, dass seine Plädoyers »klar, gewandt und reif« seien.[58] Im September 1951 wurde er wieder nach Werl zur Stadtverwaltung überwiesen, wo er sämtliche Dienststellen – einschließlich Sparkasse und Stadtwerke – durchlief, um den praktischen Verwaltungsdienst kennenzulernen.[59] Anschließend durfte er in Werl einem Notar über die Schulter schauen, der ihn ausbildungsgemäß in allen anwaltlichen Geschäften unterwies.[60] Im Juli 1952 begann Dregger – erneut in Werl – den zweiten gerichtlichen Ausbildungsabschnitt, in dem er mit allen Angelegenheiten der »freiwilligen Ge-

---

55 Dazu Anselm Doering-Manteuffel: Wie westlich sind die Deutschen? Amerikanisierung und Westernisierung im 20. Jahrhundert. Göttingen 1999, S. 76 f.

56 Zu den intellektuellen Wegbereitern dieser neuen Form von Bürgerlichkeit vgl. die maßgebliche Studie von Jens Hacke: Philosophie der Bürgerlichkeit. Die liberalkonservative Begründung der Bundesrepublik. Göttingen 2006.

57 StAFu, Stadt Fulda-Amt 10/3, Personalakte Dr. Alfred Dregger, Dregger am 07.08.1956 an Raabe.

58 StAFu, Stadt Fulda-Amt 10/3, Personalakte Dr. Alfred Dregger, Schlusszeugnis von Dr. Brey (Abschrift, ohne Datum).

59 StAFu, Stadt Fulda-Amt 10/3, Personalakte Dr. Alfred Dregger, Zeugnis von Lennartz vom 22.12.1951.

60 StAFu, Stadt Fulda-Amt 10/3, Personalakte Dr. Alfred Dregger, Zeugnis von Dr. Böhmer vom 12.07.1952 (Abschrift).

richtsbarkeit« und der Zwangsvollstreckung vertraut gemacht wurde.[61] Sein Referendariat endete offiziell am 23. Dezember 1953 vor dem Landesprüfungsamt in Düsseldorf mit der großen Staatsprüfung, die er ebenfalls mit »vollbefriedigend« bestand.[62]

Damit hatte Dregger von der Pike auf sämtliche Stationen eines Juristen absolviert, die für eine künftige Tätigkeit in der Verwaltung vorbereiteten. Neben (und nach) dem Militär war sie ein zweiter anschlussfähiger Bereich, in dem Konzepte von Menschenführung praktiziert wurden, aus denen er später bei seinem Wechsel in die Politik Gewinn zog. Wir werden im nächsten Kapitel noch ausführlich darauf eingehen, wie sehr Dregger als Verwaltungschef einer großen Kommune bestimmte Führungsmethoden zur Anwendung brachte, die er zwischen 1939 und 1945 sowie von 1951 bis 1953 aus eigener Anschauung kennengelernt hatte. An dieser Stelle genügt der Hinweis, dass Dregger als Offizier wie als Verwaltungsfachmann mit Konzepten der Menschenführung in Berührung gekommen war, die auf eine Selbstmobilisierung der Mitarbeiter setzten und damit zugleich die Aktivitätsintensität beträchtlich steigerten. Dreggers späteres Markenzeichen als hessischer Landespolitiker – ständige Kampagnenbereitschaft und nie erlahmender Aktivismus – haben hier ihre strukturellen Wurzeln.

Lebensweltlich war die Politik erstmals im Jahr 1952 dicht an Dregger herangerückt. Das ergab sich aus einer neuen familiären Konstellation, stammte doch seine Ehefrau, die er im September 1952 geheiratet hatte, die Diplom-Volkswirtin Dagmar Hillenhinrichs, aus einem politischen Elternhaus. Sie war die Tochter von Dr.-Ing. Theodor Hillenhinrichs, der als Bergwerksassessor in Recklinghausen wirkte. Ab 1952 setzte er als Mitglied des wirtschaftspolitischen Ausschusses der CDU Westfalen-Lippe zu einer parteipolitischen Karriere an, die ihn später als Abgeordneten in den nordrhein-westfälischen Landtag führte. Allerdings scheint der 1901 geborene Schwiegervater nicht dem Idealbild des politischen Katholizismus entsprochen zu haben, das in dem Engagement für die Zentrumspartei vor 1933, einer Resistenz gegenüber dem NS-Regime und der aktiven Beteiligung an der Gründung einer interkonfessionellen Volkspartei unmittelbar nach Kriegsende bestand. Zwar war Hillenhinrichs – ähnlich wie die Familie Dregger – in einem katholischen Bilderbuchmilieu aufgewachsen; sein Geburtsort Damme zählte kirchlich zur Diözese Münster und war eine Hochburg katholischer Resistenz gegen die Kirchenpolitik des National-

61 StAFu, Stadt Fulda-Amt 10/3, Personalakte Dr. Alfred Dregger, Zeugnis vom 10.11.1952.

62 StAFu, Stadt Fulda-Amt 10/3, Personalakte Dr. Alfred Dregger, Zeugnis (beglaubigte Abschrift vom 21.01.1954).

sozialismus.[63] Dennoch war er am 1. Mai 1933 mit der Mitgliedsnummer 2207983 der NSDAP beigetreten[64] und hatte damit alle Verbindungen zu seinem Herkunftsmilieu gekappt. Für einen überzeugten Kirchenkatholiken, der die kirchenamtlichen Warnungen gegen den Nationalsozialismus ernst nahm, kam ein Eintritt in die NSDAP im Grunde nicht in Frage. So spricht alles dafür, dass der promovierte Bergingenieur aus Karrieregründen zu dem Zeitpunkt in die NSDAP eintrat, als eine solche Mitgliedschaft berufliche Vorteile verhieß.[65] Es handelte sich um eine rein formale Mitgliedschaft, die auch von der Entnazifizierungsbehörde als solche testiert wurde.[66] Der Wiedereingliederung von Dr. Hillenhinrichs in das politische Leben Nachkriegsdeutschlands stand damit nichts im Wege.

Auch wenn es von dieser Seite her also keine Hindernisse gab, verfügte Hillenhinrichs doch nicht über eine politische Vergangenheit, die ihn prädestiniert hätte, eine die Konfessionsgrenzen überwindende christdemokratische Sammlungspartei namens CDU aus der Taufe zu heben. Er gehörte denn auch nicht zu den Gründern dieser parteipolitischen Innovation, sondern zu denjenigen, die sich ihr (im Jahr 1952) anschlossen, als sie sich bereits als stärkste politische Kraft in Deutschland und vor allem in Hillenhinrichs beruflicher Heimat Nordrhein-Westfalen etabliert hatte. Insofern heiratete Dregger nicht in eine Familie ein, die einen makellosen christdemokratischen Stammbaum vorweisen konnte. Es verwundert daher nicht, dass der frisch gebackene Familienvater – sein erster Sohn Wolfgang sollte am 15. Mai 1954 zur Welt kommen – weiterhin der Politik fernblieb und sich mit aller Kraft auf die Ausübung eines Berufs konzentrierte, der seiner akademischen Ausbildung und seinen Fähigkeiten entsprach.

Seine erste Anstellung fand Dregger im Februar 1954 als Referent beim Bundesverband der Deutschen Industrie (BDI), der seinen Sitz in Köln hatte. Sein

63 Zu den Aktionen der zu Oldenburg gehörenden Katholiken des Oldenburger Münsterlandes u. a. gegen die Abnahme der Kruzifixe in den Schulen vgl. Joachim Kuropka (Hg.): Zur Sache – das Kreuz! Untersuchungen zur Geschichte des Konflikts um Kreuz und Lutherbild in den Schulen Oldenburgs, zur Wirkungsgeschichte eines Massenprotests und zum Problem nationalsozialistischer Herrschaft in einer agrarisch-katholischen Region. 2. Aufl. Vechta 1987.

64 Bundesarchiv Berlin, NSDAP – Zentralkartei: Hillenhinrichs, Theodor.

65 In seinem Entnazifizierungsfragebogen vom 19.02.1946 hat Hillenhinrichs eine nicht untypische Erklärung für seinen Parteieintritt vorgelegt: »Ich bin 1933 in die Partei eingetreten, wider Willen und voll Abscheu gegen die Nazimachthaber, aber in dem Glauben, daß durch den Eintritt vieler demokratisch gesinnter Männer in die Partei die Politik dieser Partei in vernünftige demokratische Bahnen gelenkt werden könne«; Landesarchiv NRW, Abteilung Rheinland, Bestand NW 1035, Signatur 9111.

66 Einschätzung »Kein Aktivist«; ebd.

erster Arbeitsplatz war ein ideales Feld, um in eine eigenverantwortliche Tätigkeit hineinzuwachsen. Die Spitzenorganisation der deutschen Industrie wollte eine schlagkräftige Interessenvertretung sein und benötigte daher motivierte Mitarbeiter, die nicht Dienst nach Vorschrift leisteten, sondern einen eigenen Gestaltungsbereich erhielten, in dem sie ihre Fähigkeiten zum Wohle der Organisation zur Geltung bringen konnten.[67] BDI-Präsident Fritz Berg hatte bei Amtsantritt versprochen, den Verband nicht zu einer bürokratischen Vereinigung ausbauen zu wollen. Dessen Aufgabe sah Hauptgeschäftsführer Hans-Wilhelm Beutler im Oktober 1949 darin, »unternehmerischen Persönlichkeiten und den von ihnen vertretenen Wirtschaftszweigen den Apparat und die Unterlagen zur Verfügung zu stellen, die sie bei ihrer Betätigung für das Gemeinwohl und für die gemeinschaftlichen Interessen benötigen«.[68] Für Dregger bedeutete eine solche Vorgabe, seine Fähigkeiten als Faktotum unter Beweis stellen zu müssen. In seinem neuen Tätigkeitsfeld hatte er sich, wie er es wenige Jahre später beschrieb, »mit wirtschaftspolitischen Fragen zu befassen, organisatorische Aufgaben zu lösen und bei der Öffentlichkeitsarbeit und der Arbeit im politischen Raum mitzuwirken«.[69] Laut seinem Arbeitszeugnis nahm er beim BDI an allen Ausschussberatungen der Volkswirtschafts, Rechts, Steuer, Verkehrs, Wettbewerbs- und Versicherungsabteilung teil.[70] Zu seinen wichtigsten Pflichten gehörte es, die Hauptgeschäftsführung durch schriftliche Kurzberichte und mündlichen Vortrag über Verlauf und Ergebnis der Ausschussberatungen und über den Fortgang der Arbeit in den Abteilungen zu unterrichten. Darüber hinaus wirkte er bei der Arbeit des Verbandes »im parlamentarischen Raum« mit, so dass er »Einblick in das politische Leben der Bundesrepublik nehmen« konnte.[71]

In parteipolitischer Hinsicht hätte Dregger in seiner Zeit beim BDI ein weiteres Mal Gelegenheit gehabt, sich in Richtung FDP zu orientieren. Sein Vorgesetzter, Hauptgeschäftsführer Hans-Wilhelm Beutler, war eine wichtige Figur innerhalb der nordrhein-westfälischen FDP;[72] und da der bekennende Rhein-

---

67 Zum BDI in der Ära Adenauer vgl. jüngst Johannes Bähr/Christopher Kopper: Industrie, Politik, Gesellschaft: Der BDI und seine Vorgänger 1919–1990. Göttingen 2019, hier S. 181–222.

68 Dieses und das folgende Zitat aus Bundesverband der Deutschen Industrie (Hg.): Der Weg zum industriellen Spitzenverband. Darmstadt 1956, S. 318.

69 StAFu, Stadt Fulda-Amt 10/3, Personalakte Dr. Alfred Dregger, Lebenslauf Dr. Alfred Dregger vom 26.06.1956.

70 StAFu, Stadt Fulda-Amt 10/3, Personalakte Dr. Alfred Dregger, Zeugnis vom BDI vom 01.01.1955 (Abschrift).

71 Ebd.

72 Vgl. Bähr/Kopper, BDI, S. 190.

länder Beutler sich zudem auch im Katholizismus zu Hause fühlte, hätte sich der bekennende Katholik Dregger auch in dieser Hinsicht heimisch fühlen können. Doch Dregger verweilte nicht lange genug beim BDI, um in den politischen Sog Beutlers zu geraten. Dass er in dem Industrieverband keine Wurzeln schlug und nach nur neun Monaten im November 1954 eine neue Stellung annahm, hing auch damit zusammen, dass er sich in dieser Organisation nicht so zu entfalten vermochte, wie es seinen Fähigkeiten entsprach. An seinem neuen Betätigungsfeld, dem Deutschen Städtetag, reizte ihn die größere Bandbreite an Tätigkeiten. Als kommunalpolitische Spitzenorganisation hielt der Deutsche Städtetag ein vielseitiges Aufgabenbündel für einen breit aufgestellten Juristen wie Dregger bereit: Er wurde dort mit dem Referat »Verfassung, Organisation, Polizei« betraut; er hatte die Geschäfte der Bundesvereinigung der Kommunalen Spitzenverbände zu unterstützen, in der neben dem Deutschen Städtetag der Deutsche Gemeindetag, der Deutsche Landkreistag und der Deutsche Städtebund zusammengeschlossen waren; als »Sonderaufgabe« übernahm er die Kontaktpflege mit dem Bundestag, dem Bundesrat und dem Landtag von Nordrhein-Westfalen; als der für alle Organisationsfragen zuständige Referent der Hauptgeschäftsstelle war er ferner an der Kommunalen Gemeinschaftsstelle für Verwaltungsvereinfachung in Köln-Marienburg beteiligt, die sich vor allem mit der Rationalisierung der Gemeindeverwaltung beschäftigte; und vertretungsweise führte er sogar noch das Referat »Personalwesen«.[73] Angesichts dieses komplexen Arbeitsfeldes durfte Dregger tatsächlich von sich behaupten, »mit allen Problemen der kommunalen Praxis in Berührung gekommen« zu sein: mit dem Gemeindeverfassungs, Polizei, Ordnungsbehörden, Wehr, Luftschutz, Leistungs, Gewerbe- und Verkehrsrecht, mit Fragen der Verwaltungsorganisation, reform und vereinfachung sowie mit Grundsatzfragen des Schul, Kultur, Sozial, Wohnungs, Bau, Siedlungs- und Finanzwesens.[74]

Der Deutsche Städtetag erwies sich damit für den späteren Kommunalpolitiker Dregger als die beste Schule, die man sich vorstellen konnte, um für eine leitende Rolle in der Stadtpolitik gewappnet zu sein. Noch aber arbeitete Dregger gar nicht zielgerichtet auf eine kommunalpolitische Karriere hin; er richtete sich vielmehr darauf ein, länger in dieser Einrichtung zu verweilen. So nahmen er und seine Frau am Sitz des Städtetags, in der Dommetropole Köln, Quartier. Sie bezogen in Köln-Ehrenfeld eine kleine Wohnung in dem damals zwangsbe-

73 StAFu, Stadt Fulda-Amt 10/3, Personalakte Dr. Alfred Dregger, Lebenslauf Dr. Alfred Dregger vom 26.06.1956.

74 Ebd.

wirtschafteten Mietshaus, das aus dem familiären Besitz der Dreggers stammte.[75] Dass sich dann der Städtetag als Sprungbrett erwies, um Dregger an die Spitze einer Stadt zu befördern, die wie Köln mit einem traditionsreichen Bistum aufwarten konnte, war eine glückliche Fügung, die auf außergewöhnliche Umstände zurückzuführen war.

75 Schriftliche Auskunft von Meinulf Dregger vom 04.09.2018.

4. Politischer Startschuss in der Provinz – Dregger als Oberbürgermeister von Fulda

Alfred Dregger war bis 1956 ein politisch unbeschriebenes Blatt. Er gehörte weder einem einflussreichen Netzwerk an, noch war er in einer Partei durch feurige Reden aufgefallen. Ebenso wenig hatte er sich in der Öffentlichkeit mit aufsehenerregenden Manifesten einen Namen gemacht. Es lässt sich nicht einmal ein Leserbrief an eine Zeitung finden, in dem er seine Befriedigung oder seinen Unmut über die politischen Entwicklungen kundgetan hätte. Das Einzige, mit dem er bis 1955 nach außen getreten war, war seine juristische Dissertation, die allerdings nur wenige Spezialisten zur Kenntnis genommen hatten.

Und dennoch, wie aus dem Nichts, wurde der politisch unerfahrene Dregger – ein gebürtiger Westfale und vergleichsweise unbedeutender Referent bei einer kommunalen Vereinigung in Köln – im Sommer 1956 als neuer Oberbürgermeister einer Stadt präsentiert, die mehr als 250 Kilometer von der Rheinmetropole entfernt in Osthessen lag. Ein ungläubiges Raunen ging durch die örtliche Presse, als ihn die Stadtverordnetenversammlung Fuldas am 18. Juli 1956 mit 25 gegen 10 Stimmen wählte. In »einer Bürgerwahl«, so hieß es, hätte der neue Oberbürgermeister nicht den Hauch einer Chance gehabt.[1] Dies galt umso mehr, als ihm der lokale Stallgeruch fehlte. Da Dregger politisch bislang nicht hervorgetreten und seine offizielle Bewerbung für das Amt sehr kurzfristig eingegangen war, kursierte in der Stadt schon vor der Entscheidung das Gerücht, er sei von seinem Vorgänger Cuno Raabe begünstigt worden. Raabe hätte, »seiner ganzen Persönlichkeit und seinem Verantwortungsgefühl für seine Vaterstadt entsprechend, niemals freiwillig die Leitung der Stadt aus den Händen gegeben [...], wenn er nicht bereits eine bestimmte Person als Nachfolger im Auge« gehabt hätte. Der scheidende Oberbürgermeister sei ein »zu alter Fuchs«, um nicht zu wissen, »wie man rechtzeitig die Weichen stellen muss«.[2]

---

1 StAFu, Sammlung Nüchter, Karton 13 (55), Chronik Nüchters aus dem Jahre 1956. Die Chronik wurde von Hans Nüchter verfasst, der von 1947 bis 1977 als Stadtbaurat von Fulda fungierte und über dieses Amt Einblick in die innersten Angelegenheiten der Kommune hatte.

2 Wer wird Dr. Cuno Raabes Nachfolger?, in: Fuldaer Zeitung vom 09.04.1956.

Dregger besaß also einen einflussreichen politischen Mentor, der ihm in der Bonifatius-Stadt Fulda den roten Teppich ausgerollt und ihn gegen Widerstände der örtlichen Mehrheitspartei ins Amt gehievt hatte. Da erst dieser Coup Dregger in ein politisches Amt beförderte und der neue Fuldaer Oberbürgermeister, einmal auf den Geschmack gekommen, seine kommunalpolitische Position nutzte, um binnen 15 Jahren zu einer landes- wie bundespolitisch beachteten Größe zu werden, ist es angebracht, einen genaueren Blick auf seinen Protektor Cuno Raabe zu werfen. Denn Raabe war weit mehr als ein unentbehrlicher Förderer; sein Ansehen in der in Fulda unangefochten regierenden CDU (bei den Kommunalwahlen 1948 errang sie 55,2 Prozent und vier Jahre später 52,3 Prozent, bevor sie 1956 auf 45,4 Prozent abrutschte, damit aber immer noch rund 20 Prozentpunkte vor der SPD als stärkster Oppositionskraft lag) trug maßgeblich dazu bei, Dreggers wenig unionskonforme Vita zu heilen. Die Empfehlung der unantastbaren Autorität Raabe reichte aus, dass allenfalls Einzelne hinter vorgehaltener Hand fragten, warum Dregger erst kurz vor seiner Bewerbung in die CDU eingetreten sei und warum sein Elternhaus sich nicht mannhaft für den politischen Katholizismus eingesetzt habe. Raabes Votum verhalf Dr. Alfred Dregger mithin zu einem reibungslosen politischen Entrée in eine Partei, die in den 1950er Jahren zwar nicht in dem von der SPD beherrschten Hessen, sehr wohl aber auf Bundesebene die strukturelle Mehrheitsfähigkeit erlangte. Das gelang ihr, weil sie sowohl liberale und konservative als auch dezidiert christlich-soziale Positionen zu integrieren und durch Persönlichkeiten wie Adenauer und Erhard politisch zu repräsentieren vermochte.

Warum aber war Cuno Raabe so unantastbar, dass er nahezu im Alleingang einen Nobody in das wichtigste Amt, das die CDU auf kommunaler Ebene in Osthessen zu vergeben hatte, zu hieven vermochte? Der Grund wird wohl darin zu sehen sein, dass er idealtypisch eine der wichtigsten politischen Wurzeln der CDU verkörperte: den aktiven Widerstand gegen die NS-Diktatur. Die Christlich Demokratische Union besaß in ihren Gründungsreihen zahlreiche Personen, die sich durch eine untadelige Haltung unter dem NS-Regime ausgezeichnet hatten und darüber hinaus von den braunen Machthabern eingekerkert worden waren. Konrad Adenauer,[3] den die Nationalsozialisten 1933 als Oberbürgermeister von Köln abgesetzt und 1944 inhaftiert hatten, war nur einer unter vielen dieser Kategorie. Mit dem ehemaligen württembergischen Staatspräsidenten Eugen Bolz[4]

3 Zu Adenauer immer noch maßgeblich die Biographie von Hans-Peter Schwarz: Adenauer. Der Aufstieg: 1876–1952. Stuttgart 1986, hier S. 343–421.

4 Zu Bolz immer noch einschlägig: Max Miller: Eugen Bolz. Staatsmann und Bekenner. Stuttgart 1951.

kam der ranghöchste Politiker der ersten deutschen Demokratie, der seinen Widerstand gegen Hitler mit dem Leben bezahlte, aus dem politischen Katholizismus und damit dem politischen Nährboden der CDU. Cuno Raabe konnte seinerseits darauf verweisen, bis Ende April 1945 in einem berüchtigten Untersuchungsgefängnis in Berlin gesessen zu haben und nur durch außergewöhnliche Umstände der Hinrichtung entronnen zu sein. Da Raabe zu den vergessenen Gestalten einer nach Heldenfiguren Ausschau haltenden Widerstandsforschung zählt, wollen wir etwas ausführlicher bei ihm verweilen.[5] Denn ohne das Gütesiegel, das er dem politischen Newcomer Dregger ausstellte, wäre dessen politischer Aufstieg in der hessischen CDU undenkbar gewesen!

Cuno Raabe zählte zu jenen kommunalen Verwaltungsfachleuten der ersten deutschen Demokratie, die sich durch Gestaltungsfreude auszeichneten und sich um einen überparteilichen Rückhalt bei den politischen Kräften bemühten, die sich im Kampf gegen die kommunistischen und nationalsozialistischen Todfeinde des demokratischen Verfassungsstaates einig waren. In Fulda geboren, sammelte Raabe nach dem Studium vielfältige Erfahrungen in der kommunalen Verwaltung, vor allem ab 1926 im ostpreußischen Königsberg, wo er eine enge Beziehung zum dortigen 2. Bürgermeister Carl Goerdeler einging, die nie abreißen sollte. Von 1929 an regierte Raabe als Stadtoberhaupt die westfälische Industriestadt Hagen und geriet dabei ins Fadenkreuz der Nationalsozialisten, die den Zentrumspolitiker auch persönlich attackierten, um dessen moralische Integrität zu beschädigen. Dieses rabiate Vorgehen, das auch gegenüber anderen prominenten Stadtoberhäuptern aus den Reihen des politischen Katholizismus wie Adenauer in Köln angewandt wurde, kulminierte mit der Verhaftung Raabes am 7. April 1933 und endete im August 1933 mit seiner formalen Entlassung sowie einer Kette anschließender Ermittlungen wegen vermeintlicher Vergehen im Amt.[6]

Anfang 1943 schloss sich Raabe dem Widerstandszirkel seines ehemaligen Kollegen Carl Goerdeler, des aktivsten Netzwerkers unter den Alt-Politikern der Weimarer Republik, an. Wenn Attentat und Staatsstreich am 20. Juli 1944 erfolgreich verlaufen wären, hätte Raabe vermutlich das Amt des Verkehrsministers zugesprochen bekommen. Nach dem Scheitern des Anschlags wurde er am 1. November 1944 verhaftet und überlebte nur, weil – vor allem aufgrund der Vernichtung

5 Vgl. als knappen Überblick über die lückenhafte Forschung Otto Berge: Raabe, Cuno. in: Neue Deutsche Biographie 21 (2003), S. 54.

6 Siehe dazu Raabes Darlegungen gegenüber dem amtierenden Oberbürgermeister von Hagen, 05.10.1936, Stadtarchiv Hagen, Personalakte Raabe, Nr. 8148b; siehe auch die knappe Übersicht bei Ralf Blank/Stephanie Marra/Gerhard E. Sollbach: Hagen. Die Geschichte einer Großstadt und ihrer Region. Essen 2008, S. 407 f.

wichtiger Akten infolge des Luftkriegs – das Hauptverfahren gegen ihn vor dem berüchtigten Volksgerichtshof nicht mehr eröffnet wurde. Doch auch in der Untersuchungshaftanstalt »Lehrter Straße 3« musste er um sein Leben bangen, ehe er am 25. April 1945 bis auf die Knochen abgemagert aus der Haft entlassen wurde.[7]

Raabe gehörte zu jenen Mitgliedern der neuen interkonfessionellen Volkspartei CDU, die den Akt der Parteigründung vor allem als politisches Vermächtnis der von Katholiken wie Protestanten gemeinsam durchlittenen Haft auffassten. Diese Mission setzte er in seiner Geburtsstadt Fulda fort. Hier konnte er nicht nur parteipolitisch wirken, sondern vor allem seiner Leidenschaft als kommunalpolitischer Gestalter nachgehen. Als Oberbürgermeister setzte er ab 1946 wichtige Impulse für den Wiederaufbau und die Weiterentwicklung der osthessischen Bischofsstadt. Als er im Jahr 1956 altersbedingt sein Amt in jüngere Hände geben wollte, war seine Stellung in Fulda und der dort tonangebenden CDU so unangefochten, dass er die Nachfolgeregelung selbst in die Hand nahm. Dabei begeisterte ihn das personelle Angebot der örtlichen CDU keineswegs. Der Favorit der Fuldaer CDU, Rechtsanwalt Joseph Schmitt, war zwar auch bei den kirchlichen Autoritäten des Bistums, Bischof und Generalvikar, wohlgelitten.[8] Doch in Raabes Anforderungsprofil für den Posten des Fuldaer Oberbürgermeisters spielten parteipolitische Verankerung und wohlgefälliges Nicken kirchlicher Würdenträger nur eine untergeordnete Rolle. Wenn das lokale Blatt, die »Fuldaer Volkszeitung«, kolportierte, dass er Schmitt »weder als Persönlichkeit noch fachlich« für geeignet halte, das Amt auszufüllen, traf sie damit vermutlich den ausschlaggebenden Punkt, warum sich Raabe auf eigene Faust daran machte, seiner Geburtsstadt einen passenden Oberbürgermeister als Abschiedsgabe zu präsentieren.[9]

Sein kommunalpolitisches Credo hatte Raabe bereits kurz nach seiner Wahl zum Oberbürgermeister Hagens 1930 so formuliert: »Kommunalpolitik treiben bedeutet ja nicht so sehr Dienst an den großen politischen Ideen. […] Dem pflichtbewußten Kommunalbeamten ist jeder Mitbürger, mag er politisch oder konfessionell stehen, wo er wolle, ein gleich wertvolles Glied der Gemeinschaft.«[10]

7 Vgl. zu Raabes Haft und dessen von der Forschung kaum beachtetes Wirken im Widerstand Johannes Tuchel: »und ihrer aller wartet der Strick«. Das Zellengefängnis Lehrter Straße 3 nach dem 20. Juli 1944. Berlin 2014, unter anderem S. 350–358; Brigitte Wiest-Raabe: Dr. Cuno Raabe im Widerstand, in: Fuldaer Geschichtsblätter 60 (1984), S. 174–200.

8 Vgl. Wolfgang Hamberger: Die schwere Geburt des OB-Kandidaten Dregger, in: Michael Schwab/Stadt Fulda (Hg.): Alfred Dregger für Fulda und Deutschland. Petersberg 2008, S. 32–36, hier S. 32.

9 StAFu, 6 Hauptamt/315, Raabe am 19.07.1956 an Schmitt (Abschrift an Fuldaer Volkszeitung).

10 Ansprache Raabes in der Stadtverordnetenversammlung in Hagen, 27.01.1930, Stadtarchiv Hagen, Personalakte Cuno Raabe, Nr. 8148.

Da dies auch in der Nachkriegszeit für Raabe offensichtlich weiterhin Geltung besaß, war 1956 also kein Ideenschmied, sondern ein tatkräftiger Gestalter gesucht, der sich in den expandierenden Feldern der Kommunalpolitik bestens auskannte. Parteipolitisch – und dies im Falle Fuldas als bekennender CDU-Politiker – bislang nicht aufgefallen zu sein, bedeutete für Raabe keinen Nachteil. Vielmehr schien es ihm geradezu vorteilhaft, wenn der Nachfolger keine politisch polarisierende Vergangenheit nach Fulda mitbrachte. Mit anderen Worten: Der bislang parteipolitisch nicht hervorgetretene Verwaltungsjurist Dr. Alfred Dregger passte durchaus zu dem imaginären Ausschreibungstext Raabes für das Amt.

Dregger hatte sich nicht wie die anderen Kandidaten für das Amt des Fuldaer Stadtoberhauptes beworben; er wurde von Raabe regelrecht zur Bewerbung gedrängt. Wie aber war dieser ausgerechnet auf den Verwaltungsjuristen Dregger aufmerksam geworden, dass er sich so für ihn ins Zeug legte? Vieles spricht dafür, dass Raabe der Empfehlung eines alten Weggefährten aus gemeinsamen Zeiten bei der Königsberger Stadtverwaltung, Dr. Otto Ziebill, folgte. Ziebill hatte in seiner Eigenschaft als Hauptgeschäftsführer des Deutschen Städtetages ausgiebig Gelegenheit, sich von den Qualitäten seines Mitarbeiters Dregger zu überzeugen. Diese Referenz wog für Raabe deswegen schwer, weil Ziebill mit den modernen Methoden der Kommunalverwaltung in Praxis und Theorie vertraut war. Der Jurist und Richter hatte von 1948 bis 1951 an der Spitze der fränkischen Metropole Nürnberg gestanden, um danach seinen reichhaltigen Erfahrungsschatz in die Arbeit der kommunalen Spitzenorganisation Städtetag einzubringen. In dieser Funktion verfasste er überaus gehaltvolle Abhandlungen über die Charakteristika der Kommunalpolitik, die ihn zu einem Vorläufer einer Kommunalwissenschaft werden ließen.[11] Insofern vermochte Ziebill einzuschätzen, ob Dregger in puncto Führungsmethoden für die Spitzenposition in Fulda geeignet war. Von außen war das nicht ohne weiteres zu erkennen, schließlich hatte Dregger bis dahin keinerlei Führungsverantwortung im Bereich des Personalwesens ausgeübt.

Was Ziebills Einschätzung besondere Eindringlichkeit verlieh, war der Umstand, dass er dem Goerdeler-Kreis zumindest nahegestanden hatte. Jedenfalls war Ziebill als politisch Verfolgter des NS-Regimes offiziell anerkannt worden.[12] Er verfügte über einen weiten politischen Horizont, und sein Engagement in der kommunalen Selbstverwaltung speiste sich nicht zuletzt daraus, dass er in ihr eine Lebensader der Demokratie sah, weil sie, so seine Überzeugung, eine zu

11 Otto Ziebill: Politische Parteien und kommunale Selbstverwaltung. Stuttgart 1964.

12 Vgl. die Personalakte über Ziebill: Staatsarchiv Nürnberg, Oberlandesgericht Nürnberg 2016-02, 976.

starke Machtkonzentration verhindere.[13] Wenn der Sozialdemokrat Ziebill, der drei Jahre lang die fränkische Metropole Nürnberg, eine SPD-Hochburg, als Oberbürgermeister geführt hatte, seinen Mitarbeiter Dregger für geeignet hielt, eine osthessische Kommune zu leiten, dann musste er von den staatspolitischen Fähigkeiten Dreggers überzeugt sein.

Der politische Profi Raabe wiederum war bestrebt, seine ungewöhnliche Personalauswahl abzusichern. Aus diesem Grund holte er Auskünfte von Entscheidungsträgern aus der Kommunalpolitik ein, deren Weg Dregger in seiner Stellung als Referent beim Städtetag gekreuzt hatte. Die Urteile fielen fast durch die Bank überaus positiv aus und bescheinigten Dregger, dass er trotz seines jungen Alters imstande sei, eine neue anspruchsvolle Aufgabe als Stadtoberhaupt zu meistern. Pars pro toto kann hier die Stellungnahme des Oberstadtdirektors von Wuppertal, Hans Bremme, angeführt werden, der Dregger »als sehr qualifizierten Mann nur empfehlen« konnte.[14]

Damit waren fast alle Voraussetzungen erfüllt, damit Raabe seinen Nachfolger inthronisieren konnte. Wie sehr er die Verwaltungsspitze Fuldas gleichsam als einen Erbhof behandelte, wird auch daraus ersichtlich, dass der auserkorene Dregger felsenfest davon ausging, seine Wahl werde reibungslos ablaufen. Mit dem Segen Raabes versehen, befürchtete er offensichtlich nicht, dass sein Griff nach dem Oberbürgermeisteramt mit einem Fehlschlag enden könnte. Daher konnte er die fast anmaßende Bedingung formulieren, sich »nur dann zur Wahl« zu stellen, »wenn ich von der CDU-Fraktion einmütig nominiert werde«.[15] Dass er seinem Mentor zutraute, innerhalb der CDU-Fraktion alle Bedenken gegen einen Ortsfremden, der allem Anschein nach erst kurz vorher in die CDU eingetreten war, komplett aus dem Weg zu räumen, spricht Bände. Übersehen werden darf allerdings nicht, dass Dreggers Bestallung zum Fuldaer Oberbürgermeister ein Ausnahmefall blieb: Nie wieder hat er ein politisches Amt aus Händen Dritter empfangen, denen gegenüber er sich damit politisch verpflichtet hätte. Vielmehr bewahrte er sich seine politische Unabhängigkeit dadurch, dass er von 1956 an keine politische Dankesschuld abzutragen hatte.

Der politische Leumund Raabes als Widerstandskämpfer gegen das NS-Regime heilte den Umstand, dass Dreggers Vita bis zum Jahr 1956 nicht gerade die eines mustergültigen Christdemokraten gewesen war, dem es daher zukam, im

---

13 Vgl. dazu Otto Ziebill: Kommunale Selbstverwaltung und Politische Wissenschaft, in: Archiv für Kommunalwissenschaften 3 (1964), S. 25–40.

14 StAFu, Stadt Fulda-Amt 10/3, Personalakte Dr. Alfred Dregger, Bremme am 04.07.1956 an Raabe.

15 StAFu, Stadt Fulda-Amt 10/3, Personalakte Dr. Alfred Dregger, Dregger am 26.06.1956 an Raabe.

erzkatholischen Fulda nach dem höchsten kommunalen Amt zu greifen. Ihm und seiner Familie fehlte der Stallgeruch des politischen Katholizismus. Raabes Einsatz machte diesen Makel jedoch wett. So hatte Dregger am Ende des von Raabe monopolisierten Auswahlprozesses nur noch das vorzuweisen, was man pointiert als den »großen Befähigungsnachweis« für das Amt des Fuldaer Oberbürgermeisters bezeichnen könnte: Mitte der 1950er Jahre wäre kein Bewerber – und hätte er noch so starke Bataillone hinter sich gehabt – in der Bischofsstadt zum Zuge gekommen, der sich die Blöße gegeben hätte, keine umfänglich mit der katholischen Kirche kompatible Lebensführung vorweisen zu können. Mitglied der katholischen Kirche zu sein, genügte bei weitem nicht; vor allem das Familienleben musste im kirchlichen Sinne geordnet sein. Geschiedene oder gar wiederverheiratete Bewerber hätten sich selbst ausgeschlossen. Und auch wenn ein Kandidat trotz eines äußerlich makellosen kirchlichen Zeugnisses sich nur bei offiziellen Anlässen in Kirchenräumen hätte sehen lassen, hätte man ihm dies vorhalten können. Wurden kurz nach der Bekanntgabe der Kandidatur Dreggers Gerüchte gestreut, das Ehepaar Dregger sei nicht kirchlich getraut, ja mehr noch, der fremde Bewerber gehöre nicht einmal der Kirche an,[16] so war das nicht auf die leichte Schulter zu nehmen. Einige Mitglieder der Fuldaer CDU-Fraktion fühlten sich daher bemüßigt, eine Reise nach Köln und Recklinghausen zu unternehmen, um den kirchlichen Leumund der Familie Dregger in Erfahrung zu bringen. Sie kehrten mit einer beruhigenden Auskunft des Recklinghäuser Probstes Raphael Graf Droste Vischering zurück, der dem späteren Ehepaar den Brautunterricht erteilt hatte: »Das sind gut katholische Leute, ich kann sie empfehlen.«[17] Dregger hat seine religiösen Überzeugungen nie aufdringlich nach außen gekehrt, er war aber allem Anschein nach das, was man einen praktizierenden Katholiken nennen kann. Der regelmäßige Besuch der sonntäglichen Messfeier war Teil seines persönlichen Lebensentwurfes. Eheschließung und Familiengründung banden ihn zudem fester denn je an die römisch-katholische Kirche. So gesehen konnte die Fuldaer CDU trotz des energischen Vorgehens Raabes keine grundlegenden Einwände gegen den ortsfremden, aber viel gelobten Kandidaten haben.

Dreggers Einstieg in die Politik war der eines Spätberufenen – und er erfolgte über die Kommunalpolitik. Für den Seiteneinsteiger Dregger war dies die beste Möglichkeit, seine spezifischen Fähigkeiten zur Geltung zu bringen. Seine politischen Anfänge waren die eines gestaltungsfreudigen Verwaltungsfachmanns, für

---

16 Vgl. Hamberger: Die schwere Geburt, S. 33.

17 Zit. nach Hamberger: Die schwere Geburt, S. 35.

den die Verankerung in der CDU im Kern eine nicht zu vermeidende Zusatzqualifikation bildete, um die Geschicke der Bischofsstadt lenken zu können. Dass Dregger zwanzig Jahre später bundesweit zu den profiliertesten CDU-Politikern zählen und seine Fähigkeit zur politischen Polarisierung nur noch mit der von Franz Josef Strauß vergleichbar sein sollte, hätte im Jahre 1956 wohl kaum jemand vorherzusagen gewagt!

Die Fuldaer Kommunalpolitik konnte als Sprungbrett für die Erlangung höherer politischer Weihen fungieren, weil Dregger diese mittelgroße Kommune zu einem Zeitpunkt regierte, als sie reif für einen neuen Entwicklungsschub war. Cuno Raabe hatte erfolgreich den Wiederaufbau der zu erheblichen Teilen zerstörten Stadt gemeistert und die kommunale Infrastruktur wiederhergestellt. Das gravierendste Problem blieb ähnlich wie in vielen anderen deutschen Städten die Wohnraumbeschaffung:[18] Flüchtlinge und Evakuierte drängten zusätzlich auf einen Markt, auf dem die Zerstörungen und eine rigide Beschlagnahmungspolitik der US-amerikanischen Besatzungsmacht das Angebot an Unterbringungsmöglichkeiten ohnehin schon dramatisch verknappt hatten. Es dauerte rund ein Jahrzehnt, bis die Notlage auf diesem Gebiet einigermaßen behoben war. Vor allem die Wohnungsbauförderung durch öffentliche Mittel erwies sich als ein geeignetes Steuerungsinstrument, mit dem der Bestand an Wohnungen in Fulda bis 1955 um 64 Prozent gesteigert werden konnte. Raabe konnte zum Ende seiner Amtszeit also mit Recht behaupten, dass unter seiner Ägide ein Großteil der Infrastruktur wiederhergestellt und der Wohnraummangel trotz einer Bevölkerungszunahme von 45 Prozent im Vergleich zur Vorkriegszeit erheblich verringert worden war.

Auf Dregger wartete nach dem erfolgreichen Wiederaufbau die reizvolle Aufgabe, der Bischofsstadt ein neues Gesicht zu verleihen, ohne zugleich alte Traditionen über Bord zu werfen. Die Stadtentwicklung gehört seit jeher zu den Kernbereichen eines gestaltungsfreudigen Stadtoberhaupts, und Dregger nahm sich dieser Aufgabe mit besonderem Elan an. Dabei erkannte er die Chancen, die sich daraus ergaben, dass das Land Hessen sich in den ausgehenden 1950er Jahren eine eigene Landesidentität zulegte. Das Bundesland war eine alliierte Gründung und setzte sich aus Gebieten zusammen, die bis zur Mitte des 19. Jahrhundert noch auf mehrere Staatswesen verteilt waren (Kurhessen, zu dem Fulda gezählt hatte,

---

18 Vgl. hierzu grundlegend Günther Schulz: Wiederaufbau in Deutschland. Die Wohnungsbaupolitik in den Westzonen und der Bundesrepublik von 1945 bis 1957. Düsseldorf 1994. Am kommunalen Beispiel Gregor K. Stasch (Hg.): »Alles für Fulda!« Aspekte der Kommunalpolitik 1946–2006. Begleitband zur Ausstellung 28. April–9. Juli 2006. Fulda 2006, S. 19.

Nassau, Hessen-Darmstadt, Waldeck, das zu Preußen zählende Wetzlar und die Reichsstadt Frankfurt am Main). Die Schaffung einer hessischen Landesidentität wurde vor allem von der überragenden Figur der hessischen Landespolitik in den 1950er und 1960er Jahren vorangetrieben: Ministerpräsident Georg-August Zinn. Er kann als der geistige Vater des »Hessentags« gelten,[19] einer seit 1961 jährlich in unterschiedlichen Städten stattfindenden Präsentation dessen, was als Kern des Hessentums aufgefasst wurde. Zinn warb energisch dafür, nicht an eine generationenlange Zugehörigkeit zu den Teilgebieten des neuen Bundeslandes anzuknüpfen, sondern ein eigenes Verständnis Hessens zu schaffen. Er ließ sich von einem integrativen Ansatz leiten, der den Beitritt zum Hessentum an eine individuelle Bekenntnisentscheidung knüpfte, und prägte hierfür den stilbildenden Ausdruck: »Hesse ist, wer Hesse sein will.«[20]

In gewisser Weise wandelte Dregger auf den Spuren Zinns, als er auf mittlerer regionaler Ebene die Konstruktion einer spezifisch osthessischen Identität in Angriff nahm. Dahinter stand die Absicht, Fulda so zum Zentrum eines Konstrukts namens Osthessen zu machen. Ob er sich den Sozialdemokraten Zinn dabei als heimliches Vorbild ausgesucht hat, kann nicht ausgeschlossen werden. Das persönliche Verhältnis zwischen den beiden Juristen, die knapp 20 Lebensjahre trennten, ist allem Anschein nach so gut gewesen, dass Zinn gelegentlich privat bei Dregger in Fulda verkehrte. Die Region Osthessen musste also erst noch geschaffen werden. Dazu war es erforderlich, dass sie kein gedankliches Konstrukt blieb, sondern räumlich klar definiert wurde. Dies bedeutete, dass drei hessische Regierungsbezirke (Kassel, Darmstadt, Wiesbaden) sich von eigenen Kreisen zu trennen und sie in die neu entstehende Gebietskörperschaft Osthessen einzubringen hatten. Nur so erhielt Fulda ein ansehnliches Umfeld, das es der Stadt ermöglichte, sich zum Zentrum Osthessens aufzuschwingen. Damit konnte sie aus ihrer Randlage an der Zonengrenze einen Vorteil machen: Im Umkreis von 100 Kilometern gab es keine Großstadt oder größere Mittelstadt, die mit Fulda hätte um diesen Anspruch konkurrieren können.[21]

Es war also die Stadt Fulda, die sich mit einem noch zu konstruierenden Raum umgeben und dadurch als Zentralort aufgewertet werden sollte. Dregger hatte 1962 Gelegenheit, den kommunalpolitischen Experten ein ausgereiftes Konzept

---

19 Vgl. Hösch: Heimattage.

20 Vgl. hierzu Norbert Kartmann (Hg.): Hesse ist, wer Hesse sein will …? Landesbewusstsein und Identitätspolitik seit 1945. Wiesbaden 2017.

21 StaFu, F-FUL-248, Fulda als Beispiel einer Mittelstadt mit zentralen Funktionen. Vortrag von Oberbürgermeister Dr. Alfred Dregger. II. Fliegende Pressekonferenz des Deutschen Städtetags am 12. Juni 1962 in Fulda.

zu präsentieren, in dem Fulda als »Mittelstadt mit zentralen Funktionen« großen Raum einnahm.[22] Dazu musste eine Region namens Osthessen aus der Taufe gehoben werden, deren Konstituierung eine politische Herausforderung darstellte. Das sollte Dreggers politisches Gesellenstück werden, hatte diese Region sich doch über eingefahrene Verwaltungsgrenzen hinwegzusetzen: Die Kreise Fulda und Hünfeld gehörten zum Regierungsbezirk Kassel, die Kreise Lauterbach zum Regierungsbezirk Darmstadt und Schlüchtern zum Regierungsbezirk Wiesbaden.[23] Damit hatte sich Dregger ein überaus ambitioniertes Ziel gesteckt. Der Raum, für den Fulda nach seinen Vorstellungen Zentralfunktionen ausüben sollte, war gemessen an der Fläche, Einwohnerzahl und Finanzkraft der Stadt selbst außerordentlich groß. Ihn bewohnten Ende der 1950er Jahre rund 215.000 Einwohner, während im Stadtgebiet etwa 45.000 Menschen ansässig waren.[24] Es war vor allem die Attraktivität des boomenden Rhein-Main-Gebietes, die Dregger zu diesem Schritt motivierte. Fulda und seine Nachbargemeinden drohten demographisch auszubluten, wenn die Region weiterhin Menschen verlor, darunter viele qualifizierte Fachkräfte, die sich von den großen Ballungszentren angezogen fühlten, weil sie ihre Heimatregion als abgehängt betrachteten.[25] Dieser Trend musste umso besorgniserregender erscheinen, als aufgrund der hohen Geburtenrate die Bevölkerung in Hessen insgesamt angewachsen war.

Dregger betrieb insofern Heimatpolitik,[26] als er die strukturelle Aufwertung Fuldas und seiner Nachbarkreise zum Markenzeichen seiner kommunalpolitischen Mission erhob. Er wollte die Bindekräfte so stärken, dass eine im Kern konservative Bevölkerung, die an den Orten ihrer Kindheit und Jugend hing, nicht durch äußere Verhältnisse wie schlechte berufliche Perspektiven oder mangelhafte verkehrstechnische Anbindung zu einer Entscheidung gezwungen wurde, die sie aufgrund ihrer Heimatverbundenheit eigentlich gar nicht treffen wollte. Wir haben bereits gelesen, dass »Heimat« zu den wenigen politikaffinen Ordnungsvorstellungen gehörte, mit denen Dregger aufgewachsen war und die

---

22 Im Jahr 1962 hatte der Städtetag seine Mitglieder sowie Regierungseinrichtungen eingeladen, die Stadtentwicklung und Raumplanung anhand von drei deutschen Städten zu studieren. Dass neben Hamburg und Kassel ausgerechnet Fulda ausgewählt wurde, war gewiss auch den herausragenden Beziehungen Dreggers zu Otto Ziebill zu verdanken. Die programmatischen Ausführungen Dreggers zu Fulda (»Fulda: Mittelstadt mit zentralen Funktionen«) vom 12. Juni 1962 sind abgedruckt in: Die Stadt und ihre Region. Stuttgart 1962, S. 105–121.

23 Dregger am 07.12.1995 an Brandner, ACDP, 01-347-092/2.

24 Vgl. Dregger: Stadt, S. 114.

25 Vgl. ebd., S. 115–117.

26 Vgl. hierzu u.a. Ulla-Britta Vollhardt: Staatliche Heimatpolitik und Heimatdiskurse in Bayern 1945–1970. Identitätsstiftung zwischen Tradition und Modernisierung. München 2008.

für ihn zeitlebens politische Leitsterne blieben. Insofern fügte es sich aus seiner Sicht ideal, dass er in seiner ersten politischen Stellung Gelegenheit besaß, als Kommunalpolitiker eine moderne Form der Heimatpolitik zu betreiben.

Heimatpolitik war auf kommunaler Ebene gleichbedeutend mit vorausschauender Stadtentwicklungspolitik. Im Falle Fuldas reichte sie aber weit über die kommunalen Grenzen hinaus. Sollte die Infrastruktur für Wirtschaft, Verkehr, Kultur, Bildungs- und Sozialwesen ein Niveau erreichen, das den demographischen Sog des Rhein-Main-Gebietes weitgehend neutralisierte,[27] dann bedurfte es eines umfassenden Ansatzes, um den gesamten osthessischen Raum in diesem Sinne zu gestalten. Die Instrumentarien dazu standen seit längerem zur Verfügung: Mit der »Raumordnung« hatte sich ein interdisziplinärer Ansatz etabliert, der eine umfassende und nachhaltige Gestaltung vorsah. Dabei sollten kommunale Gebietskörperschaften auf eine neue Struktur ausgerichtet werden. Seit den 1960er Jahren sickerten raumordnerische Konzepte über eine adäquate Raumplanung auch in den kommunalen Verantwortungsbereich ein.[28] Setzte sich Dregger mit seinem später noch genauer darzulegenden »Entwicklungsplan für Osthessen« an die Spitze der kommunalpolitischen Raumplaner, so brachte er zum Ausdruck, dass er seinen Aktionsradius nicht auf eine knapp 50.000 Einwohner zählende Stadt beschränkt sah. Vielmehr nutzte er proaktiv die Möglichkeiten der Kommunalpolitik in den frühen 1960er Jahren, als der sozioökonomische Wandel phantasievolle Lösungen auch auf kommunal- und regionalpolitischer Ebene erforderte. Indem Dregger eine intelligente, auf seine Stadt zugeschnittene Raumordnung als Selbstverwaltungsangelegenheit propagierte, setzte er unübersehbare Zeichen in der hessischen Landespolitik. Ohnehin hatte er sich zur Verwirklichung seiner hochfliegenden Pläne weit über das gewöhnliche Maß hinaus in die hessische Landespolitik einzumischen. Damit fand das Fuldaer Stadtoberhaupt schon früh den Weg in die Landespolitik, was entscheidend dazu beitrug, ihm innerhalb der hessischen CDU zu einem steilen Aufstieg zu verhelfen. Dies setzte allerdings voraus, dass die Unionspartei in Hessen in einem Zustand war, in dem ausgerechnet ein Kommunal- und Regionalpolitiker in die Rolle des Nothelfers schlüpfen konnte.

27 StaFu, F-FUL-248, Fulda als Beispiel einer Mittelstadt mit zentralen Funktionen. Vortrag von Oberbürgermeister Dr. Alfred Dregger. II. Fliegende Pressekonferenz des Deutschen Städtetags am 12. Juni 1962 in Fulda.

28 Vgl. dazu u. a. Sabine Mecking: Regionale Disparitäten, Raumordnung und das Ideal der Chancengleichheit in Westdeutschland, in: Stefan Grüner/Sabine Mecking (Hg.): Wirtschaftsräume und Lebenschancen. München 2017, S. 77–89.

Dreggers Faible für Raumplanung gibt uns aber auch Einblicke in seine politischen Ordnungsvorstellungen. Er war zutiefst davon überzeugt, die Zukunft mit Hilfe moderner Planungsansätze[29] politisch gestalten zu können. Darin unterschied er sich nicht wesentlich von jenen Stadtoberhäuptern, welche die in Hessen dominierende SPD stellte, und ließ eine unter staatlichen Entscheidungsträgern weit verbreitete Planungseuphorie erkennen. Der feste Glaube an die Steuerbarkeit war Teil eines Fortschrittsdiskurses,[30] der sich parteiübergreifend in den 1960er Jahren herausgebildet hatte und an dem auch Dregger aktiv partizipierte. Fotografien aus jener Zeit zeigen ihn mit dem Buch »Stadtplanung. Von Athen bis Brasilia« in der Hand oder wie er sich über eine große Karte beugt, auf der die Vision einer prachtvollen Zukunft skizziert zu sein schien.[31]

Doch Dregger war kein glatter Technokrat, der ohne Ehrfurcht vor historisch Bewährtem traditionsstiftende Bauten abriss. Heimat hatte für ihn immer einen konkreten Ortsbezug. Zu den Aufgaben einer Kommunalpolitik, die sich um einen behutsamen Ausgleich zwischen Traditionsbewahrung und Modernisierung bemühte, gehörte daher die Erhaltung des jeweiligen städtebaulichen Antlitzes. Eines der zentralen Felder, auf dem sich ein solcher Kompromiss zu bewähren hatte, war die innerstädtische Baupolitik. Ob bei der Bebauung des Gemüsemarktes, der Formgebung des Universitätsplatzes oder der Wahl des Standortes für den Busbahnhof, überall siegte schließlich die Einsicht, Fulda gemäß den damaligen Anforderungen an eine »moderne« Stadt gestalten zu müssen. Dies bedeutete, vor allem Handel und Gewerbe Möglichkeiten zur Entfaltung zu geben. Gleichzeitig aber wurde der Versuch unternommen, das traditionelle Stadtbild nach Möglichkeit zu erhalten, indem beispielsweise historische Gemäuer wie das Heertor vom Abriss verschont blieben. Diese behutsame Kompromisssuche in den ständigen Konflikten zwischen dem radikal Neuen und dem schützenswerten Alten bestraf selbst die Industrieansiedlung. Da eine solche Erweiterung unter den etablierten Unternehmern und Gewerbetreibenden aus Angst vor lokaler Konkurrenz nicht immer auf Gegenliebe stieß, sicherte Dregger ihnen 1962 zu,

29 Vgl. hierzu u. a. Heinz-Gerhard Haupt (Hg.): Aufbruch in die Zukunft. Die 1960er Jahre zwischen Planungseuphorie und kulturellem Wandel. DDR, ČSSR und Bundesrepublik Deutschland im Vergleich. Weilerswist 2004; Alexander Nützenadel: Stunde der Ökonomen. Wissenschaft, Politik und Expertenkultur in der Bundesrepublik 1949 – 1974. Göttingen 2005.

30 Vgl. hierzu u. a. Gabriele Metzler: Am Ende aller Krisen? Politisches Denken und Handeln in der Bundesrepublik der sechziger Jahre, in: Historische Zeitschrift 275 (2002), S. 57 – 103; Tim Schanetzky: Die große Ernüchterung. Wirtschaftspolitik, Expertise und Gesellschaft in der Bundesrepublik 1966 bis 1982. Berlin 2007.

31 Stasch: »Alles für Fulda!«, S. 36.

seine Bemühungen auf auswärtige Betriebe zu beschränken, die »zur Ergänzung der Fuldaer Wirtschaftsstruktur notwendig« seien.[32]

In der Amtszeit Dreggers (1956–1970) machte Fulda einen großen Sprung nach vorne. Die Bürger honorierten diesen Kurs, indem sie der Partei Dreggers zu komfortablen Mehrheiten bei den Kommunalwahlen verhalfen. Nachdem die CDU bei der Kommunalwahl 1956 in Fulda 45,4 Prozent erreicht hatte, konnte sie ihr Ergebnis bereits vier Jahre später auf 54,5 Prozent steigern und erreichte 1968 sogar 56,1 Prozent. Dregger setzte in der Kommunalpolitik auf all jenen Gebieten Akzente, die für die 1960er Jahre charakteristisch waren: Bildungspolitik, Verkehrspolitik und Wohnungsbaupolitik. Dass er sich in diesen Bereichen parteipolitisch besonders profilieren konnte und wollte, wird man nicht behaupten können. Dregger stellte jedoch auf den expandierenden Feldern kommunaler Daseinsfürsorge seine Tatkraft unter Beweis und wurde für seinen Einsatz bei den Wahlen honoriert.

Bildungspolitik hieß in den 1960er Jahren vor allem Ausbau des höheren Schulwesens. Dessen enorme Expansion war der bundesweiten Überzeugung geschuldet, die vielbeschworene »Bildungskatastrophe« dadurch abwenden zu können, dass das Gymnasium wesentlich mehr Schüler als bislang aufnahm.[33] Damit einher ging die Öffnung der höheren Schule für Angehörige sozialer Schichten, die bis dahin nicht in der Lage gewesen waren, begabte Sprösslinge auf ein Gymnasium zu schicken. In Dreggers Amtszeit floss rund ein Sechstel des gesamten städtischen Vermögenshaushaltes in den Schulbau.[34] Die Neubauten wurden auf das gesamte Gebiet der Kommune verteilt, um sicherzustellen, dass Eltern in der Nähe ihres Zuhauses die für ihre Kinder angemessene Bildungsstätte fanden. Dass die Bildungspolitik das politische Terrain werden sollte, auf dem sich Dregger in seiner Zeit als CDU-Landesvorsitzender bundesweit zu profilieren vermochte, war zu diesem Zeitpunkt aber noch nicht vorhersehbar.

In der Verkehrspolitik brach sich auch in Fulda die bundesweite Entwicklung zur »autogerechten Stadt« Bahn.[35] Fulda sollte in eine Stadt verwandelt werden,

---

32 Dregger am 07.05.1962 an Muth, ACDP, 01-347-192/1.

33 Hermann Korte: Eine Gesellschaft im Aufbruch. Die Bundesrepublik Deutschland in den sechziger Jahren. Wiesbaden 2009, S. 49 ff; Gerd F. Hepp: Bildungspolitik in Deutschland. Eine Einführung. Wiesbaden 2011.

34 Vgl. Stasch: »Alles für Fulda!«, S. 52.

35 Vgl. hierzu u. a. Barbara Schmucki: Der Traum vom Verkehrsfluss. Städtische Verkehrsplanung seit 1945 im deutsch-deutschen Vergleich. Frankfurt/Main, New York 2001; Weert Canzler/Andreas Knie/Lisa Ruhrort/Christian Scherf: Erloschene Liebe? Das Auto in der Verkehrswende. Soziologische Deutungen. Bielefeld 2018, S. 46 ff.

in der das Auto weitgehend freie Fahrt genoss.[36] Das erforderte im Grunde, dass die Stadtentwicklung den Bedürfnissen des Autoverkehrs untergeordnet wurde. Doch in Fulda gingen die Uhren langsamer als in Landeshauptstädten wie Hannover, dem Muster der autogerechten Großstadt. Zwar erarbeitete man 1960 unter großem Aufwand einen »Generalverkehrsplan«, der vorsah, den Verkehr im Stadtgebiet in einem System aufeinander bezogener Straßen möglichst ungehindert fließen zu lassen. Umgesetzt wurde er jedoch nur zu einem kleinen Teil.

Auch die Wohnungspolitik gehörte in den 1960er Jahren zu den kommunalen Kernaufgaben. Hierbei ging es vor allem um die Ausweisung von Bauland und eigene kommunale Ansiedlungsprojekte. Auf bislang unbebauten Flächen wurden neue Stadtviertel aus dem Boden gestampft, die nicht selten von einer Hochhausarchitektur geprägt waren, weil nur auf diese Weise vielen Menschen günstiger Wohnraum zur Verfügung gestellt werden konnte. In Dreggers Verantwortung fiel das 1959 in Angriff genommene Neubaugebiet »Aschenberg«, das schon bald mit dem wenig schmeichelhaften Beinamen »Trabantenstadt«[37] versehen wurde. So gab es auch in Fulda in den Jahren danach Auseinandersetzungen um ein Stadtviertel, das nach dem Urteil vieler Fuldaer nicht in das Stadtbild passte und in dem fehlende Einzelhandelsgeschäfte Versorgungsprobleme hervorriefen.[38]

Das Ergebnis dieses Projektes mochte Anlass für kontroverse Diskussionen geben, die Mittel, mit denen Dregger es verfolgte, lassen jedoch erahnen, dass er den kommunalen Wohnungsbau als kommunalpolitische Visitenkarte der Sozialen Marktwirtschaft begriff. Bereits deren geistige Vater, Alfred Müller-Armack, hatte die Ordnungsprinzipien dieser Wirtschaftsordnung mit einem Beispiel aus der Wohnungspolitik belegt: Demnach waren staatliche Eingriffe in die Mietenhöhe nicht marktkonform, wohl aber steuerfinanzierte Zuwendungen für bedürftige Wohnungssuchende[39] und eben auch das Auftreten staatlicher oder gemeinnütziger Wohnungsbaugesellschaften auf dem Wohnungsmarkt. Dregger nutzte in diesem Sinne alle kommunalpolitischen Instrumentarien. Er betrieb zu diesem Zweck eine kommunale »Bodenvorratspolitik«, die ihn von unternehmerischer Seite dem Verdacht aussetzte, privaten Besitz von Grund und Boden in öffentliche Hände überführen zu wollen.[40] So hatte sich Dregger sehr früh darum

36 Vgl. hierzu und zum Folgenden Stasch: »Alles für Fulda!«, S. 46 ff.

37 Vgl. Stasch: »Alles für Fulda!«, S. 39.

38 Vgl. Stasch: »Alles für Fulda!«, S. 40.

39 Alfred Müller-Armack: Wirtschaftslenkung und Marktwirtschaft. Hamburg 1947, S, 119: »Ein solches Vorgehen stört in keiner Weise die Preisbildung und ist geeignet, der Produktion eine sozial gewollte, bewußt veränderte Nachfragestruktur zu signalisieren.«

40 Dregger am 25.03.1974 an Frickhöffer, ACDP, 01-347-053/3.

bemüht, große Flächen am Aschenberg von den Eigentümern zu erwerben oder zu tauschen.[41] Da seine politischen Freunde dafür nur wenig Verständnis übrig hatten, musste er ihnen erläutern, dass es ihm nur durch diesen Schachzug gelingen werde, die »bei der späteren Bebauung benötigten öffentlichen Grundstücke preiswert zu erhalten« und somit »sozial schwachen Schichten den Erwerb von Grundeigentum zu ermöglichen«.[42] Auch in diesem Politikfeld erwies sich Dregger als Pragmatiker!

Es gab allerdings ein Politikfeld, bei dem eine eigene politische Handschrift deutlich hervortrat: die Budgetpolitik. Dass der kommunale Haushalt ausgeglichen sein und die Aufnahme von Schulden möglichst vermieden werden sollte, war lange Zeit kein politisches Markenzeichen einer von Christdemokraten gestalteten Kommunalpolitik gewesen. Kein geringerer als Konrad Adenauer hatte in seiner Zeit als Kölner Oberbürgermeister nicht die geringsten Skrupel, der von ihm regierten Stadt einen hohen Schuldenberg einzuhandeln, wenn es sich dabei aus seiner Sicht um Zukunftsinvestitionen handelte.[43] Der Ausbau des sozialen Interventionsstaats schon in den 1950er Jahren senkte die Hemmschwelle noch weiter, die expandierenden Ausgaben der öffentlichen Hand durch Kreditaufnahmen zu finanzieren. Auch auf kommunaler Ebene ließ sich dieser Kurs mit dem politisch durchschlagskräftigen Argument legitimieren, um der Zukunftsfähigkeit willen bedürfe es strukturreformerischer Maßnahmen, für die notfalls auch auf fremdes Geld zurückzugreifen sei.[44] Und da sich Fulda in der Ära Dregger als attraktiver Standort für Daheimgebliebene und potenzielle Zuzügler neu erfand, hätte man auch von ihm als Stadtoberhaupt einen großzügigen Umgang mit den kommunalen Finanzen erwarten können.

Doch Dregger setzte in Fulda andere Akzente. Er machte die Verschuldung zu einem politischen Thema, als solche unzeitgemäßen Töne eigentlich nur von lästigen Mahnern zu vernehmen waren. Fritz Schäffer, der erste Bundesfinanzminister, war als prinzipientreuer Haushaltswächter den eigenen Parteifreunden aus den Reihen der Unionsparteien so sehr auf die Nerven gegangen, dass er 1957 seinen Platz im Bundeskabinett für den wesentlich flexibleren Franz Etzel räumen musste.[45] Dregger hingegen war stets um die Haushaltsdisziplin in seiner

---

41 Vgl. Stasch: »Alles für Fulda!«, S. 39.

42 Dregger am 25.03.1974 an Frickhöffer, ACDP, 01-347-053/3.

43 Vgl. hierzu Schwarz: Adenauer. Der Aufstieg, S. 235 ff.

44 Vgl. generell die instruktive Übersicht von Marc Hansmann: Wege in den Schuldenstaat, in: Vierteljahrshefte für Zeitgeschichte 55 (2007), S. 425–461, vor allem S. 435.

45 Vgl. Christoph Henzler: Fritz Schäffer, 1945–1967. München 1995; überdies Dietrich Yorck: Franz Etzel als Finanzpolitiker, in: Historisch-politische Mitteilungen 2 (1995), S. 173–187.

Kommune bedacht. Schon früh plagte den Oberbürgermeister die Sorge um »die Verschuldungsfähigkeit meiner Stadt«.[46] In seinen Erläuterungen zum Haushalt 1960 sprach er von einer »Faustregel«,[47] wonach die Verschuldungsgrenze einer Stadt erreicht sei, wenn sie 10 bis 15 Prozent der allgemeinen Deckungsmittel für den Schuldendienst aufwenden müsse. Diesem Limit war die Stadt nach seiner Auffassung schon 1959 »bedenklich nahe« gekommen, so dass er sich und den Magistrat dazu ermahnte, »jede weitere unrentierliche, den Schuldendienst erhöhende Investition sehr sorgfältig« abzuwägen.[48] Dies fiel umso schwerer, als die Ansprüche der Bevölkerung an das Sozialwesen und insbesondere an die Gesundheitsfürsorge Anfang der 1960er Jahre kontinuierlich wuchsen. Es bestand nicht nur der Wunsch, das städtische Krankenhaus zu sanieren, sondern es wurden auch Forderungen laut, den Mangel an Dienstleistungspersonal in den Pflegeheimen zu beheben.[49] Solche Begehrlichkeiten waren aber aus Dreggers Sicht kaum noch zu finanzieren, zumal die Einnahmen aus der Gewerbesteuer in Fulda weit hinter den Erwartungen zurückblieben und während der gesamten 1950er Jahre dem Durchschnitt der kreisfreien Städte in Hessen deutlich hinterherhinkten.[50]

Dregger sprach sich daher im Januar 1960 dafür aus, mit den finanziellen Ressourcen der Stadt schonend umzugehen.[51] Andernfalls laufe Fulda Gefahr, sich von Zuweisungen aus dem Finanzausgleich des Landes abhängig zu machen und somit langfristig seine Finanzautonomie zu verlieren. Am Ende einer solchen Entwicklung – so seine Befürchtung – wäre die Kommune keine Selbstverwaltungskörperschaft mehr, sondern könnte nur noch als eines der vielen »dezentralisierte[n] Organe der Staatsmacht« existieren.[52] Von Jahr zu Jahr wiederholte und verschärfte er seine Maßhalteappelle; 1965 meinte er, selbst für Investitionen in »die dringend notwendigen Gemeinschaftseinrichtungen im Sozialwesen, im Bildungswesen, im Verkehrswesen und in den sonstigen kommunalen Bereichen« habe die Stadt keinen großen Spielraum mehr.[53] In Fulda sei wie in anderen Kommunen auch im vergangenen Jahrzehnt zu viel Geld für den Konsum ausgegeben worden, anstatt durch verstärkte Investitionen in die

---

46 Dregger am 30.05.1962 an Kappus, ACDP, 01-347-190/3.
47 StAFu, Oberbürgermeister Dregger: Etatrede 1959.
48 Ebd.
49 Leser am 26.06.1962 an Dregger, ACDP, 01-347-190/5.
50 StAFu, Oberbürgermeister Dregger: Etatrede 1959.
51 Krondorfer: Protokoll der Fraktionssitzung der CDU am 25.01.1960, ACDP, 01-347-192/1.
52 Dregger am 30.05.1962 an Kappus, ACDP, 01-347-190/3.
53 Dieses und das folgende Zitat: Dregger am 15.06.1965 an Stimpert, ACDP, 01-347-190/3.

Infrastruktur für eine Verbesserung der Einnahmeseite zu sorgen. Daher sei es nun unerlässlich, sich bei jeder weiteren Ausgabe »auf das dringend Notwendige« zu beschränken.

Dem politischen Zeitgeist entsprach Dregger damit auf alle Fälle nicht. Was Jahrzehnte später ein wenig despektierlich als »fiskalischer Konservatismus« bezeichnet werden sollte[54] – nämlich eine Haushaltspolitik, die bei aller Einsicht in die Notwendigkeit öffentlicher Investitionen den Aspekt der finanziellen Nachhaltigkeit beachtet –, befand sich in den 1960er Jahren in einer hoffnungslosen politischen Defensive. Der wichtigste Repräsentant dieser Position war Wirtschaftsminister Ludwig Erhard. Der Ökonomieprofessor hatte als Liberaler in der CDU seine politische Heimat gefunden und sogar 1963 Adenauer als Bundeskanzler beerbt. Fast zur gleichen Zeit, als Dregger für Fulda einen schärferen Sparkurs ankündigte, versuchte auch Bundeskanzler Erhard auf Bundesebene, Leistungsgesetze einzuschränken und mit einem Sparprogramm sowie einem Haushaltssicherungsgesetz dem Anstieg der Staatsausgaben, die stärker wuchsen als das Sozialprodukt, Einhalt zu gebieten. Allerdings bekam der als »Vater des Wirtschaftswunders« gefeierte Politiker leidvoll zu spüren, dass sich die Bevölkerung für diesen Teil der Sozialen Marktwirtschaft nicht sonderlich erwärmen konnte. Erhards Stern verblasste im Zuge seiner Austeritätsbemühungen: Sie trugen dazu bei, dass seine Tage als Regierungschef gezählt waren. Mit seiner politischen Semantik, die Sparen und Maßhalten als politische Tugenden pries, war Erhard in den reformbegeisterten 1960er Jahren ein politischer Fremdkörper, den die eigenen Leute 1966 aufs politische Altenteil abschoben.[55]

Schon in den frühen 1960er Jahren zeichnete sich damit ab, dass Dregger in wirtschaftlicher Hinsicht zum überschaubaren Kreis von Wirtschaftsliberalen zählte, die in der CDU ihre politische Heimat gefunden hatten. Der Umgang mit dem Haushalt in Fulda war der wichtigste Indikator, an dem sich eine solche Einstellung ablesen ließ. Dass Dregger über die Kommunalpolitik hinaus ein »echter« Liberaler war, dessen Politikansatz in der liberalen Überzeugung vom Vorrang des Schutzes individueller Freiheitsrechte gründete, konnte sich erst offenbaren, als er sich auf dem Feld der Landes- und Bundespolitik betätigte. Auch dass er seine politische Strategie gezielt auf die Gewinnung von liberal Gesinnten ausrichtete, die vormals FDP wählten, war zu diesem Zeitpunkt nicht sichtbar. Das hatte freilich damit zu tun, dass sich im katholischen Fulda die FDP traditi-

54 Vgl. z. B. Florian Mayer: Vom Niedergang des unternehmerisch tätigen Staates. Privatisierungspolitik in Großbritannien, Frankreich, Italien und Deutschland. Wiesbaden 2006, S. 83.

55 Vgl. grundlegend Daniel Koerfer: Kampf ums Kanzleramt. Erhard und Adenauer. München 2020.

onell schwertat. Es gab hier also nicht besonders viele liberale Wähler, um die der Kommunalpolitiker Dregger gezielt hätte werben können.

Ein Schicksal wie Erhard musste Dregger in Fulda trotz seiner Maßhalteappelle nicht befürchten. Es wäre eine eigene Abhandlung wert, der Frage nachzugehen, ob er mit seiner Budgetpolitik in der Stadt eine neue Kultur der Sparsamkeit begründete oder lediglich eine Mentalität bestärkte, die in der Bevölkerung und damit in ihren kommunalen Organen ohnehin verbreitet war. Auffällig ist jedenfalls, dass noch mehr als ein halbes Jahrhundert später ein Nachfolger Dreggers, Heiko Wingenfeld, im Haushaltsplanentwurf für 2018 die »Idee finanzieller Nachhaltigkeit« ausdrücklich betonte und dabei auf die im Vergleich zu anderen hessischen Städten »herausragend« niedrige Pro-Kopf-Verschuldung der Kommune verweisen konnte.[56]

Dreggers maßvolle wirtschaftsliberale Agenda schadete ihm auf kommunaler Ebene jedenfalls nicht. Die Stadtverordnetenversammlung beschloss in geheimer Wahl am 20. April 1959 einstimmig, tarifliche Ermessensspielräume voll auszuschöpfen und Dregger in eine höhere Besoldungsgruppe einzustufen.[57] Im Dezember 1961 erteilte ihm der Magistrat als Zeichen seines Vertrauens die Vollmacht, für die Stadt alle notwendigen Erklärungen im Grundstücksverkehr abzugeben.[58] Am 25. April 1962 wurde er von der Stadtverordnetenversammlung mit 24 von 36 Stimmen für zwölf weitere Jahre zum Oberbürgermeister wiedergewählt.[59] Auch die Zustimmung an der Urne litt nicht unter seiner zurückhaltenden Haushaltspolitik: Bei den Kommunalwahlen konnte die CDU in Fulda ihr Ergebnis zwischen 1956 und 1972 von 45,4 Prozent auf 60,5 Prozent (1960: 54,5 %, 1964: 54,4 %, 1968: 56,1 %) steigern. Und als Dregger im Dezember 1970 freiwillig aus seinem Amt schied, verlieh ihm die Stadtverordnetenversammlung in Übereinstimmung mit dem Magistrat die Ehrenbürgerschaft.[60]

---

56 Haushalt 2018: Rede von Oberbürgermeister Dr. Heiko Wingenfeld zur Einbringung des Haushaltsentwurfes in die Stadtverordnetenversammlung Fulda, S. 14 f., https://www.fulda.de/fd/20_Stadtkaemmmerei/20.1_Haushaltsabteilung/Haushalt_2018/Haushaltsrede_2018_OB.pdf [10.11.2018].

57 StAFu, Stadt Fulda-Amt 10/3, Personalakte Dr. Alfred Dregger, Magistrat am 29.04.1959 an Dregger.

58 StAFu, Stadt Fulda-Amt 10/3, Personalakte Dr. Alfred Dregger, Vollmacht des Magistrats vom 27.12.1961.

59 StAFu, Stadt Fulda-Amt 10/3, Personalakte Dr. Alfred Dregger, Stadtverordnetenversammlung am 02.05.1962 an Dregger.

60 StAFu, Stadt Fulda-Amt 10/3, Personalakte Dr. Alfred Dregger, Ehrenbürgerbrief (Entwurf, ohne Datum).

Wahrscheinlich wäre Dreggers Popularität als Oberbürgermeister in anderen Kommunen nicht annähernd so groß gewesen. Was die Einwohner in der bürgerlichen Beschaulichkeit des katholisch geprägten Fulda als aufrichtige Gottesfurcht, schneidiges Benehmen und hohe Fachkompetenz schätzten, wäre ihm in eher säkularisierten Metropolen wie Frankfurt am Main oder in Arbeiterstädten wie Gelsenkirchen spätestens ab Anfang der 1970er Jahre als klerikale Gesinnung, dumpfes Kommissgehabe und penetrante Besserwisserei ausgelegt worden. Selbst im rheinischen Köln, das den Vergleich mit Fulda nicht zu scheuen brauchte, wenn es um den Einfluss der katholischen Kirche ging, hätte Dregger einen weitaus schwereren Stand gehabt. Weder Charakter noch Erscheinung entsprachen den allgemeinen Vorstellungen von einem volksnahen Politiker, dem es Freude bereitete, mit dem kleinen Mann auf der Straße einen kumpelhaften Umgang zu pflegen oder sich mit ihm gemein zu machen. Bei Dreggers Amtsantritt waren insofern durchaus Zweifel angebracht, ob er angesichts seines eher elitär wirkenden Auftretens in der Lage sein würde, selbst im doch recht behäbigen Fulda den Pflichten auf dem Gebiet des organisierten Frohsinns nachzukommen. Denn wer in diesem Amt den direkten Kontakt mit dem Bürger als unangenehm empfindet oder ihn gar meidet, hat es schwer, auf Weinfesten, Schützenfeiern oder Fastnachtssitzungen eine gute Figur abzugeben. Doch auch auf diesem Feld lernte Dregger rasch, wie er sich zu bewegen hatte, um den Erwartungen der Bevölkerung zu entsprechen. In Fulda, so stellte er früh fest, sei der Karneval »eine ernst zu nehmende Angelegenheit«, bei dem »der Oberbürgermeister traditionsgemäß nicht fehlen« dürfe.[61] Folglich sagte er selbst wichtige Klausurtagungen ab, um Präsenz zeigen zu können, obgleich es gewiss interessantere Termine für ihn gab als lärmende Festivitäten inmitten amüsierfreudiger Massen. Viele Fuldaer verehrten ihn dafür, dass er sich selbst vor solchen Anlässen nicht drückte, sondern dem folkloristischen Treiben sogar eine gewisse Noblesse verlieh. Sie nahmen ihn als eine Persönlichkeit wahr, die »von der seltenen Kombination eines großen Wissens und Könnens mit dem notwendigen Steh- und Durchsetzungsvermögen und einem […] bemerkenswertem Charme« gekennzeichnet sei.[62]

Dregger genoss eine derart hohe Reputation, dass die Stadt vieles unternahm, um ihn bei Laune zu halten. Dies schlug sich unter anderem darin nieder, dass sie ihren Oberbürgermeister bei den Bemühungen, sein Zuhause zu einem Ort bürgerlicher Repräsentation auszubauen, nach Kräften unterstützte. Nachdem

61 Dregger am 06.11.1959 an Kappus, ACDP, 01-347-190/3.

62 StAFu, Stadt Fulda-Amt 10/3, Personalakte Dr. Alfred Dregger, Rede zur Verabschiedung von Oberbürgermeister Dregger am 10.10.1970.

er in den ersten beiden Jahren die Dienstwohnung seines Vorgängers in der Edelzeller Straße 17[63] und das Haus eines Architekten in der Kanalstraße 23 bewohnt hatte,[64] bezog er im August 1958 das neue Dienstwohngebäude »Über der Aue 5«,[65] eine Immobilie mit rund 210 Quadratmetern Wohnfläche auf einem etwa 4000 Quadratmeter großen Grundstück. Die Gesamtherstellungskosten wurden damals auf 126.000 DM taxiert, woraus sich aus den Ansätzen nach der damals aktuellen Berechnungsverordnung eine monatliche Mietbelastung von 393,65 DM ergab, die mit der Einbehaltung des der Familie Dregger zustehenden Wohngeldes abgegolten wurde.[66] Die zwei Wohnräume, das Fremdenschlafzimmer und das Bad, die über den Bedarf der Familie hinausgingen, wurden als Diensträume deklariert, die den repräsentativen Pflichten des Oberbürgermeisters geschuldet seien.[67] Zehn Jahre später hatten sich die Werte, Bestimmungen und Vereinbarungen für diese Immobilie geändert. Dregger zahlte eine monatliche Dienstwohnungsvergütung von 298 DM, was den ortsüblichen Mietwert um rund 167 DM unterschritt, ein Betrag, der allerdings als geldwerter Vorteil zu versteuern war.[68]

All diese Abmachungen und Regelungen lassen erkennen, wie sehr die Stadt fürchtete, dass sich ihr Oberhaupt einem anderen Tätigkeitsbereich zuwenden könnte. Dreggers Fähigkeiten auf kommunalpolitischem Gebiet hatten sich Anfang der 1960er Jahre längst herumgesprochen, und er erhielt Anfragen, ob er sich unter Umständen einen Wechsel an die Spitze einer anderen Stadt – im Gespräch waren unter anderem Koblenz und Neuß – vorstellen könnte.[69] Dass Dregger ein begehrter Mann war, bewies ja nicht zuletzt im Jahr 1965 seine Wahl zum Präsidenten des Deutschen Städtetages. Das war durchaus außergewöhnlich, hatten doch zuvor nur die obersten Repräsentanten von Großstädten wie Berlin, Köln, Stuttgart, Frankfurt am Main oder München dieses Amt bekleidet. Beim Gehalt war nicht viel zu machen, wollte man der Wertschätzung Ausdruck ver-

---

63 StAFu, Stadt Fulda-Amt 10/3, Personalakte Dr. Alfred Dregger, Notiz von Gellings vom 08.10.1956.

64 StAFu, Stadt Fulda-Amt 10/3, Personalakte Dr. Alfred Dregger, Notiz von Gellings vom 12.11.1956; Dregger am 05.10.1956 an den Magistrat der Stadt Fulda.

65 StAFu, Stadt Fulda-Amt 10/3, Personalakte Dr. Alfred Dregger, Umzugskostenentschädigung für Dregger (Gellings am 04.09.1958).

66 StAFu, Stadt Fulda-Amt 10/3, Personalakte Dr. Alfred Dregger, Berechnung der Kostenmiete für das Dienstwohngebäude (ohne Datum); Beschluss des Magistrats vom 17.09.1958.

67 StAFu, Stadt Fulda-Amt 10/3, Personalakte Dr. Alfred Dregger, Verfügung des Magistrats über die Zuweisung des Dienstgebäudes vom 01.10.1958.

68 StAFu, Stadt Fulda-Amt 10/3, Personalakte Dr. Alfred Dregger, Magistrat am 17.10.1968 an Dregger.

69 Krondorfer: Protokoll der Fraktionssitzung vom 02.05.1962, ACDP, 01-347-192/1.

leihen, die in Fulda der Arbeit des Oberbürgermeisters entgegengebracht wurde. Es gab feste tarifliche Vorschriften, die dazu führten, dass Dregger bis Mitte Juni 1968 einschließlich Ortszuschlag und Kindergeld ein Bruttoeinkommen von 3556 DM und ab dem 1. Juli 1968 von 3691 DM erhielt.[70] Dies entsprach damals etwa dem Vierfachen des durchschnittlichen Gehalts eines sozialversicherungspflichtigen Angestellten. Wenn sich Dregger also dafür entschied, seine als überaus erfolgreich angesehene Arbeit in Fulda fortzusetzen, so musste es ihm eines Tages in einer anderen Form entlohnt werden. Das galt nicht minder für die Zeit nach seinem Ausscheiden aus dem Amt: Dregger war parallel zu seiner Tätigkeit für die Kommune in der Landes- und Bundespolitik zu einem wichtigen Politiker aufgestiegen, der Fulda weiterhin wertvolle Dienste leisten konnte, indem er in Wiesbaden und Bonn die Belange der Region energisch vertrat.

Als Dregger Ende 1970 vom Amt des Fuldaer Oberbürgermeisters zurücktrat, war er damit für die Stadt weiterhin von Interesse. Dass dies auch umgekehrt galt, dafür hatte sich die Kommune im Rahmen des Möglichen eingesetzt und ihm ihre Verbundenheit zum Ausdruck gebracht. Dazu zählte auch der Verkauf des Dienstwohngebäudes, das in den Privatbesitz Dreggers überging. Die kaum zu übersehende Interessenlage nahm die Illustrierte »Stern« im Oktober 1971 zum Anlass, der Kommune die Verschleuderung von öffentlichen Mitteln vorzuwerfen, weil sie die Immobilie »Über der Aue 5« zu einem unverschämt günstigen Preis an ihr ehemaliges Oberhaupt veräußert habe.[71] Allerdings hatte das Hamburger Magazin die Geschichte miserabel recherchiert; sie enthielt sogar die haarsträubende Behauptung, die »Villa« verfüge über einen Swimmingpool. Dregger fiel es daher vergleichsweise leicht, die vorgetragenen Beschuldigungen in einer »Gegendarstellung« in wesentlichen Teilen zu entkräften. Doch obgleich er darauf verweisen konnte, dass alle Fraktionen der Stadtverordnetenversammlung den Preis »als korrekt« abgesegnet hätten,[72] war nicht von der Hand zu weisen, dass er mit dem Kauf der Immobilie ein glänzendes Geschäft getätigt hatte. In Fulda nahm hingegen allenfalls eine kleine Minderheit Anstoß daran, dass die örtlichen Honoratioren ihm den Abschied vom Oberbürgermeisteramt vergoldeten: Was waren die vielleicht 100.000 DM, welche die Kommune über einen marktgerechten Verkauf ihrer Immobilie zusätzlich hätte einnehmen können, im Vergleich zu den nicht zu taxierenden Summen, die Dregger ihr mit einer insge-

70 StAFu, Stadt Fulda-Amt 10/3, Personalakte Dr. Alfred Dregger, Gehaltsbezüge Oberbürgermeister (27.08.1968).

71 Eine Villa für den Vorsitzenden Dregger, in: Stern, 24.10.1971.

72 Alfred Dregger. Gegendarstellung, in: Stern, 07.11.1971.

samt klugen und weitsichtigen Politik eingetragen hatte und durch sein weiteres politisches Engagement noch eintragen konnte?

In Fulda liefen also noch Anfang der 1970er Jahre die Uhren in vielerlei Hinsicht anders als in jenen Teilen der Bundesrepublik, in denen der politische und gesellschaftliche Wandel bereits deutliche Spuren hinterlassen hatte. Dies war aber nicht der einzige Grund, warum die Familie dort »Wurzeln geschlagen«[73] hatte und nicht ernsthaft daran dachte, im Zuge neuer politischer Herausforderungen den Lebensmittelpunkt zu verlegen. Im Januar 1958 war mit Meinulf das zweite, im Juni 1964 mit Burkard das dritte Kind zur Welt gekommen. Nachdem Dregger selbst die Geborgenheit eines stabilen Elternhauses erlebt hatte, bemühte er sich nun darum, diese positive Erfahrung an seine Söhne weiterzugeben, was den Verbleib in der gewohnten Umgebung einschloss. Dass die Zeit für die Kinder zum eigenen Bedauern oft viel zu knapp war, gehört zur üblichen Litanei von Berufspolitikern, welche die Bedeutung von elterlicher Zuwendung in der Erziehung in Sonntagsreden zu betonen pflegen, sie jedoch selbst aufgrund eigener Belastung kaum zu leisten imstande sind. Nach Erinnerung von Dagmar Dregger, war dies allerdings während der Oberbürgermeisterjahre tatsächlich noch anders. Der Ehemann arbeitete zumeist vor Ort und war deshalb »mehr zu Hause« als in späteren Zeiten.[74] Dadurch gab es Gelegenheit für regelmäßige Zusammenkünfte bei gemeinsamen Mahlzeiten, für den gedanklichen Austausch, ja selbst für gemeinsame Ausflüge, wenngleich sie nicht nur zu erholsamen Wanderungen in die Rhön führten, sondern auch zu den Fuldaer Baustellen, wo die konkreten Fortschritte in der Stadtentwicklung zu begutachten waren. In den Ferien gehorchte die Familie dem bildungsbürgerlichen Anspruch des Vaters, der schon in seiner Bewerbung von 1956 betont hatte, sich »besonders für kulturelle Dinge« zu interessieren.[75] Da Dregger möglichst viel über Musik, Kunst und Geschichte wissen wollte, wobei dies »die Kultur unserer europäischen Nachbarvölker« ausdrücklich einschloss,[76] war es unvermeidlich, dass er auf Reisen örtliche Museen besuchte, in denen er dieses Verlangen zu stillen versuchte. Aus all seinen nichtöffentlichen Aktivitäten und Vorlieben atmete ein starker bürgerlicher Geist, wie er unter Repräsentanten aller politischen Denkrichtungen anzutreffen ist.

73 Dagmar Dregger im Gespräch mit Michael Schwab, in: Michael Schwab/Stadt Fulda (Hg.): Alfred Dregger für Fulda und Deutschland. Petersberg 2008, S. 24–31, hier S. 24.

74 Ebd., S. 28.

75 StAFu, Stadt Fulda-Amt 10/3, Personalakte Dr. Alfred Dregger, Lebenslauf Dr. Alfred Dregger vom 26.06.1956.

76 Ebd.

Im Rückblick bezeichnete Dregger die Zeit als Oberbürgermeister von Fulda gegenüber Zeitgenossen häufig als die schönsten Jahre seines Lebens.[77] Vielleicht hätte er sein Amt nicht niedergelegt, wenn ihn eine Neufassung des hessischen Abgeordnetengesetzes nicht dazu gezwungen hätte. Dieses schrieb nun vor, dass hauptamtliche Wahlbeamte auf Zeit nicht Mitglied des Landtags sein durften. Scherzhaft schrieb er im November 1970 in einem Brief, sich allein schon deshalb auf seine landespolitische Karriere fokussieren zu müssen, weil der hessische Ministerpräsident Albert Osswald geunkt habe, der scheidende Oberbürgermeister von Fulda wolle in die Privatindustrie gehen und »dadurch die industrielle Schlagseite der CDU noch vergrößern«.[78] Dass sich die hessische Landesregierung überhaupt mit dieser Personalie beschäftigte, offenbarte die politische Bedeutung Dreggers: Längst war er zu einem ernst zu nehmenden Gegenspieler geworden, der die traditionelle Vorherrschaft der SPD im Bundesland zu brechen beabsichtigte.

77 Wolfgang Hamberger: In Memoriam – Der Mensch Alfred Dregger, in: Jahrbuch des Landkreises Fulda. Berichte und Informationen zum Schwerpunktthema Fremdenverkehr und Tourismus 30 (2002/2003), S. 21; Interview der dpa mit Dregger vom 28.11.1995 sowie Dregger am 07.12.1995 an Brandner, beide ACDP, 01-347-092/2.

78 Dregger am 03.11.1970 an Lorenz, ACDP, 01-347-181/1.

5. Aufstieg zur landespolitischen Größe in Hessen

Als politischer Quereinsteiger hatte Dregger nur dank außergewöhnlicher Umstände ein kommunales Spitzenamt erlangen können. Da gemäß der hessischen Kommunalverfassung das Stadtoberhaupt nicht direkt vom Wahlvolk bestimmt wurde, bedurfte es der breiten Unterstützung durch eine politische Partei. Nur mit Hilfe von deren Gemeinderatsmehrheit war es möglich, in das höchste kommunale Wahlamt zu gelangen. Der Fuldaer Oberbürgermeister benötigte daher die CDU als politisches Standbein, um sich kommunal- und regionalpolitisch zu entfalten. Dass diese Zweckehe in das höchste Parteiamt der hessischen CDU führen würde, wäre wohl Dregger selbst noch Anfang der 1960er Jahre nicht in den Sinn gekommen. Auch wenn ihm die CDU immer mehr zur politischen Heimat geworden war, in der er sich geborgen fühlte, sah seine politische Lebensplanung damals noch nicht vor, eine Karriere als Frontmann einer Landespartei oder gar als ein die politischen Pfeile der Gegner auf sich ziehender Bundespolitiker zu machen. Zwanzig Jahre nach seinem Einstieg in die Politik – mithin 1976 – verfügte Dregger dann aber über ein Image, das seine politische Spätentwicklung als Unionspolitiker überdeckte: In Hessen hatte er die CDU zu einem Kampfverband zusammengeschweißt, der unablässig seinen Lieblingsgegner SPD angriff; und in der Bundespolitik galt Dregger als eine Art Franz Josef Strauß der CDU, der den politischen Gegner frontal attackierte und dem im Gegenzug autoritäres und demokratiefeindliches Denken nachgesagt wurde.

Was waren die Gründe für diesen politischen Aufstieg mit seinen prägnanten Stationen? Dregger profitierte davon, dass sich in den späten 1960er Jahren das politische Anforderungsprofil für liberal-konservative Politiker in doppelter Hinsicht wandelte. Die politische Auseinandersetzung zwischen den beiden großen Volksparteien CDU und SPD nahm an Schärfe zu. Das lässt sich daran ablesen, dass nun »Wahl-*Kämpfe*« geführt wurden, in denen man mit einer zugespitzten politischen Sprache den politischen Gegner in einer Weise attackierte, wie es zuvor nicht die Regel gewesen war.[1] Damit einher ging eine politische Grundsatzdebatte um die Reichweite des Demokratieprinzips: Sollte Demokratie beschränkt bleiben auf die Organisation der politischen Willensbildung im

1 Grundlegend hierzu ist Mergel: Propaganda.

Staatswesen, wie es liberal-konservativer Überzeugung entsprach? Oder sollte sie sich als allumfassendes Gestaltungsprinzip auf alle Bereiche der Gesellschaft erstrecken? Das würde die sogenannte »Demokratisierung« von Universität und Schule zur Folge haben, wie es innerhalb der SPD immer stärker propagiert wurde. Im SPD-Bezirk Hessen-Süd gab es überdies große Sympathien für eine Demokratisierung der Wirtschaft, was auf eine Einschränkung der Verfügungsgewalt der Kapitalbesitzer zugunsten der Beschäftigten hinauslief.[2]

Für diese beiden Herausforderungen war Dregger besser gewappnet als altgediente Parteigrößen, die einen althergebrachten Honoratiorenstil pflegten und politische Grundsatzdebatten aufgrund des ihnen eigenen Pragmatismus scheuten. Der politische Spätankömmling konnte sich professioneller als die Altvorderen auf den neuen Politikstil einstellen, weil er über in der Verwaltung bewährte Managementqualitäten verfügte. Und er konnte den politischen Fehdehandschuh des politischen Gegners besser als die etablierten Unionspolitiker aufnehmen, weil er auf der Suche nach einer eigenen politischen Agenda war und daher das ihm vom politischen Widersacher gelieferte Thema ausschöpfen konnte. Als Dregger Ende der 1960er Jahre die landes- und bundespolitische Bühne betrat, war er innerhalb der CDU keinem Flügel zuzurechnen. Er konnte daher den politischen Umbruch der Union nutzen, um sich eine unverwechselbare Position in der Partei aufzubauen. Angesichts seiner politischen Sozialisation beim BDI fiel es ihm nicht schwer, dem von ihm als »sozialistisch« gebrandmarkten Entwurf einer Fundamentaldemokratisierung ein genuin liberales Gegenprogramm entgegenzustellen. Die Gegenbewegung, die unter dem Motto »Mehr Freiheit wagen« geführt werden sollte, fand in Dregger ihren vielleicht wichtigsten Exponenten innerhalb der CDU. Er besetzte damit eine liberale Leerstelle, die innerhalb der Union durch die politische Ausmusterung Ludwig Erhards entstanden war. Darüber hinaus bedurfte es aber auch der besonderen hessischen Verhältnisse, damit ein Kommunalpolitiker innerhalb von fünf Jahren zum politischen Hoffnungsträger der Landes-CDU mit bundespolitischer Strahlkraft avancieren konnte. Um den Aufstieg Dreggers nachvollziehen zu können, müssen wir uns daher mit der besonderen landespolitischen Konstellation im Hessen der 1960er Jahre beschäftigen.

Als Dregger im Jahr 1962 in die Landespolitik als Landtagsabgeordneter einstieg, trennten seine Partei und die SPD Welten. Die Sozialdemokraten

---

2 Vgl. hierzu u.a. Peter Engelhard: Die Ökonomen der SPD. Eine Geschichte sozialdemokratischer Wirtschaftspolitik in 45 Porträts. Bielefeld 2010, S. 44ff.; Gerold F. Engenhardt: Die Macht der Banken. Politische Positionen zur Neuregelung der gesetzlichen Grundlagen. Wiesbaden 1995, S. 180ff.

hatten bei der Landtagswahl mit 50,8 Prozent erstmals die absolute Mehrheit der abgegebenen Stimmen auf sich vereinigen können, während die CDU abgeschlagen bei 28,8 Prozent gelandet war. Dregger hatte in seinem Wahlkreis Fulda eines von insgesamt lediglich vier Direktmandaten für die CDU geholt (mit 60,8 % der Erststimmen), die allesamt in den katholischen Hochburgen der Partei zu finden waren. Am stärksten war die CDU bei den Zweitstimmen im Landkreis Fulda (53,2 % im Wahlkreis 14/Fulda, Stadt und Fulda-Land-Nord sowie 41,1 % im Wahlkreis 13/Schlüchtern und Fulda-Land-Süd) und im Wahlkreis 21/Limburg (46,6 %). Der Abstand zwischen den beiden stärksten Parteien hatte sich im Vergleich zur Landtagswahl des Jahres 1958 sogar noch vergrößert.

Dass die SPD uneinholbar davongezogen zu sein schien, hatte vor allem landespolitische Gründe. Den hessischen Sozialdemokraten war es gelungen, weit über den Kreis ihres Kernmilieus, der sozialdemokratischen Industriearbeiterschaft, hinauszustoßen und zu *der* Volkspartei Hessens aufzusteigen. Während die hessische CDU nicht wirklich über ihre katholische Stammwählerschaft hinaus Stimmen zu mobilisieren vermochte, war es der SPD gelungen, in den ländlich-kleinstädtischen Bereich zu expandieren. Bezeichnend ist, dass sie ihr bestes Wahlergebnis nicht im großstädtischen Ballungsraum des Rhein-Main-Gebietes erzielte, sondern im abgeschiedenen Nordhessen. Am erfolgreichsten waren die Sozialdemokraten bei den Landtagswahlen im November 1962 in den Wahlkreisen Wolfhagen und Kassel-Land-Süd (62,6 %). Die SPD präsentierte sich dort erfolgreich als Partei des »kleinen Mannes«, die auf irritierende klassenkämpferische Töne verzichtete und eine pragmatische Politik der Sozialreform betrieb, die auch für eher strukturschwache ländliche Räume attraktive Angebote bereithielt.

Dabei warben die Sozialdemokraten geschickt um Wähler, die lange Zeit ihr Kreuz bei Parteien am rechten Rand des politischen Spektrums gemacht hatten. Zu ihnen zählten vor allem die Heimatvertriebenen, als deren politisches Sprachrohr sich in den 1950er Jahren der »Bund der Heimatvertriebenen und Entrechteten« (BHE) etabliert hatte. Während diese Partei auf Bundesebene mit der Adenauer-CDU koalierte und von ihr weitgehend aufgesogen wurde, hatte die hessische SPD –gerade aus strategischen Gründen – das Erfolgsrezept der Adenauer-CDU nachgeahmt und die Vertriebenenpartei (seit 1961 BHE/GDP) ab 1954 in die Regierung aufgenommen. Selbst als die SPD bei der Landtagswahl 1962 die absolute Mehrheit erlangte, setzte sie die Koalition mit der Rechtspartei fort. Sie nahm keinen Anstoß daran, dass die beiden wichtigsten Minister des BHE in der Landesregierung (Gotthard Franke und Gustav Hacker), die aus dem

Sudetenland stammten, ehemalige Mitglieder der NSDAP waren.[3] Diese strategische Umarmung der Heimatvertriebenen war Ausdruck des Erfolgsrezepts der Hessen-SPD, durch eine pragmatische Landespolitik Wähler aus sehr unterschiedlichen Herkunftswelten an sich zu binden. 1966 fuhr sie mit dem fulminanten Wahlergebnis von 51,0 Prozent erneut die Ernte ihrer nachhaltigen Integrationspolitik ein. Regierte sie von da an in Hessen ohne Koalitionspartner, mochte dies auch damit zu tun haben, dass GDP/BHE der Sprung über die 5Prozent-Hürde nicht mehr geglückt war.

Die SPD war auch organisatorisch bestens gerüstet, um ihre Erfolgsgeschichte als *die* Hessen-Partei fortzusetzen. Als »Mitgliederpartei« verfügte sie über eine breite Basis, die in den Bezirken, Unterbezirken und Ortsvereinen unabhängig von den machtpolitischen Konjunkturen im Parteienwettbewerb ein stabiles Eigenleben führte.[4] So erreichte die SPD hessenweit die Bürger direkt vor Ort, während die CDU speziell in Nordhessen im Alltagsleben kaum präsent war. Diese feste organisatorische Verankerung erlaubte es, innerparteiliche Konflikte auszufechten, ohne dass dies die Mobilisierungsfähigkeit in der Auseinandersetzung mit dem politischen Gegner beeinträchtigte.

Daneben profitierte die Hessen-SPD vom Bonus des Ministerpräsidenten Georg-August Zinn. Fast zwei Jahrzehnte lang (von 1951 bis 1969) stand Zinn an der Spitze der Landesregierung und verknüpfte in der formativen Phase, als sich das Kunstgebilde Hessen eine eigene Identität verschaffte, den Prozess der inneren Landesbildung mit seiner Person. Er verstand es, in die Rolle eines allseits geachteten Landesvaters zu schlüpfen und auf diese Weise Wähler für die SPD zu gewinnen, die dem Programm eines demokratischen Sozialismus fernstanden. Trotz der erforderlichen politischen Härte besaß Zinn eine herzliche Art, die ihm in der Bevölkerung auch deshalb hohe Popularitätswerte verschaffte, weil sie mit dem »behäbig-ironisch gefärbten Dialekt eines Frankfurters«[5] einherging. Ähnlich wie die Fuldaer es ihrem Bürgermeister Dregger hoch anrechneten, dass die Stadt in den 1950er und 1960er Jahren eine positive Entwicklung nahm, galt es

---

3 Vgl. Albrecht Kirschner: Abschlussbericht der Arbeitsgruppe zur Vorstudie »NS-Vergangenheit ehemaliger hessischer Landtagsabgeordneter« der Kommission des Hessischen Landtags für das Forschungsvorhaben »Politische und parlamentarische Geschichte des Landes Hessen« – https://www.die-linke-thl.de/fileadmin/lv/dokumente/Themendokumente/braunes-erbe/hessen_landtag.pdf, abgerufen am 23. August 2022, S. 50.

4 Vgl. hierzu und zum Folgenden Wolfgang Schroeder: Die hessische SPD zwischen Regierung und Opposition, in: Wolfgang Schroeder (Hg.): Parteien und Parteiensystem in Hessen. Vom Vier- zum Fünfparteiensystem? Wiesbaden 2008, S. 78ff.

5 Ernst Glaeser: Köpfe und Profile. Zürich u.a. 1952, S. 172.

als Verdienst des Ministerpräsidenten Zinn, wenn das Bundesland Hessen in jener Phase wirtschaftlich wie kulturell prosperierte und dabei auch noch rund 700.000 Heimatvertriebene integrierte.

Strotzte die hessische SPD somit vor politischer Kraft, befand sich der Landesverband der CDU in einem deprimierenden Zustand. Auf Bundesebene besetzte die Union mit der »Westintegration« und der »Sozialen Marktwirtschaft« Themenfelder, die ihr als neuer, wenngleich an Traditionen anknüpfender Partei ein klares Profil verschafften und sie zudem vom Hauptwettbewerber SPD abgrenzten. Demgegenüber vermochte sich ihr hessischer Landesverband nicht aus dem Schatten der SPD zu lösen. Das lag auch daran, dass die hessische CDU in ihren Anfängen mit der Vorstellung eines »christlichen Sozialismus« sympathisiert hatte. Aufrechte Demokraten, die wie Walter Dirks, Eugen Kogon oder Erwin Stein, einer der Väter der hessischen Landesverfassung,[6] Hitler auf mutige Art widerstanden hatten, drückten der hessischen CDU anfänglich ihren Stempel auf. Sie suchten in gesellschafts- und wirtschaftspolitischen Fragen Ende der 1940er Jahre die Zusammenarbeit mit den Sozialdemokraten, handelten sich dadurch aber heftige Konflikte mit dem CDU-Bundesvorsitzenden Konrad Adenauer ein,[7] der eine reinliche Trennung vom Hauptkonkurrenten propagierte und daher eine politische Allianz mit Kräften rechts von der Union (FDP, Deutsche Partei, BHE) suchte. Als sich die Ausrichtung der hessischen CDU schließlich ab 1952 unter ihrem Vorsitzenden Wilhelm Fay auf den Adenauer-Kurs einpendelte,[8] saß die SPD fest im Sattel und verfügte mit Zinn über jene Galionsfigur, die als kompetenter und volksnaher Landesvater alles überstrahlte. Überdies verzichtete die CDU-Fraktion im hessischen Landtag auf einen harten Oppositionskurs, obgleich schon damals rechnerisch eine bürgerliche Mehrheit zu erringen gewesen wäre.[9] Im Landtagswahlkampf von 1962 agierten die Christdemokraten recht

6 Zur Rolle Steins vgl. Anne Christine Nagel: Ein Mensch und zwei Leben. Erwin Stein (1903–1992). Köln 2018.

7 Vgl. Josef Schmid: Die CDU. Organisationsstrukturen, Politiken und Funktionsweisen einer Partei im Föderalismus. Opladen 1990, S. 95; Rudolf Uertz: Christentum und Sozialismus in der frühen CDU. Grundlagen und Wirkungen der christlich-sozialen Ideen in der Union 1945–1949. Stuttgart 1981; Eike Hennig: »Ohne Zellenleiter und Blockwart«: Die Staatsgründung des Landes Hessen (1945–1954), in: Michael Th. Greven/Hans-Gerd Schumann (Hg.): 40 Jahre Hessische Verfassung – 40 Jahre Politik in Hessen. Wiesbaden 1989, S. 47–70, hier S. 66.

8 Arijana Neumann: Parteiensystem und Wählermilieus in Hessen, in: Wolfgang Schoeder/Arijana Neumann (Hg.): Politik und Regieren in Hessen. Wiesbaden 2016, S. 229–247, hier S. 233.

9 Vgl. Arijana Neumann/Josef Schmid: Die Hessen-CDU: Kampfverband und Regierungspartei, in: Wolfgang Schroeder (Hg.): Parteien und Parteiensystem in Hessen. Vom Vier- zum Fünfparteiensystem? Wiesbaden 2008, S. 107–141, hier S. 109.

hilflos gegen die Popularität des Ministerpräsidenten. Sie versuchten antikommunistische Ängste zu schüren, indem sie eine Art »Rote-Socken-Kampagne« gegen eine Landesregierung starteten, der die Mehrheit eine hervorragende Arbeit attestierte. »Diese Wahl«, so meinte Fay, »wird darüber entscheiden, ob die nach unserer Ansicht überlebte sozialistische Landesregierung von Kräften abgelöst wird, die mit Schwung und neuen Ideen die Landespolitik in Hessen gestalten werden. Vom Sozialismus, gleich in welcher Erscheinungsform, ob in der des sogenannten freiheitlichen Sozialismus oder des demokratischen Sozialismus oder des Sozialismus der produktiven Arbeit[,] ist keine Antwort auf die Herausforderung des Bolschewismus, der uns die Freiheit nehmen will, zu erwarten.«[10] So sehr die CDU in den 1950er Jahren auf Bundesebene die SPD mit solchen Beschwörungen marginalisieren konnte, so sehr geriet sie damit Anfang der 1960er Jahre in Hessen endgültig ins Hintertreffen. Es war offensichtlich, dass ihr das zündende Thema fehlte, mit dem sie die Landesregierung stellen und neue Wähler gewinnen konnte. Entsprechend kümmerlich fiel ihr Ergebnis bei der Landtagswahl 1962 mit 28,8 Prozent aus.

Diese chronische Erfolglosigkeit brachte die innerparteilichen Hierarchien des Landesverbandes ins Wanken. Mit jeder weiteren Niederlage an der Urne verloren die obersten Würdenträger an Autorität, und der Blick der Parteibasis schweifte zwangsläufig zu frischen Gesichtern, die den Eindruck vermittelten, mit neuen Ideen und Methoden das christdemokratische Elend zumindest ein wenig lindern zu können. In diesem Zuge geriet Dregger bereits Ende der 1950er Jahre, als er sich als Oberbürgermeister seine ersten Sporen verdient hatte, ins Blickfeld. Zu erkennen war dies unter anderem an der rapide steigenden Zahl von Einladungen, die er von Kreis, Bezirks- und Landesgremien, aber auch von Akademien und Hochschulen erhielt. Man wollte sich offenkundig ein Urteil über diesen vergleichsweise jungen Mann bilden, dessen kommunalpolitische Erfolge weit über die Fuldaer Grenzen hinaus Gesprächsstoff geworden waren. Dregger kam dem entgegen, indem er viele solcher Einladungen annahm. In seinen Vorträgen stützte er sich auf seine bisherigen Erfahrungen politischer Verantwortung und referierte vornehmlich zu typischen Problemen mittelgroßer Städte: Mal redete er über die »Stadt und ihre Region«, mal sprach er über Krankenhäuser; er setzte sich mit der »koordinierten Planung« auseinander, erörterte die Grundsätze eines städtischen Generalverkehrsplans oder dozierte über aktuelle Verwaltungs- und Finanzprobleme.[11] Angesichts der rastlosen Vortragstätigkeit

10 Fay: Wahlprogramm für die Landtagswahl 1962, ACDP, 01-824-229/3.

11 StAFu, Stadt Fulda-Amt 10/3, Personalakte Dr. Alfred Dregger, Notiz vom 09.07.1964.

blieben auch der CDU-Fraktion im hessischen Landtag Dreggers Kompetenzen nicht verborgen. Sie lernte Anfang der 1960er Jahre seine Expertise auf kommunalpolitischem Gebiet zu schätzen.[12]

Schließlich zog der Oberbürgermeister von Fulda 1962 über das Direktmandat im Wahlkreis 14 selbst in den hessischen Landtag ein – auf ihn entfielen 60,8 Prozent der Erststimmen, während die CDU dort auf 53,2 Prozent der Zweitstimmen kam. Ähnlich wie die Arbeit auf kommunaler Ebene bedeutete die Tätigkeit im Landesparlament die Auseinandersetzung mit sperrigen Inhalten und schwierigen Details, die nur selten von einer breiten Öffentlichkeit wahrgenommen wurden. Sie eröffneten daher auch nur selten die Möglichkeit zur politischen Profilierung über einen Kreis von Spezialisten hinaus: Änderung des Straßengesetzes, Dienstnummern für Schutzpolizeibeamte, neue Landkreisordnung, Verwaltungsreform, Änderung des Gesetzes über die Vergnügungssteuer, Entwurf eines neuen Denkmalschutzgesetzes, Bericht über Fernheizwerke, Einführung von Trennwänden in Taxen – mit solchen oder ähnlichen Angelegenheiten, die von der großen Politik sehr weit entfernt, für das Funktionieren einer Gesellschaft aber außerordentlich wichtig waren, hatte sich Dregger in jenen Jahren, als er unter anderem dem Innenausschuss des hessischen Landtags vorsaß, zu befassen.

Ganz auf der Linie seiner Vortragstätigkeit, mit der er seine Bekanntheit erhöhte, sandte Dregger bei seinem Einstieg in die hessische Landespolitik politische Signale aus, die darauf hindeuteten, dass sich ein ausgewiesener Kommunalpolitiker als Interessenwahrer seiner Heimatregion für ein Landtagsmandat bewarb. Hier empfahl sich kein kampfeslustiger CDU-Bewerber den Wählern, indem er die SPD-geführte Landesregierung frontal attackierte. Vielmehr präsentierte er sich als nüchterner Sachwalter osthessischer Belange, die er bei sich in besseren Händen sah als bei den politischen Kräften im fernen Wiesbaden, die das osthessische Zonenrandgebiet aus den Augen verloren hätten. Dregger warf also sein Gewicht als vorausschauender Regionalpolitiker, der im Wahljahr 1962 im Rahmen des Deutschen Städtetags Zukunftsperspektiven für eine noch zu schaffende Gebietskörperschaft namens »Osthessen« entworfen hatte, in die politische Waagschale. Der Kern seiner politischen Botschaft lautete: Osthessen sei wegen der politischen Vernachlässigung durch die SPD-Landesregierung zu einer abgehängten Region geworden. Es bedürfe daher einer gezielten Strukturpolitik, die aber nur von der in Osthessen ausschlaggebenden Kraft, also der CDU, zu erwarten sei. Damit empfahl sich der Fuldaer Oberbürgermeister den Wählern als

---

12 Rau am 04.01.1961 an Dregger sowie Bagus am 06.05.1960 an Dregger, ACDP, 01-347-192/1.

ein Heimatpolitiker, der die Sorgen und Nöte seiner bodenständigen Bevölkerung im hessischen Landtag zu vertreten beanspruchte. Als er sich in einem Aufruf im Oktober 1962 an die »lieben Mitbürger in Fulda-Stadt und Land« wandte, tat er dies als Sachwalter von Regionalinteressen und vermied jede programmatische Attacke auf die führende Regierungspartei SPD. Hier legte ein erfolgreicher und tatkräftiger Bürgermeister der größten osthessischen Stadt einen »Entwicklungsplan für die osthessische Zonengrenzregion«[13] vor, mit dem er der »Benachteiligung unserer Heimat« durch eine aktive Strukturförderung ein Ende setzen wollte.

Dregger war sich bewusst, dass die aufgelisteten Maßnahmen zur Zonenrandförderung nicht von heute auf morgen umzusetzen waren. Häufig war dafür nicht nur die Mitwirkung des Landes, sondern auch des Bundes erforderlich. Es galt also die berühmten harten Bretter zu bohren, bevor die Pläne Wirklichkeit werden konnten. Wie das schwache Ergebnis der CDU bei der Landtagswahl von 1962 offenbarte, vermochte dieses Thema auf gesamthessischer Ebene in Zeiten von Hochkonjunktur und Vollbeschäftigung jedoch nicht übermäßig zu zünden. Dennoch konnte Dregger sich sicher sein, dass es in dem Maße an Relevanz gewinnen würde, wie der regionale Mittelstand in Hessen ähnlich wie in anderen Teilen der Bundesrepublik infolge der ersten größeren Rezession Ende der sechziger Jahre allmählich in eine Krise schlitterte.[14] In jedem Fall trug es erheblich zur Stärkung von Dreggers Position im CDU-Landesverband bei. Er hatte ein Feld besetzt, auf dem erstmals der oppositionelle Anspruch, etwas besser als die Landesregierung machen zu können, begründet und konkretisiert werden konnte. Dadurch verschaffte er sich Aufmerksamkeit und Sympathien in breiten Parteikreisen bis hinunter zur Jungen Union.[15]

Mit seinem Landtagsmandat war der amtierende Oberbürgermeister von Fulda nun Anfang der 1960er Jahre auch in der hessischen Landespolitik sichtbar angekommen. In der Fraktion selbst stellte er sich zwar erwartungsgemäß hinten an und beschränkte sich bei seinen parlamentarischen Auftritten auf seine Rolle als Sachwalter der Städte und Gemeinden.[16] In jedem Fall aber hatte er sich dadurch bei der hessischen CDU in die erste Reihe vorgeschoben und galt nun als Anwärter auf höhere Verwendung. Für einen Wechsel an der Spitze des Landesver-

13 Wahlaufruf von Oberbürgermeister Dr. Alfred Dregger vom 20.10.1962, ACDP, 01-347-205.

14 Vgl. Claudia Koch-Arzberger/Eckart Hohmann (Hg.): Hessen im Wandel. Daten, Fakten und Analysen zur Entwicklung von Gesellschaft, Staat und Wirtschaft seit 1946. Opladen 1996, S. 297 ff.

15 Reininger am 10.05.1964 an Dregger, ACDP, 01-347-195/3.

16 Vgl. die Landtagsrede Dreggers vom 07.04.1965, Stenographische Protokolle des Hessischen Landtags. V. Wahlperiode. Wiesbaden 1965, S. 1644–1647.

bandes war es im Vorfeld der Landtagswahlen 1966 allerdings zu früh. Im Januar jenes Jahres etablierte sich im Kurhaus zu Bad Nauheim unter dem Vorsitz von Fay ein Aktionsausschuss, der das Wahlprogramm, Rednerdienste und andere Maßnahmen zur Vorbereitung der Kampagne der hessischen CDU erarbeiten sollte. In ihm bildeten sich 14 Unterausschüsse für verschiedene Ressorts und Fachgebiete, für die jeweils ein CDU-Politiker zuständig war. Die Liste gab Aufschluss über die Kabinettsbildung für den äußerst unwahrscheinlichen Fall eines Wahlsieges über die SPD. Dregger erhielt den Unterausschuss Verwaltungsreform.[17] Das konnte als Zeichen dafür gewertet werden, dass er trotz der Beharrungskräfte der alten Riege bereits zur oberen Führungsebene vorgedrungen war. Insgesamt handelte es sich aber um ein Aufgebot von weitgehend erfolglos gebliebenen CDU-Politikern, von denen neben Dregger später nur Otto Zink und Hans Wagner nennenswerte Rollen spielen sollten.

Mit 26,4 Prozent erreichte die CDU im November 1966 das erwartet desolate Ergebnis. Sie sah sich nun einer sozialdemokratischen Herrschaft gegenüber, die sich bei genauerer Betrachtung noch einschüchternder ausnahm als die ohnehin schon imponierenden 51 Prozent, welche die Sozialdemokraten für sich verbuchen konnten. Die SPD besetzte nahezu alle zentralen Positionen in Hessen: Sie stellte die Regierungspräsidenten, acht von neun Oberbürgermeistern und 30 von 39 Landräten. Die CDU hingegen war in 10 von 55 Landkreisen unter 20 Prozent geblieben und hatte lediglich in drei über 40 Prozent erringen können; in Dreggers Wahlkreis erhielt sie 57,5 Prozent der abgegebenen Zweitstimmen (rund 4 Prozentpunkte mehr als 1962). Ohne irgendetwas zu beschönigen, fasste Dregger die nackten Zahlen dahingehend zusammen, »dass für viele Wähler eine Alternative zur SPD nicht vorstellbar« sei.[18] Die schiere Übermacht werde von den Sozialdemokraten »personalpolitisch brutal gehandhabt«. Das sei nicht zuletzt daran zu erkennen, dass der Hessische Rundfunk – dessen regionaler Berichterstattung er einen wesentlichen Einfluss auf die politische Lage im Land zumaß – »voll von der SPD beherrscht« werde.

Der Generationswechsel an der Spitze der hessischen Landes-CDU war nach diesem Debakel nicht mehr aufzuschieben. Bereits auf dem Landesparteitag im April 1966 in Wetzlar hatte Fay bei der Wiederwahl zum Landesvorsitzenden lediglich 156 von 226 Stimmen erhalten.[19] Im Frühsommer 1967 zog er die Konse-

17 Protokoll der ersten Sitzung des Aktionsausschusses, 15.01.1966, ACDP, 01-824-229/3.

18 Dieses und das folgende Zitat aus Dregger: Landtagswahlkampf in Hessen 1970 (Dossier vom Februar 1971), ACDP, 01-347-208.

19 Landesvorstand – Neuwahl am 23.04.1966 in Wetzlar, ACDP, 01-347-186/3.

quenzen aus dem erschütterten Vertrauen in seine Führungsqualitäten und gab zu verstehen, dass er nicht noch einmal kandidieren werde. Die eigentlich im Frühjahr 1968 fällige Neuwahl wurde vorgezogen, um dem neuen Landesvorstand ausreichend Zeit zu geben, die für den Herbst 1968 vorgesehenen Kommunalwahlen vorzubereiten.[20] Der scheidende Chef hatte bei der Regelung seiner Nachfolge durchaus eine Wunschvorstellung: Christian Schwarz-Schilling, einen promovierten Sprach- und Kulturwissenschaftler, der als Geschäftsführer eines Batterieproduzenten seinen Lebensunterhalt verdiente. Dass daraus nichts wurde, dafür sorgte der Fuldaer Oberbürgermeister mit seiner eigenen Bewerbung.

Warum warf Dregger das Kalkül des scheidenden Landesvorsitzenden über den Haufen, indem er sich selbst erfolgreich als Nachfolger Fays in Stellung brachte? Warum konnte ausgerechnet ein Kommunalpolitiker aus der osthessischen Provinz, dem zudem der parteipolitische Stallgeruch fehlte und der sich bislang nicht mit einem zündenden landespolitischen Thema profiliert hatte, der CDU solchen Mut einflößen, dass sie ihn an ihre Spitze berief? Warum vermochte ein Mann altgediente Parteitagsdelegierte von sich einzunehmen, der über sein osthessisches Basislager hinaus die Parteigliederungen nicht wirklich systematisch beackert hatte?

Dreggers Chance bestand darin, dass der desolate Zustand der Landes-CDU die alte Parteiführung dazu bewogen hatte, politischen Seiteneinsteigern den Weg nach oben zu ebnen. Der vom Parteivorsitzenden Fay ausgeguckte Kandidat war in dieser Hinsicht noch weniger in der Partei verwurzelt als der Fuldaer Oberbürgermeister. Der 1930 geborene Schwarz-Schilling war in Hessen als mittelständischer Unternehmer heimisch geworden und erst 1960 der Union beigetreten. 1966 erstmals in den hessischen Landtag gewählt, konnte er, was das bisherige Engagement in Partei und Landtagsfraktion betraf, mit Dregger nicht mithalten. Diese Konstellation mag den Fuldaer Oberbürgermeister ermutigt haben, den günstigen Augenblick, in dem seine Partei nach unverbrauchtem Führungspersonal Ausschau hielt, zu ergreifen und seinerseits den Hut in den Ring zu werfen. Wenn die hessische CDU nach neuen Gesichtern an ihrer Spitze verlangte, dann verfügte Dregger im Vergleich zu seinem Kontrahenten über den Vorteil, für einen personellen Neuanfang zu stehen, der von einem zumindest in der Kommunalpolitik bereits Bewährten und eben nicht von einem politischen Novizen eingeleitet werden sollte.

Wie Dregger sich seinem Konkurrenten gegenüber verhielt, wirft ein bezeichnendes Licht auf seine politischen Umgangsformen. Anstatt Gefolgsleute zu

20 Aktueller Dienst der CDU in Hessen: Neuer Landesvorstand in Hessen (11.12.1967), ACDP, 01-824-058/1.

mobilisieren, suchte er die direkte persönliche Aussprache. Zwar fehlte bei dem wegweisenden Gespräch, das Ende August 1967 stattfand, nicht der Hinweis, selbst den Vorsitz übernehmen zu wollen, »nachdem mich einige Freunde darum gebeten haben«.[21] Doch sein Mitbewerber lenkte vor allem deswegen ein, weil er dem »entwaffnenden Charme« Dreggers nichts Gleichwertiges entgegenzusetzen hatte: Dregger versprühte einen unwiderstehlichen Optimismus, dass nur mit ihm an der Spitze die CDU in die Erfolgsspur gebracht werden könne. Noch wichtiger war, dass er es verstand, seinen innerparteilichen Rivalen einzubinden: Schwarz-Schilling sollte als stellvertretender Parteivorsitzender installiert werden und als Generalsekretär die Parteiarbeit professionalisieren. Damit waren die Weichen dafür gestellt, dass Dregger auf dem Landesparteitag in Eltville am 2. Dezember 1967 ohne Gegenkandidaten mit einem Traumergebnis von 97,1 Prozent (237 von 244 Stimmen) zum neuen Landesvorsitzenden gekürt wurde.

Damit begann ein neues Kapitel im politischen Lebensweg Dreggers – und sein souveräner Umgang mit seinem Mitbewerber brachte die zwei wesentlichen politischen Führungseigenschaften zum Vorschein, die er in seinem neuen Amt zur Geltung bringen und die der hessischen CDU ein spezifisches Profil verleihen sollten: Er etablierte moderne politische Führungsmethoden und verband diese mit einer Professionalisierung der Parteiarbeit. Demgegenüber stellte Dreggers rasanter parteipolitischer Aufstieg in Hessen wie im Bund keine politische Richtungsentscheidung dar. Dregger stand im Dezember 1967 weder für eine besonders konservative Ausrichtung der hessischen CDU noch für eine andere innerparteiliche Strömung. Er verkörperte vielmehr den Willen zum politischen Aufbruch, indem er der Politik neue Formen verlieh und dabei eine Führungskultur praktizierte, die er bei seinen bisherigen beruflichen Stationen erworben und eingeübt hatte.

Es wurde bereits betont, wie sehr Dregger sowohl beim Militär als auch im Deutschen Städtetag moderne Grundsätze der Menschenführung umgesetzt hatte. Er hatte sich eine Führungskultur zu eigen gemacht, die Verantwortung delegierte und offene Kommunikation als Führungsinstrument begriff. In den späten 1960er Jahren waren solche Managementmethoden auch in Parteien gefragt, die bis dahin einer patriarchalischen Führungskultur gehuldigt hatten. Dass auch in der CDU die Zeit für neue Führungsmethoden reif war, lässt sich

21 Dieses und das folgende Zitat nach Bernd Heptner: »Das Ziel kann nur die Mehrheit sein«, in: Michael Schwab/Stadt Fulda (Hg.): Alfred Dregger für Fulda und Deutschland. Petersberg 2008, S. 56–64, hier S. 57.

unter anderem an einer programmatischen Schrift ablesen, die Karl Carstens über »Politische Führung« verfasst hatte. Carstens war ein politischer Quereinsteiger, der ähnlich wie Dregger in einer politischen Notlage innerhalb der CDU kometenhaft aufstieg (er brachte es als parlamentarischer Novize im Jahr 1973 zum Vorsitzenden der CDU/CSU-Bundestagsfraktion). Sein Credo der Menschenführung lautete, dass der politische Vorgesetzte seine Mitstreiter einzubinden und ihre Fähigkeiten zur Entfaltung zu bringen habe: »Es ist Aufgabe des Vorgesetzten, ein Klima zu erzeugen, in dem jeder freimütig sprechen kann.«[22]

Die Umgestaltung der hessischen CDU offenbart Möglichkeiten, aber auch Grenzen der Übernahme von Führungskonzepten, wie sie seit den 1950er Jahren in Ökonomie und Verwaltung entwickelt und umgesetzt wurden. Dregger und sein Team befanden sich in Einklang mit modernen Konzepten von Führung und Planung, indem sie auf Unterordnung und Gehorsam ausgerichtete Autoritätsstrukturen als ungeeignet verwarfen und auf die Selbstmobilisierung von Mitstreitern setzten, die es zur Verantwortungsübernahme zu ermuntern galt. Allerdings waren solche organisationstheoretischen Konzepte nicht eins zu eins übertragbar, wurde doch in der Verwaltung Führung entpersonalisiert, während sie in der Politik weiterhin personenzentriert blieb. Der moderne Führungsdiskurs in der öffentlichen Verwaltung setzte Max Webers Idealtypus einer bürokratisch-rationalen Herrschaft konsequent um. Planung, Steuerung und Kontrolle wurde auf eigene Organisationseinheiten verlagert, die als professionalisierte Stäbe die klassischen personenbezogenen Hierarchien und damit verbundene Loyalitäten auflösen sollten.[23] Doch solche entpersonalisierten Regime der Schulung und Planung taugten nicht für eine Parteiendemokratie. Im Binnenleben demokratischer Parteien waren persönliche Bindungsverhältnisse und eine Kommunikation der Nähe ausschlaggebende Ressourcen, um Macht zu erwerben. Zwar hatten auch in der CDU die Honoratioren ihren Zenit überschritten – also jene zum Teil noch im 19. Jahrhundert geborenen Mitglieder, die aufgrund ihrer Verdienste für Partei und Land einen Führungsanspruch verkörperten, der Parteigremien auf das wohlwollende Abnicken von Entscheidungen reduzierte. Dregger hatte noch von solchen Strukturen profitiert, als er durch Cuno Raabe, einen klassischen Vertreter dieses Typs, in das Amt des Fuldaer Oberbürgermeisters gehievt worden war. Die Zeit eines solchen auf altehrwürdigen Autoritäten

---

22 Karl Carstens: Politische Führung. Stuttgart 1971, S. 171.

23 Vgl. dazu u.a. Hennig von Arnim: Der Beamte als Vorgesetzter. Hamburg 1961; Eberhard Laux: Planung als Führungsmittel der Verwaltung. Baden-Baden 1967; Thomas Ellwein: Regierung und Verwaltung. Stuttgart 1970.

beruhenden Parteilebens ging aber vor dem Hintergrund gesellschaftlicher und politisch-organisationaler Veränderungen zu Ende.

Nun bedeutete der Einflussverlust von Honoratioren jedoch nicht, dass dieses Gefüge durch bürokratische Parteiapparate ersetzt und die Kraft der Persönlichkeit entwertet worden wäre. Die legitimationsstiftenden Quellen des Faktors Persönlichkeit hatten sich nur verschoben: An die Stelle traditionaler Herrschaftsbeziehungen, deren Geltungsanspruch von einer von Verdiensten strotzenden politischen Vita und erfahrungsgesättigten Herrschaftstechniken abgeleitet war, trat eine Legitimationsgrundlage, die vom Parteiführer die alltägliche Bewährung in der politischen Auseinandersetzung erwartete. Er sollte die Fähigkeit haben, die Partei selbst mitzureißen und damit auch Wähler zu mobilisieren. Gefragt waren damit politische Führungseigenschaften, die das einschlossen, was Max Weber in seiner Herrschaftssoziologie als »Charisma« bezeichnet – also die Fähigkeit des Politikers, eine direkte personale Beziehung zu einer auf ihn eingeschworenen Schar von Anhängern aufzubauen. Zugleich bündelten sich im charismatischen Politiker tief im Wahlvolk verwurzelte Erwartungen, so dass Charisma immer auch eine Zuschreibungskategorie ist.[24] Die Forschung hat gezeigt, dass auch eine Demokratie charismatische Führungspersönlichkeiten hervorbringen kann, die ohne destruktive Absichten innerhalb des institutionellen Gehäuses des demokratischen Verfassungsstaates agieren.[25] Man wird daher in Hinsicht auf Dregger zumindest die Frage aufzuwerfen haben, ob er nicht dem Anforderungsprofil eines charismatischen Politikers entsprach – jedenfalls unter den parteipolitischen Bedingungen seiner Zeit und seiner eigenen Partei. Ein solcher Charismatiker beherrschte die Kunst des effektvollen öffentlichen Auftritts und verstand es, sich öffentlich in Szene zu setzen. Er diente aber auch als Projektionsfläche für politisch-kulturelle Leitvorstellungen, die den Diskurs prägten. Der enthusiastischen Zustimmung bei seinen Anhängern korrespondierte so nicht selten eine heftige Ablehnung beim politischen Gegner. Er schwamm

---

24 Zur Übertagung des Weber'schen Charisma-Konzepts auf Führungsfiguren der deutschen Geschichte grundlegend Hans-Ulrich Wehler: Deutsche Gesellschaftsgeschichte 1849–1914. Bd. 3: Von der »Deutschen Doppelrevolution« bis zum Beginn des Ersten Weltkrieges 1849–1914. München 1995, vor allem S. 368–376, sowie ders.: Deutsche Gesellschaftsgeschichte 1914–1949. Bd. 4: Vom Beginn des Ersten Weltkriegs bis zur Gründung der beiden deutschen Staaten 1914–1949. München 2003, insbesondere S. 675–679; siehe auch Pyta: Hindenburg, vor allem S. 285–293.

25 Erste Ansätze hinsichtlich des hierzu besonders geeigneten Willy Brandt bei Wolther von Kieseritzky: »Wie eine Art Pfingsten …« Willy Brandt und die Bewährungsprobe der zweiten deutschen Republik, in: Frank Möller (Hg.): Charismatische Führer der deutschen Nation, München 2004, S. 219–258; siehe auch Andreas W. Daum: Kennedy in Berlin, Paderborn 2003, S. 158.

auf der Welle einer Fundamentalpolitisierung, die er selbst durch seine politische Dauerpräsenz mit erzeugt hatte.

Verfügte Dregger über ein derartiges Charisma, dann auch deswegen, weil er nicht im Parteiapparat glatt geschliffen und konturlos geworden war. Er verkörperte das Gegenteil eines braven Parteifunktionärs. Gerade weil er Berufs- und Lebenserfahrungen außerhalb der Parteipolitik in überreichem Maße gesammelt hatte, konnte er sich auf neuartige Formen politischer Kommunikation einlassen, um sich dem Wahlvolk bekannt zu machen. Hinzu kam, dass er dabei ein politisches Kapital einsetzen konnte, das nicht künstlich herzustellen war: seinen Körper. Unter den Bedingungen medialer Dauerbeobachtung und des Siegeszugs des Fernsehens muss ein charismatisch begabter Politiker stets vorzeigbar sein. Dregger war ein Mann in den besten Jahren, dessen Äußeres sich dazu eignete, von Plakatwänden auszustrahlen und im bewegten Bild des Fernsehens Eindruck zu machen. Der »schöne Alfred«, wie es schon Ende der 1960er Jahre zu einem geflügelten Wort geworden war,[26] der »Cary Grant von Hessen«, wie ihn andere nannten,[27] unterschied sich mit seiner sportlich wirkenden Figur, mit seinen ebenen Gesichtszügen und seinem frischen Lächeln von den vielen klobigen, faltigen, vom kulinarischen Wohlstand der Wirtschaftswunderjahre stark gezeichneten Gestalten, welche die politische Bühne jener Zeit beherrschten. In Kombination mit seinen rhetorischen Fähigkeiten, die von einer festen, sonoren Stimme unterstrichen wurden, vermochte er so die soziokulturelle Vorstellung von einem harten, »ungeheuer willensstarken, ehrgeizigen Mann«,[28] der mit Unordnung jeglicher Art aufzuräumen imstande sei, in seiner Person zu verdichten. Später werden wir noch genauer sehen, wie sich Dregger dieses symbolische Potenzial zunutze zu machen versuchte, wie es sich dann aber letztlich auch zu einem Hindernis in seiner politischen Karriere entwickelte.

Dregger hatte entdeckt, dass sein vermeintlicher politischer Geburtsfehler – er hatte keine lupenreine Parteikarriere vorzuweisen – ihn besser als altgediente Parteisoldaten in die Lage versetzte, der veränderten Erwartung an das Politische gerecht zu werden, die Ende der 1960er Jahre auch in der CDU mit den Händen zu greifen war. Er hatte realisiert, dass der Erfolg von Politikern zwar

26 Der »schöne Alfred« bläst zum harten Wahlkampf, in: Westfalenpost, 27.01.1968.

27 Hans-Joachim Noack: Dr. Dregger und die Politik aus der Traumfabrik, in: Frankfurter Rundschau, 05.11.1970.

28 Joachim Fink: Soll der »schöne Alfred« nur ablenken? In: Hannoversche Allgemeine Zeitung, 13./14.02.1971.

»eine Frage ihrer persönlichen politischen Qualifikation« war, »aber auch eine Frage ihres Charismas, ihrer Ausstrahlungsfähigkeit auf die Menschen«.[29] Doch Dregger war weit davon entfernt, die Hessen-CDU ganz auf seine Person auszurichten. Zu den von ihm verinnerlichten modernen Managementmethoden gehörte die Grundeinsicht, dass der Mann an der Spitze nur reüssieren konnte, wenn er ein starkes Team engagierter Mitstreiter hinter sich wusste, die mit ihm auf Augenhöhe verkehrten. Arbeitsteilung war daher ein Gebot der politischen Klugheit – und Dregger beherrschte das politische Teambuilding nicht zuletzt, weil dieser Prozess für ihn einen Transfer von früh erworbenen Kameradschaftsvorstellungen in die Politik bedeutete. Kameradschaft bildete über die Erfahrung der Kriegsniederlage hinweg einen festen Kern seiner Vorstellung von einer wünschenswerten Gemeinschaft. Beim Deutschen Städtetag und auch in der Fuldaer Kommunalverwaltung hatte er auf kameradschaftliche Bande verzichten müssen, weil sie im dortigen Berufsleben keinen geeigneten Nährboden vorfanden. Anders stand es mit der Parteipolitik. Das war besonders dann der Fall, wenn sich Gremien bildeten, deren Mitglieder sich als Angehörige einer Überzeugungs- und Kampfgemeinschaft sahen und daher kameradschaftlich miteinander verkehrten. Kameradschaft bedeutete hier, nach außen geschlossen aufzutreten und dem politischen Gegner keine Angriffsflächen zu bieten, während man nach innen einen offenen Kommunikationsstil pflegte und sich in Loyalität verbunden war.

Nach dem Landesparteitag in Eltville bildeten Dregger und seine fünf Stellvertreter das Führungszentrum der Hessen-CDU. Sie formierten ein schlagkräftiges Team, das durch einen durchaus kameradschaftlich zu nennenden Geist zusammengehalten wurde.[30] Diese in Parteien eher ungewöhnliche Konstellation konnte nur entstehen, weil sich die hessische CDU weit davon entfernt fand, im Bundesland eine Mehrheitsposition erringen zu können. Aus diesem Grund war sie kein Tummelplatz für politische Opportunisten, sondern zog Persönlichkeiten an, die vom gemeinsamen Ziel beseelt waren, einer aus ihrer Sicht demütigenden Situation ein Ende zu bereiten und die Staatspartei SPD herauszufordern. Befördert wurde dieser Umstand auch dadurch, dass die Mitglieder der CDU-Spitze altersmäßig nicht sehr weit auseinanderlagen. Keiner aus der gleich noch näher vorzustellenden Führungsriege hatte das 53. Lebensjahr überschritten, und der jüngste war gerade einmal 35 Jahre alt. Entgegen dem Image der

---

29 Dregger zu Fragen der Innenpolitik am 18.03.1973, ACDP, PA-P1-1059, BPA/Abt. Nachrichten.

30 Dazu Dieter Weirich: Alfred Dregger. Haltung und Herz – eine Biographie. Frankfurt 2019, S. 67–83.

CDU als Ansammlung ergrauter Männer waren Frische und Jugendlichkeit das Markenzeichen der CDU-Führungscrew in Hessen.

Dregger gab schon bei der ersten Sitzung des frisch gewählten Landesvorstands das Leitbild vor, dem sich die Arbeit dieses Gremiums verpflichtet fühlte. Er forderte seine Kollegen auf, »in Loyalität und Solidarität zusammenzuarbeiten und das Versprechen einzulösen, [...] Zeit, Kraft und Energie für die hessische CDU einzusetzen«.[31] Die Stärkung des Landesverbandes, so Dregger, habe von nun an Vorrang vor anderen politischen Aufgaben, einschließlich des Abgeordnetenmandats. Um seine Stellvertreter einzubinden und ihnen die Notwendigkeit des Teamworks zu verdeutlichen, teilte er jedem von ihnen einen konkreten Tätigkeitsbereich zu.[32] Dabei erkor er Schwarz-Schilling als ersten stellvertretenden Landesvorsitzenden für eine Funktion, die mit der eines Generalsekretärs zu vergleichen war. Sie bestand darin, die Gebietsverbände und die Gliederungen der Partei zu organisieren sowie die Landesgeschäftsstelle neu zu gestalten. Als Maßgabe wurde ihm mit auf den Weg gegeben, bei der Besetzung wichtiger Posten nicht verdiente Parteisoldaten zu bevorzugen, sondern vermehrt auf externe Bewerber zurückzugreifen, die in Wirtschaft und Wissenschaft ihre Befähigung gezeigt hätten.[33] Der 1932 geborene Walter Wallmann, der sich um die Personalpolitik kümmern sollte, stand Schwarz-Schilling flankierend zur Seite. Er sollte auf den anderen Ebenen des Landesverbandes dafür sorgen, dass »Protektion« für Leute, »die beruflich wenig leisten«, der Vergangenheit angehörte. Dregger legte entsprechend seinem bürgerlichen Leistungsethos großen Wert darauf, »möglichst tüchtige Leute an uns heranzuziehen und sie an unserer politischen Arbeit zu beteiligen«. Er wollte damit gezielt einen Gegenakzent in der politischen Kultur Hessens setzen, die nach seiner Wahrnehmung unter der »Parteibuchpolitik der SPD« endgültig zu verlottern drohte: »Es ist verständlich, wenn politische Vertrauensstellungen auch nach parteipolitischen Gesichtspunkten besetzt werden. Es geht aber nicht an, von der Putzfrau bis zum Staatssekretär nur Parteifreunde zu berücksichtigen, bei der Einstellung in den öffentlichen Dienst nach Parteigesichtspunkten zu sieben und das berufliche Fortkommen von der politischen Couleur abhängig zu machen«. Der Senior in der Runde, der 1915 geborene Hans Wagner, wurde als Fraktionsvorsitzender damit betraut, die

31 Sitzung des Landesvorstandes am 09.12.1967/Beschlussprotokoll vom 11.12.1967, ACDP, 01-347-175/1.

32 Ebd.

33 Hierzu und zum Folgenden (einschließlich Zitate): Dregger u.a.: Referat Kassel (ohne Datum), ACDP, 01-347-147/2.

Verbindung zwischen den Parlamentariern im Landtag und der Partei zu pflegen. Der Gewerkschafter Otto Zink, Jahrgang 1925, war für die »Betriebsarbeit« verantwortlich. Er sollte damit die Botschaft vermitteln, dass die CDU sehr wohl die Sorgen und Nöte der Arbeitnehmer verstehe. Immerhin waren nach Dreggers Zahlen damals rund 80 Prozent der Bevölkerung abhängig beschäftigt, weshalb die christdemokratische Partei »in allen Teilen des Landes für die Arbeitnehmerschaft zu einer echten Heimat« werden müsse. Hanna Walz, 1918 geboren, sollte speziell den evangelischen Volksteil Hessens bedienen und dem Vorurteil entgegenwirken, die CDU sei eine konfessionell an die katholische Kirche gebundene, klerikale Partei. Dieses Gerücht müsse »auch in Hessen endgültig der Vergangenheit angehören«.

Unter Dregger war die CDU nicht nur personell besser denn je aufgestellt, der neue Parteivorsitzende hatte zudem die Parteiführung auf ein strategisches Konzept ausgerichtet, um die Zeitspanne bis zur nächsten Landtagswahl optimal zu nutzen. Diese »Dreiphasenstrategie« sah vor, dass alle bevorstehenden Wahlgänge in Hessen – die Kommunalwahl 1968, die Bundestagswahl 1969 und die Landtagswahl 1970 – »ein einheitliches Konzept« erhalten sollten.[34] Die politische Ernte dieser mittelfristigen Wahlkampfstrategie sollte am Ende der dritten Phase, am 8. November 1970, eingefahren werden. Bis dahin galt es, die Kampagnen zu nutzen, um die CDU als eine personelle und politische Alternative zur SPD ins Bewusstsein zu rufen. Das wiederum konnte nur gelingen, wenn der neue Landesvorsitzende einen gewissen Bekanntheitsgrad erreichte.[35] Dregger musste stärker ins Licht der Öffentlichkeit rücken.

Dass eine Partei eine sich über drei Jahre erstreckende Strategie nicht nur entwickelt, sondern auch umsetzt und sich nicht durch Führungswechsel und das Aufzwängen tagesaktueller Agenden von einem solchen Kurs abbringen lässt, stellt die Ausnahme und nicht die Regel dar. Warum war die Dregger-CDU in Hessen imstande, eine solche konzise Konzeption zu entwickeln? Entscheidend dürfte gewesen sein, dass der neue Parteivorsitzende strategisches Planen gewohnt war, hatte er es doch bereits als Fuldaer Oberbürgermeister zu seiner Leitlinie erkoren. Wer die Geschicke seiner Kommune so lenkte, dass er sie durch eine strategisch ausgerichtete Raumplanung zum Zentrum Osthessens aufzuwerten trachtete, der konnte seine neue Führungsaufgabe in der Landespartei nur als strategisch zu definierenden Auftrag auffassen. Damit Dregger aber reüssieren konnte, musste der für die Parteiarbeit zuständige Generalsekretär mitziehen.

34 Dregger: Landtagswahlkampf in Hessen 1970 (Dossier vom Februar 1971), ACDP, 01-347-208.
35 Ebd.

Damit avancierte der zehn Jahre jüngere Christian Schwarz-Schilling zur zentralen Figur innerhalb der CDU-Führungsmannschaft. Von seinem organisatorischen Geschick hing nicht zuletzt die Umsetzung der ehrgeizigen Vorgaben des Parteivorsitzenden ab.

Für diese Aufgabe war der Generalsekretär insofern bestens gerüstet, als er nicht von Betriebsblindheit geschlagen war.[36] Er verfügte über einen ungetrübten Blick auf den politischen Betrieb, weil er als Geschäftsführer eines mittelständischen Unternehmens nicht nur beruflich unabhängig war, sondern auch parteiinterne Strukturen mit einer gewissen Distanz ins Auge fassen konnte. Als unternehmerisch Handelnder war ihm an effizienten Entscheidungen gelegen, politischer Leerlauf war ihm ein Graus. Zugleich war er aber kein kühler Technokrat, betrachtete er doch die Welt von einem Standpunkt aus, der über Ökonomie und Politik angesiedelt war. Zur souveränen Weltsicht befähigte diesen Bildungsbürger nicht zuletzt seine intime Kenntnis der ostasiatischen Geschichte und Kultur: Schwarz-Schilling hatte ostasiatische Kultur- und Sprachwissenschaft an der Universität München studiert und sein Studium mit einer als Standardwerk geltenden Dissertation über den Frieden von Shan-Yüan (1005 n. Chr.) abgeschlossen.[37] Er vereinte Intellektualität mit politischer Leidenschaft, Entscheidungsfreude mit einem von Respekt gegenüber seinen Mitarbeitern getragenen Führungsstil. Daher war er genau der richtige Mann, um die hessische CDU organisatorisch so zu reformieren, dass sie die Vorgaben des Parteivorsitzenden erfüllen konnte.

Unter dem Gespann Dregger/Schwarz-Schilling öffnete sich die Partei professioneller Politikberatung. Indem sie auf den Sachverstand studierter Politikexperten zurückgriff, war die hessische CDU Vorreiter unter den CDU-Landesverbänden bei einer sich verstärkenden Tendenz. Die Demoskopie fungierte dabei als Leitwissenschaft: Nur wer über empirisch fundierte Kenntnisse darüber verfügte, wie die Meinungen der Wähler in bestimmten Fragen verteilt waren, konnte in Wahlkämpfen die politische Agenda so gestalten, dass erfolgsträchtige Themen ganz oben platziert waren. Die hessische CDU wollte die Auswahl von Themen nicht dem Zufall oder der Intuition ihrer Führungsfiguren überlassen, sondern sie auf der Basis einer wissenschaftlich gestützten Analyse treffen. Die

---

36 Zu Schwarz-Schilling fehlt bis heute eine vertiefte wissenschaftliche Studie; vgl. als ersten Einstieg Karl Hugo Pruys: Bequem war er nie. Christian Schwarz-Schillings Leben für die Politik. Berlin 2000.

37 Christian Schwarz-Schilling: Der Friede von Shan-Yüan 1005 n. Chr. – ein Beitrag zur Geschichte der chinesischen Diplomatie. Wiesbaden 1959.

zwei Schlüsselfiguren waren hierbei Peter Radunski, der im wissenschaftlichen Institut der Konrad-Adenauer-Stiftung seine Befähigung unter Beweis gestellt hatte, und der Politikwissenschaftler Alexander Niemetz, der als Pressesprecher der hessischen CDU auch eine wichtige Vermittlerrolle spielte.[38]

Trotz solcher professionalisierten Strukturen war es eine mehr als respekteinflößende Aufgabe, den Rückstand zur übermächtigen SPD bei den anstehenden Wahlen so zu verkürzen, dass der politische Hauptkonkurrent in Reichweite gelangte. Vor allen Dingen musste erst einmal der neue Landesvorsitzende aufgebaut und im ganzen Land bekannt gemacht werden. Der Landesvaterbonus ermöglichte es dem sozialdemokratischen Ministerpräsidenten, sich an jedem Wochenende in Bierzelten, auf Weinfesten oder bei Ortsjubiläen als bürgernah in Szene zu setzen, während die Anwesenheit des CDU-Landesvorsitzenden oft nicht einmal registriert wurde. Dregger sprach im Juni 1969 davon, dass aufgrund der langen Zeit, in der die SPD in Hessen regierte, bei »manchen Vertretern der öffentlichen Meinung eine gewisse Regierungstreue« nicht zu verkennen sei und er sich daher die Aufmerksamkeit der Medien erst einmal »ertrotzen« müsse.[39] Folglich verbrachte er anfangs viel Zeit damit, sich mit Journalisten zusammenzusetzen, um sie zu einer intensiven Berichterstattung über seine Person zu animieren, damit sein Name irgendwann selbst in den hintersten hessischen Winkeln vor- und rückwärts buchstabiert werden konnte. Die PR-Offensive schloss aber auch das direkte Gespräch mit dem Bürger ein. Dregger ging in Betriebe, Vereine und Versammlungen, um den Wähler in der persönlichen Begegnung für sich einzunehmen. Die damit verbundenen ausgedehnten Reisen hatten den positiven Nebeneffekt, die Probleme der unterschiedlichen Landesteile besser erfassen zu können. Dregger selbst stellte fest, dass es »kaum ein Bundesland« gab, das in soziologischer und konfessioneller Hinsicht sowie im Hinblick auf seine Wirtschafts- und Raumstruktur »so wenig homogen« war wie Hessen.[40]

Ungeachtet dieser neuen, strategisch gebündelten Herangehensweise verfiel Dregger nicht der Illusion, auf seiner Vorstellungstour überall mit großem Bahnhof empfangen zu werden. Die anfängliche Skepsis war durchaus gerechtfertigt: Bei den Kommunalwahlen im Oktober 1968 erhöhte die CDU ihren Stimmenanteil zwar um 0,7 Prozentpunkte im Vergleich zu 1964, lag aber mit 29,7 Prozent

38 Zur Öffnung der CDU gegenüber der Demoskopie vgl. Steber: Hüter der Begriffe, vor allem S. 224, sowie Anja Kruke: Demoskopie in der Bundesrepublik. Meinungsforschung, Parteien und Medien 1949–1990 (Beiträge zur Geschichte des Parlamentarismus und der politischen Parteien, 149). Düsseldorf 2007, insbesondere S. 157 f.

39 Memorandum Dreggers vom 10.06.1969: »Vorwahlkampf in Hessen«, ACDP, 01-347-197.

40 Dregger u. a.: Referat Kassel (ohne Datum), ACDP, 01-347-147/2.

immer noch meilenweit hinter der SPD, die 49,9 Prozent für sich verbuchen konnte. Eine Trendwende war jedenfalls nicht in Sicht. Auch das Ergebnis der Bundestagswahl vom Oktober 1969 war wenig ermutigend. Zwar erreichte die CDU in Hessen 38,4 Prozent, bei Bundestagswahlen schnitt sie aber ohnehin stets deutlich besser ab als in Landtagswahlen, weil hier der Bonus der Bundespartei durchschlug, die seit 1949 ununterbrochen den Kanzler stellte. So gesehen war das Resultat nicht überwältigend, zumal die SPD kräftig zulegte und mit 48,2 Prozent ihr bis dahin bestes Ergebnis in Hessen bei einer Bundestagswahl erzielte.[41]

In der Strategie der Hessen-CDU war die Bundestagswahl jedoch nur eine Zwischenetappe auf dem Weg zur eigentlich wichtigen Wahl, der Landtagswahl vom November 1970. Es ging ihr darum, die entwickelten Methoden einer modernisierten Wahlkampfführung erstmals in ganz Hessen anzuwenden und sich für die eigentliche Bewährungsprobe ein Jahr später warmzulaufen. Dahinter standen aber bereits zu diesem Zeitpunkt weitergehende Ziele, verfolgte Dregger doch eine persönliche Agenda, die über Hessen hinausreichte: Für ihn stellte die hessische Spitzenposition ein Sprungbrett dar, um in der Bundespolitik in der ersten Reihe mitwirken zu können. In einer offenherzigen Ausführung vom Juli 1970 machte er keinen Hehl daraus, dass Wiesbaden für ihn zu klein war und er seine eigentliche politische Zukunft in der Bundeshauptstadt sah – und zwar als Mitglied einer von der CDU geführten Bundesregierung. Sein Engagement an der Spitze der Hessen-CDU diente offenkundig auch dazu, sich »für Aufgaben in Bonn« zu empfehlen.[42]

Man muss an dieser Stelle innehalten, um sich die Reichweite dieser Aussage deutlich zu machen. Hier meldete der Vorsitzende einer Landespartei, die innerhalb der Bundes-CDU als notorisch erfolglos galt, unverhohlene Ansprüche auf eine Verwendung im politischen Bonn an, ohne mit dem politischen Kapital eines durchschlagenden Wahlerfolgs auf Landesebene derartige Ambitionen aus eigenem Recht reklamieren zu können. Auf seiner politischen Habenseite konnte er bislang im Grunde nur verbuchen, sich in der osthessischen Provinz als Bürgermeister einer 50.000 Einwohner zählenden Kommune Ansehen erworben zu haben und zudem als aufstrebendes politisches Talent auf Landesebene gehan-

41 Die Wahlergebnisse von 1968 und 1969 bei Werner Wolf: Neubeginn und Kampf um die Mehrheit. Die CDU Hessen unter Alfred Dregger 1967–1982, in: ders. (Hg.): CDU Hessen 1945–1985. Politische Mitgestaltung und Kampf um die Macht, S. 59–97, hier S. 66f.

42 Undatierte, siebenseitige Ausführungen Dreggers vom Juli 1970, ACDP, 01-347-208, Zitat Bl. 6 der Ausführungen.

delt zu werden. Damit drängen sich zwei Fragen auf: Woher rührte die Zuversicht Dreggers, dass ihm derartige Ambitionen innerhalb der Bundes-CDU nicht als Selbstüberschätzung ausgelegt wurden und er sich dort eine karriereschädigende politische Abfuhr einhandeln würde? Und warum drängte es den politisch Spätberufenen überhaupt in das Zentrum der Bundespolitik, obwohl er sich bislang überwiegend mit Fragen des Städtebaus, der Raumordnung und der Strukturpolitik beschäftigt hatte, wie er unumwunden einräumte.[43] Wir werden im nächsten Kapitel noch ausführlich auf den Bundespolitiker Dregger und dessen bundespolitische Profilierungsstrategie eingehen. An dieser Stelle geht es darum, zu verdeutlichen, warum die hessische CDU als eine Art politische Lehrmeisterin der Bundes-CDU fungieren und daher ein Landesvorsitzender, der noch keine Landtagwahl als Spitzenkandidat bestritten hatte, an die politischen Türen der Bundeshauptstadt pochen konnte, so dass er dort Gehör fand.

Dass der Vorsitzende der Hessen-CDU der Bonner Politik nützlich sein konnte, lag weniger an seinem bisherigen politischen Erfolg, sondern an der strategischen Neuausrichtung. Seine Landespartei nahm eine Vorreiterrolle bei der Modernisierung innerparteilicher Strukturen und der Professionalisierung der Wahlkampfführung ein. Hier erkannte die Bundes-CDU zunehmend Handlungsbedarf. Dass sie ausgerechnet von der hessischen CDU lernte, war hauptsächlich darauf zurückzuführen, dass der Machtverlust in Bonn bei der CDU-Bundesgeschäftsstelle den Weg für neue, unkonventionelle Wege der Wähleransprache frei gemacht hatte. Der strategische Kopf der CDU-Wahlkampfführung in Hessen, Peter Radunski, vermochte sich durch den dann doch erkennbaren Erfolg bei der hessischen Landtagswahl so zu profilieren, dass er in der Bonner CDU-Zentrale zum Wahlkampfstrategen aufstieg.[44] In jedem Fall diente die hessische CDU mit ihren professionellen Wahlkampfmethoden und ihrer personellen Aufstellung einer in Orientierungsschwierigkeiten steckenden Bundes-CDU als »Modell«.[45]

Wie aber war der Wandlungsprozess des hessischen CDU-Landesvorsitzenden zu erklären, der mehr als nur verstohlen durchblicken ließ, dass er in sich eine politische Berufung verspürte, die er nur in der Bundeshauptstadt verwirklichen könne? Traf die Selbstbeschreibung Dreggers zu, wenn er gegenüber dem eigenen Landesvorstand erklärte: »Wer meine Reden und Aufsätze aus den letzten 10 Jahren liest, weiß, daß sich mein politisches Interesse nie auf Kommunalpolitik oder Landespolitik beschränkt hat. Es waren vielmehr die Grundfragen der deut-

43 Ebd., Bl. 6.

44 Vgl. Steber: Hüter der Begriffe, S. 224.

45 Memorandum Dreggers vom Juni 1970, Zitat Bl. 3, ACDP, 01-347-208.

schen Politik, das nationale Schicksal des deutschen Volkes, die Einigung Europas, die atlantische Partnerschaft mit den Vereinigten Staaten, die Freiheit und Sicherheit der Bundesrepublik, ihre gesellschaftliche, wirtschaftliche und soziale Ordnung, die mich beschäftigten«.[46] Dregger reklamierte für sich eine Zuständigkeit für praktisch alle wichtigen Themen – wohlgemerkt der Bundespolitik! Und auch wenn man dies nicht als verkappte Bewerbung für die Kanzlerschaft ansehen sollte, steht fest, dass Dregger sich bundespolitisch nicht in der Rolle eines Ressortpolitikers sah, sondern als politischer Generalist. Damit reklamierte er für sich die Fähigkeit, jedes Thema auf politische Leitbegriffe zurückführen zu können. Eine solche Kompetenz war in dem Moment gefragt, als der Stil der politischen Kommunikation Grundsatzfragen des Politischen in den Vordergrund schob.[47] Dregger griff dabei zurück auf Zentralbegriffe des semantischen Kanons, die seit dem späten 18. Jahrhundert im Umlauf waren. Wer solche Klassiker wie »Freiheit« und »Nation« aufgriff und ihnen eine zeitadäquate Deutung verlieh, konnte das semantische Potenzial politischer Selbstverständigungsformeln ausschöpfen, die auch im letzten Drittel des 20. Jahrhunderts noch aktuell waren. Denn dabei handelte es sich um Begriffe, denen eine Wiederholungsstruktur eingeschrieben war – und dies machte sie unersetzbar für die politische Diskursfähigkeit. Mit dem Rekurs auf solche Wiederholungsbegriffe positionierte sich Dregger zugleich gegen die Kategorie der Prozessbegriffe, die – wie der Terminus »Demokratisierung« – einer politischen Zielgerichtetheit eine normative Dynamik verliehen. Indem Dregger sich aus dem traditionellen, aber gerade deswegen stets revitalisierbaren politischen Begriffshaushaushalt bediente und daraus seine begrifflichen Leitplanken bezog, stellte er unter Beweis, dass semantische Kämpfe mit Erfolg zwischen den Polen Wiederholungsbegriffe versus Prozessbegriffe ausgetragen werden konnten.[48]

Dregger konnte solche weitgespannten Ambitionen hegen, weil er sich bislang in der Bundespolitik nicht auf ein Thema festgelegt hatte. Seine politische Enthaltsamkeit erwies sich insofern als politischer Trumpf: Weil er sich davor gehütet hatte, sich aufgrund seiner militärischen Expertise als Verteidigungsexperte zu profilieren, war er nicht als Ressortpolitiker abgestempelt. Er konnte sich politische Themenfelder weitgehend frei wählen – auch gerade unter dem strate-

46 Ebd., Bl. 6.

47 Vgl. dazu auch Bernhard Pörksen/Friedemann Schulz von Thun: Die Kunst des Miteinander-Redens. München 2020, S. 46.

48 Vgl. dazu Christian Geulen: Plädoyer für eine Begriffsgeschichte des 20. Jahrhundert, in: Zeithistorische Forschungen 7 (2010), H. 1, S. 79-97; Jon Mathieu: Zeit und Zeitperzeption. Historische Beiträge zur interdisziplinären Debatte. Göttingen 2020.

gischen Gesichtspunkt, sich mit ihrer Hilfe in der Bundes-CDU einen Namen zu machen. Der hessische Landesvorsitzende war als politisch Spätberufener innerhalb der CDU aufgestiegen und hatte dabei erkannt, dass eine im Umbruch befindliche Partei auf Landes- wie auf Bundesebene auf der Suche nach einem neuen, unverbrauchten und schwungvollen Politikertypus war. Da er diese nachgefragten Eigenschaften repräsentierte, eröffneten sich ihm Karrierewege, die er zielgerichtet einzuschlagen gedachte – auch »weil ich mich dafür als befähigt und damit auch als verpflichtet ansehe«.[49] Inhaltlich profilieren musste er sich dazu zunächst nicht. Als Dregger seinen zweigleisigen politischen Aufstieg energisch in Angriff nahm und hessische und Bundesangelegenheiten kreativ miteinander verband, tat er dies nicht als Exponent eines stramm konservativen Kurses.

In jedem Fall stellte die hessische Landtagswahl vom November 1970 für den politischen Lebensweg Dreggers eine tiefe Zäsur dar: Gerade weil er innerhalb der hessischen CDU wie der Bundes-CDU große Erwartungen geweckt hatte, stand für ihn viel auf dem Spiel. Sollte das Ergebnis an den Wahlurnen weit hinter die Erwartungen zurückfallen, dann mochte Dregger im günstigsten Fall seine Position als CDU-Vorsitzender in Hessen retten, sein Nimbus als politischer Hoffnungsträger für die Bundes-CDU wäre hingegen so beschädigt worden, dass er seine bundespolitischen Ambitionen hätte einstellen können. Da Dregger ganz gezielt politische Erwartungen genährt hatte, war die politische Fallhöhe beträchtlich. Denn mit welcher Legitimation hätte der Vorsitzende einer Landespartei, die bislang gegen die dominierende SPD wenig hatte ausrichten können, in der Bundeshauptstadt nach Höherem greifen können, wenn er im eigenen Beritt nicht das geliefert hätte, was die wichtigste Währung in der Politik war: einen respektablen Wahlerfolg? Insofern stand für Dregger bei der hessischen Landtagswahl vom November 1970 nicht zuletzt seine bundespolitische Zukunft auf dem Spiel. Dreggers Karriere ist so gesehen auch ein aussagekräftiges Beispiel dafür, wie mit der analytisch fruchtbaren Kategorie der »Enttäuschung« umgegangen wird: Klaffen Erwartungen und die tatsächlichen Erfahrungen auseinander und wird dem nicht mit einem entsprechenden Erwartungsmanagement gegengesteuert, stellt sich tiefe Enttäuschung[50] ein, die schon manche politische Karriere beendet hat, ehe sie richtig begann. Bei Dregger war dies indes nicht der Fall.

---

49 Memorandum Dreggers vom Juni 1970, Bl. 7, ACDP, 01-347-208.

50 Zur heuristischen Ergiebigkeit der Kategorie »Enttäuschung« vgl. die Pionierstudie von Sebastian Rojek: Versunkene Hoffnungen. Die Deutsche Marine im Umgang mit Erwartungen und Enttäuschungen 1871 – 1930. Berlin, Boston 2017, vor allem S. 4 – 8.

Günstig waren für Dregger gewisse Entwicklungen außerhalb der CDU. So verbesserte sich seine Ausgangslage erheblich, als der als unbesiegbar geltende Ministerpräsident Georg-August Zinn im Herbst 1969 krankheitshalber sein Amt zur Verfügung stellte. Freimütig räumte Dregger in seiner Lageanalyse vom Sommer 1970 ein, dass damit »an der Spitze der hessischen SPD nicht mehr das hessische Nationaldenkmal Zinn«[51] stehe, sondern ein Nachfolger, Albert Osswald, der nicht einmal annähernd die Statur seines Vorgängers erreichen würde. Damit schien es zumindest nicht ganz aussichtslos, selbst mit dem Anspruch auf die Regierung anzutreten. Wichtiger war aber das Vorgehen der Union selbst.

Der Wahlkampf der Hessen-CDU im Sommer und Herbst 1970 war der erste Wahlkampf einer CDU-Landespartei, der nach einem Drehbuch geführt wurde, das Wahlkampfprofis entworfen hatten. Auf der Basis sozialwissenschaftlicher Erhebungen des Kölner WEMA-Instituts für Empirische Sozialforschung (Leiter: Jochen Denso) hatten die Wahlkampfmanager Niemetz und Radunski für die hessische CDU-Führung ein »Werbekonzept«[52] ausgearbeitet, das speziell dem CDU-Spitzenkandidaten Dregger einiges zumutete. Zwar hatte die nüchterne Analyse ergeben, dass die CDU den Faktor Persönlichkeit in ihrem Wahlkampf herausstellen musste, weil sie in puncto Kompetenz auf landespolitischer Ebene weit hinter der SPD zurücklag. Das lief aber nicht auf die Empfehlung hinaus, den gesamten Wahlkampf auf die Person des CDU-Spitzenkandidaten auszurichten. Im Gegenteil: »Die CDU muß ihre Alternativ-Funktion in Form einer mehrere Personen umfassenden Führungsmannschaft personalisieren.«[53] Die Umsetzung dieser Empfehlung bedeutete für Dregger, Abstriche daran hinzunehmen, wie ihn seine Partei noch bei der Bundestagswahl 1969 präsentiert hatte. Dort war er als »Unser 1. Mann in Hessen« visuell ins Schaufenster gestellt worden, während ihm nun ausgerechnet bei *seiner* eigentlichen Wahl angeraten wurde, sich von einem Team einrahmen zu lassen und damit sein visuelles Alleinstellungsmerkmal aufzugeben. War der »Nummer 1« in Hessen wirklich zuzumuten, sich einem von Akademikern stammenden Ratschlag unterzuordnen, wenn er vermeintlich der Partei diente?

Dass Dregger dieser Empfehlung ohne Einschränkungen folgte, zeugt davon, dass er von der professionellen Wahlkampfstrategie überzeugt war und nicht aus

---

51 Memorandum Dreggers vom Juni 1970, Bl. 4, ACDP, 01-347-208.

52 Niemetz/Radunski: »Grundlinien des Werbekonzepts für die Landtagswal 1970«, 02.06.1970, ACDP, 01-347-206.

53 Ebd., Bl. 1.

Eitelkeit auf der Monopolstellung des Spitzenkandidaten im Wahlkampf beharrte. Es war ihm aber nicht zu verdenken, dass er besonders weit gehenden Versuchen, seine Person selbst aus dem offiziellen Wahlkampfslogan zu eliminieren, widersprach. Die Wahlkampfmanager hatten einen Vorschlag gemacht, der auf die explizite Herausstellung des Spitzenkandidaten verzichtete: »Mit neuen Männern in Hessen voran«.[54] Dregger verwahrte sich aus verständlichen Gründen gegen eine semantische Kollektivierung, die seine Person im Team zum Verschwinden gebracht hätte. Als die Wahlkommission zu ihrer entscheidenden Sitzung am 4. September 1970 zusammentraf, hatten sich die Beteiligten auf einen Kompromiss geeinigt, der den Spitzenkandidaten dann doch aus seiner Mannschaft heraushob: »Wir kommen – CDU. Alfred Dregger und seine Mannschaft.«[55]

Das darauf zugeschnittene Großflächenplakat rahmte den Spitzenkandidaten auf eine Weise ein, die andere als Abwertung empfunden haben: Dregger musste sich auf seiner visuellen Visitenkarte den Platz mit allen Mitgliedern der Führungsmannschaft teilen. Es waren nicht weniger als acht an der Zahl, welche die Zuständigkeit für klar definierte Arbeitsgebiete beanspruchten: Hans Wagner (Finanzen), Christian Schwarz-Schilling (Bildung und Hochschulen), Walter Wallmann (Recht und Verfassung), Erna-Maria Geier (vorschulische Ausbildung, Altenfragen), Walther Leisler Kiep (Wirtschaft), Otto Zink (Sozialpolitik), Richard Bahya (Landwirtschaft), Heinz Riesenhuber (Jugend, Umwelt, Technik).[56] Dies bedeutete, dass Dregger im Wahlkampf kein landespolitisch ausschlaggebendes Thema, wie etwa die hierfür besonders ergiebige Bildungspolitik, allein an seine Person heften konnte – ausgerechnet für sie war sein Stellvertreter und Generalsekretär Schwarz-Schilling zuständig.

Das Großplakat,[57] auf dem der Spitzenkandidat von sieben Männern und einer Frau von beiden Seiten eingerahmt wurde, war ein Meilenstein für die öffentliche Sichtbarkeit Dreggers. Was als Verbeugung vor dem Mannschaftsgedanken gedacht war, entpuppte sich als eine perfekte Werbemaßnahme, um den im Zentrum des Geschehens Platzierten öffentlich aufzuwerten. Dass es dazu kam, war zunächst der ästhetischen Gestaltung zu verdanken: Statt wie bislang üblich nur Köpfe von Politikern[58] zu zeigen, waren sie hier im Ganzkörperformat

54 Ebd., Bl. 5.

55 Protokoll der Sitzung der »Wahlkommission 70« am 04.09.1970, Bl. 3, ACDP, 01-347-206.

56 »Grundlinien des Werbekonzepts«, 02.06.1970, Bl. 5, ACDP, 01-347-206.

57 Eine Wiedergabe findet sich u. a. bei Christoph Cornelißen: Zur Wahlkampfkultur unter »hessischen Verhältnissen«, in: Norbert Kartmann (Hg.), Hesse ist, wer Hesse sein will …? Landesbewusstsein und Identitätspolitik seit 1945. Wiesbaden 2017, S. 104–115, hier S. 112.

58 Als der CDU-Vorsitzende Barzel im Bundestagswahlkampf 1972 sich als Teil eines vierköpfigen

dargestellt – und zwar im Modus der Bewegung, der visuell auf die inhaltliche Botschaft »Wir kommen« zugeschnitten war. Genauso wirksam erwies sich die Wahl einer Keilformation, die dafür sorgte, dass Dreggers Mitstreiter ihm – der Hauptfigur – gewissermaßen Geleitschutz gaben. Die in Bewegung befindlichen Hände waren in diesem Arrangement die wichtigsten Körperteile, die den politischen Angriffsmodus gestisch untermalen sollten – und genau dieser Umstand sollte dafür sorgen, dass dem Wahlplakat eine Wirkung beschieden war, wie sie ein solches Medium in den bundesdeutschen Wahlkämpfen nur selten erzielen konnte.

Damit ein aus dem Rahmen fallendes Wahlplakat, das mit bisherigen Routinen brach, außergewöhnliche mediale Aufmerksamkeit auf sich ziehen konnte, musste es von Dritten beachtet werden. Die mediale Karriere dieses bis heute als Prototyp moderner Wahlwerbung geltenden Plakats wäre nicht möglich gewesen, wenn es der Union fernstehende Journalisten sowie der politische Gegner nicht aufgewertet hätten. Sie wollten mit ihren Kommentaren Dregger persönlich treffen, erreichten aber das Gegenteil, indem sie einem bis dahin landesweit wenig Beachteten erhebliche Aufmerksamkeit verschafften. Es war das Hamburger Nachrichtenmagazin »Der Spiegel«, der CDU damals alles andere als wohlgesonnen, das in der heißen Phase des hessischen Landtagswahlkampfs den Eindruck kolportierte, Dregger posiere auf dem Großflächenplakat »ein bisschen wie Django«.[59] Damit bekamen Dregger und sein Team ein mediales Image angeheftet, das so zählebig war, dass es selbst in der Wissenschaft aufgegriffen wurde.[60]

Die Anspielung auf »Django« war auf den ersten Blick wenig schmeichelhaft für den CDU-Landesvorsitzenden. Der Protagonist eines 1966 in die deutschen Kinos gelangten Italo-Westerns sowie etlicher, in rascher Folge produzierter weiterer Filme betrieb unbeirrt Selbstjustiz und schoss zuerst, bevor er fragte.[61] Die

---

Spitzenteams präsentierte (Strauß, Schröder, Katzer, Barzel), waren alle vier im Halbprofil abgebildet, was Barzel visuell neutralisierte. Vgl. auch die Sammlung hessischer Wahlplakate der Parteien zwischen 1946 und 1995, in: Bernd Heidenreich/Konrad Schacht (Hg.): Hessen. Wahlen und Politik. Stuttgart, Berlin, Köln 1996, S. 15–80. Die Abbildungen machen noch einmal augenscheinlich, wie ungewöhnlich dynamisch das Plakat des ersten Dregger-Wahlkampfs gestaltet worden war. Für die späteren Dregger-Wahlkämpfe allerdings dominierte auch in Hessen wieder der Standard, der lediglich das Gesicht oder den Oberkörper des Spitzenkandidaten zeigte.

59 Schön, schön, in: Der Spiegel, 19.10.1970, S. 44.

60 Vgl. den Beitrag von Cornelißen: Zur Wahlkampfkultur, S. 111, der von »Django-Manier« spricht.

61 Vgl. zum originalen Django-Film sowie seinen in rascher Folge gedrehten offiziellen und inoffiziellen Nachfolgern, von denen in den Jahren 1966–1970 allein 28 (!) in die Kinos kamen, Joe Hembus/Benjamin Hembus: Das Western-Lexikon. 1567 Filme von 1894 bis heute, erw. Neuausgabe. München 1995, S. 133–139.

Figur des »Django« war als Projektionsfläche für Zuschreibungen im Jahr 1970 in der Bundesrepublik also überaus präsent. Wurde Dregger als djangoähnlicher Politikertyp bezeichnet, musste dies eine ganze Kette an Assoziationen aufrufen: Das war also ein Politiker, dessen Angriffslust nicht zu zügeln war und der die öffentliche Ordnung mit nicht rechtsstaatskonformen Mitteln aufrechtzuerhalten suchte.[62] Den Zeitgenossen scheint die Interpretation des Plakats in einem Westernkontext eingeleuchtet zu haben, hätte die Zuschreibung doch sonst keinen solchen Erfolg gehabt. Das hing wohl einerseits damit zusammen, dass diese Perspektive sich mit der Figur Dreggers verbinden ließ, andererseits aber offenbar auch mit der Plakatinszenierung selbst, die an eine der »Standardsituationen« des Western-Genres gemahnte, nämlich den Shootout,[63] bei dem die Hauptfigur allein oder mit Hilfe seiner keilförmig hinter ihm aufmarschierenden Getreuen in die Stadt kommt, um sich die finale Schießerei mit den Bösewichtern zu liefern.[64] Dazu trug bei, dass Dregger und seine Mannschaft aus einer nicht weiter identifizierbaren, aber weiten und prärieartigen Landschaft auf den Betrachter zumarschierten. Gerade der ab Mitte der 1960er Jahre überaus erfolgreiche Italo-Western, der sich im Zuge der Krise des amerikanischen Genres entwickelte, fokussierte und inszenierte diese Shootout-Situation in besonderer Weise und reduzierte dadurch die Wild-West-Mythologie auf wenige Charakterzüge einsamer Helden, die sich in Duellsituationen bewähren mussten.[65] Das Plakat gewann seine erweiterte Deutung also dadurch, dass es sich in ein populäres Motiv einordnen ließ, das im Film in der Regel durch die Kameraeinstellung des *american shot*, wie sie der Western erst popularisiert hatte, gezeigt wurde und den Zeitgenossen durchaus vertraut war.[66]

---

62 Die sprachwissenschaftliche Studie von Werner Kany: Inoffizielle Personennamen. Bildung, Bedeutung und Funktion. Tübingen 1992, S. 239, sieht in der Zuschreibung vor allem eine »›Law and Order‹-Haltung« zum Ausdruck gebracht.

63 Vgl. zu dieser Standardsituation und ihrer Inszenierung Thomas Klein: Geschichte – Mythos – Identität. Zur globalen Zirkulation des Western-Genres. Berlin 2015, S. 77–86.

64 Von einem »High-Noon«- oder Wildwest-Motiv sprechen etwa Wolf: Neubeginn, S. 68, der feststellt, es handele sich bei der Inszenierung um ein »dem Westerngenre abgeschautes Auftreten (›High Noon‹)«; Heptner: »Ziel«, S. 60.

65 Vgl. Bernd Kiefer: Western, in: Thomas Koebner (Hg.): Reclams Sachlexikon des Films. 3., aktual. und erw. Aufl. Stuttgart 2011, S. 773–777, hier S. 776; zum Boom des europäischen bzw. Italo-Westerns und zu seinen filmischen und erzählerischen Elementen Georg Seeßlen: Filmwissen: Western. Grundlagen des populären Films. Marburg 2011, S. 124–135; Klein: Geschichte, S. 82–83. Vgl. zur »Westernwelle« in den bundesdeutschen Kinos auch Reiner Boller: Wilder Westen made in Germany. Frankenthal 2018, bes. S. 46–360.

66 Vgl. https://filmlexikon.uni-kiel.de/index.php?action=lexikon&tag=det&id=395 [22.07.2022].

Die (medien)historische Forschung hat deutlich gemacht, inwiefern cineastische Imaginationen und Motive politisch wirksam werden konnten – allerdings vornehmlich am Beispiel des gegenkulturellen und entstehenden linksalternativen Milieus seit Mitte der 1960er Jahre.[67] So trat beispielsweise der Heidelberger Studentenführer und nachherige »Sekretär« des maoistischen Kommunistischen Bundes Westdeutschland (KBW), Hans-Gerhart »Joscha« Schmierer, um 1968 wie ein Italo-Western-Held mit Hut, Poncho und Zigarette auf – eine Inszenierung, die das Publikum sowohl mit Django als auch mit Clint Eastwood in den Filmen Sergio Leones in Verbindung brachte.[68] Das Dregger-Plakat belegt nun, dass solche am Kino orientierten Bildmotive und Vorstellungen auch jenseits der Gegenkultur durchaus einprägsam waren und imageprägende Breitenwirkung entfalten konnten.

Die aufsehenerregende Wild-West-Deutung des Wahlplakats Dreggers gewann seine Wirkmächtigkeit aber nicht nur aus dem Zusammenspiel bildästhetischer Elemente mit dem zeitgenössischen, durch das Kino geprägten Bildhaushalt. Gerade auch die politischen Deutungsabsichten der Opposition spielten eine wichtige Rolle. Für die Verbreitung des Images war nämlich entscheidend, dass prominente SPD-Politiker auf das visuelle Angebot eingingen und »Django« in ihrem Sinne ausbuchstabierten. Der zweite Mann der hessischen SPD, Wirtschaftsminister Rudi Arndt, äußerte sinngemäß zum Plakatauftritt Dreggers: »Wer so daher kommt, schießt auch«. Er entschlüsselte damit die bildästhetische Gestaltung des Plakats als Shootout-Situation in eingängiger Weise.[69] Das politische Kalkül solcher Attacken des politischen Gegners war leicht zu durchschauen: Der neue CDU-Spitzenkandidat, der bislang keine Angriffsflächen durch inhaltliche Aussagen geboten hatte, sollte diskreditiert werden, indem

67 Vgl. Aribert Reimann: Dieter Kunzelmann, die Revolte und ihr Medium, in: Sven Grampp/Kay Kirchmann/Marcus Sandl/Rudolf Schlögl/Eva Wiebel (Hg.): Revolutionsmedien – Medienrevolutionen. Konstanz 2008, S. 651–676; ders.: Dieter Kunzelmann. Avantgardist, S. 116–122; Gerd Koenen: Das Rote Jahrzehnt. Unsere kleine deutsche Kulturrevolution. Köln 2001, S. 15.

68 Vgl. Gunnar Hinck: Wir waren wie Maschinen. Die bundesdeutsche Linke der siebziger Jahre. Berlin 2012, S. 121–122; Wolfgang Kraushaar: Aufstieg und Zerfall der Protestbewegung, in: Günter Hörman (Hg.): Begleitheft. Filme zur Studentenbewegung 1967–1969. O. O., o. J., S. 8–16, hier S. 12. Ein entsprechender Auftritt Schmierers auf der SDS-Delegierten-Konferenz im November 1968 in Hannover ist festgehalten in dem zeitgenössischen Dokumentarfilm »Django und die Tradition« (1968), zugänglich auf der DVD-Box: Filme zur Studentenbewegung 1967–1969 (Ulmer Dramaturgien 2. Filme von Günther Hörmann, Hans-Dieter Müller, Wilfried E. Reinke), absolut Medien/Institut für Filmgestaltung Ulm e. V. 2018.

69 Vgl. dazu die vom Februar 1971 stammende Analyse des CDU-Landtagswahlkampfs, ACDP, 01-347-208, Bl. 4.

man ihm politische Militanz unterstellte. Einem schießwütigen Politiker, so die Botschaft, dürfe keine Verantwortung für die innere Sicherheit eines Bundeslandes anvertraut werden.

Für Dregger war die »Django«-Kampagne ein Glücksfall. Noch Monate später konnte man in der hessischen CDU die diebische Freude darüber nicht unterdrücken, dass die Wahlkampagne die eigenen Erwartungen weit übertroffen hatte. Journalisten und politische Gegner hatten der Union den Gefallen getan, sie »tatsächlich als ernstzunehmende Kraft und eine regierungsgewillte Alternative«[70] wahrzunehmen. Statt sie zu ignorieren, hatte man sich politisch auf sie eingeschossen. Damit hatte die SPD gehörigen Anteil daran, vergessen zu machen, dass beide Parteien vor dem Urnengang fast 25 Prozentpunkte trennten. Dreggers Botschaft, die CDU kämpfe nicht um Platz, sondern um Sieg, »grenzte an Hochstapelei«,[71] wie man freimütig einräumte – aber die Gegenseite nahm das Spiel auf.

Dregger war seit dem Herbst 1970 in Hessen eine landesweit bekannte Figur. Das konnte sich auch auf seine bundespolitischen Ambitionen nur positiv auswirken. Aber war der mediale Durchbruch nicht teuer erkauft, wenn ihn der politische Gegner zu einer Gefahr für Rechtsstaat und Demokratie stilisierte? Wie ging Dregger damit um, dass man ihm autoritäres Gehabe unterstellte, obwohl er sich doch bislang bewusst inhaltlich nicht so profiliert hatte, dass ihn die politischen Widersacher ohne weiteres in die rechte Ecke stellen und marginalisieren konnten? Langfristig blieb die Django-Zuschreibung ambivalent: Einerseits brachte sie Entschlossenheit zum Ausdruck und verlieh Dregger einen Wiedererkennungswert als tatkräftiger Macher. Andererseits konnte sie als mangelnde Selbstkontrolle wahrgenommen werden. Abgesehen von Diskreditierungsversuchen aus dem Lager der radikalen Linken, die ebenfalls gerne die Bezeichnung aufgriffen,[72] tauchte der Begriff immer wieder in den Medien auf, wenn es um Dregger ging.[73] Dies erhöhte zweifellos seinen Wiedererkennungswert, führte aber zugleich zu einem polarisierenden Image, das bei Gegnern wie Anhängern

70 Ebd., Bl. 4.

71 Ebd.

72 Vgl. z. B. Friedemann Schuster: Ein Kanzlerkandidat des Großkapitals. Dregger (Marxistische Taschenbücher). Frankfurt/Main 1971, S. 7. Angesichts des übrigen Inhalts, der Dregger als Wiedergänger Hitlers sieht, der dazu angetreten sei, das Monopolkapital zu retten, ist die Bezeichnung als Django noch vergleichsweise harmlos. Die Darstellung belegt aber, dass Dregger schon relativ früh zu einer Art Schreckgespenst des linksalternativen bis linksradikalen Milieus avancierte.

73 Vgl. z. B. Der Spiegel, 40/1978, 02.10.1978, S. 21; 42/1978, 06.10.1978, S. 25; 34/1982, 23.08.1982, S. 47; 25/1997, 16.06.1997, S. 111.

unterschiedliche Assoziationen wecken konnte. Noch Jahrzehnte später verwahrten sich deshalb Anhänger Dreggers gegen die Bezeichnung. Für den Bundestagsabgeordneten Franz Möller war Dregger »alles andere als ein ›Django der Politik‹«, man habe ihn damit lediglich »verächtlich« machen wollen.[74]

Von systematischem Interesse sind diese Fragen auch, weil die hessische CDU den Wahlkampf gezielt auf die Gewinnung von Wählern ausgerichtet hatte, die in der politischen Mitte und nicht am rechten Rand angesiedelt waren. Angesprochen werden sollten Angehörige der oberen Mittelschicht, die sich im erwerbsfähigen Alter befanden und in der wirtschaftlich dynamischsten Region Hessens, dem Rhein-Main-Gebiet, lebten. Diese auf drei bis sechs Prozent der Wahlberechtigten geschätzte potenzielle CDU-Wählerreserve ließ sich nicht mit konservativ akzentuierten Wahlparolen ansprechen. Sie verlangte »von der CDU vielmehr eine fortschrittliche […] Politik«[75] – und damit ein aktives Engagement in dem Bereich, in dem vor allem die SPD platziert war: dem Ausbau der öffentlichen Daseinsfürsorge (»mehr Wohnungen bauen«, »Ausbau der Mittelpunktschulen«, »das Gesundheitswesen ausbauen«).[76] Es gab einen Punkt, an dem die CDU sich so stark von der SPD unterschied, dass damit dieser Kreis von Wechselwählern zu gewinnen war: die Hochschul- und Schulpolitik. Hier bot die SPD-geführte Landesregierung Angriffsflächen, weshalb die CDU-Wahlkampfstrategie vor allem diesen Bereich in den Mittelpunkt zu rücken suchte. Das entsprach auch der Grundausrichtung, »den Wahlkampf mit einer dezidierten landespolitischen Argumentation zu führen«[77] und sich nicht wesentlich von bundespolitischen Themen leiten zu lassen.

Als sich am Abend des 8. November 1970 das Ergebnis der hessischen Landtagswahl abzeichnete, war klar, dass sich der beträchtliche Aufwand der Kampagne gelohnt hatte: Mit 39,7 Prozent der abgegebenen Stimmen vermochte die CDU zwar die SPD (45,9 Prozent) als stärkste Kraft nicht vom Thron zu stoßen, aber sie hatte satte 13,3 Prozentpunkte hinzugewonnen und war somit zu jener Partei aufgerückt, die vier Jahre zuvor noch uneinholbar schien. Dregger hatte Wort gehalten und bewiesen, dass es für die Christdemokraten entgegen allen Unkenrufen doch möglich war, in der hessischen Diaspora die »Staatspartei« SPD

74 Beide Zitate in Franz Möller: Abgeordnete des Deutschen Bundestages. Aufzeichnungen und Erinnerungen. Bd. 17: Franz Möller, München 2004, S. 151.

75 »Grundlinien des Werbekonzepts«, 02.06.1970, ACDP, 01-347-206, Bl. 4.

76 Ebd., Bl. 4.

77 Ebd., Bl. 2.

ernsthaft zu bedrängen. Dass dieser Wahlerfolg Dregger in bundespolitischer Hinsicht zum Hoffnungsträger beförderte, war mehr als nur ein Nebenaspekt. Er hatte einen schwungvollen Wahlkampf betrieben und gezeigt, dass sich die Integration sozialwissenschaftlicher Expertise auszahlte. Zudem war er dabei mannschaftsorientiert vorgegangen und hatte sich als verlässlicher Teamplayer erwiesen. Das Wahlergebnis war insofern, gerade was die fortschrittlichen Wahlkampfmethoden anging, beste Werbung in eigener Sache. Hier wurde deutlich, dass es auch für die Bundes-CDU ein Gewinn sein konnte, wenn sie auf moderne Marketingkonzepte zurückgriff. Dregger hatte als erster CDU-Landesvorsitzender bewiesen, wie erfolgsträchtig es war, Werbemethoden zu nutzen, die auch in der Wirtschaft Anwendung fanden. Arno Sölter, Abteilungsleiter im BDI-Ressort Wettbewerbsordnung, verwies daher ausdrücklich auf Dregger, als er der CDU-Bundesgeschäftsstelle in Aussicht stellte, bei der nächsten Wahl aus der Wirtschaft »50–100 Werbemanager ganz oder teilweise für die Wahl frei[zu] stellen«, die »das [sic] ganze ›Marketing-Mix‹« anwenden könnten, um christdemokratische Politik »›verkaufsfähig‹ zu gestalten«.[78]

Doch war der von Dregger verantwortete Hessen-Wahlkampf auch in inhaltlicher Hinsicht ein Erfolgsrezept für eine Bundes-CDU, die sich an einem überaus populären sozialdemokratischen Bundeskanzler abzuarbeiten hatte? War die Wahlkampfstrategie aufgegangen, Stammwähler nicht zu verprellen, Nichtwähler zu mobilisieren und zugleich in der Mitte angesiedelte Wechselwähler zu gewinnen? Im Jahr 1970 sah sich die Wahlforschung noch nicht imstande, die Wählerströme genau nachzuzeichnen und empirisch valide Informationen darüber bereitzustellen, woher die Wähler kamen, welche die hessische CDU für sich gewonnen hatte. Die Deutungshoheit über das Wahlergebnis lag daher uneingeschränkt bei der Parteiführung. Umso wichtiger war die Analyse des Landtagswahlkampfs, welche die hessische CDU im Februar 1971 anfertigte. Da die CDU mit einem satten Zuwachs von mehr als 13 Prozentpunkten aufwarten konnte, während alle anderen größeren Parteien verloren hatten, war der Interpretationsspielraum groß. Hatte die CDU erfolgreich bei bisherigen Wählern von SPD und FDP gewildert und damit die eigene Wahlkampfstrategie gekrönt? Oder stammten die Gewinne der Union vor allem von Rechtsparteien wie dem BHE und der NPD, die 1970 entweder gar nicht mehr angetreten waren (BHE) oder mehr als die Hälfte ihrer Wähler eingebüßt hatten (NPD)? Dem Parteivorsitzenden und der Parteiführung stand es frei, für welche Lesart sie sich entschieden. In jedem Fall lief dies auf eine politische Selbstfestlegung hinaus: Sollte sich der auf die

78 Sölter am 20.07.1972 an CDU-Bundesgeschäftsstelle, ACDP, 01-347-201.

Gewinnung der politischen Mitte ausgerichtete Kurs an der Wahlurne ausgezahlt haben, dann sprach vieles dafür, sich weiterhin in der politischen Mitte zu bewegen. Sollten die Zuwächse von rechts gekommen sein, dann empfahl sich möglicherweise eine Verschiebung der innerparteilichen Gewichte in diese Richtung, um diese Wähler dauerhaft zu binden.

Die Wahlanalyse war aber weit mehr als eine landespolitische Positionierung. Da Dregger politisch zweigleisig fuhr und stets die Bundespolitik im Blick hatte, diente die Interpretation des Wahlergebnisses auch dazu, Rezepte für die Bundes-CDU anzubieten. Der argumentative Aufwand war dabei relativ gering, ging doch die FDP in Hessen nach der Landtagswahl eine Koalition mit der SPD ein. Damit war in Wiesbaden dieselbe parteipolitische Konstellation wie in Bonn zu verzeichnen. Die Lehren, welche die Dregger-CDU aus dem Wahlkampf zog, passten gleichermaßen zum Land wie zum Bund und bedeuteten eine leichte Richtungskorrektur. Die zentrale Botschaft aus der Hessen-Wahl lautete, dass sich für die CDU ein kompromissloser Kurs gegen das auszahlte, was sie als »Linkskurs« brandmarkte. »Linkskurs« bei der FDP hieß, sich trotz der Option, zusammen mit der Union eine tragfähige Regierungsmehrheit zu bilden, mit einer immer weiter nach links rückenden SPD verbündet zu haben. Das eröffnete der CDU die Chance, gezielt um »national-liberale Wähler«[79] zu werben. Sie bildeten gerade in Hessen einen harten Kern der FDP-Anhänger[80] und sollten nun bei einer Union eine neue Heimat finden, die das nationalliberale Erbe in Ehren hielt. Doch ihre eigentliche Aufgabe sah die Hessen-CDU in ihrem »Kampf gegen den Sozialismus«[81]. Hierfür fand sie in Hessen ideale Bedingungen vor, weil unbestreitbar der südhessische Bezirksverband der SPD offen mit sozialistischen Positionen vor allem in der Wirtschafts- und Bildungspolitik warb. Eingriffe in die unternehmerische Entscheidungsfreiheit in Gestalt von Investitionslenkung sowie die Zerschlagung des gegliederten dreiteiligen Schulwesens gehörten zu den Markenzeichen einer SPD, die sich antikapitalistischen Strömungen geöffnet hatte, die im Zuge der Studentenbewegung in die südhessische SPD eindrangen und ganze Ortsvereine majorisierten.[82] Verschrieb sich nun also der CDU-Landesvorsitzende mit Inbrunst dem »Kampf gegen den Sozialismus«? Fand er, der

---

79 Dossier »Landtagswahlkampf 1970 in Hessen«, Februar 1971, Bl. 4, ACDP, 01-347-208.

80 Zum Profil der hessischen FDP vgl. Andrea von Lucke: Die Krise von 1956. Die Spaltung der FDP-Bundestagsfraktion unter der Führung August Martin Eulers und die Folgen für die hessische FDP, in: Jahrbuch für Liberalismusforschung 20 (2008), S. 97–112.

81 Dossier »Landtagswahlkampf 1970 in Hessen«, Februar 1971, Bl. 6, ACDP, 01-347-208.

82 Vgl. u.a. Anne Rohstock: Von der »Ordinarienuniversität« zur »Revolutionszentrale«? Hochschulreform und Hochschulrevolte in Bayern und Hessen 1957–1976. München 2010, S. 254f.

bislang kein klares politisches Profil herausgebildet hatte, darin seine eigentliche politische Aufgabe? Und war Dregger nicht eine Idealbesetzung – auch weil er nun das ihm zugefallene »Django«-Image einsetzen, den politischen Gegner auf der Linken das Fürchten lehren und autoritätsversessene Wählergruppen wie kein Zweiter ansprechen konnte?

Ein näherer Blick lehrt, dass sich Dregger im Wahlkampf zur Landtagswahl keineswegs als der passionierte »Sozialistenfresser« profiliert hatte, als der er rückblickend erscheinen mag. Gewiss spielte ihm die hessische Landespolitik im Bereich der Hochschul- und Bildungspolitik Themen zu, die sich ein auf Profilgewinnung bedachter Herausforderer gar nicht entgehen lassen konnte. Der seit 1969 amtierende sozialdemokratische Kultusminister Ludwig von Friedeburg hatte sich zum Ziel gesetzt, von Schule und Hochschule aus eine auf Egalität getrimmte Gesellschaftspolitik zu betreiben.[83] Dabei griff der Bildungsexperte, der vor seinem Einstieg in die Politik das renommierte Frankfurter Institut für Sozialforschung geleitet hatte, die traditionellen Bastionen bürgerlicher Bildung, nämlich Universitäten und Gymnasien, an und wollte ihnen ein völlig neues Gesicht verleihen.[84] Die angestrebte Gleichstellung von Professoren und Studierenden, die Neufassung von Lehrplaninhalten oder die beabsichtigte Umwandlung von weiterführenden Schulen in Gesamtschulen provozierten Widerspruch bei den Anhängern eines auf Differenzierung ausgerichteten Bildungssystems. Da solche Absichten zudem Unruhe in die Elternschaft hineintrugen, war es nicht verwunderlich, dass die CDU das Thema aufgriff und die SPD damit in die Defensive zu drängen suchte. Allerdings darf man den Effekt der Friedeburg'schen Politik für die Landtagswahl 1970 nicht überschätzen, da Friedeburg seine weitreichenden Absichten in einem Amtsjahr nicht umzusetzen vermochte.

Für Dreggers Positionierung ist aber genauso wichtig, dass er sich keineswegs gegen maßvolle Reformen an Universitäten und Schulen sperrte. Dass es eine »Hochschulreform« brauchte, leugnete er nicht. Dregger trauerte nicht der Ordinarienuniversität hinterher, wo der Stand der Professoren nicht ohne Selbstgefälligkeit und in strenger interner Hierarchisierung die Geschicke der Universität ohne Mitwirkung von Studierenden, Mitarbeitern und nichtwissenschaftlichem Personal zu lenken beanspruchte. Dregger verlangte »mutige Reformkonzeptionen«,[85] aber der Verzicht auf jegliche formale Autorität im Hochschulbetrieb

83 Vgl. Wilfried Rudloff: Bildungspolitik als Gesellschafts- und Sozialpolitik, in: Archiv für Sozialgeschichte 47 (2007), S. 237–268.

84 Vgl. hierzu u.a. Rohstock: »Ordinarienuniversität«, S. 318 f.

85 Dregger u.a.: Referat Kassel (ohne Datum), ACDP, 01-347-147/2.

ging ihm deutlich zu weit. Auch beim Thema Gesamtschule zeigte sich Dregger insofern gesprächsbereit, als er sich eine »kooperative« Variante durchaus vorstellen konnte. Die drei weiterführenden Schultypen sollten, wo immer dies möglich war, »räumlich und organisatorisch« enger zusammengeführt werden: räumlich durch den Bau von Schulzentren, in denen die verschiedenen Formen zu Nachbarn wurden, und organisatorisch durch eine Gesamtleitung, die ihre Kooperation gewährleistete. Diese enge Zusammenarbeit sollte den Schülern den Übergang zu den ihnen gemäßen Bildungsformen erleichtern. Selbst eine »integrierte Gesamtschule« lehnte er damals nicht grundsätzlich ab, wollte aber zunächst einmal »Schulversuche« abwarten und »Erfahrungen« mit diesem gänzlich neuen Schultyp sammeln, bevor über ihre flächendeckende Einführung entschieden wurde. Dregger bezeichnete es als »gefährlich«, diese Frage »ideologisch, berufsständisch oder aus sonstigen bildungs- und erziehungsfremden Aspekten zu beurteilen«.[86] Als Streiter für den Erhalt sämtlicher hessischer Gymnasien betätigte er sich jedenfalls im Wahlkampf 1970 nicht.

Wir können also festhalten, dass Dregger den Landtagswahlkampf 1970 aus einer flexiblen Position heraus führte. Zwar hatte ihm die hessische SPD in Gestalt der Schul- und Hochschulpolitik ein willkommenes Thema offeriert, das er nach Kräften ausbeutete. Aber noch war Hessen von einer Kulturkampfstimmung entfernt, die Dregger bereits damals in eine Rolle gedrängt hätte, die er nicht aktiv anstrebte: die des Verteidigers bürgerlich-konservativer Fundamente gegen den Generalangriff marxistisch inspirierter Sozialisten. Vor allem war noch nicht entschieden, ob ihn sein weiterer politischer Lebensweg nach Wiesbaden oder nach Bonn führen würde. Doch eines stand fest: Von Fulda musste er politisch Abschied nehmen!

Schon aus pragmatischen Gründen wäre ein politischer Spagat zwischen Fulda, Wiesbaden und Bonn nicht zu bewältigen gewesen. Die Erwartungen, auf jeder der drei Ebenen mit ganzem Einsatz bei der Sache zu sein, hätte Dregger nur enttäuschen können. Abgesehen davon war im Jahr 1970 der Zeitpunkt gekommen, an dem er der Kommunalpolitik endgültig entwachsen war. Sie hatte ihn politisch geschult und auch geerdet, aber wer nach Höherem strebte, musste sie zum richtigen Zeitpunkt hinter sich lassen. Da traf es sich gut, dass die hessische SPD Dregger einen perfekten Abgang von der Fuldaer Bühne verschaffte. Indem sie es Bürgermeistern gesetzlich untersagte, gleichzeitig Mandatsträger im Landesparlament zu sein, konnte der Eindruck erweckt werden, Dregger müsse nun auf Geheiß der SPD schweren Herzens aus seinem Fuldaer Amt scheiden.

86 Ebd.

So gab Dregger auf dem Höhepunkt seines Ansehens das Amt des Fuldaer Oberbürgermeisters auf. Er zählte zu jenen Politikern, die in der Kommunalpolitik reiften, um sich danach in der Landespolitik zu bewähren und schließlich den Sprung in die Bundespolitik zu wagen. Unter seinen Altersgenossen gab es kaum einen zweiten, der auf allen drei Ebenen gleichermaßen sichtbare Spuren hinterlassen hatte. Es mag kein Zufall sein, dass ihn hierin nur sein Duz-Freund Hans-Jochen Vogel übertraf, der die Millionenstadt München regierte, als Regierender Bürgermeister von Berlin einem – faktisch gesehen – deutschen Bundesland vorstand und als mehrfacher Bundesminister und SPD-Vorsitzender die Bundespolitik mitbestimmte. Dregger blieb in Fulda aber auch nach seinem Amtsverzicht verwurzelt. Er war hier weiterhin wohnhaft und hatte hier seinen Bundestagswahlkreis, den er mehr als 20 Jahre vertrat. Die Verbindungen nach Fulda aufrechtzuerhalten war aber auch notwendig, um seine berufliche Unabhängigkeit zu wahren. Dregger war zwar mittlerweile zu einem leidenschaftlichen Politiker geworden, aber er wollte sich nicht mit Haut und Haaren den Konjunkturen des politischen Geschäfts ausliefern. Um sich politisch nicht verbiegen zu lassen, benötigte er nach dem Ende seiner Fuldaer Amtszeit eine berufliche Option jenseits der Parteipolitik. Folglich beschloss er Ende 1970, den Posten eines Vorstandsmitglieds der Überlandwerk Fulda AG anzunehmen, eines Energieversorgers, in dessen Aufsichtsrat er zuvor als Oberbürgermeister von Fulda gesessen hatte.[87] Wie er Journalisten ins Notizbuch diktierte, wollte er damit »die wirtschaftliche Unabhängigkeit in seiner politischen Tätigkeit« sicherstellen.[88]

87 StAFu, Stadt Fulda-Amt 10/3, Personalakte Dr. Alfred Dregger, Dregger am 11.09.1957 an den Regierungspräsidenten.

88 Dregger tritt zurück, in: FAZ, 11.11.1970.

Der Weg zum nationalliberalen Bundespolitiker

6. Warmlaufen für eine Karriere in der Bundespolitik

Alfred Dregger hat seinen politischen Aufstieg von 1969 an doppelgleisig geplant. Er wollte sich sowohl in Wiesbaden als auch in Bonn ein politisches Standbein zulegen und je nach Konstellation der Landes- oder der Bundespolitik den Zuschlag geben. Sein politisches Herz schlug dabei erkennbar mehr für bundespolitische Themen. Eine solche Verflechtung beider Ebenen ist so ungewöhnlich wie anspruchsvoll: ungewöhnlich, weil im Regelfall die eine Option die andere ausschließt, und anspruchsvoll, weil die Vereinbarung von landes- und bundespolitischen Ambitionen eine feste parteipolitische Verankerung auf beiden Ebenen voraussetzt. Zwar kam es in den 1960er und 1970er Jahren häufiger vor, dass ein erfolgreicher Landespolitiker in die Bundespolitik oder ein Bundespolitiker in die Landespolitik wechselte. Der wichtigste politische Förderer Dreggers auf Bundesebene, Kurt Georg Kiesinger, war Ende 1966 vom Amt des Ministerpräsidenten in Baden-Württemberg in das Amt des Bundeskanzlers gewechselt und hatte obendrein als politische Morgengabe noch den Bundesvorsitz der CDU angetragen bekommen. Einen umgekehrten Weg nahm Gerhard Stoltenberg, der als Bundesminister und danach als stellvertretender Vorsitzender der CDU/CSU-Fraktion im Bundestag von Bonn aus in seine schleswig-holsteinische Heimat zurückkehrte und dort 1971 zum Ministerpräsidenten gewählt wurde. Doch unter den Spitzenpolitikern von CDU und SPD fand sich kein einziger, der als Landesvorsitzender und Anwärter auf die Ministerpräsidentschaft fungierte und gleichzeitig im politischen Bonn in der ersten Reihe tätig war. Dass Dregger mehr als zehn Jahre lang – bis 1982 – politisch zweigleisig fahren konnte, zeugt davon, dass sowohl seine Parteifreunde in Hessen als auch jene im Bund ihn als unentbehrlich einschätzten. Auf Dregger wollte man weder in Wiesbaden noch in Bonn verzichten.

Nach der erfolgreichen Landtagswahl im Jahr 1970 trat Dregger noch weitere drei Mal für seine Partei als Spitzenkandidat an (1974, 1978 und 1982), ohne den Sprung in das höchste hessische Regierungsamt zu schaffen. In der bundesdeutschen Politik gibt es kein zweites Beispiel für einen Bewerber aus einer der beiden großen Parteien, der vier Mal hintereinander seine Partei in eine Landtagswahl führte, ohne an das große Ziel zu gelangen. Dass die hessische CDU an

Dregger als Landesvorsitzendem und Spitzenkandidaten festhielt, weist auf einen besonderen Korpsgeist hin, der nicht zuletzt von Dreggers Führungsstil geprägt war. Die Situation in Hessen mag insofern mit den dortigen Sonderkonstellationen zu erklären sein. Eine andere Frage ist es, aufgrund welcher Verankerungen Dregger im politischen Bonn für höchste Regierungsämter gehandelt wurde, sobald die Union wieder an die Regierung gelangen sollte.

Der noch gar nicht so lange amtierende Vorsitzende eines nicht gerade erfolgsverwöhnten CDU-Landesverbandes – und dies war Dregger im Jahr 1970 – strotzte geradezu vor Selbstvertrauen, als er im engsten Parteikreis durchblicken ließ, dass er angesichts seiner Interessen und Fähigkeiten die Bundeshauptstadt als den für ihn passenden Wirkungskreis ansah. Wenn ein Politiker mit den Worten, er sei »frei auch für Aufgaben in Bonn, falls sie auf mich zukommen«,[1] seine politische Zukunftsplanung offenlegt, dann handelt es sich im Regelfall nicht um vage Aussichten, sondern um ernsthafte Ambitionen. Dregger hatte ja auch etwas zu bieten. Auf seiner politischen Habenseite konnte er unbestritten verbuchen, der hessischen CDU einen neuen Politikstil verpasst zu haben, der die Parteiarbeit in ungewohnten Schwung brachte. Umgekehrt schielte die Bundes-CDU besonders aufmerksam auf die Maßnahmen, mit denen die hessische Union ihre Parteiarbeit professionalisierte.

Doch das allein reichte nicht aus, um im politischen Bonn hoch gehandelt zu werden. Wenn Dregger seine bundespolitischen Ambitionen dadurch zur Geltung brachte, dass er bereits bei der Bundestagswahl im September 1969 die hessische Landesliste anführte, konnte er daraus nicht ohne weiteres den Anspruch ableiten, in Bonn in der ersten Reihe durchzustarten. Viel eher hätte man erwarten können, dass der hessische Landesvorsitzende, der zweifellos begabt, aber bundespolitisch ein noch unbeschriebenes Blatt war, sich in Geduld üben und erst einmal anstellen musste, bevor er für höhere bundespolitische Ämter ins Spiel gebracht wurde. Doch Dregger wusste, dass er zu einem idealen Zeitpunkt auf der Bundesebene vorstellig wurde. Der Verlust der Regierungsmacht in Bonn ließ den Ruf nach neuen Köpfen und vor allem neuen Methoden in der CDU lauter denn je erschallen. Bereits in dem späten 1960er Jahren hatten sich in der CDU Stimmen Gehör zu verschaffen versucht, die eine neue Kommunikationskultur innerhalb und außerhalb der Partei einforderten und eine Abkehr von patriarchalischer Behäbigkeit verlangten. Die kulturellen Umbrüche, die seit den frühen 1960er Jahren die Bundesrepublik erfasst hatten, hatten auch nicht

---

1 Vgl. die Ausführungen Dreggers vom Sommer 1970 im Kreis hessischer Parteifreunde, ACDP, 01-347-208, Bl. 6.

vor der größten deutschen Volkspartei Halt gemacht und dort innerparteiliche Reformbestrebungen angestoßen.[2] Dregger brachte sich mit seinen erfrischenden Führungsmethoden und mit seiner Aufgeschlossenheit für professionelle Parteiarbeit daher zur idealen Zeit politisch ins Gespräch.

Doch aus eigener Kraft konnte sich der Vorsitzende eines vergleichsweise kleinen Landesverbandes, dessen Bedeutung weit hinter den Schwergewichten aus Rheinland, Westfalen, Baden-Württemberg und Niedersachsen zurückblieb, keine über sein Stammland hinausreichende Geltung verschaffen. Dregger benötigte mithin einen Mentor, der einflussreich genug war, um ihn zu fördern, der aber seine beste Zeit hinter sich hatte und daher den politischen Aufsteiger großmütig unterstützen konnte, ohne ihm, sollte er schließlich ganz nach vorne streben wollen, politisch im Weg zu stehen. Nach der Bundestagswahl 1969 fand Dregger eine solche für seine bundespolitischen Ambitionen ideale Konstellation vor. Sein erster und wichtigster politischer Förderer war mit Kurt Georg Kiesinger der amtierende CDU-Vorsitzende, der sich nach seiner knappen Wahlniederlage darauf einstellte, in absehbarer Zeit das Feld als Bundesvorsitzender räumen zu müssen.[3] Aber der frisch gebackene Altkanzler wollte in dieser Zeit des Übergangs nicht nur als innerparteilicher Moderator fungieren, sondern auch personelle Weichen so stellen, dass die CDU auf die nächste Bundestagswahl besser vorbereitet war. Dregger kam ebenfalls zugute, dass Kiesinger zugleich auf diese Weise den Aufstieg einiger von ihm kritisch betrachteter »Parteifreunde« – etwa seines Intimfeindes Rainer Barzel[4] – in Spitzenpositionen zu verhindern suchte. Indem Dregger in den heftigen innerparteilichen Auseinandersetzungen auf der Seite des Alt-Bundeskanzlers und Noch-CDU-Vorsitzenden Kiesinger stand, verpflichtete er sich zwar, inhaltliche Positionen einzunehmen, die vor allem den Bonner Fraktionsvorsitzenden und Parteichef in spe Barzel in Bedrängnis brachten. Doch da sich Dregger bis dahin in der Bundespolitik nicht profiliert hatte und daher die nötige thematische Flexibilität aufwies, konnte er als so etwas wie eine Allzweckwaffe Kiesingers bei der Neuaufstellung der Union fungieren.

2 Dazu ausführlich Frank Bösch: Die Adenauer-CDU. Gründung, Aufstieg und Krise einer Erfolgspartei 1945–1969. Stuttgart, München 2001, vor allem S. 403–411.

3 Kiesingers Rolle nach der Bundestagswahl bedarf noch einer ausführlichen Würdigung; als ersten Einstieg siehe Philipp Gassert: Kurt Georg Kiesinger 1904–1988. München 2006, S. 730–737; Frank Bösch/Ina Brandes: Die Vorsitzenden der CDU. Sozialisation und Führungsstil, in: Daniela Forkmann/Michael Schlieben (Hg.): Die Parteivorsitzenden in der Bundesrepublik Deutschland 1949–2005. Wiesbaden 2005, S. 23–63, hier S. 36.

4 Dazu vgl. Kai Wambach: Rainer Barzel. Paderborn 2019, vor allem S. 369 f. und 430 f.

Dregger war allem Anschein nach schon 1968 in das Blickfeld Kiesingers gerückt, als dieser noch als Bundeskanzler einer Großen Koalition nach einem Innenminister Ausschau hielt, der die NPD politisch im Zaum halten sollte. Diese 1964 gegründete Partei hatte die politisch zersplitterten Kräfte auf der Rechten gesammelt, die mit autoritären Lösungen sympathisierten und in der Tradition eines demokratiefeindlichen Deutschnationalismus standen, der in der Weimarer Republik vor allem durch die DNVP verkörpert worden war. Ab 1966 gelang der »Nationaldemokratischen Partei Deutschlands« der Einzug in vier Landtage, darunter auch in Hessen. Sie profitierte dabei von den Auswirkungen der ersten kleinen Rezession, die ab 1966/67 den bis dahin ungebrochenen konjunkturellen Aufschwung dämpfte; in dieser Situation zog sie nicht nur rechtsautoritäre Wähler an, die nie wirklich im westdeutschen Staatswesen angekommen waren, sondern auch Angehörige aus der Arbeiterschaft.[5] Daher war die Bekämpfung der NPD auch ein Anliegen von Kiesingers Koalitionspartner SPD. Eine Änderung des Wahlrechts galt bis zum Frühjahr 1968 als die favorisierte Lösung: Indem das bis dahin geltende Verhältniswahlrecht durch ein relatives Mehrheitswahlrecht ersetzt wurde, sollte kleinen Parteien wie der NPD der Einzug in die Parlamente verwehrt werden. Die Große Koalition hatte sich prinzipiell auf diesen Weg geeinigt und der dafür zuständige Bundesinnenminister Paul Lücke sein politisches Schicksal mit der Wahlrechtsreform verknüpft. Doch nach reiflicher Prüfung kam die SPD zu dem Ergebnis, dass das Mehrheitswahlrecht der CDU/CSU eine strukturelle absolute Mehrheit bei Bundestagswahlen bescheren und zugleich die sich immer stärker herauskristallisierende Option einer Koalition mit der FDP auf Bundesebene versperren würde.[6] Sie machte einen Rückzieher, was den Rücktritt Lückes zur Folge hatte.[7]

---

5 Vgl. zur Entwicklung der NPD klassisch Lutz Niethammer: Angepaßter Faschismus. Politische Praxis der NPD. Frankfurt/Main 1969, hier zu den Verhältnissen in Hessen S. 98–113; ders.: Nach dem Dritten Reich ein neuer Faschismus? Zum Wandel der rechtsextremen Szene in der Geschichte der Bundesrepublik [1981], in: Ulrich Herbert u. a. (Hg.): Deutschland danach. Postfaschistische Gesellschaft und nationales Gedächtnis. Bonn 1999, S. 59–73, hier S. 64–68; Frank Bajohr: Von Remer zu Schönhuber. Geschichte und Aktualität des Rechtsradikalismus in Deutschland nach 1945, in: Detlev J. K. Peukert/Frank Bajohr: Rechtsradikalismus in Deutschland. Zwei historische Beiträge. Hamburg 1990, S. 31–78, bes. S. 39–53; Tobias Hof: Rechtsextremer Terrorismus in der Bundesrepublik Deutschland, in: Martin Löhnig/Mareike Preisner/Thomas Schlemmer (Hg.): Ordnung und Protest. Eine gesamtdeutsche Protestgeschichte von 1949 bis heute. Tübingen 2015, S. 217–238, hier S. 222–224.

6 Vgl. Eckhard Jesse: Wahlrecht zwischen Kontinuität und Reform. Düsseldorf 1985, vor allem S. 124–126.

7 Vgl. hierzu Gassert: Kiesinger, vor allem S. 605–615.

Kanzler Kiesinger musste einen neuen Innenminister finden – und dies bot ihm die Chance, eine neue Strategie im Umgang mit der NPD einzuschlagen. Statt die Partei mit den Mitteln des Wahlrechts am Einzug in die Parlamente zu hindern, bot sich als Alternative an, sie mit politischen Mitteln kleinzuhalten. Das bedeutete, ihre Wähler zur Union zu holen. Damit hätte die Union wieder an die erfolgreiche Strategie Adenauers der 1950er Jahre angeknüpft. Der hatte den beiden damaligen Rechtsparteien (DP und BHE) die Wähler abspenstig gemacht und sie so politisch entkernt. Nun war die NPD ein anderes politisches Kaliber als die beiden stark interessengeleiteten Sonderparteien DP und BHE; vor allem benötigte man dafür aber eine politische Persönlichkeit, die potenzielle NPD-Wähler inhaltlich wie habituell anzusprechen vermochte.

Der rheinische Katholik Paul Lücke war allein aufgrund seines Persönlichkeitsprofils dazu wenig geeignet. Was lag daher näher, bei der Neubesetzung des Bundesinnenministeriums nach einer unverbrauchten Persönlichkeit Ausschau zu halten, die ehrgeizig und schneidig genug war, die NPD nicht mit den Mitteln des Wahlrechts in die Schranken zu weisen, sondern durch eine harte politische Auseinandersetzung zu bekämpfen? Geeignet schien für diese Aufgabe der aufstrebende hessische Landesvorsitzende Dregger. Manches spricht dafür, dass Kiesinger ihn als möglichen Kandidaten für die Nachfolge Lückes in Betracht zog.[8] Dregger vertrat in der Wahlrechtsfrage eine andere Position als Lücke;[9] er wollte den politischen Gegner mit offenem Visier bekämpfen, anstatt ihn durch Modifikation des Wahlrechts auszuschalten. Letztlich wurde es dann doch nicht Dregger, sondern der parlamentarische Staatssekretär im Bundesinnenministerium, Ernst Benda. Aber auch das unterstreicht, dass Kiesinger bei der Besetzung dieses wichtigen Amts über einen erheblichen personellen Gestaltungsspielraum verfügte, besaß doch Benda ähnlich wie Dregger keine starke Hausmacht innerhalb der CDU und deckte nicht wie Lücke, der immerhin stellvertretender Bundesvorsitzender der CDU war, den starken rheinischen Katholizismus ab.

Auch wenn ihm das Innenministerium nicht zufiel, hatte Dregger doch erkannt, dass er sich bei der Bundespartei für höhere Aufgaben empfehlen konnte, wenn er die NPD in seinem hessischen Stammland kleinhielt. Der wichtigste Kronzeuge für eine solche Politik war kein geringerer als der Übervater der

8 Vgl. dazu eine sich aus insgesamt durchaus zuverlässigen Quellen speisende »Kurzbiographie« Dreggers, welche die Staatssicherheit der DDR am 4. November 1976 anfertigte: BStU, Archiv der Zentralstelle, MfS ZAIG Nr. 24104, Bl. 324.

9 Vgl. dazu das Schreiben Dreggers an Kiesinger, 27.03.1968, auszugsweise wiedergegeben bei Klaus Schönhoven: Wendejahre. Die Sozialdemokratie in der Zeit der Großen Koalition 1966–1969. Bonn 2004, S. 257.

Union, Konrad Adenauer: Dieser hatte die Union auch deswegen zur dominierenden politischen Kraft machen können, weil es ihr gelang, die Parteien rechts von der Union (mit Ausnahme der FDP) zu marginalisieren. Für eine solche Sammlungspolitik, die zwar eine inhaltliche Anbiederung an demokratiefeindliche Strömungen strikt verwarf, aber die Wähler dieser Parteien nicht als für die Demokratie verlorene Extremisten abstempelte, waren 1968/69 allerdings modernere Formen nötig als noch zehn Jahre zuvor.[10] Dregger wollte daher mit der Bundestagswahl in Hessen auch unter Beweis stellen, dass es seinem Landesverband gelang, potenzielle NPD-Wähler zu gewinnen und damit sowohl der CDU einen Stimmenzuwachs zu bescheren als auch die rechtsextreme Partei derart an den Rand zu drängen, dass sie nicht den Sprung in den Bundestag schaffte.

Ein Einzug der NPD ins Bonner Parlament war im September 1969 alles andere als unwahrscheinlich; wäre er gelungen, hätte das die politischen Karten in Bonn gänzlich neu gemischt. Eine sozialliberale Koalition unter einem Bundeskanzler Willy Brandt wäre nicht möglich gewesen, wenn die NPD in den Bundestag gelangt wäre. Daher mochten einige CDU-Politiker insgeheim mit dem Gedanken gespielt haben, eine solche Konstellation sei für die Union aus taktischen Gründen wünschenswert, da auf diese Weise ohne sie keine Regierungsbildung möglich gewesen wäre. Sie hätte sich in der komfortablen Lage gefunden, sich auszusuchen, weiterhin mit der SPD oder doch wieder zusammen mit der FDP eine Bundesregierung zu bilden. Dregger indes zählte nicht zu den Unionspolitikern, die solche parteitaktischen Manöver schätzten. Für ihn war der politische Kampf gegen die NPD ein politisches Herzensanliegen, auch wenn er damit eigene Ambitionen zu verbinden suchte. Immerhin war für seine Karriere in Bonn entscheidend, dass er auf strategisch wichtigen Politikfeldern punkten konnte. Und dazu zählte im Herbst 1969 die Eingrenzung der NPD.

Dregger ging die politische Auseinandersetzung mit dem rechten Rand schwungvoll und entschieden an, weil er die Bekämpfung einer strammen Rechtspartei für eine staatspolitische Aufgabe hielt. Die Ziele der NPD waren für ihn indiskutabel; ebenso fiel ins Gewicht, dass sie mit ihren Parolen dem Ansehen der Bundesrepublik in höchstem Maße schadete. Dregger hatte aus seinen Erfahrungen mit dem Nationalsozialismus gelernt und zögerte keinen Augenblick, ihn als ein grauenvolles Kapitel der deutschen Geschichte zu geißeln und entsprechend die NPD mit gleicher Vehemenz zu bekämpfen, wie er gegen Kommunisten zu Felde zog.[11] Auch hier warf er sein politisches Kapital als ge-

10 Zum Umgang der CDU mit der NPD vgl. grundlegend Bösch: Adenauer-CDU, S. 397–402.

11 Landesvorstandssitzung vom 30.08.1969/Beschlussprotokoll vom 10.10.1969, ACDP, 01-347-175/1.

borener Wahlkämpfer in die Waagschale: Er wollte den politischen Gegner im Wahlkampf stellen und ihm in harter Auseinandersetzung die Wähler abspenstig machen.

Der politisch Spätberufene hatte schärfer als die altgedienten Parteipolitiker von CDU und SPD erkannt, dass die bundesdeutsche Demokratie seit den späten 1960er Jahren einen Politisierungsschub erlebte, dem man mit adäquaten politischen Mitteln zu begegnen hatte. Während Parteiveteranen wie Paul Lücke dieser zum Teil mehr als ungestümen Politisierungswelle, die sich in lautstarken Protestformen Bahn brach, mit Unverständnis gegenüberstanden, das Schreckbild einer Wiederkehr der Endphase der Weimarer Republik an die Wand malten und in ihrer Hilflosigkeit die Änderung des Wahlrechts als Heilmittel empfahlen, stellte sich Dregger vorbehaltlos auf diesen Gestaltungswandel des Politischen ein. Er hatte sich zu einem »homo politicus« entwickelt, der im Wahlkampfmodus aufging und zu einem »champion campaigner« wurde.[12] Während manche Parteifreunde ängstlich in Deckung gingen, wenn eine Wahlkampfveranstaltung in einer als aufmüpfig verschrienen Universitätsstadt wie Marburg oder Gießen anstand, blühte der CDU-Landesvorsitzende förmlich auf. Hier zeigte sich in gewisser Weise auch, wie Dregger seine militärischen Erfahrungen einbrachte: Er ließ sich nicht durch eine numerische Überlegenheit der Gegner einschüchtern und in die Defensive drängen. Das politische Gefecht belebte ihn, sofern es – und dies war entscheidend und markierte einen qualitativen Bruch mit der Sphäre des Militärischen – auf zivilisierte Art ausgetragen wurde. Dregger suchte stets die argumentative Auseinandersetzung mit dem politischen Gegner, bei der er dann zur Hochform auflief, wenn er in offener »Feldschlacht« mittels Rede und Gegenrede den Widerpart zu stellen vermochte. Er zählte zu der seltenen Spezies von CDU-Spitzenpolitikern, die sich sogar auf eine Begegnung mit den Linksauslegern des politischen Hauptkonkurrenten SPD freuten, den auch in SPD-Reihen als gewöhnungsbedürftig eingeschätzten Jungsozialisten. Solange deren Interventionen nicht in Krawall ausarteten, nutzte er sie dazu, seine Argumente zu schärfen und Standpunkte in direkter Gegenrede zu konkretisieren.[13] Daher war es auch ganz in seinem Sinne, dass die professionelle Wahlkampfleitung der Hessen-CDU in Gestalt ihres »Mastermind« Peter Radunski für die Bundestagswahl 1969 einen ganz auf Dregger zugeschnittenen Wahlkampfmodus ausgearbeitet hatte. Während zaghafte Parteifreunde davon abrieten, zu stark auf Polemik zu-

12 Diese auf Roosevelt gemünzte Bezeichnung nach Harold B. Gosnell: Champion Campaigner. Franklin D. Roosevelt. New York 1952.

13 Dregger am 08.12.1972 an Meyer, ACDP, 01-347-199.

rückzugreifen, weil das scharfe Wort die breite Wählerschaft verschrecke,[14] empfahl Radunski »die harte Auseinandersetzung mit dem Radikalismus«.[15]

Was bedeutete dies mit Blick auf die NPD? Für Dregger ging es darum, die Rechtsextremisten dadurch kleinzuhalten, dass man sie politisch bekämpfte und ihnen zugleich den Teil der Wähler abspenstig machte, der für die CDU erreichbar war. Auf die unverbesserlichen »alten Nazis«[16] traf das nicht zu, wohl aber auf jene Protestwähler, die vor allem durch die »Studentenkrawalle« die staatliche Autorität ausgehöhlt sahen. Ihnen sollte sich die CDU als Garant von »Ruhe und Ordnung« präsentieren – eine Rolle, die zwar im Jahr 1969 noch nicht die Paraderolle Dreggers war, die er aber perfekt zu repräsentieren vermochte. Zugleich sah er es als unverzichtbar an, den Wählern deutlich zu machen, dass die NPD nicht wählbar sei, weil sie den Nationalsozialismus verharmlose und die mit diesem Kapitel der Geschichte verbundenen Verbrechen relativiere: »Weil die NPD sich nicht von den Verbrechen der NS-Zeit distanziert, wird sie Deutschland schaden. Der Nationalsozialismus ist und bleibt eine Fehlentwicklung der deutschen Geschichte.«

Erprobte die Dregger-CDU bei der Bundestagswahl 1969 erstmals die vor allem von Radunski erarbeitete Professionalisierung des Wahlkampfes, so gehörte dazu auch eine klare Erfolgskontrolle. Maßgabe waren hier die intern ausgegebenen Ziele. Zur NPD lautete die Vorgabe: »unter 5 % im Bund oder eindeutige NPD-Verluste gegenüber der Landtagswahl in Hessen«.[17] Bei der letzten Wahl zum hessischen Landtag im Jahr 1966 hatte die NPD 7,9 Prozent der abgegebenen gültigen Stimmen erreicht. Um die NPD unter dieses Niveau herabzudrücken, setzte sich Dregger parteiintern dafür ein, Kandidaten, die aufgrund ihres Lebenslaufs betont national orientierte Wähler anzusprechen vermochten, an aussichtsreicher Stelle zu platzieren. Dass es dabei durchaus Grenzen gab und bestimmte Figuren aus dem NPD-Umfeld für die hessische CDU untragbar waren, tat Dregger unmissverständlich auch im Bundesvorstand der Union kund.[18]

---

14 Vorbereitung des Bundestagswahlkampfes im CDU-Landesverband Hessen, Entwurf für Dregger, 07.01.1969, ACDP, 01-347-197.

15 Konzept zur Insertionskampagne der CDU in Hessen von Peter Radunski vom 30.06.1969, ACDP, 01-347-197.

16 So wörtlich in dem Wahlkampfkonzept, das Radunski am 30.06.1969 vorlegte, ACDP, 01-347-197, Bl. 3 des »Konzepts zur Insertionskampagne der CDU in Hessen«; hier auch alle folgenden Zitate.

17 Peter Radunski: Leitlinien zur politischen Bewertung des Wahlergebnisses«, Ausarbeitung vom 19.09.1969, Zitat Bl. 2, ACDP, 01-347-197.

18 Vgl. Dreggers Redebeitrag im CDU-Bundesvorstand am 23.04.1970, in: Günter Buchstab (Bearb.): Barzel: »Unsere Alternativen für die Zeit der Opposition«. Die Protokolle des CDU-Bundesvorstands 1969–1973. Düsseldorf 2009, S. 278.

Nun hätte Dregger selbst durchaus die Gelegenheit gehabt, im Wahlkampf 1969 unter Hinweis auf seinen mehrjährigen Einsatz an der »Ostfront« alte Wehrmachtsangehörige anzusprechen und dabei politische Töne anzuschlagen, die bei einer solchen von der NPD gezielt umworbenen Wählerschaft verfingen. Doch er hütete sich davor, beim Werben um potenzielle NPD-Wähler in die Rolle des »alten Kameraden« zu schlüpfen, die ihm nicht behagte. Von einer organsierten Traditionspflege, in der die Angehörigen seiner Infanteriedivision in nostalgischen Erinnerungen an gemeinsam durchgekämpfte Schlachten schwelgten, hielt er sich fern. Wichtiger als diese persönlichen Motive war allerdings, dass er sich politisch nicht abstempeln lassen wollte. Genau das aber befürchtete er, wenn er die Karte des Wehrmachtsoffiziers gespielt hätte. Ihm war bewusst, dass man auf diesem Ticket weder in Wiesbaden noch in Bonn ganz nach oben gelangen konnte.

Daher war Dregger, anstatt sich selbst in dieser Hinsicht zu exponieren, daran interessiert, dass auf der hessischen Landesliste Personen vertreten waren, die für moderate Rechtswähler aus dem Kreis von Wehrmachtsangehörigen attraktive Akzente zu setzen vermochten. So machte er sich mit der Autorität des Landesvorsitzenden bei der Aufstellung der hessischen Landesliste erfolgreich dafür stark, dass mit Hans Wissebach ein in dieser Hinsicht besonders profilierter Kandidat einen aussichtsreichen Listenplatz erhielt. Wissebach brachte als politische »Empfehlung« mit, in jungen Jahren in die Waffen-SS eingetreten zu sein und sich nach seiner Rückkehr aus sowjetischer Kriegsgefangenschaft im Jahr 1954 aktiv für die Hilfsgemeinschaft ehemaliger Angehöriger der Waffen-SS engagiert zu haben, unter anderem mit seiner redaktionellen Arbeit für deren Zeitschrift »Der Freiwillige«. Wissebach hatte sich politisch zunächst für die DP engagiert und war 1961 in die CDU eingetreten.[19]

Wissebach deckte aber nicht nur den rechten Rand der CDU ab; was ihm darüber hinaus ein Alleinstellungsmerkmal verlieh, war der Umstand, dass er zu den wenigen Kriegsblinden zählte, die es in der Politik weit gebracht hatten. 1942 hatte er im Kessel von Demjansk sein Augenlicht eingebüßt. Insofern war Wissebach in doppelter Hinsicht für die hessische CDU von Interesse: Als Kriegsversehrter war er zum einen ein authentischer Zeuge dafür, dass der CDU die Interessen von Kriegsveteranen nicht gleichgültig waren, die aus innerer Überzeugung den Krieg im Osten mitgemacht hatten. Zum anderen nötigte der Umstand, dass der Kriegsblinde in Marburg ein Studium der Rechtswissenschaft erfolgreich abge-

19 Zu Wissebach vgl. Andreas Eichmüller: Die SS in der Bundesrepublik. Debatten und Diskurse über ehemalige SS-Angehörige 1949–1985. München 2018, S. 277–279.

schlossen hatte, auch denjenigen Respekt ab, die Wissebachs unkritische Verherrlichung der militärischen Taten im »Ostkrieg« als politisch problematisch einstuften. Und an solchen kritischen Stimmen mangelte es in der hessischen CDU im Jahr 1969 wahrlich nicht: Sie stammten aus dem Gewerkschaftsflügel,[20] aber auch aus dem besonders reformorientierten »Ring Christlich-Demokratischer Studenten« (RCDS). Letztere hielten es für unzeitgemäß, dass sich die CDU mit einem solchen Rechtsausleger schmückte, der nach seiner Wahl in den Bundestag 1969 der militärisch am höchsten dekorierte Soldat der Waffen-SS war, der dem Bundestag angehören sollte. Dabei tat sich vor allem Alexander Gauland hervor,[21] damals im RCDS von Marburg aktiv, der später als rechte Hand von Walter Wallmann politische Karriere in der hessischen CDU machte, bevor er dieser Partei den Rücken kehrte und sich zu Positionen bekannte, mit denen Hans Wissebach in den 1960er Jahren sympathisiert hatte.[22]

Dregger beeindruckten solche Bedenken wenig. Denn im politischen Kalkül, der NPD Stimmen streitig zu machen, kam Wissebach eine Signalfunktion zu. Daher stellte man ihn auch in einem nordhessischen Wahlkreis auf, in dem die Rechtsparteien (auch die dort besonders national ausgerichtete FDP) eine ihrer Hochburgen besaßen: den Wahlkreis 126 Waldeck-Hofgeismar. Zudem konnte Dregger mit Recht darauf verweisen, dass der Hauptkonkurrent SPD keinerlei Berührungsängste gegenüber der HIAG, der »Hilfsgemeinschaft auf Gegenseitigkeit der Angehörigen der ehemaligen Waffen-SS«, besaß. Im Bundestag waren es vor allem die verteidigungspolitischen Experten der SPD, Helmut Schmidt und Fritz Erler, die in der Nachfolge eines Kurt Schumacher Kontakte zu diesem vielen als rechtsextrem geltenden »Traditionsverband« pflegten.[23] Auch einer der profiliertesten Köpfe der hessischen SPD im Bundestag, der Vorsitzende des Innenausschusses Hermann Schmitt-Vockenhausen, war in dieser Hinsicht überaus rührig.[24] Das Ergebnis der Bundestagswahl konnte Dregger schließlich als Bestätigung seines Kurses auffassen: Wissebach hatte in seinem Wahlkreis das

20 Vgl. die scharfe Kritik, die der Hauptgeschäftsführer der IG Bau – Steine – Erden, August Weimer, in einem Schreiben an Dregger vom 15.04.1969 übte, ACDP, 01-347-197. Weimers Kritik war allerdings nicht uneigennützig, da er selbst Hauptleidtragender der Kandidatur Wissebachs war, die ihn einen sicheren Listenplatz und damit einen Wiedereinzug in den Bundestag kostete, dem er von 1965 bis 1969 angehört hatte.

21 Vgl. das Schreiben Gaulands an Dregger vom 26.03.1969, ACDP, 01-347-197.

22 Vgl. als ersten Versuch einer politischen Biographie Gaulands Olaf Sundermeyer: Gauland. Die Rache des alten Mannes. München 2018.

23 Vgl. Kurt Wilke: Veteranen der Waffen-SS in der frühen Bundesrepublik, in: Jan Erik Schulte/Michael Wildt (Hg.): Die SS nach 1945. Göttingen 2018, S. 75–97, hier S. 85 f.

24 Vgl. Eichmüller: SS, S. 122.

Ergebnis für die CDU gegen den Bundestrend um 5 Prozent verbessern können, die FDP war eingebrochen, und auch die NPD hatte in ihrer nordhessischen Hochburg im Vergleich zur Landtagswahl starke Einbußen zu verzeichnen.

Generell war das hessische Bundestagswahlergebnis eine politische Steilvorlage für Dregger, um selbstbewusst gegenüber der Bundes-CDU aufzutreten und politische Ansprüche anzumelden. Die hessische CDU hatte entgegen dem Bundestrend zugelegt und war neben Baden-Württemberg, dem Stammland von Bundeskanzler Kiesinger, der einzige Landesverband, der auf einen Stimmenzuwachs verweisen konnte.[25] Das nahm Dregger nicht nur zum Anlass, bei der Bundes-CDU eine adäquate Vertretung des hessischen Landesverbands in der Parteispitze anzumahnen, an der es bislang fehlte. Vor allem verknüpfte Dregger diesen legitimen Vorstoß mit einer klugen Karrierestrategie in eigener Sache. Der bis dahin bundespolitisch weitgehend unbekannte Landesvorsitzende einer vermeintlich strukturell zur Oppositionsrolle verdammten Landes-CDU wog nüchtern ab, wie er sein Gewicht in der Bundespolitik zur Geltung bringen konnte. Die eine Möglichkeit war, das 1969 errungene Bundestagsmandat anzunehmen und sich über die Bundestagsfraktion für höhere Aufgaben zu empfehlen. Doch wäre dies ein mühsamer Weg gewesen, da nicht zu erwarten war, dass die altgediente Fraktionsführung um den alten und neuen Fraktionsvorsitzenden Barzel dem hessischen Landesvorsitzenden ausreichend Spielraum zur Entfaltung gewähren würde. Auch war absehbar, dass »junge Abgeordnete des vorigen Bundestags diesmal ihren personalpolitischen Zahltag«[26] einfordern würden. Zudem wäre für Dregger thematisch nur das Spezialgebiet des Städtebauförderungsgesetzes in Frage gekommen. Das aber hätte ihn auf den Status eines Fachpolitikers reduziert. Ihn zog es jedoch gerade nach Bonn, weil er in die Breite wirken und speziell das Themenfeld okkupieren wollte, von dem zu erwarten war, dass es wegen der bevorstehenden Neuausrichtung durch die sozialliberale Bundesregierung im Zentrum der politischen Auseinandersetzung stehen würde: die Ost- und Deutschlandpolitik. Damit stand für Dregger fest, dass sein bundespolitischer Aufstieg zunächst nicht über die Bundestagsfraktion, sondern über die Bundespartei zu erfolgen hatte.

Die Geschicklichkeit, mit der Dregger seine Bewerbung beim amtierenden Bundesvorsitzenden Kiesinger in einem Schreiben vom 10. Oktober 1969 einfä-

25 Bundesweit büßte die CDU 1,5 Prozentpunkte ein; die Hessen-CDU hatte einen Zugewinn von 0,6 Prozentpunkten zu verzeichnen und brachte es auf 38,4 Prozent der Zweitstimmen.

26 Zitat aus dem überaus aussagekräftigen Vermerk Radunskis für Dregger »Überlegungen zur Annahme oder Ablehnung des Bundestagsmandats«, dort Bl. 2, 04.10.1969, ACDP, 01-347-197.

delte, zeugt davon, dass er die Mechanismen der Parteipolitik mittlerweile internalisiert hatte. Er hatte sich seit der Übernahme des Amtes des Landesvorsitzenden in das Innenleben der ihm lange fremden Partei so vertieft, dass er präzise einzuschätzen wusste, unter welcher für ihn optimalen Konstellation sich die politischen Weichen für eine bundespolitische Karriere stellen ließen: Kiesinger musste in einer Übergangszeit das Amt des Parteivorsitzenden in seiner Hand behalten, um in dieser Phase eine personelle Erneuerung der CDU einzuleiten, von der auch Dregger profitieren konnte. Kiesinger war die perfekte Besetzung hierfür, weil er seinen politischen Zenit überschritten hatte, sich aber zugleich einen würdigen Abgang als Reformer einer durch die Übernahme der Oppositionsrolle tief verunsicherten CDU verschaffen konnte.[27] Wenn sich Dregger vehement dafür einsetzte, dass Kiesinger weiterhin die Parteiführung innehaben sollte (»Der Regierungswechsel in Bonn sollte von der CDU genutzt werden, um ihr unter Ihrer Führung eine schlagkräftige Parteiorganisation und überzeugende Führungsorgane auf Bundesebene zu geben«[28]), verfolgte er mithin nicht nur uneigennützige Gründe.

Dregger dachte dabei schon an die Zeit nach Kiesinger: Auch wenn er dank dessen Einsatz in die beiden wichtigsten Parteiorgane einziehen sollte (Präsidium und Parteivorstand), musste er Vorsorge treffen, dass auch der kommende starke Mann der Post-Kiesinger-CDU ihn nicht entbehren konnte. Was lag da näher, als ein politisches Zweckbündnis mit jenem Unionspolitiker einzugehen, der als aufstrebender Stern galt und sich als innerparteilicher Reformer, der gegen verkrustete Parteistrukturen anging und dabei auch Parteiobere nicht schonte, einen Namen gemacht hatte: dem seit 1969 amtierenden Ministerpräsidenten von Rheinland-Pfalz, Helmut Kohl?[29] Es passte gut, dass der mit allen Wassern der Parteipolitik gewaschene Berufspolitiker schon seit Jahren enge Beziehungen zur hessischen CDU-Spitze pflegte und sich wohl dort auch Rezepte für eine moderne Wahlkampfführung abgeguckt hatte. Doch Kohls eigentliche Stärke lag in der Personalpolitik. Er verstand es, Netzwerke zu knüpfen, die auf Loyalität beruhten und so ausgerichtet waren, dass sie ihre politische Rendite auch erst nach Jahren abwarfen. Da die beiden Landeshauptstädte Mainz und Wiesbaden nur durch den Rhein getrennt waren, hatte Kohl stärker in den hessischen Landesverband hineingeleuchtet als in jeden anderen außerhalb seines Heimatlandes. Ihm war schnell klar, dass Dregger niemals in das Netzwerk von Kohl-Getreuen

---

27 Vgl. Gassert: Kiesinger, vor allem S. 734 f.

28 Schreiben Dreggers an Kiesinger, 10.10.1969, ACDP, 01-347-197, Zitat Bl. 1 des Schreibens.

29 Zu Kohl unentbehrlich Schwarz: Helmut Kohl, hier S. 143 – 153.

einzugliedern war, weil sich sein bürgerlicher Habitus gegen diese Art der Fraternisierung sperrte und er sich nie von der Gunst anderer politisch abhängig machen wollte. Die beiden Persönlichkeiten waren zu unterschiedlich, als dass sie mehr als nur eine Zweckgemeinschaft bilden konnten: Hier der kumpelhafte massige Pfälzer, der seinem Gegenüber das »Du« förmlich aufdrängte; dort der politische Manager, dem kumpaneihaftes Gebaren wesensfremd war und der daher Wert auf menschliche Distanz auch und gerade zu »Parteifreunden« legte – eine Haltung, die ihm von Seiten Kohls den halb spöttischen, halb anerkennenden Beinamen »Don Alfredo« eintrug.[30]

Aber so verschieden die beiden Charaktere waren, verband sie doch das gleiche Anliegen: Kohl wie Dregger konnten ihre bundespolitischen Ambitionen nur dann pflegen, wenn sie sich als innerparteiliche Reformer in Szene setzten. Das dafür geeignete Forum war aus ihrer Sicht nicht die Fraktion, sondern die Partei. Dregger hätte nur dann politisch gemeinsame Sache mit dem Fraktionsvorsitzenden Rainer Barzel gemacht, wenn dieser als Oppositionsführer ein Schattenkabinett gebildet hätte, in dem Dregger eine hervorgehobene Position zugedacht worden wäre. Damit hätte sich die CDU, die sich nun in eine für sie ungewohnte Oppositionsrolle gedrängt sah, am britischen Vorbild orientiert. Dort sandte die stärkste Oppositionspartei durch die Aufstellung eines Schattenkabinetts das Signal aus, jederzeit auch personell für die Übernahme der Regierungsgewalt gewappnet zu sein. Der CDU-Bundestagsabgeordnete Konrad Kraske, ein enger Vertrauter von Fraktionschef Barzel, hatte sich auch unter diesem Aspekt in Großbritannien umgeschaut,[31] wo sich die »Conservative Party« mit dem Los der Opposition abzufinden hatte. Da sich Barzel nicht für eine Orientierung am britischen Vorbild entschied, ergriff Dregger die Initiative und brachte gegenüber Kohl eine Aufwertung der beiden höchsten Parteigremien ins Spiel: »Danach sollte jedes Mitglied des Präsidiums und des Bundesvorstandes für einen bestimmten Fragenkreis politische Aufgaben und Verantwortungen übernehmen.«[32] Eine Umsetzung dieses Vorschlags hätte bedeutet, dass sich in diesen beiden Parteigremien – und nicht in der Bundestagsfraktion – die personellen Gegenspieler der Bundesregierung hätten warmlaufen können.

Helmut Kohl, bislang nicht in der Führungsspitze der Bundes-CDU vertreten, war verständlicherweise von diesem Vorstoß Dreggers angetan. Da der nächste

30 Ebd., S. 151.

31 Konrad Kraske: Bericht über einen Besuch bei der Konservativen Partei Großbritanniens, undatiert, ACDP, 01-347-197.

32 Brief Dreggers an Kohl, 10.10.1969, ACDP, 01-347-197.

Bundesparteitag der CDU am 17. und 18. November 1969 in Mainz stattfand und damit ein politisches Heimspiel für Kohl darstellte, war es für Dreggers Ambitionen förderlich, sich mit seinem Mainzer Verbündeten über die Aufwertung der Parteigremien abzustimmen.[33] Unausgesprochen blieb zwischen den beiden allerdings, dass sie sich in einer entscheidenden Frage wohl einen Verdrängungswettbewerb würden liefern müssen. Schließlich eignete sich der 30 Köpfe zählende Bundesvorstand nicht für die erwähnten Zwecke, sondern nur das Präsidium. Dem gehörten aber außer dem Parteivorsitzenden nur dessen fünf Stellvertreter an. War vorstellbar, dass die CDU gleich zwei Neulinge – Kohl und Dregger – in dieses erlauchte Gremium, den geschäftsführenden Vorstand der Partei, hineinwählen würde? Und hatte im Fall, dass es mehr Bewerber als zu vergebende Plätze gab, nicht der Mainzer Ministerpräsident bessere Aussichten als der hessische Landesvorsitzende?

Doch welches bundespolitisch bedeutsame Thema wollte Dregger sich überhaupt auf seine Fahnen schreiben, um damit als Gesicht der CDU bundesweit zu werben? In seinem bereits erwähnten Schreiben an den CDU-Vorsitzenden Kiesinger vom 10. Oktober 1969 reklamierte er für den Fall seiner Wahl ins Parteipräsidium die Zuständigkeit »für die Kommunalpolitik der Bundespartei«.[34] Was auf den ersten Blick nach einem Nischenthema aussah und nicht dem generalistischen Ansatz entsprach, den er doch mit Blick auf die Bundesebene hat erkennen lassen, war bei Lichte betrachtet ein politisches Querschnittsthema von strategischer Bedeutung für die CDU. Dregger setzte darauf, dass die CDU kaum um eine schonungslose Analyse des Ergebnisses der Bundestagswahl 1969 herumkam und auf diesem Wege *sein* Thema ins Zentrum rücken musste. Parteien drücken sich oft vor einer schmerzlichen Wahlanalyse, wenn dadurch die Personen an der Spitze beschädigt werden könnten. Da aber Kiesinger ein Bundesvorsitzender auf Abruf war, konnte die Union ohne eine solche Rücksichtnahme in eine auch empirisch gesättigte Untersuchung des Wahlergebnisses eintreten. Dregger war hierfür bestens gerüstet, da sein Landesverband den Bundestagswahlkampf auf der Basis empirischer Befunde geführt hatte. Die Union hatte zwar bundesweit mit 1,5 Prozentpunkten moderat verloren, aber vor allem in den Großstädten herbe Verluste einstecken müssen. Die urbanen Zentren drohten zum Sorgenkind der CDU zu werden. In den 1960er Jahren war ihr die kommunalpolitische Basis verloren gegangen, was dazu geführt hatte, dass reihenweise Rathäuser an die SPD gefallen waren. Dregger legte damit den Finger

33 Vgl. ebd.

34 Dregger an Kiesinger, 10.10.1969, ebd.

in die Wunde, wenn er an Kiesinger schrieb: »Insbesondere gilt es, die Kommunalfremdheit und teilweise sichtbar gewordene Städtefeindlichkeit der Partei zu überwinden und die Rathäuser zurück zu erobern, die die Partei im letzten Jahrzehnt verloren hat. Der Regierungswechsel in Bonn ist der letzte Schritt eines Prozesses, der mit dem Verlust der Rathäuser begonnen hat.«[35]

Dregger empfahl sich damit keineswegs als ehemaliger Fuldaer Oberbürgermeister für die Position des CDU-Stadtbeauftragten. In der osthessischen Bischofsstadt, wo die CDU bei der Bundestagswahl 1969 ihr Zweitstimmenergebnis auf 58,9 Prozent steigern konnte, war die Welt in diesem Sinne noch in Ordnung. Die Problemzonen der Union lagen in den dynamisch wachsenden Ballungszentren, die mobile Menschen anlockten und in denen sich ein neuer Mittelstand herausbildete, der aus technischer und akademischer Intelligenz bestand und die CDU programmatisch und vor allem angesichts der von ihr gewählten politischen Ansprache als altbacken empfand. Eine CDU, die den Eindruck erweckte, sie würde in den Städten vor allem die Gruppeninteressen des selbständigen Mittelstandes bedienen und sich Partikularinteressen des Handwerkermeisters und des Ladenbesitzers zu eigen machen, musste damit rechnen, den Anschluss an die wachsende Wählerschar des neuen Mittelstandes zu verlieren.

Doch der Segen des Noch-Bundesvorsitzenden und eine Abstimmung mit dem aufstrebenden Ministerpräsidenten von Rheinland-Pfalz reichten nicht aus, um auf dem Bundesparteitag in Mainz den Sprung ins Parteipräsidium zu schaffen. Dregger musste auch die Parteitagsdelegierten überzeugen, die sich nicht durch informelle Ansprachen zwischen den Landesverbänden gebunden fühlten. Dazu bedurfte es einer zündenden Rede, die nicht rhetorisch, sondern vor allem durch politische Inhalte bestechen sollte. Erstmals hatte Dregger Gelegenheit, vor der Bundespartei seine politische Visitenkarte zu zücken – und er tat dies, indem er sich als Exponent einer modernen Großstadtpartei präsentierte.[36]

In seiner Rede suchte Dregger die kommunale Bindung der Partei als zentrale Frage herauszustellen. So werde die CDU ihre Mehrheitsfähigkeit einbüßen, wenn sie nicht der großstädtischen Wählerschaft ein attraktives programmatisches Angebot mache. Die öffentliche Daseinsfürsorge, etwa der Ausbau von Schulen und der Infrastruktur, müsse der CDU ein Herzensanliegen sein. Diese

---

35 Ebd.

36 »Diese Union muß kommunalbewußter und stadtbewußter werden«, so Dregger am 17. November auf dem Bundesparteitag in Mainz, in: Christlich Demokratische Union Deutschlands, Bundesgeschäftsstelle, Bonn, (Hg.): 17. Bundesparteitag der Christlich Demokratischen Union Deutschlands. Niederschrift, Mainz, 17./18. November 1969. O. O., o. J., S. 76.

Bestandsaufnahme verband Dregger mit dem naheliegenden Verweis, dass er als Stadtoberhaupt die Nöte der städtischen Bevölkerung kenne und daher der geeignete Repräsentant für die CDU sei, um verlorenen Boden bei dieser strategisch wichtigen Wählerschaft wieder gutzumachen. Aber er warb auch darum, den politischen Stil der Union stärker den städtischen Milieus anzupassen. Mit einer kulturkonservativ getönten Großstadtkritik, die sich nicht auf die neue Lebenswirklichkeit einlasse und traditionalistische Vorbehalte gegen ein angeblich zersetzendes und entsolidarisierendes Großstadtleben bediene, könne man Hirn und Herz dieser Wählerschicht nicht erreichen.

Dregger spielte also bei seinem ersten bundespolitischen Auftritt keineswegs die konservative Karte eines Skeptikers angesichts der politisch erwachten Massen – auch daran lässt sich ablesen, dass er sich von Anfang an bundespolitisch nicht in eingefahrenen Bahnen des klassischen Konservatismus bewegte. Wo er sich politisch innerhalb der CDU verorten würde, war Ende 1969 bereits absehbar: auf keinen Fall bei denen, die kulturell und mentalitätsmäßig als konservativ galten, aber auch nicht bei den prononciert katholischen Kräften mit einer ausgesprochenen Vorliebe für Sozialpolitik. Dregger betrieb eine nüchterne Bestandsaufnahe, weil er bundespolitisch keinem Flügel zuzuordnen war und weil er sich nicht durch Rücksichtnahme auf Traditionslinien des politischen Katholizismus gehemmt sah. Daher plädierte er engagiert dafür, auch die großstädtische Jugend ernst zu nehmen und sie nicht als Ansammlung langhaariger Rebellen wider die bürgerliche Ordnung abzuwerten: »Wer die große Stadt als Sündenpfuhl, weite Teile der Jugend als verkommen und öffentliche Meinungsmacher als Windbeutel betrachtet, ist wenig geeignet, die Position der CDU in diesen Bereichen zu verbessern.«[37] Dazu müsse die CDU die behaglichen Echokammern verlassen, in denen sie es sich in den Großstädten bequem gemacht habe, und einen offensiven Dialog mit Wählerschichten suchen, die eine neue Art der politischen Ansprache verlangten.

Der Vorsitzende der hessischen CDU präsentierte sich in Mainz damit als Vertreter des reformorientierten Flügels innerhalb der CDU. Sekundiert wurde er dabei von seinem Generalsekretär Schwarz-Schilling. Auch dieser warb offensiv dafür, die Anliegen gerade der akademisch Gebildeten ernst zu nehmen, ihnen gegenüber nicht schroff aufzutreten und keine Dialogverweigerung zu betreiben. Der promovierte Sinologe Schwarz-Schilling hatte die Universität lange genug von innen kennengelernt, um nicht in eine Pauschalverurteilung der Studentenschaft als rebellische, die öffentliche Ordnung gefährdende Gruppe einzustim-

37 Ebd.

men. Stattdessen lobte er ausdrücklich die CDU-nahe Studentenorganisation RCDS als Avantgarde der Union und sparte nicht mit Lob für deren Theorieorgan »Die Sonde«.[38]

Solche selbstkritischen Töne waren auf CDU-Parteitagen bislang kaum zu hören gewesen. Normalerweise klopfte sich die bisherige Kanzlerpartei bei solchen Anlässen selbst auf die Schulter, labte sich am Angriff auf den politischen Gegner und kungelte in Hinterzimmern das personelle Tableau aus, wobei landsmannschaftliche und konfessionelle Gewichte auszutarieren waren. Doch der Bundesparteitag 1969 leitete eine neue Ära ein: Die CDU war als Partei erwachsen geworden, weil sie nicht mehr als Kanzlerwahlverein, sondern als eine schlagkräftige Organisation gefragt war. Man gewinnt fast den Eindruck, dass viele Delegierte befreit waren, die Union der Regierungslast ledig zu sehen, weil jetzt erstmals ernsthafte inhaltliche Debatten möglich wurden. Dieser Parteitag offenbarte eine neue Debattenkultur, eine durchaus zeittypische Lust am Diskutieren,[39] die davon zeugt, dass die immer noch erfolgreichste deutsche Partei die neuen politischen Herausforderungen erkannte und energisch anging. Sie bediente sich dazu zunehmend wissenschaftlich gestützter Methoden und offenbarte damit zugleich, dass innerhalb der Führungsgremien der Partei und insbesondere in der Parteiorganisation akademischer Sachverstand zunehmend gefragt war.[40]

War die damit einhergehende »Demokratisierung der Parteitage«[41] nicht maßgeschneidert für Dreggers Kandidatur, die auch ein Signal für einen dringend erforderlichen Generationswechsel war? Doch als die Stimmen für die Wahl zum Parteipräsidium ausgezählt waren, zeigte sich, dass Dregger sein Ziel klar verfehlt hatte. Er belegte lediglich den sechsten Platz, was nicht für einen Einzug in das Gremium reichte. Da war es nur ein schwacher Trost, dass er mit dem drittbesten Ergebnis in den 30 Köpfe zählenden Parteivorstand gewählt wurde.[42]

---

38 Rede Schwarz-Schillings, 17.11.1969, ebd., S. 70. Vgl. grundlegend zum Wandel des RCDS als reformorientierte Kraft in den (hochschul)politischen Debatten der Zeit Goltz: Gegen-Generation; dies.: Other ’68ers in West Berlin: Christian Democratic Students and the Cold War City, in: Central European History 50 (2017), S. 86–112.

39 Vgl. allg. zur Hochschätzung des kommunikativen Modus der Diskussion in jenen Jahren Nina Verheyen: Diskussionslust. Eine Kulturgeschichte des »besseren Arguments« in Westdeutschland. Göttingen 2010.

40 Zum Wandel der Bundes-CDU seit den späten 1960er Jahren vgl. Bösch: Adenauer-CDU, S. 408–416; ders.: Die Krise als Chance. Die Neuformierung der Christdemokraten in den siebziger Jahren, in: Konrad H. Jarausch (Hg.): Am Ende der Zuversicht? Die siebziger Jahre als Geschichte. Göttingen 2008, S. 296–309.

41 Bösch: Adenauer-CDU, S. 412.

42 CDU-Bundesgeschäftsstelle (Hg.): 17. Bundesparteitag, S. 165 und 210.

Die bundespolitischen Ambitionen des hessischen Landesvorsitzenden hatten damit einen argen Dämpfer erhalten. Sein Versuch, in die Phalanx des Parteiestablishments einzubrechen, war im ersten Anlauf gescheitert. Gegen die eingespielten Seilschaften innerhalb der Landesverbände hatte der Vorsitzende eines delegiertenschwachen Landesverbandes nicht viel auszurichten vermocht. Auch hatte es nicht ausgereicht, sich als Exponent einer CDU zu präsentieren, die das Ohr am Puls städtischen Lebens hatte. Und als der neue Parteivorsitzende Barzel die von ihm geführte Bundestagsfraktion zu seiner Machtbastion ausbaute[43] und den CDU-Bundesvorstand auf die Rolle eines Debattierclubs reduzierte, der alle paar Monate zusammengerufen wurde, bestand für Dregger die Gefahr, dass die politische Entwicklung in der Bundes-CDU an ihm vorbeilief. Wohl zeigte er im Unterschied zu den allermeisten anderen Mitgliedern Präsenz im politisch zweitrangigen Bundesvorstand,[44] weil er nicht versäumen wollte, sich hier durch Debattenbeiträge zu profilieren. Doch musste er rasch erkennen, dass sein Versuch, den Bundesvorstand »als politisches Führungsorgan der Partei«[45] aufzuwerten, wirkungslos verpuffte. Die relative Folgenlosigkeit seiner Auftritte im Bundesvorstand machte einmal mehr deutlich, dass Dregger eine eigenständige politische Strategie entwickeln musste, um sich politisch verstärkt Gehör zu verschaffen. Dies bedeutete zum einen, dass er das Forum der Bundesparteitage für seine Anliegen nutzte: Die einmal so mächtig in Fahrt gekommene innerparteiliche Demokratisierung der CDU bot einem glänzenden Redner wie ihm Gelegenheit, durch die wiederholte mündliche Einwirkung auf politisch nicht festgelegte Parteitagsdelegierte seine Agenda auch gegen Empfehlungen der Parteispitze durchzusetzen. Eine maßvolle Rebellion gegen eine Parteiführung, die auf einem kontroversen Politikfeld den Parteitag in ihrem Sinne lenken wollte, war damit der Königsweg, um sich auf einen Schlag bundespolitisch bekannt zu machen. Und da Dregger seine Person bislang mit keinem bundespolitischen Thema verknüpft hatte, besaß er zum anderen einen nicht unerheblichen Gestaltungsspielraum bei der Diversifizierung seines politischen Portfolios.

---

43 Vgl. Frank Bösch: Macht und Machtverlust. Die Geschichte der CDU. Stuttgart 2002, S. 102; ders./Brandes: Die Vorsitzenden der CDU, S. 40–41; Wambach: Barzel, S. 426–447.

44 Neben Wilfried Hasselmann aus Niedersachsen war Dregger derjenige CDU-Landesvorsitzende mit der regelmäßigsten Präsenz im Bundesparteivorstand; vgl. Buchstab (Bearb.): Barzel: »Alternativen«, S. XLII–XLV.

45 Vgl. Dreggers Redebeitrag im Bundesvorstand vom 22.03.1971, ebd., S. 382.

7. Profilschärfung – Dregger als nationalliberales Aushängeschild der CDU

Im Jahr 1970 gelangte die politische Reifung des Spätentwicklers Alfred Dregger in ein entscheidendes Stadium. Nach dieser endgültigen politischen Ausprägung hatte er sich innerhalb der CDU so profiliert, dass er auf die gesamte Bundespartei ausstrahlen konnte. Als Vorsitzender einer bislang erfolglosen Landespartei einen rasanten parteipolitischen Aufstieg hinzulegen, konnte nur gelingen, weil Dregger eine bedeutsame Marktlücke innerhalb der CDU besetzt hatte. Er wurde in der CDU zum politischen Anwalt für Positionen, die bislang zu einem großen Teil in der FDP-Wählerschaft beheimatet waren und sich als »nationalliberal« bezeichnen lassen. Indem er sich in der CDU auf diese Weise ausrichtete, verschaffte er sich zwei strategische Vorteile: Zum einen wies er der CDU einen möglichen Ausweg aus der Oppositionsrolle auf Bundesebene. Dregger wollte die Union wieder zurück an die Regierungsmacht führen, indem er die FDP mit einer Doppelstrategie als Bündnispartner der SPD neutralisierte. Dazu musste die CDU offensiv um bisherige FDP-Wähler werben, die die »Neue Ostpolitik« deutschlandpolitisch verstörte und die durch die Sozial- und Wirtschaftspolitik der sozialliberalen Koalition verprellt wurden. Falls die FDP dann immer noch an der Seite der SPD verharren sollte, müsste die CDU – durch den Zulauf bisheriger FDP-Wähler gestärkt – die absolute Mehrheit anstreben. Zum anderen konnte sich Dregger durch einen prononciert nationalliberalen Kurs – der aus innerparteilicher Rücksichtnahme nicht so genannt werden durfte – in eine liberale Grundrichtung einschreiben, die immer eine wichtige Strömung innerhalb der CDU gebildet hatte, nun aber nach der Verbannung in die Opposition geradezu nach einer personellen Repräsentation verlangte.

Insofern leistet eine Beschäftigung mit Dregger auch einen Beitrag zur politischen Standortbestimmung des bundesdeutschen Liberalismus. Dies setzt voraus, den Nationalliberalismus als eine gerade in der deutschen Geschichte gewachsene Ausprägung des Liberalismus anzuerkennen und als Spielart des »Rechtsliberalismus« zu identifizieren. Die gedankenreiche Studie von Christoph Möllers gibt hierzu eine Fülle von Anknüpfungspunkten.[1] Der bundesdeutsche

1 Möllers: Freiheitsgrade, vor allem S. 48 f. und 177.

Nationalliberalismus hat in der Forschung als eigenständige Ausprägung des Liberalismus bislang wenig wissenschaftliche Aufmerksamkeit erfahren. Dies liegt zum einen daran, dass parteiengeschichtliche Forschungen, die auf die FDP als vermeintliche Monopolistin des politischen Liberalismus fixiert waren, den Nationalliberalismus aus ihrem Untersuchungsgegenstand exkludierten, als diese Strömung ab 1969 der FDP weitgehend die Gefolgschaft aufkündigte und sich – falls politisch weiter aktiv – den Unionsparteien zuwandte. Die Versuchung war groß, den Nationalliberalismus als Fortsetzung jener Rechtskräfte einzuordnen, die in den 1950er Jahren mit deutschnationalen, antiparlamentarischen und protonationalsozialistischen Ideologemen die FDP auf einen strammen Rechtskurs zu drängen versucht hatten.[2] Damit aber definierte man Liberalismus aus der Perspektive der linksliberalen Kritiker der nationalliberalen FDP-Führung um Mende und Kühlmann-Stumm. Diese Kräfte bezichtigten bei ihrem erfolgreichen Kampf um innerparteiliche Macht ihre Widersacher der Illiberalität und suchten sie aus durchsichtigen Gründen in die äußerste rechte Ecke zu verbannen. Der innerparteiliche Meinungskampf zwischen Rechts- und Linksliberalen um die Deutungshoheit darüber, was den Kern des Liberalismus ausmachen sollte, fand so seine Fortsetzung in historiographischem Gewand. Auch daher fehlt es bis heute an einer Geschichte des Nationalliberalismus, die einen großen Bogen von Rudolf von Bennigsen über Ernst Bassermann und Gustav Stresemann bis hin zu Erich Mende schlägt.

Eine analytisch ertragreiche Verwendung der Kategorie »nationalliberal« wird zum anderen aber auch dadurch erschwert, dass der Begriff zum Erkennungszeichen einer politischen Organisation wurde, die Abgrenzungsprobleme zum rechten Rand des politischen Spektrums aufwies. Die »Nationalliberale Aktion« wollte nicht nur enttäuschte FDP-Anhänger sammeln, sondern alle entschiedenen Opponenten der neuen Ostpolitik, auch wenn sie von weit rechts kamen.[3] Im Unterschied zu klassischen Nationalliberalen wie Mende und Kühlmann-Stumm kam für diesen Kreis eine aktive Mitarbeit in der CDU nicht in Frage, da die Volkspartei zu sehr in der Mitte verankert war. Die »Nationalliberale Aktion« war auf Initiative des FDP-Bundestagsabgeordneten Siegfried Zoglmann gegründet wurden, der als ehemaliges Mitglied der Waffen-SS immer schon Kontakte zu

2 Wichtige Impulse für künftige Forschungen finden sich im Beitrag von Kristian Buchna: »Liberale« Vergangenheitspolitik. Die FDP und ihr Umgang mit dem Nationalsozialismus, in: Elke Seefried/Ernst Wolfgang Becker/Frank Bajohr/Johannes Hürter (Hg.): Liberalismus und Nationalsozialismus. Eine Beziehungsgeschichte. Stuttgart 2020, S. 407–450.

3 Vgl. dazu ebd.

dezidiert rechten Zirkeln gepflegt hatte. Durch die Verwendung der Bezeichnung »nationalliberal« okkupierte er einen politisch herrenlos gewordenen Begriff und trug dazu bei, dass geschichtspolitisch ausgerichtete Publikationen nationalliberale Traditionen, wie sie in der FDP in den 1990er Jahren wieder gepflegt wurden, in den Dunstkreis einer Neuen Rechten rückten, ohne eine begriffliche Trennung zwischen »rechtsliberal« und »rechtskonservativ« vorzunehmen.[4] Doch wenn man dem professoralen Sachverstand von Ralf Dahrendorf, ehemaliges FDP-Vorstandsmitglied und prononcierter Linksliberaler,[5] folgen will, dann hat der genuin nationalliberale Gleichklang von bürgerlichen Freiheiten und nationaler Einheit trotz solcher Ausreißer seinen festen Platz in der politischen Mitte. Der streitbare Publizist Rudolf Augstein, für kurze Zeit Bundestagsabgeordneter für die FDP, war hier ein besonders eindrucksvoller Vertreter.[6]

Schließlich hat auch die fehlende Traditionspflege in der Union erheblichen Anteil daran, dass deren nationalliberale Bestandteile bis heute unkenntlich sind. In der CDU der 1970er Jahre hieß man den Zuwachs aus der nationalliberalen Herkunftswelt zwar willkommen, eine adäquate Beachtung fand er in der Historiographie der Union indes nicht.[7] Zugleich hat die Konservatismusforschung vom bundesdeutschen Nationalliberalismus heimlich Besitz ergriffen, indem er als Spielart des Konservatismus vereinnahmt wurde:[8] Dieser habe in den 1970er-Jahren zunehmend den Freiheitsbegriff für sich reklamiert, um damit Front gegen marxistische Gesellschafts- und Kulturreformer zu machen. So habe sich der Mischtypus eines liberalen Konservatismus herausgebildet – der dann aber trotz uneindeutiger Befunde dem Konservatismus zugerechnet wurde, anstatt ihn konsequent in die Tradition eines politischen Liberalismus einzuordnen, der vom Grundwert der »Freiheit« aus liberale Freiheitsrechte ebenso wie die aus dem Liberalismus hervorgegangene parlamentarische Ordnung gegen Verächter des Parlamentarismus im Zeitalter der Diktaturen zu verteidigen suchte. Dabei spielt gewiss eine normative Distanzierung zum Untersuchungsgegenstand eine Rolle, dessen Abwertung einfacher zu vollziehen ist, wenn man ihm das Etikett »konservativ« überstülpt, anstatt ihn mit dem respektablen Attribut »liberal« zu versehen.

4 Vgl. Alice Brauner-Orthen: Die Neue Rechte in Deutschland. Opladen 2001, S. 162 – 178.

5 Vgl. Klaus Weber: Die Konjunktur der Linksliberalen 1966 – 1970 – Das Beispiel Ralf Dahrendorf, in: Jahrbuch für Liberalismusforschung 20 (2008), S. 153 – 172.

6 Ralf Dahrendorf: Der letzte Nationalliberale, in: Spiegel Special 6/19993, 01.11.1993.

7 Vgl. etwa Hans Otto Kleinmann: Geschichte der CDU, 1945 – 1982. Stuttgart 1993; dies gilt auch für das als Überblicksdarstellung konzipierte Sammelwerk von Lammert (Hg.): Christlich Demokratische Union.

8 Dazu neigt die Studie von Steber: Hüter der Begriffe, vor allem S. 240 – 271.

Die von Dregger repräsentierte Ausrichtung fügt sich, wie in den folgenden Kapiteln noch ausführlich gezeigt wird, in liberale Politikentwürfe insofern bestens ein, als die von ihr vertretene Ordnungsvorstellung um den Zentralwert »Freiheit« kreiste. Dregger war kein Theoretiker, besaß aber ein klares politisches Koordinatensystem, bei dem – und dies ist entscheidend – Freiheit im Zentrum stand. Die Vielschichtigkeit liberaler Konzeptionen lässt sich in Anlehnung an einen analytisch überaus ergiebigen Vorschlag von Christoph Möllers[9] am Kriterium der »Freiheitsgrade« strukturieren. Daraus ergibt sich eine linksliberale und eine rechtsliberale Ausprägung, wobei Dregger unzweideutig der letzteren zuzurechnen ist. »Rechtsliberal« bezeichnet dabei eine Spielart, die erstens Freiheit von der Politik und damit den Schutz des Privaten vor staatlichen Eingriffen proklamiert. Das hat erhebliche Konsequenzen, wenn es um Demokratisierung und deren Reichweite geht. Als Verstaatlichung des privaten Entfaltungsraums wird ihr eine tendenziell freiheitseinschränkende Wirkung attestiert. Demgegenüber gehört zweitens die freie Nutzung des Privateigentums an Produktionsmitteln zum Credo des Rechtsliberalismus, der darin einen Ausdruck freiheitlicher Initiative und Persönlichkeitsentfaltung erblickt. Wirtschaftliche Macht gilt nicht als freiheitsgefährdend, sofern sie sich den Regeln des demokratischen Verfassungsstaats unterwirft und die politische Ordnung nicht antastet. Die eigentliche Gefahr für die Freiheit lauert drittens in einer expandierenden Staatsmacht. Aus rechtsliberaler Sicht soll dem eine ausreichende Herrschaftsbegrenzung entgegenwirken.

Diese allgemeinen Charakteristika des Rechtsliberalismus lassen sich durchaus auf das europäische Parteiensystem übertragen und treffen etwa auf die niederländische VVD oder die dänische Venstre uneingeschränkt zu. Im bundesdeutschen Fall kommt allerdings noch ein Sonderfaktor hinzu, der das Verhältnis von Rechtsliberalismus und politischer Gemeinschaft in spezifischer Weise prägt. Im Liberalismus besitzen politische Gemeinschaften einen erheblichen Stellenwert, sofern sie auf frei gewählten Zusammenschlüssen beruhen.[10] Für Rechtsliberale ist die Nation eine bevorzugte Gemeinschaftsform, falls die Zugehörigkeit zu ihr auf einem Bekenntnisakt beruht und nicht an ethnische Kriterien geknüpft ist. Damit ergab sich für bundesdeutsche Rechtsliberale eine politische Aufgabe, die sie von Gesinnungsfreunden aus anderen europäischen Staaten unterschied: Während Niederländer und Dänen auf dem Boden eines Nationalstaats agierten, hatte der Ost-West-Konflikt den deutschen Nationalstaat in zwei Teile zerrissen. Daraus leiteten Rechtsliberale für sich den vordringlichen

---

9 Vgl. Möllers: Freiheitsgrade, vor allem S. 15, 28, 48–50, 56f., 80, 101f., 177 und 260.
10 Vgl., ebd., S. 46 und 144.

Auftrag ab, die deutsche Teilung zu überwinden und die Wiedervereinigung als politisches Ziel ganz oben auf die politische Agenda zu setzen. Insofern waren bundesdeutsche Rechtsliberale unter den Bedingungen einer staatlich geteilten Nation dezidierte National-Liberale.

Damit erfasst die Bezeichnung »national-liberal« am präzisesten Dreggers Denken und Handeln. Hinzu kommt, dass diese spezifische Agenda des bundesdeutschen Rechtsliberalismus ein Resultat der globalen Ost-West-Konfrontation mit ihrem Systemkonflikt war. Dadurch konnte – und dies ist ebenfalls kennzeichnend für den bundesdeutschen Nationalliberalismus – die nationale Zielsetzung harmonisch mit dem liberalen Freiheitsverlangen verbunden werden. Nationale Einheit ließ sich nur erstreiten durch harte politische Auseinandersetzungen mit kommunistischen Systemen, die liberale Freiheitsvorstellungen missachteten. Dies verhalf dem Nationalliberalismus zu einem politischen Schlachtruf, der die Reihen schließen sollte und zu militanter Abwehr gegen Freiheitsbedrohung durch diktatorische Regime und Ideologien anhielt.[11] Dregger war in dieser Hinsicht ein Prototyp dessen, was man als »cold war liberalism« bezeichnen kann.[12]

Das hervorstechende Charakteristikum des bundesdeutschen Nationalliberalismus war, dass er sich mit der deutschen Teilung, dieser schmerzenden Wunde im Körper der Nation, in keiner Weise abfinden wollte. Sie bildete das Leitthema, an dem er sich politisch ausrichtete. Deutschlandpolitische Themen trieben daher das Gros der in der FDP beheimateten Nationalliberalen nach Beginn der »neuen Ostpolitik« im Jahr 1969 um. Sie wurde von vielen Nationalliberalen als Zementierung der deutschen Teilung angesehen und verstörte nationalliberale Freidemokraten so sehr, dass sie in der FDP keinen Platz mehr für ihre Positionen erblickten und zu den Unionsparteien wechselten. Die CDU war das natürliche Auffangbecken für heimatlos gewordene nationalliberale Amtsträger und Wähler; und sie konnte dies leisten, weil ihr politischer Aufstieg darauf beruhte, stets liberale Politikinhalte gepflegt zu haben.

Der Liberalismus war kein Monopol einer einzigen politischen Partei, auch nicht der FDP, die erst in den späten 1960er Jahren den Liberalismus für sich allein zu reklamieren begann.[13] Das wirtschaftliche Erfolgsmodell der Bundes-

---

11 Zum Typus des Liberalen als Freiheitskämpfer vgl. die analytisch und systematisch überaus ergiebige Studie von Jens Hacke: Existenzkrise der Demokratie. Zur politischen Theorie des Liberalismus in der Zwischenkriegszeit. Berlin 2018.

12 Vgl. dazu die knappe Erwähnung bei Steber: Hüter der Begriffe, S. 261.

13 Vgl. dazu Hacke: Gründung der Bundesrepublik, vor allem S. 227 und 237.

republik, die Soziale Marktwirtschaft, war auf dem geistigen Boden des Ordoliberalismus entstanden. Sein herausragender politischer Kopf Ludwig Erhard hatte für die CDU als Wirtschaftsminister diese Ordnung gestaltet und war sogar 1963 für drei Jahre lang zum Bundeskanzler aufgestiegen. Erhard war ein in der Wolle gefärbter Liberaler, dessen Einstieg in die Politik von der FDP maßgeblich gefördert worden war und der sich zum Missvergnügen der FDP-Spitze 1949 für eine Kandidatur als Bundestagsabgeordneter auf dem Ticket der CDU entschlossen hatte.[14] Gelang ihm innerhalb der CDU eine beachtliche politische Karriere, zeugt das davon, dass diese große Volkspartei auch liberalen Elementen Gestaltungsspielraum einräumte, obgleich sie sich immer in innerparteilichem Wettstreit mit dem christlich-sozialen und dem kulturkonservativen Parteiflügel befanden.[15] Doch mit dem Sturz Erhards im Dezember 1966 und dem Übergang zu einer Koalition mit der Sozialdemokratie hatte das liberale Profil der Union Schaden genommen. Hinzu kam, dass die CDU nach dem Machtwechsel von 1969 und in ihrer neuen Rolle als Oppositionspartei zunächst über keinen profilierten Repräsentanten verfügte, der auch auf Bundesebene dem liberalen Element Gesicht und Stimme gab.

Damit eröffnete sich für einen gestaltungsfreudigen Unionspolitiker mit einer liberalen Grundierung eine einmalige Gelegenheit, diese verwaiste Position zu besetzen. Umgekehrt konnte auch die Bundes-CDU einen strategischen Nutzen ziehen, wenn sich daraus eine Schärfung ihres Profils ergab: Wollte die CDU sich in der Opposition darauf vorbereiten, aus eigener Kraft die Regierungsgewalt wieder zu erlangen, dann musste sie jene FDP-Wähler dauerhaft zu sich herüberziehen, die sich wegen der Ost, Deutschland- und Wirtschaftspolitik der SPD-geführten sozialliberalen Bundesregierung von der FDP abzuwenden begannen. Dregger war eine Idealbesetzung für diese Rolle: Zum einen war seine politische Hauptantriebskraft ein kraftvolles Bekenntnis zum Grundwert der Freiheit in dem Sinne, dass Freiheit für ihn die Sicherung politischer Partizipationschancen im Rahmen einer parlamentarischen Ordnung bedeutete. Dieses altliberale Verständnis bürgerlicher Freiheit erhielt eine kämpferische Note dadurch, dass er diese Freiheit durch freiheitsverachtende politische Systeme gefährdet sah und er ihnen energisch entgegenzutreten suchte. Da Dregger die Feinde der Freiheit vor allem auf der radikalen Linken ausmachte, verband sich sein Freiheitsdrang mit

14 Vgl. Anette Koch-Wegener: Erhard und die FDP – Aufstieg eines Wirtschaftsministers, Sturz eines Kanzlers?, in: Jahrbuch für Liberalismusforschung 20 (2008), S. 129–151.

15 Grundlegend zu Erhards Wirken innerhalb der CDU und dessen Ordoliberalismus ist Koerfer: Kampf ums Kanzleramt.

einem leidenschaftlichen Antikommunismus. Zugleich verschmolz das Streiten für die Freiheit bei Dregger wie beim Nationalliberalismus insgesamt mit einem empathischen Bekenntnis zur Nation: Freiheit war ihm Selbstbestimmung des Volks als politisches Subjekt, und die Einlösung dieser Selbstbestimmung musste aus seiner Sicht dazu führen, dass Staat und Nation in Gestalt des Nationalstaats zur Deckung gelangten. Da den unter sowjetischem Machtbereich stehenden Völkern Ostmittel- und Südosteuropas diese Selbstbestimmung vorenthalten werde, müsse das Streiten für die Freiheit auch das Eintreten für die nationale Befreiung der Polen, Tschechen, Slowaken, Ungarn, Rumänen und Bulgaren von sowjetischer Vormundschaft implizieren. Dreggers Freiheitspostulat zielte damit nicht nur auf die Überwindung der Teilung Deutschlands, sondern ebenso auf die Überwindung der Teilung Europas.

Wie wir im Folgenden sehen werden, kristallisierte sich bei Dregger seit 1970 immer mehr eine nationalliberale politische Positionierung in dem eben skizzierten Sinne heraus. Pointiert formuliert: Bei Dregger gelangte um 1970 herum eine politische Entwicklung zur Reife, die zwar bereits bei seinem Einstieg in die Politik im Jahr 1956 begann, aber lange Zeit nicht wirklich zur Entfaltung gekommen war. Deutlich wird das, wenn wir die bereits geschilderten politischen Stationen Dreggers kurz Revue passieren lassen. Dregger brachte aufgrund seiner familiären Sozialisation und aufgrund seiner Tätigkeit in einem Wirtschaftsverband alle Voraussetzungen mit, in der FDP der 1950er Jahre eine politische Heimat zu finden, wenn er zu dieser Zeit bereits ein Engagement in der Politik erwogen hätte. Das unverhoffte Geschenk, als parteipolitischer Neuling 1956, gleich im Jahr seines Eintritts in die CDU, das Amt des Oberbürgermeisters von Fulda zu übernehmen, führte allerdings dazu, dass Dregger seine nationalliberale Grundeinstellung in den Hintergrund rücken musste. Im erzkatholischen Fulda war eine christlich-konservative Haltung gefragt. Dregger musste sich nicht verstellen, wenn er sich den Gepflogenheiten seiner politischen Wahlheimat Fulda anpasste. Sein Katholizismus war nicht gespielt und aufgesetzt; aber er war frei von aufdringlicher Zurschaustellung, und er war vor allem nicht ein Karriereinstrument wie bei manchen CDU-Politikern, die auf diese Weise vordere Plätze in den politischen Kirchenbänken für sich beanspruchten.

Als Dregger 1967 den Landesvorsitz der hessischen CDU übernahm, bot sich ihm eine ideale Chance, seinen brachliegenden Nationalliberalismus zu reaktivieren. Gerade das versprach, eine Erfolg verheißende Strategie für die hessische CDU zu sein, war es doch in einem dominant protestantischen Bundesland wie Hessen nicht förderlich, sich als Spitzenkandidat der CDU über die katholische Schiene zu profilieren. Dregger hatte sich in konfessionspolitischer Hinsicht eine solche Blöße nicht gegeben; er bot daher in dieser Hinsicht dem politischen Gegner – vor allem die FDP war hier besonders sensibel – keine Angriffsfläche. Dregger hielt seine Katholizität stets im Hintergrund, und sie spielte nicht nur für seine Selbst-, sondern auch für die Fremdwahrnehmung lediglich eine untergeordnete Rolle.

Dreggers Erfolgsrezept für Hessen bestand also darin, die CDU als breit aufgestellte Volkspartei zu profilieren, bei der das liberale und das nationale Element stärker als in der Vergangenheit betont werden sollten. Diese strategische Ausrichtung setzte er nicht nur – wie wir noch sehen werden – innerhalb des eigenen Landesverbands konsequent durch, er vertrat sie auch gegenüber der Bundes-CDU engagiert. Kurz nach seinem glänzenden Wahlerfolg bei der Landtagswahl 1974 gewährte er der Bundestagsfraktion in Gestalt einer Wahlnachlese Einblicke in seine politische Strategie. Hessen sei nicht mit Bayern und mehrheitlich katholischen Ländern wie Rheinland-Pfalz identisch, wo die CDU auf ein stabiles katholisches Milieu zurückgreifen könne. Im protestantischen Hessen könne man die katholische Karte nicht spielen, und auch die auf dem Sozialkatholizismus fußenden Sozialausschüsse hätten einen begrenzten Wirkungskreis. Entscheidend für einen dauerhaften Erfolg der hessischen CDU sei es, sich prononciert liberaler und nationaler Themen anzunehmen: »Wir haben neben dem sozialen Element allerdings dem liberalen Element und dem nationalen Element verstärkt Heimatrecht geboten.«[16]

Der Konservatismus als eigenständige politische Strömung kam bei Dreggers Wahlanalyse übrigens mit keinem Wort vor. Auf Nachfragen wies Dregger es von sich, als konservativ gelten zu wollen.[17] Als kluger Politiker scheute er auch davor zurück, sich nach außen das Etikett »nationalliberal« zuzulegen. Es wäre eine politische Torheit gewesen, sich in einer Volkspartei wie der CDU einer einzigen innerparteilichen Strömung zuzurechnen und damit die anderen gegen sich aufzubringen. Doch Dreggers landespolitische Strategie ab 1970 kann nicht anders gedeutet werden als eine offensive Inbesitznahme bestimmter Positionen innerhalb des Liberalismus, welche die FDP allem Anschein nach preisgegeben hatte –

16 Dregger in der Sitzung der CDU/CSU-Bundestagsfraktion, 05.11.1974, in der Online-Edition der KGParl, S. 18 – https://fraktionsprotokolle.de/cdu-csu-07_1974-11-05-t1505_WZ.xml, abgerufen am 06.09.2022. Eine Betonung des liberalen und nationalen Elements als Kernbestandteile der CDU findet sich auch bei Dreggers Würdigung des kurz zuvor verstorbenen Franz Josef Strauß vor der Unionsfraktion, 11.10.1988, ACDP, 08-001-1087/1, S. 2 des Wortprotokolls; die Ansprache Dreggers findet sich auch im Pressedienst der CDU/CSU-Bundestagsfraktion vom 11.10.1988, ebd.

17 Vgl. ein Interview Dreggers in: Der Arbeitgeber, 19.02.1971, S. 140: »Halten Sie sich selbst für konservativ? Dregger: Ich halte nichts von derartigen Etikettierungen, weil sie unpräzise und mißverständlich sind«.

verbunden mit einem offensiven Werben um diejenigen, die zuvor der FDP ihre Stimme gegeben hatten.[18] Dabei nutzte Dregger einen strukturellen Vorteil konsequent aus: Gerade weil es innerhalb der CDU im Unterschied zur FDP keine Flügel gab, die um die Auslegung des Liberalismus konkurrierten, konnten Dregger und die hessische CDU als liberal eingestufte Elemente inkorporieren, ohne einen erbitterten politischen Urheber- und Richtungsstreit zu führen, wie er in der FDP ausgefochten wurde. Sie hatten keine Bedenken, sich aus der Schatzkammer des Liberalismus zu bedienen, weil sie nicht in der zermürbenden Streitkultur zwischen Rechts- und Linksliberalen gefangen waren. Dazu musste Dregger die hessische CDU allerdings gründlich reformieren. Denn er war 1956 in eine Partei aufgenommen worden, die sich im katholischen Milieu eingenistet und sozialkatholische Abneigungen gegen den Liberalismus kultiviert hatte.

Schon das erste Wahlprogramm der hessischen CDU, das Dreggers Handschrift trug, stellte liberale Kernthemen in den Vordergrund. Im »Frankfurter Programm« vom September 1970 profilierte sich die hessische CDU wie kein anderer CDU-Landesverband als »liberal«. Es begann mit der Verkündigung des genuin liberalen Grundsatzes, »daß die Initiativkräfte der Bürger sich auf allen Gebieten des gesellschaftlichen Lebens frei entfalten und ohne staatliche Bevormundung zum Allgemeinwohl beitragen können«.[19] Es verstand sich praktisch von selbst, dass vor allem in der Wirtschaft diese Tendenz zur Geltung kam: »Die für eine freiheitliche Wirtschaftsordnung unerläßliche Entfaltung der Unternehmerinitiative muß gewährleistet sein.«[20] Das Programm mündete in eine Kernaussage, die kein anderer Landesverband der CDU in so pointierter Weise vorher und nachher formulierte: »Die CDU wird eine liberale Erneuerung [...] bringen.«[21] Und als Dregger in seiner Eigenschaft als Oppositionsführer im hessischen Landtag im Dezember 1970 das Profil seiner Oppositionsarbeit darlegte, strich er als Kernziel »die liberale Erneuerung Hessens«[22] heraus.

Machte die hessische CDU so das Liberale zu ihrem politischen Markenzeichen, verschaffte das auch ihrem Spitzenkandidaten Dregger ein unverwechselbares

---

18 Vgl. Dreggers Ausführungen vor der Bundestagsfraktion, 05.11.1974, Online-Edition der KGParl, S. 20, https://fraktionsprotokolle.de/cdu-csu-07_1974-11-05-t1505_WZ.xml, abgerufen am 06.09.2022

19 Wir kommen. Alfred Dregger und seine Mannschaft. Das Frankfurter Programm der CDU. Wiesbaden 1970, S. 3.

20 Ebd., S. 20.

21 Ebd., S. 2.

22 Landtagsrede Dreggers vom 17.12.1970, in: Stenographische Protokolle des Hessischen Landtags. VII. Wahlperiode, 3. Sitzung, S. 19.

bundespolitisches Profil. In ihrem Programm sprach sie neben anderen gezielt nationalliberale Wähler an[23] und verwandte damit einen Begriff, der ansonsten in der CDU ein Schattendasein fristete. Der Terminus »nationalliberal« eignete sich jedoch für einen Unionspolitiker – und damit auch für Dregger – nicht als politische Markierung, und zwar aus zwei Gründen: Zum einen war damit eine Differenz innerhalb des politischen Liberalismus zwischen »sozial/linksliberalen« und »Nationalliberalen« markiert, die für die Parteiengeschichte des Liberalismus bedeutsam war, aber eben nicht für eine Volkspartei wie die CDU, die in ihrem Entstehungsnarrativ den christlich-überkonfessionellen Gründungsimpetus hervorkehrte. Zum anderen blieb zwar nicht in der politischen Praxis, wohl aber in der historischen Selbstvergewisserung das liberale Element ein Fremdkörper. Daher konnte ein CDU-Landesverband auch maximal das Schlüsselwort »liberal« als Selbstbezeichnung für die CDU in Beschlag nehmen, aber nicht die Übernahme dezidiert nationalliberaler Traditionen für sich reklamieren. Daher war im CDU-Wahlprogramm auch von »sogenannten«[24] Nationalliberalen die Rede, die in der CDU ihre politische Heimat finden sollten.

Das Frankfurter Programm von 1970 blieb keine politische Eintagsfliege. Dregger sorgte dafür, dass die Kernbotschaft von der »liberalen Erneuerung Hessens« sogar noch stärker in den Vordergrund rückte. Bei der Landtagswahl 1974 warb die CDU in Anzeigen damit.[25] Und der Slogan hatte sich auch vier Jahre später noch nicht verbraucht: Das Wahlprogramm von 1978 trug sogar den programmatischen Titel »Für die liberale Erneuerung Hessens«.[26] Dass Dregger gleich drei Mal[27] bei Landtagswahlen denselben politischen Grundton anschlug, ist ein unzweideutiger Beleg dafür, wie ernst es ihm mit diesem Anliegen war. Er war kein politischer Konjunkturritter, der aus wahltaktischen Gründen einmal ein Thema besetzte, weil sich politisches Kapital daraus schlagen ließ. Vielmehr hatte er seine Person und seine Partei auf diesen Pol so ausgerichtet und die hessische CDU als Erbin einer bestimmten liberalen Traditionslinie so profiliert, dass diese Spielart des Liberalismus mittlerweile zu einem politischen Wesenskern der hessischen CDU und ihres Spitzenkandidaten geworden war.

---

23 Ebd., S. 29.

24 Ebd., S. 29.

25 »Nur die CDU bringt Hessen die liberale Erneuerung«; abgedruckt bei KGParl, Fraktionsprotokolle, 05.11.1974, Anm. 22.

26 Für die liberale Erneuerung Hessens. Programm der CDU Hessen für die Landtagswahl 1978. Wiesbaden 1978.

27 Vgl. dazu auch die Ausführungen Dreggers vor der CDU/CSU-Bundestagsfraktion, 17.10.1978, ACDP, 08-001-1054/1, S. 12f. des Wortprotokolls.

So wird man sagen können, dass Dregger in gewisser Weise die politische Leerstelle füllen wollte, die Ludwig Erhard in der CDU hinterlassen hatte. Dieser Vorzeigeliberale war im Herbst 1966 unter unwürdigen Umständen von den eigenen Leuten aus dem Kanzleramt gedrängt worden. Zugleich hatte sich die CDU damit in ihrer Führungsriege ein Defizit vor allem an wirtschaftsliberalen Positionen eingehandelt.[28] Dies war für einen tatkräftigen und karriereorientierten Politiker wie Dregger geradezu eine Aufforderung, seine bereits vorhandene Disposition so zu schärfen, dass er als politischer Nachlassverwalter Erhards in Fragen der Wirtschaftspolitik auftreten konnte. Zwar gab es erhebliche Unterschiede im politischen Stil: Dregger und Erhard gehörten unterschiedlichen Generationen an, und auch der Unterschied zwischen einem Wirtschaftsprofessor und einem ehemaligen Frontoffizier war unübersehbar. Doch das politische Erbe Erhards wartete darauf, von einem Unionspolitiker aus der ersten Reihe aufgegriffen und angeeignet zu werden.

Es war kein Zufall, dass Dregger zu einem der wichtigsten Ansprechpartner prominenter FDP-Politiker wurde, die sondieren wollten, ob sie in der CDU nicht nur eine neue politische Heimat, sondern auch Verwendung in höheren Funktionen finden würden. Dass Dregger als personelles Bindeglied zu abwanderungswilligen FDP-Bundestagsabgeordneten fungierte, trug dazu bei, dass sich der Bundes-CDU ab Sommer 1970 die unverhoffte Perspektive eröffnete, die sozialliberale Bundesregierung schneller als erhofft beerben zu können. Denn wie sich nun abzeichnete, schwoll im nationalliberalen Flügel der FDP der Unmut über die »neue Ostpolitik« der Regierung Brandt/Scheel so stark an, dass einige Bundestagsabgeordnete mit dem Austritt aus der FDP-Fraktion und einem Wechsel zur CDU/CSU-Fraktion liebäugelten.[29] Darunter war kein geringerer als der ehemalige FDP-Vorsitzende Erich Mende. Um ihn an die Union zu binden, musste man ihm ein sicheres Mandat für die nächste Bundestagswahl offerieren. Damit schlug die Stunde des hessischen CDU-Chefs. Zusammen mit seinem engsten hessischen Weggefährten Walter Wallmann bot er dem wechselwilligen Mende eine Perspektive für einen politischen Neuanfang in der CDU. Der Entschluss zum Übertritt vollzog sich in den wohlgesitteten Formen bürgerlicher Geselligkeit, die Dregger am Herzen lagen. Nicht in konspirativer Umgebung, son-

28 Vgl. Koerfer, Kampf ums Kanzleramt, vor allem S. 858 f.

29 Vgl. dazu Arnulf Baring: Machtwechsel. Die Ära Brandt-Scheel. Stuttgart 1982, S. 297–301; vgl. auch die instruktive Darstellung von Dirk Bavendamm: Bonn unter Brandt. Machtwechsel oder Zeitenwende. Wien 1971, S. 354–359, der die FDP-Dissidenten ausdrücklich als »National-Liberale« bezeichnet.

dern in Mendes Bad Godesberger Haus versammelten sich die Ehepaare Mende, Dregger und Wallmann am 3. Oktober 1970, um im Rahmen einer abendlichen Einladung den Beitritt Mendes zum hessischen Landesverband fix zu machen.[30] Dass Mende schließlich mit dem Wahlkreis 128 Eschwege-Kassel-Land bedacht wurde, passte durchaus zum Kalkül Dreggers. In diesem Wahlkreis an der »Zonengrenze« waren besonders viele ehemalige FDP- und auch SPD-Wähler anzutreffen, die mit der Ostpolitik unzufrieden waren, da sie ihrer Ansicht nach auf die Anerkennung der DDR zielte. Wurde die Union dort nun von einem engagierten Nationalliberalen repräsentiert, konnte das die Tendenz zu ihr nur stärken. Dregger pflegte dabei einen fairen Umgang mit Mende und stellte ihm keine unerreichbaren Posten in Aussicht: Mende werde »wohl nicht Matador der CDU werden«,[31] aber in einer mit frischem liberalem Geist ausgestatten Union seinen festen Platz finden.

Auch für einen zweiten hochrangigen ehemaligen FDP-Politiker öffnete Dregger die Pforten der CDU: Der Unternehmer Knut von Kühlmann-Stumm hatte fünf Jahre lang – von 1963 bis 1968 – die FDP-Bundestagsfraktion geführt, bevor er 1972 vor allem wegen der Deutschland- und Ostpolitik die FDP-Fraktion verließ und nach seinem Parteiübertritt bei der Bundestagswahl 1972 auf der Liste der hessischen CDU so abgesichert wurde, dass er wieder in den Bundestag einzog.[32] In der bundesdeutschen Politik hat keine Partei außer der FDP binnen eines Jahres einen ehemaligen Partei- und einen ehemaligen Fraktionsvorsitzenden an eine andere Partei verloren. Dass diese beiden Nationalliberalen in der hessischen CDU Aufnahme fanden, war nicht zuletzt das Werk Dreggers, der damit das Zeichen setzen wollte, »daß die hessische CDU eine für alle Demokraten offene Partei ist, in der insbesondere liberale Demokraten ihre politische Heimat haben«.[33]

Da neben Mende auch noch Heinz Starke und Siegfried Zoglmann im Oktober 1971 die FDP-Fraktion verlassen hatten,[34] rückte ein Kanzlerwechsel mitten in der Legislaturperiode in den Bereich des Möglichen. Weitere vier Abgeordnete der Koalitionsparteien, die dem Vorbild der drei FDP-Dissidenten folgten, würden genügen, einem Unionskandidaten eine Mehrheit für ein konstruktives

30 Vgl. Erich Mende: Von Wende zu Wende 1962–1982. München 1986, S. 341.

31 Vgl. die Äußerung Dreggers im Anschluss an seinen Vortrag in einer vertraulichen Aussprache im Privathaus des Frankfurter Bankiers Bethmann, 13.10.1970, Protokoll in: ACDP, 01-347-281, Zitat S. 5.

32 Vgl. dazu Wambach: Barzel, S. 484.

33 Rede Dreggers auf dem CDU-Landesparteitag in Limburg am 26.04.1980 gemäß dem Redemanuskript, ACDP, 01-269-010/1, Zitat S. 3 des Manuskripts.

34 Vgl. Wambach: Barzel, S. 491 f.

Misstrauensvotum zu verschaffen. Das Abwerben von Mandatsträgern versprach so einen großen Schritt hin zur Regierungsmacht. Spielte Dregger dabei weiterhin eine aktive Rolle, konnte er sich bei dem wenig geliebten Barzel Respekt verschaffen, der von dieser Entwicklung am meisten profitiert hätte. Möglich war ihm das aber nur auf indirektem Wege, indem er – wie bei Mende – Wechselwilligen in seinem Landesverband eine neue politische Heimat offerierte. Auf der Bonner Bühne, wo er nicht in der ersten Reihe mitspielte, waren seine Handlungsmöglichkeiten eingeschränkt. Umso mehr musste ihm zugutekommen, dass die Bundes-CDU 1970/71 ein politisches Thema bewegte, das Dregger die Gelegenheit bot, sich als legitimen Erben Ludwig Erhards in Szene zu setzen: die innerbetriebliche Mitbestimmung.

Die Frage nach einem gesetzlich garantierten Einfluss der Arbeitnehmer in Betrieben war seit Beginn der Bundesrepublik ein Zankapfel. Gerade in der CDU sorgte sie für Kontroversen, weil sie den Gewerkschaftsflügel und den Wirtschaftsflügel der Partei gegeneinander in Stellung brachte. Konrad Adenauer hatte den Streit politisch zu entschärfen versucht, indem er mit dem DGB-Vorsitzenden Hans Böckler zum Entsetzen des Unternehmerlagers einen Deal ausgehandelt hatte: Neutralität der DGB-Gewerkschaften in innen- und außenpolitischen Grundsatzfragen gegen eine besondere Form von Mitbestimmung im Montanbereich.[35] Das entsprechende Gesetz, das im April 1951 im Bundestag verabschiedet worden war, sah unter anderem vor, dass die Mitglieder des Aufsichtsrates je zur Hälfte von Arbeitgeber- und Arbeitnehmerseite zu besetzen waren und dass zur Vermeidung möglicher Pattsituationen ein neutrales Mitglied gefunden werden musste, das der Zustimmung von mindestens je drei Vertretern beider Seiten bedurfte. Ab Mitte der 1960er Jahre bemühten sich die Gewerkschaften, den faktischen Anwendungsbereich der paritätischen Mitbestimmung auf montanfremde Branchen auszuweiten. Damit kam das Thema mit voller Wucht auch auf die CDU zu und drohte die Gräben zwischen dem gewerkschafts- und dem wirtschaftsnahen Flügel wieder aufzureißen. Der Parteivorstand lavierte in dieser Frage und verschanzte sich hinter einem komplizierten Modell, das einer der aufgehenden Sterne der CDU, Prof. Dr. Kurt Biedenkopf, in seiner Eigenschaft als

35 Vgl. Edgar Wolfrum: Die Bundesrepublik Deutschland 1949–1990 (Gebhardt Handbuch der deutschen Geschichte, Bd. 23). Stuttgart 2005, S. 126 f.; Martin Martiny: Die Durchsetzung der Mitbestimmung im deutschen Bergbau, in: Hans Mommsen/Ulrich Borsdorf (Hg.): Glück auf, Kameraden. Die Bergarbeiter und ihre Organisationen in Deutschland. Köln 1979, S. 389–414, hier S. 397 ff.; zur Entwicklung der Mitbestimmung vgl. auch grundsätzlich Karl Lauschke: Die halbe Macht. Mitbestimmung in der Eisen- und Stahlindustrie 1945 bis 1989. Essen 2007.

Experte für Wirtschaftsrecht entworfen hatte. Die Parteiführung wollte es beiden Seiten recht machen und lehnte zwar die von dem CDU-Gewerkschaftsflügel[36] geforderte paritätische Besetzung des Aufsichtsrats ab. Aber indem zwei Aufsichtsratsmitglieder einvernehmlich mit den Arbeitnehmervertretern zu kooptieren waren, konnte dieses Modell in der Praxis dazu führen, die paritätische Mitbestimmung gleichsam »durch die Hintertür«[37] einzuführen.[38]

Dem Parteivorstand kam es ersichtlich darauf an, mit seinem Kompromissvorschlag ein innerparteiliches Streitthema zu entschärfen. Dies war eine ideale Konstellation für den hessischen Landesvorsitzenden, um auf dem Bundesparteitag des Jahres 1971 eine Gegenposition zu beziehen, von der er wusste, dass sie in weiten Kreisen der Parteitagsdelegierten geteilt wurde. Dregger war klar, dass er sich damit gegen den Parteivorstand und damit vor allem gegen den Fraktionsvorsitzenden Barzel und den Exponenten der Sozialausschüsse, den stellvertretenden Parteivorsitzenden Hans Katzer, stellte. Aber gerade das bot ihm die Chance, einer schweigenden Mehrheit aus der Seele zu sprechen, die eine Aufweichung wirtschaftsliberaler Positionen nicht kampflos hinnehmen wollte. Dregger hatte wenig zu verlieren und viel zu gewinnen: Ihm drohte kein bundespolitischer Karriereknick, wenn sein unbotmäßiges Verhalten von der Parteispitze nicht goutiert wurde, da er dort nicht vertreten war. Zugleich konnte er sich erstmals mit einem genuin bundespolitischen Thema vor der gesamten Partei, aber auch der westdeutschen Öffentlichkeit in Szene setzen. Sollte es ihm zudem gelingen, die Mehrheit des Parteitags auf seine Seite zu ziehen, dann hatte er sich endgültig als Parteimann bewährt, der besser als viele abgehobene Funktionäre um die Stimmung an der Basis wusste.

Dreggers Auftritt auf dem Düsseldorfer Parteitag im Januar 1971 war unter diesem Aspekt ein Triumph innerparteilicher Demokratie. Die Mehrheit der Parteitagsdelegierten verweigerte der Parteiführung in einer wichtigen Sachfrage den Gehorsam und votierte mit 259 gegen 253 für das von Dregger eingebrachte Modell, das eine klare Verteilung der 12 Aufsichtsratsmandate vorsah (7 Vertreter der Kapitalseite, 5 Arbeitnehmervertreter) und damit den Eigentümern eine strukturelle Mehrheit im strategischen Organ von Kapitalgesellschaften sicherte.[39]

---

36 Vgl. Rolf Ebbinghausen/Wilhelm Kaltenborn: Arbeiterinteressen in der CDU? Zur Rolle der Sozialausschüsse, in: Jürgen Dittberner/Rolf Ebbinghausen (Hg.): Parteiensystem in der Legitimationskrise. Opladen 1973, S. 172–199, hier S. 187f.

37 Ernst Gerhard Erdmann: Mitbestimmung durch die Hintertür?, in: Die Zeit, 22.05.1970.

38 Vgl. dazu im Detail Thomas Raiser/Rüdiger Veil: Mitbestimmungsgesetz und Drittelbeteiligungsgesetz. Kommentar. 5. Aufl. Berlin 2009, S. 17.

39 Vgl. Ebbinghausen/Kaltenborn: Arbeiterinteressen, S. 190.

Der aufmüpfige Hesse traf das CDU-Präsidium an einem wunden Punkt, indem er durch sein Vorpreschen offenlegte, dass die Parteispitze in dieser Frage nicht mit einer Stimme sprach. Dregger hatte den Parteitag dazu gebracht, zwischen dem nach ihm benannten Modell und dem Entwurf des Parteivorstands zu entscheiden, und damit eine offene politische Feldschlacht erzwungen. Wie konnte dem Vorsitzenden des delegiertenarmen hessischen Landesverbandes ein derartiger Coup gelingen?

Eigentlich hatte Dregger seinen Widersachern eine perfekte Angriffsfläche geboten, weil sein Modell mit dem des CDU-Wirtschaftsrats identisch war. Seinem innerparteilichen Widerpart Hans Katzer fiel es daher nicht schwer, ihn als Sprachrohr der CDU-Wirtschaftslobby hinzustellen.[40] Formal handelte es sich beim »Wirtschaftsrat« um einen eingetragenen Verein, der nicht den Status einer Parteigliederung besaß.[41] Wenn sich Dregger die Position dieser parteiexternen Gliederung zu eigen machte, lief er Gefahr, als Erfüllungsgehilfe unternehmerischer Interessen abgestempelt zu werden.[42] Doch nichts lag Dregger ferner als Lobbyismus. Seine Grundauffassung von Politik war damit unvereinbar. Als er beschlossen hatte, politisch durchzustarten, hatte er die großen übergreifenden Themen ins Visier genommen. Als politischer Generalist verfügte er über die Gabe, Sachfragen auf grundsätzliche Prinzipien des Politischen zurückzuführen – und diese Fähigkeit spielte er mit durchschlagendem Erfolg auf dem Düsseldorfer Parteitag aus.

Dadurch gelang es Dregger, die paritätische Mitbestimmung zu einem Thema aufzuwerten, bei dem nicht weniger als die politische Systemfrage gestellt wurde. Bei der paritätischen Mitbestimmung gehe es nicht um die Justierung des Verhältnisses zwischen Kapital und Arbeit im Rahmen einer marktwirtschaftlichen Ordnung, sondern um viel mehr: Der politische Hauptgegner, »die Sozialisten«,[43] sei »gewillt, mit Hilfe der Parität die Mitbestimmung […] zu einer Durchgangsstation zum Sozialismus umzufunktionieren«. Indem Dregger die »systemverändernde Dimension der paritätischen Mitbestimmung« ins Zentrum seiner

40 Katzer führte in der lebhaften Debatte am 27.01.1971 aus: »Ich spreche für die Sozialausschüsse, wie Herr Dregger für den Wirtschaftsrat gesprochen hat«; CDU-Bundesgeschäftsstelle (Hg.): 18. CDU-Bundesparteitag Düsseldorf. 25.–27. Januar 1971. Niederschrift. O. O., o. J., S. 266.

41 Vgl. Jürgen Dittberner: Der Wirtschaftsrat der CDU e. V., in: ders./Rolf Ebbinghausen (Hg.): Parteiensystem in der Legitimationskrise. Opladen 1973, S. 200–228.

42 Vgl. ebd., S. 224. Der Verfasser behauptet ohne Quellenbeleg, dass Dreggers Parteitagsrede »offenbar in Zusammenarbeit mit der Geschäftsstelle des Wirtschaftsrats« konzipiert worden sei.

43 Dreggers Parteitagsrede in: CDU-Bundesgeschäftsstelle (Hg.): 18. CDU-Bundesparteitag, dieses und das folgende Zitat S. 260.

Argumentation rückte, suchte er den von ihm eingebrachten Mitbestimmungsentwurf als einziges festes Bollwerk gegen sozialistische Wirtschaftsexperimente darzustellen. Damit – und dies war entscheidend – positionierte er sich nicht nur gegen den auf eindeutige Parität ausgerichteten Entwurf der CDU-Sozialausschüsse, sondern auch gegen das Kompromissmodell des Bundesvorstands.

Dregger erwies sich so als innerparteilicher Stratege: Er wählte eine Argumentation, die nicht nur den Entwurf der Sozialausschüsse erledigte, der innerparteilich ohnehin nicht mehrheitsfähig war.[44] Vielmehr attackierte sie wegen ihrer grundsätzlichen Dimension auch das Modell des Bundesvorstands – aber auf dem Umweg der Kritik am Katzer-Modell. Dafür benötigte er innerparteiliche Bundesgenossen, die dem Bundesvorstand angehörten, sich aber auf dem Parteitag vom Modell des Bundesvorstands wegen dessen Halbherzigkeit distanzierten und für die Sache Dreggers eintraten. Der Landesvorsitzende der einflussreichen CDU von Niedersachsen übernahm diese Aufgabe mit Energie: Wilfried Hasselmann gehörte derselben Generation wie Dregger an und führte als Vorsitzender eine Landes-CDU, die er für die Auseinandersetzung mit dem politischen Gegner kampagnenfähig machen wollte. Hasselmann sekundierte Dregger in doppelter Hinsicht: Zum einen sagte er der paritätischen Mitbestimmung eine systemsprengende Wirkung nach und konstruierte damit die Alternative Soziale Marktwirtschaft versus paritätische Mitbestimmung: »Wenn die CDU die Parität als Ordnungsprinzip im ökonomischen Bereich zuläßt, gefährdet sie nicht nur die Grundlagen der Sozialen Marktwirtschaft, sondern gibt sie auf Dauer sogar auf. Also kann die Alternative […] nur in einer klaren Regelung liegen, mit der der Parität eine eindeutige Absage erteilt wird.«[45] Zum anderen rückte er öffentlich von der Vorlage des Bundesvorstands ab und sandte damit das gewünschte politische Signal aus, wonach dem Parteitag die Entscheidungshoheit über eine solche Grundsatzfrage zustehe: »Wir sind der ehrlichen Überzeugung, daß auch die Vorstandsvorlage keine akzeptable Lösung darstellt. Sie könnte als geschickt formulierter Kompromiß für Paritätstendenzen angesehen werden. Der Vorstand allerdings – das darf ich als Mitglied des Vorstands sagen – wollte von vornherein eine Entscheidung des Parteitags haben.«[46]

Neben den Niedersachsen bewegten sich auch noch der Landesverband Schleswig-Holstein und der Bezirksverband Nordwürttemberg inhaltlich auf

44 Der Parteitag lehnte das Modell der Sozialausschüsse mit überwältigender Mehrheit (411 gegen 111 Stimmen) ab; ebd., S. 312.

45 Ebd., S. 273.

46 Ebd.

der Linie des Dregger-Vorschlags. Dadurch erhielt der hessische Landesvorsitzende nicht unerhebliche Schützenhilfe. Die Parteitagsdelegierten kosteten das Gefühl aus, Herren des Verfahrens zu sein – nun bedurfte es aber noch einer zündenden Rede Dreggers, um die Mehrheit des Parteitags auf seine Seite zu ziehen. Am 26. Januar 1971 hielt er die wichtigste Rede seiner politischen Laufbahn als Bundespolitiker. In ihr zeichnete sich sein Profil ab, das sich bis zum Ende nicht verändern sollte: Er verkörperte eine Einheit von politischem Stil und politischem Inhalt, die zu seinem Markenzeichen werden sollte. Dreggers politischer Stil bestand aus seinem eindeutigen Bekenntnis zur Führungsfunktion des Politikers. Es speiste sich aus der Zuversicht, dass ein führungsstarker Politiker Positionen, von denen er inhaltlich überzeugt war, auch gegen den Widerstand meinungsstarker Kräfte beim Wähler erfolgreich anbringen konnte, falls seine Partei geschlossen hinter ihm stand.

War diese Auffassung bei Dregger über Jahrzehnte gereift, so hatte seine Führungserfahrung als Wehrmachtsoffizier dabei gewiss eine erhebliche Rolle gespielt. Er war der erste Unionspolitiker, der nach dem Gang in die Opposition Führungsfragen zum politischen Wesenskern moderner Oppositionspolitik aufwertete. Den Schluss seiner Parteitagsrede bildete denn auch ein leidenschaftlich vorgetragener Exkurs über politische Führung, der allem Anschein nach den Nerv des Parteitags traf. An einigen besonders markanten Passagen lässt sich Dreggers politisches Credo deutlich machen: »Ich habe – wie Sie feststellten – eine offene Sprache geführt. Ich halte Schweigen in Grundsatzfragen und Zurückweichen vor unangenehmen Entscheidungen weder für einen Führungsgrundsatz noch für ein Qualifikationsmerkmal …«[47] Die Delegierten dankten ihm dieses Statement mit Bravo-Rufen und lebhaftem Beifall. Politische Führung bedeute, die politische Richtung anzugeben und sich nicht treiben zu lassen: »Ich meine weiter, die Union kann es sich nicht leisten, jedem Modernismus mit hängender Zunge nachzulaufen.«[48]

Das semantische Schlüsselwort, das Dreggers Politikverständnis markierte, war der Begriff der »Entscheidung«. Es handelte sich dabei nicht um ein an Carl Schmitt angelehntes dezisionistisches Politikverständnis,[49] sondern um einen Politikbegriff, der Entscheidung als Hoheit des Politischen definierte. Dregger

---

47 Ebd., S. 264.

48 Ebd.

49 Vgl. Carl Schmitt: Politische Theologie. München 1934. Hierzu André Brodocz: Die politische Theorie des Dezisionismus: Carl Schmitt, in: ders./Gary S. Schaal (Hg.): Politische Theorien der Gegenwart. Opladen, Toronto 2016, S. 287–322.

trat energisch dafür ein, dass in der Bundesrepublik Entscheidungen nur an demokratisch legitimierten Orten zu treffen waren. Wegen der im Grundgesetz (Artikel 21) verankerten starken Stellung der politischen Parteien kam Parteitagen als oberster Willensbildungsinstanz eine herausragende Bedeutung zu – auch deswegen betonte Dregger, dass allein der Düsseldorfer Parteitag über die CDU-Linie in der zentralen Frage der Mitbestimmung zu entscheiden habe.[50] Im Grunde hätte er sich dabei auf Erkenntnisse aus der Politikwissenschaft berufen können, die betont, dass Parteien eine relevante Funktion bei »der Aggregierung von Interessen zu entscheidungsfähigen Alternativen«[51] zukomme. Demnach sind sie im politischen Willensbildungsprozess wesentlich stärker legitimiert als Bürgerinitiativen oder in den Medien geäußerte Interessen, weil in ihnen das Demokratieprinzip – in der Regel in Form von Abstimmungen – stärker verankert ist.[52] Das aber bedeutete, dass der Parteivorstand sich nach den Parteitagsdelegierten richten musste, nicht umgekehrt. Dregger hatte dieses Strukturprinzip der bundesrepublikanischen Parteiendemokratie internalisiert und erwies sich als geschickt darin, es zu seinen Gunsten zu nutzen. Wir werden im weiteren Verlauf noch sehen, dass für Dregger auch das Parlament ein privilegierter Ort der Entscheidung war. Das ergab sich für ihn aus dem parlamentarischen Charakter der Bonner Republik. Auch deswegen wollte er bei seinem endgültigen Wechsel in die Bundespolitik im Jahr 1982 das Amt des Fraktionsvorsitzenden ausfüllen.

In inhaltlicher Hinsicht plädierte Dregger für einen Entscheidungsbegriff, der diesen Terminus für wichtige Sachfragen – und zwar ausschließlich im Kernbereich staatlichen Handelns – reservierte. Mit den Soziologen Niklas Luhmann[53] und Uwe Schimank[54] lässt sich sagen, dass Dregger für einen engen Entscheidungsbegriff votierte, der das Für und Wider, das Pro und Contra als Lebenselixier des Politischen auf Fragen grundsätzlicher Art beschränken wollte. Dregger reduzierte bewusst die Komplexität des Politischen, indem er das entbehrungsreiche Feilen an Gesetzentwürfen zum Einsatz von Düngemitteln in der Landwirtschaft oder zur Erhöhung der Sozialhilfe aus dem Kernbereich des Politi-

50 Vgl. Dreggers Parteitagsrede in: CDU-Bundesgeschäftsstelle (Hg.): 18. CDU-Bundesparteitag, S. 258.

51 Vgl. Manfred G. Schmidt: Das politische System Deutschlands. Institutionen, Willensbildung und Politikfelder. 3., überarb., aktual. und erw. Aufl. München 2016, S. 82.

52 Vgl. ebd., S. 28–29.

53 Vgl. Niklas Luhmann: Organisation und Entscheidung. Opladen u. a. 2000.

54 Auf Luhmann aufbauend Uwe Schimank: Die Entscheidungsgesellschaft. Komplexität und Rationalität der Moderne. Wiesbaden 2005, bes. S. 32 und 44.

schen heraushalten wollte. Politik war für ihn das entscheidungshafte Ringen um die großen Lösungen. Genau darin sah er seine Mission auf dem Düsseldorfer Parteitag, und daher sollte er auch über seine innerparteilichen Widersacher triumphieren, die ihm den Gefallen taten, den Entscheidungsmodus des Parteitags zu betonen.[55]

Um Politik als Entscheidungshandeln betreiben zu können, bedurfte es nach Dreggers Auffassung eines unverrückbaren politischen Kompasses. Das politische Leitmotiv, unter das er seine Intervention auf dem Düsseldorfer Parteitag stellte, war die »Freiheit«. Die paritätische Mitbestimmung berührte die Verfügungsgewalt über das Eigentum; sie stellte für ihn einen Eingriff in »die innere Stabilität unserer freiheitlichen Ordnung«[56] dar. Hier sprach ein Ordnungspolitiker, der sich von einem ganzheitlichen Verständnis von Freiheit leiten ließ, das in Wirtschaft und Gesellschaft freiheitsermöglichende und damit eben auch weitgehend politikfreie Räume aufrechterhalten wollte. Damit unterschied sich Dregger fundamental von dem im Jahr 1971 besonders aktuellen Projekt einer Fundamentaldemokratisierung aller Lebensbereiche: In seinen Augen musste dieses Vorhaben die Differenz von Staat und Gesellschaft einebnen und damit freiheitsmindernd sein.

Trat Dregger auf diese Weise in die Fußstapfen eines Ludwig Erhard, ließ er dessen Namen in seiner Parteitagsrede allerdings nicht fallen. Der Grund dürfte vor allem darin zu suchen sein, dass Erhard, was seine Entscheidungskultur betraf, geradezu den Gegenentwurf zu Dregger verkörperte: akademisch ausbalancierend, Dinge vor sich herschiebend, langatmiges Ausdiskutieren.[57] Dregger war kein Politikertyp, der sich mit akademisch geschulten Beratern umgab, die ihn dazu bewegen wollten, politische Schlüsselbegriffe zu platzieren und auf diese Weise mit ihnen zusammen zu reüssieren. Insofern zählte er nicht zu den Unionspolitikern, die sich gezielt sprachschöpferisch betätigten.[58] Dennoch war er für die grundlegende Terminologie ausgesprochen sensibel. Das befähigte ihn dazu, seine bundespolitische Karriere, die auf dem Düsseldorfer Parteitag begann, mit einer geschickt gewählten Begrifflichkeit zu flankieren. Dregger vermied es dabei ausdrücklich, seinen Vorstoß mit dem Etikett »konservativ« zu

---

55 So packte der nach Dregger sprechende Hans Katzer seine Ausführungen in Worte, die Dregger gar nicht hätte besser formulieren können: »Ich glaube, es hat gar keinen Sinn, uns hier um irgendwelche Entscheidung herummogeln zu wollen. Hier und heute muß entschieden werden! Eine klare Entscheidung!« CDU-Bundesgeschäftsstelle (Hg.): 18. CDU-Bundesparteitag, S. 265.

56 Ebd., S. 261.

57 Dazu Koerfer: Kampf ums Kanzleramt, S. 850–853.

58 Vgl. dazu Steber: Hüter der Begriffe, S. 220 f.

markieren; kein einziges Mal verwandte er in Düsseldorf dieses Wort. Das lag nicht nur daran, dass sein vehementes Streiten für eine auf dem Unternehmertum beruhende Wirtschaftsordnung nicht zu den Kernelementen konservativer Ordnungsvorstellungen zählte, sondern sich aus seiner liberalen Grundeinstellung speiste. Dregger vermied es aber auch bewusst, nicht in eine Sprachfalle zu tappen. Der Begriff »Konservatismus« war politisch derart kontaminiert, dass seine offensive Auslegung einem innerparteilichen Aufstieg in der CDU Anfang der 1970er Jahre nicht dienlich gewesen wäre. Die Union hatte bis dahin davon Abstand genommen, sich in der politischen Selbstbeschreibung prominent als »konservativ« zu bezeichnen. Zu sehr schreckte die historische Reminiszenz, dass konservative Kräfte in der Weimarer Republik die erste deutsche Demokratie unterminiert hatten; und zu sehr haftete dem Begriff Anfang der 1970er Jahre die Konnotation an, sich in krassem Gegensatz zu dem auch in Unionskreisen positiv besetzten Begriff des »Fortschritts« zu befinden.[59]

In ihrer offiziellen Parteiprogrammatik vermied die CDU es daher, sich als eine »konservative« Kraft zu definieren. Man versteckte diesen in Parteikreisen durchaus gängigen Begriff; in den späten 1960er Jahren war damit auch in der Union kein Staat zu machen. Hingegen war der Terminus »Freiheit« nicht nur in der Union durchweg positiv besetzt; er bot die Chance, auch über die bisherigen Parteigrenzen hinweg positiv auszustrahlen. Nicht zuletzt aus diesem Grund eignete er sich exzellent als semantisches Rüstzeug für Dreggers bundespolitischen Aufstieg, fehlte es doch innerhalb der Union an überzeugenden Exponenten, die durch semantisches Geschick und vor allem durch rhetorische Kraft eine freiheitliche Botschaft verkörperten. Wer sich Freiheit als zentrale Botschaft auf die politischen Fahnen geschrieben hatte, der musste dies mit Energie und Leidenschaft nach außen tragen. Der in der CDU dominierende Honoratiorentyp eignete sich ebenso wenig zum Streiter für die Freiheit wie Vertreter von konfessionellen oder regionalen Sonderinteressen, die von innerparteilichen Proporzmechanismen getragen wurden. Wer Freiheit als zündende Kernbotschaft repräsentieren wollte, musste dies mit einer politischen Performanz beglaubigen, in die sich auch ein Schuss Pathos mischte. Es musste Dregger gelingen, als unabhängiger Geist zu erscheinen, der sich nicht zum Sprachrohr des Parteivorstandes machen ließ. Wollte er über Freiheit in einem empathischen Sinne sprechen, musste er sich selbst glaubhaft zu deren Exponenten stilisieren. Rhetorik und Redesituation waren so aufeinander abzustimmen, dass der eigene Auftritt die Botschaft verstärkte. Genau das gelang Dregger auf dem Parteitag in Düsseldorf:

59 Vgl. ebd., S. 214 f.

Er nahm eine Position ein, die unabhängig von den Parteigremien war und zugleich eine aktivistische Botschaft vermittelte, die auf die freie Entscheidung der Delegierten abhob. Damit ergänzten sich die Position des Sprechers, die inhaltliche Botschaft und der zur offenen Entscheidungssituation stilisierte Moment in einer Weise, die maximalen rhetorischen Erfolg versprach.

Zugleich eignete sich der Schlüsselbegriff »Freiheit« bestens zur Abgrenzung gegenüber dem politischen Gegner. Er konnte somit eine mobilisierende Wirkung entfalten, die sich nicht in innerparteilichen Grabenkämpfen erschöpfte. Die seit Ende der 1960er Jahre zunehmende politische Polarisierung hatte sich auch an der Renaissance eines marxistisch inspirierten Sozialismus entzündet. Daher konnte der Begriff »Freiheit« als zentraler Kampfbegriff in die politische Auseinandersetzung mit dem politischen Hauptkonkurrenten SPD eingebracht werden[60] – vorausgesetzt, in der SPD nahmen die Kräfte an Stärke zu, die Wirtschaft und Gesellschaft in einem dezidiert sozialistischen Sinne umgestalten wollten. Südhessen war in mancher Hinsicht ein Laboratorium für derartige Experimente nicht zuletzt in der Bildungspolitik. Umso mehr war der hessische CDU-Vorsitzende geradezu prädestiniert, sich als Bollwerk gegen eine »sozialistische Gefahr« zu profilieren.

Insofern fand Dregger auf dem Düsseldorfer Parteitag im Januar 1971 seine ihm auf den Leib geschneiderte Rolle: als entscheidungsfreudiger Bannerträger der Freiheit und als wirtschaftsliberaler Erbe Erhards. Zwar richtete sich seine Botschaft zunächst an seine Parteifreunde, die er in einer heftig umstrittenen Sachfrage für seine Position zu gewinnen versuchte. In vertraulichem Kreis räumte Dregger später ein, dass sich sein Vorschlag in der Sache »nur wenig«[61] vom Modell des CDU-Bundesvorstands unterschied, nach dem zwei keiner Seite zuzurechnende Aufsichtsmandate durch einvernehmliche Kooptation vergeben werden sollten. Aber ihm kam es darauf an, dass die Partei ihr wirtschaftsliberales Profil schärfte, auch im Wettbewerb mit »einer sich zunehmend sozialistischer gebenden SPD«. Daher musste man die Mitbestimmungsfrage zu einer Prinzipienfrage machen. Genau diesem Hauptzweck diente sein innerparteilicher Vorstoß: »Nicht zuletzt aus diesem Grunde habe ich ihn gemacht, um der Partei die Chance einer deutlichen Profilierung in einer wichtigen Frage zu geben«.

Vor allem aber griff Dregger mit seiner Parteitagsrede das mit den Händen zu greifende Bedürfnis nach einer lebendigen innerparteilichen Diskussionskultur

60 Vgl. ebd., S. 427f.

61 Schreiben Dreggers an den CDU-Sympathisanten Günter Frankenbusch, 04.06.1971, ACDP, 01-347-040/4; dort auch alle folgenden wörtlichen Zitate.

auf. Die CDU hatte sich 1971 daran gewöhnen müssen, Diskussionen mit dem politischen Gegner auch dann zu führen, wenn sie nicht erwünscht waren.[62] Zugleich war in den eigenen Reihen die Sensibilität für eine offene innerparteiliche Streitkultur sichtbar gewachsen. Die CDU-Basis hatte so viel Lust an innerparteilicher Demokratie gefunden, dass sie sich auf einen Abstimmungsmodus einließ, der dem Außenseiter Dregger eine ernsthafte Siegchance ermöglichte. Dazu bedurfte es zweier Voraussetzungen: Dem Parteitag musste der Dregger-Antrag vor der Vorlage des Bundesvorstands zur Abstimmung unterbreitet werden; und es musste eine geheime Wahl per Stimmzettel geben. Die Gründe dafür lagen auf der Hand: Wenn in der Reihenfolge der Abstimmungen der Antrag des Bundesvorstands vorgezogen worden wäre, dann hätte sich wohl manch unentschlossener Delegierte aus Loyalität gegenüber der politischen Führung ein »Ja« abringen lassen, obwohl er inhaltlich mit dem Dregger-Vorschlag sympathisierte. Und eine offene Abstimmung hätte sozialen Druck erzeugt, so dass mancher Delegierter aus Sorge um seine politische Karriere es nicht gewagt hätte, sich öffentlich der Vorlage des Parteivorstands zu verweigern. Dass die CDU-Spitze in Gestalt des Barzel-Intimus Köppler mit ihrem Versuch, durch Verfahrenstricks den Dregger-Vorschlag auszubremsen, an der Mehrheit der Parteitagsdelegierten scheiterte, lag nicht nur daran, dass der stellvertretende Parteivorsitzende Stoltenberg den Vorschlag der Antragskommission verteidigte und damit die Reihenfolge der Abstimmung zugunsten des Dregger-Vorschlags beeinflusste.[63] Die Delegierten wollten einfach keine Bevormundung durch die Parteispitze in einer als Sternstunde innerparteilicher Demokratie empfundenen Frage hinnehmen.

Dregger bediente zudem besser als jeder andere Redner auf dem Düsseldorfer Parteitag das neue Anforderungsprofil an einen auf Polarisierung und Mobilisierung ausgerichteten Politikstil.[64] Es galt, nicht zu lavieren, sondern durch klare Sprache und energisches Auftreten zu bestechen. Als auf dem Düsseldorfer Parteitag die Stimmen über den mit seinem Namen verbundenen Antrag ausgezählt wurden, hatte dieser 259 Ja- und nur 253 Nein-Stimmen erhalten.[65] Damit hatte Dregger für ein Novum gesorgt: Erstmals sprach sich der Parteitag in einer wichtigen Sachfrage gegen die Vorlage des Bundesvorstands und für den Entwurf eines mit keinem hohen Parteiamt ausgezeichneten Landesvorsitzenden aus.

62 Vgl. Mergel: Propaganda, S. 150.

63 Vgl. CDU-Bundesgeschäftsstelle (Hg.): 18. CDU-Bundesparteitag, S. 308–310.

64 Vgl. Mergel: Propaganda, S. 282–284.

65 CDU-Bundesgeschäftsstelle (Hg.): 18. CDU-Bundesparteitag, S. 313.

Mit seinem fulminanten Auftritt auf dem Düsseldorfer Parteitag machte sich Dregger auf Anhieb einen bundespolitischen Namen: Nicht nur, dass er eine wichtige sachpolitische Frage, die zur Profilschärfung der CDU diente, an seine Person geheftet hatte, sondern auch die Weise, wie ihm das gelungen war, machte ihn bei Freund und Feind zu einer beachtenswerten Größe. Hinzu kam, dass sich Dregger zu einer Zeit politische Aufmerksamkeit sicherte, als innerhalb der CDU die Führungsfrage nicht geklärt war. Wer Kiesinger auf dem Saarbrücker Parteitag im Herbst 1971 als Parteivorsitzenden beerben würde, war Anfang dieses Jahres nicht absehbar. In jedem Fall würde die Autorität des Kiesinger-Nachfolgers nicht so gefestigt sein, dass er unangefochten die Position des Kanzlerkandidaten für sich hätte reklamieren können. Zudem war die Kür eines Kanzlerkandidaten für die Union eine ungewohnte Aufgabe: Die Kanzlerpartei hatte von 1949 an ununterbrochen den Regierungschef gestellt, so dass stets der amtierende Kanzler die Union in die Bundestagswahl geführt hatte. Da die nächste reguläre Bundestagswahl erst im Herbst 1973 stattfinden sollte, bestand für potenzielle Kanzlerkandidaten in einer sich personell erneuernden CDU Gelegenheit, das Jahr 1971 zu nutzen, um sich für diese Aufgabe zu empfehlen. Dass der Shootingstar Dregger unmittelbar nach seinem bundespolitischen Durchbruch als möglicher Anwärter für diese Funktion gehandelt wurde,[66] ist nicht nur ein Beleg dafür, dass er genau zum richtigen Zeitpunkt innerhalb eines Führungsvakuums seinen Vorstoß unternommen hatte. Es zeugt auch davon, dass er einen Politikertypus repräsentierte, der im Zeichen politischer Polarisierung gefragt war.

Im Jahr 1971 begann sich auch der politische Gegner immer stärker für Dregger zu interessieren. An dieser Stelle soll näher auf eine von der DKP gesteuerte Kampagne gegen Dregger eingegangen werden – nicht weil die gegen ihn erhobenen Beschuldigungen ein *fundamentum in re* besaßen, sondern weil dieser Versuch der Diskreditierung Dreggers belegt, wie ernst er nun auch außerhalb des eigenen politischen Spektrums genommen wurde. Ansatzpunkt der ersten systematisch gesteuerten Anti-Dregger-Kampagne, der noch viele weitere folgen sollten, war eine Rede Dreggers am 13. Oktober 1970 vor dem sogenannten »Hessischen Kreis«, einer Vereinigung hessischer Unternehmer, die den Dialog mit Entscheidungsträgern aus Politik, Wissenschaft und Kultur pflegten.[67] Dregger hatte die Gelegenheit genutzt, kurz vor der hessischen Landtagswahl seine

66 Vgl. u. a. Fritz Richert: Alfred Dregger, in: Stuttgarter Zeitung, 06.02.1971; Dregger Kanzlerkandidat?, in: FAZ, 02.02.1971; Erhält Dregger bei der CDU Kanzlerchance?, in: Kölner Stadt-Anzeiger, 02.02.1971.

67 Vgl. die Festschrift: Hessischer Kreis. 1959–2019: 60 Jahre. Frankfurt/Main 2019.

Positionen nicht zuletzt in der Wirtschaftspolitik vor diesem einflussreichen Zirkel darzulegen und damit sein wirtschaftsliberales Profil zu schärfen. Er hielt eine politische Grundsatzrede, die seinen politischen Weitblick verriet und zugleich keinen Zweifel daran ließ, dass er sich innerhalb der CDU als Erbe Erhards in Stellung zu bringen gedachte. Ganz in diesem Sinne rückte er die Verteidigung der Wirtschaftsordnung und damit der Sozialen Marktwirtschaft in den Mittelpunkt seiner Ausführungen.[68] Zugleich belegt sein Auftritt vor einem Zirkel, in dem viele Mitglieder der FDP zuneigten, dass er die hessische CDU zum Auffangbecken für heimatlos gewordene Liberale machen wollte. Er machte in diesem Kreis keinen Hehl daraus, dass christlich-konservative Bekenntnisse zugunsten des katholischen Abendlandes eine kulturelle Schranke gegen den Zustrom von Liberalen errichtet hätten. Die CDU habe »bisher unter dem Meinungsbild einer ›katholischen Partei‹ mit abendländischer Zielrichtung gelitten; nun könne sie sich als liberale Partei erweisen; diese FDP-Tradition solle nicht untergehen«.[69]

Der Auftritt Dreggers vor einem Wirtschaftskreis ist das erste Zeugnis seiner politischen Strategie, sich innerhalb der CDU als politischer Treuhänder vor allem des Wirtschaftsliberalismus zu positionieren und gezielt ehemalige FDP-Anhänger zu umwerben. Aus Sicht linkssozialistischer und kommunistischer Gegner hatte sich Dregger aber allein dadurch, dass er vor einem Unternehmerkreis seine Ansichten offen ausgesprochen hatte, als Erfüllungsgehilfe des Kapitalismus geoutet. Da Dreggers Vortrag und das Protokoll der Diskussion schriftlich fixiert wurden, ohne deren Verbreitung zu kontrollieren, kursierten sie wohl in Hunderten von Exemplaren auch außerhalb des »Hessischen Kreises«.[70] Insofern muss es nicht verwundern, dass sie ihren Weg auch in den Landesvorstand der Deutschen Kommunistischen Partei fanden. Diese nutzte die Vorlage, um daraus eine selektive Dokumentation zu erstellen und das im Privathaus des Privatbankiers Freiherr von Bethmann stattfindende Treffen als »Geheimbündelei von Industriellen und rechtsradikalen CDU-Führern«[71] zu denunzieren. Aus diesem Material wurde dann eine vermutlich unter einem Pseudonym verfasste

68 Alfred Dregger. Reformen oder Umsturz – der Ernst der politischen Lage; im siebzehnseitigen Manuskript dieses Vortrags widmen sich allein die Seiten 7 bis 12 Grundsatzfragen der Wirtschaftsordnung; das Manuskript findet sich in ACDP, 01-347-281.

69 So Dregger im offiziellen Protokoll der Diskussion nach seinem Vortrag vom 13.10.1970, ebd., S. 5 des Protokolls, Fundort: ebd.

70 Vgl. das Schreiben des Unternehmers Hans-Joachim von Eitzen an Dregger, 22.12.1970, in dem Eitzen erwähnte, dass er mehrere Exemplare des Vortrags »zu Freunden und Bekannten in Hessen geschickt« habe, ACDP, 01-347-281.

71 Dokumentation des Landesvorstands Hessen der DKP, Dezember 1970, Zitat S. 3, Fundort: ebd.

Publikation erstellt, die ohne DKP-Label die Kampagne gegen Dregger befeuern sollte.[72] Das erschien durchaus notwendig, litt doch die DKP als ein von der SED finanziell ausgehaltener Ableger des Sowjetkommunismus unter einem Glaubwürdigkeitsproblem auch in linken Kreisen, die der Partei keineswegs das Monopol auf die Deutung des Marxismus einräumen wollten.[73] Doch das Narrativ, dass das Großkapital die eigentlich politisch herrschende Kraft in der »BRD« sei, erfreute sich erheblicher Zustimmung in marxistisch inspirierten Zirkeln. Das Großkapital lasse nicht davon ab, die Politik zu bestimmen und die sogenannten bürgerlichen Parteien in sein Schlepptau zu nehmen. Dregger avancierte nach dieser orthodox marxistischen Lesart zu einem von der Großindustrie protegierten Perspektivpolitiker, der ausersehen sei, in der CDU auf dem Ticket des Großkapitals emporzusteigen. Für die extreme Linke geriet er damit zu einer Miniaturausgabe Adolf Hitlers, der im Januar 1932 ebenfalls vor einer erlesenen Runde von Wirtschaftsführern gesprochen hatte.[74] Aber auch nicht der DKP Nahestehende nutzten Dreggers Auftritt im Privathaus des Bankiers Bethmann dazu, den aufstrebenden hessischen CDU-Chef zu einem unternehmerfreundlichen Rechtsausleger zu stempeln.[75]

Dregger nahm die Kampagne gegen ihn mit Gelassenheit zur Kenntnis. Er hatte ein reines Gewissen, weil er im vertraulichen Kreis nicht anders gesprochen hatte als in einer Parteiversammlung.[76] Die ihm gewidmete Aufmerksamkeit durch den politischen Gegner dürfte er als höchstes Zeichen der Anerkennung gedeutet haben: Wenn die extreme Linke alte ideologische Stereotypen einsetzte, um ihn zu denunzieren, dann hatte er wohl nicht nur den politisch richtigen Kurs eingeschlagen, sondern auch den dazu passenden politischen Stil gewählt. In gewisser Weise empfand er die Attacken gegen ihn als politischen Ritterschlag. Denn wer so viel Aufwand betrieb, der wollte nicht den Aufstieg eines Landes-

72 Friedemann Schuster: Ein Kanzlerkandidat des Großkapitals. Dregger (Marxistische Taschenbücher). Frankfurt/Main 1971.

73 »Die DKP ist in der Lage, die wesentlichen, hinter verschlossenen Türen gemachten Äußerungen Dreggers an das Licht der Öffentlichkeit zu bringen«; ebd., S. 64. Vgl. zur DKP Eckhard Jesse: Deutsche Kommunistische Partei (DKP), in: Frank Decker/Viola Neu (Hg.): Handbuch der deutschen Parteien. Bonn 2013, S. 238–240.

74 Vgl. Schuster: Kanzlerkandidat, vor allem S. 34 und 70–71.

75 Siehe etwa Frank von Auer: Alfred Dregger. Ein kritisches politisches Portrait. Mit einem Vorwort von Armin Clauss. Berlin 1974, vor allem S. 9–15. Frank von Auer gehörte einer linken Studentenorganisation an und hatte selbst am 1. Juli 1968 mit anderen Studentenvertretern vor dem »Hessischen Kreis« gesprochen; das Protokoll dieser Sitzung ist abgedruckt in: Hessischer Kreis, S. 94–97.

76 Vgl. das Interview, das Dregger der Zeitung »Die Welt« gab: Wilfried Hertz-Eichenrode: Dregger spricht von einer Methode des Kahlschlags, in: Die Welt, 22.02.1971.

politikers bremsen, sondern eine bundespolitische Karriere behindern. Dregger wähnte sich mithin auf dem richtigen Weg, wenn er nach der erfolgreichen Besetzung des Themas Wirtschaftspolitik für sich das zweite Politikfeld entdeckte, das zum zentralen politischen Streitobjekt der frühen 1970er Jahre avanciert war und sein nationalliberales Profil abrundete: die Ost- und Deutschlandpolitik.

8. Entdeckung der Ostpolitik als nationalliberales Projekt

Die Ost- und Deutschlandpolitik avancierte im schmalen Zeitfenster von 1970 bis 1972 zum dominierenden politischen Thema. Die sozialliberale Bunderegierung hatte eine vertragliche Neuregelung der Beziehungen zum sowjetisch beherrschten Europa zu ihrem Markenzeichen erhoben. Damit rückte eine Frage ins Zentrum, welche die politischen Leidenschaften wie keine zweite mobilisierte und in hohem Grade polarisierend wirkte. Das zeigte sich nicht zuletzt daran, dass die diskursive Ressource des Verrats von rechts bis ganz rechts gegen Bundeskanzler Brandt (»Vaterlandsverräter«), aber auch von linksliberaler Seite gegen die konservative Presse eingesetzt wurde.[1] Dregger gehörte innerhalb der Union zu den politischen Nutznießern dieses Bedeutungsgewinns. Das Leitthema der Ost- und Deutschlandpolitik war für sein nationalliberales Politikverständnis wie maßgeschneidert, berührte doch die Neugestaltung der Beziehungen zur Sowjetunion, zu Polen und nicht zuletzt zur DDR die Themen Freiheit und Nation gleichermaßen und damit die beiden politischen Grundwerte Dreggers. Die Freiheitsfrage war existenziell betroffen, weil es sich darum handelte, mit einer freiheitsbedrohenden Weltmacht zu einem politischen Arrangement zu gelangen. Und die Frage der Nation stand im Zentrum, da jeder Modus Vivendi mit der Sowjetunion und der von ihr abhängigen DDR für das nationalliberale Kernanliegen der Wiedervereinigung erhebliche Auswirkungen mit sich bringen musste. Insofern bot die »Neue Ostpolitik« einem Aufsteiger

1 Vgl. Daniela Münkel: »Alias Frahm« – Die Diffamierungskampagnen gegen Willy Brandt in der rechtsgerichteten Presse, in: Claus-Dieter Krohn/Axel Schild (Hg.): Zwischen den Stühlen? Remigranten und Remigration in der deutschen Medienöffentlichkeit der Nachkriegszeit. Hamburg 2002, S. 397–418; dies.: Zwischen Diffamierung und Verehrung. Das Bild Willy Brandts in der bundesdeutschen Öffentlichkeit (bis 1974), in: Carsten Tessmer (Hg.): Das Willy Brandt-Bild in Deutschland und Polen. Berlin 2000, S. 23–40, bes. S. 28–33; Christoph Kopke: Die Aktion Widerstand 1970/71: Die »nationale Opposition« zwischen Sammlung und Zersplitterung, in: Massimiliano Livi u. a. (Hg.): Die 1970er Jahre als schwarzes Jahrzehnt. Politisierung und Mobilisierung zwischen christlicher Demokratie und extremer Rechter. Frankfurt/Main 2010, S. 249–262, bes. S. 252–260; Peter Hoeres: Verrat der Neuen Ostpolitik. Die Mobilisierung einer diskursiven Ressource, in: André Krischer (Hg.): Verräter. Geschichte eines Deutungsmusters. Wien, Köln, Weimar 2019, S. 331–345.

wie Dregger eine ideale Gelegenheit, sich innerhalb der Opposition auch auf diesem Politikfeld nachdrückliches Profil zu verschaffen.

Bei den Unionsparteien überwog Skepsis, wenngleich man noch auf der Suche nach einer gemeinsamen Linie war. Während die Koalitionsparteien und viele gesellschaftliche Kräfte die Überzeugung hegten, mit der Sowjetunion auf der Basis der Gleichberechtigung zu einem friedlichen Interessenausgleich gelangen zu können, griff innerhalb der CDU/CSU die Sorge um sich, dass sich die Bundesrepublik von einer weiterhin aggressiven Sowjetunion abhängig machen könnte und dies zu Lasten ihrer Sicherheit ginge. Auch wenn auf beiden Seiten, also auch bei den Regierungsparteien, die Sowjetunion als diktatorisches Regime galt, gab es eben doch unterschiedliche Akzente bei deren Einschätzung. Verschärft wurde dies noch durch den Umstand, dass die »Neue Ostpolitik« der Regierung Brandt/Scheel erhebliche Auswirkungen auf die »Deutschlandpolitik« besaß, wie sie zeitgenössisch genannt wurde. Es ging dabei um einen Grundpfeiler bundesdeutscher Politik: die Frage, welchen Stellenwert das im Grundgesetz verankerte Wiedervereinigungsgebot besitzen sollte, mit welchen politischen Mitteln man dieses Ziel zu erreichen suchte und welche territorialen Vorstellungen von Gesamtdeutschland dabei maßgeblich waren.

Schon die im Rahmen der »Neuen Ostpolitik« fällige vertragliche Regelung der Beziehungen zu Polen rührte an ein deutschlandpolitisch sensibles Thema. Denn wenn beide Staaten im Warschauer Vertrag vom Dezember 1970 die Unverletzlichkeit der polnischen Westgrenze festschrieben, dann lief das auf einen völkerrechtlichen Verzicht auf die ehemals zum Deutschen Reich gehörenden Gebiete östlich der Oder-Neiße-Linie hinaus, welche die Organisationen der Vertriebenen als ihre Heimat reklamierten. Allerdings waren die fraglichen Gebiete mittlerweile in das polnische Staatswesen integriert und nahezu ausschließlich von Polen besiedelt. Das Festhalten an einem Gesamtdeutschland in den Grenzen von 1937 war daher ein Kernziel, das eigentlich nur noch von den Vertriebenenorganisationen aus vollem Herzen unterstützt wurde. Hingegen berührte die »Neue Ostpolitik«[2] auch die Gestaltung der Beziehungen zu einem Regime, dem die bundesdeutsche Politik bis dahin die Anerkennung verweigert hatte: der »Deutschen Demokratischen Republik«. Wenn Bundeskanzler Brandt in seiner

2 Vgl. hierzu und zum Folgenden u. a. Andreas Rödder: Die Bundesrepublik Deutschland 1969–1990. München 2003, S. 35 ff.; Matthias Müller: Die SPD und die Vertriebenenverbände 1949–1977. Eintracht, Entfremdung, Zwietracht. Berlin 2012, S. 496 ff.; Werner Weidenfeld/Karl-Rudolf Korte (Hg.): Handbuch zur deutschen Einheit, 1949–1989–1999. Frankfurt/Main, New York 1999, S. 243 ff.

Regierungserklärung vom Oktober 1969 eine Normalisierung der Beziehungen zur DDR avisierte und außerdem von »zwei Staaten in Deutschland«[3] sprach, dann gestand er ihr das Attribut staatlicher Ebenbürtigkeit zu, das die Bundesregierungen ihr bis dahin verwehrt hatten. Er löste damit eine politische Dynamik aus, die von Seiten der Regierung als Chance, von Seiten der Opposition eher als Gefahr angesehen wurde.[4] Die Bundesregierung meinte den Preis einer nach Aufnahme zwischenstaatlicher Beziehungen unvermeidlichen internationalen Aufwertung des DDR-Regimes entrichten zu können, weil sie sich von einer im Gegenzug durchgesetzten Ausweitung der zwischenmenschlichen Kontakte von Ost- und Westdeutschen eine Pflege der nationalen Substanz in Ost und West erhoffte. Die Opposition hegte demgegenüber die Befürchtung, die diplomatische Anerkennung des SED-Regimes würde die deutsche Teilung zementieren, weil sich die Deutschen in Ost und West in der Teilung einrichten und die Wiedervereinigung aus den Augen verlieren würden. Zudem mutmaßte sie, dadurch bekämen jene Kräfte in der Bundesrepublik Auftrieb, die an nationalen Themen desinteressiert waren und in der »Neuen Ostpolitik« einen eleganten Weg erblickten, ein lästiges Thema auf ein Nebengleis zu schieben.[5]

Im Ringen um die Verträge von Moskau und Warschau im Jahr 1970 sowie um den »Grundlagenvertrag« mit der DDR im Jahr 1972 nutzte die CDU/CSU ihre starke parlamentarische Stellung, um erheblichen Einfluss auf die Ost- und Deutschlandpolitik zu gewinnen. Nicht zuletzt wegen der deutschlandpolitischen Implikationen hatten 1971 und 1972 Abgeordnete aus FDP und SPD ihre Mutterparteien verlassen und sich der CDU/CSU-Fraktion angeschlossen. Damit begann die Regierungsmehrheit zu bröckeln, so dass selbst die Übernahme der Kanzlerschaft durch Oppositionsführer Rainer Barzel in den Bereich des Möglichen rückte. Als Kanzler in spe war Barzel allerdings auch zu einer gewissen staatspolitischen Rücksichtnahme angehalten, da die von der Regierung Brandt abgeschlossenen Verträge auch ihn als neuen Bundeskanzler gebunden hätten.

3 Verhandlungen des Deutschen Bundestags, Stenographische Berichte, 6. Wahlperiode 1969, 5. Sitzung, 28.10.1969, S. 21 (C).

4 Vgl. zur deutschlandpolitischen Komponente der »Neuen Ostpolitik« sowie der Polarisierung in den Massenmedien nach Brandts Regierungserklärung Andreas Grau: Gegen den Strom. Die Reaktion der CDU/CSU-Opposition auf die Ost- und Deutschlandpolitik der sozial-liberalen Koalition 1969–1973. Düsseldorf 2005, S. 41–47; Peter Hoeres: Außenpolitik und Öffentlichkeit. Massenmedien, Meinungsforschung und Arkanpolitik in den deutsch-amerikanischen Beziehungen von Erhard bis Brandt. München 2013, S. 406–412.

5 Vgl. umfassend zur CDU/CSU in den Debatten um die Ost- und Deutschlandpolitik die materialreiche Studie von Grau: Gegen den Strom, bes. S. 501–507.

Es war für die Union somit nicht einfach, eine eindeutige Haltung zu den Fragen der »Neuen Ostpolitik« zu finden. Warum spielte nun aber die Debatte um die Neuausrichtung der Ost- und Deutschlandpolitik für den Vorsitzenden einer Landespartei eine Rolle, der auf sein Bundestagsmandat verzichtet hatte und damit seine Stimme im Bonner Parlament gar nicht erheben konnte? Dreggers Positionierung auf diesem Feld wirft aus drei Gründen reichen heuristischen Ertrag ab: Erstens offenbart sie, wie Dregger sein politisches Portfolio verbreiterte und innerhalb der CDU zu einem Generalisten reifte, der sich damit für höhere Positionen auf der Bundesebene empfahl. Zweitens konnte Dregger gerade in diesem heftig umkämpften Bereich seinen favorisierten Politikstil zur Entfaltung bringen. Die Ost- und Deutschlandpolitik war ideal für einen angriffslustigen Politiker wie ihn, der Politik als Streit um Grundsatzfragen auffasste. Drittens waren nationale Selbstbestimmung und Verteidigung der Freiheit für ihn zentrale Grundpositionen, und genau an sie rührte die »Neue Ostpolitik«. Daher lässt sich an diesem Politikfeld der politische Standort von Dregger spezifizieren. Nationalliberale hatten in den 1950er Jahren durchaus mit der von Adenauer betriebenen Westintegrationspolitik gehadert, weil sie darin eine aus ihrer Sicht problematische Abwendung vom Vorrang der Wiedergewinnung der nationalen Einheit erblickten.[6] Die Debatte um das spannungsreiche Verhältnis zwischen Wiedervereinigung und Westintegration erhielt nun in den frühen 1970er Jahren eine zusätzliche Akzentuierung und vermag daher wichtige Aufschlüsse zu Dreggers Positionierung zu geben: Ging für ihn die Wiederherstellung der nationalen Einheit allen anderen Zielen vor oder hatte sie sich dem Gebot unterzuordnen, dass die Bundesrepublik ein Glied einer freiheitlich verfassten westlichen Wertegemeinschaft war und daher auf nationale Alleingänge zu verzichten habe?

Das parteipolitische Gremium, in dem sich Dregger innerhalb der Bundes-CDU Gehör verschaffen konnte, war der Bundesvorstand. Dregger stürzte sich dort mit Vehemenz auf das Themenfeld »Neue Ostpolitik«, weil es ihm Gelegenheit bot, seine inhaltlichen Positionen zu schärfen, weiter an seinem spezifischen Politikstil zu feilen und sich innerparteilich in Stellung zu bringen. Da sich die CDU in einem Selbstfindungsprozess befand, in dem Sach- und Personalfragen untrennbar miteinander verbunden waren, dienten Dreggers engagierte Beiträge im Bundesvorstand im Laufe des Jahres 1970 auch dazu, das Terrain zu sondieren. Dabei kam ihm zugute, dass sich in der CDU in dieser Kardinalfrage kein einheitliches Urteil herausgebildet hatte. Bis weit in das Jahr 1972 blieb offen, wie sich die CDU/CSU-Fraktion im Bundestrag zu dem Vertragswerk verhalten

6 Dazu Rainer Zitelmann: Adenauers Gegner. Erlangen 1991.

würde, das die Ost- und Deutschlandpolitik auf eine neue Grundlage zu stellen imstande war. Insbesondere der Fraktionsvorsitzende Rainer Barzel hielt sich bedeckt: Er betrieb in dieser Zentralfrage eine »kompetitive [...] Zusammenarbeit«[7] mit der Bundesregierung, die darauf abzielte, den wachsenden parlamentarischen Einfluss der Opposition zu einer substanziellen Verbesserung der Ostverträge zu nutzen, um ihnen dann zustimmen zu können. Innerhalb von Fraktion und Partei war dieser auf Ausgleich bedachte Kurs aber überaus umstritten, weshalb Barzel taktieren und finassieren musste. Er ließ die Parteiführung über seine eigentlichen Absichten gezielt im Unklaren[8] – und eröffnete damit Dregger die Gelegenheit, seine Positionen wortgewaltig in einen offenen Entscheidungsfindungsprozess einzubringen.

Der hessische Landesvorsitzende ließ von Anfang an keinen Zweifel daran aufkommen, dass er einer vertraglichen Abmachung mit der Sowjetunion mehr als skeptisch gegenüberstand. Die Sowjetunion hatte in seinen Augen noch lange nicht dem Gedanken eines gewaltsamen Exports ihres diktatorischen Politikmodells abgeschworen. Aber ihn bewegten nicht nur sicherheitspolitische Bedenken. Für Dregger bedeutete das in der Sowjetunion praktizierte Modell einer kommunistischen Parteiherrschaft die fundamentale Absage an den politischen Grundwert, von dem er sich maßgeblich leiten ließ: der Freiheit. Der Sowjetkommunismus trete die Idee der Freiheit mit Füßen, weil er das Individuum seiner Freiheitsrechte in Politik, Wirtschaft und Gesellschaft gleichermaßen beraube. Vertragliche Beziehungen mit der Sowjetunion könnten daher – wenn überhaupt – nur eingegangen werden, wenn die Gegenseite substanzielle Konzessionen mache, die den nach Freiheit lechzenden Menschen im sowjetischen Imperium Auftrieb gäben. Keinesfalls aber dürfe man das sowjetische Herrschaftssystem stabilisieren: »Gegenüber Todfeinden eine Vorleistungspolitik zu betreiben, das ist unmöglich. Und die Kommunisten sind Todfeinde einer freiheitlichen Welt. Und deswegen können Vorleistungen einer solchen Welt gegenüber keinen späteren Erfolg einbringen.«[9] Die Semantik von Feindbegriffen, die Dregger mit dem Konzept der Todfeindschaft abrief, war wenig geeignet, eine Entspannungs- oder Kompromisspolitik anzuleiten. Eine Feindschaft, die bis zum Tod reichen sollte, kannte nur die binäre Opposition zwischen Sieg oder

---

7 Werner Link: Außen- und Deutschlandpolitik in der Ära Brandt, in: Karl Dietrich Bracher/Wolfgang Jäger/Werner Link: Republik im Wandel 1969–1974. Stuttgart 1986, S. 163–284, hier S. 207.

8 Vgl. Wambach: Barzel, S. 548–586; Rainer Barzel: Ein gewagtes Leben. Stuttgart 2001, S. 292; Grau: Gegen den Strom, S. 508–511.

9 So Dregger in der CDU-Bundesvorstandssitzung am 23.04.1970 gemäß den Protokollen des CDU-Bundesvorstands in Buchstab (Bearb.): Barzel: »Alternativen«, S. 270.

Niederlage, dazwischen gab es nichts. Zumindest semantisch bezog er damit eine Position, die ihn einerseits zum Vertreter eines radikalen Konzeptes politischer Freiheit stilisierte, ihm andererseits aber wenig Spielraum ließ.[10] Zurückgeführt auf die politischen Kernvorstellungen Dreggers bedeutete dies im Endeffekt: Freiheit oder Sozialismus bzw. Freiheit oder Tod.

Eine solche politische Sprache binärer Opposition zeigt, dass der hessische Landesvorsitzende bei allen politischen Fragen nach einer Komplexitätsreduktion strebte, indem er sie auf einen der Grundbegriffe politisch-sozialer Sprache zurückführte, der sich dann als Gegenbegriff zu einer anderen Leitvorstellung verwenden ließ. In Bezug auf die »Neue Ostpolitik« der sozialliberalen Koalition und insbesondere Willy Brandts unternahm er den Versuch, den Grundbegriff der Freiheit in Anschlag zu bringen. Ein Grundbegriff liegt dann vor, wenn »alle konfligierenden Schichten und Parteien gemeinsam auf ihn angewiesen bleiben, um ihre unterschiedlichen Erfahrungen, ihre schichtenspezifischen Interessen, ihre parteipolitischen Programme miteinander zu vermitteln«[11]. Solche Begriffe weisen notwendig einen hohen Abstraktionsgrad auf, um überhaupt für ganz unterschiedliche Schichten und Gruppen kommunikativ anschlussfähig zu sein. Sie erhalten ihre Spezifizierung nur im Rahmen spezifischer Ideologien oder Programme, aber verzichten kann niemand auf sie. Der Konflikt um die Konkretisierung dieser Begriffe durchzieht dabei nicht nur die Kämpfe zwischen den Parteien, sondern auch zwischen den jeweiligen Flügeln innerhalb der Parteien. Für die Union ist dies vor allem an den regelmäßig wiederkehrenden Debatten um die Bedeutung des »C«, also des »Christlichen«, erkennbar. Der Versuch, durch abstrakte Begriffe klare Kontrapunkte zum politischen Gegner zu setzen und dadurch zu mobilisieren, zeigt sich insbesondere auch in der Geschichte politischer Plakate, die in der Bundesrepublik im Verlaufe der 1970er und 80er Jahre immer ähnlicher wurden. Hier beriefen sich alle Parteien auf positiv konnotierte Konzepte wie »Sicherheit«, »Freiheit«, »Frieden« oder »Wohlstand«, die allerdings losgelöst von jedem Kontext als bloße Schlagworte erscheinen mussten.[12] Im Zusammenhang konkreter Debatten jedoch hatte die Komplexitätsreduktion den Vorteil, dass Dregger als Generalist auftreten konnte, indem er politische Fragen auf Grundbegriffe zurückführte, die in Opposition zueinander gebracht werden

10 Vgl. zur Logik asymmetrischer Gegenbegriffe klassisch Reinhart Koselleck: Zur historisch-politischen Semantik asymmetrischer Gegenbegriffe, in: ders.: Vergangene Zukunft. Zur Semantik geschichtlicher Zeiten. Frankfurt/Main 1989, S. 211–259.

11 Reinhart Koselleck: Vorwort, in: Geschichtliche Grundbegriffe, Bd. 7, Stuttgart 1992, S. VII.

12 Vgl. Mergel: Propaganda, S. 170 und 270.

konnten. Wer sich öffentlich nicht im Klein-Klein der Details von Einzelfragen verlor, sondern stattdessen alle Fragen überzeugend auf zentrale Kategorien bezog, der konnte sich zu fast jedem Thema äußern. Diese sprachpolitische Strategie sicherte Dregger Medienaufmerksamkeit und half zudem, die kommunikative Anschlussfähigkeit von Einzelthemen zu erhöhen. Schließlich erweitert sich, wenn es um Grundlagen des Politischen geht, der Kreis der von einer Entscheidung potenziell Betroffenen auf tendenziell alle Bürger, während eine Sprache, die am Konkreten von Einzelfragen orientiert ist, letztlich dafür sorgt, dass sich nur unmittelbar Betroffene mit dem Problem befassen können.

Dregger jedenfalls versuchte in seinen semantischen Manövern den Begriff der Freiheit zu besetzen, um ihn als Leitwert der Ostpolitik der sozialliberalen Koalition entgegenzuhalten. Um den Kontrast zu verschärfen, bediente er sich der Feindbegriffe, die den Vorteil haben, die Oppositionshaltung zu unterstreichen und nach der Logik von Inklusion und Exklusion die eigenen Anhänger hinter sich zu scharen und den Gegner abzuwerten. Zugleich neigen Feindbegriffe jedoch dazu, »zum Begriffskäfig«[13] zu werden, der (politische) Handlungsräume einschränkt, Kompromisse tendenziell unmöglich macht und zugleich ein Bild des Anderen erzeugt, das notwendig extrem verkürzt ist. Dreggers Wahrnehmung als prinzipienfester, aber auch tendenziell radikaler Politiker kam deshalb nicht von ungefähr und hatte wesentlich mit seiner politischen Sprache zu tun, die Grundbegriffe mit einer Semantik des Agonalen verknüpfte. In seinem Handeln während der Debatten um die Ostpolitik zeigt sich indes, dass Dregger selbst weniger kompromisslos war, als seine Verlautbarungen vermuten ließen. Sein Einsatz von Begriffen führte also nicht zwangsläufig dazu, dass er in den semantischen »Netzen, in denen sich die Sprechenden selbst verfangen«[14], hängen blieb. Das deutet darauf hin, dass Dregger ein Bewusstsein dafür besaß, wie er über welches Thema sprach, und dabei durchaus taktisch agierte, während sein kompromissloses Auftreten ihm in der Öffentlichkeit das Image eines prinzipienfesten Streiters verlieh.

Dregger beschrieb die Ostpolitik also als das Feld, auf dem die fundamentalen Gegensätze zwischen freiheitlicher Demokratie und kommunistischer Diktatur besonders hart aufeinanderprallten. Ging es um politische Grundsatzfra-

13 Vgl. exzellent Reinhart Koselleck: Feindbegriffe, in: ders.: Begriffsgeschichten. Studien zur Semantik und Pragmatik der politischen und sozialen Sprache. Mit zwei Beiträgen von Ulrike Spree und Willibald Steinmetz sowie einem Nachwort zu Einleitungsfragmenten Reinhart Kosellecks von Carsten Dutt. Frankfurt/Main 2010, S. 274–284, Zitat S. 283.

14 Ebd., S. 282.

gen, wie er ja deutlich zu machen suchte, war Dregger in seinem Element und fühlte sich berufen, als leidenschaftlicher Kämpfer für freiheitliche Grundsätze das Wort auch und gerade in seiner Partei zu ergreifen. Als er für seine ostpolitischen Vorstellungen in die publizistische Offensive ging und aus diesem Grund ein Interview mit dem ihm keinesfalls wohlgesonnenen Nachrichtenmagazin »Der Spiegel« nicht scheute, gab er frank und frei Auskunft darüber, was ihn überhaupt in die Politik getrieben habe: »Man kann die Prinzipien immer besser verwirklichen.«[15] Und daher mahnte Dregger auch in einem Schreiben an Barzel, dass die Union bei den Vertragswerken mit den beiden kommunistisch beherrschten Staaten Sowjetunion und Polen grundsatztreu bleiben müsse: »Der Polen-Vertrag ist ein Teilstück des Moskauer Vertrages. Sein Gegenstand ist nicht ein Ausgleich zwischen dem deutschen und dem polnischen Volk, sondern die politische Kapitulation des freien Deutschland vor den kommunistischen Regimen in Moskau und Warschau.«[16] Dregger betonte, dass er selbstverständlich für einen Gewaltverzicht und eine Friedensgarantie sei, doch sie könnten »nur von einer gesamtdeutschen Regierung« vereinbart werden.

Für Dregger blieb die Ostpolitik stets ein Vehikel, um die Bundesregierung zu attackieren. Eine politische Trennlinie ließ sich dann am besten zum politischen Hauptkontrahenten SPD ziehen, wenn diese als führende Regierungspartei in einem Kernbereich der Politik Angriffsflächen bot, weil sie bisherige Gemeinsamkeiten aufgab. Die »Neue Ostpolitik« kündigte bestimmte Positionen der bislang gepflegten Außenpolitik auf, so insbesondere das völkerrechtliche Festhalten an einem Gesamtdeutschland in den Grenzen von 1937 und die Vermeidung offizieller Regierungskontakte mit der DDR. Sie verprellte damit viele Bundesbürger, die in den »Ostgebieten« jenseits von Oder und Neiße aufgewachsen waren. An ihr ließ sich daher hervorragend ein Politikstil pflegen, für den sich Dregger besonders eignete: die leidenschaftliche Auseinandersetzung. In der Bundesvorstandssitzung vom 23. Januar 1970 bekannte er sich offen dazu: »Darum sollten wir die Gelegenheit zu einer Konfrontation auf diesem Gebiet der Politik durchaus suchen, auch aus innenpolitischen Gründen, nachdem wir zuvor festgestellt haben, daß es auch außenpolitisch richtig ist.«[17] Und wie bei allen Zentralthemen bedachte Dregger, mit welchen semantischen Mitteln eine solche Polarisierung

15 Das »Spiegel«-Interview mit Dregger findet sich in dem Bericht: »Seite an Seite mit Franz Josef Strauss«, in: Der Spiegel, 11/1971, 08.03.1971, S. 36.

16 Dieses und das folgende Zitat: Dregger am 03.12.1970 an Barzel, ACDP, 01-347-323/2.

17 Protokolle des CDU-Bundesvorstands, 23.01.1970, in: Buchstab (Bearb.): Barzel: »Alternativen«, S. 129.

geführt werden sollte. Sein politisches Credo blieb stets gleich: Wenn man die politischen Debatten auf ihren harten Kern komprimiere und in der öffentlichen Kommunikation emotional anrührende Schlüsselwörter parat habe, werde man genügend Wähler gewinnen: »Ich weiß aus meinen Versammlungen auch, wenn wir das richtig darstellen und nicht den Eindruck erwecken, es ginge um eine juristische Frage und um die Frage, ob der Ulbricht Botschaften austauschen darf, sondern wenn wir deutlich machen, daß es um eine Position im Kampf um ganz Deutschland geht, daß wir dann wirklich Emotionen und wirkliche politische Überzeugung dafür wecken können.«[18]

Dregger begnügte sich nicht damit, für diese Auffassung in den CDU-Parteigremien zu werben. Im Frühjahr 1971 gezielt in die Öffentlichkeit zu gehen, war ein wohl überlegter parteitaktischer Schachzug. Den vermeintlichen Nachteil eines fehlenden Bundestagsmandats wollte er in einen Vorteil umwandeln: Da er nicht im Bundestag Farbe bekennen musste, brauchte er auch keine Rücksicht auf die Fraktionsdisziplin zu nehmen. So konnte er seine Kernanliegen ohne Verwässerung und ohne fraktionsbedingte Zugeständnisse kommunizieren. Dass er dazu ausgerechnet ein Sprachrohr der »Neuen Ostpolitik«, den »Spiegel«, wählte, war offensichtlich ein kalkuliertes Vorgehen, bescherte es ihm doch die erhoffte Resonanz. Alle politisch Interessierten konnten in der zweiten März-Ausgabe des Hamburger Nachrichtenmagazins lesen, dass Dregger nur dann mit der sowjetischen Hegemonialmacht vertragliche Abmachungen einzugehen bereit sei, wenn diese in der Festigung der Bindung West-Berlins an den Bund Zugeständnisse mache. Und auf ausdrückliche Nachfrage der Journalisten betonte er, dass eine CDU-geführte Regierung, der er angehören würde, die ausgehandelten Verträge mit der Sowjetunion und Polen »mit Sicherheit so nicht ratifizieren«[19] würde.

Zugleich machte Dregger keinen Hehl daraus, dass er die Befreiung der unter sowjetischer Vorherrschaft lebenden Völker Ostmittel- und Osteuropas als langfristiges Ziel deutscher Außenpolitik betrachtete. Dregger wusste, worauf er sich einließ, als ihn der »Spiegel«-Reporter fragte: »Wollen Sie – nach dem Rollback-Konzept des John Forster Dulles – den Einflußbereich der UdSSR auf ihre nationalen Grenzen zurückdrängen?«[20] Mit einer Bejahung, so musste Dregger klar sein, gab er seinen politischen Gegnern Gelegenheit, ihn als »kalten Krieger«

---

18 So Dregger auf der Sitzung des CDU-Bundesvorstands am 23.04.1970, ebd., S. 265.

19 »Seite an Seite mit Franz Josef Strauss«. SPIEGEL-Gespräch mit dem hessischen CDU-Vorsitzenden Alfred Dregger, in: Der Spiegel, 11/1971, 08.03.1971, S. 36–42, Zitat S. 41.

20 Ebd., S. 41.

abzustempeln, der es wage, in die sowjetische Einflusssphäre einzudringen, und sich dabei noch an Dulles, dem US-amerikanischen Außenminister der 1950er Jahre, orientiere, der Anfang der 1970er Jahre in einflussreichen Kreisen als Symbolfigur eines aggressiven und friedensbedrohenden Antikommunismus galt.[21] Doch Dregger bekannte sich ohne Umschweife dazu, die sowjetische Macht im östlichen Teil Europas zu brechen, weil er die Befreiung der ostmitteleuropäischen Völker vom Joch einer kommunistischen Hegemonialmacht als Verpflichtung einer am Zentralwert »Freiheit« ausgerichteten Politik auffasste: »Ja, das ist sicherlich erwünscht. [...] Dann kann die langfristige Zielsetzung nur lauten: nicht Sozialismus, sondern Freiheit für ganz Deutschland und für ganz Europa.«[22]

Dreggers Freiheitsverlangen speiste sich nicht zuletzt aus seiner tiefsitzenden Ablehnung eines jeden Kollektivismus: Nicht nur der Sozialismus, sondern auch ein übersteigerter Nationalismus drohte sich zum Herrn über den Einzelnen aufzuschwingen und ihn uneingeschränkt in den Besitz eines Kollektivs zu überführen.[23] In der Hierarchie der politischen Grundwerte rangierte bei Dregger stets die Freiheit über der Nation als politischer Bekenntnisgemeinschaft. Wenn er sich so leidenschaftlich für die Wiederherstellung der nationalen Einheit Deutschlands einsetzte, dann ließ er sich von der Überzeugung leiten, dass damit zugleich die Freiheit für die Deutschen in der DDR erstritten werden müsse. Daher lehnte er jedes Liebäugeln mit nationalneutralistischen Positionen strikt ab, die bereit waren, eine Schwächung der Bindung Deutschlands an die westlichen Demokratien als Preis für die Herstellung nationaler Einheit zu entrichten. Dregger zählte stets zu jenen Nationalliberalen, die Adenauers Grundentscheidung für die Westintegration internalisiert hatten und von diesem Punkt aus die Wiedervereinigung avisierten.

Dreggers Disposition, die Komplexität des Politischen auf umstrittene Grundbegriffe herunterzubrechen, ließ ihn gerade beim Thema Ostpolitik zu einem politischen Hoffnungsträger derer heranreifen, die von der CDU klare Positionen erwarteten. Daher stand er auch bei den Vertriebenenverbänden hoch im Kurs, die sich in einer Fundamentalopposition gegen die »Neue Ostpolitik« eingerichtet hatten.[24] Als Dregger Ende Februar 1971 auf einer Großkundgebung des Bundes der Vertriebenen in Bonn die Gelegenheit erhielt, seine Positionen dar-

21 Vgl. zu Dulles' Ruf und Außenpolitik Detlef Felken: Dulles und Deutschland. Die amerikanische Deutschlandpolitik 1953–1959. Bonn 1993, S. 93–135 und 507–516.

22 Dregger-Interview, in: Der Spiegel, 11/1971, 08.03.1971, S. 41.

23 Vgl. dazu ein Schreiben Dreggers an den theoretisch beflissenen ehemaligen CDU-Generalsekretär Heck, 10.08.1971, ACDP, 01-347-267.

24 Vgl. dazu Matthias Stickler: Ostdeutsch heißt Gesamtdeutsch. Organisation, Selbstverständnis

zulegen, enttäuschte er allerdings Hardliner, die von ihm revanchistische Töne erwarteten. Dregger blieb sich auch hier in seiner nationalliberalen Grundausrichtung treu: Er versicherte den Vertriebenen seine Solidarität und kritisierte an der »Neuen Ostpolitik« auch deren mangelnde Professionalität. Aber er ließ keinen Zweifel daran aufkommen, dass für ihn Polen und Tschechen natürliche Verbündete im Kampf um die Befreiung von sowjetischer Vorherrschaft waren.[25] Die nationale Frage der Deutschen könne – so seine Generallinie – nur gemeinsam mit der Überwindung der Teilung Europas gelöst werden, und die war für ihn das Ergebnis eines entlang der Trennlinie von Freiheit und Sozialismus gezogenen Weltgegensatzes: »Kontrahenten dieses säkularen Weltkonflikts sind das Lager des Sozialismus und das Lager der Freiheit. In ihm geht es letztlich um die politische und gesellschaftliche Ordnung Europas und der Welt.«[26]

Sonderinteressen der Vertriebenen wollte Dregger nicht bedienen, und er hat sich nie als deren Sprachrohr verstanden. Seine politische Grundmelodie des Freiheitskampfes hatte er in diesem Fall angestimmt, weil die Ostpolitik in perfekter Weise einen Freiheitskämpfer wie ihn auf den Plan rief. Damit konnte sich der Chef eines bislang im Abseits stehenden Landesverbands in den ersten neun Monaten des Jahres 1971 auf einem weiteren zentralen Politikfeld profilieren. Er präsentierte sich als Sprachrohr einer CDU, welche die Ostpolitik zu nutzen gedachte, um sich als *die* Freiheitspartei darzustellen. So war es auch kein Zufall, dass Dregger sich wenige Wochen vor dem CDU-Parteitag in Saarbrücken, auf dem ein neuer Vorsitzender gewählt werden sollte, mit einem programmatischen Beitrag in Stellung brachte, der als Vorabdruck in der Tageszeitung »Die Welt« erschien und später in einem Sammelband über »Ostpolitik im Kreuzfeuer« nachzulesen war.[27] Es war der umfangreichste Aufsatz in diesem Buch,[28] und Dregger zeigte insofern Flagge, als er dort als einziger CDU-Landesparteichef mit einem Thema vertreten war, das die landespolitische Zuständigkeit bei weitem überschritt. Dabei argumentierte er als prinzipienfester Unionspolitiker, der in der Tradition Adenauers die Überwindung der deutschen Teilung in den Gesamtkontext der Spaltung Europas einbettete. Es handle sich

---

und heimatpolitische Zielsetzungen der deutschen Vertriebenenverbände 1949–1972. Düsseldorf 2004, S. 234f.

25 Vgl. die Ausführungen Dreggers auf einer Kundgebung des »Bundes der Vertriebenen«, 27.02.1971, ACDP, 01-347-162/1.

26 Ebd., S. 2 des Manuskripts.

27 Hans Huyn (Hg.): Ostpolitik im Kreuzfeuer. Willy Brandt zu den Ostverträgen. Beitrag von Bruno Heck [u. a.]. Stuttgart 1971.

28 Alfred Dregger, Die Alternative – Eine Politik für die Freiheit Europas, in: ebd., S. 167–221.

um eine Konfrontation zwischen dem freiheitlichen Westen und den kommunistischen Diktaturen des Ostens, die der Westen nur dann bestehen könne, wenn er unbeirrt an seinem Endziel festhalte, den kommunistisch beherrschten Staaten Ostmittel- und Osteuropas – also Polen, der Tschechoslowakei, Ungarn, Rumänien und Bulgarien – eine freiheitliche Entwicklung im Innern zu ermöglichen. Dregger ließ sich mithin von einem unbändigen Freiheitsverlangen leiten und artikulierte dies auch in einer Weise, von der er wusste, dass sie dem politischen Gegner Vorwände gab, ihn in die politisch rechte Ecke zu stellen und als Feind der Entspannung zu bezeichnen: Der Umstand, dass »die Freiheit der Menschen und die Souveränität der Staaten in Ost- und Mitteleuropa als beinahe ›anormal‹ erscheint«, führe dazu, dass man »auch von Nichtkommunisten sehr schnell als ›kalter Krieger‹ abgestempelt« werde.[29] Dregger hielt jedoch unbeirrt daran fest, dass die westliche Politik auf mittlere Sicht die Beseitigung der kommunistischen Parteiherrschaften und damit die Destabilisierung der politischen Systeme im sowjetisch beherrschten Europa anstreben müsse, wenn sie sich am politischen Leitstern der Selbstbestimmung der Völker orientiere. Dregger sprach aus, dass eine solche Politik einen langen Atem erfordere: »Das Ziel, das über uns selbst hinausweist, mag manchem als Utopie erscheinen«.[30]

Eine derart normativ aufgeladene Außenpolitik war perfekt auf den Inhalt und Stil des Politikers Dregger zugeschnitten. Sie ermöglichte es ihm, ein Politikfeld so einzukreisen, dass es als genuines Freiheitsthema ausgegeben werden konnte. Zugleich definierte sie dieses hochgradig konfrontative Politikfeld als politische Kampfzone, in der die beiden für Dreggers Koordinatensystem entscheidenden Pole aufeinanderprallten: Freiheit versus Sozialismus. »Das politische Problem der Teilung und Wiedervereinigung Deutschlands und Europas ist eingebettet in den großen Weltkonflikt zwischen Freiheit und Sozialismus.«[31] Damit waren die Missionare der Freiheit, zu denen sich Dregger rechnete, aufgerufen, Flagge zu zeigen – und zwar nicht nur gegenüber den Führungen der kommunistisch regierten Staaten, sondern auch in der Innenpolitik gegenüber allen Kräften, denen man eine Preisgabe freiheitlicher Kernelemente zutraute. Dieser Nexus zwischen Außen- und Innenpolitik trug die »geistig-politische«[32] Auseinandersetzung auch in die Innenpolitik und sollte damit einen Politikstil befördern, der

29 Alfred Dregger: Die politische Union Europas hat Vorrang, in: Die Welt, 09.09.1971.

30 Ebd.

31 Alfred Dregger: Täuschung des politischen Gegners – ein Mittel sowjetischer Strategie, in: Die Welt, 07.09.1971.

32 Dregger: Die politische Union Europas hat Vorrang, in: Die Welt, 09.09.1971.

auf Dregger perfekt zugeschnitten war. Der Kampfanzug, nicht der Freizeitdress war mithin die politische Bekleidung, die dem Freiheitskämpfer Dregger auf den Leib geschneidert war.

Systematisch lässt sich Dregger einem Typus von liberalen Demokraten zuordnen, den die politikwissenschaftliche Forschung zu den Verfechtern einer »militant democracy« zählt. Der jüdische Politikwissenschaftler Karl Loewenstein, der seine Heimat Deutschland aufgrund der Nachstellungen durch das menschenfeindliche NS-Regime verlassen musste und in den USA eine beachtliche akademische Laufbahn einschlug, hat den Begriff in die wissenschaftliche Debatte eingeführt. Gemeint ist die Spielart einer kämpferischen Demokratie, die sich ohne Vorbehalte auf die existenzielle Herausforderung durch die eingeschworenen Feinde der Freiheit einlässt. Dabei ist es systematisch von geringem Interesse, ob die Bedrohung der freiheitlichen Errungenschaften von radikalnationalistischen, nationalsozialistischen oder kommunistischen Kräften ausgeht, da sich diese Bewegungen trotz ihrer Differenzen im Kampf gegen den liberalen Verfassungsstaat einig sind. Loewenstein leitete nicht zuletzt aus dem Aufstieg des Nationalsozialismus die Lehre ab, dass man sich der Feinde der Freiheit nur erwehren könne durch eine »kämpferische Machtbehauptung der Demokratie mit den robusten Mitteln eines aktiven Verfassungsstaates«.[33]

Dregger teilte wie so viele engagierte Liberale insofern die Bedrohungsanalyse Loewensteins, als er von dem von der Sowjetunion beherrschten kommunistischen Block eine fundamentale Gefährdung der individuellen Freiheitsrechte erblickte, die im Zentrum seines liberalen Politikverständnisses standen. Die totalitäre Herausforderung führte bei ihm zu einer Renormativierung eines Demokratiebegriffs. Danach hatte sich Demokratie als Herrschaftsordnung daran zu bewähren, dass sie Individualfreiheiten vor den Zugriffen des Kollektivs schützte.[34] Diese normative Aufladung schlug sich in einer für Dregger typischen semantischen Ausformung nieder: Das kämpferische Eintreten für die Freiheit verlangte nach einer pathosgetränkten Freiheitssemantik, welche die Feinde der Freiheit eindeutig markierte und dadurch die Freunde der Freiheit in einer emotional gestifteten Kampfgemeinschaft zu verbinden trachtete. Dabei lag es in der Logik seiner militanten Feindschaftssemantik, eine klare Grenze zu ziehen: Wer gegen den Grundwert »Freiheit« auftrat, galt ihm als Feind, und zwar sowohl innen- wie außenpolitisch. Wie bei Loewenstein lief dieses Freiheitspostulat auf

33 So die treffende Charakterisierung in der gehaltvollen Studie von Hacke: Existenzkrise, S. 249, hier, S. 245–255, auch mehr zu Loewensteins Ansatz.

34 Hierzu auch Hacke: Existenzkrise, S. 391.

»eine klare Unterscheidung zwischen Freund und Feind [hinaus], die in jeder Lage mit Bestimmtheit zu treffen«[35] war.

Können wir also Dregger als einen leidenschaftlichen und in dieser Hinsicht »militanten« Anwalt der Freiheit charakterisieren, der Loewensteins Plädoyer für eine »militant democracy« beherzigte, so kam diese Einstellung nicht zuletzt in der Ostpolitik zum Ausdruck. Eine so konzise, auf den Freiheitsaspekt konzentrierte ostpolitische Argumentation war unter den politischen Hoffnungsträgern der CDU sonst kaum zu finden. Daher hat sich Dregger bei seinem Vorgehen und seiner klaren Positionierung wohl auch von dem Kalkül leiten lassen, dass der neue CDU-Vorsitzende – mochte er Barzel oder Kohl heißen – nicht an ihm vorbeikommen werde, wenn er die CDU personell neu aufzustellen versuche. Der neue Parteivorsitzende werde – so die Hoffnung – für Dregger einen prominenten Platz in seiner Führungsmannschaft reservieren müssen. Insofern war der CDU-Bundesparteitag in Saarbrücken für Dregger nur ein Zwischenschritt auf diesem Weg. Er begnügte sich damit, für den Bundesvorstand zu kandidieren, und wurde mit einem respektablen, wenngleich nicht überragenden Ergebnis (er rangierte auf Platz 6 der abgegebenen Stimmen bei insgesamt 21 gewählten Bundesvorstandsmitgliedern)[36] in dieses Gremium gewählt. Allerdings war keineswegs sicher, dass der frisch gekürte Bundesvorsitzende Barzel es politisch aufwerten würde. Zu denken geben musste dem hessischen Landesvorsitzenden überdies, dass vor ihm vier Landesvorsitzende rangierten, die es allesamt auf mehr als 400 Delegiertenstimmen gebracht hatten.[37]

Dreggers Eintreten für eine prinzipienfeste Ostpolitik wertete ihn gegenüber dem neuen Parteichef auf. Wollte Barzel die Unionsfraktion hinsichtlich der Ostverträge auf geschmeidige Weise zu einem »Ja« bewegen, sofern die Verträge substanzielle Verbesserungen im Sinne der Union aufwiesen, dann lag es nahe, Dregger politisch einzubinden. War es nicht ratsam, ihn innerhalb der Bundespartei mit einem neuen Aufgabenbereich zu versehen und auf diese Weise einen in ostpolitischen Fragen potenziellen Störenfried zu neutralisieren? Jedenfalls sandte Barzel spätestens ab Februar 1972 deutliche Signale an die Partei, Dregger eine herausgehobene Rolle als Sprecher der CDU auf einem Politikfeld zu

---

35 So Hacke zur Position Loewensteins, ebd., S. 253.

36 Dregger erhielt 373 Stimmen, jene, die vor ihm lagen, zwischen 417 und 464 Stimmen; vgl. CDU-Bundesgeschäftsstelle (Hg.): 19. Bundesparteitag der Christlich Demokratischen Union Deutschlands. Niederschrift. Bonn 1971, S. 230.

37 Dabei handelte es sich um Heinrich Köppler (Rheinland), Heinrich Windelen (Westfalen), Hans Filbinger (Baden-Württemberg) und Wilfried Hasselmann (Niedersachsen); vgl. ebd.

verschaffen, auf dem der Hesse sich bislang bundespolitisch wenig hervorgetan hatte: der Innenpolitik.[38] In der Partei stieß dieser Vorstoß nicht nur auf Gegenliebe, da einige fürchteten, Dregger würde seine auf Konfrontation mit dem politischen Gegner ausgerichtete »Tonlage«[39] nicht abstellen. Dieser nutzte hingegen die Chance, sein politisches Portfolio zu diversifizieren, und stürzte sich mit gewohnter Gründlichkeit auf den neuen Aufgabenbereich. »Innere Sicherheit« war im Frühjahr 1972 ohnehin ein Thema, das durch den Linksterrorismus der RAF an politischer Bedeutung gewonnen hatte und zudem den harten Kern der politischen Identität der CDU bildete. Wenn Dregger auf diesem Gebiet als bundespolitischer Sprecher zum Zuge käme, könnte er auf einem zentralen Politikfeld eine herausragende Rolle spielen und wäre bei Bildung einer künftigen Regierungsmannschaft in Bonn nur schwer zu ignorieren. Zwar kristallisierte sich heraus, dass für Dregger Innenpolitik kein wirkliches Herzensanliegen war. Sein nationalliberales Credo war in einem mit Deutschland- oder Außenpolitik organisch verbundenen Ressort wesentlich besser zur Geltung zu bringen. Doch Dregger konnte nicht wählerisch sein: Immerhin war es ihm als Landespolitiker ohne Regierungserfahrung gelungen, vom Kanzlerkandidaten als ministrabel eingestuft zu werden. Damit hatte er sich endgültig in der ersten Reihe der CDU etabliert.

Am 13. März 1972 erhielt Dregger erstmals Gelegenheit, vor dem Bundesvorstand eine Probe seines innenpolitischen Könnens abzulegen. Er legte einen ausführlichen Bericht über die innere Sicherheit vor, der davon zeugt, wie gründlich er sich in diese Materie eingearbeitet hatte und wie souverän er mit der Faktenlage vertraut war. Zudem wollte Dregger sich mit dieser Premiere als kompetenter Sachwalter beweisen und verzichtete daher darauf, in plakativer Weise seine Befunde semantisch zuzuspitzen – ihm war bewusst, dass er dieses Themenfeld erst noch daraufhin abklopfen musste, ob und wie es sich zur begrifflichen Profilschärfung eignete. Seine von Langatmigkeit nicht freien Ausführungen waren eine nüchterne Bestandsaufnahme, welche die politische Kernbotschaft enthielt, dass Parteien bei der geistigen Auseinandersetzung mit dem politischen Radikalismus von links wie rechts »nicht mehr als Anstöße«[40] liefern könnten, wobei

38 Vgl. Wambach: Barzel, S. 517.

39 Diese Bedenken äußerte Helmut Kohl in einem Gespräch mit Walther Leisler Kiep am 11.02.1972; vgl. die entsprechende Tagebucheintragung Kieps bei Walther Leisler Kiep: Was bleibt ist große Zuversicht. Erfahrungen eines Unabhängigen. Ein politisches Tagebuch. Berlin, Wien 1999, S. 53.

40 Ausführungen Dreggers auf der Bundesvorstandssitzung vom 13.03.1972, in: Buchstab (Bearb.): Barzel: »Alternativen«, S. 708–722, Zitat S. 722.

auch die anderen demokratischen Parteien SPD und FDP ausdrücklich in diese Aufgabe einbezogen wurden.

Der Parteivorsitzende hatte einen klugen Schachzug getan, als er dem vor Energie schier platzenden hessischen Landesvorsitzenden mit der Innenpolitik ein zentrales Politikfeld zuwies und damit einen scharfen Kritiker seines ostpolitischen Kurses parteipolitisch einband. Dass sich Dregger im Frühjahr 1972 mit öffentlichen Äußerungen zur Ostpolitik zurückhielt, dürfte nicht zuletzt darauf zurückzuführen sein, dass er seine frisch erworbene innerparteiliche Position in der Führung der Bundes-CDU nicht unnötig gefährden wollte. Aber es wäre eine Verkürzung, in dieser ostpolitischen Abstinenz allein parteitaktisches Kalkül zu erblicken. Entscheidend war, dass Dregger, wie er frühzeitig registrierte, unter den gegebenen Bedingungen seinem Politikstil, der auf klare semantische Profilierungen gegenüber dem politischen Gegner setzte, in ostpolitischen Fragen nicht würde treu bleiben können.

Gerade in der Schärfung des Profils der Union sah Dregger aber eine wesentliche Hauptaufgabe. Fügte er sich doch, wie schon mehrfach bemerkt, als Politikertypus perfekt in die Fundamentalpolitisierung, die seit den ausgehenden 1960er Jahren den Stil der politischen Auseinandersetzung zu prägen begann, so hatte er früher als die meisten Unionspolitiker internalisiert, dass es dazu einer klaren Sprache bedurfte. Sie musste die politischen Alternativen so auf den Begriff bringen, dass positiv besetzte emotionale Konnotationen mitschwangen. Dabei war Dregger stärker als vielen seiner Parteifreunde bewusst, dass die von ihm vertretene politische Richtung gegenüber dem politischen Hauptkontrahenten einen erheblichen semantischen Rückstand aufzuholen hatte. In dem bereits angesprochenen Auftritt vor dem »Hessischen Kreis« im Oktober 1970 hatte es just zu diesem Punkt eine erhellende Diskussion gegeben. Einer der Zuhörer fragte Dregger, wie man damit umgehen solle, »daß die Linke mit einem Begriffsapparat arbeiten könne, der in 130 Jahren von Hegel bis Adorno aufgebaut worden sei, während die CDU weder für ihre liberalen noch für ihre konservativen Ideale über einen begrifflichen Apparat verfüge«.[41] Dregger musste eingestehen, »dass dieser Begriffsapparat leider fehle, die Politiker seien hier jedoch überfordert«.[42] Dies hieß nichts anderes, als dass Politiker seiner Couleur auf Mitstreiter aus dem kulturellen Feld angewiesen waren, die in diesem Sinne begriffsschöpferisch tätig waren.

---

41 So der Diskussionsteilnehmer Petru Dumitriu, ein Exil-Rumäne, anlässlich von Dreggers Vortrag vor dem »Hessischen Kreis«, 13.10.1970, ACDP, 01-347-281, Bl. 7 des Protokolls von Vortrag und Diskussion.

42 Ebd.

Seit den späten 1960er Jahren erlangte die CDU durch eine groß angelegte kulturpolitische Offensive Zugang zu akademischen Zirkeln, die ihnen bislang eher ferngestanden hatten. Die Polarisierung im Bereich der Universitäts- und Bildungspolitik kam ihr dabei zugute und führte dazu, dass einstmals der sozialliberalen Koalition nahestehende Intellektuelle wie der Historiker Karl Dietrich Bracher semantische Gegenpositionen gerade bei der intellektuellen Auseinandersetzung mit dem Sowjetkommunismus entwarfen,[43] die von der CDU gerne aufgegriffen wurden. Die Gründung des »Bundes Freiheit der Wissenschaft« (BFW), an dem nicht wenige Intellektuelle beteiligt waren, die sich aus ähnlichen Gründen von der sozialliberalen Koalition abgewandt hatten, markiert die institutionelle Fundierung dieser Entwicklung. Unter den engagierten Wissenschaftlern im BFW befanden sich auch damalige Sozialdemokraten wie der Philosoph Hermann Lübbe, der Politikwissenschaftler Richard Löwenthal und der Historiker Thomas Nipperdey.[44]

Allerdings – und dies ist ausschlaggebend – blieb die Debatte um die Ostpolitik von diesen Entwicklungen weitgehend unberührt. In semantischer Hinsicht fanden sich die Kritiker der Ostpolitik der Regierung Brandt/Scheel weiterhin in einer strukturellen Defensive. Ein Grund dafür war, dass sie mit stoischer Verbissenheit versuchten, die »Neue Ostpolitik« zu attackieren, indem sie sie auf ein Sicherheitsproblem reduzierten. Das nur leicht variierte Kernargument, das auch bei Dregger stets im Vordergrund stand, hob darauf ab, dass die Sowjetunion ihren Expansionsdrang nicht aufgegeben habe und in diesem Systemkonflikt zwischen Diktatur und Demokratie jede Konzession, die von der Sowjetunion als Zeichen der Schwäche des Westens gedeutet werden könne, die aggressiven Absichten der kommunistischen Supermacht noch verschärfen müsse. Dass die Sowjetunion und ihre Satellitenstaaten durch eine Kooperation mit dem Westen eine Entwicklung beförderten, die sie letztlich nicht mehr zu kontrollieren vermochten und damit ungewollt eine Erosion ihrer Herrschaft einleiteten, war aus dieser Sicht ausgeschlossen: »Hier bedeuten Vorleistungen den Austausch von

43 Eckhard Jesse: Die Totalitarismusforschung und ihre Repräsentanten. Konzeptionen von Carl J. Friedrich, Hannah Arendt, Eric Voegelin, Ernst Nolte und Karl Dietrich Bracher, in: Aus Politik und Zeitgeschichte 48, 20/1998, S. 3 – 18, bes. S. 15 – 16.

44 Vgl. zu den SPD-Mitgliedern im BFW sowie allgemein zur Entwicklungsgeschichte Svea Koischwitz: Der Bund Freiheit der Wissenschaft in den Jahren 1970 – 1976. Ein Interessenverband zwischen Studentenbewegung und Hochschulreform. Köln, Weimar, Wien 2017, S. 262 – 270; zur konfliktreichen Beziehung zwischen dem BFW und der SPD auch Nikolai Wehrs: Protest der Professoren. Der »Bund Freiheit der Wissenschaft« in den 1970er Jahren. Göttingen 2014, S. 241 – 248.

Leistungen gegen Hoffnungen, die keine Aussicht auf Erfüllung haben«[45], war sich Dregger sicher.

Die Vorstellung eines festgefügten »Ostblocks«, dessen totalitär verfasstes Herrschaftssystem jede Freiheitsbewegung im Keim erstickte, hatte durch die gewaltsame Niederschlagung des »Prager Frühlings« im August 1968 neue Nahrung erhalten. Doch der Antikommunismus, der als kulturelle Fundierung der westdeutschen Demokratie breite überparteiliche Zustimmung bis hinein in die Sozialdemokratie erfahren hatte,[46] geriet bei der Kritik an der »Neuen Ostpolitik« an seine Grenzen. Zweifellos trug er dazu bei, gelegentliche Illusionen über den diktatorischen Charakter der kommunistischen Regime als gefährliche politische Träumereien anzuklagen; doch traf er nicht den Kern der »Neuen Ostpolitik«. Die von der Regierung Brandt/Scheel immer wieder vorgebrachte Position, dass die Bundesrepublik nur bei fester Verankerung im westlichen Verteidigungsbündnis Entspannungspolitik gegenüber dem von der Sowjetunion beherrschten Lager betreiben könne, ließ sich im Grunde nur entkräften, wenn man die Bündnistreue der Regierung in Frage stellte – wovon Dregger jedoch weit entfernt war.

Viel gravierender war jedoch der Umstand, dass ein freiheitlicher Demokrat wie Dregger gar nicht in der ihm eigenen Weise eine Politik attackieren konnte, die auf die Entfesselung des Freiheitsdrangs bei den Völkern Ostmittel- und Osteuropas abzielte. Wenn es das eigentliche Telos der insbesondere von Bundeskanzler Brandt vertretenen Ostpolitik war, durch den Ausbau von Kooperationen zwischen den Staaten und Menschen eine transformative Eigendynamik freizusetzen, die von den Regimen nicht mehr unter Kontrolle gehalten werden konnte,[47] dann mochte Dregger allenfalls Zweifel anmelden, ob die diplomati-

45 Vortrag Dreggers bei Bethmann, 13.10.1970, ACDP, 01-347-281; zum Expansionsdrang der Sowjetunion vgl. auch Dreggers Interview in: Der Spiegel, 11/1971, 08.03.1971, dort S. 41.

46 Vgl. Conze: Suche nach Sicherheit, S. 152–154; perspektivenreich Stefan Creuzberger/Dierk Hoffmann (Hg.): »Geistige Gefahr« und »Immunisierung der Gesellschaft«. Antikommunismus und politische Kultur in der frühen Bundesrepublik. München 2014; exzellenter Überblick bei Axel Schildt: Antikommunismus von Hitler zu Adenauer, in: Norbert Frei/Dominik Rigoll (Hg.): Der Antikommunismus in seiner Epoche. Weltanschauung und Politik in Deutschland, Europa und den USA. Göttingen 2017, S. 186–203.

47 Vgl. Peter Merseburger: Willy Brandt 1913–1992. Visionär und Realist. Stuttgart, München 2002, S. 440–443; Rainer Behring: Polen in den politischen Konzeptionen Willy Brandts 1939–1966, in: Vierteljahrshefte für Zeitgeschichte 58 (2010), S. 35–68, bes. S. 63–66; Eckart Conze: Akzeptanz der Teilung oder Weg zur deutschen Einheit? Motive, Ziele und Wirkungen der Ost- und Deutschlandpolitik der sozialliberalen Koalition, in: Bernd Rother (Hg.): Willy Brandt. Neue Fragen, neue Erkenntnisse. Bonn 2011, S. 99–113, bes. S. 103–104; Christoph Kleßmann: Die historische

schen Vorleistungen und Konzessionen der anderen Seite dazu in einem ausgewogenen Verhältnis standen. Denn er selbst stimmte ja mit Brandt völlig überein in der Vorstellung, dass die Fackel der Freiheit nach Osten getragen werden sollte, wenn er 1971 in seinem programmatischen Beitrag schrieb: »Die Idee der Freiheit wirkt schon heute über den Eisernen Vorhang hinweg wie ein Magnet auf die Völker unter sowjetischer Herrschaft. [...] Auch in der Sowjetunion selbst verstärkt sich von Tag zu Tag der Ruf nach Freiheit in der geistigen Führungsschicht. *Die Geschichte lehrt, daß dem auf die Dauer keine noch so despotische Macht widerstreben kann.*«[48] Warum sollte man diesen Freiheitsdrang nicht dadurch beschleunigen können, dass man eine vorsichtige Öffnung des geschlossenen sowjetischen Herrschaftsbereichs durch eigene Schritte beförderte?

Dreggers programmatischer Fixpunkt »Freiheit« stieß mithin bei seiner ostpolitischen Positionierung, so sehr er ihm auch den Anstoß dazu gegeben haben mochte, an seine semantischen Grenzen. Der »Neuen Ostpolitik« ließ sich vieles vorhalten, doch mit der Mobilisierung des Freiheitdiskurses kam man ihren Kernabsichten eher entgegen, als dass man sich von ihr abgrenzte. Einem freiheitlichen Politiker wie Dregger waren damit die Hände gebunden! Daher bot sich als Ausweg an, nicht die Freiheitsfrage ins Zentrum zu rücken, sondern die nationale Frage. Damit lautete die zentrale Argumentation: Die Ostpolitik gefährde das nationale Ziel der Wiedervereinigung, weil sie voreilig zentrale Rechtspositionen aufgebe, damit die DDR international aufwerte und auf diese Weise die Teilung Deutschlands zementiere.[49] Allerdings warf dies die Gegenfrage auf, ob ein zähes Festklammern an Rechtstiteln nicht in eine deutschlandpolitische Sackgasse führen musste. Denn was wäre politisch gewonnen, wenn sich die Wiedervereinigungspolitik im Beschwören von Rechtstiteln erschöpfte, zugleich aber die Entfremdung zwischen den Menschen in beiden Teilen Deutschlands so voranschritte, dass solche Rechtspositionen entleert würden? Insofern verlangte eine Deutschlandpolitik, die sich als aktive Wiedervereinigungspolitik verstand, ihren Akteuren das Geschick ab, zwar auch die betreffenden Rechtsansprüche aufrechtzuerhalten – die gemeinsame deutsche Staatsangehörigkeit wie die Bindung West-Berlins an die Bundesrepublik durften nicht erschüttert werden. Zu-

---

Bedeutung der sozialdemokratischen Ost- und Deutschlandpolitik, in: Bernd Faulenbach/Bernd Rother (Hg.): Außenpolitik zur Eindämmung entgrenzter Gewalt. Historische Erfahrungen der Sozialdemokratie und gegenwärtige Herausforderungen. Essen 2016, S. 77–93.

48 Dregger: Die Alternative, S. 218. Hervorhebung im Original.

49 Vgl. zu diesen insbesondere innerhalb der Unionsparteien verbreiteten Befürchtungen Wolfrum: Bundesrepublik Deutschland, S. 386–388; Conze: Suche nach Sicherheit, S. 451; Möller: Strauß, S. 463–464.

gleich durfte sie sich aber nicht im Pochen auf solche Rechtstitel erschöpfen und zum Monument hehrer politischer Absicht werden. Damit aber war sie nicht maßgeschneidert für Dreggers Politikstil, der auf ein klares »Ja« und ein entschiedenes »Nein« setzte.

Dregger hatte mit der ihm eigenen Forschheit noch zu Beginn des Jahres 1970 die Ostpolitik als geeignetes Feld ausgemacht, um den politischen Gegner im Modus der Konfrontation zu attackieren.[50] Doch seitdem hatte er registrieren müssen, dass die CDU unter ihrem neuen Parteiführer Barzel beabsichtigte, sich nicht auf ein eindeutiges »Nein« zur Ostpolitik festzulegen. Vielmehr ging es Barzel darum, die Verträge so zu verbessern, dass die Unionsfraktion ihnen zustimmen konnte. Darüber entbrannte innerhalb der Fraktion ein heftiges Ringen, an dem Dregger trotz seiner vorherigen klaren Positionierung nur am Rande beteiligt war, da er diesem Entscheidungsgremium nicht angehörte. Es sollte nicht das erste Mal sein, dass in der gemeinsamen Bundestagsfraktion von CDU und CSU eine wichtige Frage entschieden wurde, welche die gesamte Union inhaltlich festlegte. Diese Erfahrung musste Dregger darin bestärken, bei nächster Gelegenheit ein Bundestagsmandat anzustreben. Insofern wurzelt Dreggers politischer Karriereweg, über die Fraktion und nicht über ein Ministerium politisch gestalten zu wollen, auch in der Einsicht, im Frühjahr 1972 von einer direkten Einwirkung auf den ausschlaggebenden Meinungsbildungsprozess ausgeschlossen gewesen zu sein. Als Beobachter bekam Dregger hautnah mit, dass die Suche nach der definitiven Haltung zur Ostpolitik die Union in eine Zerreißprobe hineinmanövrierte. Als am 16. und 17. Mai 1972 die Bundestagsfraktion von CDU/CSU ihre Position mit Blick auf die bevorstehende Abstimmung im Bundestag über die Ostverträge zu klären hatte, prallten die unterschiedlichen Ansichten so heftig aufeinander, dass Barzel die Einheit der Union nur dadurch wahren konnte, dass der Fraktion die Stimmenthaltung nahegelegt wurde.[51] Diese von der überwältigenden Mehrheit der Unionsabgeordneten praktizierte Enthaltung sorgte dafür, dass die Ostverträge angenommen wurden, was bei einem geschlossenen Nein angesichts der Stimmengleichheit von Regierung und Opposition nicht möglich gewesen wäre. Doch durch diese halbherzige Position beraubte sich die CDU der

50 Vgl. Dreggers Redebeitrag im CDU-Bundesvorstand, 23.01.1970, in: Buchstab (Bearb.): Barzel: »Alternativen«, S. 129.

51 Vgl. Wambach: Barzel, S. 579 – 586; Link, Außen- und Deutschlandpolitik, S. 212 f.; sowie die Protokolle der Fraktionssitzungen vom 16. und 17.05.1972, in: Kathrin Zehender (Bearb.): Die CDU/CSU-Fraktion im Deutschen Bundestag. Sitzungsprotokolle 1969 – 1972. Zweiter Halbband: Juli 1971 bis September 1972. Düsseldorf 2016, S. 1191 – 1318.

Aussicht, sich auf ostpolitischem Feld gegenüber der Regierung bei den auf den Herbst 1972 vorgezogenen Bundestagswahlen zu profilieren.

Hätte Dregger mit »Nein« votiert, wenn er am 17. Mai 1972 im Bundestag über die Verträge mit der Sowjetunion und Polen hätte abstimmen können? Hätte er sich den 10 bzw. 17 Fraktionskollegen angeschlossen, die sich anstelle der kompromisshaften »Enthaltung« für eine klare Ablehnung entschieden hatten? Hätte er sich möglicherweise auf die Seite von Franz Josef Strauß geschlagen, der sich in der Fraktion für eine Ablehnung stark gemacht hatte – nicht zuletzt mit dem Argument, dass die Union der Regierung eine schwere Niederlage zufügen könnte, wenn sie geschlossen mit »Nein« votierte? Konnte ein angriffslustiger Politiker wie Dregger dem Argument des CSU-Vorsitzenden widersprechen, dass eine Regierung, die in einem »Hauptstreitpunkt der deutschen Politik«[52] über keine eigene parlamentarische Mehrheit verfügte, attackiert werden sollte, statt ihr durch Stimmenthaltung zu einer Majorität im Bundestag zu verhelfen?

Fakt ist, dass Barzel für seine vermittelnde Position, die Strauß vor versammelter Fraktion frontal anging, ausgerechnet vom vermeintlichen Hardliner Dregger Rückendeckung erhalten hatte. In der Sitzung des Bundesvorstands vom 15. Mai 1972 hatte sich Dregger für seine Verhältnisse zwar gewunden ausgedrückt, aber für alle, die seinen Auftritt zu deuten wussten, zumindest verklausulierte Zustimmung zur Barzel-Linie erkennen lassen. Konnte man von einem Politiker, der ansonsten für geschliffene Attacken auf den politischen Gegner bekannt war, mehr erwarten, als dass er mit den Worten »Das Beste wäre es, wir könnten unsere Bedenken ausräumen und könnten dann ja sagen«[53] sogar den Weg für ein Votum für die Ostverträge mitzugehen bereit war? Dreggers innerparteilichem Rivalen Walther Leisler Kiep, der für sich sogar nicht gänzlich ausgeschlossen hatte, den Verträgen unter Verletzung der Fraktionsdisziplin seine Stimme zu geben,[54] ging Dreggers Positionierung zwar nicht weit genug. Aber auf dem rechten Parteiflügel siedelte er Dregger nicht an, weil dieser innerparteilich »die Position Barzels in euphorischer Weise unterstützt«[55] hatte. Zwar wollte sich Dregger dann doch nicht so eindeutig auf diese Position festlegen lassen. Aber es steht fest, dass er Barzel in dessen Haltung, durch Verbesserung der Verträge die Opposition zur Zustimmung zu bewegen und damit die einmalige Gelegenheit auszuschlagen,

52 So Strauß am 17.05.1972 in der Fraktionssitzung, ebd., S. 1293; vgl. auch den Redebeitrag von Strauß in der Sitzung vom 16.05., ebd., S. 1213.

53 Dreggers Äußerung auf der Bundesvorstandssitzung vom 15.05.1972, in: Buchstab (Bearb.): Barzel: »Alternativen«, S. 819.

54 Vgl. Kiep: Zuversicht, S. 69.

55 Tagebucheintragung Kieps, 15.05.1972, ebd., S. 65.

der Regierung eine schwere Niederlage zuzufügen, entschieden bestärkte: Wenige Tage vor den Bonner Entscheidungen, am 10. Mai 1972, sandte er Barzel ein in diesem Sinne gehaltenes Telegramm.[56] Darin bezeichnete er das Erreichte als »nach Lage der Dinge optimal«[57] – dieses Prädikat bezog sich auf den Text einer auf Verlangen der Unionsfraktion ausgearbeiteten »Gemeinsamen Entschließung«[58] des Deutschen Bundestags. Darin wurde ausdrücklich darauf verwiesen, dass die Ostverträge »die Lösung der deutschen Frage nicht präjudizieren« und damit »das unveräußerliche Recht auf Selbstbestimmung« nicht tangierten. Für die Unionsfraktion insgesamt war diese »Gemeinsame Entschließung« eine unentbehrliche Gewissenserleichterung, um die Ostverträge passieren zu lassen – und dies galt auch für Dregger, der seine Zustimmung an den Vorbehalt knüpfte, dass die Entschließung »zum völkerrechtlich verbindlichen Bestandteil des Vertragswerkes werde«.[59]

Dregger leistete dem Fraktionsvorsitzenden in einer heftigen innerparteilichen Auseinandersetzung mithin Schützenhilfe, die sogar so weit ging, dass er Barzel autorisierte, sein Telegramm innerhalb der Fraktionssitzung zu verwenden. Dabei zielte er insbesondere darauf, die schwankenden Fraktionsmitglieder, die den Vertriebenenorganisationen nahestanden, hinter Barzels Kurs zu versammeln: »Ich appelliere an alle Freunde, insbesondere aus den Kreisen der Vertriebenen, denen ich meine volle Solidarität auch für die Zukunft zusichere, das bei ihrer Entscheidung zu bedenken.«[60] Indem Dregger es Barzel überließ, von seiner Positionierung politischen Gebrauch zu machen, ließ er es zu, dass der Inhalt seines Telegramms durchsickerte und bestimmten Bonner Journalisten bekannt wurde. So zitierte der Bonner »General-Anzeiger« wörtlich aus seinen Einlassungen – und zwar genau in dem Sinne, in dem Dreggers Intervention gemeint war: Hier hatte sich jemand, »der bisher als besonders ent-

---

56 Der Text dieses Telegramms vom 10. Mai 1972 findet sich bei Link, Außen- und Deutschlandpolitik, S. 433, Anm. L 14 zu S. 64. Es wurde zuerst telefonisch an den hessischen CDU-Bundestagsabgeordneten Kiep durchgegeben, der als Kontaktmann Dreggers zur Bundestagsfraktion fungierte und zudem vehement für ein »Ja« der Unionsfraktion eintrat; siehe Wambach: Barzel, S. 573.

57 Telegramm Dreggers an Barzel, ebd.; im Tenor ähnlich auch eine vom Pressesprecher der hessischen CDU, Weirich, am 15. Mai 1972 herausgegebene Presseerklärung, die auf das Telegramm Dreggers an Barzel Bezug nimmt, ACDP, 01-347-047/1.

58 Text bei Link, Außen- und Deutschlandpolitik, S. 210.

59 Presseerklärung Weirichs, 15.05.1972, ACDP, 01-347-047/1.

60 Telegramm Dreggers an Barzel, 10.05.1972, gemäß dem Original des durchtelefonierten Telegramms im Nachlass Kraske (die Verfasser danken Kai Wambach für die Kenntnisnahme dieses Dokuments); diese wichtige Passage ist bei Link, Außen- und Deutschlandpolitik, S. 433, Anm. L 14 zu S. 64, nicht abgedruckt

schiedener Gegner der Verträge galt«,[61] eindeutig zugunsten einer Annahme der Ostverträge ausgesprochen.

Als sich die Fraktion vor allem wegen des Widerstands der CSU zu einem »Ja« zu den Verträgen nicht durchringen konnte, machte Dregger zwar einen leichten Rückzieher, um nicht politisch beschädigt zu werden. Barzel hatte sich trotz Dreggers massiver Unterstützung in der Fraktion nicht durchsetzen können – nun distanzierte sich Dregger vorsichtig von ihm.[62] Bedeutsamer war aber doch, dass der hessische Landesvorsitzende von einer vehementen Ablehnung zu einer Zustimmung zu den Ostverträgen übergegangen war. Hatte er sich auf die Zunge gebissen, weil er als präsumtiver innenpolitischer Sprecher auf dem Barzel-Ticket aufsteigen wollte und deswegen dem CDU-Vorsitzenden *contre cœur* den Rücken stärkte? Hatte sich Dregger den politischen Schneid abkaufen lassen, weil er seine Karriere auf dem Feld der Innenpolitik nicht durch die ostpolitische Polarisierung gefährden wollte? Solche Fragen sind naheliegend, weil Karriereabsichten den politischen Lebensweg von Parteipolitikern gleich welcher Couleur flankieren. Dregger war – wie gezeigt wurde – gewiss auch von politischem Ehrgeiz getrieben; aber er hätte seine politischen Grundüberzeugungen nicht für ein Linsengericht geopfert. Daher waren es in allererster Linie inhaltliche Motive, die ihn auf den Barzel-Kurs einschwenken ließen.

Dregger hatte einsehen müssen, dass mit Fundamentalopposition gegen die Ostpolitik keine Wahlen zu gewinnen waren. Bereits Franz Josef Strauß hatte in der bereits geschilderten Sitzung der Bundestagsfraktion mit der ihm eigenen Sprachgewalt formuliert, dass auf den »Schlachtfeldern der Ostpolitik« es »offensichtlich wenig Ritterkreuze«[63] zu erringen gab. Strauß dürfte damit auch gemeint haben, dass eine im »Nein« vereinte Union heftigen Gegenwind von einer öffentlichen Meinung und von meinungsbildenden Kräften vor allem innerhalb der evangelischen Kirchen und der Gewerkschaften ernten würde. Dregger schreckte nicht vor einer »offenen Feldschlacht« und damit vor dem Wahlkampfthema Ostpolitik zurück, weil er seine Partei für in jeder Hinsicht kampagnenfähig hielt. Aber er konnte bei nüchterner Einschätzung der Ausgangslage konstatieren, dass eine solche Wahlschlacht nicht zu gewinnen war: Letztlich würde es nur darum gehen, »eine Schlacht durchzustehen, die kommt

61 Bonner »General-Anzeiger«, 12.05.1972: »Doch breite Mehrheit für die Ostverträge?«.

62 Vgl. Dreggers Schreiben an Barzel, 26.05.1972, ACDP, 01-347-047/1; vgl. auch Dreggers Schreiben an die Funktionsträger der hessischen CDU, 19.05.1972, ebd.; siehe auch Wambach: Barzel, S. 573.

63 Strauß auf der Sitzung der Unionsfraktion am 17.05.1972, bei Zehender: CDU/CSU-Fraktion, S. 1295.

und die sicherlich schlimm und nicht einfach sein wird«.[64] Aber ein Alfred Dregger wollte »Wahlschlachten« gewinnen und sie nicht bloß mannhaft »durchstehen«. Die Ostpolitik war hierfür schon deshalb nicht tauglich, weil die Union in einer für eine Opposition außergewöhnlichen Weise gestalterischen Einfluss genommen und durch die von ihr initiierte »gemeinsame Entschließung« des Deutschen Bundestags die Ostverträge politisch verändert hatte. In einer klugen Analyse hatte Dregger diesen Aspekt bereits einen Tag nach der Verabschiedung der Ostverträge herausgestellt:[65] Zwar sei die »völkerrechtliche Relevanz« dieser einseitigen Erklärung der bundesdeutschen Seite »eingeschränkt«; »von großer Bedeutung« war in seinen Augen jedoch »die politische Wirkung dieser Resolution«. Sie sei ein machtvolles Signal, dass die Bundesrepublik sich mit der Teilung Deutschlands nicht abfinden wolle, und strahle vor allem auf die westlichen Verbündeten aus. Diese hätten sich in der Vergangenheit politisch und vertraglich dazu bekannt, »für die Freiheit und Einheit ganz Deutschlands einzutreten«, und könnten sich nun dieser Pflicht nicht mit dem Hinweis entziehen, die Bundesrepublik selbst nehme diese Verpflichtung nicht mehr ernst. Dregger argumentierte mithin nicht als Parteipolitiker, sondern als Staatspolitiker, wenn er den politischen Wert einer durch die »gemeinsame Entschließung« aufgewerteten Ostpolitik betonte. Für ihn, der das politisch Erreichte immer daran maß, ob es seinen politischen Grundprinzipien entsprach, hatte das Vertragswerk nun einen nationalpolitischen Mehrwert erfahren und eignete sich nicht mehr dazu, als Objekt parteitaktischer Wahlkampfabsichten zerrieben zu werden: »Gleichzeitig wirkt diese Entschließung der weiteren innenpolitischen Polarisierung zwischen den demokratischen Parteien entgegen.«

Zudem hatte Dregger die Einsicht gewonnen, dass die »Ostpolitik« nur wenige semantische Angriffsflächen bot. Bereits im April 1970 hatte er als Bedingung für eine angriffslustige Politik formuliert, dass man Bedenken gegen die »Ostpolitik« nicht als »juristische Frage«[66] kommunizieren dürfe. Doch im Verlauf der Debatte fand er sich in einer Lage wieder, wo auch ihm notgedrungen nichts anderes übrig blieb, als die juristische Karte zu spielen und die Regierung Brandt der mangelnden Aktivierung von Rechtspositionen zu bezichtigen: »Staaten legen auf Rechtstitel besonderen Wert. Nicht ohne Grund kämpfen die Sowjets

64 Dregger auf der Sitzung des CDU-Bundesvorstands am 15.05.1972, in: Buchstab (Bearb.): Barzel: »Alternativen«, S. 819.

65 Vgl. ein sechsseitiges, im Auftrag Dreggers entstandenes und von ihm handschriftlich korrigiertes Memorandum, 18.05.1972, ACDP, 01-347-047/1; dort auch alle weiteren Zitate.

66 Dregger auf der Sitzung des CDU-Bundesvorstands am 23.04.1970, in: Buchstab (Bearb.): Barzel: »Alternativen«, S. 265.

seit 25 Jahren darum, ihre Kriegsbeute, Annexionen und Massenvertreibungen als rechtmäßig bestätigt zu erhalten«.[67] Doch der ausgebildete Jurist Dregger erkannte besser als manche seiner entsprechend vorgebildeten Parteifreunde, dass man eine politische Auseinandersetzung nicht allein mit juristischen Argumenten erfolgreich bestreiten konnte. Die Sprache des Rechts eignete sich nicht dazu, eine auf die grundlegenden politischen Ordnungsvorstellungen zentrierte Debatte zu führen – zumal in der Ostpolitik diffizile völkerrechtliche Themen zur Sprache kamen. Dregger musste deswegen mit Ernüchterung registrieren, dass zentrale Akteure innerhalb der Bundestagsfraktion die Ostpolitik nicht zuletzt als akademische Frage behandelten. Dabei tat sich insbesondere Walter Hallstein hervor. Als ehemaliger Kommissionspräsident der Europäischen Wirtschaftsgemeinschaft verfügte er immer noch über erhebliche Reputation innerhalb der Fraktion und widerstand der Versuchung nicht, seine Erörterungen zur Ostpolitik zu einem juristischen Kolleg umzuwandeln: »Nun ist der Punkt, wo ich ein bißchen juristisch werden muß, und ich muß die Fraktion um Geduld bitten, wenn das ein bißchen knifflig wird.«[68] Hallstein wirkte damit stilbildend und versah die innerfraktionelle Debatte um die Ostverträge mit einem Akzent, der dem politischen Beobachter Dregger nicht gefallen konnte. Denn nun kreiste die Argumentation so sehr um die Frage nach der völkerrechtlichen Relevanz der »gemeinsamen Entschließung«, dass deren deutschlandpolitische Ausstrahlung in den Hintergrund rückte. Selbst die rechte Hand Barzels in der Fraktion, Paul Mikat, musste seine Kompetenz als Universitätsprofessor für Rechtswissenschaft in die Waagschale werfen, um die Position des Fraktionsvorsitzenden zu stärken, wobei er einräumte, »dass es verschiedene Ebenen im Völkerrecht gibt«.[69]

Noch bedeutsamer war, dass auch der angesehenste Außenpolitiker innerhalb der Union, der ehemalige Außenminister Gerhard Schröder, inhaltlich und vom argumentativen Stil her Hallstein den Rücken stärkte. Schröder hieb in dieselbe Kerbe wie Franz Josef Strauß, wenn er einen parteitaktischen Standpunkt in den Vordergrund rückte: Auch wenn die Verträge durch die »gemeinsame Entschließung« verbessert worden seien, könne es nicht Aufgabe der Opposition sein, als Mehrheitsbeschafferin für die Regierung – Schröder benutzte den Ausdruck

67 Dregger, Die Alternative, S. 189.

68 Redebeitrag Hallsteins am 16.05.1972 in der Bundestagsfraktion, bei Zehender, CDU/CSU-Fraktion, S. 1277. Laut dem Tagebucheintrag bei Kiep, Zuversicht, S. 67, sprach Hallstein 40 Minuten lang.

69 So Mikat auf der dritten Fraktionssitzung, die am 16.05.1972 stattfand, in: Fraktionen im Deutschen Bundestag 1949 – 1990, https://fraktionsprotokolle.de [18.07.2022], Onlineedition, dort S. 5 der wörtlichen Sitzungswiedergabe.

»Notaggregat«[70] – zu fungieren. Am 16. Mai 1972 hatte sich ein parlamentarisches Patt eingestellt, weil den 248 Abgeordneten, welche die Regierung unterstützten, genauso viele oppositionelle Bundestagsabgeordnete gegenüberstanden. Schröder sah es nicht als staatspolitische Verpflichtung der Unionsfraktion an, der Regierung in dieser misslichen Lage über die parlamentarische Klippe zu helfen: »Der Regierung in dem Augenblick, in dem sie an der tiefsten numerischen Stelle ihrer Möglichkeiten ist, in irgendeiner Weise beizuspringen, dazu erkläre ich mich unter überhaupt keinen Umständen bereit« – eine Haltung, für die er in der Fraktion »rauschenden Beifall« erntete.[71] Und als Schröder am Ende seiner Ausführungen mit aller Deutlichkeit konstatierte: »Ich bin für ein klares Nein zu den Verträgen«[72], war Barzels Position Makulatur geworden.

Wenn selbst ein Gerhard Schröder, der als abgeklärter Außenpolitiker galt, mit dem Habitus eines *elder statesman* aus seiner Ablehnung der Ostverträge keinen Hehl machte, dann fällt umso mehr ins Gewicht, dass der vermeintliche Hardliner Dregger in dieser Frage eine von Schröder abweichende Position bezog und sich nun für die Barzel-Linie starkmachte. Zugleich konnte er daraus nur die Einsicht gewinnen, dass die Ostpolitik nicht zur politischen Konfrontation mit den Regierungsparteien taugte, war doch die Union selbst in dieser Frage tief gespalten. Auch Schröder hatte dies eingeräumt, indem er von einer »Zerreißprobe«[73] sprach, vor der die Union aufgrund der Haltung zu den Ostverträgen stehe.

Das Taktieren der CDU in der Ostpolitik konnte für die Bundestagswahl, die ein halbes Jahr nach dem Votum des Bundestags über die Ostverträge stattfinden sollte, somit eigentlich nur eine Kernbotschaft enthalten: Die CDU war gut beraten, die Ostpolitik aus der wahlentscheidenden Agenda herauszuhalten und eigene innenpolitische Themen zu platzieren. Ganz oben sollte das Themenfeld stehen, auf dem die Wähler der CDU besondere Kompetenzen zuschrieben: die Wirtschafts- und Finanzpolitik. Hier schien die Regierung eine besondere Schwachstelle zu besitzen, die sich nach außen auch darin manifestierte, dass »Superminister« Karl Schiller sich im Sommer 1972 mit der SPD überwarf und im Juli 1972 wegen grundsätzlicher Differenzen seine beiden Ämter als Wirtschafts- und Finanzminister aufgab.[74] Damit konnte sich die CDU stärker denn

70 Schröder, ebd., S. 14.
71 Ebd., S. 14.
72 Ebd., S. 15.
73 Ebd., S. 12.
74 Vgl. Torben Lütjen: Karl Schiller (1911–1994). »Superminister« Willy Brandts. Bonn 2007, S. 332–365.

je als Hüterin der »Sozialen Marktwirtschaft« profilieren. Was bedeutete dies für das Gebiet, auf dem sich Dregger politisch warmgelaufen hatte: die innere Sicherheit? Und welche Rolle sollte er überhaupt in der Wahlkampagne der Bundes-CDU spielen?

Zunächst einmal galt es, die Gemüter zu beruhigen, die es der Union verübelten, dass sie die Ostverträge nicht geschlossen abgelehnt hatte. Dregger war hierfür besonders geeignet, hatte er sich doch seit 1971 öffentlich als harter Kritiker der »Neuen Ostpolitik« hervorgetan. Zudem verfügte er über das kostbare politische Gut der Glaubwürdigkeit, da er sich nicht wie die meisten anderen Fraktionsmitglieder durch eine windelweiche »Enthaltung« im Bundestag in den Augen der Widersacher der Ostpolitik politisch kompromittiert hatte – letztlich hatte er mangels Abgeordnetenmandat kein offizielles Votum abgeben müssen. Zwar war in der Presse durchgesickert, dass er die Barzel-Linie unterstützt hatte, doch ließen sich solche Berichte im Nachhinein abschwächen. Hierbei profitierte Dregger vor allem von seinem Renommee bei der Springer-Presse. Der Verleger Axel Springer hatte sein Presseimperium auch aus einer Art von enttäuschter Liebe gegen Bundeskanzler Brandt in Stellung gebracht. Waren seine Presseorgane noch maßgeblich daran beteiligt gewesen, im Jahr 1961 den SPD-Hoffnungsträger zum »deutschen Kennedy« zu stilisieren, so kam es zum Bruch, als Brandt die mit seiner Person verbundene »Neue Ostpolitik« in Angriff nahm. Springer erblickte darin einen Verzicht auf das für ihn heilige Selbstbestimmungsrecht der Deutschen und eine Aufwertung des ihm verhassten zweiten deutschen Staats, den seine Presse konsequent in Anführungszeichen setzte (»DDR«), um dessen Legitimität zu bestreiten.[75] Springer war tief getroffen, als die Unionsfraktion die Ostverträge durch ihre Tolerierung passieren ließ.[76] Daher hatte Dregger viel Überzeugungsarbeit zu leisten,[77] damit Springer seine publizistischen Flaggschiffe – die Qualitätszeitung »Die Welt« und das Boulevardblatt »Bild« – weiterhin auf einem oppositionsfreundlichen Kurs hielt und damit ein Gegengewicht zu den einflussreichen Hamburger Magazinen »Der Spiegel«, »Die Zeit« und »Stern« bildete, die sich unisono massiv für die Regierungskoalition engagierten.

Axel Springer wählte bei der Bundestagswahl im November 1972 die CDU nicht zuletzt deswegen, weil es für einen prinzipiellen Kritiker der Ostpolitik keine Alternative gab.[78] Es gab rechts von der Union keine politische Kraft, die

75 Grundlegend hierzu Schwarz: Axel Springer, vor allem S. 297–299, 335–340 sowie 522–529.

76 Vgl. ebd., S. 530f.

77 Vgl. das Schreiben Dreggers an Axel Springer, 20.05.1972, ACDP, 01-347-044/2.

78 Vgl. Schwarz: Springer, S. 530f.

vorbehaltlos auf dem Boden der Verfassung stand und ernsthafte Aussichten besessen hätte, die Fünf-Prozent-Sperrklausel bei der Bundestagswahl zu überwinden. Die NPD hatte ihre nationalkonservativen Führungsfiguren hinausgedrängt, sich durch innere Querelen politisch handlungsunfähig gemacht und sich derart stark im rechtsradikalen Lager positioniert, dass sie – anders als noch 1969 – für dezidierte Nationalkonservative keine Alternative darstellte. Aus diesem Grund konnte die CDU auch die herbe Enttäuschung der Vertriebenenverbände[79] ohne großen politischen Schaden überstehen. Nicht zuletzt bei Dregger luden sie ihren politischen Frust über die laue Haltung der Unionsfraktion im Bundestag ab, die ihnen wie eine Preisgabe ihrer Heimat und ein Verrat an ihren Interessen vorkam. Um eine mögliche Flanke nach rechts zu schließen, mahnte Dregger beim Parteivorsitzenden hohe Sensibilität für die Befindlichkeiten der Vertriebenen im Wahlkampf an, »damit wir sie nicht verlieren«.[80] Barzel sollte jeden öffentlichen Auftritt dazu benutzen, die Vorläufigkeit der Verträge zu betonen, die nichts über die »Endgültigkeit der Grenzen« besagten.

Aber gab es darüber hinaus für Dregger und dessen Themen einen festen Platz im Wahlkampfkonzept und vor allen Dingen in der Wahlkampfmannschaft der CDU? Dass die Opposition die Regierung vor allem wegen »ihrer miserablen Wirtschafts- und Finanzpolitik«[81] angreifen wollte, hatte Dregger selbst in seinem Beschwichtigungsschreiben an Axel Springer zum Ausdruck gebracht. Damit sprach Dregger den Kernbereich an, der Menschen wie Springer am Herzen lag und mit dem die Union die ostpolitisch Enttäuschten wieder versöhnen konnte. Doch war Dregger der geeignete Spitzenmann für eine solche verlockende Mission? Immerhin hatte er sich bei seinem bundespolitischen Warmlaufen auf dem Parteitag 1971 als Wirtschaftsliberaler in Stellung gebracht. In der Folgezeit hatte er durch Auftritte – wie auf dem Wirtschaftstag der CDU vom Juni 1971 – seine ungebrochenen Fähigkeiten unter Beweis gestellt, sich als Ordnungspolitiker zu profilieren und die Prinzipien der Sozialen Marktwirtschaft offensiv zu vertreten.[82] Dabei spielte auch das Kalkül eine Rolle, sich auf einem Politikfeld zu präsentieren, auf dem die CDU sonst keinen vorzeigbaren Kopf mit bundespolitischer Zukunftsperspektive anzubieten hatte. Dies wird allein daran

79 Vgl. dazu auch Müller: Die SPD und die Vertriebenenverbände, S. 479 ff.

80 Dieses und das folgende Zitat aus einem Schreiben Dreggers an Barzel, 26.05.1972, ACDP, 01-347-047/1.

81 Dregger an Springer, 20.05.1972, ACDP, 01-347-044/2.

82 Vgl. die programmatische Rede Dreggers »Soziale Marktwirtschaft und Finanzpolitik – Zurück zur Solidität und Stabilität« auf dem CDU-Wirtschaftstag vom Juni 1971 in Bonn, in: ACDP, 01-347-261.

deutlich, welche CDU-Politiker sonst noch auf dem Wirtschaftstag prominent zu Wort kamen: Neben dem Mainzer Ministerpräsidenten Helmut Kohl, der die Gelegenheit vor allem dazu nutzte, sich vor der im Oktober 1971 stattfindenden Wahl des Parteivorsitzenden zu zeigen, waren das neben Barzel nur noch das politische Auslaufmodell Gerhard Schröder und der kaum bekannte saarländische Wirtschaftsminister Schäfer.[83]

Doch ein Paukenschlag im Sommer 1972 machte Dreggers zarte Hoffnungen auf eine Karriere als ordnungspolitisches Aushängeschild der CDU zunichte: Im Juli 1972 trat »Superminister« Karl Schiller von der SPD als Wirtschafts- und Finanzminister zurück. Dies war kein gewöhnliches Ausscheiden, weil Schiller öffentlich mit seiner Partei abrechnete und sich indirekt für einen herausgehobenen Posten in einer CDU-Regierungsmannschaft bewarb. Da der seit 1966 als Wirtschaftsminister amtierende Schiller, als Professor für Volkswirtschaftslehre ein Grenzgänger zwischen Wissenschaft und Politik, für sich in Anspruch nehmen konnte, die SPD in einem vorher nie gekannten Maße auch wirtschaftspolitisch profiliert zu haben, war sein Abgang ein schwerer Schlag für die sozialdemokratische Wahlkampfführung. Viele CDU-Sympathisanten bestürmten Barzel, er möge Schiller als wirtschaftspolitisches Zugpferd der Union im Wahlkampf einsetzen. Axel Springer fasste diese Position so zusammen: »Nur Karl Schiller ist fähig, seine 1969er Wähler über die für manche schwer zu nehmende Hürde der Christlichen Demokraten zu heben. Karl Schiller ist geeignet, als reinrassiger Wirtschaftsliberaler viele FDP-Wähler zu verunsichern und dadurch Stimmen zu den Unionsparteien zu bringen.«[84] Damit aber wäre für Dregger kein Platz mehr gewesen, um als Mann der CDU für die Wirtschaft aufzutreten.

In die CDU-Wahlkampfstrategie schien Dregger ohnehin nicht recht zu passen. Zum einen favorisierte Kanzlerkandidat Barzel einen betont sachlich gehaltenen Politikstil, der sich deutlich von der von Dregger verkörperten »Abteilung Attacke« absetzte. Barzels Motto »Wer sachlich bleibt, gewinnt die Wahl«[85] setzte nicht nur einen Kontrapunkt zum Wahlkampf der Sozialdemokratie, die emotional berührende Themen wie die als »Friedenspolitik« deklarierte »Neue Ostpolitik« sowie die hohe Sympathiewerte verzeichnende Person von Bundeskanzler und Friedensnobelpreisträger Willy Brandt in den Vordergrund ihrer Kampagne

83 Vgl. den Bericht im Kölner Stadtanzeiger, 26./27.06.1971: »Dregger will eine Erhöhung der Steuern«, ebd.

84 Springer an Barzel, 11.11.1972, zitiert nach Schwarz, Springer, S. 531.

85 So die Einschätzung des Wochenmagazins »Die Zeit« vom 13.10.1972, zitiert nach Carsten Penzlin: Rainer Barzel als Kanzlerkandidat im Bundestagswahlkampf 1972, in: Historisch-politische Mitteilungen 14 (2007), S. 121–136, hier S. 128.

rückte.[86] Barzel suchte sich vor allem deswegen in inhaltlicher wie performativer Weise als Gegenpol Brandts zu profilieren, weil er in puncto kommunikativer Kompetenz und menschlicher Ausstrahlung auch nicht im Entferntesten mit ihm konkurrieren konnte. Diese nüchterne Selbsteinschätzung[87] führte allerdings auch dazu, dass Barzel in seinem Wahlkampf keine Parteifreunde ins politische Schaufenster stellte, die an Leidenschaft und Kampfesmut den Spitzenkandidaten um Längen überragten. Symptomatisch hierfür ist die Person des in der politischen Öffentlichkeit weithin unbekannten Karl-Heinz Narjes, eines Landespolitikers aus Schleswig-Holstein, den Barzel zu seinem Wirtschaftsfachmann im Wahlkampf auserkoren hatte. Mit einer Mischung aus Unverständnis und Verletztheit musste der hessische CDU-Vorsitzende hinnehmen, dass ihm ein alter Weggefährte Barzels vorgezogen wurde, obwohl Narjes im CDU-Bundesvorstand kaum den Mund aufmachte, dort nicht durch engagierte Beiträge auffiel[88] und gerade in der von der CDU als strategisches Wahlkampfthema avisierten »Wirtschaftspolitik« als Totalausfall gelten musste. Da war es für Dregger ein schwacher Trost, dass Barzel das politische Geschenk verschmähte, das Ex-Wirtschaftsminister Karl Schiller der Union machte, als er wenige Tage nach der Festsetzung der Bundestagsneuwahl im September 1972 aus der SPD austrat. Schiller wollte offensichtlich von der CDU hofiert werden; doch Barzel wies dessen Avancen ab, obgleich er parteiintern einräumen musste, dass die CDU keinen einzigen wirtschaftspolitischen Kopf besaß, dessen Kompetenz an die von Schiller heranreichte.[89] Barzel meinte, dass der Union der Wahlsieg aufgrund des immer noch eindeutigen Parteienkompetenzvorsprungs im Bereich der Wirtschaftspolitik zufallen werde, und konnte sich insofern auch bestätigt fühlen, als eine kurz nach der Auflösung des Bundestags durchgeführte Meinungsumfrage die Union Mitte September 1972 bei einem Stimmenanteil von 51 Prozent sah.[90]

Zu diesem Stimmungshoch trug auch die angespannte Sicherheitslage bei, die ein weiteres Kernthema der Union auf der politischen Agenda nach oben be-

---

86 Vgl. Mergel: Propaganda, S. 219 f., sowie die reich bebilderte und überaus anschauliche Darstellung von Albrecht Müller: Willy wählen '72. Siege kann man machen. Annweiler 1997, vor allem S. 181 f.

87 Vgl. Mergel: Propaganda, S. 225.

88 Narjes, der dem CDU-Bundesvorstand nicht angehörte, war dort lediglich zweimal im August und September 1972 als Gast zugegen und hielt sich mit Wortmeldungen auffällig zurück; vgl. Buchstab (Bearb.): Barzel: »Alternativen«, S. 877, 899, 901, 931f.; zu seiner Auswahl durch Barzel siehe Wambach: Barzel, S. 591.

89 Vgl. die Ausführungen Barzels in der Bundesvorstandssitzung vom 25.09.1972, in: Buchstab (Bearb.): Barzel: »Alternativen«, S. 975; zu Schillers Ambitionen vgl. auch Wambach: Barzel, S. 607–609.

90 Vgl. dazu Müller: Willy wählen, S. 27.

förderte. Am 5. September 1972 hatten palästinensische Terroristen den olympischen Frieden entweiht, als sie auf dem Olympiagelände in München in das Quartier der israelischen Olympiamannschaft eindrangen. Bei der anschließenden Geiselnahme kamen insgesamt elf israelische Teammitglieder ums Leben, wobei sich die deutschen Sicherheitskräfte als heillos überfordert erwiesen.[91] Wenige Wochen zuvor hatte die von der linksterroristischen Baader-Meinhof-Gruppe ausgehende Gefährdung der öffentlichen Sicherheit die politischen Schlagzeilen beherrscht. Daraus ergab sich eine Lage, die gerade darauf wartete, dass die CDU das ihr auf den Leib geschneiderte Thema »Innere Sicherheit«[92] mit einer überzeugenden Persönlichkeit besetzte. Wäre damit nicht die Stunde eines Alfred Dregger gekommen – zumal der Wahlparteitag der CDU fünf Wochen vor der Bundestagswahl in der hessischen Landeshauptstadt stattfand?

Doch gerade die Vergabe des Parteitags nach Wiesbaden hatte den hessischen CDU-Vorsitzenden öffentlich diszipliniert. Es war guter Brauch, dass der Landesvorsitzende des gastgebenden Landesverbands das Tagungspräsidium übernahm – und damit war öffentliche Zurückhaltung und Verzicht auf eine allzu pointierte eigene Meinungsäußerung verbunden. Damit war Dregger politisch an die Kette gelegt und konnte nur parteiintern auf den verwunderlichen Umstand verweisen, dass zwar der CDU-Generalsekretär die »innere Sicherheit« als zweitwichtigstes Thema eingestuft hatte, aber ausgerechnet sie in der auf den Wahlkampf zugeschnittenen Selbstdarstellung des CDU-Parteitags eine Nebenrolle spielte.[93] Barzel hatte dafür seine Gründe: Zum einen passte dieses zur Polarisierung geeignete Thema nicht zu seinem auf kühle Sachlichkeit ausgerichteten Wahlkampf; zum anderen hatte er den baden-württembergischen Ministerpräsidenten Hans Filbinger als denjenigen innerhalb der CDU im Blick, der für »Recht und Ordnung« öffentlich einstehen sollte[94] – aber eben nicht Alfred Dregger.

Dregger musste mithin auf dem Wiesbadener Parteitag in eine für ihn ungewohnte präsidiale Rolle schlüpfen. Sonst leidenschaftlicher Angreifer, durfte

---

91 Dazu eingehend Kay Schiller/Christopher Young: The 1972 Munich Olympics and the Making of Modern Germany. Berkeley 2010.

92 Vgl. Penzlin: Barzel, S. 126; vgl. weiter ders.: Wahlkampf und Außenpolitik – Eine vergleichende Studie zu den Bundestagswahlen von 1957 und 1972. Rostock 2009, S. 357 f.

93 Vgl. Dreggers unmissverständliche Darlegung auf der CDU-Bundesvorstandssitzung vom 25.09.1972, in: Buchstab (Bearb.): Barzel: »Alternativen«, S. 961. Dregger bezog sich auf eine eingehende sozialwissenschaftlich abgestützte Analyse wahlentscheidender Themen durch den CDU-Generalsekretär Kraske; ebd., S. 950–952.

94 Vgl. das Schreiben Barzel an Dregger, 07.03.1972, Bundesarchiv Koblenz, Nachlass Barzel, N 1371, Nr. 249.

er nun zu Beginn die Ehrengäste und Teilnehmer des Parteitags willkommen heißen,[95] um danach im Format des »Grußworts« wenigstens einige ihm am Herzen liegende politische Botschaften loszuwerden. Vor allem wollte Dregger die gesamte CDU in Kampfesstimmung versetzen, wenn er vom »Trommelfeuer unserer Gegner« sprach, die in Hessen »sozialistische Gleichschaltung« betrieben. Die Bundestagswahl vom 19. November 1972 stilisierte er zur »Schlacht um Deutschland«, die man nur als »energische Opposition« bestehen könne; als solche dürfe man sich in seinem Kampfesmut nicht dadurch beirren lassen, dass gegen einen »ganze Breitseiten abgeschossen« würden.[96] Ein einziges Mal nur widmete sich Dregger in einer längeren Ausführung seinem neuen Markenzeichen »innere Sicherheit«. Zwar bemühte er sich redlich, das Olympia-Attentat und die Terrorakte der RAF als Weckruf für »staatsmüde Wohlstandsbürger« darzustellen, die »der geistigen und moralischen Herausforderung« des Extremismus bislang nicht gewachsen gewesen seien, und die Union als die einzige politische Kraft zu präsentieren, die darauf eine Antwort parat habe. Für Dregger erschöpfte sich Sicherheitspolitik nicht darin, dass der Staat seine Machtmittel energisch gegen Verfassungsfeinde einsetzte, zumal er Parteiverboten mehr als skeptisch gegenüberstand. Im Zentrum stand für ihn auch auf diesem Politikfeld »die geistige und politische Auseinandersetzung«, die für Dregger stets um den für ihn elementaren Grundwert der Freiheit kreiste. Man kann es nicht deutlich genug betonen: Dregger war kein autoritärer Anbeter der Staatsgewalt; er war auch kein Befürworter eines paternalistischen Staatsverständnisses, das sich auf Daseinsfürsorge konzentrierte. Und auch im Umgang mit staatsgefährdenden Elementen hatte er als leidenschaftlicher Anwalt einer freiheitlichen Ordnung immer im Sinn, dass eine von ihm vertretene Sicherheitspolitik »liberal sein muß: Liberal insofern, als Ordnung für uns kein absoluter Wert ist, als Recht und Ordnung für uns nur in Verbindung mit Freiheit einen Stellenwert erhalten«.[97]

Doch der Funke wollte nicht auf die Delegierten überspringen. Dreggers engagierte Rede wirkte wie ein Fremdkörper in der Parteitagsregie: Kanzlerkandidat Barzel setzte deutlich andere Akzente, und ihm konnte und wollte Dregger nicht die Show stehlen. Nur gelegentlich blitzte auf, dass er in Franz Josef Strauß und nicht in Barzel einen ihm politisch Wesensverwandten erblickte, der wie er die offene Feldschlacht liebte. Als Dregger in seiner Funktion als Tagungs-

95 CDU Bundesgeschäftsstelle (Hg.): 20. Bundesparteitag der Christlich Demokratischen Union Deutschlands. Niederschrift. Wiesbaden, 9.–11. Oktober 1972, Bonn 1973, S. 6–8.

96 »Grußwort« Dreggers, 09.10.1972, ebd., Zitate S. 11–13.

97 Redebeitrag Dreggers, 09.10.1972, ebd., Zitate S. 85 und 87.

präsident das Themenfeld »Stabilität durch Soziale Marktwirtschaft« eröffnete, für das als erster Redner der präsumtive Finanzminister in einem Kabinett Barzel, eben Strauß, vorgesehen war, rühmte er dessen »Mut« und »intellektuelle Kraft«[98] – Eigenschaften, die nach seiner Auffassung nicht zu den hervorstechenden Merkmalen von Barzel zählten. Dass mit Strauß erstmals ein prominenter CSU-Politiker auf dem zentralen Wahlplakat der CDU – zusammen mit Barzel, Gerhard Schröder und dem Sozialexperten Katzer – abgebildet war, stieß daher auf Dreggers ungeteilte Zustimmung. Diese vier Prominenten sollten ein starkes Team bilden und den ganz auf die charismatische Figur Brandt zugeschnittenen Wahlkampf der SPD konterkarieren. Dregger selbst konnte sich auf dem Gebiet eines teamorientierten Wahlkampfs als Experte fühlen, hatte doch – wie gezeigt – sein legendäres Plakat »Wir kommen. Alfred Dregger und seine Mannschaft« im Landtagswahlkampf von 1970 für Furore gesorgt. Daher hielt er parteiintern mit seiner Kritik nicht hinterm Berg und machte deutlich, dass er das Wahlplakat zur Bundestagswahl als »Mannschaftsplakat« für missglückt hielt, da es eben nicht durch seine graphische Anordnung jene »Unaufhaltsamkeit« ins Bild setzte, die das Dregger-Team damals ausgestrahlt hatte.[99] Doch solche Einwände waren letztlich gegen den Wind gesprochen, da die von Thomas Mergel zu Recht als »nüchterne Technokratenästhetik«[100] eingestufte Plakatierung der Unionsspitze ein Spiegel der auf Barzel zugeschnittenen Wahlkampfstrategie war.

Dregger war angesichts eines Wahl-»Kampfes« der Bundes-CDU, der für ihn diesen Namen nicht verdiente, um politische Schadensbegrenzung bemüht. Dazu betrieb er eine Doppelstrategie: Er nahm seine Pflichten als Mitglied der CDU-Führungsmannschaft (allerdings ohne konkrete Ressortzuteilung) auf Bundesebene ernst und legte sich in öffentlichen Auftritten für den Kanzlerkandidaten ins Zeug. Dregger bewies dabei ein ausgesprochenes Gespür für die mediale Wirkung der jeweiligen Formate. Ihm war bewusst, dass er im Fernsehen nicht allzu bestimmt auftreten durfte und sich der Regie der Fernsehjournalisten unterwerfen musste, weil energische Interventionen von seiner Seite eine negative Wirkung bei den vielen unpolitischen Fernsehzuschauern hervorgerufen hätten, denen es »weniger darauf ankommt, was die Politiker sagen als wie sie es sagen«.[101] Hingegen brauchte er sich bei klassischen Wahlkampfveranstaltungen

98 Einführung Dreggers zur Rede von Strauß, 10.10.1972, ebd., Zitat S. 111.

99 Vgl. Dreggers Redebeitrag auf der Sitzung des Bundesvorstands, 25.09.1972, in: Buchstab (Bearb.): Barzel: »Alternativen«, Zitate S. 960.

100 Mergel: Propaganda, S. 243: Bildunterschrift zur Abbildung des CDU-Mannschaftsplakats »Wir bauen den Fortschritt auf Stabilität«.

101 Schreiben Dreggers an Dr. Helmut Kern, 08.11.1972, ACDP, 01-347-200.

keine Zurückhaltung aufzuerlegen. Hier war er in seinem Element und genoss es geradezu, wenn möglichst viele der hartnäckigsten politischen Gegner – die Jungsozialisten – in seine Veranstaltungen strömten. In einem derartigen politischen Stahlbad, das durch »Zwischenfragen und Diskussionsbeiträge«[102] aus diesem Kreis eine spezifische Färbung erhielt, blühte Dregger regelrecht auf.

Als Spitzenkandidat der hessischen CDU für die Bundestagswahl war Dregger bestrebt, seinem Landesverband ein besseres Ergebnis als andere CDU-Landesverbände zu bescheren. Damit wollte er für die Zeit nach Barzel seine Ambitionen innerhalb der Bundes-CDU untermauern. Dies gelang ihm nachdrücklich: Die Hessen-CDU war der einzige Landesverband, der sein Ergebnis gegenüber der Bundestagswahl von 1969 steigern konnte (von 38,4 % auf 40,3 %), während die SPD in Hessen ihre bundesweit geringsten Zuwächse zu verzeichnen hatte (von 48,2 % auf 48,5 %). Angesichts des triumphalen Wahlsiegs der SPD, die bundesweit das Rekordergebnis von 45,8 Prozent erreichte und erstmals die Union (44,9 %) als stärkste politische Kraft überholte, sprang diese hessische Sonderentwicklung allerdings nicht sofort ins Auge. Es war nicht gleich abzusehen, ob sie Dregger helfen würde, bei der Bundes-CDU energisch anzuklopfen, und ob sie das Entrée für Dregger war, in der Bundestagsfraktion als Neuling direkt eine herausgehobene Position einzunehmen.

102 Schreiben Dreggers an den Leiter der Abteilung Organisation der CDU-Bundesgeschäftsstelle, Mayer, 08.12.1972, ACDP, 01-347-199.

Aufstieg in der Bundestagsfraktion

9. Ganz bei sich selbst – Der Parlamentarier Dregger als semantischer Taktgeber

Alfred Dreggers politischer Lebensweg wirft nicht zuletzt aus parlamentarismushistorischer Perspektive reiche Erkenntnis ab. Gerade sein Werdegang im Bundestag erlaubt Einsichten, die über die Person Dregger hinausweisen und die Kerninstitution des parlamentarischen Systems der Bundesrepublik betreffen. Die Parlamentarismusforscherin Suzanne S. Schüttemeyer hat den Blick dafür geschärft, dass der »Bundestag als Fraktionenparlament«[1] strukturiert war: Die Fraktionen übernahmen im bundesdeutschen System wesentliche Funktionen des Parlaments – vor allen Dingen spielten sie seit den 1960er und 1970er Jahren bei der Auswahl sowohl der Person des Kanzlers wie des Kanzlerkandidaten eine zentrale Rolle. Es war die Bundestagsfraktion von CDU/CSU, die 1966 per Kampfabstimmung über den Nachfolger Erhards als Bundeskanzler befand; und auch die Entscheidung über den gemeinsamen Kanzlerkandidaten von CDU und CSU fiel im Juli 1979 in der gemeinsamen Fraktion, wobei sie eine echte Wahl zwischen zwei aussichtsreichen Bewerbern besaß.[2] Zudem schuf der Fraktionsvorsitz insbesondere in diesem Zeitraum eine gleichsam natürliche Anwartschaft auf das höchste Regierungsamt: Rainer Barzel hätte nie erfolgreich nach Parteivorsitz und Kanzlerkandidatur greifen können, wenn er sich nicht jahrelang zuvor im Amt des Fraktionsvorsitzenden als politischer Generalist profiliert hätte.[3] Ebenso wenig wäre der reibungslose Übergang von Willy Brandt zu Helmut Schmidt im Jahr 1974 vorstellbar gewesen, wenn sich der Nachfolger des zurückgetretenen Brandt nicht in der Zeit zwischen 1966 und 1969 als SPD-Fraktionsvorsitzender für höchste Aufgaben empfohlen hätte.[4] Bereits Schmidts Amtsvorgänger Fritz Erler hatte den Marschallstab im Tornister und wäre ein überaus

1 Suzanne S. Schüttemeyer: Der Bundestag als Fraktionenparlament, in: Jürgen Hartmann/Uwe Thaysen (Hg.): Pluralismus und Parlamentarismus in Theorie und Praxis. Opladen 1992, S. 113–136, vor allem S. 120–123.

2 Vgl. zu den Konflikten um die Kanzlerkandidatur der Unionsparteien, die schließlich in der Bundestagsfraktion entschieden wurden, Siebenmorgen: Strauß, S. 541–552; Möller: Strauß, S. 545–556.

3 Vgl. Wambach: Barzel, S. 205–349.

4 Vgl. zu Schmidts Erfahrungen und öffentlichem Profilgewinn während der Zeit als Fraktionsvor-

aussichtsreicher Anwärter auf die SPD-Kanzlerkandidatur im Jahr 1969 gewesen, wenn ihn nicht eine Krankheit politisch handlungsunfähig gemacht hätte.[5]

Was bedeuten solche systematischen Erkenntnisse für das neue Kapitel, das Dregger aufschlug, als er im November 1972 sein errungenes Bundestagsmandat annahm und seinen politischen Wirkungsort noch mehr nach Bonn verlagerte? Es ist bislang deutlich geworden, dass Dregger seine politische Berufung darin erblickte, den Weg der deutschen Politik auf Bundesebene mitzubestimmen. Die hessische Landespolitik bildete für ihn das politische Standbein; als sein eigentliches Spielbein definierte er sein Mitwirken an Grundsatzfragen deutscher Politik, die für ihn zugleich Schicksalsfragen waren. Stets kreisten sie um Bewahrung und Wiederherstellung des politischen Grundwerts, der im Zentrum seines politischen Koordinatensystems stand: die Freiheit. Deswegen bildeten Deutschland, Außen- und Verteidigungspolitik den Kern seines politischen Interesses, spiegelten sich doch gerade in diesen Politikbereichen die ihn umtreibenden Lebensfragen des Schutzes der freiheitlichen Ordnung vor der Bedrohung durch die sowjetisch beherrschte Welt sowie der Befreiung der unter kommunistischer Herrschaft lebenden Nationen Ostmittel- und Südosteuropas und damit zugleich einer Lösung der nationalen Frage auf freiheitlicher Grundlage wider.

Die Bundestagsfraktion der CDU/CSU bot Dreggers Ambitionen den am besten geeigneten Aktionsraum. Da er keine herausragende Rolle innerhalb der Bundespartei spielte und bei der Besetzung des Spitzengremiums der CDU – des Parteipräsidiums – nicht berücksichtigt worden war, fiel der Bundestagsfraktion eine entscheidende Rolle zu, wenn er seine politischen Ansprüche zur Geltung bringen wollte. Gerade in Zeiten der Opposition versprach die Bundestagsfraktion eine ideale Plattform zu sein. Dafür mussten allerdings bestimmte Voraussetzungen geschaffen werden: Es bedurfte eines Fraktionsvorsitzenden, der Dregger politische Entfaltungsmöglichkeiten bot und ihn nicht auf den Status eines reinen Fachpolitikers reduzierte, der in Fraktion und Parlament ausschließlich zu Ressortfragen Stellung nehmen sollte. Barzel, das zeichnete sich für den frischgebackenen Bundestagsabgeordneten Dregger seit der Annahme seines Mandats ab, war in dieser Hinsicht nicht die ideale Besetzung. Er ordnete die Fraktion dem aus seiner Sicht höheren politischen Gut – dem CDU-Parteivorsitz – unter,

---

sitzender ausführlich Soell: Helmut Schmidt. 1918–1969, S. 578–859; ders.: Helmut Schmidt. 1969 bis heute. Macht und Verantwortung. München 2008, S. 13–14.

5 Vgl. die Erinnerungen von Helmut Schmidt: Weggefährten. Erinnerungen und Reflexionen. München 1998, S. 415–421, vor allem S. 420; siehe auch Hartmut Soell: Fritz Erler. Eine politische Biographie. Bd. 2, Bonn 1976.

weil er das Parteiamt als das wichtigste politische Sprungbrett betrachtete, um innerhalb der CDU die ausschlaggebende Kraft werden zu können. Daher war für Dregger die Trennung von Fraktions- und Parteivorsitz die ideale Konstellation, um sich innerhalb der Fraktion als politischer Generalist zu empfehlen und damit zugleich auch als Personalreserve bereitzustehen für den Fall, dass die CDU als künftige Regierungspartei Schlüsselressorts zu vergeben hatte, die sich mit Dreggers Kernthemen deckten. Insofern bietet insbesondere die Zeit zwischen 1973 und 1976, als nach dem Rücktritt Barzels beide Ämter in unterschiedlichen Händen waren, einen systematisch besonders ertragreichen Anschauungsunterricht für die Rolle einer Bundestagsfraktion als politische Schaltzentrale.

Die folgenden Ausführungen zeigen, wie Dregger von den Möglichkeiten des Parlamentarismus energischen Gebrauch machte, um sich als heimlicher Oppositionsführer politisch in Stellung zu bringen. Das für ihn maßgeschneiderte Mittel war das der politischen Rede: Dreggers leidenschaftliches Eintreten für eine freiheitliche politische Ordnung, das wir als »militant democracy« (streitbare Demokratie) eingestuft haben,[6] konnte im Modus der parlamentarischen Rede einen adäquaten Ausdruck finden – eine durch die Regeln parlamentarischen Auftretens gezügelte, aber die politische Angriffslust eines engagierten Redners nicht wirklich einengende Form, den politischen Gegner direkt anzusprechen, ihn in rhetorischer Feldschlacht zu stellen und auf diese Weise auch politische Vokabeln auf ihre Verwendbarkeit zu testen. Für den begriffssensiblen Dregger, der mehr Bewusstsein von der Bedeutung von Schlüsselwörtern bei der Austragung politischer Konflikte hatte als die meisten seiner Fraktions- und Parteikollegen, waren seine Reden im Bundestag nicht nur politische Auftritte, deren Gelingen sich am Applaus der Zuhörer und an der Reaktion der Medien ablesen ließ. Sie waren für ihn auch ein Testlauf, um eine politische Semantik daraufhin zu testen, ob sie wahlkampftauglich war. Daher wird man die These wagen können, dass der zentrale Wahlkampfslogan der CDU bei der Bundestagswahl 1976 (»Freiheit statt Sozialismus«) auch ein Ergebnis der Performanz von Dreggers Bundestagsreden war. Zwar kann Dregger nicht die politischen Urheberrechte an diesem Slogan für sich beanspruchen. Aber indem er bei seinen raren, dafür aber umso wirksameren Auftritten im Bundestag den politischen Hauptrivalen – die SPD – frontal attackierte und sich jede seiner Reden zu einer Grundsatzdebatte um die durch sozialistische Umklammerung bedrohten Freiheitsrechte auswuchs, bereitete Dregger den politischen Resonanzboden für diese griffige Parole.

6 Grundlegend hierzu Hacke: Existenzkrise; vgl. auch das Standardwerk von Uwe Backes/Eckard Jesse: Politischer Extremismus in der Bundesrepublik Deutschland. Berlin 1993, hier S. 409–411.

Bereits in der ersten Sitzung der neugewählten Fraktion von CDU/CSU in der siebten Legislaturperiode – am 12. Dezember 1972 – übermittelte Dregger eine mehr als deutliche Ansage: Der Fraktionsneuling bekundete nicht die geringste Absicht, sich hintanzustellen, sondern war so selbstbewusst, in einer Kampfabstimmung für das Amt eines von insgesamt fünf stellvertretenden Vorsitzenden zu kandidieren.[7] Dass er von den insgesamt sieben Bewerbern die wenigsten Stimmen auf sich vereinigte, konnte Dregger verschmerzen; wichtig war, dass er ein kraftvolles politisches Signal ausgesandt hatte. Damit machte er von der ersten Sitzung an klar, dass er nicht die Existenz eines Hinterbänklers auszuüben gewillt war, sondern sich nahezu in jeder Fraktionssitzung kraftvoll und meinungsstark zu Wort meldete. Wie nachhaltig diese Auftritte waren, wird daran ersichtlich, dass praktisch jede seiner Äußerungen Wellen schlug und sich auch langgediente Bundestagsabgeordnete in ihren Redebeiträgen an Dregger abarbeiteten. Man war entweder für oder gegen seine immer klar konturierte Haltung – und so wirkte der Bundestagsnovize Dregger derart meinungsbildend, dass man den Eindruck gewinnen konnte, er hätte schon mehrere Legislaturperioden im Hohen Haus verbracht.

Doch woher rührte diese ungewöhnliche Resonanz Dreggers? Gewiss war ein Landesvorsitzender kein gewöhnlicher Bundestagsneuling. Auch hatte Dregger bekanntlich nichts unversucht gelassen, sich bundespolitisch zu profilieren. Doch gerade dieser politische Eifer konnte in einer selbstbewusst ihren Korpsgeist pflegenden parlamentarischen Körperschaft negativ zu Buche schlagen, wenn der Eindruck entstand, dass sich ein prominenter Novize wie ein Lehrmeister aufführte. Dazu kam es bei Dregger jedoch nicht. Er traf vielmehr von Anfang an den Nerv der Fraktion, weil er ihr eine zur Oppositionsrolle passende Strategie nahelegte und zugleich auch diejenigen politischen Eigenschaften mitbrachte, um eine derartige Oppositionsstrategie mit Leben zu füllen. Dregger empfahl der Unionsfraktion, sich durch ein energisch vorgetragenes »Nein« deutlich von der Regierung abzugrenzen, während der Fraktionsvorsitzende Barzel seinem Kurs treu blieb, in bestimmten Sachfragen auch nach Gemeinsamkeiten mit der Regierung zu suchen. Der Unterschied zwischen Dregger und Barzel bestand nicht zuletzt darin, dass Dregger die Opposition in der Rolle des unbequemen Widerparts der Regierung aufgehen lassen wollte, wie sie sich in Theorie und Praxis des Parlamentarismus etabliert hatte: »Nein zu sagen ist häufig eine wundervolle Sache. Es ist nicht nur verdienstvoll, sondern auch nützlich. […] Wenn wir ja sagen,

7 Vgl. das Protokoll der Fraktionssitzung von CDU/CSU am 12.12.1972, in: Fraktionen im Deutschen Bundestag 1949–1990, Onlineedition, dort S. 2.

dann tragen wir die Mitverantwortung für das Ganze und werden genauso wie die Regierung für all das haftbar gemacht. [...] Und ich sehe nicht ein, daß eine Opposition sich diese Last aufbürdet.«[8] Dregger argumentierte mithin vor allem mit systemimmanenten Gründen, wenn er dafür plädierte, dass die Union die ihr zugewiesene Oppositionsrolle vorbehaltlos annehmen sollte: »Wenn parlamentarische Demokratie überhaupt noch einen Sinn hat und wenn die Opposition in dieser parlamentarischen Demokratie einen Sinn hat, dann nur dann, wenn diese Opposition ihre Aufgabe darin sieht, die Bedenken zu artikulieren und die Bedenken auch sichtbar zu machen durch ihr Votum.«[9]

Diese Haltung entsprach durchaus den Funktionen, die der Opposition innerhalb des bundesrepublikanischen politischen Systems zukam. Sie verfügte dabei auch jenseits der parlamentarischen Debatte in den Ausschüssen über zahlreiche Mitwirkungs- und Vetochancen und konnte sich über eine große Bandbreite an Maßnahmen einbringen, die von großen und kleinen Anfragen über eigenständige Gesetzesinitiativen bis hin zur Einrichtung von Untersuchungsausschüssen reichte.[10] Diese Chancen mussten die Politikerinnen und Politiker, die auf den Oppositionsbänken Platz nahmen, allerdings auch nutzen wollen. Das war durchaus der Fall. Die CDU/CSU-Fraktion hatte sich schon bald nach dem Verlust der Macht 1969 für eine offensive Oppositionsarbeit entschieden, die darauf hinauslief, als eine Art Mitregent innerhalb des politischen Systems aufzutreten. Schon in der Oppositionsphase bis 1972 hatte die Fraktion die bis dahin »weitaus größte Anzahl Gesetzesinitiativen« vorgelegt, »die je eine Opposition im Deutschen Bundestag eingebracht hat«.[11] Nun durften diese Impulse nach der vernichtenden Wahlniederlage nicht erlahmen.

Bei seinem Plädoyer für eine starke Opposition hatte Dregger aber auch seine eigene Person im Sinn. Der hessische Landesvorsitzender hatte sich bei seiner Grundsatzentscheidung,[12] im Unterschied zur Bundestagswahl im Jahr 1969 ein 1972 errungenes Mandat in jedem Fall anzunehmen, strategisch bestens darauf

8 Dregger in der Fraktionssitzung vom 20.03.1973, ebd., S. 27. Wie intensiv Dreggers Beitrag rezipiert wurde, geht u. a. aus der Replik des Fraktionskollegen Friedrich Vogel hervor, ebd., S. 27.

9 Dregger in der zweiten Fraktionssitzung, die am 12.02.1974 stattfand, ebd., S. 31.

10 Vgl. zusammenfassend: Schmidt: Das Politische System Deutschlands, 2011, S. 159–162; vgl. auch Hans-Joachim Veen: Opposition im Bundestag. Ihre Funktionen, institutionellen Handlungsbedingungen und das Verhalten der CDU/CSU-Fraktion in der 6. Wahlperiode 1969–1972. Bonn 1976. Vgl. zu den unterschiedlichen Varianten, Oppositionsarbeit zu systematisieren und auszugestalten sowie zu deren Funktionen auch Karin Webert: Die Opposition im Deutschen Bundestag 1990–2005. Hamburg 2009, S. 35–87.

11 Veen: Opposition, S. 187.

12 Dregger hatte im Frühjahr 1972 stichwortartig Leitlinien formuliert, die verdeutlichen, dass er äu-

eingerichtet, dass die Union wieder die harten Oppositionsbänke besetzen würde. Denn für diesen Fall benötigte die Unionsfraktion einen Kopf, der sich über einen längeren Zeitraum als Oppositionsführer bewährt hatte und daher wusste, wie man aus der Opposition heraus in die politische Offensive gelangte. Kein Mitglied der Unionsfraktion der siebten Legislaturperiode konnte Dregger in dieser Hinsicht auch nur annähernd Paroli bieten. Viele der Altgedienten aus der ehemaligen Riege von Bundesministern betrachteten die Oppositionsrolle immer noch als Betriebsunfall der Geschichte, und die »Nur«-Parlamentarier unter den Mandatsträgern hatten sich längst nicht so auf sie eingelassen, dass sie deren Chancen energisch zu nutzen trachteten. Dregger hingegen konnte darauf verweisen, dass er am Hotspot der deutschen Innenpolitik, dem als »rotes Hessen« verschrienen sozialdemokratischen Musterland, ohne Furcht und Tadel die Klingen mit dem politischen Hauptgegner gekreuzt und dem CDU-Landesverband dabei zu bislang ungekannter Stärke verholfen hatte. Er verfügte damit in seiner Bundestagsfraktion über ein Alleinstellungsmerkmal, das er deswegen kraftvoll zur Geltung zu bringen vermochte, weil er sein hessisches Haus bestellt hatte. Sein Landesverband bildete weiterhin eine politische Kampfgemeinschaft, die trotz interner Differenzen nach außen einheitlich auftrat und deswegen strukturell weder willens noch fähig war, einem in die Bundespolitik entwichenen Landesvorsitzenden die Spitzenkandidatur für die hessische Landtagswahl 1974 streitig zu machen. Dregger stärkte seine Bonner Position auch dadurch, dass er den ihm persönlich am engsten verbundenen Landespolitiker im Bundestag an seiner Seite wusste: Walter Wallmann. Beide bildeten ein politisches Gespann, das seit ihrer gemeinsamen Wahl ins bundesdeutsche Parlament im Jahr 1972 die Unionsfraktion strategisch nach dem Muster der Hessen-CDU als schlagkräftige Opposition ausrichten wollte.

Dregger begriff die Oppositionsrolle auch als Chance für die Union, sich politisch neu zu finden und nicht den von der Regierung gesetzten Themen hinterherzulaufen. Die defensive Haltung der CDU zur »Neuen Ostpolitik« hatte ihm die Notwendigkeit vor Augen geführt, das Profil der Partei zu schärfen und über die ihr zugeschriebene wirtschafts- und finanzpolitische Kompetenz hinaus zentrale Themen zu besetzen: »Die kommenden 4 Jahre der Opposition werden auch eine Zeit der Neubesinnung und Neuorientierung der Union sein. Es wird nicht nur gelten, auf die Ereignisse der Tagespolitik zu reagieren, sondern auch die Grundhaltung klar und deutlich zum Ausdruck bringen.«[13] Dabei stand

---

ßerst strategisch vorging, als er seine politischen Ambitionen in Bonn mit denen in Wiesbaden vernetzte; ACDP, 01-347-264. Die folgenden Ausführungen stützen sich auf diese Notizen.

13 Schreiben Dreggers an den CDU-Sympathisanten Paul Lindeke, 22.12.1972, ACDP, 01-343-201.

für ihn außer Frage, dass der Freiheitsgedanke offensiv hervorgehoben und ins Zentrum gerückt werden musste. Dregger reüssierte in der Bundestagsfraktion nicht zuletzt, weil er ein politisches Leitmotiv anzubieten vermochte, welches das unbeugsame »Nein« der Opposition inhaltlich absicherte und wie kaum ein zweiter politischer Grundbegriff positive Konnotationen hervorrief: Freiheit. Eine vom Pathos der Freiheit beseelte Politik konnte an die Herzen appellieren, wenn sie »den Freiheitsraum des einzelnen Menschen […] zu stärken und zu verbreitern«[14] gewillt war.

Gleich in seinem ersten rednerischen Auftritt vor der Fraktion am 5. Februar 1973 entwarf Dregger eine politische Zukunftskonzeption, die er ausdrücklich als »Vision« bezeichnete und die nicht vor der wagemutigen Aussage zurückschreckte, dass es auch zur Logik des Freiheitsstrebens gehöre, für »das unveräußerliche Recht auf Selbstbestimmung« nicht nur des deutschen Volkes, sondern »auch des polnischen Volkes, des tschechischen und des slowakischen Volkes« einzutreten. Die Dynamik seines Freiheitsverständnisses war geeignet, den Ost-West-Gegensatz aus den Angeln zu heben. Dregger knüpfte mithin nahtlos an eine Position an, die er schon 1971 bei der Einschätzung der Ostpolitik kundgetan hatte und seitdem unermüdlich wiederholte: Politische Freiheit könne nicht vor Grenzen haltmachen, und daher müssten nicht nur die Deutschen in der DDR, sondern auch die im sowjetischen Machtbereich lebenden Völker dereinst in deren Genuss kommen. Dass für ihn dabei nur ein europäischer Weg in Frage kam und er nie eine Sekunde lang mit einem neutralistischen Sonderweg zur Erlangung der Wiedervereinigung geliebäugelt hatte, verdeutlicht, wie sehr Dregger die von Adenauer geschaffene Westbindung der Bundesrepublik internalisiert hatte. Insofern ist seine briefliche Äußerung gegenüber einer Tübinger Studentin, »daß die Freiheit vor der Einheit steht, daß es nicht nur um die Freiheit der Mittel- und Ostdeutschen, sondern auch der anderen europäischen Völker geht und daß diese Freiheit nur in einem langen Prozeß gewonnen werden kann, in dem das freie Europa als Einheit auftritt«,[15] repräsentativ für sein liberales politisches Koordinatensystem.

In der Vergangenheit hatte kaum ein Unionsabgeordneter in der Fraktion den Hochwertbegriff »Freiheit« in einer so zündenden Sprache ins Zentrum der Argumentation gestellt. Es war kein Zufall, dass sich Dregger dabei auf seinen liberalen Geistesverwandten Ludwig Erhard berief – ohne allerdings den Freiheits-

14 Dregger in der Fraktionssitzung am 05.02.1973, in: Fraktionen im Deutschen Bundestag 1949–1990, Onlineedition, S. 28; dort S. 27f. auch alle folgenden Zitate.

15 Dregger an die Studentin Grete Schleicher aus Tübingen, 06.05.1972, ACDP, 01-347-044/2.

begriff auf die Wirtschaft einzuengen. Dregger plädierte für ein umfassenderes Begriffsverständnis: Es galt, alle Hindernisse aus dem Weg zu räumen, um das zur Freiheit befähigte Individuum zur Entfaltung gelangen zu lassen: »Dazu gehört Eigentum, dazu gehört Bildung, dazu gehört Solidarität, dazu gehört Machtbegrenzung – Bürokratenmacht, Kapitalistenmacht, Gewerkschaftsmacht – und, wo auch immer, den Freiheitsraum des einzelnen Menschen [...] zu stärken.«[16] Es kann nicht verwundern, dass Dregger offensiv die dafür passende Kategorie »liberal« für sich und damit den von ihm repräsentierten Teil der CDU in Anspruch nahm. Man dürfe dem politischen Gegner nicht die »schönsten Worte, die es überhaupt in der Politik gibt, überlassen« – und dazu zählte für ihn an erster Stelle der Terminus »liberal«.[17]

Für die Fraktion wirkten solche Worte wie Labsal. Hier erhob jemand seine Stimme, der den mühsamen Alltag einer Oppositionsfraktion mit einer emotional aufgeladenen Zukunftsperspektive verband: Man dürfe nicht abwarten, bis man die Regierung nach vier Jahren beerben könne, sondern habe die Oppositionsrolle als Auftrag zur politischen Offensive zu verstehen: »Wir müssen geistig offensiv sein!«[18] Damit wies Dregger der Fraktion eine Rolle zu, die sie aus eigener Souveränität auszufüllen vermochte. Geistige Offensive hieß vor allem, die eigene Position mit den richtigen Begriffen zu belegen und die Kernbotschaften semantisch so zu verpacken, dass sie eine positive Ausstrahlung gewannen. Eine so verstandene Oppositionsstrategie beinhaltete die Pflicht zu kreativer politischer Wortschöpfung. Welche Bedeutung Dregger dem Thema politische Sprache zuwies, wird daraus ersichtlich, dass er diesen Aspekt an den Anfang seiner Jungfernrede in der Fraktion stellte: »Sprache hat bewußtseinsbildende und bewußtseinsverändernde Kraft.«[19] Die lebhafte Debatte innerhalb der Fraktion, die er damit auslöste, macht deutlich, wie sehr er ins Schwarze getroffen hatte. Selbst der Barzel-Vertraute Paul Mikat, der als Rechtsprofessor mit fein geschliffenen Begriffen umzugehen wusste, zollte Dregger ausdrückliches Lob: »Ich bin Herrn Kollegen Dregger über das, was er über Begriffe gesagt hat, sehr dankbar.«[20] Der in der Fraktion hoch angesehene Mikat wusste, dass er damit indirekt eine Schwachstelle des Fraktionsvorsitzenden Barzel benannte. Barzel war in seiner verbindlichen, glatten Art nicht der politische Anführer, der die Oppo-

16 Dregger in der Fraktionssitzung vom 05.02.1973, in: Fraktionen im Deutschen Bundestag 1949–1990, Onlineedition, S. 26.

17 Ebd., S. 24.

18 Ebd., S. 26.

19 Ebd., S. 24.

20 Redebeitrag Mikats, ebd., S. 35.

sition in eine sprachpolitische Offensive zu führen vermochte. Dregger hingegen gab der Fraktion ein Stück ihrer abhanden gekommenen Selbstsicherheit und Souveränität zurück, wenn er ihr zurief, dass sie aus eigener Kraft politisch gestalten könne, indem sie auch und gerade im Parlament für die Sache der Freiheit mit den richtigen Begriffen streite. Barzel hingegen erweckte den Eindruck, die Unionsfraktion müsse ihre politische Agenda erst dadurch hervorbringen, dass sie sich von Einzelfall zu Einzelfall an den Vorhaben der Regierung abarbeitete.

Nicht zuletzt an dieser Oppositionsstrategie sollte Barzel dann auch scheitern: Am 8. Mai 1973 verweigerte ihm die Mehrheit der Fraktion die Gefolgschaft, weil sie sich nicht im Sinne ihres Vorsitzenden zu einem wichtigen Regierungsvorhaben verhalten wollte.[21] Es kann nicht verwundern, dass Dregger hierzu einen erheblichen Beitrag leistete, wenngleich es unangemessen wäre, ihn als Anführer einer Anti-Barzel-Fronde darzustellen. Der Fraktionsvorsitzende hatte der Opposition zumuten wollen, aus staatspolitischen Gründen dem Beitritt der Bundesrepublik zu den Vereinten Nationen zuzustimmen und aus inhaltlichen Gründen einem Herzstück der »Neuen Ostpolitik«, dem Grundlagenvertag zwischen beiden deutschen Staaten, die Zustimmung zu verweigern. Diese vermittelnde Position ähnelte auf den ersten Blick der Haltung der Unionsfraktion im Mai 1972 zu den Verträgen mit Moskau und Warschau. Dass Dregger damals Barzels Kurs unterstützt hatte, hing auch damit zusammen, dass die Übernahme von Regierungsverantwortung durch die CDU zum Greifen nahe schien und die Union damit als Regierungspartei in spe agierte. Im Mai 1973 hatte sich die Lage fundamental verändert: Nun war nicht nur aus Sicht Dreggers Opposition pur angesagt. Und damit drängte sich die Frage auf, warum die Union in Sachen UN-Beitritt mit Ja stimmen sollte, obwohl ihre Stimmen anders als bei den Ostverträgen nicht benötigt wurden, um ein wichtiges Vorhaben parlamentarisch durchzubringen.

Dregger war derjenige unter den vielen Rednern in der Fraktionssitzung am 8. Mai 1973, der die Haltung zum UN-Beitritt zum Test für die Glaubwürdigkeit einer Oppositionsstrategie erklärte. Er traf damit auch den Nerv solcher Fraktionskollegen, die den Beitritt der Bundesrepublik zur UN befürworteten, obgleich damit die politische Aufwertung der ebenfalls zu UN-Ehren kommenden DDR verbunden war. Dregger durchkreuzte solche Sachargumente mit dem stra-

---

21 Vgl. hierzu den Beitrag von Werner Link: Die CDU/CSU-Fraktion und die neue Ostpolitik – in den Phasen der Regierungsverantwortung und der Opposition, 1966–1975, in: Hans-Peter Schwarz (Hg.): Die Fraktion als Machtfaktor. CDU/CSU im Deutschen Bundestag 1949 bis heute. München 2009, S. 115–139, hier S. 134f.

tegischen Argument, dass die Union um der Glaubwürdigkeit ihrer Oppositionsrolle willen zu einer unzweideutigen Haltung gegenüber beiden zur Abstimmung stehenden Fragen finden müsse. Semantisch qualifizierte er Barzels Vorschlag eines gespaltenen Votums – »Nein« zum Grundlagenvertrag, »Ja« zum UNO-Beitritt – als »Jein-Situation«.[22] Er prägte so einen Begriff, der in der fraktionsinternen Debatte wie kein anderer das mit den Händen greifbare Bedürfnis nach reinlicher Scheidung der Geister zum Ausdruck brachte. Der Fraktion war bewusst, welche Konsequenzen es für ihren Vorsitzenden haben musste, wenn sie ihm in einer zentralen Sachfrage die Gefolgschaft verweigerte. Dass sie dies mit 101 gegen 93 Stimmen tat, brachte die schwelende Unzufriedenheit mit Barzels Oppositionsstrategie so massiv zum Ausdruck, dass tags darauf ein neuer Mann für die Leitung der Fraktion gesucht werden musste.[23]

Noch kam Dregger für diese Aufgabe nicht in Frage: Zwar wäre seine Wahl das konsequenteste Bekenntnis zu einer energisch geführten Oppositionsrolle gewesen. Aber abgesehen davon, dass die Fraktionsmehrheit Barzel nicht unbedingt gegen einen Kämpfertyp eintauschen wollte, wäre Dreggers Fraktionsvorsitz wie eine handstreichartige Übernahme erschienen. Insofern war für ihn ausschlaggebend, dass eine Persönlichkeit Barzels Nachfolge antrat, die Dreggers Aufstieg innerhalb der Fraktion nicht behinderte. Sie sollte eine gewisse Aufgeschlossenheit für die von Dregger vertretenen politischen Positionen wie für seinen politischen Stil besitzen, ohne ihn zu kopieren und damit überflüssig zu machen. Zugleich war es von Vorteil, wenn der neue Fraktionsvorsitzende ein fortgeschrittenes Lebensalter besaß und daher sein Amt nicht auf unabsehbare Zeit bekleiden konnte. Beide Voraussetzungen erfüllte der neue Vorsitzende Karl Carstens[24] in einer für Dreggers Ambitionen idealen Weise: Politisch lag er mit Dregger in vielen Fragen auf einer Wellenlänge, und seine Hausmacht innerhalb der Fraktion war begrenzt, hatte dieser Karrierebeamte und Rechtsprofessor doch erst nach dem Verlust der Regierungsmacht für den Bundestag kandidiert. Carstens, eine honorige und von Pflichtbewusstsein getragene Persönlichkeit, übernahm die Leitung der Fraktion in einer krisenhaften Lage. Alle Vorzeichen wiesen darauf hin, dass es sich um eine Interimslösung handelte, die Dregger

---

22 Dregger in der Fraktionssitzung vom 08.05.1973, in: Fraktionen im Deutschen Bundestag 1949–1990, Onlineedition, S. 33.

23 Vgl. Wambach: Barzel, S. 687–692.

24 Zu Carstens vgl. Tim Szatkowski: Karl Carstens. Eine politische Biographie. Köln, Weimar, Wien 2007; Daniel Lenski: Von Heuss bis Carstens. Das Amtsverständnis der ersten fünf Bundespräsidenten unter besonderer Berücksichtigung ihrer verfassungsrechtlichen Kompetenzen. Leipzig, Berlin 2009, S. 123ff.

Gelegenheit bot, sich bis zur nächsten Bundestagswahl im Oktober 1976 mittels parlamentarischer Mittel noch stärker in Szene zu setzen.

Im Zeitraum von Mai 1973 bis Oktober 1976 wurden somit die Weichen für den politischen Lebensweg Dreggers gestellt. Ob sein Kalkül aufging, sich über die Bundestagsfraktion als feste bundespolitische Größe zu etablieren, hing auch davon ab, ob der Vorsitzende der CDU ihn darin unterstützte. Daher kann es nicht verwundern, dass Dregger nachstieß und Barzel – der beim Rücktritt vom Fraktionsvorsitz seine Zukunft als CDU-Vorsitzender zunächst offengelassen hatte – mittels einer Presseerklärung als für das Spitzenparteiamt als ungeeignet darstellte. Dregger und die hessische CDU hatten nicht unerheblichen Anteil daran, dass Barzel auch als Parteivorsitzender nicht mehr zu halten war.[25] Dass bei einer kurzfristig anberaumten Nachfolgeregelung alles auf Barzels Gegenkandidaten von 1971, also auf Helmut Kohl, hinauslaufen würde, war Dregger klar. Mit Kohl verband ihn ein nüchternes Arbeitsverhältnis, und da der Pfälzer in der Bundestagsfraktion noch keine Bataillone um sich geschart hatte, war damit zu rechnen, dass er allein aus Eigeninteresse einem tatkräftigen Unionsspitzenpolitiker nicht im Wege stehen würde, der in der Bundes- wie Landespolitik gleichermaßen verankert war.

Helmut Kohl wurde im Juni 1973 ohne Gegenkandidaten zum neuen Parteivorsitzenden gewählt. Damit waren die Ämter des Partei- und Fraktionsvorsitzenden nicht mehr in einer Hand. Angesichts des unverhüllten Ehrgeizes des rheinland-pfälzischen Ministerpräsidenten bedurfte es keiner prophetischen Gaben, um vorauszusehen, dass Kohl gewillt war, die Partei zum alleinigen Kraftzentrum auszubauen und die Fraktion zum ausführenden Organ der Partei zu degradieren.[26] Dass sich Dregger mit Kräften dagegen wehrte, zeugt auch davon, wie stark seine parlamentarische Ader ausgeprägt war. Er hatte die Spielregeln des Parlamentarismus verinnerlicht; für ihn war das Parlament der Zentralort, um den politischen Gegner zu stellen. Oppositionsarbeit fand für ihn hauptsächlich im Bundestag statt, und er selbst wollte bis zur nächsten Bundestagswahl in die Rolle eines heimlichen Oppositionsführers hineinwachsen.

Aus diesem Grund stand Dregger immer im Brennpunkt des Bundestagsgeschehens, wenn politische Grundsatzfragen anstanden. Er gab sich nie mit aus seiner Sicht nebensächlichen Randthemen ab, die er zuständigen Fachpolitikern überließ. Ihn drängte es stets danach, die großen ordnungspolitischen Fragen auf

25 Vgl. Wambach: Barzel, S. 693–701.

26 Vgl. dazu die Einleitung von Günter Buchstab in: ders. (Bearb.): Kohl: »Wir haben alle Chancen«. Die Protokolle des CDU-Bundesvorstands 1973–1976, S. VIII.

die Tagesordnung zu setzen und damit zugleich sein Kernthema »Freiheit« im Angriffsmodus zu platzieren. Insofern hielt sich die Zahl seiner Redebeiträge im Bundestag in Grenzen: Dregger trat nur dann ans Rednerpult, wenn politische Grundfragen zur Debatte standen, die das Staatswesen im Innersten berührten. »Verfassungspolitik« war eines dieser Themenfelder, auf denen sich Dregger wie kein zweiter seiner Fraktion entfalten konnte. Als sich im Frühjahr 1974 die bundesdeutsche Verfassung zum 25. Mal jährte, ergriff die Unionsfraktion unter seiner Anleitung die politische Initiative für eine Resolution des Bundestags.[27] Denn dieses Jubiläum bot wenig Anlass für wohltemperierte Festreden, in denen Vertreter der unterschiedlichen Parteien die Verfassung allseits mit Lob überschütteten. 1974 stand die Verfassungsordnung von radikal-marxistischer Seite unter Beschuss, wo deren Überwindung propagiert wurde. Damit konnte Dregger in seine Lieblingsrolle des Verteidigers der freiheitlichsten Verfassung in der deutschen Geschichte schlüpfen und zugleich in den Angriffsmodus übergehen, indem er die SPD-Führung beschuldigte, dem Treiben insbesondere jungsozialistischer Systemgegner keinen Einhalt zu gebieten. Dregger wollte die SPD stellen und die vermeintlichen Verfassungsfeinde in den Reihen ihrer Bundestagsfraktion zum politischen Offenbarungseid zwingen. Indem er »die Nahtstelle zwischen den Demokraten und den Systemgegnern innerhalb der Koalition«[28] freilegen wollte, betrieb er aber nicht nur Oppositionspolitik nach seinem Geschmack. Er wertete zugleich den Bundestag als »das Forum der deutschen Nation«[29] auf, das als alleiniges Organ zur Debatte über solche verfassungspolitischen Grundfragen berufen sei.

Als Dregger 1972 in den Bundestag einzog, begann sich dort ein neues Politikfeld zu entwickeln, mit dem sich in hohem Maße an den von ihm vertretenen Freiheitsdiskurs anschließen ließ: Menschenrechte. Zwar waren seit der welthistorischen Erklärung der Menschen- und Bürgerrechte durch die verfassunggebende Nationalversammlung in Frankreich im August 1789 die klassischen bürgerlichen Freiheitsrechte als Staatszielbestimmung auf die Tagesordnung der Weltpo-

27 Der Bundestag debattierte am 14. und 15. Februar 1974 über zwei Resolutionen aus diesem Anlass, die von der Unionsfraktion sowie von der SPD- und FDP-Fraktion eingebracht worden waren; Dregger eröffnete die Debatte am 14. Februar 1974; vgl. dazu Verhandlungen des Deutschen Bundestags, Stenographische Berichte, 7. Wahlperiode, 79. Sitzung, 14.02.1974, S. 5002 – 5012.

28 Dregger in der Sitzung der Bundestagsfraktion vom 11.12.1973, in: Fraktionen im Deutschen Bundestag 1949 – 1990, Onlineedition, S. 8.

29 Bundestagsrede Dreggers vom 14.02.1974, Verhandlungen des Deutschen Bundestags, Stenographische Berichte, 7. Wahlperiode, 79. Sitzung, S. 5007.

litik gesetzt worden. Doch als eigenes politisches Thema vermochte es sich erst nach 1945 allmählich zu etablieren. Daran, dass es nur schrittweise und auch erst nach Jahrzehnten breiteren Raum einnahm, vermochte auch die Menschenrechtserklärung durch die Vereinten Nationen im Jahr 1948 nichts Grundlegendes zu ändern: Die Menschenrechtsfrage geriet rasch zwischen die Mühlsteine des Ost-West-Konflikts und drohte zerrieben zu werden. Die unter sowjetischer Dominanz stehende kommunistische Staatengemeinschaft qualifizierte Menschenrechte – verstanden als Freiheitsrechte des Individuums gegenüber dem Staat – als Ausdruck der zu überwindenden bürgerlichen Klassengesellschaft ab und postulierte im Gegenzug das Recht auf Arbeit und Wohnung als nur im Sozialismus zu verwirklichende Menschenrechte. Umgekehrt nutzte die westliche Welt unter Führung der USA das liberale Menschenrechtsverständnis, um den Sowjetblock zu attackieren. Es war mithin der weltweite Systemgegensatz, der die Menschenrechtsfrage einzwängte, indem er sie zu Blockinteressen funktionalisierte.

Solange Menschenrechte im »Kalten Krieg« instrumentalisiert wurden, konnte es kein autonomes Politikfeld namens »Menschenrechtspolitik« geben. Die Emanzipation aus den Zwängen des Ost-West-Konflikts setzte erst in den 1960er Jahren ein, als im Zuge der Dekolonisierung und der Dritte-Welt-Bewegung Aktivisten das Thema gerade für außereuropäische Staaten entdeckten. Es bildeten sich Aktionsgruppen, die vor allem die Regierungen der neu entstandenen Staaten an der Einhaltung von Menschenrechtsstandards maßen. Der Einsatz zugunsten politisch Verfolgter stand dabei im Zentrum.[30]

Für Dregger wie für die CDU insgesamt bot das neue Querschnittsthema »Menschenrechte« Möglichkeiten, die für eine Oppositionspartei maßgeschneidert waren. Die bundesdeutsche Regierung agierte auf diesem Feld überaus zurückhaltend und verwies nicht zuletzt auf die Notwendigkeit diplomatischer Rücksichtnahme.[31] Angesichts dessen sprach einiges dafür, dass die CDU gerade

30 Zum Aufstieg des Themas »Menschenrechte« zu einem globalen Politikfeld vgl. insbesondere die wegweisenden Forschungen von Samual Moyn: The Last Utopia. Human Rights in History. Cambridge (Mass.) 2010; vgl. auch ders.: Die neue Historiographie der Menschenrechte, in: Geschichte und Gesellschaft 38 (2012), S. 545–572. Siehe auch den instruktiven Beitrag von Jan Eckel: Humanitarisierung der internationalen Beziehungen? Menschenrechtspolitik in den 1970er Jahren, ebd., S. 603–635, sowie die Übersicht bei Stefan-Ludwig Hoffmann (Hg.): Moralpolitik. Geschichte der Menschenrechte im 20. Jahrhundert. Göttingen 2010.

31 Vgl. Eckel: Humanitarisierung, ebd., S. 616; zum gebremsten menschenrechtlichen Eifer der Bundesregierung gerade unter der Kanzlerschaft von Helmut Schmidt siehe auch Philipp Rock: Macht, Märkte und Moral. Zur Rolle der Menschenrechte in der Außenpolitik der Bundesrepublik Deutschland in den sechziger und siebziger Jahren. Frankfurt/Main 2010.

hier Gelegenheit hatte, ihren Oppositionsbonus auszuspielen. Die von Dregger beschworene »geistige Auseinandersetzung« bedeutete vor allem, bestimmte Themen gezielt in die Öffentlichkeit zu transportieren und ihnen auch auf parlamentarischem Wege eine Aufmerksamkeit zu verschaffen, die sie sonst nicht besaßen. Die CDU konnte also dazu beitragen, das Menschenrechtsthema aus der politischen Nische herauszuholen. Vor allem aber passte die Menschenrechtsdebatte zu einem politischen Markenkern der CDU, der in den 1970er Jahren insbesondere von Dregger gepflegt wurde: dem Antikommunismus.[32]

Antikommunismus war für Dregger wie für die beiden Unionsparteien insgesamt die zwingende Folge einer politischen Grundeinstellung, in der Schutz und Ausbau der Freiheit den obersten Stellenwert einnahmen. Ideologien und sich darauf berufende politische Systeme, welche die Freiheit mit Füßen traten, waren damit der politische Hauptgegner. Die antikommunistische Stoßrichtung dieses »Freiheitskampfes« ergab sich aus dem Umstand, dass – im Unterschied zur NS-Diktatur, die der Vergangenheit angehörte – die Hälfte Europas von kommunistischen Diktaturen beherrscht wurde und sich auch im anderen Teil Deutschlands ein kommunistisches Regime etabliert hatte. Bot die offensive Propagierung des Menschenrechtsthemas nicht eine willkommene moralpolitische Aufladung dieses antikommunistischen Impetus? Und war nicht Dregger wie kein zweiter führender Unionspolitiker berufen, eine solche Debatte öffentlichkeitswirksam zu führen?

Die CDU und vor allem Dregger taten sich allerdings schwer mit dem Menschenrechtsthema. Bevor wir uns quellennah mit diesem Komplex beschäftigen,[33] sollen die beiden hauptsächlichen strukturellen Ursachen für die zögerliche Haltung benannt werden. Einmal verlangte das Thema Menschenrechte seinen Protagonisten ab, linke wie rechte Diktaturen gleichermaßen an einem strengen humanitären Maßstab zu beurteilen. Wer die Menschenrechtsverletzungen in der Tschechoslowakei, die sich durch eine besonders rigide Unterdrückung der ka-

32 Vgl. für einen zeitgenössischen Überblick über die Vielfalt zeitgenössischer Varianten des Antikommunismus Kurt Marko: Antikommunismus, in: Sowjetsystem und demokratische Gesellschaft. Eine vergleichende Enzyklopädie, Bd. 1. Freiburg, Basel, Wien 1966, Sp. 238–245; Christoph Kleßmann: Antikommunismus und Ostkolleg. Anmerkungen zur politischen Kultur der (alten) Bundesrepublik, in: Frank Bajohr u. a. (Hg.): Mehr als *eine* Erzählung. Zeitgeschichtliche Perspektiven auf die Bundesrepublik. Göttingen 2016, S. 83–95; Schildt: Antikommunismus, S. 186–203.

33 Die Forschung hat der Bedeutung des Themas Menschenrechte für die CDU ebenso wie für liberal-konservative Parteien in Westeuropa bislang erstaunlicherweise kaum Aufmerksamkeit gewidmet. Auch die Studie von Rock: Macht, S. 16, klammert die kommunistischen Diktaturen Europas als Lackmustest für die Glaubwürdigkeit der Menschenrechtspolitik erstaunlicherweise aus.

tholischen Kirche profilierte, anprangerte, konnte nicht für mildernde Umstände im Fall der griechischen Militärjunta oder des 1973 durch einen Putsch an die Macht gekommenen chilenischen Militärregimes plädieren. Als im CDU-Bundesvorstand das Thema »Menschenrechte« debattiert wurde und sich Stimmen regten, die für eine selektive Optik plädierten, schrieb der Bundesvorsitzende des RCDS Hans Reckers seiner Partei ins Stammbuch, dass die CDU »aus der moralischen Position heraus gleichermaßen gegen Menschenrechtsverletzungen überall antreten [müsse] – in Ost und West«.[34] Die dem Menschenrechtsthema inhärente Universalität des moralischen Anspruchs konnte – und dies war der zweite Grund – zudem in Widerspruch zu sicherheitspolitischen Erwägungen geraten. Wer den Schutz der westlichen Welt gegen eine vermeintlich immer weiter anwachsende sicherheitspolitische Bedrohung durch das sowjetische Imperium zur zentralen Aufgabe internationaler Politik erhob, der neigte dazu, autoritäre Systeme in NATO-Staaten wie Griechenland, Spanien und Portugal mit außerordentlicher Milde zu betrachten. Und da nach dieser Auffassung eine Expansion des kommunistischen Einflusses nicht zuletzt in Lateinamerika und in Afrika zu registrieren war, sprach vieles dafür, auch die Militärregime in Chile und Argentinien sowie das Apartheitsregime in Südafrika mit einer gewissen Nachsicht zu behandeln und ihnen einen antikommunistischen Bonus einzuräumen. Wir haben gesehen, in wie starkem Maße sich Dregger als Außen- und Sicherheitspolitiker verstand, und er sollte dieses Profil auch in seiner ersten Legislaturperiode im Deutschen Bundestag weiter pflegen. Genau deswegen legte er sich beim Thema »Menschenrechte« Fesseln an, obwohl es eigentlich perfekt auf einen »Freiheitskämpfer« wie ihn zugeschnitten war.

Dabei hatte Dregger 1973/74 das Potenzial einer aktiven Menschenrechtspolitik für seine politische Agenda durchaus erkannt und politische Versuchsballons gestartet. Seine politische Wahrnehmung galt zu einer Zeit, als Ostmitteleuropa zunehmend aus dem Gesichtsfeld bundesdeutscher Politik entschwand, immer auch den Staaten und Völkern hinter dem sogenannten »eisernen Vorhang«. Daher spürte er, wie sehr die Bürgerrechtsbewegung insbesondere in Polen und der Tschechoslowakei durch die Menschenrechtsdebatte Auftrieb erhielt: Sie verlieh den dortigen versprengten Zirkeln von Aktivisten eine gemeinsame Sprache und ermöglichte ihnen damit eine grenzüberschreitende Verständigung.[35] Dass

34 Redebeitrag des RCDS-Bundesvorsitzenden Hans Reckers auf der Sitzung des CDU-Bundesvorstands, 12.05.1975, bei Buchstab (Bearb.): Kohl: »Wir haben alle Chancen«, S. 1312.

35 Die Dynamik der Menschenrechtsdebatte hinsichtlich des »Ostblocks« ist in der Forschung wenig behandelt worden; vgl. als ersten Einstieg Michael Kopecek: Human Rights Facing a National Past.

die als »Dissidenten« bezeichneten Oppositionellen in den 1970er Jahren eine schonungslose Analyse des kommunistischen Systems entwickelten, dabei die Totalitarismustheorie reaktivierten und Vorstellungen von der Reformfähigkeit des Systems zu einem »Sozialismus mit menschlichem Antlitz« immer weniger abzugewinnen vermochten, stieß bei antikommunistischen Kreisen in der Bundesrepublik auf wohlwollendes Interesse. Es kann daher nicht verwundern, dass sich mit Herbert Czaja, der wegen seiner eigenen Lebensgeschichte ein besonders intensives Verhältnis gerade zu Polen und der Tschechoslowakei pflegte, ein CDU-Bundestagsabgeordneter schon 1972 für Menschenrechte als politisches Zukunftsthema einsetzte.[36]

»Menschenrechte« bildeten innerhalb der in Sachen Ostpolitik zerrissenen Unionsfraktion ein einigendes Band. Als ab Februar 1973 in der Frage des Beitritts der Bundesrepublik zur UNO die Kluft zwischen den ostpolitischen Hardlinern und den Kompromissbereiten wie schon beim Thema Ostverträge offenkundig wurde, waren es nun die »Menschenrechte«, die eine flügelübergreifende Verständigung darüber erlaubten, dass die Bundesrepublik – wenn sie denn den Vereinten Nationen zusammen mit der DDR beiträte – dieses neue Forum zu einer aktiven Menschenrechtspolitik vor allem gegenüber der DDR nutzen solle.[37] Und war Dregger in diesem Fall nicht prädestiniert, von den Oppositionsbänken aus Menschenrechtsverletzungen im sowjetisch dominierten Europa anzuprangern und die Bundesregierung der Sprachlosigkeit zu bezichtigen – bei einem Thema, das in semantischer Hinsicht eine »Sprache der politischen Positionierung und des Kampfes[38]« verlangte und daher förmlich auf ihn zugeschnitten war?

Dissident «Civic Patriotism" and the Return of History in East Central Europe, 1968–1989, in: Geschichte und Gesellschaft 38 (2012), S. 573–602, vor allem S. 574f., 584 und 600; vgl. auch Detlef Pollack/Jan Wielgohs (Hg.): Dissent and Opposition in Communist Eastern Europe. Aldershot 2004.

36 Vgl. Czajas Redebeitrag in der Sitzung der CDU/CSU-Bundestagsfraktion am 19.12.1972, in: Fraktionen im Deutschen Bundestag 1949–1990, Onlineedition, S. 4; siehe auch die ähnlich gelagerte Argumentation seines Fraktionskollegen Fritz Wittmann, eines Sudetendeutschen, ebd., S. 8; siehe auch Herbert Czaja: Unterwegs zum kleinsten Deutschland? Marginalien zu 50 Jahren Ostpolitik. Frankfurt/Main 1996, S. 379.

37 Vgl. den Redebeitrag des Bundesverfassungsrichters Hans Hugo Klein, der zu den Befürwortern des UN-Beitritts zählte, in der Fraktionssitzung vom 13.02.1973, in: Fraktionen im Deutschen Bundestag 1949–1990, Onlineedition, S. 31; vgl. auch den Beitrag des zum konservativen Flügel zählenden Abgeordneten Claus Jäger in der Fraktionssitzung vom 08.05.1973: »Wir werden später nicht mehr mit großer Glaubwürdigkeit vor den Vereinten Nationen auf die ständigen nachhaltigen Menschenrechtsverletzungen hinweisen können, wenn wir jetzt zum UNO-Beitritt nein sagen«, ebd., S. 39.

38 Zur Semantik des Menschenrechtsdiskurses vgl. Moyn: Historiographie, Zitat S. 547.

Anfangs schien es so, als könnte Dregger die Funktion eines menschenrechtspolitischen Antreibers und Mahners zusagen. Als sich im Herbst 1973 eine interfraktionelle Delegation von Bundestagsabgeordneten zu einem Moskau-Besuch aufmachte (in dessen Verlauf der SPD-Fraktionsvorsitzende Herbert Wehner Bundeskanzler Willy Brandt durch gezielte Indiskretionen zu demontieren suchte), bestand Dregger, der ihr nicht angehörte, darauf, dass sie mit den beiden prominentesten Köpfen der sowjetischen Dissidentenszene, dem Schriftsteller Alexander Solschenizyn und dem Physiker Andrei Sacharow, zusammentreffen sollte. Es ging ihm darum, ein öffentliches Signal der »Solidarität der Kämpfer für Freiheit und Recht[39]« auszusenden. Der Systemgegensatz zwischen der freiheitlichen und der kommunistischen Welt verlangte eine klare Parteinahme für solche Bürgerrechtler, die nur aufgrund ihrer Prominenz einen gewissen Schutz vor staatlicher Repression genossen. Insbesondere Solschenizyn hatte es Dregger angetan, weil dessen Werk »Archipel Gulag«, eine literarische Schilderung des sowjetischen Systems von Straflagern, die kommunistische Herrschaft stärker delegitimiert hatte als jede andere Publikation. Insofern war Solschenizyn für Dregger ein eindrucksvoller Beleg dafür, dass dem Kommunismus die menschenfreundliche Maske vom Gesicht gerissen werden könne. In seiner Bundestagsrede vom 14. Februar 1974 führte er ihn daher als Kronzeugen an: »Deshalb muß im Sinne Solschenizyns die Wahrheit gesagt werden, die ganze und nicht die halbe, die Wahrheit nicht nur über den Rechtsradikalismus und den Nationalsozialismus, die Wahrheit auch über den Kommunismus, die in weiten Teilen der Jugend unbekannt geblieben ist.«[40]

Doch Dreggers Eifer für die Menschenrechte erlahmte erstaunlich rasch. Dies ist vor allem darauf zurückzuführen, dass er sich als *der* Außen- und Sicherheitspolitiker der CDU in Stellung bringen wollte – eine Position, die nach dem allmählichen politischen Rückzug von Ex-Außenminister Gerhard Schröder vakant war. Was die Regime im sowjetisch beherrschten Europa betraf, musste und wollte sich Dregger nicht politisch zügeln; aus seiner Sicht konnte die Systemauseinandersetzung mit dem Osten nur mit einer schonungslosen Sprache geführt werden. Doch wenn es um menschenrechtlich überaus problematische Regierungen in Afrika und Südamerika ging, schlug er einen anderen, behutsameren Ton an. Sie hatten im Rahmen der globalen Konfrontation mit einem internatio-

39 So Dregger in der Fraktionssitzung vom 12.09.1973, in: Fraktionen im Deutschen Bundestag 1949–1990, Onlineedition, S. 35.

40 Verhandlungen des Deutschen Bundestags, Stenographische Berichte, 7. Wahlperiode, 79. Sitzung, 14.02.1974, S. 5007; vgl. auch ebd., S. 5004.

nal agierenden Kommunismus eine geostrategische Bedeutung, die öffentliche Zurückhaltung im Umgang mit ihnen geraten erscheinen ließ.

Dreggers Visiten im südlichen Afrika 1977 sowie in Chile und Argentinien 1979 machten diese Akzentverschiebung offenkundig. Dass er im November 1977 überhaupt die Südafrikanische Union bereiste, war ein Politikum an sich, da das Apartheidregime von sozialdemokratischen Bundestagsabgeordneten konsequent gemieden wurde. Dregger wusste, worauf er sich mit einem Besuch des Burenstaates einließ. Für die internationale Staatengemeinschaft wie überhaupt für Menschenrechtsaktivisten war die Haltung zu einem Staatswesen, das auf einer strikten Rassentrennung basierte, ein Prüfstein, an dem sich zeigte, wie aufrichtig eine ungeteilte Menschenrechtspolitik verfolgt wurde. In der eigenen Fraktion gab es überdies gewichtige Stimmen – angeführt von Franz Josef Strauß –, die Menschenrechte als eine für die Situation in Südafrika obsolete Kategorie erklärten.[41] In dieser komplexen Lage wählte Dregger einen Kurs, bei dem er der Menschenrechtsfrage zwar in seinen Verlautbarungen Reverenz erwies, aber jede öffentliche Kritik am Apartheidregime vermied. So bekundete er: »Die Menschenrechte sind völlig unabhängig von der Hautfarbe zu gewähren und damit auch die politischen Rechte.«[42] Aber letztlich ging es ihm darum, Südafrika nicht dadurch zu destabilisieren, dass schwarze Befreiungsbewegungen, die gewisse Sympathien für den Sozialismus hegten, das Erbe des Apartheidregimes antraten. »Auch unsere Freiheit und Unabhängigkeit hängt davon ab, dass es im südlichen Afrika über die Kooperation zur Integration der Rassen kommt, dass der Friede erhalten bleibt und dieser schöne Erdteil nicht im terroristischen Chaos versinkt, aus dem sich dann mit Moskau verbundene kommunistische Diktaturen erheben würden.«[43] Dass er mit dieser Haltung möglicherweise dazu beitrug, die Widersacher des Apartheidregimes in die offenen Arme Moskaus zu treiben, hatte Dregger allem Anschein nach nicht bedacht.

Politisch noch sensibler war die Südamerikareise, die Dregger im Sommer 1979 antrat, stattete er dabei doch einem Land einen Besuch ab, dessen Menschenrechtslage seit Herbst 1973 im Fokus der Weltöffentlichkeit stand: Chile. Dort hatte im September 1973 das Militär die Macht übernommen. War das in Lateinamerika nichts Ungewöhnliches, verlieh diesem Militärputsch der Umstand eine besondere Note, dass die Putschisten einen demokratisch gewählten Präsidenten ge-

41 Vgl. dazu die Belege bei Rock: Macht, S. 164f.

42 Dregger im »Deutschlandfunk« zu seiner Reise in das südliche Afrika, 22.11.1977, ACDP, 01-347-026/4.

43 Dregger am 08.12.1977, Aktuelle Stunde, ACDP, 01-347-026/4.

stürzt hatten, der als weltweite Symbolfigur der Linkssozialisten galt: Salvador Allende.[44] Der bekennende Marxist Allende hatte unter anderem durch Verstaatlichungen versucht, Chile zu einem sozialistischen Musterland zu machen und den Beweis anzutreten, dass in Lateinamerika ein entschiedener Sozialismus auf demokratischem Wege eingeführt werden konnte. Mit dem Sturz Allendes war das repressive Pinochet-Regime installiert worden, das sich als antisozialistisches Bollwerk verstand. An der Haltung der CDU im Allgemeinen und der von Dregger im Besonderen konnte nun abgelesen werden, welchen Stellenwert die Menschenrechtsfrage bei der Bewertung der Lage in Chile einnahm.

Die CDU konnte dabei auf eine ausgeprägte Expertise zurückgreifen, da sie über ein dichtes Netz von Kontakten zu ihrer chilenischen Schwesterpartei PDC (»Partido Demócrata Cristiano de Chile«) verfügte. Kein anderes lateinamerikanisches Land verfügte über eine christdemokratische Partei, die sich so enger Beziehungen sowie einer ideellen und materiellen Förderung durch deutsche Christdemokraten erfreute.[45] Wer in der CDU Ohren hatte zu hören, der konnte schon im Herbst 1973 in Erfahrung bringen, dass die chilenische Militärjunta gerade mit ihren politischen Gegnern auf der Linken nicht zimperlich umging, sie einsperrte, folterte und nicht wenige davon umbrachte. Die Menschenrechtsbilanz des bis 1990 währenden chilenischen Militärregimes war eindeutig: mehr als 2000 Ermordete oder Hingerichtete, rund 1100 spurlos Verschwundene und etwa 28.000 politische Gefangene und Folteropfer sowie etwa 200.000 politische Flüchtlinge, die das Regime ins Exil zwang.[46] Aber auch die christdemokratische Schwesterpartei wurde vom Militärregime in einem Ausmaß verfolgt, dass chilenische Christdemokraten zum Gang ins Exil gezwungen waren.

Der Umstand, dass sich der CDU-Bundesvorstand in den 1970er Jahren mit Chile stärker als mit jedem anderen lateinamerikanischen Thema beschäftigte,

---

44 Vgl. Jan Eckel: Salvador Allende und die weltpolitischen Konflikte der siebziger Jahre, in: Jörg Später/Thomas Zimmer (Hg.): Lebensläufe im 20. Jahrhundert. Göttingen 2019, S. 287 – 305.

45 Die CDU hatte die Kontakte zu ihrer chilenischen Schwesterpartei vor allem mit der organisatorischen Hilfe der Konrad-Adenauer-Stiftung ausgebaut; vgl. dazu den Redebeitrag von Manfred Wörner, lange Zeit geschäftsführender Vorsitzender dieser Stiftung, im CDU-Bundesvorstand vom 23.09.1974, in Buchstab (Bearb.): Kohl: »Wir haben alle Chancen«, S. 775 f.; zur Geschichte des PDC siehe Wilhelm Hofmeister: Chile: Option für die Demokratie. Die Christlich-Demokratische Partei (PDC) und die politische Entwicklung in Chile 1964 – 1994. Paderborn 1995.

46 Vgl. Ulrike Capdepón: Vom Fall Pinochet zu den Verschwundenen des Spanischen Bürgerkrieges. Die Auseinandersetzung mit Diktatur und Menschenrechtsverletzungen in Spanien und Chile. Bielefeld 2015, S. 89 ff und 113 ff., sowie Jan Eckel: »Unter der Lupe«. Die internationale Menschenrechtskampagne gegen Chile in den siebziger Jahren, in: Hoffmann (Hg.): Moralpolitik, S. 368 – 396, hier S. 372.

zeugt davon, dass sich die Union der Sensibilität dieser Frage bewusst war: Dem Linkssozialisten Allende trauerte man nicht hinterher, weil er einen großen Teil der chilenischen Gesellschaft und auch die chilenische Schwesterpartei gegen sich aufgebracht hatte. Aber musste damit zugleich Verständnis für die Politik einer Militärjunta verbunden sein, welche die Menschenrechte mit Füßen trat? In der parteiinternen Debatte schälten sich zwei Positionen heraus. Neben derjenigen, die durchaus auf die menschenrechtliche Problematik des Regimes verwiesen, gab es einen Standpunkt, der globale sicherheitspolitische Überlegungen in den Vordergrund stellte und zu der Einschätzung gelangte, dass Chile im gemeinsamen antikommunistischen Abwehrkampf eine derartig wichtige Rolle einnehme, dass die Beseitigung eines mit der Sowjetunion sympathisierenden Regimes trotz menschenrechtlicher Kollateralschäden ein Wert an sich sei. Diese Position hatte sich vor allem der hessische CDU-Landesverband zu eigen gemacht und damit auch Dregger. Die Hessen-CDU hatte im Vorfeld der im Herbst 1974 stattfindenden Landtagswahl das Thema »Chile« offensiv aufgegriffen, weil es zu ihrer Wahlkampfstrategie passte, die hessische SPD einer Parteinahme für linkssozialistische Politik weltweit zu bezichtigen. Da Allende, der während des Putsches Suizid begangen hatte, innerhalb der westdeutschen Linken den Status eines Märtyrers für die Demokratie erlangt hatte, eignete sich das Thema auch für die landespolitische Konfrontation.[47] Dass die SPD dabei mit gleicher Münze heimzahlte und die CDU einer kryptofaschistischen Sympathie für ein Militärregime beschuldigte,[48] nahm man sportlich in Kauf. Diese parteipolitische Polarisierung führte dazu, dass nicht nur in der hessischen CDU das Verhalten der chilenischen Junta und damit der Menschenrechtsaspekt aus dem Blickfeld geriet.[49]

Dregger neigte also dazu, Chile von der übergeordneten Warte einer antikommunistischen Weltsicherheitspolitik aus zu betrachten. Es spricht Bände, dass sein Vortrag, mit dem er auf besagte Südamerikareise ging, dem Thema »Europäische Sicherheitspolitik« gewidmet war. Sie war für ihn gleichbedeutend mit der Abwehr kommunistischer Bedrohung, die er auch in Lateinamerika zu registrieren vermeinte, einem »ideologischen Angriffsziel des Weltkommunismus«.[50] Vor

---

47 Vgl. die Ausführungen von Schwarz-Schilling auf der Bundesvorstandssitzung vom 23.09.1974, in: Buchstab (Bearb.): Kohl: »Wir haben alle Chancen«, S. 804.

48 Vgl. dazu das vom hessischen CDU-Landesverband stammende Dossier zum Wahlkampf der SPD 1974 »Polemik und Lüge«, ACDP, 01-347-216.

49 Vgl. die Ausführungen von Schwarz-Schilling auf der Bundesvorstandssitzung, 23.09.1974, in: Buchstab (Bearb.): Kohl: »Wir haben alle Chancen«, S. 804.

50 Vortragsmanuskript Dreggers »Europäische Sicherheitspolitik« zur Lateinamerikareise 1979, ACDP, 01-347-028/1, Zitat Bl. 17.

diesem Hintergrund relativierte sich für ihn die Situation unter dem chilenischen Militärregime – und Dregger fand eine Art trotzigen Gefallen daran, das von der Weltöffentlichkeit verfemte Land mit seinem Besuch zu beehren. Gerade weil »Chile zum Propagandasymbol der extremen Linken in Europa geworden«[51] sei, wollte Dregger dieses Land, das Mitglieder der Bundesregierung bis dahin gemieden hatten, aufsuchen. Er blendete dabei aus, dass gerade dezidiert nichtlinke Menschenrechtsgruppen Chile zum Zentrum ihrer Aktivitäten gemacht hatten.[52] Damit relativierte er die Menschenrechtsproblematik bei der Gesamteinschätzung der Lage in Chile und tröstete sich mit dem Verweis, dass die sich im Übrigen »wesentlich gebessert«[53] habe. Chile werde überdies aus eigener Kraft die Transformation zu einer demokratischen Ordnung gelingen, weil es über eine marktwirtschaftliche Ordnung verfüge und sich am Vorbild Spaniens orientieren könne. Dahinter steckte Dreggers grundsätzliche Überzeugung, dass rechtsautoritäre Regime – im Unterschied zu totalitären kommunistischen Ordnungen – zu einem solchen Wandel fähig seien.[54] Dregger war damit zwar weit entfernt von der Haltung des CSU-Vorsitzenden Strauß, der die PDC und insbesondere deren Führungsfigur Eduardo Frei mit Geringschätzung bedachte, während er dem Juntachef Pinochet aufgeschlossen gegenüberstand. Aber ebenso trennten ihn vom CDU-Vorsitzenden Kohl Welten, der sich nicht scheute, Pinochet in aller Öffentlichkeit wegen der Missachtung der Menschenrechte scharf zu kritisieren.[55] Dregger war nicht vom Zynismus eines sogenannten »Realpolitikers« befallen, für den humanitäre Fragen nur Wortgeklingel waren und für den es in der Außenpolitik immer um nackte machtpolitische Interessen ging. Aber seine menschenrechtliche Empfindsamkeit wurde im Falle autoritärer Militärregime durch seine Fixierung auf den Ost-West-Konflikt eingeschränkt. Damit berührte

51 So Dregger in einem sehr aufschlussreichen Interview mit der Hannoverschen Neuen Presse, 22.08.1979, die ihn auf seiner Reise begleitet hatte; Fundort: ACDP, 01-347-028/1.

52 Vgl. Eckel: »Unter der Lupe«, S. 385 f.

53 So Dregger in einem Interview mit einer chilenischen Zeitung, das der Pressedienst der CDU/CSU-Fraktion in Teilen abdruckte; Pressedienst, Ausgabe vom 20.08.1979, ACDP, 01-347-028/1. Die chilenische Schwesterpartei PDC hatte demgegenüber seit Ende 1975 ihre oppositionelle Haltung gegenüber dem Militärregime verfestigt; vgl. Hofmeister: Chile, S. 189 – 194.

54 Interview Dreggers, ebd.; vgl. auch seinen Bericht über seine Lateinamerikareise vom 18.09.1979, ebd.

55 Vgl. zur Haltung von Strauß und Kohl vor allem Georg Dufner: Partner im Kalten Krieg. Die politischen Beziehungen zwischen der Bundesrepublik Deutschland und Chile. Frankfurt/Main 2014, vor allem S. 318 f., sowie Loreto Galindo Sazo: Die Zusammenarbeit zwischen CDU und PDC während der Zeit der chilenischen Militärdiktatur 1973 – 1999, in: Historisch-politische Mitteilungen 2 (2014), S. 183 – 213, vor allem S. 191 – 196.

sich seine Position mit der Haltung der Bundesregierung. Auch sie beurteilte die Lage in Chile aus der Perspektive einer globalen Auseinandersetzung mit dem sowjetisch beherrschten Weltkommunismus und hielt sich daher mit Kritik oder gar Sanktionen gegen die chilenische Militärjunta zurück.[56]

Noch krasser gebärdete sich ein Regime in Lateinamerika, das typologisch ebenfalls als ein »nur« autoritäres Regime einzustufen war und das Dregger ebenfalls besuchte: die argentinische Militärjunta. Sie benutzte terroristische Umtriebe diverser Gruppierungen als Legitimation dafür, in einer auch für südamerikanische Verhältnisse überaus grausamen Weise politische Gegner systematisch umzubringen. Wie viele Menschen die Junta bis zu ihrem Fall 1983 ermordete beziehungsweise spurlos verschwinden ließ, ist nicht zuverlässig zu beziffern; die Schätzungen schwanken zwischen 15.000 und 30.000.[57] Dass Dregger eine offensive Thematisierung der Menschenrechtsproblematik bei seinem Argentinien-Besuch aussparte, lag im Übrigen ganz auf der außenpolitischen Linie der Bundesregierung. Diese sah die argentinische Regierung tendenziell als Verbündeten im Kampf gegen einen weltweit agierenden Linksterrorismus. Insofern unterschied es sich keinen Deut von der Position Dreggers, wenn mit Billigung von Bundeskanzler Helmut Schmidt und Außenminister Genscher das Thema in Bezug auf das argentinische Militärregime ausgespart wurde.[58]

Dabei gab es weder für die Regierung Schmidt noch für prominente CDU-Politiker wie Dregger einen zwingenden Grund, die Menschenrechtsfrage in Lateinamerika in den Hintergrund zu rücken. Als im CDU-Bundesvorstand im September 1974 kontrovers über die Lage in Chile gesprochen wurde, war es Norbert Blüm, der Vertreter der Sozialausschüsse, der die Haltung der hessischen CDU unverblümt kritisierte.[59] Blüm hatte erkannt, dass die CDU gerade bei der jungen Generation einen Teil ihrer moralpolitischen Glaubwürdigkeit verspielte, wenn sie im Kampf gegen den Kommunismus Mittel hinzunehmen schien, die nicht nur allen rechtsstaatlichen Grundsätzen widersprachen, sondern assoziativ auch mit »rechter« Gesinnung in Verbindung gebracht werden konnten.

---

56 Hierzu Dufner: Partner im Kalten Krieg, S. 288 ff, sowie Jan Eckel: Die Ambivalenz des Guten. Menschenrechte in der internationalen Politik seit den 1940er Jahren. Göttingen 2015, S. 588 ff.

57 Vgl. Michael Riekenberg: Kleine Geschichte Argentiniens. München 2009, S. 174.

58 Vgl. u.a. Dorothee Weitbrecht: Profite versus Menschenleben. Argentinien und das schwierige Erbe der deutschen Diplomatie, in: Blätter für deutsche und internationale Politik 7/2013, S. 93–104, hier S. 93 ff.

59 Redebeitrag Blüms auf der Bundesvorstandssitzung vom 23.09.1974, in: Buchstab (Bearb.): Kohl: »Wir haben alle Chancen«, S. 781.

Dass für Dregger die Menschenrechtsfrage außerhalb von Europa nur eine untergeordnete Rolle einnahm, ist vor allem darauf zurückzuführen, dass seit 1973 für ihn Sicherheitspolitik die oberste Priorität hatte. Das betraf sowohl sein inhaltliches Interesse als auch seine persönliche Karriereplanung. Dreggers Umgang mit dem Thema Sicherheitspolitik ist unter zwei systematischen Aspekten weit über das biographische Interesse an seiner Person aufschlussreich:

Zum einen lässt sich daran der Bedeutungszuwachs eines politischen Gebiets ablesen, das lange Zeit als nicht unbedingt karriereförderndes Randthema gegolten hatte. Sicherheitspolitiker waren eine kleine Schar von Verteidigungsexperten, die sich in eine Materie einarbeiteten, die nicht zuletzt waffentechnische Expertise verlangte. Dregger wertete das Thema Sicherheitspolitik auf, indem er es auf eine allgemeinpolitische Ebene hob und es auf diese Weise mit einer europapolitischen Bedeutung versah. Wie zu zeigen sein wird, war er innerhalb der CDU der vehementeste Verfechter einer Europäisierung der Verteidigungspolitik mit dem Ziel, eine gemeinsame europäische Armee zu schaffen. Integrierte europäische Sicherheitsstrukturen sollten hierbei zwei übergeordneten Zielen dienen: Sie sollten einen zuverlässigeren Schutz als das nordatlantische Verteidigungsbündnis vor sowjetischer Bedrohung gewährleisten und zugleich dem europäischen Projekt neuen Schub verleihen; gewünschter Nebeneffekt war aus deutscher Sicht eine sicherheitspolitische Gleichberechtigung der Bundesrepublik. Strukturell entsprach diese Funktionalisierung der Sicherheitspolitik dem Ansatz, den Konrad Adenauer in den frühen 1950er Jahren erfolgreich durchgesetzt hatte. Für ihn war ein westdeutscher Verteidigungsbeitrag, den er am liebsten in Gestalt einer »Europäischen Verteidigungsgemeinschaft« verwirklicht gesehen hätte, das geeignete Vehikel, um die Bundesrepublik außenpolitisch aufzuwerten, das noch in den Anfängen steckende Projekt einer europäischen Gemeinschaft voranzubringen und vor allem das alles überragende Ziel der endgültigen politischen Integration der Bundesrepublik in die westlich-europäische Staatenwelt zu erreichen. Insofern wandelte Dregger durchaus auf den Spuren der alles überragenden und innerhalb der CDU politisch sakrosankten Politikerpersönlichkeit, wenn er Sicherheitspolitik als politisches Querschnittsthema auffasste, von dem aus grundlegende Ziele in der Außen- und Europapolitik angesteuert werden sollten. Zugleich reklamierte er für sich innerhalb der CDU ein politisches Alleinstellungsmerkmal: Indem er verteidigungspolitische, außenpolitische und europapolitische Fragen miteinander verflocht, war Dregger, nachdem sich Barzel in die zweite Reihe zurückgezogen hatte, innerhalb der CDU konkurrenzlos. Innerhalb der gesamten Union konnte sich mit ihm nur der ähnlich strukturierte CSU-Vorsitzende und ehemalige Verteidigungsminister Franz Josef Strauß messen.

Zum anderen lässt sich aus Dreggers semantischem Zugriff auf das Querschnittsthema Sicherheitspolitik einiges für die systematische Frage nach der kommunikativen Dimension des Politischen gewinnen. Dabei hat man von dem zunächst erstaunlichen Befund auszugehen, dass sich das Wort »Sicherheit« enorm hoher Zustimmung erfreute,[60] ohne dass dem eine Wertschätzung des Themas »Bewahrung der äußeren Sicherheit« korrespondiert hätte. Vielmehr fächerte sich der Sicherheitsdiskurs in den 1970er Jahren auf und war nicht mehr primär mit Verteidigungspolitik verbunden. Stattdessen wurden zunehmend gesellschaftliche Sphären mit dem Leitwort »Sicherheit« assoziiert und dabei neue Politikfelder erschlossen.[61] Der genuin sicherheitspolitische Diskurs der 1970er Jahre, der sich mit militärischen Fragen im eigentlichen Sinne befasste, schottete sich durch eine Fachsprache ab, die mit Begriffen hantierte, die der Verteidigungsdoktrin der NATO (»massive Vergeltung«, »flexible response«) entstammten, der Expertensprache von Abrüstungsverhandlungen entnommen waren (INF-Vertrag, SALT-Abkommen) oder das Arsenal an Nuklearwaffen bezeichneten (»sowjetische SS-20-Mittelstreckenraketen«, »cruise missiles«, »Pershing-II-Flugkörper«). Man darf zumindest die Anfangsvermutung wagen, dass diese Sprache auch eine semantische Ausflucht war, um die mit dem Verteidigungsfall verbundenen Szenarien durch Fachtermini zu entschärfen. Die gründliche Diskreditierung eines militäraffinen Diskurses durch den Zweiten Weltkrieg und die NS-Herrschaft hatte das militärisch Sagbare in eine Art semantische Verbannung geschickt; nur in der Verkleidung einer Expertensprache konnte eher andeutungsweise davon gesprochen werden, was der Eintritt des sogenannten Verteidigungsfalls bedeutete. Die Gegner einer aktiven Verteidigungspolitik setzten demgegenüber schon seit den 1950er Jahren auf die aufrüttelnde Kraft eines Anti-Kriegs-Diskurses, um nicht zuletzt die nukleare Ausrüstung der Bundeswehr emotional zu delegitimieren (»Kampf dem Atom-Tod«).[62]

---

60 Zur Bedeutung des Themas »Sicherheit« für das Selbstverständnis der Bundesrepublik Deutschland vgl. Conze: Suche nach Sicherheit; ders.: Sicherheit als Kultur. Überlegungen zu einer »modernen Politikgeschichte« der Bundesrepublik Deutschland, in: Vierteljahrshefte für Zeitgeschichte 53 (2005), S. 357–380.

61 Vgl. Thorsten Schulz-Walden: Anfänge globaler Umweltpolitik. Umweltsicherheit in der internationalen Politik (1969–1975). München 2013, bes. S. 2–4, 9–12 und 19.

62 Vgl. zur Wahrnehmung der Atomkraft zwischen ziviler Planungseuphorie und Kriegsfurcht Herbert: Geschichte Deutschlands, S. 649–651 und 799–805.

Insgesamt bildete sich in dieser politischen Sprache der langsame Wandel der Bundesrepublik von der »Kriegskultur zur Friedenskultur«[63] ab, der sich etwa auch in der steigenden Zahl der sogenannten Kriegsdienstverweigerer niederschlug,[64] deren öffentliches Bild sich zugleich zunehmend positiver gestaltete.[65] Diese Entwicklung fügte sich in einen generellen Trend innerhalb Europas ein, wo sich das Militär zunehmend aus dem Sichtfeld der Öffentlichkeit zurückzog und auch erheblich an Sozialprestige einbüßte, während zivile Werte in den Vordergrund traten.[66] Führende Akteure aus der Bundeswehr wechselten so gut wie nie in die Politik, eine militärische Karriere als Generator eines in andere Felder transferierbaren Prestiges hatte offensichtlich ausgedient. Einen Paul von Hindenburg konnte es deshalb in der Bundesrepublik nicht mehr geben. Die Fachleute blieben unter sich oder trafen gemeinsam mit Politikern in Fachforen wie der Münchener Sicherheitskonferenz zusammen. Überhaupt ließ die gesellschaftliche Prägekraft militärischer Werte und Diskurse rapide nach. Willy Brandt brachte die Entwicklung in seiner Regierungserklärung 1969 auf den Begriff: »Die Schule der Nation ist die Schule.«[67] Selbst in der Geschichtswissenschaft drückte sich dieser Prozess darin aus, dass die Universitätshistoriker die Kriegs- oder Militärgeschichte lange Zeit geringschätzig behandelten.[68] Angesichts dieser Entwicklung war es für Politiker, die nach Höherem strebten, wenig sinnvoll, allein als militärische Experten auftreten zu wollen.

---

63 Vgl. zu dieser Diskussion die Beiträge in Thomas Kühne (Hg.): Von der Kriegskultur zur Friedenkultur? Zum Mentalitätswandel in Deutschland seit 1945. Münster u. a. 2000.

64 Vgl. Patrick Bernhard: Kriegsdienstverweigerung per Postkarte. Ein gescheitertes Reformprojekt der sozialliberalen Koalition 1969 – 1978, in: Viertelsjahrshefte für Zeitgeschichte 53 (2005), S. 109 – 139. Zum mehr oder weniger stetigen Anstieg der Zahl der Kriegsdienstverweigerer seit ca. 1967 auch ders.: Zivildienst zwischen Reform und Revolte. Eine bundesdeutsche Institution im gesellschaftlichen Wandel 1961 – 1982. München 2005, S. 51; Margarete Haberhauer/Helmut Maneval: Kriegsdienstverweigerung in der Bundesrepublik Deutschland, in: Jahrbücher für Nationalökonomie und Statistik 220 (2000), S. 129 – 146.

65 Patrick Bernhard konstatiert einen Imagewandel vom »›Drückeberger‹ zum ›Helden des Alltags‹«, der sich relativ rasch Mitte der 1970er Jahre vollzog; ders.: Zivildienst zwischen Reform und Revolte, Zitat S. 384.

66 James J. Sheehan: Kontinent der Gewalt. Europas langer Weg zum Frieden. München 2008, bes. S. 213 – 273. Der engl. Originaltitel bringt den Wandel auf den Punkt: »Where have all the Soldiers gone? The transformation of modern Europe«.

67 Verhandlungen des Deutschen Bundestags, Stenographische Berichte, 6. Wahlperiode, 5. Sitzung, 28.10.1969, S. 27 A.

68 Vgl. Wilhelm Deist: Bemerkungen zur Entwicklung der Militärgeschichte in Deutschland, in: Thomas Kühne/Benjamin Ziemann (Hg.): Was ist Militärgeschichte? Paderborn u. a. 2000, S. 315 – 322, bes. S. 319 – 322.

Musste sich nicht auch ein so sprachsensibler Sicherheitspolitiker wie Dregger dem Modus des »kommunikativen Beschweigens« (Hermann Lübbe) und der verbalen Stillhaltetaktik anpassen? Oder gab es Möglichkeiten, das Feld zu bearbeiten und dabei die vergrabenen semantischen Tretminen zu umgehen, ohne in einen sprachlichen Alarmismus zu verfallen und damit den hegemonialen pazifistischen Diskurs erst recht zu mobilisieren? Wir werden sehen, dass Dregger einen bezeichnenden Ausweg fand: Wer über die sicherheitspolitische Bedrohung der freien Welt durch die Sowjetunion redete, durfte über die damit verbundenen militärischen Anforderungen nicht schweigen. Aber indem er das heikle Thema der Sicherheitspolitik elegant mit dem positiv konnotierten Thema der Integration Europas verband, rüstete er zugleich semantisch ab. Zugleich zahlte sich aus, dass es der ehemalige Hauptmann und Bataillonskommandeur der Wehrmacht tunlichst vermieden hatte, sich bei seinem Einstieg in die Politik als Wehrexperte und Kriegsveteran zu profilieren. Dregger redete in sicherheitspolitischen Fragen nicht im Kommandoton eines ehemaligen Offiziers; er rekurrierte bei solchen Gelegenheiten auch nicht penetrant auf eigene lebensweltliche Erfahrungen mit dem Militär. In anderen Worten: Er präsentierte sich stets als ziviler Politiker.

Dregger steckte ab Ende 1973 das Thema »äußere Sicherheit« so ab, dass er die sicherheitspolitische Standortbestimmung der Bundesrepublik in den 1970er Jahren von der ersten Reihe aus mitgestalten konnte. In gewisser Weise wollte er ein Kontrastprogramm zur »Neuen Ostpolitik« entwerfen, deren semantische Einkleidung er insgeheim bewundert hatte. Gerade weil er die Ostpolitik Brandts für ein Sicherheitsrisiko hielt, sah er sich aufgefordert, die klassische Sicherheitspolitik der Bundesrepublik weiterzuentwickeln. Wie konnte das aussehen, wenn man sich von der Prämisse leiten ließ, dass der militärische Schutz vor einer unverändert vorhandenen Bedrohung durch den Sowjetblock oberste Priorität genoss? Gab es mit der NATO nicht eine dafür bestens geeignete Bündnisstruktur? Innerhalb der Union hatte es allerdings immer gewichtige Stimmen gegeben, die für ein eigenes sicherheitspolitisches europäisches Standbein außerhalb der NATO plädiert hatten. An deren Kernargument, dass sich das freie Europa nicht abhängig machen dürfe von der politischen Bereitschaft der USA, die europäische Sicherheit mit dem amerikanischen Nuklearschirm zu verbürgen, knüpfte Dregger nahtlos an. Insofern lässt er sich der sogenannten »gaullistischen« Denkschule zuordnen, die sich von drei sicherheitspolitischen Grundüberzeugungen leiten ließ: Erstens sollte sich Westeuropa aus Eigeninteresse sicherheitspolitisch von den USA emanzipieren, weil deren Schutzmachtfunktion nicht garantiert sei. Zweitens wollte man die steckengebliebene europäische Integration auf dem hochpolitischen Feld einer gemeinsamen europäischen Verteidigungspolitik vorantreiben; damit reaktivierte man das bereits 1952 in greifbare Reichweite gerückte Projekt einer »Europäischen Verteidigungsgemeinschaft«. Drittens bestand insgeheim die Hoffnung, dass durch eine Europäisierung der Verteidigung die Bundesrepublik mit Hilfe einer europäischen Armee auch eine gleichberechtigte Verfügungsgewalt über Atomwaffen erreichen könne. Damit würde die Souveränitätsminderung der Bundeswehr im Rahmen der NATO – keine Verfügungsgewalt über Atomwaffen – gegenstandslos.[69]

Nach Abschluss der Ostpolitik im Jahr 1973 war die Zeit für eine sicherheitspolitische Neubesinnung innerhalb der CDU ideal. Die Union hatte sich bis dahin an den ostpolitischen Initiativen der Bundesregierung abgearbeitet, nun verlangte eine offensive Interpretation der Oppositionsrolle, nach neuen sicherheitspolitischen Wegen zu suchen. Dregger war der Erste, der sich in der CDU/CSU-Fraktion dazu mit eigenen Vorschlägen hervorwagte. Am 6. November 1973 steckte er die großen argumentativen Linien ab:[70] Er sah die »Glaubwürdigkeit der atomaren Abschreckung« und damit das Herzstück der westlichen Verteidigungsdoktrin dadurch gefährdet, dass die Risiken innerhalb der NATO ungleich verteilt seien. Dregger machte eine Dreiklassengesellschaft von Mitgliedern der transatlantischen Verteidigungsallianz aus: die USA, die als atomare Weltmacht nicht konventionell bedroht würden; die beiden europäischen Atommächte Großbritannien und Frankreich; zum Schluss die »atomaren Habenichtse« wie die Bundesrepublik. Letztere seien darauf angewiesen, dass »man von den Amerikanern verlangt, sie sollten zur Abschreckung eines konventionellen Angriffs in Europa atomare Waffen einsetzen gegen die Sowjetunion« und damit die Vernichtung des eigenen Landes durch einen atomaren Gegenschlag riskieren. Dregger hatte damit ein politisches Leitmotiv entwickelt, das auf eine Neukonfiguration der Sicherheitspolitik hinauslief: Um die Risiken unter den Verbündeten besser zu verteilen und damit zugleich die Glaubwürdigkeit der Abschreckungsstrategie sicherzustellen, sah er den Schritt zu »einer politischen europäischen Union, die auch über Nuklearwaffen verfügt«, als erforderlich an.

Der Sicherheitsexperte Dregger schlug damit eine genuin europäische Antwort zur Lösung des bundesdeutschen Sicherheitsdilemmas vor. Im selben Schritt versah er seine Alternative zu einer auf die NATO fixierten Verteidigungsstrategie mit einem europapolitischen Mehrwert, der den Europapolitikern innerhalb der Fraktion durchaus gefallen konnte. Seine Vorstöße zielten allerdings auf ein part-

69 Vgl. dazu grundlegend Tim Geiger: Atlantiker gegen Gaullisten. Außenpolitischer Konflikt und innerparteilicher Machtkampf in der CDU/CSU 1958 – 1969. München 2008.

70 Dregger in der Sitzung der CDU/CSU-Bundestagsfraktion, 06.11.1973, in: Fraktionen im Deutschen Bundestag 1949 – 1990, Onlineedition, die folgenden Zitate S. 33 und 34.

nerschaftliches Verhältnis zu den USA ab und waren weit von einem verkappten Antiamerikanismus entfernt, der auf eine günstige Gelegenheit wartete, die USA sicherheitspolitisch aus Europa hinauszukomplimentieren: »Das bedeutet [...] engste Partnerschaft mit den Vereinigten Staaten von Amerika. Die Amerikaner suchen ja einen Partner, den sie bis heute noch nicht haben in Europa.«[71]

Mit diesem Auftakt hatte Dregger sein politisches Terrain markiert, und im Laufe der nächsten Jahre wurde er nicht müde, seine Vorstellungen zu verfeinern. Dass die »Atlantiker« in seinen Plänen eine bedenkliche Abwendung von der Führungsmacht USA erblickten, konnte ihn nicht überraschen. Er ließ sich jedoch von keiner Seite vereinnahmen. Ohnehin hatte die begriffliche Markierung »Gaullisten« versus »Atlantiker« in den 1970erJahren ausgedient, was eine semantisch unbefangenere Diskussion über Zukunftsfragen der äußeren Sicherheit ermöglichte. Dregger positionierte sich innerparteilich als Anwalt eines »neuen Weges«. Dieser »müßte in einer europäischen Verteidigungsgemeinschaft liegen, die die Aufgabe hätte, der Allianz ein zweites standfesteres Standbein zu geben«.[72] Das fand auch die Aufmerksamkeit der anderen Seite der sicherheitspolitischen Blockkonfrontation: Dreggers Bemühungen blieben den aufmerksamen Augen der DDR-Staatssicherheit nicht verborgen, die ansonsten nicht mit Arkaninformationen über diesen ihnen besonders verhassten CDU-Politiker aufwarten konnte. Die streng geheime »Information über Aktivitäten der CDU/CSU auf dem Gebiet der Sicherheits- und Verteidigungspolitik« war über CDU-Interna bestens informiert und stufte Dregger als einen besonders initiativen Unionspolitiker ein, der »eine Integration der westeuropäischen konventionellen und nuklearen Streitkräfte unter einem Verteidigungsminister«[73] anstrebe. Zugleich wurde darauf verwiesen, dass Dregger sich innerparteilich gegen manche Widersacher zu behaupten habe und dass insbesondere der tatkräftige CDU-Generalsekretär Biedenkopf die Hoheit über die Sicherheitspolitik bei der Parteiführung sichern und damit Dregger Fesseln anlegen wolle. Dass hier in grundlegenden Fragen der Sicherheitspolitik durchaus gewisse Spannungen innerhalb der Union bestanden, war dem Geheimdienst der DDR also bewusst.

Doch Dregger nutzte die parlamentarischen Möglichkeiten, um sich als sicherheitspolitischer Kopf der Opposition im Bundestag zu profilieren. Er war es, der

71 Dregger in der Fraktionssitzung vom 04.12.1973, ebd., S. 36.

72 So Dregger auf der Bundesvorstandssitzung der CDU, 12.05.1975, in: Buchstab (Bearb.): Kohl: »Wir haben alle Chancen«, S. 1313.

73 Information des Ministeriums für Staatssicherheit, 25.03.1975, in: BStU, MfS, HV A 115, Zitat Bl. 457.

in der Generaldebatte im Januar 1976 auf Verteidigungsminister Leber und Bundeskanzler Schmidt im Namen seiner Fraktion replizierte und dabei erstmals dem Bundestag einen Vorschlag unterbreitete, der seine politische Handschrift trug: eine europäische Verteidigungsgemeinschaft, die das »Dilemma der europäischen Verteidigung« – die Abhängigkeit vom US-Nuklearschirm – lösen solle. Indem Dregger diesen Vorstoß in das Lieblingsprojekt aller engagierten Europäer – die Schaffung eines europäischen Bundesstaats – einbettete, wollte er das dem europäischen Einigungswerk anhaftende Pathos auf seine Initiative übertragen: »Bringen Sie das europäische Einigungswerk mit uns gemeinsam voran – auch auf dem Felde der Verteidigung –, und lassen Sie es nicht scheitern am Egoismus der Nationalstaaten und am Utopismus der Sozialisten!«[74]

In seiner ersten Wahlperiode als Bundestagsabgeordneter konnte sich Dregger damit auf dem Themenfeld profilieren, dem seine eigentliche politische Leidenschaft galt: weltweite Abwehr des freiheitsgefährdenden Kommunismus. Zwar begleitete die Frage der »inneren Sicherheit« ihn in der siebten Wahlperiode des Bundestags weiterhin, jedoch wollte Dregger nicht auf die Rolle als Experte für Verbrechens- und Terrorismusbekämpfung reduziert werden. Daher hielt er sich auf diesem Gebiet merklich zurück, auch wenn er es keineswegs preisgab. Das sicherte ihm innerhalb der Bundestagsfraktion und Bundespartei eine starke Position und erlaubte ihm zudem, Synergieeffekte für seine landespolitischen Ambitionen in Hessen zu erzielen.

Dass Dreggers Eifer beim Thema »Innere Sicherheit« mit der Zeit erlahmte, macht ein kurzer Streifzug durch seine wichtigsten Parlamentsreden deutlich. Bei seiner Jungfernrede im Bundestag am 25. Januar 1973 hatte er es in den Vordergrund gestellt und dabei seine politischen Ambitionen erkennen lassen: Nicht der ressortmäßig zuständige Bundesinnenminister Genscher war der eigentliche Adressat, sondern kein geringerer als Bundeskanzler Brandt, mit dem Dregger eine Debatte über den richtigen politischen Führungsstil ausfechten wollte: »Ein Regierungschef muß führen, muß fordern, muß sagen, was zu tun ist«.[75] Der Angesprochene hatte sehr wohl erkannt, dass ein parlamentarischer Neuling einem amtierenden Kanzler seine Führungskonzeption präsentierte. Dies ließ Brandt nicht kalt, so dass er Dregger die Ehre gab, in seiner Replik tags drauf allein viermal auf dessen Rede einzugehen. Dreggers rhetorische Interventionen hatten

74 Bundestagsrede Dreggers vom 15.01.1976, Verhandlungen des Deutschen Bundestags, Stenographische Berichte, 7. Wahlperiode, Zitat S. 14669.

75 Bundestagsrede Dreggers vom 25.01.1973, Verhandlungen des Deutschen Bundestags, Stenographische Berichte, 7. Wahlperiode, 9. Sitzung, S. 308.

ihren Zweck nicht verfehlt:[76] Er war vom Regierungschef als satisfaktionsfähig angesehen worden und damit gleich zu Beginn in die Riege jener Politiker aufgerückt, mit denen man über die großen Dinge der Politik stritt.[77] Dass Dregger von der Fraktion auserkoren worden war, einem rhetorisch beschlagenen Regierungschef Paroli zu bieten, spricht für die Wertschätzung, die sie diesem streitbaren Geist entgegenbrachte. Daher verstand es sich gleichsam von selbst, dass Dregger später auch ausgewählt wurde, sich mit Brandts Amtsnachfolger im parlamentarischen Redemodus zu messen. Am 13. März 1975 eröffnete er die parlamentarische Aussprache zur Regierungserklärung von Bundeskanzler Schmidt und erwies sich in rhetorischer Hinsicht als ebenbürtig. Er beherrschte als einer der wenigen in seiner Fraktion die Kunst, frei zu reden, ohne dass die gedankliche Struktur Schaden nahm. Prominenten Zwischenrufern wie dem Bundeskanzler oder dem SPD-Fraktionsvorsitzenden Wehner begegnete er mit souveräner Gelassenheit.[78] Und er meisterte die nicht leichte Aufgabe mit Bravour, einen staatsmännischen Regierungschef, dessen Regierungserklärungen »auf Ihre Partei so wirken, als ob Sie der CDU angehörten«,[79] sachlich zu attackieren.

Dregger war aber in dieser wie in anderen Reden auch anzumerken, dass er nicht in der Frage der »inneren Sicherheit« aufging. Dass ab 1975 eine zweite Welle des Linksterrorismus die Bundesrepublik heimsuchte, sah Dregger als Bestätigung seiner permanenten Mahnungen an. Nach seiner Überzeugung konnte nur ein energischer Staat, der seine Autorität unerschrocken gegen – wie er die Terroristen bezeichnete – »Politgangster«[80] verteidigte, mit einer solchen Herausforderung fertig werden. In der Tat hatte der Linksterrorismus Ende 1974 eine neue Qualität erreicht, als erstmals Repräsentanten der staatlichen Ordnung sowie der staatstragenden Parteien an Leib und Leben attackiert wurden.[81] Im November 1974 war der Berliner Kammergerichtspräsident Günter von Drenkmann vermutlich von Mitgliedern der »Bewegung 2. Juni« bei einem Entführungsversuch erschossen worden; drei Monate später entführten Angehörige

---

76 In der Fraktionssitzung der CDU/CSU vom 05.02.1973 zeigte sich Dregger überaus befriedigt, dass Brandt sich gleich viermal mit seiner Rede auseinandergesetzt hatte; vgl. Fraktionen im Deutschen Bundestag 1949–1990, Onlineedition, S. 25.

77 Bundestagsrade Brandts vom 26.01.1973, ebd., S. 361–369, die Bezugnahmen auf Dreggers Rede S. 362 und 368.

78 Bundestagsrede Dreggers vom 13.03.1975, Verhandlungen des Deutschen Bundestags, Stenographische Berichte, 7. Wahlperiode, S. 10744.

79 Ebd., S. 10739.

80 Ebd., S. 10740f.

81 Vgl. zum Linksterrorismus der 1970er Jahre vor allem Johannes Hürter, Regieren gegen Terrorismus, in: ders. (Hg.): Terrorismusbekämpfung in Westeuropa. München 2015, S. 63–79.

derselben Organisation den Spitzenkandidaten der West-Berliner CDU für die Wahl zum Abgeordnetenhaus, Peter Lorenz. Dregger griff diese Vorfälle im Bundestag am 13. März 1975 auf, doch hielten sich seine Attacken auf die Regierung in Grenzen. Im Kern war seine Rede ein Aufruf zur »geistigen Mobilisierung der Bürger«:[82] Alle staatstragenden Gruppen sollten die Bürger aufrütteln zum Engagement für eine wehrhafte Demokratie. Hier sprach ein energischer Verfechter der bereits mehrfach genannten »militant democracy«. Er wollte zwar auch parteipolitische Vorteile für die Opposition erzielen, wenn er ans Podium ging. Doch verfocht Dregger in diesem Fall die Position, dass mit dem Einsatz staatlicher Machtmittel allein das Problem des Terrorismus nicht zu lösen sei, weil ihm geistige Ursachen zugrunde läge: »Innere Sicherheit hat vor allem auch eine geistige, eine moralische und eine politische Dimension«.[83]

Man kann Dreggers Position als »Vorverlagerung des Verfassungsschutzes«[84] markieren. Erweitert man diesen Begriff, der die Konzeption der streitbaren Demokratie auffächert, so ist damit keine genuin staatliche Einschränkung der Aktionsfreiheit extremistischer Gruppierungen gemeint, sondern die zivilgesellschaftliche Entschärfung des Extremismus durch diskursiv gesteuerte Praktiken. Dreggers Einschätzung deckte sich im Übrigen mit dem Ansatz des linksliberalen Bundesinnenministers Werner Maihofer. Unter ausdrücklichem Hinweis auf solche Gemeinsamkeiten fasste er das Konzept so zusammen, dass ihm Dregger uneingeschränkt beigepflichtet hätte: Voraussetzung für eine nachhaltige Bekämpfung des Terrorismus seien »die geistige Auseinandersetzung mit den Ursachen dieser Erscheinungen und das bewußte Eintreten jedes Bürgers für seinen Staat«.[85] Dregger lag es fern, sich in den Bundestagsdebatten über »innere Sicherheit« als Vertreter einer »streitbaren Demokratie« zu profilieren, der von einem verstärkten Einsatz exekutiver Mittel die Lösung eines viel tiefer liegenden Problems erwartete. Äußerte er sich zu diesem Thema öffentlich, war er weit entfernt von polarisierender Zuspitzung. Er führte auch keine prophetischen Reden, in denen er Unheil und Verderbnis ankündigte.[86] Dregger wollte vielmehr verzagten Bürgern Bekennermut einimpfen und sie mit dem Mut des politischen Aufbruchs beseelen.

82 Bundestagsrede Dreggers vom 13.03.1975, Deutscher Bundestag, 7. Legislaturperiode, S. 10743.

83 Ebd., S. 10739.

84 Dieser Begriff bei Backer/Jesse: Extremismus, S. 411; siehe auch Gereon Flümann: Streitbare Demokratie in Deutschland und den Vereinigten Staaten. Der staatliche Umgang mit nichtgewalttätigem politischem Extremismus im Vergleich. Opladen 2015, S. 100–116.

85 Bundestagsrede Maihofers, 13.03.1975, Deutscher Bundestag, 7. Legislaturperiode, S. 10750 f.

86 Zum prophetischen Redemodus vgl. Wolfram Pyta/Carolin Lange: Die darstellungstechnische Seite von »Mein Kampf«, in: Totalitarismus und Demokratie 13 (2016), S. 45–69, vor allem S. 48 f.

1977 erreichte der Linksterrorismus in der Bundesrepublik eine neue Dimension: Mit Generalbundesanwalt Siegfried Buback, dem Vorstandsvorsitzenden der Dresdner Bank Jürgen Ponto und dem Arbeitgeberpräsidenten Hanns Martin Schleyer wurden drei Personen des öffentlichen Lebens und der Wirtschaft Opfer terroristischer Gewalt. Die Entführung Schleyers war verbunden mit einer Zerreißrobe für die Staatsautorität: Hatte der Staat im Fall des Politikers Lorenz den Forderungen der Entführer nachgegeben und Terroristen freigelassen, so blieb er im Herbst 1977 hart, als versucht wurde, die erste Generation der Linksterroristen um Baader, Meinhof und Raspe als Gegenleistung für das Leben Schleyers freizupressen. Als am 28. Oktober 1977 Dregger im Namen seiner Fraktion im Bundestag das Wort ergriff,[87] hätte es daher nicht an Gründen gefehlt, der Bundesregierung im Namen der Opposition Versäumnisse vorzuwerfen.

Doch Dregger hielt eine im Kern staatstragende Rede. Ihm erschien angesichts der terroristischen Herausforderung ein Zusammenrücken aller Demokraten wichtiger, als parteipolitische Vorteile herauszuschlagen. Die Ereignisse hatten zu einer Art Großen Koalition in Fragen der inneren Sicherheit geführt.[88] Das schlug sich unter anderem darin nieder, dass die Verschärfung von Anti-Terror-Gesetzen seit 1976 mit den Stimmen der Opposition beschlossen wurde. Alle liberalen Staaten des Westens, die sich mit dem Terrorismus konfrontiert sahen, hatten sich auf die Kernaufgabe besonnen, innere Sicherheit entschlossen zu gewährleisten, und dazu gleichzeitig die Staatsaktivität in anderen Bereichen abgebaut – so auch die Bundesrepublik.[89] Daher regte Dregger in eher pflichtschuldiger Weise weitergehende Gesetzesvorhaben an.[90] Die parlamentarische Debatte über den später als »deutschen Herbst« bezeichneten Höhepunkt der terroristischen Bedrohung wurde deswegen nicht zur Stunde der Opposition, weil sie die staatsbürgerliche Verantwortung für das Gemeinwesen in den Vordergrund rückte. Dregger besaß überdies noch einen persönlichen Grund zur Zurückhaltung: Der für entsprechende Gesetzesmaßnahmen zuständige Bundesjustizminister Hans-Jochen Vogel war sein Freund aus alten Marburger Studientagen. Dregger verschwieg im Bundestag diese Verbindung nicht, als er Vogels zuvor

87 Bundestagsrede Dreggers vom 28.10.1977, Verhandlungen des Deutschen Bundestags, Stenographische Berichte, 8. Wahlperiode, S. 4096–4105.

88 Dies ist die zentrale These im wichtigen Beitrag von Hürter: Regieren S. 73.

89 Vgl. Gabriele Metzler: Erzählen, Aufführen, Widerstehen: Westliche Terrorismusbekämpfung in Politik, Gesellschaft und Kultur der 1970er Jahre, in: Hürter (Hg.): Terrorismusbekämpfung, S. 117–136, hier S. 134.

90 Bundestagsrede Dreggers vom 28.10.1977, Verhandlungen des Deutschen Bundestags, Stenographische Berichte, 8. Wahlperiode, S. 4000f.

im Bundestag gehaltene Rede ausdrücklich lobte[91] – sie hätte gemessen an der Wortwahl und der Kampfbereitschaft auch von seinem Studienfreund Dregger stammen können. Vogel, der Prädikatjurist und brillante Verwaltungsfachmann, hatte in scharfen Worten die Intellektuellen gegeißelt, die zumindest teilweise Verständnis für die Mordtaten der Terroristen aufgebracht hätten.[92] Der Historiker Golo Mann, der sich in die politischen Debatten der 1970er Jahre mit wohltemperierten Worten einschaltete, sah sich bemüßigt, Vogels Rede ebenso mit lobenden Worten zu bedenken wie Dreggers rednerischen Auftritt.[93]

Der »deutsche Herbst« hatte die politischen Gräben zwischen Regierung und Opposition derart verkleinert, dass sich der parteipolitische Wert des Themas »Innere Sicherheit« für die Opposition allmählich abnutzte. Als Zweitverwertung war es für Dregger als Spitzenkandidat der hessischen CDU allerdings nützlich, da es bei den Landtagswahlen der Jahre 1974 und 1978 zum Kernthema der CDU zählte. Als Wahlkampfdauerbrenner bestand sein Nutzen darin, die eigenen Anhänger zu mobilisieren: Die hessische Landesregierung habe unhaltbare Zustände an den Universitäten zu verantworten, weil dort »ein Klima geistigen und physischen Terrors«[94] herrsche, das die Ausbreitung des Terrorismus begünstigt habe. Allerdings vermochte dieses Thema bei der Landtagswahl im Herbst 1978 keine große Sogwirkung zu entfalten. Ein Grund war, dass sich Bundeskanzler Schmidt besonders aktiv in den Landtagswahlkampf eingeschaltet hatte – und damit ein Politiker, der durch seinen souveränen Umgang mit der terroristischen Bedrohung erheblich an Ansehen gerade auf dem Feld der »inneren Sicherheit« gewonnen hatte.[95] Dregger hatte frühzeitig erkannt, dass es für seine Wahlaussichten abträglich sein musste, wenn die Landtagswahl von bundespolitischen Themen dominiert werden würde.[96] Auch dieser von ihm befürchtete Umstand

---

91 Ebd., S. 4096.

92 Bundestagsrede von Bundesjustizminister Vogel vom 28.10.1977, ebd., hier S. 4091.

93 Vgl. das Schreiben Golo Manns an Dregger vom 16.11.1977, das Dregger am 24.11.1977 als Ablichtung an den »lieben Hans-Jochen« weiterleitete, ACDP, 01-347-099/1.

94 Bundestagsrede Dreggers vom 28.10.1977, Verhandlungen des Deutschen Bundestags, Stenographische Berichte, 8. Wahlperiode, S. 4103.

95 Vgl. u. a. Winfried Ridder: Verfassung ohne Schutz. Die Niederlagen der Geheimdienste im Kampf gegen den Terrorismus. München 2013, S. 73; Martin Rupps: Helmut Schmidt. Ein Jahrhundertleben. Freiburg im Breisgau, Basel, Wien 2013, S. 260 ff.

96 Aus diesem Grund hatte er am 28. Juli 1978 an Bundeskanzler Helmut Schmidt geschrieben und dabei ausgeführt: »Jetzt wird über Hessen und nicht über Bonn entschieden. Es wäre gut, wenn Sie unser hessisches Recht auf hessische Selbstbestimmung in hessischen Landesangelegenheiten sorgfältig respektieren würden«; ACDP, 01-347-099/1.

trug dazu bei, dass sich die SPD/FDP-Regierung in Wiesbaden mit kleinen Stimmengewinnen behaupten konnte, während Dreggers Partei leicht einbüßte.[97]

Damit nahm der Nimbus vom strahlenden Wahlsieger Dregger Schaden. Noch 1974 war der hessischen CDU mit ihm an der Spitze ein fulminanter Wahlsieg geglückt, der die Union erstmals zur stärksten Partei in Hessen machte: Es gelang ihr, die noch acht Jahre zuvor uneinholbar weit vorliegende SPD zu überholen. Der Union kamen dabei hausgemachte Skandale der SPD-geführten Landesregierung wie der um die »Hessische Landesbank« ebenso zugute wie die Empörung vieler Eltern über eine Schulpolitik, die das dreigliedrige Schulsystem zugunsten der Gesamtschule zerschlagen wollte.[98] Der politische Gegner hatte ihr vorzügliche Wahlkampfthemen geliefert, und die hessische CDU war mittlerweile kampagnengestählt genug, um sich diese Chance nicht entgehen zu lassen.[99] Nur weil die FDP an der Koalition mit der SPD festhielt, reichte Dregger der Spitzenwert von 47,3 Prozent[100] nicht, um Regierungschef von Hessen zu werden.

Die Hessen-Wahl vom Oktober 1974 hatte ein strategisches Dilemma offengelegt, das die Bundes-CDU bis zur Bundestagswahl 1976 in Atem halten sollte: Alle Erfolge an den Wahlurnen verpufften, wenn die CDU nicht aus eigener Kraft die absolute Mehrheit der Mandate eroberte. War es angesichts solcher Pyrrhus-Wahlsiege, die der CDU eben nicht die Regierungsmacht bescherten, nicht erfolgversprechender, die FDP zu umwerben, die in einem Dreiparteiensystem die ausschlaggebende Rolle spielte? Diese bohrende Frage besaß einen für Dregger gefährlichen Unterton: Hatte er nicht zweimal – 1974 und 1978 – die Regierungsmacht in Hessen im Alleingang erobern wollen und war zweimal daran gescheitert, weil die FDP der stärksten politischen Kraft in Hessen nicht zur Regierungsmacht verhelfen wollte? Nachfragen, ob seine landespolitische Karriere nach seiner dritten Spitzenkandidatur 1978 nicht an ihr Ende gelangt sei, lagen durchaus nahe. Welche Partei räumte einem Vertreter aus ihren Reihen eine vierte Chance ein, zumal der betreffende Spitzenmann gar nicht als Oppositionsführer im Landtag präsent war, sondern seine politischen Zelte für alle sichtbar immer mehr in der Bundeshauptstadt aufgeschlagen hatte? Es gab nur eine: die

---

97 Die CDU kam auf 46,0 Prozent, die SPD auf 44,3 Prozent und die FDP auf 6,6 Prozent; vgl. Koch-Arzberger/Hohmann (Hg.): Hessen im Wandel, S. 140.

98 Vgl. Wolf: Neubeginn, S. 74 f.

99 Vgl. zum Wahlkampf der hessischen CDU den für Dregger bestimmten Vermerk vom 03.10.1974 über das »Hochziehen des Wahlkampfs in den letzten Tagen«, ACDP, 01-347-212.

100 Im Oktober 1974 erzielte die CDU bei der hessischen Landtagswahl 47,3 Prozent, die SPD brachte es auf 43,2 Prozent und die FDP auf 7,4 Prozent; vgl. Koch-Arzberger/Hohmann (Hg.): Hessen im Wandel, S. 140.

hessische CDU. In der Geschichte der Bundesrepublik ist dies das einzige Beispiel dafür, dass ein Spitzenkandidat bei Landtagswahlen viermal hintereinander antrat und sein Wahlziel nicht erreichte: Alfred Dregger kandidierte nach 1970, 1974 und 1978 auch noch 1982. Wie lässt sich der erstaunliche Umstand erklären, dass die hessische Unionspartei ihrem Vorsitzenden viermal hintereinander diese Spitzenposition einräumte?

Wir haben bereits erfahren, dass die hessische CDU ein besonderes politisches Biotop war: Hier hatten sich in scheinbar aussichtsloser Lage 1967 tatkräftige Politiker zusammengefunden, die ihre Partei als Kampfverband verstanden und denen die politische Auseinandersetzung mit einer übermächtigen Gegnerin namens SPD zur zweiten Natur geworden war. Dregger hatte seinen in Militär und Wirtschaft erprobten Führungsstil seiner hessischen CDU eingeimpft: Geschlossenheit nach außen, verbunden mit interner Aufgabendelegation und hoher Selbstmobilisierung. Solange die politische Konfrontation mit dem Hauptgegner SPD das Lebenselixier der Hessen-CDU war, passte Dregger wie kein anderer perfekt zum politischen Anforderungsprofil eines hessischen Spitzenkandidaten. Doch schon in den frühen 1970er Jahren rumorte es hinter den Kulissen, weil es ein offenes Geheimnis war, dass der eigene Spitzenmann bei einer Regierungsübernahme der CDU auf Bundesebene ein wichtiges Bundesressort einer erneuten Spitzenkandidatur für Hessen vorziehen würde.

Der Umstand, dass Dregger auf dem Absprung nach Bonn war, musste eine parteiinterne Nachfolgedebatte entfachen. Dabei standen sich mit Generalsekretär Schwarz-Schilling und Wallmann zwei ambitionierte und fähige Kontrahenten gegenüber.[101] Dass Dregger bis zum Jahr 1982 dennoch nie als Landesvorsitzender auf Abruf galt, sondern seinen innerparteilichen Führungsanspruch trotz mehr als respektabler personeller Alternativen durchzusetzen vermochte, spricht für die ungewöhnliche politische und personelle Aufstellung dieses Landesverbandes. Nicht zuletzt durch seinen unverwechselbaren Führungsstil hatte Dregger ihn derart geprägt, dass seine innerparteiliche Autorität trotz der knapp verlorenen Wahlen keinen ernsthaften Schaden nahm.

Auf Bundesebene musste Dregger bei seinem Weg nach oben hingegen immer wieder Rückschläge einstecken. Im Juni 1975 wollte er sich Eintritt in das höchste

---

101 Besonders aufschlussreich sind hierzu die unpublizierten Eintragungen im Tagebuch von Walther Leisler Kiep, welcher der hessischen CDU-Führungsmannschaft angehörte; siehe vor allem den Eintrag vom 29.06.1971: »Im übrigen ist durch Dreggers Bonner 1973 Minister-Ambitionen, die er immer wieder von sich gibt, der Nachfolgekampf in der hessischen CDU bereits heute (!) entbrannt«; ACDP, 01- 867–003/4. Siehe auch Kieps Tagebucheintrag vom 09.12.1971, ebd.

Gremium der Bundespartei, das Präsidium, verschaffen und kandidierte auf dem Bundesparteitag in Mannheim. Als politische Referenz konnte er mitbringen, die Oppositionsarbeit in Bonn belebt und ein knappes Jahr zuvor die hessische CDU in ungekannte Höhen katapultiert zu haben. Doch reichten diese Empfehlungen nicht aus, um an drei nordrhein-westfälischen Politikern vorbeizuziehen, die von Dreggers innerparteilichen Widersachern aus den Sozialausschüssen, der Jungen Union, der Frauenvereinigung und den beiden mitgliederstarken Landesverbänden Rheinland und Westfalen unterstützt wurden. Während diesen drei (dem dortigen Landesvorsitzender Köppler, Sozialfachmann Hans Katzer und der einzigen Frau in den Führungsgremien der Partei, Helga Wex) der Einzug in das Präsidium glückte,[102] scheiterte Dregger wie schon 1971 erneut. Das konnte man als unmissverständlichen Ausdruck werten, dass die Bundespartei ihren hessischen Frontmann nicht in ihr Herz geschlossen hatte, obgleich er ein in der CDU spärlich besetztes politisches Profil anbot. Es war ein schwacher Trost, wenn Dregger im Nachgang sein Scheitern mit der für ihn ungünstigen Arithmetik der Parteitagszusammensetzung zu begründen suchte. Entmutigen ließ er sich aber nicht, weil er wusste, dass er nie der Liebling von Parteitagen werden würde und seinen bundespolitischen Aufstieg in erster Linie seinem Wirken in der Bundestagsfraktion zu verdanken hatte.

In einer Nachlese zum Mannheimer Parteitag hatte Dregger geschrieben: »Ich werde trotzdem meinen Part spielen und im Interesse der Sache das Beste aus der Lage zu machen versuchen.«[103] Aber in welchem Bereich der Parteiarbeit konnte er sich so einbringen, dass er nachhaltige Spuren hinterließ? Hier bot sich die Strategiedebatte an, die zu Beginn des Wahljahres 1976 voll entbrannt war. Sollte sich die CDU ernsthaft bemühen, die FDP zu sich herüberzuziehen und auf diese Weise die Weichen für eine Kanzlerschaft ihres Spitzenkandidaten zu stellen, der nach Lage der Dinge nur der Parteivorsitzende Kohl sein konnte? Oder sollte sie alles in ihrer Macht Stehende unternehmen, um aus eigener Kraft die Regierungsmacht zu erobern, was bedeutete, dass die Union die absolute Mehrheit der Mandate erringen musste?

---

102 Die beiden Präsidiumskandidaten, die amtierende Ministerpräsidenten waren (Stoltenberg und Filbinger), wurden erwartungsgemäß mit klarer Mehrheit gewählt; Dregger, der es auf 433 Stimmen brachte, trennte von Katzer (592 Stimmen) und Wex (526 Stimmen) ein erheblicher Abstand; und auch der Rückstand zu Köppler (473 Stimmen) fiel deutlich aus. Vgl. Wahlergebnisse in: CDU-Bundesgeschäftsstelle (Hg.): 23. Bundesparteitag der Christlich Demokratischen Union Deutschlands. Niederschrift, Mannheim, 23.–25. Juni 1975, S. 90.

103 Dregger an Brauchitsch, 27.06.1975, ACDP 01-347-106/2.

Dregger stand für ein offensives Vorgehen. Er wollte aufs Ganze gehen und nicht einer unberechenbaren FDP hinterherrennen. Dregger war kein politischer Träumer; aber wem es gelungen war, die CDU in Hessen in nur acht Jahren von 26,3 Prozent auf 47,3 Prozent zu befördern, der traute auch einer Bundes-CDU die absolute Mehrheit zu, wenn sie seinen Wahlkampfehlungen Folge leistete. Dazu zählte eine sich selbst antreibende Autosuggestion, nämlich der unerschütterliche Glaube, »daß wir es mit Sicherheit erreichen werden. Vor der Fremdsuggestion steht die Autosuggestion. [...] Deswegen darf gar nicht mehr über das Ob, sondern nur noch über das Wie gesprochen werden«.[104] Eine solche Wahlkampfstrategie bedeutete aber auch, die FDP frontal zu attackieren. Dregger plädierte energisch dafür, dieser Partei keine Schonung angedeihen zu lassen und mit ihr ähnlich zu verfahren, wie es die hessische CDU im Landtagswahlkampf 1974 vorgemacht hatte; immerhin war es ihr damals gelungen, viele Wähler von der FDP zu sich herüberzuziehen. Mit der ihm eigenen sprachlichen Zuspitzung charakterisierte er sie als »Blockpartei«, die »keine andere Funktion hat, als die Sozialisten an der Macht zu halten«.[105] Dass Dregger »um die liberalen Wähler kämpfen«[106] wollte, ergab sich aber nicht allein aus wahlarithmetischen Gründen. Für ihn war der Begriff »liberal« ein positiv besetztes politisches Markenzeichen, das er für sich und seine Politik beanspruchte. Dies galt auch für den Bereich der »inneren Sicherheit«: Wenn Dregger für ein hartes Vorgehen des Staates gegen Terroristen plädierte, dann wollte er das richtige Maß gewahrt wissen und »die Errungenschaften eines liberalisierten Strafrechts«[107] auf keinen Fall opfern. Sein politisches Credo, dass »auf Dauer nur ein starker Staat liberal sein kann«,[108] brachte sein Verständnis von Liberalismus zum Ausdruck: Das freiheitliche Erbe sei bei der Sammlungspartei CDU in besseren Händen als bei einer FDP, die es durch ein Paktieren mit Sozialisten verspiele.

Dregger hat sich nie systematisch mit der Geschichte des Liberalismus beschäftigt, und er hat sich auch nie explizit als »Nationalliberalen« bezeichnet. Eine solche Positionierung hätte beim katholisch-konfessionellen und beim Sozialflügel der CDU erheblichen Widerspruch hervorgerufen und wäre damit seinen innerparteilichen Ambitionen abträglich gewesen. Dennoch vertrat er die

104 Diese klaren Worte sprach Dregger auf der Sitzung des CDU-Bundesvorstands, 20.10.1975, in: Buchstab (Bearb.): Kohl: »Wir haben alle Chancen«, S. 1484f.

105 Ebd., S. 1485.

106 Ebd., S. 1485.

107 So Dregger in seiner Bundestagsrede vom 28.10.1977, Verhandlungen des Deutschen Bundestags, Stenographische Berichte, 8. Wahlperiode, S. 4097.

108 Ebd., S. 4105.

Kernanliegen eines parteipolitisch ungebundenen Nationalliberalismus, der in der CDU seine politische Heimat gefunden hatte. Diese Grundausrichtung kam im Bundestagwahlkampf 1976 besonders deutlich zum Ausdruck. Beim Wahlparteitag der CDU hielt Dregger wenige Monate vor der Bundestagswahl vom 3. Oktober 1976 eine Rede, in der er die freiheitliche und die nationale Frage ins Zentrum rückte, deren unauflösliche Verbindung er betonte. Er hatte sich in seinen Äußerungen immer mit großem Einsatz bemüht, politische Leitbegriffe zu benennen und für seine Partei zu besetzen. Auf dem Wahlparteitag in Hannover konnte er sein politisches Glaubensbekenntnis mit Emphase vor den Delegierten ausbreiten, weil es zu erheblichen Teilen in den Wahlkampf seiner Partei eingeflossen war. Er führte in diesem Kontext aus: »Die Begriffe ›Freiheit‹, ›Menschenrechte‹ und ›Deutschland‹ sind heute voll zur Deckung gebracht. Die Identität dieser drei Begriffe gibt uns die moralische Kraft, uns in der großen Weltauseinandersetzung zu behaupten. [...] Freiheit und Menschenrechte als Qualitätsmerkmale unseres Systems prägen aber auch unsere Sicherheitspolitik. Deshalb lehnen wir Gesinnungsschnüffelei und andere Polizeistaatsmethoden mit Entschiedenheit ab. Meine Freunde, Gesinnungen und Meinungen sind frei und müssen in unserem Land frei bleiben.«[109] Es war dieses freiheitliche Vermächtnis, das Dregger wie alle Nationalliberalen dazu antrieb, die deutsche Teilung als schmerzende Wunde zu empfinden und sich mit den vorhandenen Möglichkeit für deren Überwindung einzusetzen: »Die volle Übereinstimmung der Begriffe ›Freiheit‹, ›Menschenrechte‹ und ›Deutschland‹ verpflichtet uns, jederzeit für die Einheit und die Freiheit ganz Deutschlands einzutreten.«[110]

1976 war die Bundes-CDU mit ihrem zentralen Slogan »Freiheit statt Sozialismus« so eng wie nie zuvor und danach mit Dreggers Agenda verschweißt. Dass die Union erstmals in einem Wahlkampf solche »Hochwertworte« ins Zentrum ihrer Kampagne rückte und die Wahl zu einer Auseinandersetzung zwischen zwei widerstrebenden politischen Ordnungsprinzipien stilisierte, war keineswegs selbstverständlich. Meist griffen Parteien eher zu einem inklusiven Sprachduktus und scheuten davor zurück, die Wahl als eine Entscheidung zwischen zwei gänzlich unversöhnlichen Alternativen zu präsentieren.[111] Hätte die CDU-Parteispitze Dregger mit der Formulierung eines passenden Slogans beauf-

109 Rede Dreggers auf dem Bundesparteitag in Hannover, in: CDU-Bundesgeschäftsstelle (Hg.): 24. Bundesparteitag der Christlich Demokratischen Union Deutschlands. Niederschrift, Hannover, 24.–26. Mai 1976, Zitat S. 205.

110 Ebd., S. 206.

111 Zur Semantik der bundesdeutschen Wahlkämpfe vgl. die überaus instruktive Studie von Mergel: Propaganda, vor allem S. 257–267.

tragt, so wäre er vermutlich auf die aus seiner Sicht zündende Parole »Freiheit statt Sozialismus« verfallen. Nun lag aber die Hoheit über den Wahlkampf nicht beim hessischen Landesvorsitzenden, der nicht einmal Mitglied des Parteipräsidiums war, sondern vor allem beim Generalsekretär. Mit Biedenkopf stand seit 1973 ein brillanter Kopf an der Spitze der Parteiorganisation, der begriffliche Schärfe mit politischer Durchsetzungskraft verband.[112] Welchen Anteil konnte Dregger unter diesen Umständen an einem CDU-Wahlslogan besitzen, der zu den ganz wenigen einer bundesdeutschen Partei zählt, die sich in das kollektive Gedächtnis eingegraben haben?

Die Urheberrechte an diesem Slogan konnte der Journalist Gerhard Löwenthal für sich reklamieren. Löwenthal, ein vom NS-Regime verfolgter Deutscher jüdischen Glaubens, war das Aushängeschild eines streitbaren Antikommunismus im deutschen Fernsehen, der das von ihm moderierte »ZDF-Magazin« mit politischen Inhalten füllte, die der Agenda von Dregger überaus ähnlich waren. Er war es, der aus eigenem Antrieb auf einer Redetour über drei Jahre lang von 1973 bis 1976 das Motto »Freiheit oder Sozialismus« in der ganzen Bundesrepublik verkündete.[113] Manches spricht dafür, dass dies innerhalb der Union als eine Art Testlauf betrachtet wurde, um die Resonanz auf die Parole zu beobachten. Als der baden-württembergische Ministerpräsident Filbinger den Slogan erfolgreich in der haushoch gewonnenen Landtagswahl im April 1976 einsetzte, hatte er seine Wahlkampftauglichkeit unter Beweis gestellt. Allerdings gab es innerhalb der CDU-Führung starke Bedenken gegen die Übernahme einer derartig polarisierenden Parole. Zum einen hegte man Bedenken, ob dieser »Lagerslogan«[114] auf den politischen Hauptgegner passe, da dem sozialdemokratischen Kanzler Schmidt keine Sympathien mit linkssozialistischen Gesellschaftsveränderungen unterstellt werden konnten. Zum anderen gab es prinzipielle Bedenken dagegen, einen Hochwertbegriff wie Freiheit »in parteipolitischen Besitz zu überführen«.[115]

Dregger hatte entscheidenden Anteil daran, dass sich CDU-Spitzenkandidat Kohl trotz solcher innerparteilichen Bedenken den Slogan »Freiheit statt Sozia-

---

112 Zu Biedenkopfs Rolle bei der Prägung von begriffen vgl. ebd., S. 266 f., sowie Matthias Micus: Tribunen, Solisten, Visionäre. Politische Führung in der Bundesrepublik. Göttingen 2010, S. 236–258.

113 Vgl. Stefan Winckler: Gerhard Löwenthal. Ein Beitrag zur politischen Publizistik der Bundesrepublik Deutschland. Berlin 2011, S. 104 f.

114 Mergel: Propaganda, S. 268.

115 So Blüm am 17.05.1976 im CDU-Bundesvorstand, in: Buchstab (Hg.): Kohl: »Wie haben alle Chancen«, S. 2010.

lismus« zu eigen machte. Im Verein mit anderen[116] überzeugte er ihn von den Vorteilen eines offensiv geführten Wahlkampfs. Ein solcher dürfe aber nicht auf eine Parole verzichten, die den Gegner in die Enge trieb. Gerade weil Dregger immer schon die Freiheitsfeindlichkeit des Sozialismus insbesondere im Weltmaßstab betont hatte, konnte er sich auf den taktischen Nutzen des Slogans konzentrieren. Bewusst sollte die Parole den politischen Gegner in eine Verteidigungsstellung drängen. Dass sie ihre Wirkung nicht verfehlte, hatte Dregger im Vorwahlkampf testen können: »Gerade weil der Gegner gereizt reagiert, ist das ein Ausweis, daß das Thema sehr geeignet ist.«[117] Die CDU traf die SPD an einem wunden Punkt: Sie reklamierte das Fahnenwort »Freiheit« für sich und brachte den Begriff gezielt in Stellung gegen einen anderen, von dem sich Sozialdemokraten ihrerseits allein aus Gründen der Parteitradition nicht distanzieren konnten, obwohl sie keine innere Affinität zu einem marxistisch inspirierten Sozialismus-Begriff besaßen. Dregger konnte mithin *touché* vermelden, als er auf dem Wahlparteitag 1976 mit Blick auf die Wahlparole der Union ausführte: »Wenn die SPD wütend reagiert, dann doch nur deshalb, weil wir damit ins Schwarze, ja ich möchte sagen, ins Rote getroffen haben.«[118] Dies sah auch der ansonsten eher um Integration bemühte Kohl ein. Er erkannte, dass er dem politischen Gegner seine Agenda aufzwingen musste, wenn er die Kanzlerschaft erringen wollte: »Ich bin meiner Natur nach kein Scharfmacher.« Aber man müsse Helmut Schmidt »einen Hammer vors Bein stellen, damit er genau sich mit diesem Hammer zu beschäftigen hat«.[119] Daher hielt Kohl auch dann unbeirrt daran fest, das Themenplakat »Freiheit statt Sozialismus« weiter einzusetzen,[120] als Stimmen laut wurden, in der heißen Phase des Wahlkampfes sanftere Botschaften in den Vordergrund zu stellen.

Das Ergebnis an der Wahlurne gab Kohl zumindest teilweise recht: Mit 48,6 Prozent erreichte die Union das drittbeste Ergebnis, das jemals eine Partei bei Bundestagswahlen erzielte – und es war das mit Abstand beste Ergebnis, das

116 Dazu gehörte auch der als Verkörperung der politischen Mitte geltende schleswig-holsteinische Ministerpräsident Stoltenberg und der als Berater engagierte österreichische Medienexperte Gerd Bacher; ebd., S. 2023 und 2028.

117 Dregger am 17.05.1976 auf der Bundesvorstandssitzung, ebd., S. 2016; vgl. in diesem Sinne auch den Redebeitrag Filbingers, ebd., S. 1985.

118 Dregger auf dem CDU-Wahlparteitag in Hannover, 26.05.1976, in: CDU-Bundesgeschäftsstelle (Hg.): 24. Bundesparteitag, S. 206.

119 Kohl auf der Sitzung des CDU-Bundesvorstands, 17.05.1976, in: Buchstab (Bearb.): Kohl: »Wir haben alle Chancen«, S. 2020.

120 Kohl auf der Bundesvorstandssitzung vom 23.08.1976, ebd., S. 2132.

eine Oppositionspartei jemals verbuchen konnte. Bei einer Wahlbeteiligung von phänomenalen 90,7 Prozent fehlten Helmut Kohl ganze sechs Mandate, um aus eigener Kraft ins höchste Regierungsamt zu gelangen.[121] Aber am Ende reichte es doch nicht – und Dregger, den Kohl in seine Regierungsmannschaft berufen hatte, musste sich auf mindestens vier weitere Jahre Oppositionsarbeit in Bonn einstellen. Allerdings ergab sich dort eine nicht unwesentliche Änderung. Kohl hatte die Macht des Fraktionsvorsitzes erkannt und sein Ministerpräsidentenamt in Mainz aufgegeben. Damit hatte nun erneut ein Parteivorsitzender zugleich den Vorsitz in der Fraktion inne. Würde sich Dregger unter diesen Umständen wie zuvor als Parlamentarier entfalten können? Oder würde er vom machtbewussten Kohl politisch ausgetrocknet werden, weil er der Einzige aus dem Spitzenteam der CDU war, dessen politischer Karriereweg über die Bundestagsfraktion verlaufen sollte?

121 Zum Wahlkampf Kohls vgl. Schwarz, Kohl, S. 212–214.

10. Bewährungsprobe – Dregger als »Kanzlerkandidatenmacher«

Der Wechsel Kohls von Mainz nach Bonn bedeutete, dass der CDU-Vorsitzende der Bundestagsfraktion seinen Stempel aufdrücken und die Fraktion in den Dienst seines innerparteilichen Machtanspruchs stellen wollte. Allerdings stieß Kohl auf eine selbstbewusste Fraktion, die sich nicht so einfach dirigieren ließ. Zudem hatte der Pfälzer es mehr als alle Fraktionsvorsitzenden vor ihm mit einer besonders rebellischen CSU zu tun. Die bayerische Unionspartei hatte im November 1976 eine bis dahin unerhörte Machtprobe gewagt, als sie sich im legendären Tagungsort Kreuth gegen die Wiederauflage der traditionellen Fraktionsgemeinschaft und damit für die Bildung einer eigenen CSU-Bundestagsfraktion ausgesprochen hatte. Zwar wurden die Pläne im Dezember 1976 weitgehend ad acta gelegt, aber Kohl musste sich mit einer CSU auseinandersetzen, die unter ihrem unumschränkten Herrscher Franz Josef Strauß Kohls Autorität als Fraktionsvorsitzender herausforderte und keinesfalls gewillt war, dessen erneute Kanzlerkandidatur im Jahr 1980 hinzunehmen. Da Kohl zudem in Bonn keine mächtige Truppe von auf ihn eingeschworenen Bundestagsabgeordneten vorfand, konnte er nur wenige Posten wie den des Ersten Parlamentarischen Geschäftsführers Jenninger mit Getreuen besetzen.[1]

Für Dregger ergaben sich daraus nicht unerhebliche politische Spielräume. Er konnte versuchen, sich durch ein ausgeprägt loyales Verhalten gegenüber dem angeschlagenen Fraktionsvorsitzenden unentbehrlich zu machen und dafür vom Parteivorsitzenden Kohl etwa mit einem Posten im CDU-Präsidium entlohnt zu werden. Alternativ konnte er den politischen Schulterschluss mit der CSU suchen und sich als der CDU-Politiker in Stellung bringen, der reibungsloses Einvernehmen mit der bayerischen Schwesterpartei garantierte. Ein solches kalkulierendes Denken war durchaus vorstellbar bei jemandem, der Politik nicht zuletzt um des eigenen Fortkommens willen betrieb. Nun war Dreggers politischer Lebensweg zwar nicht frei von einem legitimen Karrierestreben. Aber man würde seinen politischen Antriebskräften nicht gerecht, wenn man solche Karriereabsichten für das entscheidende Movens hielte. Die politische DNA Dreggers war ein mit

1 Zur prekären Lage Kohls als Fraktionsvorsitzender vgl. Schwarz: Kohl, S. 214–235.

kämpferischer Attitüde vorgetragener Nationalliberalismus, der seine Erfüllung nicht in Regierungsposten fand, sondern in der Überzeugung, für seine Ansichten in Positionen streiten zu müssen, von denen aus er gestalten konnte. Dies bedeutete, dass Dregger nicht käuflich war, man sich seine Gefolgschaft also nicht durch politische Belohnungen erwerben konnte. Wie er sich in dem mehr oder minder offen ausgetragenen Machtkampf zwischen Kohl und Strauß verhielt, hing davon ab, ob und wie seinen politischen Grundüberzeugungen damit gedient war.

Dreggers Agieren im Spannungsfeld zwischen Kohl und Strauß verspricht wie schon sein Vorgehen in der Legislaturperiode davor unter parlamentarismushistorischen Aspekten aufschlussreich zu sein. So geschah es nicht zuletzt auf sein Drängen hin, dass die gemeinsame Bundestagsfraktion von CDU und CSU die Entscheidung über den gemeinsamen Kanzlerkandidaten für die Bundestagswahl 1980 an sich zog. Pointiert formuliert verteidigte Dregger die Autonomie der Fraktion gegenüber der Partei bei der wichtigsten Personalentscheidung, die eine Opposition zu treffen hatte. Gemäß seinen Grundannahmen hatte die Fraktion im politischen System der Bundesrepublik ein politisches Kraftzentrum zu bilden. Bei den Unionsparteien kam das Spezifikum hinzu, dass die gemeinsame Bundestagsfraktion das einzige institutionelle Band zwischen den sonst unabhängigen Schwesterparteien CDU und CSU bildete. Kam es wie im Frühjahr 1979 zu der bis dahin einmaligen Konstellation, dass beide Parteien mit einem eigenen Personalvorschlag für die Kanzlerkandidatur aufwarteten, dann war nach Dreggers fester Überzeugung nur die gemeinsame Bundestagsfraktion das entscheidungsbefugte Gremium. Zugleich agierte er als Anwalt der Einheit der Union, indem er alles in seiner Macht Stehende unternahm, ein Verfahren für die Nominierung des Kanzlerkandidaten zu ermöglichen, dem beide Parteien ihre Zustimmung nicht verweigern konnten.

Nach getaner Arbeit konnte Dregger im CDU-Bundesvorstand am 10. Juli 1979 eine in seinem Sinne ungetrübt positive Bilanz ziehen: »Meine Freunde, die Spaltung der Union ist vermieden worden.«[2] Möglich war das, weil gegen den heftigen Widerstand des CDU-Parteivorsitzenden und weiter Kreise der Parteiführung die Bundesfraktion die Hoheit über das Nominierungsverfahren an sich zog. Daher schrieb Dregger den Mitgliedern des Bundesvorstandes ins Stammbuch: »Ich glaube, wer Mitglied der Fraktion war, mußte wissen, daß irgendwann

2 Dregger auf der Sitzung des CDU-Bundesvorstands vom 10.07.1979, in: Günter Buchstab (Hg.): Kohl: »Stetigkeit, Klugheit, Geduld und Zähigkeit«. Düsseldorf 2018, S. 2004.

diese Fraktion handeln würde.«[3] Dass sie gegen den erklärten Willen ihres Fraktionsvorsitzenden Kohl die Initiative ergriff, war vor allem sein Verdienst.

Dregger sah den Trennungsbeschluss von Kreuth (November 1976) als verhängnisvollen Fehler an. Entgegen allen böswilligen Stimmen, die ihm unterstellten, als Statthalter von Strauß in der CDU zu agieren und im Falle einer bundesweiten Ausdehnung der CSU jene in der CDU anzuführen, die mit wehenden Fahnen zu den Christsozialen überlaufen würden, hielt Dregger die Einheit der Union für ein kostbares Gut. Als nach der knapp verlorenen Bundestagswahl sich in der Union schon im Oktober 1976 die Stimmen mehrten, die mit dem Segen der CSU für die Bildung einer sogenannten »vierten Partei« plädierten, um der CDU einen passenden, rechts von ihr angesiedelten Koalitionspartner zu bescheren, lehnte er diesen politischen Versuchsballon mit aller Deutlichkeit ab. Fern davon, mit einer solchen Idee zu liebäugeln, hielt er sie für eine politische Totgeburt. Für ihn hatte sich die Union mit der Bundestagswahl von 1976 klar als antisozialistische Sammlungsbewegung positioniert, eine Schwächung ihrer Kampfkraft sah er als unverantwortlich an. Wenn selbst der aufstrebende Stern der Bundes-CDU, der niedersächsische Ministerpräsident Ernst Albrecht, der Dreggers Position zur FDP nicht teilte, am Tag nach der Bundestagswahl bekundete, »daß die Offensive der Partei etwa unter dem Gesichtspunkt ›Freiheit statt Sozialismus‹ bleibt«,[4] dann konnte Dregger dies als weiteren Beleg dafür auffassen, dass die nicht zuletzt von ihm herbeigeführte inhaltliche Positionierung der Union auch nach der Wahl gelten sollte. Letztlich konnte es ihn nur darin bestärken, in der Fraktionssitzung am 7. Oktober 1976 allen Plänen einer bundesweiten Verselbständigung der CSU oder einer Parteineugründung rechts von der CDU eine entschiedene Absage zu erteilen.[5] Dies war so deutlich, dass Helmut Kohl sich veranlasst sah, es vor dem Bundesvorstand ausdrücklich hervorzuheben, um allen gegen Dregger gestreuten Verdächtigungen die Nahrung zu entziehen.[6]

Bei all dem ließ sich Dregger nicht zuletzt von strategischen Überlegungen zum Parteiensystem leiten. Würden die genannten Ideen umgesetzt, fiele der SPD eine quasi hegemoniale Funktion im Parteiensystem zu, da sie neben der FDP nun auch noch eine nach links gerückte CDU als potenziellen Koalitionspartner

3 Ebd., S. 2004.

4 Ernst Albrecht auf der Sitzung des CDU-Bundesvorstands vom 04.10.1976, ebd., S. 26.

5 Vgl. die Rede Dreggers auf der Sitzung der alten und am 3. Oktober 1976 neu gewählten Bundestagsfraktion, 07.10.1976, ACDP, 08-001-1048/1, S. 19f. des Wortprotokolls.

6 Vgl. die Klarstellung Kohls auf der Bundesvorstandssitzung vom 11.10.1976, in: Buchstab (Hg.): Kohl: »Stetigkeit«, S. 48.

besäße.[7] Daran konnte der Antisozialist Dregger nicht das geringste Interesse haben. Indem er mit der ihm eigenen Energie für die gemeinsame Fraktionsgemeinschaft von CDU und CSU stritt, erhielt er sich zudem seine wichtigste politische Plattform. Denn nach der mühsamen Wiederherstellung der Fraktionsgemeinschaft hatten nicht nur die Mitglieder der CSU-Landesgruppe ein größeres politisches Gewicht als zuvor erlangt, weil die CDU-Spitze kein zweites Kreuth provozieren wollte. Zugleich war auch der Stellenwert jener Fraktionsmitglieder aus der CDU gestiegen, die sich als ehrliche Makler in der Auseinandersetzung mit der CSU betätigt und in der Rolle des Brückenbauers zwischen beiden Schwesterparteien bewährt hatten. Das aber traf insbesondere auf Dregger zu, der hier ja eine herausragende Rolle gespielt hatte.

Seine Stellung innerhalb der CDU/CSU-Fraktion konnte Dregger aber nur dann politisch kapitalisieren, wenn er sich aus dem Schlepptau Kohls löste und eine Situation herbeiführte, in der die Bundestagsfraktion das Gesetz des Handelns gegen den Parteivorsitzenden in die eigene Hand nahm. Um diese in der bundesdeutschen Parlamentarismusgeschichte überaus seltene Konstellation zu erreichen, mussten zwei innerparteiliche Voraussetzungen erfüllt sein: Zum einen musste Dregger in der Parteihierarchie aufsteigen – allerdings nicht durch die Gunst des CDU-Vorsitzenden. Zum anderen musste Kohls innerparteiliche Position derart angeschlagen sein, dass man dem Parteivorsitzenden die Hoheit über das Verfahren in einer zentralen Personalangelegenheit, der Nominierung des Kanzlerkandidaten, entwand.

Dregger hatte zweimal, auf den Bundesparteitagen 1969 und 1975, beim Versuch, in das höchste Führungsorgan der Partei, das Bundespräsidium, zu gelangen, Niederlagen einstecken müssen. Auf seine burschikose Weise hatte Kohl das vor dem Bundesvorstand und damit in Anwesenheit Dreggers in einer Weise thematisiert, die nicht unbedingt Mut schöpfen ließ, dass ein erneuter Versuch glücken würde: »Hat es denn dem Alfred Dregger geschadet, jetzt nehme ich bewußt das Beispiel auf, daß er in Mannheim durchgefallen ist?«[8] Dregger ließ sich aber nicht entmutigen und trat auf dem Bundesparteitag 1977 zum dritten Mal an. Dieses Mal hatte er Erfolg,[9] was vor allem damit zusammenhing,

7 Vgl. die Rede Dreggers auf der Bundesvorstandssitzung vom 29.11.1976, ebd., S. 209.

8 Kohl auf der Sitzung des CDU-Bundesvorstands vom 17.01.1977, ebd., S. 348.

9 Dregger erhielt die fünftmeisten Stimmen; hinter ihm rangierten Filbinger und Köppler; mit Biedenkopf, der glänzend abschnitt, sowie Katzer und Köppler war die CDU aus Nordrhein-Westfalen gleich mit drei Vertretern im Parteipräsidium präsent: CDU-Bundesgeschäftsstelle (Hg.): 25. Bundesparteitag der Christlich Demokratischen Union Deutschlands. Niederschrift, Düsseldorf, 7.–9. März 1977, S. 341 f.

dass die Zahl der stellvertretenden Bundesvorsitzenden und damit der auf dem Parteitag zu wählenden Präsidiumsmitglieder von fünf auf sieben erhöht worden war. Dies geschah aber nicht, um Dregger den Weg zu ebnen, sondern vor allem um denjenigen einzubinden, den Kohl für seinen potenziell bedrohlichsten politischen Rivalen hielt: Kurt Biedenkopf. Dieser strategische Kopf hatte 1977 zur Überraschung Kohls das Amt des Generalsekretärs niedergelegt, um sich eine eigene politische Hausmacht aufzubauen. Der Rücktritt Biedenkopfs zeugte zugleich von einem Autoritätsverlust Kohls, der sich nicht der Loyalität einer Persönlichkeit sicher sein konnte, die er überhaupt erst in eine politisch herausragende Stellung gebracht hatte.[10]

Mit Dregger war nun ein unabhängiger Geist im höchsten Parteigremium vertreten, der intern den Mund aufmachte und einsame Entscheidungen des Parteivorsitzenden sachlich hart kritisierte, wenn damit Gremien überfahren werden sollten. Auch in der Bundestagsfraktion war Kohl keineswegs nur von Getreuen umgeben. In der Fraktionssitzung vom 24. Mai 1977[11] entbrannte eine bis dahin an Intensität unerreichte Debatte darüber, ob Kohl als Oppositionsführer die richtige Strategie einschlage, um die Union bei der nächsten Bundestagswahl wieder in die Regierungsverantwortung zu führen. Demnach war es, so wurde hier deutlich, keine ausgemachte Sache, dass der Partei- und Fraktionsvorsitzende die Union bei der Bundestagswahl 1980 als Kanzlerkandidat anführen würde. Tatsächlich hatte Kohl auch keinen Königsweg zur Regierungsmacht parat: Seine Hoffnung, die FDP auf Bundesebene zum Koalitionswechsel bewegen zu können, hatte sich nicht erfüllt; auch daher konnte sich Dregger in seiner Auffassung bestätigt fühlen, dass ein Warten auf die FDP vergeblich und kraftzehrend sei. Er selbst hatte bei der Landtagswahl in Hessen im Herbst 1978 die Erfahrung machen müssen, dass die Union als weitaus stärkste politische Kraft weiterhin von der Regierungsbeteiligung ausgeschlossen wurde, weil die FDP sich wiederum an die SPD gebunden hatte.

Das Jahr 1979 brachte Kohl innerparteilich in erhebliche Bedrängnis. Der ehrgeizige Biedenkopf stellte seine Autorität auf eine schwere Probe, als er ihn unverblümt zur Abgabe des Fraktionsvorsitzes aufforderte. Auch wenn Kohl den Vorstoß abzuwehren vermochte, war er politisch in einem Maße angeschlagen, dass er sich bei der Kanzlerkandidatur zurücknehmen musste. Sein Verzicht für die 1980 stattfindende Bundestagswahl war vor allem aus der Not heraus geboren.

10 Vgl. Schwarz: Kohl, S. 229–231.

11 Vgl. dazu das Protokoll der Fraktionssitzung vom 24.05.1977, S. 16–60, ACDP, 08-01-1049/2.

Aber um seine Autorität als Parteivorsitzender und damit seine politische Lebensversicherung zu wahren, wollte Kohl wenigstens selbst die Nominierung des Kanzlerkandidaten bestimmen. Mit dem niedersächsischen Ministerpräsidenten Ernst Albrecht konnte ein unverbrauchter Landespolitiker mit hohen Sympathiewerten gewonnen werden. Allerdings war Albrecht im politischen Bonn und damit auch in der Fraktion nicht vernetzt. Dregger missfiel an dieser Entwicklung vor allem der politische Stil, mit dem Kohl seine Personalentscheidung durchzusetzen suchte: Er stellte Parteipräsidium und Bundesvorstand am 28. Mai 1979 vor vollendete Tatsachen.[12]

Dass Dregger sich politisch nicht überfahren lassen wollte,[13] hatte auch mit seinem Respekt vor innerparteilichen Gremien zu tun. Er hatte mehrfach sein Unbehagen darüber zum Ausdruck gebracht, dass unter Kohl die Parteigremien zu bloßen Foren der Aussprache degradiert wurden, ohne dass dort schriftlich festgehaltene und damit verbindliche Beschlüsse gefasst wurden. »Kollegiale Führung unter der Stabführung des Vorsitzenden«[14] war das Modell, das seiner Führungskultur entsprach. Es war nicht zuletzt Dreggers Führungsstil, der ihn auf Distanz zur Führungspraxis Kohls gehen ließ, zu der es gehörte, die Parteigremien auszutrocknen. Zwar trug er aus Loyalitätsgründen die Entscheidung des CDU-Vorstands pro Albrecht mit, gab aber zu Protokoll,[15] dass er die von Kohl forcierte Festlegung für einen Fehler hielt, weil damit die CSU und vor allem deren Vorsitzender gedemütigt würden. Dregger hatte sich dafür ein Mandat seiner hessischen CDU gesichert, die einen Tag vor dem Vorpreschen Kohls vor voreiligen Festlegungen gewarnt und dabei betont hatte, dass Strauß in jedem Fall ein geeigneter Kandidat sei: »Franz Josef Strauß ist einer der hervorragendsten europäischen Politiker. Selbstverständlich gehört er in die engste Reihe derer, aus denen der gemeinsame Kanzlerkandidat ausgesucht werden kann.«[16] Kohl hatte mit seinem Überrumpelungsmanöver die CSU derart provoziert, dass diese ihrerseits den zögernden Strauß als Kanzlerkandidaten auf den Schild hob.[17]

12 Vgl. Schwarz: Kohl, S. 239–249.

13 Dregger tat am 11. Juni 1979 in der Bundesvorstandssitzung kund, dass der Parteivorstand am 28. Mai 1979 erst 90 Minuten vor der Ausrufung Albrechts zum Kanzlerkandidaten von Kohl darüber informiert worden sei; Buchstab (Hg.): Kohl: »Stetigkeit«, S. 1786.

14 So Dregger in der Sitzung des CDU-Bundesvorstands vom 11.01.1979, in: Buchstab (Hg.): Kohl: »Stetigkeit«, S. 1489.

15 Vgl. das Ergebnisprotokoll der Sitzung des erweiterten Bundesvorstands der CDU, 28.05.1979; neben Dregger gab auch sein Vertrauter, der Frankfurter Oberbürgermeister Wallmann, diese Bedenken zu Protokoll; ACDP, 01-636-015/5.

16 Entschließung des Landesvorstands der hessischen CDU, 27.05.1979, ACDP, 01-347-176/2.

17 Hierzu grundlegend Möller: Strauß, S. 550–553.

Damit gab es die bis dahin einmalige Konstellation, dass CDU und CSU zwei rivalisierende Bewerber nominiert hatten und dass ein ausgleichendes Verfahren gefunden werden musste. In dieser verzwickten Lage schlug die Stunde der gemeinsamen Bundestagsfraktion und damit die Stunde Dreggers.

Wie konnte ein solches Verfahren beschaffen sein, das die CSU einband, ohne die kleinere Schwesterpartei zu marginalisieren? Es war der hessische Landesverband unter Dregger, der in dieser Frage initiativ wurde und ein entsprechendes Modell in Vorschlag brachte. Demnach sollte ein breit aufgestelltes Wahlgremium geschaffen werden, das sich aus beiden Parteivorständen, der gemeinsamen Bundestagsfraktion sowie Delegierten, die jeweils 10.000 Patteimitglieder vertraten, zusammensetzen sollte.[18] Die hessische CDU unter ihrem Vorsitzenden Dregger hatte einen bemerkenswerten Vorstoß unternommen, der in der bundesdeutschen Parteiengeschichte einmalig war. Es ging ja nicht nur darum, ein heilendes Verfahren zu installieren, bei dem sich zwei unabhängige Parteien – CDU und CSU – in einer geradezu existenziellen Frage verständigten. Entscheidender war die zentrale Rolle, welche die Bundestagsfraktion dabei spielte. War sie im ersten Vorschlag Dreggers noch ein Entscheidungsfaktor unter mehreren, so wuchs sie innerhalb weniger Wochen in die Funktion des einzigen Entscheidungsträgers hinein. Sie vermochte diese Schlüsselposition zu besetzen, weil die Bundestagsfraktion der Union die einzige institutionalisierte Form der Kooperation zwischen den beiden befreundeten Parteien war. Damit übte sie eine kohäsive Funktion aus, die später in ähnlicher Weise im Europäischen Parlament durch Fraktionen wie die christdemokratische EVP ausgeübt wurde, in der sich die Angehörigen einer Parteienfamilie zusammenfanden. Die gemeinsame Fraktion als »supranationale« Brücke schuf dort jene institutionelle Verbindung zwischen Parteien, die sich politisch so nahestanden, dass sie nicht miteinander bei Wahlen konkurrierten. Möglicherweise brachten in die EVP-Fraktion gewählte deutsche Europaparlamentarier, die eine Vergangenheit in der gemeinsamen Bundestagsfraktion von CDU/CSU besaßen, einen Erfahrungsschatz mit, den sie auf europäischer Ebene zu aktivieren vermochten – eine weitergehende Untersuchung könnte hier wertvolle Aufschlüsse für die Parlamentarismusgeschichte bringen. Immerhin gab es abgesehen von Belgien, wo die Christdemokraten in eine flämische und eine wallonische Partei geschieden waren, in keinem Staat, der 1979 an der Wahl zum Europarlament teilgenommen hatte,

18 Vgl. den Redebeitrag Wallmanns auf der Bundesvorstandssitzung vom 11.06.1979, in: Buchstab (Hg.): Kohl: »Stetigkeit«, S. 1781. Einen Tag später, am 12. Juni 1979, beschloss der Landesvorstand und Landesausschuss der hessischen CDU einstimmig das von Wallmann präsentierte Modell; Text dieser Resolution in ACDP, 01-347-176/2.

eine Konstellation mit zwei autonomen Parteien, die in einem solchen politischen Sonderverhältnis zueinander standen.

Warum konnte sich Dregger hier gegen den mächtigen CDU-Parteivorsitzenden Kohl durchsetzen? Der führte ja in Personalunion auch die gemeinsame Bundestagsfraktion von CDU und CSU und hatte sich sicherheitshalber gleich bis zum Ende der Legislaturperiode 1980 in dieses Amt wählen lassen. Kohls Autorität als Parteivorsitzender drohte Schaden zu nehmen, wenn es ihm nicht gelang, Albrecht als gemeinsamen Kanzlerkandidaten von CDU und CSU durchzusetzen. Auch war er ein überaus machtbewusster Parteipolitiker, der seine angeschlagene innerparteiliche Stellung nicht übersehen konnte und daher noch stärker als ohnehin schon bestrebt sein musste, sich keine Blöße zu geben. Ließ er sich von Dregger überrumpeln? Hatte sich eine innerparteiliche Fronde gegen Kohl verschworen, bereit, die Kanzlerkandidatenfrage zu nutzen, um Kohl zur Strecke zu bringen? Hatte Dregger womöglich insgeheim seine eigene Kanzlerkandidatur im Sinn, als er Kohls Nominierungsverfahren zu Fall brachte und die Bundestagsfraktion zum Schiedsrichter machte?

Zunächst einmal ist zu konstatieren, dass Dregger allem Anschein nach keine eigene Agenda verfolgte, als er gegen den von Kohl autoritär verkündeten Nominierungsprozess Widerspruch anmeldete. Gewiss wird man Dregger zubilligen können, dass er sich, was seine politischen Fähigkeiten betraf, Kohl mehr als gewachsen fühlte. Doch Dregger war mit der in der Parteipolitik seltenen Tugend der Loyalität ausgestattet. Ihm widerstrebte es daher zutiefst, eine Intrige zum Sturz des Parteivorsitzenden anzuzetteln. Er hatte allerdings den strukturellen Vorteil, dass er Kohl beim Wort nehmen konnte, als er für ein einvernehmliches, zwischen CDU und CSU abgesprochenes Verfahren plädierte. Denn der promovierte Historiker Kohl als der wohl beste Kenner der Geschichte des politischen Katholizismus innerhalb der Unionsspitze hatte aus diesem profunden historischen Wissen heraus mehrfach dessen parteipolitische Spaltung in der ersten deutschen Demokratie beklagt. Dass es in Bayern mit der »Bayerischen Volkspartei« eine eigenständige Partei gegeben hatte, die sich nicht nur gelegentlich der politischen Linie der Zentrumspartei widersetzt hatte, hielt Kohl mit Recht für ein Grundübel der christdemokratischen Traditionslinie in Deutschland. Daher verwies er bei seinem leidenschaftlichen Beharren auf der Aufrechterhaltung der Fraktionsgemeinschaft von CDU und CSU auf dieses aus seiner Sicht verhängnisvolle historische Exempel.[19]

19 Vgl. den profunden historischen Exkurs Kohls auf der Sitzung des Parteivorstands vom 22.11.1976, in: Buchstab (Hg.): »Stetigkeit«, S. 151.

Dregger konnte genau an diesem Punkt einhaken: Er, der nicht in die Tradition des politischen Katholizismus hineingeboren war, traf den politischen Nerv des CDU-Bundesvorsitzenden, wenn er die Einheit der Unionsparteien als ein sakrosanktes Gut hinstellte und gerade deswegen die gemeinsame Fraktion als »Clearingstelle« vorschlug. In der Weimarer Republik hatten Zentrum und Bayerische Volkspartei die Spaltung bis hin zur Konstituierung zweier unabhängiger Fraktionen vertieft. Auch hier hatte der bundesdeutsche Parlamentarismus aus den Erfahrungen der gescheiterten ersten Demokratie Lehren gezogen und deswegen die Fraktionsgemeinschaft als Bindeglied zwischen zwei befreundeten Parteien institutionalisiert.

Die hessische CDU unter der Führung Dreggers war der erste und einzige CDU-Landesverband, der ein Verfahren zur Nominierung eines gemeinsamen Kanzlerkandidaten vorschlug, das die gleichberechtigte Partizipation der CSU vorsah: Eine gemeinsame Delegiertenkonferenz sollte in einem vorbildlich demokratischen Verfahren den gemeinsamen Kanzlerkandidaten küren. Dies bedeutete aber noch lange nicht, dass Kohl sich für den Vorstoß der Hessen-CDU erwärmt hätte, der Bundestagsfraktion ein gewichtiges Mitspracherecht bei der Nominierung des Kanzlerkandidaten einzuräumen. Er und mit ihm die übergroße Mehrheit der CDU-Führungsspitze wollten die zahlenmäßige Überlegenheit der CDU gegenüber der CSU so ausspielen, dass das Ergebnis vorprogrammiert war. Daher drängte Kohl darauf, die Mitglieder- und Wählerzahlen zum ausschlaggebenden Kriterium für die Konstituierung eines Gremiums zu machen, das die Nominierung vornehmen sollte. Ein entsprechender Beschluss des Bundesvorstands vom 25. Juni 1979 fiel auch in diesem Sinne aus.[20] Doch Dregger und sein Mitstreiter Wallmann, die ein kongeniales Duo bildeten, hatten einen strategischen Sieg errungen, weil sie die strukturelle Mitwirkung der gemeinsamen Bundestagsfraktion in toto sichergestellt hatten. Dies war nicht leicht gewesen, hatte doch die Parteispitze unter der Führung Kohls die Fraktion mit einer bloßen »Beteiligung« abspeisen wollen und dabei ursprünglich im Sinn gehabt, nur einen Teil der mehr als 250 Köpfe zählenden Fraktion in das Nominierungsgremium aufzunehmen.[21] Gegen eine solche Hierarchisierung der Abgeordneten verwahrte sich Dregger als Anwalt der Gleichheit des parlamen-

20 Der Beschluss sah vor, dass in diesem Gremium »das Hauptelement von den Parteien gestellt werden soll«; vgl. die Niederschrift der Bundesvorstandssitzung vom 25.06.1979, ebd., S. 1927.

21 Vgl. u.a. den Redebeitrag Kohls auf der Bundesvorstandssitzung vom 18.06.1979, ebd., S. 1847, sowie den Köpplers, ebd., S. 1841.

tarischen Mandats aufs Entschiedenste: »Wir können nicht Abgeordnete erster und zweiter Klasse haben.«[22]

Vor allen Dingen hatte der Vorstoß der Hessen-CDU überhaupt erst die Debatte über ein Verfahren angestoßen, das der Nominierung des Kanzlerkandidaten eine genuin »demokratische Legitimation« verlieh, wie es Walter Wallmann[23] pointiert betonte. Im Sinne Niklas Luhmanns, der die »Legitimation durch Verfahren« als Kern der Legitimität einer Entscheidung betont, brachten Wallmann und Dregger ein Argument vor, dem sich der übrige Bundesvorstand nicht entziehen konnte – wer wollte schon als Verhinderer demokratischer Prozeduren dastehen? Damit ebneten Dregger und Wallmann den Weg für die Anschlussfrage, welches demokratisch legitimierte Gremium denn befugt sei, im Namen von CDU und CSU eine so weitreichende Entscheidung wie die über einen gemeinsamen Kanzlerkandidaten zu treffen. Dreggers Feststellung, die Bundestagsfraktion sei »die einzige Institution, die beide Parteien gemeinsam haben«,[24] konnte ebenfalls nicht widersprochen werden. Das bedeutete noch nicht, dass die Bundestagsfraktion die letzte Entscheidung treffen musste, es hieß aber immerhin, dass das Votum der Fraktion einen gewichtigen Stellenwert in einem vom CDU-Kandidaten Ernst Albrecht betonten »fairen Verfahren« einnahm.

Die Mehrheit der CDU-Vorstandsmitglieder glaubte die Beteiligung der Fraktion in Kauf nehmen zu können, weil man sich sicher war, dass auch in dieser Konstellation der CDU-Kandidat eine strukturelle Mehrheit besäße. Immerhin gehörten der gemeinsamen Bundestagsfraktion 200 Abgeordnete der CDU an, nur 53 waren von der CSU. Selbst wenn die Fraktion sich das Recht herausnehmen sollte, ein verbindliches Meinungsbild zu erstellen, musste das Ergebnis eindeutig ausgefallen, sofern die erdrückende Mehrheit der CDU-Abgeordneten den von der CDU nominierten Kandidaten unterstützte. Albrecht fasste die herrschende Meinung der CDU-Spitze am 25. Juni 1979 dahingehend zusammen, »daß hier in dieser Runde keiner zu glauben scheint, Franz Josef Strauß könne bei einem fairen Verfahren eine Mehrheit kriegen«.[25] Auch Dregger dürfte die Möglichkeit kaum ausgeschlossen haben, dass Strauß auch dann unterliegen könnte, wenn allein der Bundestagsfraktion die Entscheidung zufiel. Aber für ihn stand eine parteiübergreifende und unantastbare Legitimation der Kanzlerkan-

22 So Dregger auf der Bundesvorstandssitzung vom 18.06.1979, ebd., S. 1845; vgl. auch ebd., S. 1849: »die ganze Fraktion« müsse beteiligt werden.

23 Wallmann hatte direkt nach Kohl auf der Bundesvorstandssitzung am 18. Juni 1979 das Wort ergriffen; das Zitat ebd., S. 1804.

24 Dregger auf der Bundesvorstandssitzung vom 18.06.1979, ebd., S. 1846.

25 Ebd., S. 1915.

didatenfindung im Zentrum. Daher fiel das Ergebnis eines solchen Verfahrens weniger ins Gewicht als die demokratische Qualität des Verfahrens selbst.

Strauß hatte zur Überraschung der CDU-Spitze auf der gemeinsamen Sitzung der Strategiekommission am 1. Juli 1979 seine Bereitschaft erkennen lassen, sich einem Votum der Bundestagsfraktion zu beugen.[26] Die CDU/CSU-Fraktion hatte eine Woche zuvor die Gunst der Stunde genutzt, um das Nominierungsverfahren an sich zu ziehen: Angesichts des Umstands, dass sich das Verfahren quälend in die Länge ziehe, weil sich CDU und CSU nicht auf die Zusammensetzung eines Gremiums einigen könnten, das den Proportionen zwischen beiden Parteien Rechnung trage, sei aus der Fraktion heraus der dringende Wille artikuliert worden, »daß die Fraktion abstimmen möchte, um dem ganzen Thema ein Ende zu bereiten«.[27] Die Fraktion hatte die Chance erkannt, die ihr die Blockade des Verfahrens durch die höchsten Parteigremien von CDU und CSU bot: Sie war die einzige überparteiliche Schlichtungsinstanz, die CDU- und CSU-Politiker umfasste, die existenziell von der Auswahl des Kanzlerkandidaten betroffen waren. Damit bot allein sie einen Ausweg, um zu einer raschen Entscheidung in einer Frage zu gelangen, die keinen Aufschub duldete.

Eine wichtige Frage der Parlamentarismusforschung ist die nach der Genese grundlegender Entscheidungen. Hier ist die Nominierung des gemeinsamen Unionskanzlerkandidaten durchaus aufschlussreich. In Anlehnung an den Soziologen Uwe Schimank, der sich mit der Systematisierung von Entscheidungsprozessen befasst hat,[28] liegt es nahe, dem Faktor »Zeit« als zentraler Ressource des Entscheidens besondere Aufmerksamkeit zu schenken. Die Hoheit über einen laufenden Entscheidungsprozess gewinnt die Partei, die als zentralen Entscheidungsfaktor eine vermeintlich herrschende Zeitknappheit zur Geltung bringt und auf diese Weise das von ihr vorgeschlagene Verfahren durchsetzt.[29] Auch der Vorschlag der hessischen CDU unter Federführung Dreggers hatte im offenen Entscheidungsprozess über die gemeinsame Kanzlerkandidatur eine Eigendynamik freigesetzt, die dem Zeitfaktor ausschlaggebende Bedeutung verlieh. Das führte zu dem von Dregger verfolgten Ziel, dass der Bundestagsfraktion die alleinige Entscheidungskompetenz übertragen wurde. Das sich dahinter verbergende zeitpolitische Kalkül zeugt von strategischem Weitblick. Kohls Pläne, seinem Kandidaten zu einer

26 Vgl. dazu den Bericht Kohls auf der CDU-Bundesvorstandssitzung vom 02.07.1979, ebd., S. 1932.

27 Bericht Kohls im Bundesvorstand über die Sitzung der Bundestagsfraktion vom 26.06.1979, ebd., S. 1930.

28 Vgl. vor allem Schimank: Entscheidungsgesellschaft.

29 Vgl. dazu die anregenden Bemerkungen von Uwe Schimank: Kulturelles am Entscheiden, in: Ulrich Pfister (Hg.): Kulturen des Entscheidens. Göttingen 2019, S. 387–404.

strukturellen Mehrheit zu verhelfen, beruhten darauf, dass die CDU-Landesverbände Delegierte für ein Findungsgremium nominieren sollten, welches das Votum der Fraktion durch seine schiere Größe majorisiert hätte. Dass die CSU in Gestalt ihres Landesgruppenvorsitzenden Friedrich Zimmermann, eine der treibenden Kräfte hinter der Kanzlerkandidatur von Strauß, die Absicht erkannte und innerhalb der Fraktion problematisierte, kann nicht verwundern.[30] Doch Kohls Plan wurde nicht durch die Intervention des CSU-Landesgruppenchefs zu Fall gebracht, sondern durch »das Zeitproblem«, das er aufwarf und das der württembergische CDU-Abgeordnete Claus Jäger in der Fraktionssitzung vom 26. Juni 1979[31] zur Sprache brachte: Eine Delegiertenwahl durch die einzelnen CDU-Landesverbände dauerte zu lange, um den selbst vorgegebenen Zeitplan, noch im Juli eine Entscheidung herbeizuführen, halten zu können. Kohl hatte schon »den Vorschlag unserer hessischen Freude auf ein Gremium«, das »eine besondere Legitimation als Findungsgremium für die Nominierung des Kanzlerkandidaten haben soll«,[32] widerwillig akzeptiert. Nun wurde klar, dass dieses Vorgehen zeitliche Anforderungen mit sich brachte, denen er sich ebenso widerstrebend zu beugen hatte.[33] Die hessische CDU und damit in erster Linie deren Vorsitzender hatten Kohl unter Entscheidungsdruck gesetzt, und dies lief nach Lage der Dinge darauf hinaus, das einzige Gremium zum Entscheidungsgremium aufzuwerten, das als institutionelle Verbindung zwischen beiden Schwesterparteien bereits vorhanden und damit aktivierbar war: die CDU/CSU-Bundestagsfraktion.

Mit der Fraktionssitzung vom 26. Juni 1979 hatte der Fraktionsvorsitzende Kohl endgültig das Heft des Handelns aus der Hand geben müssen. Hatte er sich der Handlungslogik eines Parteivorsitzenden verschrieben, musste er nun registrieren, dass die Bundestagsfraktion sich nicht von dessen Eigeninteresse dirigieren ließ und daher in einer für sie besonders günstigen Situation die Entscheidungskompetenz in der Nominierungsfrage an sich riss. Der Aufstand der Basis kam auch darin zum Ausdruck, dass es ein typischer »Hinterbänkler«, der aus dem rheinischen Euskirchen stammende CDU-Abgeordnete Peter Milz, war, der den Fraktionsvorsitzenden Kohl mit einem eigenen Antrag zum Handeln in der Nominierungsfrage drängte.[34] Der direkt gewählte Bundestagsabgeordnete, wie

30 Vgl. die klaren Worte Zimmermanns in der Fraktionssitzung vom 26.06.1979, ACDP, 08-001-1057/1, S. 7 des Wortprotokolls.

31 Vgl. den Redebeitrag von Claus Jäger, ebd., S. 16 des Wortprotokolls.

32 Ausführungen Kohls in der Fraktionssitzung vom 26.06.1979, ebd., S. 5 des Wortprotokolls.

33 Vgl. Kohls Replik auf den Vorstoß von Claus Jäger, ebd., S. 18 des Wortprotokolls.

34 Vgl. Kohls Bericht auf der Sitzung des CDU-Bundesvorstands, 26.06.1979, in: Buchstab (Hg.): »Stetigkeit«, S. 1930.

er von Milz repräsentiert wurde, artikulierte damit das Selbstbewusstsein eines Volksvertreters, der sich von einem Fraktionsvorsitzenden, dessen Führungsstil eher partizipationshemmend war, kein Verfahren in einer kardinalen Frage aufzwingen lassen, sondern die Fraktion als Entscheidungszentrum zur Geltung bringen wollte. Dies zeugte vom Selbstbewusstsein einer Fraktion, die sich nicht mit einer peripheren Rolle im Nominierungsprozess zufriedengeben wollte, sondern die bislang unbesetzte Funktion eines zwischenparteilichen Moderators für sich reklamierte.

Damit rannte die Fraktion angesichts der verfahrenen Lage offene Türen ein. Der CDU-Kandidat Albrecht erleichterte dem CDU-Bundesvorstand seine Entscheidung, als er sein Einverständnis bekundete, das Auswahlverfahren an die Bundestagsfraktion zu delegieren.[35] Er tat dies wohl in der festen Überzeugung, das Übergewicht der CDU-Abgeordneten in diesem Gremium sei eine sichere Garantie, zum Kanzlerkandidaten ernannt zu werden. Und auch Strauß hatte bereits seine Bereitschaft erklärt, sich dem Votum der Fraktion zu fügen. Als langjähriges Mitglied der gemeinsamen Fraktion setzte er darauf, deren Mitglieder mit seiner kollegialen Ansprache von seiner Person zu überzeugen. Strauß hatte dem Bundestag von 1949 bis zum November 1978 angehört und seinen Teil dazu beigetragen, dass die Bundestagsfraktion in zentralen Politikfeldern ihren eigenen Weg ging und sich darin auch nicht durch Empfehlungen des Fraktionsvorsitzenden beirren ließ. Da Helmut Kohl 1979 noch nicht über eine massenhafte Gefolgschaft von Getreuen in der Fraktion verfügte, war nicht ausgeschlossen, dass auch in der Frage der Kanzlerkandidatur nicht wenige CDU-Parlamentarier ihren Eigensinn bekundeten und sich der Empfehlung der Parteiführung verweigerten.[36]

Dass das Kalkül von Strauß zur Überraschung und teilweise zum Entsetzen der CDU-Führung aufging und er sich in der Fraktion am 2. Juli 1979 mit der deutlichen Mehrheit von 135 gegen 102 Stimmen gegen Albrecht durchsetzte, war gewiss auch taktischen Überlegungen vieler CDU-Abgeordneter zu verdanken. Sie wollten das Gespenst einer bundesweiten Ausdehnung der CSU dadurch verbannen, dass sie deren Vorsitzenden zum gemeinsamen Spitzenkandidaten kürten.[37] Leichter dürfte ihnen das die Vermutung gemacht haben, dass jeder andere Unionskandidat bei Fortexistenz der SPD/FDP-Koalition gegen den erneut

35 So Albrecht auf der Sitzung des CDU-Bundesvorstands vom 02.07.1979, ebd., S. 1937.

36 Zu den Überlegungen von Strauß vgl. Möller: Strauß, S. 554 f.

37 Dass die Nominierung von Strauß eine Art von Garantie gegen die bundesweite Ausdehnung der CSU darstellte, schimmerte in vielen Redebeiträgen der Fraktionssitzung vom 02.07.1979 durch, vgl. nur die Reden von Gerhard Reddemann, Hans Werner Schmöle und Johannes Gerster, ACDP, 08-001-1057/1, S. 23, 25 f. und 34 des Wortprotokolls.

antretenden Helmut Schmidt ohnehin chancenlos wäre. Unter diesen Umständen konnte man denn auch Strauß ins Rennen schicken und damit das existenzbedrohende Thema einer bundesweiten Ausdehnung der CSU erledigen.

Aber diese naheliegenden Absichten dürfen nicht den Blick auf das Bedeutsame der Fraktionssitzung vom 2. Juli 1979 verstellen. Sie stellt einen Sonderfall parlamentarischen Sprechens dar. Am 2. Juli 1979 fand keine typische Fraktionsdebatte statt – also eine Debatte, in der nach innen gerichtete Argumente ausgetauscht wurden, um zu einer möglichst einheitlichen Position zu gelangen, die danach im Plenum an die Öffentlichkeit getragen werden sollte.[38] Vielmehr übten die knapp 250 Bundestagsabgeordneten, die sich an diesem Sommertag im Fraktionszimmer versammelt hatten, zum ersten und einzigen Mal treuhänderisch ihr politisches Mandat aus, um als Vermittlungsausschuss zwischen den »Schwesterparteien« CDU und CSU zu fungieren und an deren Stelle eine für beide Parteien verbindliche Personalentscheidung zu treffen. Entscheidend war, dass sie dies nicht als Delegierte ihrer Mutterparteien taten, sondern weisungsungebunden. Sie übertrugen mithin das freie Abgeordnetenmandat auf ihre neue Funktion als Mitglieder einer Wahlversammlung. Dies ermöglichte es ihnen, die Debatte am 2. Juli 1979 nach denselben Regeln zu führen, nach denen Fraktionssitzungen verliefen: streitbar in der Sache, aber stets mit Respekt vor der Glaubwürdigkeit und Integrität des andersdenkenden Fraktionsmitglieds.[39] Es war daher ein strategischer Fehler, wenn der Dregger-Gegner Blüm die Bindungswirkung der Fraktionsentscheidung aus Furcht vor einem ihm nicht genehmen Ausgang in Frage stellte und Zweifel äußerte, ob die Abgeordneten zu einer »freien Entscheidung«[40] imstande seien. Damit verstieß er, der immerhin schon seit 1972 dem Bundestag angehörte, gegen das Regelsystem von Fraktionsdebatten: Gerade weil Fraktionsdebatten typologisch als »Entscheidungsdebatten« einzustufen sind, setzen sie voraus, dass jedem Fraktionsmitglied Kompetenz, Sachverstand und Verantwortungsbewusstsein zugestanden[41] und ihm damit die für sein Votum erforderliche Legitimation attestiert wird. Blüm und andere Gegner des Nominierungsverfahrens griffen somit das Selbstverständnis

---

38 Zur Typologie der Fraktionsdebatte vgl. die erhellende sprachwissenschaftliche Untersuchung von Josef Klein/Kathrin Steyer: Fraktionsdebatte und Medienstrategien, in: Armin Burkhardt/Kornelia Pape (Hg.): Sprache des deutschen Parlamentarismus. Opladen 2000, S. 288–318.

39 Vgl. dazu ebd., S. 303.

40 Vgl. den Redebeitrag Blüms auf der Sitzung des CDU-Bundesvorstands am 02.07.1979, in: Buchstab (Hg.): Kohl: »Stetigkeit«, S. 1964; die schärfste Zurechtweisung Blüms erfolgte auf dieser Sitzung durch Biedenkopf, ebd., S. 1968.

41 Vgl. Klein/Steyer: Fraktionsdebatte, S. 302f. und 317.

der Fraktionsmitglieder frontal an, wenn sie ihnen unterstellten, sie würden in der ihnen zugefallenen Funktion als Nominierungskollegium die Unabhängigkeit ihres parlamentarischen Mandats gegen parteipolitische Unterwerfung eintauschen. Dregger wusste als erfahrener Parlamentarier, dass »die Fraktion ein sensibler Körper«[42] ist; und so verdankte sich das für viele Beobachter unvorhergesehene Abstimmungsergebnis auch dem Umstand, dass sich das Wahlgremium als ein einmaliges Schlichtungsorgan für die Unionsparteien verstand, das seine Entscheidung nach den Regeln des Parlamentarismus traf.

Als die Fraktion am Morgen des 2. Juli 1979 zusammentrat, stand noch nicht fest, dass im Laufe dieses Tages über den Kanzlerkandidaten entschieden würde. Der Fraktionsvorsitzende Kohl griff noch einmal in die politische Trickkiste, um eine Abstimmung an diesem Tag zu verhindern. Aus durchsichtigen Gründen machte er sich zum Anwalt der etwa 25 Fraktionsmitglieder, die am Morgen des 2. Juli nicht im Bonner Fraktionssaal präsent waren, weil sie nicht damit gerechnet hatten, dass die Fraktion schon an diesem Tag eine Entscheidung würde treffen wollen. Doch mit dieser durchsichtigen Taktik brachte Kohl die schweigende Mehrheit der Fraktion gegen seinen Führungsstil auf, so dass ihm nichts weiter übrig blieb, als den Dingen ihren Lauf zu lassen.[43] Als die Fraktionsdebatte an Fahrt gewann, zeichnete sich immer deutlicher ab, dass nur eine rasche Entscheidung noch an diesem 2. Juli die erhoffte Befriedung zwischen CDU und CSU herbeiführen konnte. Der Verlauf der Sitzung vom 2. Juli 1979 ist ein herausragendes Exempel dafür, dass eine Fraktion nach ihrem eigenen Selbstverständnis eine »Entscheidungsdebatte«[44] zu führen gedachte und damit gezielt eine Klärung der betreffenden Angelegenheit herbeiführen wollte. Viele Fraktionsmitglieder reflektierten, dass eine zur Entscheidung reife Angelegenheit ihnen überlassen war und dass sie auch zeitnah darüber befinden mussten: »Wir stehen jetzt vor dem Zwang[,] eine Entscheidung zu treffen.«[45] Die Fraktion drängte auch deshalb, um die Integrität ihrer Entscheidungskompetenz zu schützen: Nur wenn die Deutungshoheit über das Entscheiden – im Luhmann'schen Sinne das Entscheiden über das Entscheiden – nicht Dritten überlassen wurde,

42 Redebeitrag Dreggers vom 02.07.1979, in: Buchstab (Hg.): Kohl: »Stetigkeit«, S. 1955.

43 Vgl. die Reden Kohls und seines Adlatus Jenninger am 02.07.1979, ACDP, 08-001-1057/1, S. 13 f. des Wortprotokolls, sowie die Gegenreden von Milz und des Ulmer Abgeordneten Werner, ebd., S. 14 und 17.

44 Vgl. Klein/Schreyer: Fraktionsdebatte, S. 302 f und 317.

45 So der Kölner Abgeordnete Peter von der Heydt in der Fraktion am 02.07.1979, ACDP, 08-001-1057/1, S. 70 des Wortprotokolls; vgl. auch die Wortbeiträge der Abgeordneten Werner Zeyer, Philipp von Bismarck, Stark, Windelen und Bernhard Friedmann, ebd., S. 54, 56 f., 69 f., 74 und 76.

konnte die Fraktion nach selbstgesetzten Kriterien ein Votum treffen. Andernfalls wäre der Situation in den Medien große Aufmerksamkeit gewidmet worden, was interessierten Kreisen Gelegenheit geboten hätte, die Deutungshoheit über eine verschobene Entscheidung mit geballter Wucht zu kommunizieren, um die Abgeordneten in eine bestimmte Richtung – zu Lasten von Strauß – zu lenken.

Die Fraktion schützte mithin ihre Entscheidungshoheit, wenn sie noch am 2. Juli eine Abstimmung auf der Basis von Argumenten vornahm, die allein im Schoße der Fraktion geäußert wurden. Der württembergische Abgeordnete Claus Jäger sprach vielen Fraktionsmitgliedern aus dem Herzen, als er bekundete, eine Situation verhindern zu wollen, in der »die öffentlichen Medien als ein ganz massives Instrument zur Entscheidungsbeeinflussung auf diese Fraktion bis zum morgigen Tag«[46] eingesetzt würden. Und der Abgeordnete Spies von Büllesheim, der den westlichsten Wahlkreis Deutschlands, den Kreis Heinsberg, vertrat, bemühte das historische Beispiel der Papstwahl, bei dem das Wahlkollegium aus strukturell ähnlichen Gründen die Autonomie der Entscheidung durch ein Abkapseln von der Außenwelt schützte: »Wir sollten uns heute hier abend als ein solches Konklave verstehen, also nicht auseinander gehen, bevor wir nicht entschieden haben«.[47]

Damit hatte der Entscheidungsprozess eine solche Eigendynamik entwickelt, dass die beiden zur Wahl stehenden Bewerber keine Gelegenheit hatten, eine Kandidatenrede zu halten. Beide waren nicht vor Ort und gehörten der Fraktion nicht an. Damit war die Konstellation entstanden, dass eine zentrale personalpolitische Weichenstellung vorgenommen wurde, ohne dass die Betreffenden anwesend waren. Und alles spricht dafür, dass Strauß davon am meisten profitierte. Der Strauß-Unterstützer Manfred Abelein, ein eigenwilliger württembergischer Abgeordneter, der sich durch zupackende Redebeiträge auszeichnete, führte den Wettbewerbsvorteil von Strauß der Fraktion deutlich vor Augen. Denn Strauß hatte in der Vergangenheit die Fraktion auf seine unverwechselbare Weise im Bundestagsplenum vertreten – und das noch in der laufenden Legislaturperiode. Ihn kannten alle als Fraktionskollegen, während der niedersächsische Ministerpräsident für die allermeisten ein unbeschriebenes Blatt war: »Wir kennen sie – den einen besser, zugegeben, den anderen nicht so gut. Aber, das ist eben so.«[48] Hinzu kam, dass Strauß auch CDU-Abgeordneten Wahlkampfhilfe geleistet hatte. Ihn für einen Auftritt im heimischen Wahlkreis zu gewinnen, hieß,

46 Vgl. den Redebeitrag Jägers, ebd., S. 38 des Wortprotokolls
47 Redebeitrag von Spies von Büllesheim, ebd., S. 56 des Wortprotokolls.
48 Redebeitrag Abeleins, ebd., S. 61 des Wortprotokolls.

einen Wahlkampfmagneten engagiert zu haben. Nicht nur bei dem Nürtinger Abgeordneten Stark gab es daher so etwas wie eine Dankesschuld abzutragen, wenn er sich für Strauß einsetzte.[49] Und auch weil keine wirkliche Generaldebatte über beide Personen stattfand – die Verfahrensfrage hatte den Großteil der Debattenzeit verbraucht –, konnte sich der Heimvorteil von Strauß auswirken: Gewiss war er in der Fraktion das eine oder andere Mal aufgrund seiner Persönlichkeit angeeckt, aber auch Strauß-Skeptiker mussten Rednergabe, souveräne Sachkenntnis und das politische Feuer, das in diesem Vollblutpolitiker loderte, anerkennen.[50]

Dregger hatte maßgeblichen Anteil daran, dass Strauß in einem letztlich einvernehmlichen Verfahren gekürt und damit die Einheit der Fraktion gewahrt wurde. Pointiert formuliert: Er hatte einen Verfahrensmodus vorgeschlagen, der letztlich den Bewerber privilegierte, der einen parlamentarischen Status vorweisen konnte – in diesem Fall eben Strauß. Die Fraktion entschied nach fraktionsimmanenten Kriterien und eben nicht danach, wer von den beiden Kandidaten bessere Wahlaussichten haben würde. Sie votierte für denjenigen, der lange in ihrer Mitte verweilt hatte, und nicht für den anderen, der weniger polarisierte und dem manche Demoskopen daher bessere Wahlchancen einräumten.

Insbesondere dem hartnäckigen Drängen Dreggers war es zu verdanken, dass die Fraktion hier bei einer zwischen zwei Parteien höchst umstrittenen Frage in die Funktion des »Königsmachers« hineinschlüpfen konnte – ein in der bundesdeutschen Parlamentarismusgeschichte bis dahin einmaliger Vorgang. Dregger war es auch, der am Ende eines Debattenmarathons Bilanz zog und sich zum Sprachrohr der Fraktionsmehrheit machte. Er übernahm damit eine Aufgabe, die eigentlich dem Fraktionsvorsitzenden oblag. Doch Kohl fand keine passenden Worte, weil er in der Rolle des Getriebenen mitverfolgen musste, wie sich die Fraktion als Entscheidungszentrum in einer parteipolitischen Kernfrage etablierte, an dieser Rolle zunehmend Gefallen fand und noch an dem Tag, an dem sie ihre Souveränität entdeckte, eine bindende Entscheidung über die Kanzlerkandidatur traf. Dregger hingegen trat wie ein verkappter Fraktionsvorsitzender auf. Man wird in der Vermutung nicht fehlgehen, dass ihn sein Auftreten am 2. Juli 1979 in den Augen vieler Fraktionsmitglieder für dieses Amt qualifizierte, als es zu einem späteren Zeitpunkt frei wurde. Dregger verlieh dem Selbstbewusstsein der Fraktion passende Worte, indem er ihr geradezu einimpfte: »Meine Freunde,

49 Redebeitrag Starks, ebd., S. 70 des Wortprotokolls.

50 Vgl. die entsprechenden Werbereden der Strauß-Unterstützer Geier, Oscar Schneider und Hartmann, ebd., S. 85, 95 und 98 des Wortprotokolls.

wenn die Fraktion eine Entscheidung getroffen hat [...], dann gilt das! Dann gilt das!«[51]

Diesen Weg hatte Dregger gegen erhebliche Widerstände in der CDU-Parteiführung gebahnt. Offensichtliche persönliche Interessen von Hauptbeteiligten lagen dem nur teilweise zugrunde. Bei dem CDU-Vorsitzenden Kohl war dies unverkennbar der Fall und kann auch nicht verwundern. Er musste seine Führungsautorität beschädigt sehen, weil er sich mit seinem Vorpreschen in der Kandidatenfrage auch innerhalb der CDU-Spitze nicht hatte durchsetzen können. Und wenn er mit Dregger selbst noch im Nachgang der Entscheidung in einer Bundesvorstandssitzung die Klingen kreuzte,[52] ist das ein klarer Hinweis, dass er es kaum verwinden konnte, sich von Dregger in seinem autoritären Führungsstil intern kritisiert und in die Schranken gewiesen zu sehen. Erst als Kohl drei Jahre später am Gipfel angelangt und zum Bundeskanzler gewählt wurde, konnte er sich großzügig geben.

Dregger behauptete sich aber auch gegen jene Parteigranden, die die Nominierungsfrage vom Primat des Parteiinteresses her betrachteten und denen es daher nicht einleuchtete, »daß eine Partei in einer Lebensfrage das Votum an eine Fraktion abgibt«.[53] Und schließlich gab es auch noch die auf dem linken Parteiflügel Beheimateten, die mit einem Kanzlerkandidaten Strauß in einem Maße fremdelten, dass sie die Abstimmung innerhalb der Bundestagsfraktion unter Hinweis auf den fadenscheinigen Grund zu entwerten suchten, die Abgeordneten seien nicht frei, weil sie sich in einer »Drucksituation«[54] befänden. Dass sich Dregger trotz solcher Widerstände durchsetzen konnte, lag daran, dass allein sein Vorstoß dem Nominierungsverfahren sowohl bei der CDU wie bei der CSU die unverzichtbare Legitimität verschaffte, die es brauchte, um den von der gemeinsamen Fraktion Gewählten als Kanzlerkandidaten beider Parteien anzuerkennen. Besonders deutlich kam dies in der Stellungnahme des Vorstandsmitglieds Manfred Wörner zum Ausdruck, der als direkt gewählter Abgeordneter das Innenleben der Bundestagsfraktion bestens kannte und zugleich in der Parteiorganisation verwurzelt war. Dieser unabhängige Kopf verwahrte sich gegen die Insinuation, man habe die Bundestagsabgeordneten unter ungebührlichem Druck zu einer Entscheidung gezwungen: »Wenn in Wahlkabinen abgestimmt

51 Redebeitrag Dreggers, ebd., S. 89–91 des Wortprotokolls, Zitat S. 90.

52 Vgl. die Attacke Kohls gegen Dregger auf der Bundesvorstandssitzung vom 10.07.1979, in: Buchstab (Hg.): Kohl: »Stetigkeit«, S. 2006.

53 So die überaus deutliche Aussage des rheinland-pfälzischen Ministerpräsidenten Bernhard Vogel auf der Bundesvorstandssitzung vom 02.07.1979, ebd., S. 1950.

54 So der bezeichnende Redebeitrag von Norbert Blüm am 02.07.1979, ebd., S. 1965.

wird, wird nicht unter Pression abgestimmt.«[55] Zugleich machte er deutlich, dass die Fraktion das Gesetz des Handelns deswegen habe an sich ziehen müssen, weil sich CDU und CSU aus parteiegoistischen Gründen nicht auf einen konsensualen Auswahlmodus hätten einigen können: »Die Fraktion [...] erträgt es nicht, daß zwei Parteien sich hoffnungslos ineinander verbissen haben und kein Ausweg deutlich wird.«[56]

Durch seine Hartnäckigkeit hatte Dregger entscheidend dazu beigetragen, dass die Union mit Strauß als gemeinsamem Spitzenkandidaten zur Bundestagswahl 1980 antrat. Damit stand ein Politiker als Kanzler in spe bereit, der in vielerlei Hinsicht aus demselben Holz wie Dregger geschnitzt war. Horst Möller hat in seiner imponierenden Strauß-Biographie überzeugende Argumente dafür geliefert, dass der Bayer entgegen vielen zeitgenössischen Zuschreibungen kein Konservativer in dem Sinne war, dass die Pflege von Traditionen und eine kirchlich behütete Gesellschaftsordnung im Zentrum seiner Politik gestanden hätten.[57] Strauß war ein überzeugter Verfechter von Westintegration und Sozialer Marktwirtschaft sowie ein leidenschaftlicher Parlamentarier – Eigenschaften, die ihn ebenso mit Dregger verbanden wie sein ausgeprägter Freiheitswille, der ihn gegen alle kollektivistischen Einschränkungen der Freiheit rebellieren ließen. Die Seelenverwandtschaft mit Dregger rührte auch daher, dass Strauß im politischen Kampf aufging und im Modus der politischen Rede zu sich selbst fand. Ähnlich waren sich Strauß und Dregger somit nicht nur im liberalen Zuschnitt ihres Politikverständnisses, sondern auch wegen der kämpferischen Attitüde, die beiden ehemaligen Wehrmachtsoffizieren zur zweiten Natur geworden war.

Dregger machte aus seiner persönlichen und politischen Wertschätzung für Strauß keinen Hehl, wenngleich er immer die ihm eigene Distanz wahrte und seine »kameradschaftliche Verbundenheit« nie zu einer Duz-Freundschaft ausweitete. Es war der politische Gleichklang, der beide zusammenführte: die ihnen eigene »Haltung«, sich nicht durch Angriffe aus der Bahn werfen zu lassen, und ihr leidenschaftliches Streiten für den beide verbindenden Zentralwert Freiheit. Wenn Dregger seinem bayerischen Gegenüber in einem handschriftlichen Schreiben versicherte, »Sie [werden] mich an Ihrer Seite finden, wenn es gilt, die

55 Redebeitrag Wörners auf der Bundesvorstandssitzung vom 02.07.1979, ebd., S. 1966.

56 Wörner, ebd., S. 1965.

57 Vgl. hierzu und zur politischen Standortbestimmung von Strauß Möller: Strauß, vor allem S. 634–640.

Freiheit in diesem Lande und für dieses Land zu verteidigen«,[58] war dies eine politische Grundsatzaussage Dreggers.

Scheint Strauß also der Wunschkandidat Dreggers gewesen zu sein, stellt sich die Frage, ob er den hessischen CDU-Vorsitzenden dazu bewegte, sich im Bundestagswahlkampf für ihn über Gebühr zu engagieren. 1976 hatte Dregger den für Strauß maßgeschneiderten Slogan »Freiheit statt Sozialismus« der Bundespartei mit auf den Weg gegeben – obwohl Helmut Kohl nicht die perfekte Personifikation dieses polarisierenden Mottos war. Vier Jahre später stand nun mit Strauß ein Politiker an der Spitze der Kampagne, mit dem Dregger eine antisozialistische Kampfbrigade hätte bilden können. Unmittelbar nach der Nominierung des Bayern schwebte Dregger daher eine Wiederauflage der Konfrontation von 1976 vor: »Die Trennungslinie verläuft zwischen ›Freiheit statt Sozialismus‹ – Union/SPD«.[59] Allerdings bot die sozialliberale Regierung unter Kanzler Schmidt keine Angriffsflächen, die es nahegelegt hätten, erneut einen offensiv von der Union gegen »sozialistische Tendenzen« im Innern geführten Wahlkampf zu fahren. Nur kurzfristig veränderte der sowjetische Einmarsch in Afghanistan Ende Dezember 1979 das Wahlkampfkalkül. Damit wurde der »Zweite Kalte Krieg« zu einem weltpolitischen Thema, weil die Sowjetunion erstmals nach 1945 mit eigenen Truppen über ihren zu Ende des Zweiten Weltkriegs errichteten Herrschaftsbereich vorgedrungen war.[60] Anfänglich liebäugelte die CDU-Spitze auch damit, die neue Qualität der von der Sowjetunion ausgehenden Bedrohung ins Zentrum ihrer Wahlkampagne zu rücken. Das hätte Dregger auf CDU-Seite zum idealen Partner von Strauß gemacht. Der CDU-Vorsitzende selbst, der um seines politischen Überlebens willen Strauß zu einem achtbaren Resultat verhelfen musste, fasste die sowjetische Politik als Bestätigung des CDU-Markenkerns auf, wonach Frieden nur durch »Freiheit und Sicherheit«[61] bewahrt werden könne. Damit standen zwei zentrale politische Hochwertworte ganz vorne, die keiner in der CDU so überzeugend zu buchstabieren vermochte wie Dregger.

Indem die CDU-Wahlkampfführung als zentralen Slogan »Für Frieden und Freiheit« kreierte, griff sie zumindest partiell das Dregger-Thema »Freiheit« auf – und verband es mit dem Hochwertwort »Frieden«, weil man nicht zuletzt aus dem

58 Handschriftliches Schreiben Dreggers an Strauß, 02.09.1975, Archiv für Christlich-Soziale Politik, München, Familie Strauß 8251; dort auch die beiden vorherigen Zitate.

59 Vgl. die aus dem Juli 1979 stammende »Strategie der Unionsparteien zur Bundestagswahl 1980« der hessischen CDU, ACDP, 01-347-204.

60 Zur Einordnung siehe Frank Bösch: Zeitenwende 1979. Als die Welt von heute begann. München 2019, S. 229–233.

61 So Kohl auf der Sitzung des CDU-Bundesvorstands am 28.01.1980, ACDP, 01-347-204, S. 2178 f.

Wahlkampf 1972 die Lehre gezogen hatte, diesen Begriff nicht kampflos der SPD überlassen zu dürfen. Aber zugleich ließ die CDU-Wahlkampfstrategie keinen Zweifel daran aufkommen, dass vermieden werden sollte, den politischen Gegner allzu frontal anzugreifen und einen Antisozialismus-Wahlkampf zu führen, da man davon ausging, dass dies bei den Wählern nicht zog.[62] Damit bewegte sich der CDU-Wahlkampf in gewohnten Bahnen: Er setzte eher auf Integration denn auf Polarisierung, wohl auch aus der Ahnung heraus, dass vor allem die SPD nichts unversucht lassen werde, Strauß im Wahlkampf als Kriegstreiber und Sicherheitsrisiko hinzustellen. Dregger vermochte sich daher in diesem Wahlkampf nicht so zu entfalten wie vier Jahre zuvor. Zudem musste er die Erfahrung machen, dass selbst Strauß in der heißen Phase die Sicherheitspolitik immer mehr nach hinten rückte und stattdessen ein Thema nach vorne brachte, das auf die wirtschafts- und finanzpolitische Kernkompetenz der Union zugeschnitten war: Staatsverschuldung.[63] Die Union versuchte sich als einzigen Garanten gegen eine ausufernde Kreditaufnahme der öffentlichen Hand zu profilieren. Das fand zwar durchaus gesellschaftlichen Widerhall. So setzte beispielsweise der Wahlhirtenbrief der katholischen Bischöfe der Bundesrepublik dieses Thema ganz oben auf die Agenda.[64] Aber diese Akzentverschiebung gab auch zu erkennen, dass man mit dem politischen Lebensthema Dreggers – Selbstbehauptung der freiheitlichen Ordnung gegen innere und äußere Feinde – keine Wahlen gewinnen zu können glaubte – eine Einschätzung, wie sie auch eine interne Analyse unterstrich.[65]

So musste die Union hinnehmen, dass sie trotz eines durchaus in offensiver Haltung geführten Wahlkampfes in die Defensive gedrängt wurde. Allein die Person Strauß mobilisierte den politischen Gegner in bislang unbekanntem Maße. »Stoppt Strauß«-Kampagnen mussten nicht erst von der SPD initiiert werden, sie entstanden spontan aus einer breiten Ablehnung seiner Persönlichkeit wie seines politischen Programms[66] und können durchaus als Pendant zu den Bürgerinitiativen zugunsten von Willy Brandt im Jahr 1972 gelten. Angesichts dieser Umstände fiel die Niederlage der Union insgesamt noch glimpflich aus: CDU und CSU blieben mit einem Verlust von 4,1 Prozentpunkten mit 44,5 Prozent

62 Vgl. die Ausführungen von CDU-Generalsekretär Geißler und Bundesgeschäftsführer Radunski auf der Sitzung des Bundesvorstands vom 21.04.1980, ebd., S. 2322–2327.

63 Vgl. die Ausführungen von Strauß auf der Sitzung des CDU-Bundesvorstands am 25.08.1980, ebd., S. 2459.

64 Vgl. Mergel: Propaganda, S. 328 f.

65 Vgl. die vom Sommer 1980 stammende »strategische Anlage der Bundestagswahl 1980«, ACDP, 01-347-204.

66 Vgl. Mergel: Propaganda, S. 226 f., sowie Möller: Strauß, S. 558–561.

stärkste politische Kraft, während die SPD nur leicht auf 42,9 Prozent zulegen konnte und die FDP mit 10,6 Prozent erstmals seit 1961 ein zweistelliges Ergebnis einfuhr und sich damit als eigentlichen Wahlsieger sehen durfte. Strauß hatte nicht der SPD, wohl aber der FDP Wähler zugetrieben. Lag darin auch ein Keim des Auseinanderbrechens der sozialliberalen Koalition zwei Jahre später, musste es jetzt bei der Union Enttäuschung hervorrufen. Und auch Dregger konnte mit dem Ergebnis seines Landesverbandes nicht unbedingt zufrieden sein: Die hessische CDU hatte einen Verlust von 4,2 Prozentpunkten gegenüber der letzten Bundestagswahl zu registrieren und schnitt damit schlechter als die CDU in Bremen, im Saarland und in Nordrhein-Westfalen ab. Von einem »Hessen-Bonus«[67], den sich die hessische CDU und ihr Vorsitzender bis dahin gutgeschrieben hatten, konnte keine Rede mehr sein.

Dregger musste sich also wieder auf voraussichtlich vier Jahre Oppositionsarbeit in der Bundespolitik einstellen; und ob ihm im vierten Anlauf bei der Landtagswahl in Hessen im Jahr 1982 der Sprung in das Amt des Ministerpräsidenten gelingen würde, war 1980 mehr als fraglich. Wie also sollte er von der Opposition heraus gestalterisch tätig sein? Wo konnte ein sprachgewaltiger Oppositioneller wie er prägend Einfluss nehmen? Die politische Semantik war im Grunde sein eigentliches Gebiet, aber hat Dregger in der Zeit der Opposition auf ihm auch tiefe Spuren hinterlassen?

Die Besetzung Afghanistans durch sowjetische Truppen im Dezember 1979 rückte die internationale Sicherheitspolitik wieder in den Blick, ein Politikfeld, für das Dregger eine Kernzuständigkeit reklamierte. Darüber hinaus traf zur gleichen Zeit der NATO-Rat eine Entscheidung, die das Thema ohnehin ins Zentrum auch der bundesdeutschen Politik beförderte. Der am 12. Dezember 1979 einstimmig gefällte »Doppelbeschluss« mutete dem westlichen Verteidigungsbündnis eine Verteidigungsanstrengung zu, die einen erheblichen Kommunikationsbedarf mit sich brachte und damit gerade Dregger mit einer ihm auf den Leib geschnittenen Mission ausstattete. Die NATO wollte in großem Stil qualitativ neue Atomwaffen – »cruise missiles« und Pershing-II-Flugkörper[68] – stationieren, die imstande waren, als Mittelstreckenwaffen auch sowjetisches Territorium

---

67 Vgl. dazu den für Dregger bestimmten Vermerk des hessischen CDU-Generalsekretärs Kanther, 09.06.1980, ACDP, 01-347-204.

68 Das »Pershing«-Waffensystem besteht aus zielgenauen und von mobilen Fahrzeugen aus abschießbaren, mit einem Atomsprengkopf versehenen Flugkörpern, die in der Literatur meistens irrtümlich als »Raketen« bezeichnet werden. Vgl. etwa Oliver Bange: SS 20 und Pershing II, in: Christoph Becker-Schaum/Philipp Gassert/Martin Klimke u. a. (Hg.): »Entrüstet Euch!«. Paderborn 2012, S. 71–87, hier S. 72f. Bis zur Umsetzung der Nachrüstung verfügte die NATO auf deutschem

zu erreichen. Eine solche Stationierung war aus NATO-Sicht nur eine nachholende Reaktion, um die Glaubhaftigkeit atomarer Abschreckung zu untermauern. Schließlich hatte der Warschauer Pakt zuvor atomare Mittelstreckenflugkörper vom Typ SS 20 in Dienst genommen, die den Zweck verfolgten, Zonen unterschiedlicher Bedrohung zu schaffen und damit die USA von Westeuropa abzukoppeln. Die Reichweite der SS-20-Flugkörper war auf Europa beschränkt; ein möglicher Einsatz dieser Waffen stellte die USA somit vor das Dilemma, ob zur atomaren Verteidigung Europas die allein zur Verfügung stehenden »Interkontinentalwaffen« eingesetzt werden sollten – mithin Atomwaffen, die von den USA aus sowjetisches Territorium ins Visier nahmen. Die Kardinalfrage, die Dregger und alle anderen Verteidigungspolitiker deshalb umtrieb, hieß: War den USA zuzutrauen, dass sie um der atomaren Verteidigung Westeuropas willen eine atomare Konfrontation mit der Sowjetunion durch Interkontinentalwaffen riskierten, die auf das eigene Land zurückgefallen wäre, weil die Sowjetunion über eine atomare interkontinentale Zweitschlagfähigkeit verfügte?

Gerade weil man den USA einen solchen Härtest ersparen wollte, hatte die NATO 1967 die Verteidigungsdoktrin der »flexible response« festgelegt, die auf eine abgestufte atomare Verteidigungsfähigkeit setzte. In der Logik dieser Verteidigungsdoktrin lag es daher, der Aufstellung von SS-20-Systemen mit atomaren Mittelstreckenflugkörpern zu begegnen – eben jenen »cruise missiles« und Pershing-II-Flugkörpern. Während die NATO am 12. Dezember 1979 die Einführung dieser Waffensysteme in Aussicht stellte, sandte sie zugleich ein Verhandlungssignal an die Adresse der Sowjetunion aus: Sollte diese ihre bereits stationierten SS-20-Systeme abziehen und vernichten, entfiele für die NATO der Zwang zur »Nachrüstung«. Der NATO-»Doppelbeschluss« enthielt mithin zwei Komponenten: zum einen die Bereitschaft zur Stationierung atomarer Mittelstreckensysteme, die auch sowjetisches Territorium erreichen konnten; zum anderen die Bereitschaft zum Verzicht darauf, wenn die Sowjetunion ihrerseits ihre vorhandenen Mittelstreckensysteme unschädlich machte.[69]

Damit stand aber nicht nur eine überaus komplexe sicherheitspolitische Thematik über vier Jahre hinweg im Blickfeld der internationalen Politik. Der »Doppelbe-

---

Boden über zwei mit der Pershing Ia bestückte »Flugkörpergeschwader« (in Teveren nordwestlich von Aachen und in Landsberg/Lech), die zur Luftwaffe zählten.

69 Vgl. als Auswahlliteratur zum »Doppelbeschluss« Tim Geiger: Vergeblicher Protest? Der NATO-Doppelbeschluß und die deutsche Friedensbewegung, in: Frank Bösch/Peter Hoeres (Hg.): Außenpolitik im Medienzeitalter, Göttingen 2013, S. 273–297; ders.: Die Regierung Schmidt-Genscher und der NATO-Doppelbeschluß, in: Philipp Gassert/Tim Geiger/Hermann Wentker (Hg.): Zweiter Kalter Krieg und Friedensbewegung. München 2011, S. 95–122.

schluss« beschäftigte nicht nur Militärstrategen, sondern wurde breit rezipiert und heftig diskutiert. Gerade in Westeuropa und insbesondere in der Bundesrepublik Deutschland, in der die neuen Waffen hauptsächlich stationiert werden sollten, regte sich gesellschaftlicher Protest bislang unbekannten Ausmaßes. Er kulminierte im Herbst 1983, als an einem einzigen Tag, am 22. Oktober, mehrere Hunderttausend Menschen symbolträchtig gegen die »Nachrüstung« demonstrierten.[70] Der NATO-»Doppelbeschluss« rief als Gegenreaktion die »Friedensbewegung« hervor, in der sich zivilgesellschaftliches Engagement in Reinkultur offenbarte. Sie stellte Sicherheitspolitiker wie Dregger vor die Herausforderung, ihr nüchternes Kalkül, das in der Logik einer atomaren Abschreckungsdoktrin gefangen war, mit Worten zu belegen, die zumindest partiell mit dem Hochwertwort »Frieden« konkurrieren konnten, das die Gegner der »Nachrüstung« erfolgreich okkupiert hatten.

Dregger hatte schon im Oktober 1978 – also ein Jahr vor dem »Doppelbeschluss« – auf dem CDU-Bundesparteitag seiner Partei den Spiegel vorgehalten.[71] Er beklagte ihren mangelnden Einsatz, die sicherheitspolitischen Erfordernisse der breiten Öffentlichkeit verständlich und überzeugend zu vermitteln. Sicherheitspolitik werde auch in den eigenen Reihen auf eine militärische Aufgabe reduziert, dabei verliere man aber aus dem Auge, dass militärische Einsatzbereitschaft nur gewährleistet sei, wenn sie internalisiert werde – und dazu brauche es entsprechende Diskursanstrengungen. Bei der Beantwortung der Frage, inwieweit Dregger dieses Defizit beheben konnte, soll an eine der historischen Diskurssemantik verpflichtete Sprachgeschichte angeknüpft werden, die wertvolle methodische Vorarbeiten geleistet hat. Indem sie die realitätskonstituierende Leistung von Sprache betont,[72] wird der Politik zugleich das Besetzen von Begriffen als eigenes Hoheitsgebiet überstellt. Insofern ist Sprachpolitik keine Nebensächlichkeit, sondern ein Kerngebiet, zu dem auch eine Oppositionspartei einen erheblichen Beitrag leisten kann. So auch die CDU in jener Zeit – nicht umsonst hatte ihr Generalsekretär Biedenkopf auf dem 22. Bundesparteitag 1973 die Union ausdrücklich zu entsprechenden Anstrengungen aufgerufen.[73] Die

---

70 Vgl. Geiger: Vergeblicher Protest?, S. 273.

71 Rede Dreggers am 25.10.1978, in: CDU-Bundesgeschäftsstelle (Hg.): 26. Bundesparteitag der Christlich Demokratischen Union Deutschlands. Niederschrift, Ludwigshafen, 23.–25. Oktober 1978, hier S. 315.

72 Dieser Ansatz ist vor allem von der Linguistik an der Universität Düsseldorf verfolgt worden; vgl. hierzu Martin Wengeler: 25 Jahre Düsseldorfer Sprachgeschichtsschreibung für die Zeit nach 1945, in: ders. (Hg.): Sprachgeschichte als Zeitgeschichte. Hildesheim 2005, S. 1–18, sowie Martin Wengeler/Alexander Ziem (Hg.): Diskurs, Wissen, Sprache. Berlin, Boston 2018.

73 Vgl. aus linguistischer Perspektive Josef Klein: Kann man »Begriffe besetzen«? Zur linguistischen

Herausforderung bestand mit Blick auf die wichtige Frage der Militärstrategie darin, den politischen Kern der Nachrüstungsdebatte semantisch so freizulegen, dass sie sich nicht in militärtechnologischen Details verhedderte und dem von der Gegenseite emphatisch in Anspruch genommenen Hochwertwort »Frieden« eine aus dem politischen Kernwortschatz entlehnte Antwort entgegensetzte.

Bei dieser semantischen »Nachrüstung« spielte Dregger dann allerdings keine herausragende Rolle. Als der Bundestag am 9. Oktober 1981 eine Generaldebatte über die Grundlagen der westdeutschen Sicherheitspolitik führte, fehlte er nicht nur als Redner, er war nicht einmal im Plenum präsent.[74] War diese Abstinenz des ausgewiesenen Sicherheitspolitikers nicht merkwürdig? Der erste Grund für Dreggers Zurückhaltung lag in dem Umstand, dass die Opposition die sicherheitspolitische Linie der Regierung Schmidt/Genscher vorbehaltlos unterstützte. Es war nicht zuletzt Bundeskanzler Helmut Schmidt, der auf die Sicherheitslücke bei der atomaren Ausstattung der westlichen Allianz hingewiesen und damit den NATO-»Doppelbeschluss« überhaupt ermöglicht hatte. Als der SPD-Bundeskanzler am 9. Oktober 1981 seine Sicherheitspolitik vor dem Bundestag angesichts einer tags darauf in der Bundeshauptstadt stattfindenden Massenkundgebung, die gegen den Doppelbeschluss gerichtet war, erläuterte, hielt er eine Rede, die von der CDU/CSU-Fraktion inhaltlich uneingeschränkt begrüßt und deswegen mit häufigem Beifall bedacht wurde.[75] In ihren Kernaussagen hätte sie auch von Oppositionsführer Kohl oder von Dregger selbst gehalten werden können.

Wie in der Hochphase des Terrorismus im Herbst 1977 hatte sich in der Frage der Nachrüstung faktisch eine »Große Koalition« gebildet – und das hieß für Dregger, dass sich die Vertreter der Union im Bundestag eher auf ein staatsmännisch temperiertes Reden zu beschränken statt in den Angriffsmodus umzuschalten hatten. Damit aber musste er anderen Sprechern seiner Fraktion den Vortritt lassen. Zudem hatte Fraktionschef Kohl erkannt, dass die Situation für die Union ganz eigene Chancen bereithielt: Verweigerten weite Teile der SPD ihrem Bundeskanzler in der Frage der Nachrüstung die politische Gefolgschaft und machten stattdessen als Teil der »Friedensbewegung« offen Front gegen Schmidt, musste das die Spaltung der sozialliberalen Koalition und damit einen

Differenzierung einer plakativen politischen Metapher, in: Frank Liedtke/Martin Wengeler/Karin Böke (Hg.): Begriffe besetzen. Opladen 1991, S. 44–69.

74 Dregger nahm nicht an der namentlichen Abstimmung über einen Antrag der SPD- und FDP-Fraktion teil, der der Bundesregierung die Unterstützung des Bundestags hinsichtlich ihrer Sicherheitspolitik zusichern sollte; Verhandlungen des Deutschen Bundestags, Stenographische Berichte, 9. Wahlperiode, 57. Sitzung vom 9. Oktober 1981, S. 3344.

75 Die Rede von Bundeskanzler Schmidt findet sich ebd., S. 3324–3330.

Koalitionswechsel der FDP in greifbare Nähe rücken lassen.[76] Auch unter diesen Umständen war es nicht opportun, ausgerechnet Dregger, der mit der FDP so manchen Strauß ausgefochten hatte, in die vorderste Linie zu schicken.

Hinzu kam, dass sich die hinter dem »Doppelbeschluss« stehenden Kräfte schon Verdienste darin erworben hatten, das heikle Thema emotional abzurüsten, so dass Dregger als semantischer Taktgeber nicht unbedingt erforderlich war. Es war gelungen, mit dem Wort »Nachrüstung« einen Begriff erfolgreich in Umlauf zu bringen, der die reaktive Komponente betonte und damit unmittelbar an den klassischen Sicherheitsdiskurs – Abwehr sowjetischer Bedrohung als Ratio bundesdeutscher Politik – anschloss. Das war auch ein Verdienst von Unionspolitikern, die schon vor dem »Doppelbeschluss« diesen Begriff häufig gebraucht hatten.[77] Bereits im März 1979 hatte die Unionsfraktion im Bundestag einen Entschließungsantrag eingebracht, in dem er verwendet wurde.[78] Allerdings konnte nicht Dregger die Vaterschaft für den Begriff »Nachrüstung« in Anspruch nehmen. Zudem war die zweite semantische Verteidigungslinie der Union nicht auf ihn zugeschnitten. Die zum Teil heftigen Ausfälle von Teilen der »Friedensbewegung« gegen die USA, die man imperialistischer Tendenzen beschuldigte, ließen in der Union eine energische Solidarisierung mit der westlichen Schutzmacht aufkommen, die Kohl bei seiner USA-Reise im Oktober 1981 geradezu zelebrierte.[79] Dregger hingegen hatte nie seine Skepsis gegenüber einer allzu großen Abhängigkeit vom US-Atomschirm verborgen und stattdessen auf einen eigenen europäischen Verteidigungsbeitrag mit nuklearer Komponente gesetzt.[80] Auch daher war er nicht der geborene Repräsentant, um die sicherheitspolitische Position der Union in der Frage des »NATO-Doppelbeschlusses« nach außen zu vertreten. Wenn der eigentliche politische Kern der Nachrüstungsdebatte darin bestand, die »Bündnisfähigkeit der Bundesrepublik

---

76 Vgl. Schwarz: Kohl, S. 263 – 266.

77 Vgl. Martin Wengeler: *Nachrüstung* – Von der Legitimationsvokabel zum »vorbelasteten Begriff«, in: Armin Burkhardt/Franz Hebel/Rudolf Hoberg (Hg.): Sprache zwischen Militär und Frieden: Aufrüstung der Begriffe? Tübingen 1989, S. 233 – 245, hier S. 236; vgl. auch den Redebeitrag Kohls auf der Sitzung des CDU-Bundesvorstands vom 03.12.1979, in: Buchstab (Hg.): Kohl: »Stetigkeit«, S. 2138.

78 Vgl. die Drucksache 8/2638 aus der 8. Wahlperiode des Deutschen Bundestags, 09.03.1979: Entschließungsantrag der Fraktion der CDU/CSU.

79 Vgl. Schwarz: Kohl, S. 262; zur Haltung der CDU siehe auch Jan Hansen: Parteien, in: Christoph Becker-Schaum/Philipp Gassert/Martin Klimke/Wilfried Mausbach/Marianne Zepp (Hg.): »Entrüstet Euch!«. Paderborn 2012, S. 103 – 117.

80 Dies schimmert auch in seinem Redebeitrag auf der CDU-Bundesvorstandssitzung am 12.02.1979 durch, in: Buchstab (Hg.): Kohl: »Stetigkeit«, S. 1554 f.

Deutschland«[81] sicherzustellen, dann drängte sich Dregger nicht als erster Anwärter auf.

Ihren Hauptgrund dürfte Dreggers sprachpolitische Abstinenz allerdings darin besessen haben, dass man bei der Umkodierung der mit »Nachrüstung« bezeichneten Thematik in einer semantischen Sackgasse steckte. Es fehlte die befreiende Formel, um die Aussage, man müsse glaubhaft mit dem Einsatz atomarer Mittelstreckenwaffen drohen, um die Sowjetunion von einer militärischen Aggression abzuhalten, in sanfte Farben zu tauchen. Im Unterschied zum Pazifismus, der mit Tönen von Friedfertigkeit und Völkerverbrüderung lockte, war eine der Ratio der Abschreckung entsprungene Entscheidung von eisiger Kälte, und dessen waren sich die Befürworter dieser Politik durchaus bewusst. Schon seit den späten 1950er Jahren war »Abschreckung« zu einem überwiegend negativ konnotierten »Fahnenwort« geworden, weil es untrennbar mit der Vorstellung des Einsatzes atomarer Waffen verbunden war.[82] Wenn Dregger auf dem Bundesparteitag der CDU 1981 expressis verbis von einer »schrecklichen Grenzsituation«[83] sprach, in der sich die Befürworter befanden, dann konstatierte er zugleich, dass man mit diesem Thema nicht die Herzen der Bevölkerung gewinnen könne. Nicht nur Dregger kapitulierte vor dieser Aufgabe. Die stellvertretende CDU-Vorsitzende Laurien fasste die allgemeine Einschätzung dahingehend zusammen, dass insbesondere die junge Generation mit dem klassischen Sicherheitsdiskurs nicht mehr erreicht werden könne. Sie »befindet sich bereits in einem Sprach- und Denkschema, das kurzfristig keine Umkehr erwarten läßt«.[84]

Das Maximum dessen, was für die Union in dieser sprachpolitischen Gefechtslage zu erreichen war, war eine politische Neutralisierung des Hochwertwortes »Frieden«. Sollte es dem politischen Hauptwidersacher SPD gelingen, »Frieden« als sogenanntes »Fahnenwort«[85] für den eigenen Parteistandort zu beanspruchen, musste die Union in eine hoffnungslose sprachpolitische De-

81 So Kohl auf der Sitzung des CDU-Parteipräsidiums, dem Dregger angehörte, am 17.08.1981; Ergebnisprotokoll in: ACDP, 07-001-1414.

82 Vgl. Martin Wengeler: Vom *Wehrbeitrag* bis zu *Friedensmission*. Zur Geschichte der sprachlichen Legitimierung und Bekämpfung von Rüstung und Militär, in: Georg Stötzel/Martin Wengeler: Kontroverse Begriffe. Geschichte des öffentlichen Sprachgebrauchs in der Bundesrepublik Deutschland. Berlin, New York 1995, S. 129–162, vor allem S. 145–149.

83 Vgl. die Rede Dreggers vom 03.11.1981, in: CDU-Bundesgeschäftsstelle (Hg.): 30. Bundesparteitag der Christlich Demokratischen Union Deutschlands. Niederschrift, Hamburg, 2.–5. November 1981, S. 85.

84 So Laurien – mit besonderem Bezug zu Berlin – auf der Sitzung des CDU-Bundespräsidiums vom 17.08.1981 gemäß dem Ergebnisprotokoll, ACDP, 07-001-1414.

85 Zum Begriff »Fahnenwort« vgl. Klein: Begriffe besetzen, S. 62.

fensive geraten. Bereits den Bundestagswahlkampf 1980 hatte die SPD dazu genutzt, den Unionskandidaten als Kriegstreiber zu denunzieren und umgekehrt Helmut Schmidt als einzigen Garanten der Friedenserhaltung hinzustellen.[86] Das hatte einen Vorgeschmack davon gegeben, was zu erwarten war, wenn die SPD aus der Regierungsverantwortung scheiden und die Nachrüstung ins Zentrum ihrer Kampagne rücken würde. In der Tat versuchte sie, die vorgezogene Bundestagswahl vom März 1983 zu einem »Raketenwahlkampf« zu machen.[87] Zugleich verfügten die Sozialdemokraten mit ihrem Parteivorsitzenden Willy Brandt über einen Meister der Sprachschöpfung, der mit einer Leichtigkeit und Sprachsicherheit ohnegleichen der immer weiter anwachsenden »Friedensbewegung« semantische Angebote machte, um eine Abwanderung zur neu entstandenen Partei »DIE GRÜNEN« zu verhindern. Wie Brandt ohne große Anstrengung bei einer eher zweitrangigen Jubiläumsrede eine in diesem Kontext geradezu befreiende Formulierung fand – »Der Frieden ist nicht alles, aber alles ist ohne den Frieden nichts« –, nötigte selbst dem politischen Gegner Respekt ab.[88]

Doch es sollte sich zeigen, dass die Nachrüstung nicht sämtliche politischen Diskussionen beherrschte und die Union sehr wohl willens und fähig war, ihre eigenen Schlüsselthemen ebenfalls semantisch zuzuspitzen – auch ohne über einen Willy Brandt zu verfügen mit seiner »Fähigkeit, jahrzehntelange Erfahrungen epigrammatisch zu verdichten«.[89] Das Thema, das CDU und CSU für sich entdeckten und ihrerseits als »Fahnenwort« okkupierten, war die expansive staatliche Finanzpolitik, die eine massive Verschuldung der öffentlichen Hand in Kauf nahm, um nicht zuletzt vermeintlich konjunkturfördernde Programme zu finanzieren. Die Union hatte sie im Wahlkampf 1980 als Leitthema entdeckt und mit einer Semantik belegt, die tief im kulturellen Haushalt verankerte Dispositionen – Sparen als Tugend und Verschuldung als Übel – evozierte: »Staatsverschuldung«. Der Begriff appellierte nicht nur an die Tugend der Sparsamkeit und warf der Regierung im Gegenzug Verschwendungssucht vor; er mobilisierte zugleich

86 Vgl. Mergel: Propaganda, S. 226 f.

87 Vgl. Geiger: Vergeblicher Protest?, S. 92, sowie Hansen, Parteien, S. 112 (mit Abbildung eines SPD-Wahlplakats zur Bundestagswahl 1983).

88 Willy Brandt: Friedenssehnsucht und Friedenspolitik. Rede am 3. November 1981, in: Klaus Schönhoven (Hg.): Willy Brandt: »Im Zweifel für die Freiheit«. Bonn 2012, S. 717–728, Zitat S. 725. Wie mühelos Brandt diese Formulierung zugefallen war, geht aus der Tagebucheintragung des SPD-Bundesgeschäftsführers Peter Glotz vom 03.11.1981 hervor: Peter Glotz: Kampagne in Deutschland. Politisches Tagebuch 1981–1983. Hamburg 1986, S. 106 f.

89 Vgl. die Tagebucheintragung von Glotz vom 03.11.1981, ebd., S. 106 f.

ein machtvolles Enttäuschungsdispositiv:[90] Die SPD/FDP-Koalition habe, so die oppositionelle Union, seit ihrem Antritt 1969 mehr Geld ausgegeben als eingenommen und dies vor allem mit dem Hinweis auf die segensreichen konjunkturellen Folgen staatlicher Investitionsprogramme begründet. Doch seien alle diese Maßnahmen wirkungslos verpufft, da die Arbeitslosigkeit angestiegen sei und das Wirtschaftswachstum sich verringert habe. Insofern konnte die Semantik der Kategorie »Staatsverschuldung« erst dann greifen, als genügend Zeit verstrichen war, um versprochene, aber nicht eingelöste Erwartungen in Enttäuschungen umschlagen zu lassen.

Das größte Kompliment für die semantische Leistung der Union kam vom politischen Gegner selbst. SPD-Bundesgeschäftsführer Peter Glotz, der zur seltenen Kategorie des Intellektuellen zählte, die im politischen Betrieb eine Zeitlang wichtige Ämter innehatten, hielt in seinen geistsprühenden Tagebuchnotizen mit neidvollem Respekt fest: »›Staatsverschuldung‹ ist der erfolgreichste Diskurs der deutschen Konservativen der siebziger Jahre dieses 20. Jahrhunderts.«[91] Auch wenn Glotz mit dem Begriff »Konservative« die Union in eine Ecke stellte, in der sie sich selbst nicht verortete, hatte er doch anerkannt, dass sie sprachschöpferisch tätig geworden war. Allerdings kam diese Anerkennung nur sehr bedingt Dregger zugute. Zwar hatte er – wie wir gesehen haben – einen ausgeglichenen Haushalt schon in den 1960er Jahren in Ehren gehalten, als viele seiner Parteifreunde mit der SPD einen Wettstreit um die Erhöhung der Staatsausgaben geführt hatten. Dregger war eben ein dem liberalen Grundsatz verpflichteter Politiker, der die Staatsaufgaben begrenzen und die Steuerlast nicht übermäßig erhöhen wollte. Daher focht er so manche innerparteiliche Kontroverse mit dem Arbeitnehmerflügel der CDU aus und machte dabei keinen Hehl aus seiner grundsätzlichen Ablehnung einer Politik, bei der »in guten Jahren nicht gespart, sondern Geld zum Fenster hinausgeworfen worden«[92] sei. Aber da er nicht der finanzpolitische Kopf der CDU war, wurde es ihm politisch nicht angerechnet, wenn die CDU mit dem Begriff »Staatsverschuldung« in die politische Offensive ging.

---

90 Wie heuristisch ergiebig die Kategorie »Enttäuschung« für eine Kulturgeschichte der Politik ist, hat Sebastian Rojek eindrucksvoll gezeigt: Rojek: Versunkene Hoffnungen; eine kreative Anwendung der Kategorie »Enttäuschung« auf die bundesdeutsche Geschichte bei Bernhard Gotto: Enttäuschung in der Demokratie. Erfahrung und Deutung von politischem Engagement in der Bundesrepublik Deutschland während der 1970er und 1980er Jahre. Berlin, Boston 2018.

91 Tagebucheintragung von Glotz vom 10.08.1981, in: Glotz: Kampagne, S. 89.

92 Schreiben Dreggers an den Landessozialausschuss Oldenburg der CDA, 09.06.1981, ACDP, 01-347-108/2.

War somit ausgerechnet für Dregger auf den beiden Gebieten Sicherheitspolitik und Finanzpolitik kaum etwas zu holen, stellt sich die Frage, wie es um jenes politische Reich bestellt war, wo er als nahezu unumschränkter Herrscher fungierte: um die hessische CDU. Dreggers innerparteiliche Autorität hatte auch nach der Wahlniederlage von 1978 keinen wirklichen Schaden erlitten. Dass er in der Landespartei unangefochten war und ihm niemand das Erstzugriffsrecht auf die erneute Spitzenkandidatur bei der Landtagswahl 1982 streitig machte, hing zum einen mit dem Charakter der hessischen CDU als antisozialistischer Kampfverband zusammen, den Dregger mit seinem auf dem Delegationsprinzip beruhenden Führungsstil leitete. Zum anderen war er auch personell unbestritten. Mit Manfred Kanther verfügte er über einen überaus loyalen Generalsekretär; sein innerparteilicher Konkurrent Kiep hatte sich nach Norddeutschland abgesetzt, wo er in Niedersachsen und Hamburg eine von Dregger unabhängige Karriere verfolgte; und der einzige hessische CDU-Politiker, der als Kronprinz Dreggers gelten konnte, war ihm in enger persönlicher Freundschaft zugetan: Walter Wallmann fehlten die charakterlichen Deformationen, um seinen Mentor und Freund Dregger in Bedrängnis zu bringen, obgleich er nach einem fulminanten Wahlsieg das einstmals »rote« Frankfurt als Oberbürgermeister erobert hatte und dort sein Image als Repräsentant einer liberalen Großstadt-CDU pflegen konnte.

Dregger wusste, dass die Landtagswahl im September 1982 seine letzte Chance war, hessischer Ministerpräsident zu werden. Im Dezember 1980 hatte er seinen 60. Geburtstag gefeiert und damit ein Lebensalter erreicht, von dem an nicht nur der politische Gegner von einer politischen Verfallsgrenze wispert. Obgleich Dregger immer nur mit halbem Herzen hessischer Landespolitiker geblieben war, wollte er sich nicht die Chance entgehen lassen, das politische Amt zu erobern, dessen Besetzung nicht vom Wohlwollen des CDU-Bundesvorsitzenden abhängig war. Und ein hessischer Ministerpräsident Alfred Dregger hätte ja nicht bedeutet, dass er auf immer in Wiesbaden geblieben wäre, wenn ihn dann doch noch ein unwiderstehliches Angebot aus der Bundeshauptstadt erreicht hätte.

Weil dies sein letzter Anlauf in Wiesbaden war, ließ sich Dregger auf die Ratschläge seiner Berater ein, an seinem politischen Image zu feilen. »Imagepolitik«, verstanden als aktive Einflussnahme auf die Konstruktion bestimmter Vorstellungen über politische Persönlichkeiten,[93] war mit zunehmender medialer Durchdringung der Politik eine Notwendigkeit, der sich kaum ein Spitzenpolitiker zu entziehen vermochte. Dabei galt es nicht nur, bestimmte Bilder zu entwerfen,

93 Vgl. dazu die begrifflichen Offerten bei Daniel Mödinger: Vom Freiheitskämpfer zum Friedenspolitiker. Willy Brandt als Regierender Bürgermeister von Berlin. Paderborn 2019, S. 6 f.

sondern auch, andere zu entkräften. Dregger hatte durch die legendäre Plakataktion aus dem Jahr 1970 das Image als »Django«-Typ verpasst bekommen. Daran konnte der politische Gegner leicht anknüpfen, um Dregger als »Law and order«-Fanatiker abzustempeln, der mit robusten Sheriff-Methoden für Ordnung um jeden Preis sorgte.[94] Auch wenn Dregger sich gegen einen solchen Reduktionismus verwahrte,[95] blieb doch so viel von dieser Kampagne an ihm hängen, dass eine Imagekorrektur ratsam erschien: Nicht mehr allein der entschlussfreudige und energisch zupackende Dregger sollte der Öffentlichkeit präsentiert werden, sondern auch der liebevolle Familienmensch und der kultursinnige Bürger. So wollte Dregger den zu erwartenden Angriffen von Seiten der SPD vorbeugen, wonach er ein »Scharfmacher«, »neokonservativer Klassenkämpfer« und »außenpolitischer Abenteurer« sei, der »für die Politik des Säbelrasselns« stehe. Diese Attacken wollte er »mit Verachtung strafen«,[96] weil er davon ausging, dass auch durch sein Imagelifting diese politischen Kanonaden ihre Wirkung verfehlen würden. Dregger gewährte daher erstmals den Medien Einblicke in sein Privatleben und holte mit ungebührlicher Verspätung das nach, was als Erster Willy Brandt mit Meisterschaft praktiziert hatte: das Liefern von »Homestorys«.[97]

Wie für alles, was Dregger in der Politik anpackte, so gab es auch für diese Imagepolitik eine Strategie, die in drei Phasen unterteilt war: In der ersten Phase konzentrierte er sich auf Journalistengespräche und Redaktionsbesuche, in der zweiten bereiste er alle Kreise und kreisfreien Städte und in der dritten absolvierte er schließlich zahlreiche Kundgebungen auf Marktplätzen im gesamten Bundesland. Dabei ging es ihm stets weniger um die Vermittlung von Inhalten als um den Versuch, das Image des »rechten« Politikers abzustreifen, das ihm seit den frühen siebziger Jahren zu schaffen machte.[98] Doch die Krönung sollte darin bestehen, Dreggers Sympathiewerte zu erhöhen. Der Bundestagswahlkampf

---

94 Vgl. dazu die aus der Bundespolitik stammenden Belege bei Achim Staupe: »Innere Sicherheit« und »law and order«. Die politische Semantik von Ordnung, Sicherheit und Freiheit in der bundesdeutschen Innenpolitik, in: Hürter (Hg.): Terrorismusbekämpfung, S. 172–200, hier S. 195 f.

95 Vgl. Dreggers Rede auf dem CDU-Bundesparteitag 1980, bei dem er als Experte für Innere Sicherheit auftrat und in diesem Kontext unter Bezugnahme auf sein Eintreten gegen eine Sicherheitspolitik, welche die Sicherheitsorgane zu lähmen drohte, ausführte: »Wer dagegen Front macht, der bekommt gleich seinen Stempel. Das ist dann eben ein Law-and-Order-Mann«; CDU-Bundesgeschäftsstelle (Hg.): 28. Bundesparteitag der Christlich Demokratischen Union Deutschlands. Niederschrift, Berlin, 19.–20. Mai 1980, S. 118.

96 Vermerk vom 30.08.1982 von Wolf für Dregger, ACDP, 01-347-112/1.

97 Dazu Mödinger: Freiheitskämpfer, vor allem S. 119–123.

98 Reichert: Vorwahlkampf- und Wahlkampfplanung Dr. Dregger im Landtagswahlkampf 1982 in Hessen, ACDP, 01-347-221.

1980 hatte eindrucksvoll gezeigt, dass ein Kandidat mit hohen Kompetenzzuschreibungen wie Strauß gegen einen starken Gegenkandidaten nicht reüssieren konnte, wenn er kein Sympathieträger war. Die hessische CDU versuchte nun die Grundeinsicht von erfolgreichen Wahlkämpfern zu berücksichtigen, dass hohe Sympathiewerte die Wahlchancen verbesserten[99] und dass man deswegen auch auf die sogenannte »Regenbogenpresse« zugehen müsse.

Es ist bezeichnend, wie Dregger für eine moderne Imagekampagne gewonnen wurde. Spiritus Rector war ein persönlicher Freund, der Direktor der Weinbrennerei Asbach aus dem rheinhessischen Rüdesheim, Karl-Heinz Zappe. Zappe war für diese Angelegenheit prädestiniert, hatte er doch eine der erfolgreichsten Imagekampagnen für das Flaggschiff seines Hauses, den legendären Asbach Uralt, verantwortet. Der unablässig beworbene Spruch »Im Asbach Uralt ist der Geist des Weines« fand in zahllosen Varianten sogar in die Alltagssprache Eingang. Zappe leistete Dregger und der hessischen CDU einen Freundschaftsdienst, indem er seine persönlichen Kontakte zu Werbeagenturen und vor allem zu Redakteuren von Magazinen mit hoher Auflagenstärke einbrachte. Dabei ließ er sich von einer Grundeinsicht jeder erfolgreichen politischen Imagekampagne leiten: Keine unglaubwürdige Neuerfindung, die dem Kandidaten ein aufgesetztes Image verpasste, sondern lediglich eine Diversifizierung des politischen Markenkerns: »Es muss keinen ›neuen‹ Alfred Dregger geben, sondern es genügt, die vorhandenen, liebenswerten Eigenschaften des Spitzenmannes bekannt zu machen, ohne dabei eine unglaubwürdige ›Verbeugung‹ vor dem Wähler [...] zu machen.«[100]

Die politische Rechnung schien im Sommer 1982 dann auch tatsächlich aufzugehen. Da sich die Koalition zwischen SPD und FDP auf Bundesebene im Zustand der Agonie befand und sich vor allem die SPD in einem geradezu desolaten Stimmungstief wähnte, glaubten viele, dass Dregger die Ministerpräsidentschaft nicht mehr zu nehmen war. Hinzu kam, dass die hessische FDP im Juni 1982 in Vorwegnahme der Entscheidung der Bundespartei beschlossen hatte, nach den Landtagswahlen am 26. September 1982 mit der CDU zu koalieren.[101] Selbst wenn eine zum Greifen nahe absolute Mehrheit der CDU am Wahltag nicht zustande kommen sollte, würde es mit der FDP als Koalitionspartner in jedem Falle reichen. Die hessische Großwetterlage hatte sich so dramatisch verändert, dass

99 Vgl. Mergel: Propaganda, S. 224–235.

100 Zappe an CDU-Generalsekretär Kanther, 10.11.1981, ACDP, 01-347-112/2.

101 Vgl. hierzu Uwe Jun: Koalitionsbildung in den deutschen Bundesländern. Theoretische Betrachtungen, Dokumentation und Analyse der Koalitionsbildungen auf Länderebene seit 1949. Wiesbaden 1994, S. 102 ff.

Dreggers Wahl zum neuen Ministerpräsidenten ein Selbstläufer zu werden versprach.

Doch dann vereitelte der Bruch der sozialliberalen Koalition neun Tage vor der Landtagswahl den scheinbar sicheren Wahlsieg. Bundeskanzler Schmidt hatte die der FDP angehörenden Bundesminister entlassen und geschickt die Schuld für das Scheitern der Koalition der FDP angelastet. Damit erhielt der hessische Wahlkampf eine ganz neue Wendung: Nun konnte sich die hessische SPD als Opfer eines infamen Machtspiels inszenieren. Ministerpräsident Holger Börner ließ landesweit neue Plakate mit der Parole »Verrat in Bonn« kleben. Die Stimmung begann zu kippen.[102] Gegen die Sogwirkung aus Bonn konnte auch Dreggers Team nicht ankämpfen. Gleichsam in letzter Minute glitt Dregger der sicher geglaubte Wahlsieg aus den Händen: Die CDU blieb mit lediglich 45,6 Prozent der Stimmen noch unter ihrem letzten Landtagswahlergebnis, und da die FDP nur klägliche 3,1 Prozent auf sich vereinte und aus dem Landesparlament ausschied, reichte es nicht einmal für eine Koalition mit ihr. Die SPD hingegen hatte sich mit 42,8 Prozent und einem Verlust von lediglich 1,5 Prozentpunkten praktisch behauptet. Vor allem aber zogen die aus der Umwelt- und Friedensbewegung hervorgegangenen GRÜNEN mit 8 Prozent erstmals in die hessische Volksvertretung ein und wurden zum Zünglein an der Waage. Damit gab es keine von der Union geführte Mehrheit, wohl aber eine klare Mehrheit links von ihr im hessischen Parlament.

Dregger war kurz vor dem Ziel abgefangen worden. Die Karriere als Landespolitiker konnte damit nur beendet sein, war er doch viermal hintereinander vergeblich für das höchste Regierungsamt auf Landesebene angetreten. Dregger zog aus seiner Wahlniederlage die Konsequenzen und kündigte eine Stunde nach Schließung der Wahllokale an, vom Amt des hessischen CDU-Landesvorsitzenden zurückzutreten.[103] Er bewies bei seinem Abgang Stil, was ihm auch von der politischen Gegenseite, etwa dem SPD-Bundesgeschäftsführer Glotz, einem scharfen Analytiker, konzediert wurde. Dieser vertraute seinem Tagebuch an: »Ich bin ein scharfer Gegner dieses Mannes. Aber die Art, wie er die Niederlage quittiert hat, ist beeindruckend: ernst, ohne Fisimatenten, ohne geheuchelte Gelassenheit. Er zeigt, daß er getroffen ist, aber sich nicht brechen lassen will.«[104] Dregger vermochte auch deswegen mit der Niederlage in Hessen

---

102 Vgl. Wolfgang Michal: Die SPD – staatstreu und jugendfrei. Wie altmodisch ist die Sozialdemokratie? Reinbek bei Hamburg 1988, S. 137.

103 dpa-Meldung, 26.09.1982, ACDP, PA-P1-1064.

104 Tagebucheintragung vom 26.09.1982, in: Glotz, Kampagne, S. 212.

umzugehen, weil damit sein politischer Lebensweg noch lange nicht beendet war. Denn nun zahlte sich aus, dass er immer zweigleisig gefahren war und nicht alles auf die hessische Karte gesetzt hatte. Seine Niederlage war letztlich auch der Preis dafür, dass die FDP-Fraktion fünf Tage später dabei half, Helmut Kohl mit Hilfe eines konstruktiven Misstrauensvotums zum Bundeskanzler zu wählen. Damit ergaben sich in Bonn neue Optionen für Dregger, der fest entschlossen war, sie energisch zu nutzen.

11. Vorläufige Erfüllung – Dregger als Fraktionsvorsitzender

Dass Dregger unter einem Bundeskanzler Helmut Kohl eine neue Karriere als Fraktionsvorsitzender der größten Regierungsfraktion machen und dieses Amt fast zehn Jahre bekleiden sollte, war im Sommer 1982 nicht abzusehen. Nicht nur waren der Koalitionswechsel der FDP und damit eine unionsgeführte Regierung trotz aller darauf hindeutenden Anzeichen keineswegs sicher, zumal ein solcher Schritt auch bei den Freidemokraten überaus umstritten war.[1] Darüber hinaus konnte auch bei einer Neuwahl zum Bundestag, die zur zusätzlichen Legitimierung der Regierungswechsels von allen politischen Akteuren angestrebt wurde, ein Wahlsieg der CDU/CSU keineswegs als sicher gelten.[2] Vor allem aber war Dregger nicht der Wunschkandidat Kohls auf dem neu zu besetzenden Posten des Vorsitzenden der stärksten Regierungsfraktion. Wenn der neue Bundeskanzler einen ihm ergebenen Vorsitzenden der Unionsfraktion hätte auswählen können, wäre seine Wahl in keinem Fall auf den selbstbewussten Parlamentarier Dregger gefallen. Wie kam der in Hessen Gescheiterte dann aber zu dieser Ehre?

Dregger griff aus eigenem Antrieb nach diesem Amt – und er tat dies erfolgreich, weil Kohls Position innerhalb der CDU im Sommer 1982 nicht so gefestigt war, wie es im Rückblick den Anschein haben mag. Gewiss fiel dem CDU-Vorsitzenden die Kanzlerschaft nicht in den Schoß, vielmehr hatten sich seine strategischen Bemühungen um die FDP letztlich ausgezahlt. Doch er war nicht der einzige einflussreiche CDU-Politiker, der um des Regierungswechsels willen auf eine Koalition mit der FDP gesetzt hatte und sich 1982 für eine Bewerbung um das Kanzleramt warmlief. Es gab neben ihm drei potenzielle CDU-Bewerber um eine Kanzlerkandidatur: der schleswig-holsteinische Ministerpräsident Gerhard Stoltenberg, der Regierende Bürgermeister von Berlin Richard von Weizsäcker und CDU-Schatzmeister Walther Leisler Kiep. Gefährlich war für Kohl, dass sie im August 1982 ein Abkommen schlossen, nicht gegeneinander anzutreten.

1 Vgl. Joachim Scholtyseck: Die FDP in der Wende, in: Historisch-politische Mitteilungen 19 (2012), S. 197–220.

2 Vgl. Hans-Peter Schwarz: Langzeitwirkungen der Wende 1982/83, in: Historisch-politische Mitteilungen 19 (2012), S. 237–251, hier S. 237.

Wäre die sozialliberale Koalition erst 1983 zerbrochen oder hätte sie gar bis zu den regulären Bundestagswahlen 1984 gehalten, dann wäre Kohl eine heftige Auseinandersetzung in der Union nicht erspart geblieben. Was ihm diese innerparteiliche Machtprobe ersparte, war der Umstand, dass der Regierungswechsel in Bonn zu einem für ihn idealen Zeitpunkt kam, nämlich als sich noch kein innerparteilicher Rivale gegen ihn hatte positionieren können. Kiep, einer aus diesem Trio, hatte am Tag der Abmachung mit den beiden anderen Aspiranten seinem Tagebuch anvertraut: »Alle sind sich einig, daß bei einer vorzeitigen Veränderung in Bonn Kohl nicht zu verhindern ist.«[3]

Während der Vorsitzende der CDU/CSU-Bundestagsfraktion die Gunst der Stunde nutzte, um mit dem ihm persönlich eng verbundenen FDP-Vorsitzenden Genscher eine neue Koalition zu schmieden und sicherzustellen, dass er nicht wie sein Vorgänger Barzel bei dem notwendig gewordenen konstruktiven Misstrauensvotum die erforderliche absolute Mehrheit im Bundestag verfehlte, griff Dregger energisch nach dem Fraktionsvorsitz, der mit der Wahl Kohls zum Bundeskanzler vakant werden musste. Dregger wollte nicht von Kohl mit einem untergeordneten Ministerposten in einem Kabinett Kohl/Genscher abgespeist werden. In diesem hatte sich die FDP ohnehin bereits das für ihn reizvolle Außenministerium für den Vorsitzenden der Liberalen reserviert, und auch andere attraktive Regierungsämter mussten nach der Koalitionsarithmetik besetzt werden, womit auch die CSU mit einem herausragenden Ministeramt zu versehen war. Dregger wollte Regierungspolitik zielgerichtet mitgestalten – und das vermochte er angesichts der für ihn mageren Aussichten im künftigen Bundeskabinett am ehesten von der Position des Fraktionsvorsitzenden aus. Er hatte nicht zehn Jahre lang in Bonn sein politisches Hauptquartier aufgeschlagen, um nach dem Regierungswechsel auf das Format eines Fachpolitikers mit Ministeramt reduziert zu werden. Dazu waren seine politischen Lebensfragen zu groß und umfangreich: sein beständiges Mahnen, die Spaltung Deutschlands und Europas zu überwinden und sich nicht mit Sonntagsreden abzufinden; die Abwehr militärischer Bedrohung durch die Sowjetunion, die durch den Zweiten Kalten Krieg dringender denn je geworden war; zugleich das Hinwirken auf ein eigenes europäisches Standbein nuklearer Verteidigung, damit Deutschland im Ernstfall nicht zum alleinigen Schauplatz der atomaren Auseinandersetzung zwischen NATO und Warschauer Pakt wurde. Alle diese Kernthemen ließen sich – abgesehen vom Amt des Bundeskanzlers – nur als Fraktionsvorsitzender mitgestalten, und zwar dann, wenn man aus dem Fraktionsvorsitz einen Mitspracheanspruch

---

3 Tagebucheintragung Kieps vom 19.08.1982, in: Kiep, Zuversicht, S. 307.

für die großen Linien der Regierungspolitik ableitete. Dregger bewarb sich um das Spitzenamt im Fraktionenparlament, weil er ihm Gestaltungspotenzial attestierte[4] und diese Möglichkeiten energisch auszuschöpfen gedachte.

Doch zunächst einmal musste dieses Amt errungen werden, das Dregger eben nicht als Entschädigung für seinen hessischen Opfergang und überhaupt für langjährige loyale Zusammenarbeit von einem großzügigen Kohl offeriert wurde. Vielmehr kämpfte er mit einer für ihn bezeichnenden Zähigkeit um diesen Posten, weil er das, was er für seine politische Lebensleistung hielt, nicht ruiniert sehen wollte. Sein innerparteilicher Rivale Kiep hatte nach dem Zerplatzen seiner Hoffnungen, in Hamburg das höchste Regierungsamt zu erlangen, seinem Tagebuch im Dezember 1982 den resignativen Gedanken anvertraut, sich aus der ersten Reihe der Politik zurückzuziehen, »was natürlich auch ein Eingeständnis des Scheiterns ist. 15 Jahre Politik ohne eine Spur im Schnee zu hinterlassen«.[5] Dregger wollte nicht abtreten, ohne solche Spuren hinterlassen zu haben!

Dass Kohl Dreggers Drang an die Spitze der Fraktion nicht bremsen konnte, hing gewiss auch damit zusammen, dass ihm überzeugende personelle Alternativen fehlten. Einige der politischen Schwergewichte aus der Fraktion wie Blüm und Wörner holte er in sein Kabinett, und seine treuen Gefolgsleute in der Fraktion waren noch nicht gereift genug, dass die Fraktion sie an ihre Spitze berufen hätte.[6] Es reichte eben nicht aus, Zögling des Parteivorsitzenden und Bundeskanzlers zu sein, um die Fraktion zu führen. Gerade weil sie etwas auf sich hielt und sich nicht zum Abnickgremium Kohls degradieren lassen wollte, verlangte sie nach einem bundespolitisch bekannten Repräsentanten von politischer Statur, der ihr Innenleben kannte, ihr Selbstbewusstsein pflegte und sich trotz aller Loyalität zum Regierungschef seine politische Unabhängigkeit bewahrt hatte. Das Anforderungsprofil des Vorsitzenden der weitaus stärksten Regierungsfraktion bestand grundsätzlich in der Fähigkeit, die Balance zu halten zwischen der Loyalität gegenüber der Regierung auf der einen Seite und dem Einspeisen politischer

4 Zur Rolle der Fraktionen im Bundestag grundlegend Schüttemeyer: Fraktionenparlament; speziell zur Funktion des Fraktionsvorsitzenden siehe Schindler: Politische Führung, vor allem S. 113–117 und 261–267.

5 Tagebucheintragung Kieps vom 19.12.1982, in: Kiep: Zuversicht, S. 309. Am 19. Dezember 1982 hatte die SPD die absolute Mehrheit der Mandate bei der Wahl zur Hamburger Bürgerschaft errungen, während bei der letzten Bürgerschaftswahl sechs Monate zuvor die CDU mit Kiep noch vor der SPD gelegen hatte, ohne allerdings eine parlamentarische Mehrheit für einen Regierungswechsel erzielen zu können.

6 Vgl. Schwarz: Kohl, S. 315 f., sowie Hanns Jürgen Küsters: Kanzlerfraktion unter Alfred Dregger, 1982–1991, in: Hans-Peter Schwarz (Hg.): Die Fraktion als Machtfaktor. München 2009, S. 161–179, hier S. 167.

Initiativen der Fraktion in den politischen Entscheidungsprozess auf der anderen Seite.[7] Dieses Kriterium traf nur auf einen zu – auf Alfred Dregger. Mit ihm gewann die Fraktion einen profilierten Bundespolitiker, für den der Vorsitz keine Abfindung, sondern eine bewusste Wahl war. Denn Bundesminister für ein aus seiner Sicht vergleichsweise unbedeutendes Ressort hätte Dregger wohl in jedem Fall werden können, wenn er denn mit aller Macht danach gestrebt hätte. Dass er dann das Amt des Vorsitzenden der CDU/CSU-Fraktion länger als jeder andere vor ihm bekleidete – nämlich neun Jahre und drei Wochen[8] –, spricht dafür, dass Amt und Amtsträger perfekt zusammenpassten.

Fand Dregger im Amt des Fraktionsvorsitzenden seine politische Erfüllung und erblickte umgekehrt die Fraktion in ihm einen idealen Repräsentanten der Fraktionsinteressen, so lag das nicht zuletzt an seinem Führungsstil. Er stand vor der Aufgabe, mehr als 200 Abgeordnete aus zwei selbständigen Parteien (CDU und CSU) zu einer aktionsfähigen Arbeitsgemeinschaft zusammenzuschweißen. Dabei fiel ihm als Vorsitzendem die wichtigste institutionelle Führungsverantwortung zu.[9] Diese Führungsfunktion nahm Dregger in einer sehr spezifischen Weise wahr, indem er sich auf das Leitbild der Kameradschaft verpflichtete. Kameradschaft war ein Integrationskonzept, das Dregger in der für ihn lebensprägenden Militärzeit kennengelernt hatte. Im Rahmen der Militärs repräsentierte sie »die Tugend einer kämpferischen Sozialbeziehung, die sich nicht durch Lust und Liebe, sondern durch Last und Leid definierte«.[10] Sie fungierte als kulturelle Keimzelle soldatischer Überlebensstrategie in Kriegseinsätzen. Wie ließ sich ein solches Konzept auf die Führungskultur einer parlamentarischen Körperschaft übertragen?

Es versteht sich von selbst, dass Kameradschaft einer Entmilitarisierung bedarf, um als Führungsmaxime einer Fraktion eingesetzt zu werden. Eine Fraktion ist keine militärische Kampfeinheit, die sich in einem auf Leben und Tod geführten Einsatz gegen einen äußeren Feind befindet. Dregger hat an dieser semantischen Abrüstung maßgeblich mitgewirkt, indem er jede schroffe Freund-Feind-Konfrontation im politischen Leben strikt ablehnte und dem politischen Gegner seinen Respekt nicht versagte. Was es erlaubte, das Konzept der Kameradschaft zu übertragen, war ihre Leistung, eine funktionierende Gemeinschaft zu stiften, die notwendige Hierarchien unterschiedlicher Führungsebenen nicht aufhob. Kameradschaft implizierte das Gebot der Solidarität nach innen, an das sich alle

7 Vgl. Schindler: Politische Führung, vor allem S. 270–283.

8 Vgl. Küsters: Kanzlerfraktion, S. 168.

9 Hierzu generell Schindler: Politische Führung, vor allem S. 188–195.

10 Kühne: Kameradschaft. Die Soldaten des nationalsozialistischen Krieges, S. 93.

Führungsebenen zu halten hatten. Dregger legte zwar stets großen Wert auf die Autorität des Vorsitzenden seiner Fraktion, wie er auch den Fraktionsvorstand als herausgehobenes Leitungsgremium wertschätzte. Sein Appell an einen kameradschaftlichen Umgang schuf aber – und darin besteht sein systematischer Ertrag – eine Kommunikationsebene, auf der alle Fraktionsmitglieder – auch die sogenannten Hinterbänkler – zur Teilhabe ermuntert wurden. Insofern trug Dreggers kameradschaftlicher Umgangston maßgeblich zur Entstehung einer lebendigen Diskussionskultur bei, die ein Markenzeichen seiner Fraktionsführung werden sollte. Dieser unverwechselbare Führungsstil wird noch an einer Vielzahl von Beispielen erläutert werden.

Kulturhistorisch belegt Dreggers Führungsstil, dass noch bis in die 1980er Jahre hinein die Kameradschaft eine attraktive Vergemeinschaftungsofferte darstellte. Als Selbstverpflichtung sprach sie gewiss vor allem die Parlamentarier an, die eine militärische Sozialisation durchlaufen hatten. Doch konnte sie auch mit neuen Praxisformen verschmelzen, bei denen sich die Angehörigen einer Gemeinschaft zum Einsatz für ein gemeinsames Ziel verpflichteten. In der Nachkriegszeit verdankte sich der Aufstieg des Sports, und hier insbesondere des Fußballsports, zu einem Kulturphänomen auch dem Umstand, dass sportliche Leistungen als Resultat gelebter Kameradschaft ausgegeben wurden. Der Sieg der bundesdeutschen Fußballmannschaft bei der Weltmeisterschaft 1954 galt Zeitgenossen durchaus als Bestätigung für die Kraft des Kameradschaftsdiskurses.[11] In den 1970er und 1980er Jahren büßte er im Zeichen des Wertewandels zwar an Attraktivität ein. Doch die Fraktion blieb ein Refugium kameradschaftskompatibler Diskurse, weil die von den Abgeordneten betonte Kollegialität[12] der Umgangsformen einen kommunikativen Nährboden schuf, auf dem auch Kameradschaft als eine zur Solidarität nach innen und zur Abgrenzung nach außen verpflichtende Handlungsmaxime gedeihen konnte. Dregger kann somit als das herausragende Beispiel für einen gelungenen Transfer militärisch imprägnierter Führungskulturen in zivile Handlungsfelder angesehen werden. Wurzelte seine Aufgeschlossenheit für moderne Formen der Personalführung in einer militärischen Führungskultur, die Eigenverantwortung betonte, so ergänzte der Kameradschaftsdiskurs dies und sorgte dafür, dass Dreggers Führungsstil Managementmethoden mit einem hohen Vergemeinschaftungsfaktor verband.

---

11 Dazu Wolfram Pyta: German football: a cultural history, in: Alan Tomlinson/Christopher Young (Hg.): German Football. London 2006, S. 1–22, hier S. 12 f.

12 Zur Kollegialität der Umgangs- und Stilformen siehe am Beispiel des Weimarer Parlamentarismus Mergel: Parlamentarische Kultur.

Am 4. Oktober 1982 berief die Fraktion Alfred Dregger mit 213 Ja-Stimmen bei drei Nein-Stimmen zu ihrem Vorsitzenden.[13] Kohl hatte zwar pflichtschuldig Dregger in der Fraktion als seinen Nachfolger im Amt des Fraktionsvorsitzenden vorgeschlagen, aber diese Personalentscheidung hatte er nicht eingefädelt; sie war ihm vielmehr von Dregger und der Fraktionsmehrheit aus der Hand genommen worden.[14] Die Fraktion wollte so aber nicht nur einen in ihren Augen fähigen Vorsitzenden gewinnen, sondern zugleich ein politisches Zeichen setzen: Die Regierung sollte sich bei aller Loyalität darauf einstellen, dass die Fraktion ein politischer Körper mit einem eigenen politischen Gestaltungsanspruch war. Damit waren Grundfragen des Verhältnisses zwischen einer Regierung und der sie tragenden Parlamentsmehrheit berührt – ein grundlegender Aspekt für das Funktionieren parlamentarischer Systeme. Das Agieren Dreggers als Vorsitzender der weitaus stärksten Regierungsfraktion verspricht daher wichtige Einblicke in die Funktionsmechanismen des modernen Parlamentarismus bundesdeutscher Prägung.

Wie die politikwissenschaftliche Forschung herausgearbeitet hat, bilden Regierungsfraktionen das organisatorische Scharnier zwischen der Regierung und dem Mitgestaltungsanspruch des Parlaments. Dabei lassen sich in idealtypischer Hinsicht zwei Spielarten unterscheiden: Fraktion als Erfüllungsorgan der Regierung versus Fraktion als aktives Organ der Mitgestaltung von Regierungspolitik. Im ersten Fall versteht sie sich vor allem als Diener der Regierung (gouvernementale Rollenakzentuierung), im zweiten Fall als lebendigen Akteur bei Entscheidungsprozessen (parlamentarische Rollenakzentuierung).[15] Nimmt man diese beiden Idealtypen als Ausgangspunkt für Dreggers Agieren als Fraktionsvorsitzender, dann lautet die Kernfrage, welche von ihnen sich an Dreggers Handeln ablesen lässt. Wurde die CDU/CSU-Bundestagsfraktion unter Dregger zu einem willfährigen Organ der Bundesregierung herabgestuft, das nur ganz gelegentlich seinem Unwillen über eine solche Behandlung – aber dann eher in Symbolfragen – Luft verschaffen konnte? Oder verstand es Dregger, die Fraktion zu einem wichtigen politischen Mitspieler aufzuwerten, welcher der Regierungspolitik zumindest in einigen Fragen von hohem politischen Rang ihren Stempel aufzudrücken vermochte?

Eng damit verbunden ist die Frage, inwieweit sich Dregger im Amt des Fraktionsvorsitzenden politisch zu entfalten vermochte. Er hatte nun Gelegenheit,

13 Wahlergebnis bei Küsters: Kanzlerfraktion, S. 168.

14 Vgl. Schwarz: Kohl, S. 315.

15 Grundsätzlich hierzu Schüttemeyer: Fraktionenparlament, sowie Schindler: Politische Führung, vor allem S. 19–22 und 268–287.

sich anders und nachhaltiger als seine Vorgänger zu profilieren. Keinem seiner drei Amtsvorgänger, die zwischen 1949 und 1969 der Unionsfraktion vorgestanden hatten, war es gelungen, diesem Amt in parlamentarischer Rollenakzentuierung ein unverwechselbares politisches Profil zu verschaffen: Heinrich von Brentano hatte Bundeskanzler Adenauer insgesamt treu gedient und keine eigenen Akzente gesetzt; sein Nachfolger Heinrich Krone war eine Übergangslösung; und der ehrgeizige Rainer Barzel hatte zu offensichtlich den Fraktionsvorsitz als politisches Sprungbrett für den Parteivorsitz und das Amt des Bundeskanzlers eingesetzt.[16] Insofern konnte Dregger ein neues Kapitel aufschlagen, wenn es ihm als Fraktionsvorsitzendem glückte, Loyalität gegenüber der Regierung mit einem unverwechselbaren Agendasetting zu verknüpfen. Dazu benötigte er allerdings einen Manager der Fraktionsarbeit, der die Fraktion disziplinierte, in deren Innenleben hineinhorchte und als politisches Frühwarnsystem fungierte, um proaktiv Konflikte zu identifizieren und zu lösen. Dafür war die Position des Ersten Parlamentarischen Geschäftsführers prädestiniert, der Einpeitscher, Kummerkasten und geräuschloser Organisator in einem sein sollte.[17] Nur wenn Dregger derartige Fraktionsmanager fand, konnte er sich einen eigenen politischen Gestaltungsfreiraum verschaffen.

Bevor Dregger aber daran gehen konnte, sich an der Spitze der Unionsfraktion in diesem Sinne eine eigene Statur zuzulegen, musste erst einmal eine nicht unbeträchtliche politische Hürde genommen werden: die Einleitung von Neuwahlen. Das Grundgesetz hatte aus guten Gründen eine vorzeitige Auflösung des Bundestags erschwert, um die Position der Regierung zu stärken. Die seit dem 1. Oktober 1982 amtierende Bundesregierung aus CDU/CSU und FDP verfügte über eine ausreichende parlamentarische Mehrheit, so dass sie – im Unterschied zur Regierung Brandt/Scheel im Sommer 1972 – kein vorzeitiges Wählervotum benötigte, um ihre Politik im Parlament abzusichern. Dennoch hatten sich sowohl die Unionsparteien als auch die nunmehr in die Opposition verbannte SPD darauf festgelegt, die Wähler möglichst bald nach dem Regierungswechsel zu den Urnen zu rufen, um über das politische Schicksal der Bundesregierung Kohl/Genscher zu befinden. Anders als 1966 wurde der Koalitionswechsel durch einen Appell an das Wahlvolk legitimatorisch abgesichert – ein deutliches Indiz dafür, dass sich im Laufe der 1970er Jahre ein stärker partizipatorischer Zug in

16 Zu Barzel siehe die grundlegende Studie von Wambach: Barzel, vor allem S. 276–425.

17 Zur Funktion des ersten parlamentarischen Geschäftsführers vgl. Sebastian Heer: Parlamentsmanagement. Herausbildungs- und Funktionsmuster parlamentarischer Steuerungsstrukturen in Deutschland vom Reichstag bis zum Bundestag. Düsseldorf 2015, vor allem S. 149–163.

der politischen Kultur der bundesdeutschen Demokratie entwickelt hatte.[18] Dazu bedurfte es jedoch eines Umwegs, der verfassungsmäßig nicht unproblematisch war: eine künstlich herbeigeführte Abstimmungsniederlage im Bundestag. Das war auch deswegen heikel, weil der allein über eine vorzeitige Parlamentsauflösung entscheidende Bundespräsident nicht unerhebliche Bedenken gegen dieses Verfahren vorbrachte. Nur weil sich die Regierungsfraktionen nahezu geschlossen der Stimme enthielten, als die neue Bundesregierung im Dezember 1982 die Vertrauensfrage stellte, konnte verfassungsrechtlich der Vorwand für eine vorzeitige Auflösung des Bundestags geschaffen werden. Damit hatte das Wahlvolk Gelegenheit, am 6. März 1983 sein Urteil über die neue Regierung zu fällen – und wie diese Wahl ausgehen würde, war zu Beginn des Jahres 1983 alles andere als eindeutig.[19]

Dregger stand erstmals in seinem politischen Leben vor der Aufgabe, mit seinen Mitteln auf die Bestätigung einer von der CDU getragenen Regierung hinzuwirken. Die Wahlkampfstrategie lag dabei fest in den Händen der CDU-Parteizentrale, wo Generalsekretär Geißler eng mit dem neuen Bundeskanzler zusammenarbeitete, der den Wahlkampf ganz auf ein Kernthema zuschnitt: Die von der CDU geführte Regierung garantiere einen wirtschaftlichen Aufschwung.[20] Diese Akzentuierung auf die der Union zugeschriebene Wirtschaftskompetenz legte den Grundstein für einen überzeugenden Wahlsieg der Unionsparteien und entwertete den Wahlkampf der SPD, die bis Ende Januar 1983 mit ihrer Themenwahl – Sozialpolitik und Verhinderung der Stationierung von »Raketen« – durchaus attraktiv wirkte und deren Spitzenkandidat Hans-Jochen Vogel es, was die Popularitätswerte betraf, mit dem neuen Bundeskanzler aufnehmen konnte.[21] Diese Konstellation trug mit dazu bei, dass Dregger im Wahlkampf der Unionsparteien sehr zurückhaltend agierte. Zum einen scheute er sich, seinen persönlichen Freund Vogel zu attackieren; zum anderen verstummte er, weil die CDU sein Kernthema – die internationale Sicherheitspolitik – aus wahltaktischen Gründen in den Hintergrund verbannte. Als Dregger auf der Sitzung des CDU-Bundesvorstands fünf Wochen vor der Wahl über seinen Besuch in den

18 Vgl. Wolfgang Jäger: Die »Wende« 1982. Bruch der Koalition und Regierungsbildung, in: Historisch-politische Mitteilungen 19 (2012), S. 167 – 176, bes. S. 176.

19 Zum kurvigen Weg zu Neuwahlen vgl. Schwarz: Kohl, S. 321 – 324; vgl. auch Wirsching: Abschied, S. 33 – 41.

20 Schwarz: Kohl, S. 324 f.; Wirsching: Abschied, S. 43. Aus wahltaktischen Motiven betonte auch die FDP die Wirtschaftspolitik im Wahlkampf; vgl. Scholtyseck: FDP in der Wende, S. 201.

21 Vgl. zum SPD-Wahlkampf die Tagebucheintragungen des SPD-Generalsekretärs Glotz vom 31.01., 01.02.und 20.02.1983, Glotz: Kampagne, S. 281 f. und 290.

USA berichtete, bei dem die Nachrüstungsfrage im Zentrum stand, ließ er durchblicken, dass seine Themen nicht als jene galten, die einen Sieg verbürgten.[22]

Am 6. März 1983 fuhr die Union an den Wahlurnen reiche Ernte ein. Mit 48,8 Prozent der abgegebenen Stimmen erzielte sie das zweitbeste Ergebnis ihrer Geschichte. Es reichte nur deswegen nicht zur absoluten Mehrheit der Mandate, weil der Partei »DIE GRÜNEN«, die vor allem den Neuen Sozialen Bewegungen ein politisches Sprachrohr bot, mit 5,6 Prozent erstmals der Einzug in den Bundestag gelang. In jedem Fall wurde der politische Kurs der neuen Bundesregierung eindrucksvoll bestätigt, weil auch dem Koalitionspartner FDP entgegen manchen Prognosen mit 7,0 Prozent klar der Sprung über die 5Prozent-Hürde glückte. Ab März 1983 konnte somit die Regierung Kohl/Genscher ihre eigentliche Arbeit beginnen. Das stellte auch Dregger als Fraktionsvorsitzenden vor neue Aufgaben.

Welchen Anteil Dregger am Wirken der noch jungen, nun aber eindrucksvoll bestätigten Koalition aus CDU/CSU und FDP hatte, musste nicht zuletzt von den strukturellen Rahmenbedingungen abhängen, die für den Vorsitzenden der Unionsfraktion in der Ära Kohl galten. Sein politischer Gestaltungsspielraum war im Vergleich zu dem von Dreggers Amtsvorgänger Barzel nicht nur deswegen geschrumpft, weil sich die Unionsfraktion seit der Kanzlerschaft Kohls auf die parlamentarische Unterstützung von dessen Regierung zu konzentrieren hatte; eigenständige Initiativen waren daher von ihr nicht wirklich zu erwarten. Die Möglichkeiten hatten sich vor allem auch deswegen spürbar verringert, weil koalitionsinterne Absprachen zunehmend die parlamentarische Agenda bestimmten. Vorbei waren die Zeiten, als es – angefangen mit der Regierungsbildung des Jahres 1961 – nur ganz lockere Vereinbarungen zwischen den Regierungsparteien gab. In der Ära Kohl brach sich immer stärker die Tendenz Bahn, Sachfragen en détail zwischen den Regierungsparteien zu regeln. Man einigte sich in informellen Gremien, die im Kern Parteigremien waren und in denen die Fraktionsvorsitzenden der Regierungsparteien weitgehend als Akteure betrachtet wurden, die eine von den Parteien bestimmte Agenda zu erfüllen hatten.[23] Auf diese Weise avancierten mit den »Koalitionsrunden« informelle Einrichtun-

22 Vgl. den Redebeitrag Dreggers auf der Sitzung des CDU-Bundesvorstands, 31.01.1983, abgedruckt bei: Günter Buchstab (Bearb.): Kohl: »Gelassenheit und Zuversicht«. Die Protokolle des CDU-Bundesvorstands 1980–1983. Düsseldorf 2018, S. 1064 f.; vgl. auch die »Stichworte« Dreggers vom 31.01.1983 für seinen Redebeitrag, ACDP, 01-347-030/2.

23 Vgl. dazu Schüttemeyer: Fraktionen, vor allem S. 262–266 und 305–309.

gen zu eigentlichen Entscheidungsorganen, die mit einer kaum zu bremsenden Eigendynamik alle Felder des Regierungshandelns in Besitz nahmen.[24] Dass in diesen Koalitionsrunden kein verbindliches Protokoll geführt wurde,[25] macht es quellenmäßig schwer nachprüfbar, wie sich insbesondere die Regierungsparteien in diesen Prozess einschalteten. Dass bei CDU und FDP der jeweilige Parteivorsitzende zugleich ein einflussreiches Regierungsamt ausübte, dürfte den direkten Transfer von Parteiinteressen in Regierungshandeln erheblich erleichtert haben. Mussten die Fraktionen nicht Hauptleidtragende einer solchen Entwicklung sein, die in der Regierungszeit Kohls einen neuen Höhepunkt erreichte?[26] Wie sollte sich unter solchen Umständen der Fraktionsvorsitzende der weitaus stärksten Regierungsfraktion als Anwalt des Parlamentarismus Gehör verschaffen oder überhaupt in der Lage sein, eine von der Regierungspolitik autonome politische Agenda zu entwickeln?

Um selbst politisch gestalten zu können, war eine optimale Arbeitsteilung zwischen dem Fraktionsvorsitzenden und dem Ersten Parlamentarischen Geschäftsführer erforderlich: Nur wenn es Dregger gelang, die Alltagsarbeit des Fraktionsmanagements auf dieses Schlüsselamt auszulagern, konnte er Zeit und Kraft darauf verwenden, sich vom Fraktionsvorsitz aus mit eigenen Ideen in die Regierungspolitik einzubringen. Es verstand sich von selbst, dass sich Dregger dabei auf jene Themen konzentrierte, die ihm schon immer am Herzen gelegen hatten. In der Tat gelang es ihm, innerfraktionelle Strukturen zu etablieren, wie sie für die Aufrechterhaltung seines Gestaltungsanspruchs erforderlich waren. Dabei wirkte es sich nicht nachteilig aus, dass sein Erster Parlamentarischer Geschäftsführer mit Wolfgang Schäuble ein Kohl-Vertrauter war.[27] Im Gegenteil konnte Dregger darin sogar den Vorteil sehen, dass Schäuble für eine reibungslose Koordination mit dem Kanzleramt sorgte. Das ersparte es ihm, genau jene Funktionen wahrnehmen zu müssen, die sich daraus ergeben hätten, als

---

24 Vgl. dazu grundsätzlich Waldemar Schreckenberger: Infomelle Verfahren der Entscheidungsvorbereitung zwischen der Bundesregierung und den Mehrheitsfraktionen: Koalitionsgespräche und Koalitionsrunden, in: Zeitschrift für Parlamentsfragen 25 (1994), S. 329–346.

25 Vgl. Schwarz: Kohl, S. 314.

26 Vgl. zu den weitgehend informellen Entscheidungsmechanismen des Koalitionsmanagements der schwarz-gelben Regierung Erik Lommatzsch: Betrachtungen zu den Koalitionen in der Zeit der Kanzlerschaft Helmut Kohls 1982–1998, in: Philipp Gassert/Hans Jörg Hennecke (Hg.): Koalitionen in der Bundesrepublik. Bildung, Management und Krisen von Adenauer bis Merkel. Paderborn 2017, S. 185–202, hier S. 195–202.

27 Zur Rolle Schäubles vgl. Küsters: Kanzlerfraktion, S. 169, sowie Sönke Petersen: Manager des Parlaments. Parlamentarische Geschäftsführer im Deutschen Bundestag – Status, Funktionen, Arbeitsweise. Opladen 2000, S. 115.

Fraktionsvorsitzender sich an einer Koalitionsagenda abarbeiten zu müssen. Da auch Schäubles Nachfolger Rudolf Seiters und Friedrich Bohl in diesem Sinne wirkten, konnte Dregger bis zum Ende seiner Amtszeit als Fraktionsvorsitzender ein für ihn vorteilhaftes politisches Tauschgeschäft eingehen: Er ließ den Ersten Parlamentarischen Geschäftsführern freie Hand, um die vom »Polity«-Parlamentarismus ausgehenden Aufgaben zu erledigen, die nicht selbstgesetzt waren. Im Gegenzug nahm sich Dregger die Freiheit heraus, stärker als jeder CDU/CSU-Fraktionsvorsitzende nach ihm eigenständige politische Akzente zu setzen und damit seinem politischen Selbstverständnis treu zu bleiben.

Aber auf welchen Politikfeldern war ihm das möglich, ohne allzu sehr von Koalitionsabsprachen eingeschnürt zu werden? Innen- und Gesellschaftspolitik hatten immer zu den bevorzugten Interessengebieten Dreggers gezählt, sofern sich darin politische Grundsatzfragen abbilden ließen. Auf den ersten Blick mag es scheinen, dass Bundeskanzler Kohl ein hierfür geradezu prädestiniertes politisches Fahnenwort geprägt hatte: »geistig-moralische Wende«. Dieser Begriff bürgerte sich rasch als semantische Signatur ein, um die politische Stoßrichtung der Gesellschafts- und Kulturpolitik der ersten Regierungsjahre Kohls zu markieren. Und implizierte er nicht eine programmatische Offerte, bei der ein Alfred Dregger geradezu aufblühen musste: Mehr Eigenverantwortung für das Individuum in Wirtschaft und Gesellschaft und zugleich eine gezielte Pflege von Gemeinschaftsgütern wie der eigenen Geschichte, um eine Politik zu betreiben, die sich als Gegenentwurf zu »1968« verstand? Unternahm die neue Regierung nicht den ernsthaften Versuch, den von konservativer Seite beklagten »Wertewandel«,[28] der, so der Vorwurf, eine schrankenlose individuelle Emanzipation auf Kosten von gemeinschaftstauglichen Dispositionen befördert hatte, nicht einfach hinzunehmen, sondern ihm aktiv gegenzusteuern?

Doch bei näherem Hinschauen entpuppt sich die vermeintliche konservative Wende des Jahres 1982 als eine Zuschreibung des politischen Gegners, der in einzelne Regierungsprojekte ein »great design« hineingeheimniste. Kohl hat den Begriff »geistig-moralische Wende« nie in einer offiziellen Verlautbarung benutzt, weil ihm der Sinn nicht nach konservativem Kulturkampf stand. Es waren politisch randständige Konservative, die den Kanzler mit diesem Begriff auf eine genuin konservative Agenda festlegen wollten. Vor allem aber war es der politische Gegner, der in Europa und der Welt das Gespenst des sogenannten

28 Grundlegend hierzu Bernhard Dietz/Christopher Neumaier/Andreas Rödder (Hg.): Gab es den Wertewandel? Neue Forschungen zum gesellschaftlich-kulturellen Wandel seit den 1960er Jahren. München 2014.

»Neokonservatismus«[29] umgehen sah und daher die Regierung Kohl umstandslos für dieses normativ aufgeladene, aber analytisch wenig taugliche Narrativ vereinnahmte.[30] Allerdings entwickelte der Begriff »geistig-moralische Wende« eine narrative Eigendynamik in beide politische Richtungen – als Mobilisierungsbegriff auf Seiten des politischen Gegners sowie als politischer Mahnbegriff auf Seiten Konservativer, die damit ihrer Enttäuschung über das Ausbleiben ebendieser Wende Ausdruck verliehen.[31] Diese Prägung war so erfolgreich, dass sich selbst Kohl, der den Begriff in dieser Form damals gar nicht verwendet hatte, rückblickend darauf berief.[32]

Es würde also in eine analytische Sackgasse führen, wenn wir einseitig die Messlatte einer »geistig-moralischen Wende« an Dreggers Politik anlegen würden. Der Begriff ist eher Teil des damaligen politischen Kampfes als eine analytisch fruchtbare Kategorie. Auch hat Dregger selbst ihn sich nicht wirklich zu eigen gemacht. Es finden sich nur beiläufige Bemerkungen,[33] in denen er – meist

---

29 Vgl. zu diesem Begriffsimport aus dem Amerikanischen, der zumindest in der Bundesrepublik von linksliberaler Seite geprägt worden war, um die Konjunktur des Konservatismusbegriffs in den 1970er Jahren zu erfassen, Steber: Hüter der Begriffe, S. 266 – 271. Oberflächlich betrachtet konnte es so scheinen, als seien zu Beginn der 1980er Jahre Neokonservative auf dem Vormarsch, wenngleich der Begriff in Deutschland ganz anders gefüllt war und die starke ökonomische Komponente des angloamerikanischen Diskurses um *neoconservatives* ausblendete. Hierfür setzte sich schließlich der Begriff »neoliberal« durch, der wiederum in den USA ganz anders gefüllt war. Vgl. auch Thomas Biebricher: Neoliberalismus zur Einführung. Hamburg 2012, S. 9 – 20; zur Begriffsgeschichte (gerade auch im bundesdeutschen Kontext) hilfreich Frank Bösch/Thomas Hertefelder/Gabriele Metzler: Grenzen des Neoliberalismus. Der Wandel des Liberalismus im späten 20. Jahrhundert, in: dies. (Hg.): Grenzen des Neoliberalismus. Der Wandel des Liberalismus im späten 20. Jahrhundert. Stuttgart 2018, S. 13 – 36, hier S. 16 – 32.

30 Vgl. hierzu vor allem Peter Hoeres: Von der »Tendenzwende« zur »geistig-moralischen Wende«. Konstruktion und Kritik konservativer Signaturen in den 1970er und 1980er Jahren, in: Vierteljahrshefte für Zeitgeschichte 61 (2013), S. 93 – 119.

31 Vgl. Andreas Wirsching: Die mediale »Konstruktion« der Politik und die »Wende« 1982/83, in: Historisch-politische Mitteilungen 9 (2002), S. 127 – 140; ders.: Abschied, S. 49 – 55; ders.: Eine »Ära Kohl«? Die widersprüchliche Signatur deutscher Regierungspolitik 1982 – 1998, in: ders.: Demokratie und Gesellschaft. Historische Studien zur europäischen Moderne. Hg. von Magnus Brechtken u. a. Göttingen 2019, S. 360 – 382, hier S. 362 – 364; zur Enttäuschung über die ausgebliebene »Wende« in der FAZ: Peter Hoeres: Zeitung für Deutschland. Die Geschichte der FAZ. München/Salzburg 2019, S. 290 – 291; Thomas Biebricher: Geistig-moralische Wende. Die Erschöpfung des deutschen Konservatismus. Berlin 2019, S. 45 – 85; Schildt: Konservatismus in Deutschland, S. 247 – 252.

32 Vgl. Helmut Kohl: Erinnerungen 1982 – 1990. München 2005, S. 51.

33 Vgl. Dreggers Ausführungen zu Beginn des hessischen Landtagswahlkampfs 1982: »Dregger fürchtet um das soziale Netz«, in: FAZ, 25.02.1982, S. 25.

vor dem Regierungswechsel 1982 – eine geistige Wende in der deutschen Politik anmahnte. Allerdings hatte er immer wieder die genuin geistige Auseinandersetzung um die Grundlagen des politischen Gemeinwesens ins Zentrum seines politischen Selbstverständnisses gerückt. Sollte daher nicht mit dem Regierungsantritt Kohls die Stunde gekommen sein, um die Regierungspolitik im Sinne der von Dregger vehement vertretenen Grundsatzpositionen auszurichten? Und bot sich dafür nicht die Pflege des politischen Grundwerts an, dem sich der Nationalliberale Dregger neben der Freiheit am meisten verpflichtet fühlte: Bewahrung der Nation als politischer Willens- und Bekenntnisgemeinschaft?

Dregger erwartete von der Bundesregierung, dass sie sich gerade auf diesem Gebiet von der Vorgängerregierung unterschied. Er sah sich in seiner Funktion als Fraktionsvorsitzender als Antreiber, der die Regierung dazu aufforderte, mit ihren Mitteln das Verständnis für die unteilbare deutsche Nation zu pflegen, um damit die geistige Grundlage für eine zukünftige aktive Wiedervereinigungspolitik aufrechtzuerhalten. In dieser Hinsicht nahm er denn auch die Bundesregierung öffentlich in die Pflicht, wenn er in einer programmatischen Rede im Bundestag am 23. Juni 1983 ausführte: »Die Wende, die wir politisch erreicht haben und durchsetzen wollen, wird ihre Bewährungsprobe nicht zuletzt darin zu bestehen haben, unsere nationale Identität in der Identität unserer Werte wiederherzustellen.«[34] Dregger konnte die Rolle als Treuhänder und Sachwalter der Nation glaubhaft für sich reklamieren, weil er seit 1970 unablässig dieses Kernthema nach außen vertreten und damit an seine Person geknüpft hatte.

Dahinter stand die Grundüberzeugung, dass Politik sich nicht in der Behandlung vermeintlich harter Sachthemen der Wirtschafts- und Finanzpolitik erschöpfte. Mindestens ebenso wichtig galt demnach die Pflege von Vergemeinschaftungen, da sie es ihren Angehörigen erst ermöglichten, sich auch beheimatet zu fühlen. Die Nation als die klassische Form solcher Vergemeinschaftung rangierte dabei an oberster Stelle. Gerade wenn sich die Koalitionsvereinbarungen an den mühseligen Sachthemen der Steuerreform, der Mittelstandsförderung oder der Rentenreform entlanghangelten, wurde das riesige Feld dessen, was man »Kulturpolitik« nennen kann, ausgespart. Dies eröffnete nicht nur dem promovierten Historiker Kohl Gelegenheit, stärker als alle anderen seiner Vorgänger die eigentlich dem Bund nicht zustehende Aufgabe der »Kulturpolitik« an sich zu reißen. Auch der Vorsitzende der größten Regierungsfraktion fand in diesem expandierenden Politikfeld seine eigentliche Erfüllung. Das zeigte sich besonders

34 Rede Dreggers im Bundestag vom 23.06.1983, Verhandlungen des Deutschen Bundestags, Stenographische Berichte, 10. Wahlperiode, 16. Sitzung, S. 1015.

im Umgang mit der Vergangenheit. Historische Fragen drangen in den 1980er Jahren wieder verstärkt in den Fokus der medialen Öffentlichkeit und dienten als Prisma politisch-kultureller Konflikte. Diese Hochkonjunktur ergriff auch – wenngleich nicht exklusiv – die NS-Geschichte.[35] »Geschichte« avancierte dabei zu einem politischen Konfliktfeld, auf dem Politiker immer sichtbarer mit eigenen Deutungen, symbolischen Handlungen und Fördermaßnahmen eingriffen.

Dregger war in solchen geschichtspolitischen Fragen kundig, weil er über einen reichhaltigen Fundus an historischem Wissen verfügte, das er gerne in seinen programmatischen Reden im Deutschen Bundestag ausbreitete. Immer wieder hatte er seit den 1970er Jahren unablässig gemahnt, an der »Nation« als wichtigster Vergemeinschaftungsformel festzuhalten. Nicht zuletzt seiner eigenen Partei redete er öffentlich ins Gewissen, die nationale Frage nicht als lästige Pflichtübung aufzufassen, sondern sich ihrer mit Leidenschaft anzunehmen. Da für ihn die Nation eine Bekenntnisgemeinschaft war, erhielt sie den Status einer Größe, zu der man ein affektives Verhältnis pflegen sollte. Dregger scheute sich nicht, sich offen dazu zu bekennen und auf dem CDU-Parteitag 1978 seine Rede mit dem flammenden Appell zu beenden: »Wir lieben unser Volk, wir lieben unsere Nation.«[36] Mit solch stark emotionalem Vokabular plädierte er für eine öffentliche Kommunikation, welche die Nation als einen »Gefühlsraum« verstand.[37] Er reihte sich mit seiner Sprache in die Reihe jener »Konstrukteure und

---

35 Vgl. zur »Rückkehr der Geschichte« und zu den zeitgenössischen Konflikten Wirsching: Abschied, S. 470–491; Edgar Wolfrum: Geschichtspolitik in der Bundesrepublik Deutschland. Der Weg zur bundesrepublikanischen Erinnerung 1948–1990. Darmstadt 1999, S. 316–319; ders.: Die geglückte Demokratie. Geschichte der Bundesrepublik Deutschland von ihren Anfängen bis zur Gegenwart. Aktual. Aufl. München 2007, S. 395–400; Conze: Suche nach Sicherheit, S. 654–664; Herbert: Geschichte Deutschlands, S. 1010–1022; schon zeitgenössisch die Beobachtungen bei Volker Ullrich: Geschichte von unten. Die neue Bewegung zur Erforschung des Alltags, in: Journal für Geschichte 2/1984, S. 9–15; zu den Verlagsplanungen auf dem historischen Sektor Paul Nolte: Lebens Werk. Thomas Nipperdeys Deutsche Geschichte – Biographie eines Buches. München 2018, bes. S. 53–109; zu den Umbrüchen im Verlauf der 1980er Jahre mit Blick auf die Ermordung der europäischen Juden in Forschung und (Medien)Öffentlichkeit Ulrich Herbert: Vernichtungspolitik. Neue Antworten und Fragen zur Geschichte des ›Holocaust‹, in: ders. (Hg.): Nationalsozialistische Vernichtungspolitik 1939–1945. Neue Forschungen und Kontroversen. Frankfurt/Main 1998, S. 9–66, hier S. 9–31; Frank Bösch: Film, NS-Vergangenheit und Geschichtswissenschaft. Von »Holocaust« zu »Der Untergang«, in: Vierteljahrshefte für Zeitgeschichte 55 (2007), S. 1–32, bes. S. 1–12; ders.: Zeitenwende, S. 363–395.

36 Rede Dreggers vom 25.10.1978, CDU-Bundesgeschäftsstelle (Hg.): 26. Bundesparteitag, S. 318.

37 Vgl. Dieter Langewiesche: Gefühlsraum Nation. Eine Emotionsgeschichte der Nation, die Grenzen zwischen öffentlichem und privatem Gefühlsraum nicht einebnet, in: Zeitschrift für Erziehungswissenschaft 15 (2012), S. 195–215. Langewiesche macht mit guten Gründen darauf aufmerksam,

Interpreten von ›nationalen Gefühlen‹«[38] ein, die einer »Inszenierung nationaler Emotionen«[39] Vorschub leisteten. Das lief darauf hinaus, die Nation als Teil des Gefühlshaushalts ihrer Bürgerinnen und Bürger darzustellen, um ein »ehrfurchtsvolles Verhältnis zu den Zeugnissen unserer Kultur«[40] entstehen zu lassen.

Ein wesentliches Moment solcher Gefühlsäußerungen ist deren kommunikative Funktion: Da Nation eine Bekenntnisgemeinschaft ist, ist bekenntnishaftes Reden über die Nation integraler Bestandteil ihrer Konstruktion. Dregger wollte mit seiner empathischen Redeweise zum Erhalt der Nation unter den Bedingungen staatlicher Teilung beitragen. Damit setzte er kommunikative Signale, die auch in den eigenen Reihen auf Unverständnis bei jenen stießen, denen die Nation kein politisches Herzensanliegen war. Viele Zeitgenossen haben Dregger ob solcher Emphase belächelt, und auch manche Parteifreunde schüttelten nicht nur stillschweigend mit dem Kopf. Auch innerhalb der CDU mehrten sich die Stimmen derer, die das Festhalten an der deutschen Einheit für ein politisches Auslaufmodell hielten und sich bequem in der deutschen Teilung eingerichtet hatten.[41] Dregger war gegen eine solche Einstellung nicht zuletzt aufgrund seiner freiheitlichen Grundeinstellung gefeit, mit der es unvereinbar war, die Menschen im anderen Teil Deutschlands, aber auch diejenigen in den sowjetisch beherrschten Staaten Ostmittel, Südost- und Osteuropas abzuschreiben und »auf ewig« einer Diktatur zu überantworten. Seine pathetische Ausdrucksweise und sein Postulat, man müsse die Nation lieben und ihrer Geschichte mit Ehrfurcht begegnen, lassen sich als Versuch lesen, gegen die deutschlandpolitische Routine anzureden. Dregger versuchte also auch in der Deutschlandpolitik vor allem sprachpolitisch zu wirken; eine auf nüchterne Sprache abstellende Gegenposition, wie sie Gustav Heinemann vertreten hatte, musste ihm als verschenkte Möglichkeit politischer Rhetorik erscheinen. Es wäre ihm nie in den Sinn gekommen, wie der frühere

---

dass emotionales Sprechen über die Nation im öffentlichen Kommunikationsraum nicht mit privaten Äußerungen verwechselt werden darf. Denn starke Gefühlsäußerungen erregten nationale Fragen primär in der Öffentlichkeit, weniger im Privaten. Es geht also nicht um »nationale Gefühle« in einem essenzialistischen Sinn, sondern darum, wie solche Gefühle beschrieben und postuliert werden und damit das Sprechen über Nation in der Öffentlichkeit gestaltet wird. Vgl. allg. auch Etienne François/Hannes Siegrist/Jakob Vogel: Die Nation. Vorstellungen, Inszenierungen, Emotionen, in: dies. (Hg.): Nation und Emotion. Deutschland und Frankreich im Vergleich. 19. und 20. Jahrhundert. Göttingen 1995, S. 13–35, bes. S. 13–21.

38 François/Siegrist/Vogel: Die Nation, S. 19.

39 Langewiesche: Gefühlsraum Nation, S. 206.

40 Bundestagsrede Dreggers vom 23.06.1983, Verhandlungen des Deutschen Bundestags, Stenographische Berichte, 10. Wahlperiode, 16. Sitzung, S. 1015 (D).

41 Vgl. die bei Hacker: Deutsche Irrtümer, S. 184–188 zusammengetragenen Belege.

Bundespräsident Heinemann einer rein sachorientierten innerdeutschen Politik das Wort zu reden, der einst darauf hingewiesen hatte, keine Staaten, sondern seine Frau zu lieben.[42]

Hinzu kam, dass Dregger im Gegensatz zu vielen seiner Parteifreunde ein wichtiges Korrektiv besaß, um sich der Gefahr eines rein westdeutschen Tunnelblicks zu entziehen: Seine regelmäßigen Besuche in den Staaten des sowjetischen Machtbereichs dienten nicht zuletzt dazu, nicht regimekonforme Kräfte zu treffen und mit einfachen Menschen ins Gespräch zu kommen. Dabei betonte Dregger auch gegenüber kommunistischen Gesprächspartnern, dass es jenseits des Ost-West-Gegensatzes uralte historische Verbindungslinien gebe, die nicht durch Nationalismus, Weltkrieg und »Kalten Krieg« aufgelöst werden könnten. So wies er bei seinem Treffen mit dem Vizeaußenminister der kommunistisch regierten Tschechoslowakei, Dušan Spáčil, darauf hin, dass Prag ebenso ein Teil Mitteleuropas sei wie Nürnberg, Dresden und Wien. Dregger nutzte sein breites historisches Wissen, um Begriffe zu reaktivieren, die als semantische Brückenpfeiler dienen sollten, ohne bei seinen Gesprächspartnern unangenehme Erinnerungen an den deutschen Expansionismus wachzurufen. »Mitteleuropa« nahm hierbei eine besonders wichtige Funktion ein: »Bei der Analyse der gegenseitigen Beziehungen solle man nicht allein die Jahre von 1938 bis 1945 oder das 19. Jahrhundert zur Grundlage machen, sondern die gesamte Geschichte sehen, zum Beispiel auch das Zeitalter Karls IV., wo Prag das Zentrum Mitteleuropas war. [...] Prag sei historisch und kulturell ein Teil Mitteleuropas.«[43] Solche begrifflichen Charmeoffensiven stießen beim tschechoslowakischen Offiziellen durchaus auf offene Ohren. Spáčil, der einige Jahre später als Botschafter seines Landes in der Bundesrepublik Deutschland amtierte, replizierte: »Er sei nicht ganz gegen die von Herrn Dr. Dregger vorgetragene Mitteleuropa-These.«[44]

Dass Dreggers Engagement für die Überwindung der Teilung Deutschlands und Europas im Kern von seinen politischen Grundüberzeugungen herrührte, wird auch daran ersichtlich, dass bei ihm keine lebensweltlichen und familiären Bindungen an diese Regionen bestanden. Wenn sich seine Parteifreunde Hupka, Czaja oder Windelen für solche Belange einsetzten, spielte immer auch der Umstand mit hinein, dass sie im vormaligen Ostdeutschland oder in Alt-Österreich

42 Vgl. das Zitat Heinemanns sowie die Beobachtungen zu seiner nüchternen politischen Sprache bei Hermann Schreiber: Nichts anstelle vom lieben Gott, in: Der Spiegel, 3/1969, 13.01.1969, S. 27–34, Zitat S. 34.

43 Vgl. das Verlaufsprotokoll über das Gespräch Dreggers mit Spáčil, 18.06.1981, ACDP, 01-347-034/5, Zitate S. 1 des Protokolls.

44 Ebd.

aufgewachsen waren und damit immer auch Heimatbewahrung betrieben. Der Westfale Dregger hingegen hatte keine tiefen biographischen Bindungen an diese Regionen entwickelt, und selbst das Territorium der späteren DDR war ihm lebensweltlich nicht wirklich vertraut. Vielmehr musste er sich das, was er Mitteldeutschland zu nennen pflegte, historisch-politisch bewusst aneignen. Entscheidend hierfür war gewiss der Umstand, dass er Mitte der 1950er Jahre seinen Lebensmittelpunkt nach Fulda verlegte und damit in eine Region, die als »Zonenrandgebiet« schon semantisch ihren Sonderstatus zum Ausdruck brachte. Dregger schlug in seiner neuen Heimat so feste Wurzeln, dass er seine ohnehin nationale Grundeinstellung mit der lebendigen Erfahrung einer unmittelbaren Nähe zur deutschen Teilung auffrischen konnte. Dregger nutzte vor allem die sich daraus ergebenden Möglichkeiten für eine rege Besuchstätigkeit in der DDR. Mit offenen Augen und Ohren reiste er durch die Lande zwischen Elbe, Saale und Oder, und es wäre eine grobe Verzerrung, wenn man darin eine billige Selbstbestätigung von politischen Wunschvorstellungen erblickte. Dregger blieb immer der nüchterne Bobachter, der weit davon entfernt war, sich den Zustand der Nation schönzureden. Und gerade deswegen schöpfte er aus vielen Begegnungen mit Menschen von »drüben« die feste Zuversicht, dass die Pflege der Nation nicht antiquiert, sondern geradezu avantgardistisch sei. Mochten sich nicht wenige Westdeutsche in Apathie und Gleichgültigkeit verlieren – in der DDR sehe es vollkommen anders aus: »Das Gefühl der nationalen Zusammengehörigkeit ist in Mitteldeutschland ungebrochen.«[45]

Mit dem Regierungswechsel des Jahres 1982 schien endlich die Stunde Dreggers gekommen zu sein, nicht länger in der Rolle des nicht selten unerwünschten Mahners verweilen zu müssen. Der Fraktionsvorsitzende wollte nun in die Rolle des deutschlandpolitischen Antreibers und des semantischen Vordenkers schlüpfen. Denn wie konnte man in der Kulturpolitik politische Akzente setzen, wenn nicht durch Prägung und Propagierung politischer Leitbegriffe?

Damit geriet die interessengeleitete interpretatorische Aneignung deutscher Geschichte ins Zentrum von Dreggers Bemühungen. Ähnlich wie Helmut Kohl bedeutete für Dregger die Pflege der Nation als »Kultur- und Willensgemeinschaft«[46] einen steten Rekurs auf die in der deutschen Geschichte enthaltenen

45 Bericht Dreggers »Eine Reise in die DDR vom 25. bis 30. März 1980«, ACDP, 01-347-026/3, Zitat S. 1.

46 Bundestagsrede Dreggers vom 23.06.1983, Verhandlungen des Deutschen Bundestags, Stenographische Berichte, 10. Wahlperiode, 16. Sitzung, S. 1016.

Möglichkeiten nationaler Selbstvergewisserung. Was Dregger einklagte, war damit das, was die Geschichtswissenschaft terminologisch als »Geschichtspolitik« etikettiert hat: der bewusste Einsatz von Geschichte als legitimierende, politisierende oder mobilisierende Ressource im Interesse eigener politischer Ziele.[47] Bei Dregger ging dies einher mit Klagen darüber, dass die deutsche Geschichte seit den 1960er Jahren in die Hände von Geschichtspolitikern und Geschichtsvermittlern geraten sei, die sie auf die Zeit der NS-Diktatur reduziert und ihre Reichhaltigkeit übersehen oder bewusst vernachlässigt hätten: »Das hatte zur Folge, daß die deutsche Geschichte insgesamt abgewertet wurde. Seitdem gibt es ein Trauma unserer Selbsteinschätzung. Viele Deutsche wenden sich ab von der Nation und ihrer Geschichte. Das ist eine Haltung, die den Fortbestand der deutschen Nation in ihrer freiheitlichen Verfassung auf das schwerste gefährdet.«[48]

Demgegenüber stand bis Anfang der 1990er Jahre die NS-Geschichte nicht im Zentrum von Dreggers Geschichtspolitik. Ihm ging es vielmehr darum, den Blick für die von ihm identifizierten Traditionsbestände der preußisch-deutschen Geschichte zu schärfen, die er als unverzichtbaren Kristallisationskern nationaler Selbstvergewisserung ansah. Der Nationalsozialismus spielte dabei eher indirekt hinein: Dregger wandte sich strikt gegen die von Seiten mancher politischer Gegner verbreitete Lesart, wonach alle nationalen Traditionen kontaminiert seien, die der Nationalsozialismus für sich in Anspruch genommen habe. Dregger hielt dem unablässig entgegen, dass der Nationalsozialismus vielmehr die national-freiheitlichen Traditionen deutscher Geschichte mit Füßen getreten und mit ihnen Missbrauch getrieben habe: »Engstirniger Nationalismus dagegen ist nicht nur zerstörerisch, er verrät auch unsere besten deutschen Traditionen.«[49] Erst am Ende seines politischen Wirkens fokussierte sich Dreggers Geschichtspolitik immer mehr auf die Deutung der Zeitspanne zwischen 1933 und 1945, wobei – wie zu zeigen sein wird – es sich dabei im Kern um eine autobiographische Bewältigung der eigenen Lebensgeschichte handelte. Erst als Dregger aller wichtigen politischen Ämter ledig war, unternahm er mit den Mitteln der Geschichtspolitik den Versuch, sein Wirken in der Wehrmacht Hitlers mit geschichtlichem Sinn zu versehen. Während seiner aktiven Zeit im Rampenlicht der Politik war er dage-

47 Vgl. Wolfrum: Geschichtspolitik in der Bundesrepublik Deutschland, bes. S. 22, S. 25–26; ders.: Geschichtspolitik, in: Dieter Nohlen/Florian Grotz (Hg.): Kleines Lexikon der Politik. 5., überarb. und erw. Aufl. München 2011, S. 207–210; ders.: Geschichte als Waffe. Vom Kaiserreich bis zur Wiedervereinigung. Göttingen 2001, S. 5–7.

48 Bundestagsrede Dreggers vom 23.06.1983, Verhandlungen des Deutschen Bundestags, Stenographische Berichte, 10. Wahlperiode, 16. Sitzung, S. 1015.

49 Ebd., S. 1016.

gen um seinen Handlungsspielraum als Deuter deutscher Vergangenheit bemüht. Diesen wollte er nicht eingeengt sehen – weshalb er auch dafür sorgte, dass seine NSDAP-Mitgliedskarte 1976 aus den Archivbeständen in einen Safe überführt wurde. So wurde erst 2002 bekannt, dass Dregger nach seinem freiwilligen Eintritt in die Wehrmacht[50] sich 1940, kurz nach der Niederlage Frankreichs, also anlässlich eines vorläufigen Höhepunkts nationalsozialistischer Machtentfaltung, erfolgreich um die Parteimitgliedschaft beworben hatte.[51] Diese Maßnahme individueller Geschichtspolitik schützte Dreggers öffentliche Bekenntnisse zur Nation und seine Propagierung eines Geschichtsbildes, welches das ›Dritte Reich‹ tendenziell in seiner Relevanz für die Gegenwart zurückstufte, davor, als privat motivierte Schutzbehauptungen eines ehemaligen Parteigenossen delegitimiert zu werden.

In den 1980er Jahren ordnete Dregger sein biographisches Narrativ dem übergeordneten Ziel unter, vorhandene nationale Ressourcen aufzuspüren, zu revitalisieren und vor allem zu kommunizieren. Griff er dabei auf das traditionelle begriffliche Repertoire zurück oder brachte er hierfür eigene semantische Innovationen in Umlauf? Dregger war sich der anspruchsvollen Aufgabe bewusst, die er sich damit auflud. Denn wie ließ sich die Einheit einer Nation semantisch festigen, wenn sie in zwei Staaten aufgeteilt war, die sich tendenziell auseinanderentwickelten? Welche Sprache war einer Lage angemessen, die ein Bekenntnis zur nationalen Einheit verlangte, das immer wieder an die harte politische Realität stoßen musste? Was nützte die Beschwörung eines unteilbaren Deutschlands, wenn immer mehr Staaten mit der DDR diplomatische Beziehungen aufnahmen und westliche Staatsmänner dem DDR-Staatsratsvorsitzenden ihre Aufwartung machten? »Das Deutschlandthema ist ungeheuer schwierig. Die Gefahr ist, entweder leeres Pathos zu produzieren oder Anpassung an die Realität.«[52]

Angesichts dieser schonungslosen Bestandsaufnahme war klar, dass sich Dregger nicht für deutschlandpolitische Sonntagsreden eignete, die lediglich der Ent-

---

50 Dregger war nicht »eingezogen worden«, wie immer wieder behauptet wurde. So etwa Rudolf Seiters in der »Gedenkstunde für den verstorbenen ehemaligen Vorsitzenden der Fraktion der CDU/CSU, Dr. Alfred Dregger« vom 03.07.2002, Verhandlungen des Deutschen Bundestags, Stenographische Berichte, 14. Wahlperiode, 247. Sitzung, S. 24979 (B).

51 Vgl. Dominik Rigoll: Grenzen des Sagbaren. NS-Belastung und NS-Verfolgungserfahrung bei Bundestagsabgeordneten, in: Zeitschrift für Parlamentsfragen 45 (2014), S. 128–140, hier S. 137 zu Dreggers geschichtspolitischer Maßnahme, seine NS-Biographie zu verschleiern, sowie insbesondere S. 140 zu den positiven Effekten, die Dregger dadurch für seinen Argumentationsspielraum erzielte.

52 So Dregger auf der Sitzung des CDU-Bundesvorstands vom 14.02.1977, in: Buchstab (Hg.): Kohl: »Stetigkeit«, S. 418.

lastung des politischen Gewissens dienten. Starke Worte ohne begleitende Handlungen erschienen ihm als Placebo-Politik, bei der die Lautstärke die Dürftigkeit der Aktionen überdecken sollte. Es nützte daher auch wenig, stets aufs Neue intakte Rechtsauffassungen zu beschwören. Selbstverständlich blieb das Festhalten an der unteilbaren deutschen Staatsbürgerschaft die Rechtsvoraussetzung dafür, dass die Deutschen aus der DDR staatsrechtlich nicht als Ausländer galten. Aber das unablässige Eintrichtern dieser Rechtsposition konnte nicht verhindern, dass sie erodierte, wenn sie auf immer weniger Zustimmung nicht zuletzt in der Bundesrepublik stoßen sollte. Daher galt das von Dregger stets vertretene Prinzip des Primats der Politik gegenüber dem Recht: »Wir dürfen unsere Rechtspositionen nicht aufgeben, aber wir müssen sie als Instrumente für Politik begreifen, die sie nicht ersetzen.«[53]

Insgesamt stand Dregger mit seinen geschichtspolitischen und emotional-nationalen sprachpolitischen Initiativen vor einer schwierigen Aufgabe. Seit Ende der 1970er Jahre mehrten sich die Anzeichen, dass sich in der Bundesrepublik ein eigenes, spezifisch westdeutsches Nationalbewusstsein etablierte, das nicht mehr prinzipiell auf die Integration der DDR, geschweige denn der ehemaligen Ostgebiete ausgerichtet war. Dies lässt sich nicht zuletzt an historischen Buchprojekten ablesen: Seit Ende der 1970er Jahre bereiteten die großen Publikumsverlage Reihen zur deutschen Geschichte vor, die sich auch dem Verhältnis der Deutschen zu ihrer Nation widmeten. Dabei überschnitten sich Geschichtswissenschaft und Geschichtspolitik seitens der Verlage in signifikanter und im Einzelnen noch genauer zu erforschender Weise.[54] Eines der Prestigeprojekte bereitete die Deutsche Verlagsanstalt in Stuttgart vor. Es ging hier um eine große und reich bebilderte Darstellung der Bundesrepublik für die breite Öffentlichkeit, die seit Ende 1976 vorbereitet wurde und im Laufe der 1980er Jahre unter Mitarbeit damals führender Zeithistoriker wie Hans-Peter Schwarz oder Theodor Eschenburg erschien.[55] Das ganze Projekt ist ein wichtiger Indikator dafür, dass sich der westdeutsche Teilstaat nicht mehr als Provisorium, sondern als »normaler« Staat verstand.[56] Schon im ersten Exposé für die geplante Reihe hieß es zum analytischen Ausgangspunkt: »Die Bundesrepublik Deutschland ist, obwohl sie sich lange dagegen sträubte, zu einem Staat mit einer eigenen Geschichte geworden.

53 Dregger im Deutschen Bundestag vom 27.02.1985, Verhandlungen des Deutschen Bundestags, Stenographische Berichte. 10. Wahlperiode, 122. Sitzung, S. 9025.

54 Vgl. zu solchen Verlagsplanungen auf dem historischen Sektor Nolte: Lebens Werk, bes. S. 53 – 109.

55 Vgl. Protokoll der DVA-Programm-Besprechung am 20.12.1976, in: HStAS (Hauptstaatsarchiv Stuttgart), Q 1/30 Bü 115.

56 Vgl. hierzu Wirsching: Abschied, S. 11.

Sie ist auf dem Wege, eine eigene nationale Identität zu entwickeln. Nachdem sie gleichsam ihre Vorgeschichte durchlaufen hat, ist ein historischer Prozeß nahezu abgeschlossen und damit auch darstellungsfähig geworden.«[57]

Solche Projekte konnten als Hinweis darauf gelesen werden, dass die deutsche Nation zunehmend mit der Bundesrepublik gleichgesetzt wurde.[58] Sie ließen die Perspektive erkennen, dass die Westdeutschen sich mit der Zweistaatlichkeit abfanden und die Bundesrepublik als eigenen Nationalstaat akzeptierten.[59] Dregger agierte damit in sprachpolitischer Hinsicht aus der Defensive. Dennoch handelte er in dem festen Glauben, dass die Nation eine gewissermaßen unterbewertete politische Aktie war, deren Kurs in Zukunft rasant steigen würde, wenn man nur beharrlich an ihr festhalte. Mit seinen nationalgeschichtlichen Offerten begab er sich mitten in die geschichtspolitischen Konflikte, die sich seit den 1980er Jahren immer wieder am Umgang mit dem Nationalsozialismus entzündeten. Der Fraktionsvorsitzende Dregger und Bundeskanzler Kohl folgten insofern einer Linie, als sie beide versuchten, eine mehr oder weniger ausgewogene Geschichtspolitik zu verankern, die dem »Dritten Reich« gerecht werden sollte, ohne die von ihnen als positiv wahrgenommenen Aspekte deutscher Geschichte auszublenden. Die Möglichkeit einer solchen Gratwanderung bildete das zentrale Konfliktfeld der damaligen Debatten.[60] Dreggers nationales Pathos konnte hier kaum integrativ wirken und musste zudem stets mit Abgrenzungen einhergehen, da sich die NS-Zeit nicht ignorieren ließ, zumal auch die noch lebenden Opfer der Diktatur und ihre Nachfahren kein Interesse daran haben konnten, eine Geschichtserzählung anzunehmen, die positive von negativen »Traditionen« feinsäuberlich zu scheiden versuchte.

Daher drängt sich die eingangs gestellte Frage erneut auf: Gab es für den Fraktionsvorsitzenden Dregger überhaupt Bereiche, in denen er eigene politische Akzente setzen konnte und wollte? Die Innen- und Gesellschaftspolitik zählten nicht dazu; aber wie stand es um die eigentliche Passion Dreggers – die Sicherheits- und Deutschlandpolitik, die für ihn untrennbar miteinander verbunden waren? Die Suche nach einer Antwort führt uns ins Zentrum von Dreggers politischem

57 Exposé einer Geschichte der Bundesrepublik Deutschland (Synopse aus den vorliegenden Exposés unter Berücksichtigung der DVA-Programm-Besprechung vom 20.12.1976), in: HStAS, Q 1/30 Bü 115.

58 Vgl. auch Wolfrum: Die geglückte Demokratie, S. 393–395.

59 Vgl. Fahrmeir: Die Deutschen und ihre Nation, S. 170–172; Conze: Suche nach Sicherheit, S. 616–623; Wehler: Deutsche Gesellschaftsgeschichte, Bd. 5, S. 300–303; grundsätzlich Wirsching: Abschied.

60 Vgl. zu den geschichtspolitischen Balanceakten Wirsching: Abschied, bes. S. 473–481.

Koordinatensystem. Er flocht in seine sicherheitspolitischen Überlegungen immer genuin deutschlandpolitische Komponenten ein und verkörperte damit eine prägnante Variante westdeutscher Sicherheitspolitik: Ohne die westliche Verteidigungsgemeinschaft und damit das strategische Bündnis mit der Atomwaffenmacht USA auch nur in Ansätzen aufzuweichen, setzte sich Dregger energisch dafür ein, dass die westliche Verteidigungsdoktrin Rücksicht auf das nationale Sonderinteresse beider deutscher Staaten nahm. Im Kern hieß dies, dass für den unwahrscheinlichen Fall des Einsatzes von Nuklearwaffen Deutschland nicht als singuläres Kampffeld in Frage kam, sondern dass es eine nukleare Haftungsgemeinschaft gab, in der auch die anderen europäischen Bündnispartner mit ihrem Territorium für die Glaubwürdigkeit der Abschreckung bürgten.

Dregger besetzte damit eine überaus eigenständige politische Position. Er ließ sich nicht im Geringsten auf jene nationalneutralistischen Kräfte ein, die eine Aufweichung des westlichen Bündnisses für erforderlich hielten, um Deutschland das Schicksal zu ersparen, Austragungsort eines Nuklearkriegs zu sein. Zugleich lässt er sich aber auch nicht der Gruppe von »Atlantikern« zurechnen, die sich ganz auf die Sicherheitsgarantie des US-Atomschirms verließen und kein Gespür für die prekäre verteidigungspolitische Sonderstellung der Bundesrepublik entwickelten, bei der die Bündnisgrenzen mit den Grenzen einer geteilten Nation zusammenfielen. Aber gelang es Dregger, für seine Positionen vom Amt des Fraktionsvorsitzenden aus zu werben und sie in das Regierungshandeln einzuspeisen? Dreggers eigentliche Stärke lag in seiner Fähigkeit, Diskurse zu befeuern und mit politischen Leitvokabeln zu bestücken. Schaffte er es, solchen Zwischenpositionen, wie er sie vertrat, durch eine entsprechende Semantik zum Ausdruck zu verhelfen?

Politikgestaltung im Fraktionsvorsitz

12. »Durststrecken überwinden« – Dregger als deutschlandpolitischer Erwartungsmanager

Wenn sich Alfred Dregger in einem Fußballteam eine Wunschposition hätte aussuchen können, wäre es gewiss nicht die des Verteidigers gewesen. Von seinem Temperament und seiner Leidenschaft her setzte Dregger auf Angriff: Er wollte den Gegner in Bedrängnis bringen und ihm entscheidende Niederlagen zufügen. Dieser eingefleischte Vertreter der Offensive musste sich in seinem Amt als Fraktionsvorsitzender zwar gelegentlich zurücknehmen und sein eigenes Können in den Dienst der Mannschaft stellen. Aber mehr als nur gelegentlich blitzte seine Angriffslust auf – die Position des offensiven Mittelfeldspielers mit Tordrang war ihm auf den Leib geschneidert. Zwar unterhielt Dregger keine engen lebensweltlichen Bindungen zum Fußball, weshalb ihm semantische Anleihen aus der immer beliebteren Metaphorik dieser hierzulande populärsten Sportart fernlagen. Aber als Versuch einer ihm gemäßen Standortbestimmung in seiner »Mannschaft« – dem Team der CDU/CSU-Fraktion – mag ein Ausflug in die Fußballmetaphorik durchaus angebracht sein.

Für den Fraktionsvorsitzenden war es daher eine ernüchternde Erfahrung, dass er ausgerechnet bei seiner eigentlichen politischen Passion – der Deutschlandpolitik – sich in der Rolle des Defensivspezialisten wiederfand. Dabei hatte er sich gerade auf diesem Gebiet viel vorgenommen: Zwar war und blieb er Realpolitiker genug, um einzusehen, dass sein Herzensanliegen – die Wiederherstellung der staatlichen Einheit Deutschlands – nicht von heute auf morgen zu erreichen war. Aber Dregger wollte keineswegs die Deutschlandpolitik zum Gegenstand routinierter Verfahren abgewertet sehen, bei dem das operative Ziel immer mehr aus dem Blickfeld verschwand. Daher nahm sie in seiner Arbeit als Fraktionsvorsitzender einen herausragenden Stellenwert ein. Nie wurde seit dem Fraktionsvotum über die Ostverträge im Mai 1972 so engagiert über deutschlandpolitische Grundsatzfragen debattiert. Das wurde – gerade im Vergleich zu den vorangehenden sechs Jahren unter dem Fraktionsvorsitzenden Kohl – auch durchaus dankbar registriert. Besonders offensiv ging er dabei aber innerhalb der Fraktion keineswegs vor.

Dreggers politischer Führungsstil als Fraktionsvorsitzender lässt sich am deutlichsten daran ablesen, wie er das Schlüsselthema »Deutschlandpolitik« behandelte. Er wertete das Fraktionsplenum als den zentralen Ort auf, an dem im geschützten Binnenraum Argumente ausgetauscht und auch kontroverse Positionen nicht beiseitegeschoben wurden. Das gelang ihm, indem er sich selbst in den Debatten zurücknahm, von seinem Rederecht eher sparsamen Gebrauch machte und es vor allem vermied, von seiner Position abweichende Meinungen in der Debatte selbst zu kommentieren. Insbesondere vermied er Absprachen mit den Vorsitzenden der zuständigen fraktionsinternen Arbeitskreise. Die Deutschlandpolitik war für ihn *das* politische Querschnittsthema überhaupt, das in den ausgehenden 1980er Jahren zum politischen Markenkern beider Unionsparteien zählte. Daher ermunterte er alle Fraktionsmitglieder, sich zu diesem Thema mit eigenen Beiträgen zu Wort zu melden.

Die politikwissenschaftliche Forschung sieht im Fraktionsplenum »den institutionalisierten Ort, an dem das Spannungsverhältnis von Arbeitsteilung, Hierarchisierung und Partizipation zu einem gewissen Ausgleich gebracht werden muß«.[1] Unter dem Fraktionsvorsitzenden Dregger wurde das partizipatorische Element aufgewertet; weder gab es bei ihm eine Auslagerung zentraler Themen auf die Experten innerhalb der Fraktion, noch versuchte er die innerfraktionelle Debatte zu steuern.[2] Dregger ermöglichte eine Beteiligungskultur, die zu dem erstaunlichen Ergebnis führte, dass ein Fraktionsmitglied, das weder im Bundestag noch innerhalb der Fraktion einem Ausschuss oder einer Arbeitsgruppe zugeteilt war, die sich auf Deutschland- oder Sicherheitspolitik spezialisiert hatte, zum profiliertesten Wortführer der Debatte wurde: der aus dem Badischen stammende Haushaltsexperte Bernhard Friedmann. Am 6. Oktober 1987 brachte Friedmann in der Fraktion zum Ausdruck, wie sehr in der Vergangenheit die deutschlandpolitische Debattenkultur unter einer politischen Parzellierung gelitten habe: »Es war ein Manko der bisherigen Deutschlandpolitik, daß jeder eben sein Teilfeld gesehen hat. Der Deutschlandpolitiker [...], der Sicherheits, Außen- und Verteidigungspolitiker seinen Bereich, der Haushaltspolitiker seinen Bereich, aber wir haben nicht die Brücke geschlagen.«[3]

Diese Art der Gremienführung zeugt davon, dass Dregger den kollegialen Führungsstil, den er in seinen ersten beruflichen Stationen mit Führungsverantwortung kennengelernt und praktiziert hatte, als Vorsitzender der Unionsfraktion dort zur Geltung brachte, wo es um die großen übergreifenden Themen ging, die für ihn das Herzstück der Politik bildeten. Hierin unterschied er sich von seinen Amtsvorgängern, von denen keiner eine staatliche Verwaltung geleitet

1 Schindler: Politische Führung, S. 252.

2 Zu diesen Steuerungsmöglichkeiten des Fraktionsvorsitzenden vgl. ebd., S. 444–448.

3 So Friedmann in der Fraktionssitzung vom 06.10.1987, ACDP, 08-001-1082/3, S. 87f.

und dort wertvolle Erfahrung mit diesem Führungsstil gesammelt hatte. Dregger vermied es bewusst, Vorabsprachen mit Experten und Arbeitsgruppenvorsitzenden innerhalb der Fraktion zu treffen und die Debatten so von oben zu steuern. Vielmehr ließ er ihnen freien Lauf, weil er darin nicht zuletzt einen Legitimitätsgewinn für die Beschlüsse erblickte, auf die sich die Fraktion nach intensiver Debatte zu verständigen hatte. In legitimatorischer Hinsicht wertete er damit die Arbeit in der Fraktion auf, was als untrüglicher Indikator für sein parlamentarismuszentriertes Politikverständnis gelten kann.[4]

Anerkennung fand diese Haltung vor allem bei Fraktionsmitgliedern, welche die von Dregger ermöglichte offene Debattenkultur nutzten, um ihre eigenen Positionen innerhalb der Fraktion zur Geltung zu bringen, ohne dass sie durch Ausschüsse oder andere Gremien verwässert worden wären. Es war kein Zufall, dass der bereits erwähnte Bernhard Friedmann, der die von Dregger offerierten Möglichkeiten besonders engagiert nutzte, am Ende einer leidenschaftlichen Debatte um den richtigen deutschlandpolitischen Kurs mit Blick auf Dregger ausführte: »Herr Vorsitzender, es spricht für einen guten Fraktionsvorsitzenden, wenn in einer kontroversen Diskussion beide Seiten sich auf denselben Vorsitzenden immer wieder beziehen und ihn loben. So ist es ja heute gelaufen.«[5] Aber gerade die Großzügigkeit, mit der Dregger innerfraktionelle Debatten laufen ließ, konnte sich auch zu einer Bedrohung seiner Autorität als Vorsitzender ausweiten. So legte er keinen Wert darauf, durch soziale Gratifikationen alle mächtigen Fraktionsmitglieder einzubinden und mögliche Unruhestifter durch Einzelgespräche zu disziplinieren.[6] Sein distanzierter Umgangston, dem im Unterschied zu Kohl kumpelhaftes Gebaren wesensfremd war, trug dazu bei, dass er kein innerfraktionelles Frühwarnsystem von Zuträgern aufgebaut hatte, die ihn über Winkelzüge möglicher Konkurrenten frühzeitig in Kenntnis setzten. Auch daher war es möglich, dass im Dezember 1988 einige Fraktionsmitglieder den Aufstand gegen ihn probten und im Fraktionsplenum seine Funktion als Vorsitzender in Frage stellten. Dass Dregger diese Attacke abwehren konnte, lag nicht zuletzt daran, dass sie nicht aus dem Hinterhalt kam, sondern coram publico erfolgte. Und in offener Feldschlacht besaß der Vorsitzende den Vorteil, dass er immer Wert auf die offene Aussprache gelegt hatte und dass ihm jene Fraktionskollegen machtvoll an die Seite sprangen, die diesen Führungsstil schätzten.

---

4 Vgl. Schindler: Politische Führung, S. 255.

5 So Friedmann anlässlich der Fraktionssitzung am 06.10.1987, ACDP, 08-001-1083/1, S. 85 des Wortprotokolls.

6 Zu sozialen Gratifikationen als Führungsmittel vgl. Schindler: Politische Führung, S. 386–394.

Im Bundestag hingegen blies deutschlandpolitischen Enthusiasten wie Dregger der Wind ins Gesicht. Zwar konnte er sich der ungeteilten Unterstützung seiner Fraktion sicher sein, wenn er im Parlament für die staatliche Wiedervereinigung Deutschlands als operatives Ziel bundesdeutscher Politik eintrat. Aber andere Fraktionen hatten sich mittlerweile von diesem Ziel distanziert. Das galt nicht nur für die Fraktion »DIE GRÜNEN«, die seit März 1983 erstmals dem Bundestag angehörte.[7] Auch innerhalb der SPD mehrten sich Stimmen vor allem aus einer neuen Politikergeneration, welche die staatliche Einheit Deutschlands selbst nicht mehr erlebt hatten und nun an parteiübergreifenden Positionen in der Deutschlandpolitik rüttelten – angeführt vom saarländischen Ministerpräsidenten Oskar Lafontaine.[8] Für diese Tendenzen bot ein deutschlandpolitischer Grundsatzpolitiker wie Dregger politische Angriffsflächen – und wie im Falle des Fahnenwortes »Wende« gelang es der Opposition, ein politisches Signalwort zu prägen, das seine Haltung und die anderer Deutschlandpolitiker in ein wenig schmeichelhaftes Licht tauchte: »Stahlhelm«.

Wie so oft bei solch griffigen Bezeichnungen, die sich hartnäckig halten sollten, ist nicht mehr genau festzustellen, wer diesen pejorativen Begriff für Dregger und seine politischen Mitstreiter wie Manfred Abelein oder Herbert Czaja prägte. Es ist nicht einmal ausgeschlossen, dass er in den eigenen Fraktionsreihen entstand, in denen einige nicht weniger als in der SPD über die scheinbar aus der Zeit gefallene Unerbittlichkeit, mit der Dregger in der Deutschland- und Ostpolitik argumentierte, die Nase rümpften.[9] In jedem Fall nahmen linke Kreise ihn äußerst dankbar auf. Er spielte auf den »Stahlhelm. Bund der Frontsoldaten« an, der in der Weimarer Republik ein Sammelbecken von Kräften war, die den demokratischen Verfassungsstaat durch ein autoritäres System ersetzen wollten.[10] Damit war er hervorragend geeignet, Dregger in die rechte

7 Zur Deutschlandpolitik der Grünen in jener Zeit vgl. u. a. Regina Wick: Die Mauer muss weg – Die DDR soll bleiben. Die Deutschlandpolitik der Grünen von 1979 bis 1990. Stuttgart 2012; Udo Baron: Kalter Krieg und heißer Frieden. Der Einfluss der SED und ihrer westdeutschen Verbündeten auf die Partei ›Die Grünen‹. Münster, Hamburg, London 2003.

8 Zur Deutschlandpolitik der SPD in jener Zeit vgl. u. a. Rolf Reißig: Dialog durch die Mauer. Die umstrittene Annäherung von SPD und SED. Mit einem Nachwort von Erhard Eppler. Frankfurt/Main, New York 2002; Joachim Hoell: Oskar Lafontaine. Provokation und Politik. Eine Biografie. Braunschweig 2004, S. 126 ff.; Heike Amos: Die SED-Deutschlandpolitik 1961 bis 1989. Ziele, Aktivitäten, Konflikte. Göttingen 2015, S. 544 ff.

9 Vgl. Laut und saftig, in: Der Spiegel, 50/1982, S. 35 und 37; Weirich: Dregger, S. 188 f.

10 Vgl. klassisch Volker R. Berghahn: Der Stahlhelm. Bund der Frontsoldaten 1918–1935. Düsseldorf 1966.

Ecke zu stellen.[11] Der Begriff weckte aber weitere Assoziationen. Seit seiner Einführung für die Materialschlachten im Ersten Weltkrieg als Ersatz für die Pickelhaube zeichnete den Stahlhelm von Beginn an eine wirkmächtige symbolische Qualität aus.[12] An diese Bedeutung und die damit verbundenen Vorstellungen wehrhaft-nationaler Männlichkeit hatte auch der »Bund der Frontsoldaten« anknüpfen wollen. Die NS-Wehrmacht griff den Symbolwert des Stahlhelms bewusst auf, feierte sein Jubiläum und verankerte ihn als Zeichen deutscher Wehrhaftigkeit und nationalen Kampfgeistes. Nach dem Zweiten Weltkrieg wiederum stand der Stahlhelm im bundesdeutschen Symbolhaushalt einerseits als Mahnmal für die Sinnlosigkeit des Krieges, andererseits blieben offenbar ältere Bedeutungsschichten weitgehend erhalten und konnten so eingängig mit ehemaligen Kriegsteilnehmern oder einem bestimmten politischen Habitus in Verbindung gebracht werden.[13] Gerade deshalb entwickelte die Metapher rasch ein nicht mehr zu bremsendes Eigenleben – nicht zuletzt weil meinungsbildende Organe wie »Der Spiegel« sie in unterschiedlichen Kontexten immer wieder dankbar aufnahmen[14] und somit erheblich dazu beitrugen, dass sie Eingang in das kollektive Gedächtnis der »Bonner Republik« fand.

Geradezu lustvoll wurde Dregger das Wort »Stahlhelm« im Parlament entgegengeschleudert, wenn er deutschlandpolitische Grundsatzpositionen verfocht, die lange politisches Allgemeingut gewesen waren. Vielleicht hatte es damit zu tun, dass seine Zeit als Berufsmilitär im Zweiten Weltkrieg in Kollegenkreisen allgemein bekannt war, unwahrscheinlich ist das zumindest nicht. Jedenfalls muss die Hemmschwelle niedrig gewesen sein, wenn der sieben Jahre jüngere

---

11 Vgl. z. B. Felicitas Schaefer: Der Führer der »Stahlhelm-Fraktion«. Ein Porträt des CDU-Fraktionschefs Alfred Dregger, in: Blätter für deutsche und internationale Politik, 11/1985, S. 1356–1366.

12 Vgl. Jakob Vogel: Die Pickelhaube, in: Etienne François/Hagen Schulze (Hg.): Deutsche Erinnerungsorte II. München 2011, S. 299–314, hier bes. S. 310–311; Gerhard P. Groß: Stahlhelm, in: Gerhard Hirschfeld u. a. (Hg.): Enzyklopädie Erster Weltkrieg, erneut aktualisierte und erweiterte Studienausgabe. Paderborn u. a. 2014, S. 863–864; Jörn Leonhard: Die Büchse der Pandora. Geschichte des Ersten Weltkriegs. München 2014, S. 552–554.

13 Zum deutschen Stahlhelm als Symbol: Jürgen Kraus (Bearb.): Stahlhelme. Vom Ersten Weltkrieg bis zur Gegenwart (Veröffentlichungen des Bayerischen Armeemuseums, Bd. 8). Ingolstadt 1984, S. 82–88. Als Negativsymbol diente der Stahlhelm auch schon um 1968/69, als etwa an der Universität Freiburg der Militärhistoriker und ehemalige Kriegsteilnehmer Andreas Hillgruber auf Flugblättern mit Stahlhelm und als Militarist dargestellt wurde. Vgl. Jost Dülffer: Andreas Hillgruber – Deutsche Großmacht, NS-Verbrechen und Staatensystem, in: Hans Ehlert (Hg.): Deutsche Militärhistoriker von Hans Delbrück bis Andreas Hillgruber. Potsdam 2010, S. 69–84, hier S. 80.

14 Vgl. z. B. Fremde Zwecke, in: Der Spiegel, 27/1987, S. 20 f.; Den Bach runter, in: Der Spiegel, 29/1988, S. 19 ff.

SPD-Außenpolitiker Horst Ehmke, wie Dregger ehemaliges Mitglied der NSDAP und aktiver Soldat im Weltkrieg, ihn geradezu genüsslich in dieses Wortfeld einordnete: »Wenn Sie einen Stahlhelm aufhätten, wären Sie noch überzeugender.«[15]

Die semantische Instrumentalisierung des Begriffs »Stahlhelm« als negative Kennzeichnung einer Disposition, die 60 Jahre vorher noch als vorbildliche militärische Tugend gegolten hatte – energisches Auftreten, Einsatzfreude, kämpferische Attitüde –, zeugt von einer fundamentalen diskursiven Verschiebung der politischen Sprache: Wurden Bedeutungen zugeschrieben, die militärisch konnotiert waren, so rückten sie den Betreffenden in eine als überlebt und strukturell gefährlich geltende Sphäre. Während nach dem Ersten Weltkrieg die »Verhaltenslehren der Kälte«[16] hoch im Kurs standen und Ernst Jünger mit seinen »Stahlgewittern«[17] erfolgreiche semantische Anleihen bei einem im industrialisierten Krieg kaltblütig gebliebenen heroischen Individuum nehmen konnte,[18] war die politische Sprache nach 1945 mit der Zeit auf einen durch und durch zivilen und dezidiert antimilitärischen Duktus eingeschwenkt.[19] Der Weg von der »Kriegskultur zur Friedenskultur«[20] verlief jedoch keineswegs geradlinig und ungebrochen, behielten doch quasi-soldatische Tugenden in gewaltaffinen Milieus durchaus ihre Attraktivität.[21]

Dies führte dazu, dass ein Politiker wie Dregger, der habituell als schneidiger Offizier mit feinen Manieren gelten konnte, fast schon reflexhaft in die »Stahlhelm«-Ecke gestellt wurde, wenn er sich anmaßte, in der Deutschland- und Sicherheitspolitik die Opposition an ehemals parteiübergreifend geteilte Positionen

15 Zwischenruf Ehmkes anlässlich des Bundestagsrede Dreggers vom 26.11.1985, Verhandlungen des Deutschen Bundestags, Stenographische Berichte, 10. Wahlperiode, S. 13245.

16 Vgl. Helmut Lethen: Verhaltenslehren der Kälte. Lebensversuche zwischen den Kriegen. Frankfurt/Main 1994.

17 Vgl. Ernst Jünger: In Stahlgewittern. Historisch-kritische Ausgabe, 2 Bde. Herausgegeben von Helmuth Kiesel. Stuttgart 2013.

18 Vgl. Helmuth Kiesel: Ernst Jünger. Die Biographie. München 2007, S. 183–186, S. 193–204; ders.: In Stahlgewittern (1920) und Kriegstagebücher, in: Matthias Schöning (Hg.): Ernst Jünger-Handbuch. Leben – Werk – Wirkung. Stuttgart, Weimar 2014, S. 41–59.

19 Vgl. auch Neitzel: Deutsche Krieger, S. 335–361.

20 Vgl. Kühne (Hg.): Kriegskultur.

21 Vgl. etwa zur Bedeutung Ernst Jüngers im militanten linksradikalen Milieu die Überlegungen bei Joschka Fischer: Der Krampf als inneres Erlebnis [1982], in: ders.: Von grüner Kraft und Herrlichkeit. Reinbek bei Hamburg 1984, S. 54–60, bes. S. 58. Auf der von der Forschung bisher wesentlich schwächer erforschten rechten Seite ließe sich an die »Wehrsportgruppe Hoffmann« oder terroristische Organisationen denken. Vgl. hierzu Hof: Rechtsextremer Terrorismus; Barbara Manthe: Rechtsterroristische Gewalt in den 1970er Jahren. Die Kühnen-Schulte-Wegener-Gruppe und der Bückeburger Prozess 1979, in: Vierteljahrshefte für Zeitgeschichte 68 (2020), S. 63–93.

zu erinnern. Als er dies in der Bundestagsdebatte am 13. November 1986 wieder tat, konfrontierte ihn der Kieler SPD-Abgeordnete Gansel, im Unterschied zu Ehmke im linken Parteiflügel beheimatet und einer anderen Generation angehörend, gleich zweimal mit dem Begriff.[22] Die Opposition war so erfolgreich mit dieser semantischen Belegung, dass die Bezeichnung ein Eigenleben gewann und Dregger – wie davor schon sein Django-Image – auf Schritt und Tritt begleitete. Da spielte es keine Rolle mehr, dass Dregger – wie gleich noch zu erläutern sein wird – im Kern die Leitlinien der Deutschlandpolitik Willy Brandts verinnerlicht hatte und daher zu Kompromissen bereit war, die manche in der Fraktion, die man zum rechten Flügel zählen darf, als politische Zumutung empfanden.[23] Für feine Unterscheidungen war kein Platz mehr, wenn das Festhalten am national-freiheitlichen Ziel, die deutsche Zweistaatlichkeit zu überwinden, als politisch gefährlich, weil die Entspannung gefährdend und somit illegitim erschien und damit alle Verfechter dieser Positionen mit einem imaginären »Stahlhelm« ausstaffiert wurden. Das von Dregger hartnäckig gepflegte nationalliberale Erbe wurde diskursiv so an den Rand gedrängt, dass deutschlandpolitische Prinzipienfestigkeit als unlautere »rechte Gesinnung« gebrandmarkt werden konnte.[24] Die durchschlagkräftige »Stahlhelm«-Metaphorik verfolgte Dregger bis an sein politisches Lebensende und spielte selbst in den auf ihn gemünzten Nachrufen eine gewisse Rolle.[25]

Dass man mit deutschlandpolitischer Prinzipienfestigkeit keinen großen Beifall ernten konnte, focht Dregger nicht weiter an. Wesentlich mehr machte ihm zu schaffen, dass er bei der Frage, wie man denn eine deutschlandpolitische Offensive starten und die Wiedervereinigung als operatives Ziel der Politik stärker in den Vordergrund rücken könne, eine gewisse Hilflosigkeit nicht zu verleugnen vermochte. So sehr Dregger anerkannte, dass in der deutschen Frage auch Pragmatismus und eine Politik der kleinen Schritte gefragt war, so sehr lag ihm am Herzen, dabei das überragende Ziel der Wiedervereinigung nicht aus den

22 Zwischenrufe Gansels während der Bundestagsrede Dreggers vom 13.11.1986, Verhandlungen des Deutschen Bundestags, Stenographische Berichte, 10. Wahlperiode, S. 18960.

23 Der zum rechten Flügel zählende Deutschlandpolitiker Abelein hatte in der Sitzung der Fraktion am 02.10.1984 seinem Unmut über die Deutschlandpolitik der Bundesregierung Ausdruck verliehen; vgl. Wortprotokoll der Fraktionssitzung vom 02.10.1984, Bl. 31–34, ACDP, 08-001-1072/2.

24 Heftige Kritik an der Rede Dreggers, in: Frankfurter Neue Presse, 20.04.1974; Alfred Dregger, in: Westdeutsche Allgemeine Zeitung, 28.01.1971; Noch kann Dregger nicht Kanzler werden, in: Handelsblatt, 28.10.1974.

25 Vgl. u.a. Pitt von Bebenburg: Dregger posthum geehrt, in: Frankfurter Rundschau, 17.08.2010.

Augen zu verlieren: »Natürlich beschränken wir uns in unseren Verhandlungen auf das jetzt Machbare: Mehr Freizügigkeit in Deutschland, mehr Umweltschutz in Deutschland, mehr Wirtschaftsaustausch in Deutschland. Aber das ist doch nicht alles! Wenn das alles wäre, dann könnten auch wir die Teilung vollenden! Und dann gäbe es auch keine Status-Fragen mehr. Aber unsere langfristige Perspektive ist es, auf einen Zustand des Friedens in Europa hinzuwirken, der es dem deutschen Volk ermöglicht, seine Einheit wiederzufinden! (Beifall).«[26]

Dieses Anliegen formulierte Dregger dort, wo ausreichend Platz für eine offene politische Aussprache war und wo nicht zuletzt dank seiner Führung eine Debattenkultur herrschte, die gerade in der Deutschlandpolitik die Probleme beim Namen nannte. Die Fraktion war der privilegierte Ort für eine Meinungsbildung, bei der man sich mit sachlicher Kritik nicht zurückhielt – auch und gerade weil es eben eine Kritik in der Sache sein sollte. Während in den vom Parteivorsitzenden und Kanzler dominierten Parteigremien Kontroversen in Sachfragen immer weniger ausgetragen wurden, weil dahinter stets eine unangemessene Kritik am Parteivorsitzenden gewittert wurde,[27] blieb die Fraktion ein Hort des freien Wortes. Dass sich die Lebendigkeit der Fraktionssitzungen in den Wortprotokollen widerspiegelt, ist daher ein Glücksfall für die historische Forschung. Die Fraktion legte sich selbst dann keine Zurückhaltung auf, wenn dort der ihren Reihen entstammende Bundeskanzler die Regierungspolitik erläuterte. Und auch wenn die Fraktion als Zeichen der Verbundenheit mit dem freien Teil Berlins im dortigen Reichstag zusammenkam, legte sie sich keine Zügel an, obwohl den Beteiligten bewusst war, dass sie von der nur einen Steinwurf entfernten DDR-Seite abgehört wurden. Es war ein Zeichen des Selbstbewusstseins eines der Deliberation verpflichteten demokratisch gewählten Gremiums, wenn Kohl anlässlich einer Sitzung im Reichstagsgebäude zu Beginn seiner Rede ausführte: »Ich will mich gleich in die richtige Position stellen, damit unsere ›Freunde von drüben‹ beim Abhören es nicht so schwierig haben, wenn sie jetzt die heutige Sitzung aufnehmen.«[28]

---

26 Ausführungen Dreggers in der Sitzung der Bundestagsfraktion am 10.09.1984, ACDP, 08-001-1072/2, S 4 f. des Protokolls.

27 Vgl. z. B. Ergebnisprotokoll der Sitzung des CDU-Bundesvorstandes vom 09.10.1989, ACDP, 07-001-1110: »Vor Eintritt in die Tagesordnung spricht der Parteivorsitzende die Art der Zusammenarbeit im Bundesvorstand an. Eine gute, erfolgreiche Arbeit des Bundesvorstandes setze Präsenz und Teamgeist voraus. Es werde zu keiner vernünftigen Arbeit in diesem Kreise kommen, wenn das Denken in der Gesamtverantwortung im Team nicht selbstverständlich werde. Es müsse eine Loyalität zur Sache wie zu den Personen geben.«

28 Protokoll der Fraktionssitzung vom 10.09.1984, ACDP, 08-001-1072/2, S. 7.

Doch was war gewonnen, wenn zwar in der Bundestagsfraktion weitgehendes Einvernehmen über die Dringlichkeit herrschte, die Teilung zu überwinden, aber der deutschlandpolitische Alltag durch mühselige Kleinarbeit gekennzeichnet war? Kohl hatte in der ihm eigenen Nüchternheit die Fraktion vorgewarnt, als er in ihren Reihen am 10. September 1984 den Kern seiner Deutschlandpolitik darlegte: Alle Handlungsspielräume zu nutzen, »damit Menschen zueinander kommen können, damit die Durststrecke der Geschichte überwunden werden kann – denn es kann lange dauern, bis diese Frage auf der Tagesordnung der Weltpolitik steht.«[29] Damit nahm der Bundeskanzler eine Position ein, die bei seinen Vorgängern Schmidt und Brandt in der Substanz nicht anders gelautet hatte.

Interessant ist dabei der Hinweis Kohls, »die Geschichte« fungiere als Weltenlenkerin und dirigiere in ihrer Unergründlichkeit die Geschicke so, dass ihre Ratio den Zeitgenossen verborgen bleibe. Der Verweis auf »die Geschichte« ist bei Kohl wie bei Dregger keine Residualkategorie, die Trost spenden und über deutschlandpolitische Frustrationen der Gegenwart hinweghelfen sollte. Er ist vielmehr Ausdruck eines sich aus banger Hoffnung speisenden Urvertrauens, dass der zukünftige Gang der Entwicklung auch in die deutsche Frage wieder Bewegung bringen werde und dass ein scheinbar aussichtsloser Fall – 1984 spitzte sich die Blockkonfrontation zwischen Ost und West weiter zu – nicht aufgegeben werden dürfe. Dregger sekundierte Kohl hierbei, wenn er am 26. November 1985 im Bundestag ausführte: »Wir jedenfalls bleiben dabei, daß die Teilung Berlins, Deutschlands und Europas nicht das letzte Wort der Geschichte sein kann.«[30]

In Dreggers wie Kohls Haltung spiegelt sich eine spezifische Einstellung zur Zeitlichkeit wider – auch daher sind die genannten Debatten der 1980er Jahre systematisch überaus aufschlussreich. Man wird dem deutschlandpolitischen Eifer Dreggers nicht gerecht, wenn man seine Position als antiquiert abtut und ihm attestiert, sich starrsinnig gegen ein vermeintlich feststehendes Urteil der Geschichte gesperrt zu haben. Wer sich im Bunde mit »der Geschichte« wähnt, weil er um deren Verlauf zu wissen vorgibt, nimmt sie für eigene Interessen in Anspruch. Diese Position beruht auf der Vorstellung, dass der Kollektivsingular »die Geschichte« als wirkungsvolle Macht existiert. Geschichte wird damit zum Subjekt. Hier offenbarten sich die Folgen des semantischen Wandels um 1800: Er hatte einen abstrakten Geschichtsbegriff hervorgebracht, der sich seitdem

29 Ebd., S. 16.

30 Bundestagsrede Dreggers vom 26.11.1985, Verhandlungen des Deutschen Bundestags, Stenographische Berichte, 10. Wahlperiode, S. 13245.

ideologisieren und für die Politik vereinnahmen ließ. Insbesondere im Entwicklungsdenken – sei es als Fortschritt oder Niedergang – kam dies zum Ausdruck. Die Annahme einer grundsätzlich zukunftsoffenen Geschichte führte hingegen zu einer Wahrnehmung gesteigerter Kontingenz, die sich in Planungsversuchen, in der Hinnahme des Geschichtsverlaufs oder in einer skeptischen Vorsicht gegenüber Neuerungen niederschlagen konnte.[31] Erst diese Vorstellungen ermöglichten es, davon zu sprechen, »die Geschichte« selbst sei in der Lage, ein Urteil über die Güte bestimmter politischer Vorstellungen zu fällen.

Im Grunde taten Dregger und mit ihm die immer kleiner werdende Schar deutschlandpolitischer Prinzipienpolitiker das, was »der Geschichte« als Strukturprinzip eingeschrieben schien: Sie lieferten sich ihrer Kontingenz aus. Dregger – und dies ist bezeichnend für eine liberal-konservative Einstellung zur Geschichte[32] – wollte sie nicht in ein teleologisches Verlaufsschema pressen. Auch war er weit von der anmaßenden Auffassung entfernt, einen tieferen Sinn »der Geschichte« aufspüren zu können. Wenn er darauf verwies, dass die »Antwort der Geschichte«[33] auf die deutsche Frage von Umständen abhängig sei, die nicht notwendigerweise eintreten müssten, aber könnten, dann zog er sich auf eine Grundsatzposition von der Offenheit historischen Geschehens zurück, die einen bestimmten Entscheidungstypus hervorbrachte, den der Soziologe Uwe Schimank als »Coping« beschrieben hat.[34] Dieser Entscheidungstypus ist für komplexe Situationen maßgeschneidert, in denen es oberstes Gebot ist, ungünstigere Handlungskonstellationen durch geschicktes Abwarten zu vermeiden. Diese dilatorische Einstellung weicht dann allerdings einem energischen Zugreifen, wenn sich das Zuwarten auszahlt und sich günstige Konstellationen abzeichnen. Für die Frage der Wiedervereinigung bedeutete dies: geduldig am Ziel festhalten,

---

31 Vgl. Willibald Steinmetz: Europa im 19. Jahrhundert. Frankfurt/Main 2019, S. 36–39 und 186–203; Reinhart Koselleck: Geschichte, Historie V. Die Herausbildung des modernen Geschichtsbegriffs, in: Otto Brunner/Werner Conze/Reinhart Koselleck (Hg.): Geschichtliche Grundbegriffe. Bd. 2, Stuttgart 1975, S. 647–691; ders.: ›Fortschritt‹ und ›Niedergang‹ – Nachtrag zur Geschichte zweier Begriffe, in: ders.: Begriffsgeschichten. Studien zur Semantik und Pragmatik der politischen und sozialen Sprache. Mit zwei Beiträgen von Ulrike Spree und Willibald Steinmetz sowie einem Nachwort zu Einleitungsfragmenten Reinhart Kosellecks von Carsten Dutt. Frankfurt/Main 2010, S. 159–181.

32 Vgl. zu den Merkmalen eines liberal-konservativen Geschichtsdenken: Hacke: Philosophie der Bürgerlichkeit, S. 92–93.

33 Bundestagsrede Dreggers vom 26.11.1985, Verhandlungen des Deutschen Bundestags, Stenographische Berichte, 10. Wahlperiode, S. 13245.

34 Uwe Schimank: Coping: Entscheiden, wenn das kaum noch möglich ist, in: Leviathan 47 (2019), S. 192–214.

auf günstigere Konstellationen hinarbeiten und gegebene Möglichkeiten tatkräftig nutzen. In der Situation des Jahres 1985 war dies die einzig pragmatische deutschlandpolitische Position.

Das tapfere Festhalten am Wiedervereinigungsziel mag den Anschein erwecken, als hätte sich eine immer kleiner werdende Schar deutschlandpolitischer Idealisten gegenseitig Mut zugesprochen, um sich über die Einsicht hinwegzutrösten, dass ihre Position aus der Zeit gefallen sei. Gewiss darf man auch eine gewisse deutschlandpolitische Autosuggestion in Rechnung stellen, wenn man Dreggers Beharrlichkeit in dieser Frage zu verstehen versucht. Doch gerade das scheinbar unzeitgemäße Sprechen und Handeln gewährt Einblicke, wenn man die grundsätzliche Frage stellt, wie Dreggers Insistieren auf der Kontingenz praxeologisch verankert war.[35] Ein seriöser Politiker kann wohl nur dann darauf bauen, dass »die Geschichte« möglicherweise eine unverhoffte Volte schlägt, wenn er sich in Sprache und Handeln darauf ausrichtet. Die Annahme, dass ein überwältigender Einbruch von Kontingenz den deutschlandpolitischen Status quo qualitativ verändern könne, bedeutete daher vor allem, sich von routiniertem Sprechen und Handeln freizuhalten. Wie die kulturwissenschaftliche Kontingenzforschung gezeigt hat, dienen iterative Handlungsabläufe und eingängige Sprechmuster in der Praxis als Bollwerk gegen die Zumutung von Kontingenzerfahrung. Wer sich auf die potenziellen Verheißungen der Offenheit historischen Geschehens produktiv einzulassen gedachte, der musste zunächst einmal den einschläfernden deutschlandpolitischen Routinebetrieb verlassen und unverwechselbare semantische Akzente setzen.

Lässt sich eine solche Kontingenzverheißungspolitik im Rahmen von Dreggers Deutschlandpolitik analytisch festmachen? Greifen wir auf den von Koselleck eingeführten Begriff des »Erwartungshorizonts« zurück,[36] so heißt das bezogen auf Dregger, dass dieser seine deutschlandpolitischen Erwartungen – die Überwindung der deutschen Teilung im Zuge der Aufhebung der Spaltung Europas – unmissverständlich kommunizierte und in eine unzweideutige Sprache kleidete. Doch Erwartungen bedürfen auch einer praxeologischen Fundierung:

35 Hierzu überaus anregend Jan-Hendryk de Boer: Praktiken, Praxen und Praxisformen, in: ders. (Hg.): Praxisformen. Zur kulturellen Logik von Zukunftshandeln, Frankfurt/Main 2019, S. 21–43, vor allem S. 26–34.

36 Vgl. Reinhart Koselleck: »Erfahrungsraum« und »Erwartungshorizont« – zwei historische Kategorien, in: ders.: Vergangene Zukunft. Zur Semantik geschichtlicher Zeiten. Frankfurt/Main 1989, S. 349–375. Vgl. auch Anders Schinkel: Imagination as a Category of History: An Essay concerning Koselleck's Concepts of Erfahrungsraum und Erwartungshorizont, in: History and Theory 44 (2005), S. 42–54.

Es müssen bei Dregger somit politische Praktiken erkennbar sein, die auf die Überwindung der als unerträglich empfundenen Teilung ausgerichtet waren und denen dabei kalkulierbare Wirkungen attestiert werden konnten. Sie mussten »Zukunftshandlungen« in dem Sinne sein, dass sie sowohl im Vollzug wie auch in der prognostizierten Wirkung in eine Zukunft wiesen, »von der angenommen wird, dass sie anders sein kann als die Gegenwart« – eben kontingent.[37]

Als Indikator für ein solches »Zukunftshandeln« kann zum einen gelten, wie der politische Gegner das Aufbrechen deutschlandpolitischer Routinen wahrgenommen hat. Wenn die Opposition in der Bundesrepublik Dreggers Sprechen und Handeln in dieser Frage als Gefährdung des Status quo anprangerte, dann lässt sich das als ein erster Ausweis deutschlandpolitischen Zukunftshandelns verstehen. Dies trifft vor allem dann zu, wenn um die Deutungshoheit dessen gerungen wurde, was als sagbar und damit zugleich als politisch machbar eingeschätzt gelten sollte. Tatsächlich konstituieren politische Sprachhandlungen den Handlungsspielraum der Politik in erheblichem Maß.[38] Solange daher die deutsche Teilung als unabänderliche Tatsache des Lebens geschildert wurde, war es unwahrscheinlich, dass man sich bei plötzlich veränderten Konstellationen rechtzeitig darauf einstellen konnte. Wurden in der Deutschlandpolitik keine Machbarkeitsansprüche geäußert, musste aber auch die Durchsetzungsfähigkeit gering bleiben.

Weiterhelfen könnte an dieser Stelle auch, die Reaktion von Seiten der DDR und der Sowjetunion auf die deutschlandpolitischen Vorstöße Dreggers näher zu betrachten. Zu unterscheiden wäre freilich, was in die Rubrik pflichtschuldige Propaganda fiel und was als Anzeichen dafür gelten kann, dass hier in Dregger ein gefährlicher Unruhestifter erblickt wurde, dessen Sprechen und Handeln geeignet war, den Status quo zu gefährden.

Wie lässt sich also Dreggers Sprechen und Handeln mit Blick auf sein Geschichtsverständnis charakterisieren? Wie ging er vor, wenn es galt, die Wiedervereinigung anzustreben, ohne dabei die gegebenen Realitäten aus den Augen zu verlieren? Die 1980er Jahre sind auch deswegen ein idealer Zeitpunkt, um ein solches »Zukunftshandeln« zu identifizieren, weil die deutschlandpolitischen Debatten

37 De Boer: Praktiken, S. 33.

38 Vgl. Willibald Steinmetz: Das Sagbare und das Machbare. Zum Wandel politischer Handlungsspielräume. England 1780–1867. Stuttgart 1993, bes. S. 13–34; ders.: Ungewollte Politisierung durch die Medien? Die Contergan-Affäre, in: Bernd Weisbrod (Hg.): Die Politik der Öffentlichkeit – Die Öffentlichkeit der Politik. Göttingen 2003, S. 195–228.

dieses Dezenniums nicht von kontrafaktischen Annahmen beherrscht wurden. »Was wäre in der Deutschlandpolitik geschehen, wenn eine bestimmte Entscheidung anders getroffen worden wäre« – für dieses Argumentationsmuster gab es in den 1980er Jahren keinen Nährboden mehr. In den 1950er Jahren konnte noch in diesem Sinne gestritten und insbesondere Bundeskanzler Adenauer von seinen deutschlandpolitischen Widersachern vorgehalten werden, er habe bewusst die Chance auf eine Wiedervereinigung verspielt. Der Hinweis auf vermeintlich verpasste Gelegenheiten, wie sie im Bundestag insbesondere am 23. Januar 1958 von den ehemaligen Kabinettsmitgliedern Gustav Heinemann und Thomas Dehler dem Kanzler entgegengeschleudert wurden,[39] fand in den 1980er Jahren keine Fortsetzung. Die Wiedervereinigung hatte ihren einstmaligen politischen Stellenwert eingebüßt und war auf einen hinteren Platz verwiesen worden.[40]

In der Deutschlandpolitik blieb Dregger damit nichts anderes übrig, als eine Doppelstrategie zu verfolgen: Zum einen musste er mit den ihm zu Gebote stehenden Möglichkeiten das Offenhalten der deutschen Frage so beschwören, dass es nicht nach ritueller Selbsttröstung klang. Zum anderen galt es, den Kurs der Vorgängerregierungen fortzusetzen, um die aus seiner Sicht kostbarste Substanz der Nation zu erhalten – das Gefühl nationaler Zusammengehörigkeit in beiden deutschen Staaten. Wie sehr selbst als konservativ geltende Unionspolitiker sich diesen Kurs pragmatischer Zwischenschritte zu eigen gemacht haben, wird an einem Ereignis deutlich, das symbolisch für die politischen Tauschgeschäfte zwischen bundesdeutschen Konservativen und ostdeutschen Kommunisten steht: dem sogenannten »Milliardenkredit«. Dabei ging es um einen Kredit in Höhe von einer Milliarde Deutsche Mark, den ein Konsortium bundesdeutscher Banken der in einer schweren Finanzklemme steckenden und unter notorischer Devisenknappheit leidenden DDR im Juni 1983 zu marktüblichen Konditionen zur Verfügung gestellt hatte. Da dieser Kredit durch die Bundesregierung abgesichert wurde und es im Vorfeld höchst vertrauliche Gespräche gegeben hatte, an denen insbesondere Franz Josef Strauß beteiligt gewesen war, fiel die politische Verantwortung für diesen Schritt auf die Bundesregierung zurück.

Es gab nicht wenige Unionsanhänger und auch Bundestagsabgeordnete, deren Verunsicherung mit Händen zu greifen war: Hatte die Union nicht die SPD-ge-

39 Vgl. dazu u.a. Diether Koch: Heinemanns Kritik an Adenauers Deutschlandpolitik, in: Josef Foschepoth (Hg.): Adenauer und die Deutsche Frage, Göttingen 1988, S. 207–234, hier S. 225.

40 Grundsätzlich zur Konjunktur kontrafaktischer Annahmen vgl. die tiefschürfenden Überlegungen von Lucian Hölscher: Alternative Moderne. Die Zukunftsvorstellungen der Generation vor 1914 in Deutschland, in: Isabel Kranz (Hg.): Was wäre wenn? München 2017, S. 41–62, hier S. 44f.

führte Bundesregierung dafür kritisiert, dem Prinzip »Kasse gegen Hoffnung« gefolgt zu sein – also politische Vorleistungen finanzieller Art erbracht zu haben, ohne konkrete Gegenleistungen in Aussicht gestellt zu bekommen?[41] Und nun bekannte sich Bundeskanzler Kohl in der Bundestagsfraktion unter ostentativer Zustimmung des Fraktionsvorsitzenden Dregger ausdrücklich zu einer solchen Linie. Unter explizitem Hinweis darauf, dass er ein politisches Risiko eingegangen sei, erläuterte er, es sei »ganz wichtig […], daß wir von uns aus einen ersten Schritt tun in der Erwartung, daß was stattfindet für die Menschen in Deutschland.«[42] Kohl und Dregger verschwiegen nicht, von Ost-Berlin keine konkreten Gegenleistungen in Aussicht gestellt bekommen zu haben. Beide bekannten sich dazu, dass die Kreditvergabe an den zweiten deutschen Staat vor allem eine politische Signalfunktion besitze: Sie solle zeigen, dass die sicherheitspolitischen Spannungen im Gefolge der NATO-Nachrüstung das innerdeutsche Verhältnis nicht beschädigten. Dregger wie Kohl zufolge war es – so sehr sie die Solidarität mit dem westlichen Bündnis internalisiert hatten und so sehr sie die Bundesrepublik vor sowjetischen Pressionen schützen wollten – wichtig, dass die verschärfte Ost-West-Konfrontation keine »Abschnürung« der Menschen der geteilten Nation bewirke und dass der »Lebensstrang«[43] zwischen ihnen nicht zerschnitten werde.

So viel deutschlandpolitischer Pragmatismus hatte seinen parteipolitischen Preis. Den hatte zunächst die CSU zu entrichten, weil sich vor allem aus Protest gegen den »Milliardenkredit« und die Rolle von Strauß zwei Bundestagsabgeordnete von der CSU lossagten und noch im Herbst 1983 eine Partei gründeten, die sich unter anderem als Wächter der von den Unionsparteien vermeintlich preisgegebenen deutschlandpolitischen Grundsätze ansah.[44] Dass diese Neugründung – »Die Republikaner« – durchaus Wahlerfolge erzielte und den Sprung in zwei Landesparlamente schaffte, machte deutlich, dass die Unionsführung politische Risiken einging, wenn sie sich unwidersprochen in die Kontinuität sozialliberaler Deutschlandpolitik stellte. Zugleich hatte Dregger – und dies ist für die Entwicklung seiner Deutschlandpolitik entscheidend – aus dem Umgang mit dem »Milliardenkredit«

41 Zum Sprachrohr der Kritik machte sich in der Fraktionssitzung am 06.09.1983 der dem konservativen Flügel zuzurechnende Abgeordnete Claus Jäger; vgl. ACDP, 08-001-1071/1, S. 37–39 des Sitzungsprotokolls.

42 Redebeitrag Kohls, ebd., S. 15 des Protokolls.

43 So die prägnanten Begriffe Kohls, ebd., S. 41 des Protokolls; siehe auch die im Tenor identischen Ausführungen Dreggers auf derselben Fraktionssitzung, ebd., S. 2f. des Protokolls.

44 Vgl. Manfred Kittel: Franz Josef Strauß und der Milliardenkredit für die DDR 1983, in: Deutschlandarchiv 40 (2007), S. 647–656.

die Einsicht gewonnen, dass ein Versacken in deutschlandpolitischer Routine dadurch verhindert werden müsse, dass er in eigener Person Reize setzte. Ihm kam es darauf an, ein kommunikatives Reizklima zu schaffen, um die Deutschlandpolitik nicht zu einem geschäftigen Verwalten verkommen zu lassen.

Gerade vor diesem Hintergrund war ein Besuch des »starken Mannes« der DDR, des SED-Generalsekretärs Erich Honecker, in der westdeutschen Bundesrepublik das Letzte, was sich ein prinzipienfester Deutschlandpolitiker wie Dregger erhoffen konnte. Würde es der DDR nicht noch mehr internationale Anerkennung bescheren, wenn man den DDR-Staatsratsvorsitzenden in der Bundeshauptstadt mit allen zeremoniellen Ehren empfinge? Würde das Streben nach Wiedervereinigung nicht zu einer Leerformel herabsinken, wenn man Honecker in Bonn den roten Teppich ausrollte? In jedem Fall war ein Staatsbesuch Honeckers ein politischer Balanceakt – und dies wusste in der stärksten Regierungsfraktion keiner besser als deren Vorsitzender. Im Sommer 1984 nahm dann ein solcher Besuch tatsächlich Gestalt an.

Dregger hatte aus der Kontroverse um den »Milliardenkredit« den Schluss gezogen, dass im Unterschied zum Vorsommer ein professionelles Erwartungsmanagement[45] erforderlich war. Nachdem das deutschlandpolitische Eis gebrochen war, erschien es ihm taktisch verfehlt, das kostbare Pfand eines Staatsbesuchs des DDR-Oberhaupts ohne konkrete Gegenleistungen herzugeben. Damit setzte Dregger das Vorhaben gezielt unter Erwartungsdruck: Nur wenn es für die Menschen in Deutschland erkennbar Erleichterungen mit sich bringe, solle man die Aufwertung der früher noch in Anführungszeichen gesetzten »DDR« in Kauf nehmen. Damit setzte der Fraktionsvorsitzende bewusst eigene Akzente und grenzte sich von Kanzleramtsminister Jenninger ab, der als Planer dieses Besuchs eine solche Festlegung scheute.[46] Um seinem Anliegen Gehör zu verschaffen, bediente sich Dregger geschickt der medialen Möglichkeiten, die ihm als Fraktionsvorsitzendem zur Verfügung standen: Er gab der Tageszeitung »Die Welt« ein Interview, von dem er wusste, dass es den gewünschten Effekt erzielen würde. Die »mediale Definitionsmacht«[47] eines Fraktionsvorsitzenden bestand darin, pointiert inhaltliche Standpunkte formulieren zu können, die nicht mit

45 Vgl. zum Konzept des Erwartungsmanagements die Ausführungen bei Rojek: Versunkene Hoffnungen, bes. S. 115 f.; vgl. mit anderer Gewichtung auch Anna Ullrich: Von »jüdischem Optimismus« und »unausbleiblicher Enttäuschung«. Erwartungsmanagement deutsch-jüdischer Vereine und gesellschaftlicher Antisemitismus 1914–1938. Berlin, Boston 2019, S. 4 f.

46 Vgl. Jürgen Gros: Politikgestaltung im Machtdreieck Partei, Fraktion, Regierung. Berlin 1998, S. 206.

47 Schindler: Politische Führung, S. 398.

der Fraktion abgestimmt waren, aber nach außen nicht als Einzelstimme erschienen, sondern als Stimmungsbild der Fraktion.[48] Insofern war es eine unverhohlene Botschaft an die Adresse der Regierung, wenn Dregger das Projekt der Bundesregierung evaluierte.

Zunächst stufte Dregger die Bedeutung der geplanten Honecker-Visite herab, indem er in ironischem Tonfall ausführte: »Unsere Zukunft hängt nicht davon ab, daß Herr Honecker uns die Ehre seines Besuchs erweist.«[49] Dregger konnte sich das von ihm selbst eingeräumte[50] Stilmittel der Ironie deswegen erlauben, weil sein Selbstbewusstsein als grundsatztreuer Deutschlandpolitiker mit einer gerade für den Bundeskanzler ersichtlichen Loyalität gegenüber dem Regierungschef einherging. Wie jeder Fraktionsvorsitzende[51] hatte er sich zwischen den beiden Polen einer parlamentarischen, auf die Eigenständigkeit der Fraktion pochenden Rolle und einer gouvernementalen, die Regierung unterstützenden Rolle einzurichten. Gerade weil Dregger in Sachfragen, die aus seiner Sicht politisch weniger bedeutsam waren, als treuer Ekkehard an der Seite des Kanzlers stand – darauf wird noch einzugehen sein –, nahm er sich die Freiheit, seine Möglichkeiten als Fraktionsvorsitzender auszureizen, wenn ihm der Kurs der Regierung in seiner Herzenssache Deutschlandpolitik missfiel.

In seiner Funktion als »loyaler und kritischer Partner der Regierung«[52] reizte Dregger seinen privilegierten Medienzugang für eine gezielte Provokation aus, die sich an die Bundesregierung ebenso wie an die DDR-Führung richtete. Der Bundesregierung schrieb Dregger ins Stammbuch, dass für ihn – und damit implizit auch die Fraktion – nur ein optimal vorbereiteter Besuch akzeptabel war, bei dem Honecker klar erkennbare Gegenleistungen als Gastgeschenk mitzubringen hatte. Beide Koalitionsparteien setzte er unmissverständlich unter Erwartungsdruck, indem er als Conditio sine qua non formulierte, dass »etwas für die Menschen in Deutschland herauskommen«[53] müsse. Damit aber verstieß er gezielt gegen diplomatische Usancen, Staatsbesuche nicht durch übermäßige Forderungen zu belasten. Gerade weil für Dregger der Besuch Honeckers im Kern eine innerdeutsche Begegnung war und keine Visite, die dem klassischen Protokoll für ausländische Staatsgäste zu gehorchen hatte, konnte er mit ironischem Unterton Honeckers Besuch in seiner diplomatischen Bedeutung herabstufen.

48 Ebd., S. 402.

49 »Unsere Zukunft hängt nicht vom Besuch Honeckers ab«, in: Die Welt, 23.08.1984.

50 Alfred Dregger: Ich unterstütze Kohls Deutschlandpolitik, in: Die Welt. 27.08.1984.

51 Vgl. Schindler: Politische Führung, S. 279–283.

52 Dregger: Ich unterstütze Kohls Deutschlandpolitik, in: Die Welt, 27.08.1984.

53 Ebd.

War dies ein semantischer Affront, so entsprach das Dreggers Absicht, und es wurde auch von der DDR-Führung genauso aufgefasst. Dregger erreichte sein Ziel: Er hatte eine öffentliche Debatte angeheizt und damit eine Situation geschaffen, in der die Gegenseite den Besuch Honeckers auch deswegen absagte, weil sie sich unter Erwartungsdruck wähnte. Zwar gab es mehrere Motive, die den Ausschlag gaben, aber Dreggers öffentliche Intervention hatte die Koordinaten des Besuchs so sehr verändert, dass die DDR kein Risiko eingehen wollte und daher einen Rückzieher machte.[54] Als sich die CDU/CSU-Bundestagsfraktion am 10. September 1984 in Berlin traf, konnte Dregger voller Selbstbewusstsein die Genese seines »Welt«-Interviews ausbreiten. Wenn er sich dabei auch auf einen Kommentar zu seinem Handeln berief (»Dregger hat gewußt, was er gesagt hat«) und danach fortfuhr: »Das ist richtig! Das ist bei mir fast immer so!«[55], dann sprach daraus das Selbstwertgefühl eines Politikers, der jede öffentliche Äußerung gezielt abwog und daher genau die Kraft seiner Worte einzuschätzen vermochte. Dreggers Sprachhandeln hatte durchschlagende politische Wirkung erzielt.

Drei Jahre nach Dreggers Eingreifen sollte Honecker doch noch in Bonn seinen großen Auftritt bekommen: Mit dem Zeremoniell, wie es für die Besuche ausländischer Regierungschefs und Staatsoberhäupter vorgesehen ist, wurde der Machthaber des SED-Staates im September 1987 in der Bundeshauptstadt von Bundeskanzler Kohl empfangen. Hat Dregger mit zusammengebissenen Zähnen verfolgt, wie Honecker in Bonn der rote Teppich ausgerollt wurde? War der Besuch für ihn eine deutschlandpolitische Kapitulation? Mitnichten. Wie kaum ein zweiter bundespolitischer Spitzenpolitiker reflektierte er die Ambivalenz der Honecker-Visite und ordnete sie zugleich in sein deutschlandpolitisch ausgerichtetes Konzept von Temporalität ein. Auf der Soll-Seite stand die »protokollarische Aufwertung«,[56] die dem DDR-Staatsoberhaupt ausgerechnet in einem Land zuteil wurde, das zwanzig Jahre zuvor noch die staatsrechtliche Existenz der DDR bestritten hatte. Das musste Bedenken bestärken, die Dregger seit Beginn der »Neuen Ostpolitik« angemeldet hatte: Eine Anerkennung des Status quo würde nicht zu dessen Überwindung, sondern zu dessen Zementierung führen. Doch

54 Vgl. dazu u.a. Amos: SED-Deutschlandpolitik, S. 429 ff.; Margit Roth: Innerdeutsche Bestandsaufnahme der Bundesrepublik 1969–1989. Neue Deutung. Wiesbaden 2014, S. 620 ff.; Matthias Zimmer: Nationales Interesse und Staatsräson. Zur Deutschlandpolitik der Regierung Kohl 1982–1989. Paderborn u.a. 1992, S. 145 ff.

55 Ausführungen Dreggers auf der Sitzung der CDU/CSU-Fraktion am 10.09.1984 in Berlin, ACDP, 08-001-1072/2, S. 6 des Wortprotokolls.

56 Dregger in der Fraktionssitzung vom 15.09.1987, ACDP, 08-001-1082/3, S. 84.

Dregger konnte auch auf der Haben-Seite seiner Bilanz des Honecker-Besuchs etwas verbuchen. Dabei war für ihn entscheidend, dass die Zugeständnisse der anderen Seite irreversibel waren und damit der politischen Willkür einer Diktatur entzogen blieben.

Konzessionen der DDR-Führung konnten nur darin bestehen, die innerdeutschen Begegnungen zu erleichtern, sowohl was ihre Zahl als auch die Umstände betraf. Doch warum war sich Dregger so sicher, dass die DDR-Führung Schritte in diese Richtung unternehmen würde, wo doch Honecker bei seinem Besuch keine klaren Verpflichtungen eingegangen war? Für Dregger war entscheidend, dass Honecker schon einmal ohne schriftliche Abmachungen den Weg für eine spürbare Intensivierung der innerdeutschen Kontakte geebnet hatte. So waren im März 1985 bei einer Begegnung anlässlich der Beisetzung des sowjetischen Parteiführers Tschernenko mit Bundeskanzler Kohl mündliche Absprachen getroffen worden, an die Honecker sich danach auch penibel gehalten hatte. Die Zugeständnisse hatten damals sensible Bereiche der Intensivierung zwischenmenschlicher Kontakte betroffen.[57] Vor allem fiel ins Gewicht, dass sich die Zahl der Deutschen in der DDR signifikant erhöhte, die in den westlichen Teil reisen durften, ohne dass sie das Rentenalter bereits erreicht hatten. Wer die Nation nicht auf ein Generationenprojekt jener Erfahrungsgemeinschaft reduzieren wollte, die noch aus eigenem Erleben das ungeteilte Deutschland kannte, der musste Anlässe schaffen, damit auch die nach 1945 Geborenen Deutschen aus dem jeweils anderen deutschen Staat begegneten. Deshalb war es wichtig, dass immer mehr Menschen von dieser Möglichkeit Gebrauch machten.[58] 1984 wurden 1,5 Millionen Reisen von Rentnern aus der DDR in die Bundesrepublik registriert, 1985 waren es bereits 1,6 Millionen, 1986 stieg diese Zahl auf 1,7 Millionen und 1987 sogar auf 3,8 Millionen. Die Zahl der Reisen in dringenden Familienangelegenheiten (Reisende unter 60 Jahre) wuchs sprunghaft von 61.000 (1984) und 66.000 (1985) auf 244.000 im Jahr 1986 und schließlich auf 1,2 Millionen 1987.[59]

Damit, so gab Dregger in der Unionsfraktion zu verstehen, hätten die innerdeutschen Beziehungen eine neue Qualitätsstufe erreicht, welche die DDR-Füh-

57 Vgl. dazu das Schreiben Kohls an Honecker vom 15.03.1985, in dem er die wesentlichen Punkte der mündlichen Absprache zusammenfasste, SAPMO, BA Berlin, DY 30/2398, Bl. 94f.

58 Vgl. dazu die Darstellung Dreggers in der Fraktionssitzung vom 15.09.1987, ACDP, 08-001-1082/3, S. 84.

59 Vgl. die Zahlen bei Robert Grünbaum: Deutsche Einheit. Wiesbaden 2000, S. 28, und Konrad-Adenauer-Stiftung: DDR-Mythos und Wirklichkeit. Die Einheit der Nation als bleibende politische Aufgabe, https://www.adenauercampus.de/ddrtutorium/innerdeutsche-beziehungen/einheit-als-bleibende-politische-aufgabe [11.09.2022].

rung nicht mehr unterschreiten könne. Er baute darauf, dass mit der Erwartungsdynamik, die bei der ostdeutschen Bevölkerung damit in Gang gesetzt worden sei, der Prozess nicht mehr »rückdrehbar«[60] sei. Den Entscheidungsspielraum der DDR-Führung sah er als limitiert an; die Deutschlandpolitik befinde sich auf einem Weg der »Unumkehrbarkeit«[61] und sei an einem Punkt angekommen, an dem man nicht mehr zu alten Verhältnissen zurückkehren könne. Als politischer Zeitdiagnostiker traute Dregger der Diktatur nicht mehr zu, die Verhältnisse der Zeit nach ihren ideologischen Vorstellungen gestalten zu können.

Dreggers eigentliche politische Leistung als Fraktionsvorsitzender bestand darin, in den Jahren 1984 bis 1988 als ein weitblickender Erwartungsmanager aufzutreten. In diesen Jahren vollzog sich eine innere Erosion des kommunistischen Staatensystems, die in der westlichen Politik weitgehend unbeachtet blieb. Während sich in der Bundesrepublik Eliten in Politik, Wirtschaft und Kultur vom Image der DDR als zehntgrößtem Industriestaat blenden ließen und ihr eine Bestandsgarantie ohne Verfallsdatum ausstellten, rumorte es zunehmend in der ostdeutschen Bevölkerung. Nicht zuletzt der immer desolatere Zustand einer ausgezehrten Wirtschaft und Infrastruktur ließ gerade bei jungen Menschen unter 40 Jahren, die in der DDR sozialisiert worden waren, den Wunsch nach einer Übersiedlung in das andere, ökonomisch vergleichsweise prosperierende Deutschland wachsen. Daraus ergab sich eine Inkongruenz der politischen Erwartungen in West- und Ostdeutschland: Während die politischen, wirtschaftlichen und gesellschaftlichen Führungsschichten der Bundesrepublik der DDR ein hohes Maß an innerer Stabilität zusprachen, wandten sich ausgerechnet junge Ostdeutsche immer mehr von ihrem Staat ab, der ihnen in besonderer Weise paternalistische Fürsorge hatte angedeihen lassen wollen.[62]

Dass der Umgang mit Erwartungen keine Nebensächlichkeit, sondern Kernstück politischer Führung ist, wurde bereits an mehreren Stellen deutlich. In diesem spezifischen Fall bestand die Herausforderung darin, die Erwartungskluft zwischen Ost- und Westdeutschland in ein deutschlandpolitisches Erwartungsmanagement zu integrieren. Für die wenigen verbliebenen leidenschaftlichen Anwälte einer Wiedervereinigung unter freiheitlichen Vorzeichen galt es daher,

60 Dregger in der Fraktionssitzung vom 15.09.1987, ACDP, 08-001-1082/3, S. 84.

61 So Dregger in der Fraktionssitzung am 06.10.1987, ACDP, 08-001-1083/1, S. 48.

62 Hierzu u.a. Erhart Neubert: Geschichte der Opposition in der DDR 1949–1989. Berlin 1998, S. 647 ff.; Peter Förster: Junge Ostdeutsche auf der Suche nach der Freiheit. Eine Längsschnittstudie zum politischen Mentalitätswandel bei jungen Ostdeutschen vor und nach der Wende. Opladen 2002.

eine differenzierte Kommunikationsstrategie einzuschlagen, welche die Erwartungslagen in Ost und West gleichermaßen berücksichtigte. Den Ostdeutschen sollte signalisiert werden, dass die Bundesregierung das Ziel der Einheit weiterhin fest im Blick habe, wozu die Zahl und Qualität der Begegnungen der Deutschen in Ost und West weiter erhöht werden sollten. In Westdeutschland musste dem Eindruck entgegengetreten werden, mit dem Honecker-Besuch nehme man die Teilung Deutschlands endgültig als bestehende und unabänderliche Tatsache hin. Zugleich galt es aber, überschüssige Erwartungen an diesen Besuch zu bremsen, weil man die westlichen Verbündeten nicht irritieren und vor allem keinen Handlungsdruck erzeugen wollte. Denn Übereinstimmung herrschte in den 1980er Jahren immerhin darin, dass der optimale Zeitpunkt für eine offensive Wiedervereinigungspolitik (noch) nicht gekommen sei.

Historiker neigen nicht selten dazu, das Verhalten ihrer Protagonisten rückblickend in ein festes Konzept zu pressen, Ecken und Kanten abzuschleifen und als Erfüllung eines lang gehegten Plans darzustellen. Auch bei Dregger kann der Historiker der Versuchung einer überschießenden nachträglichen Rationalisierung erliegen. Doch der Blick in Ego-Dokumente, in denen Dregger politischen Klartext sprach, lassen den Eindruck entstehen, dass er ein deutschlandpolitisches Erwartungsmanagement in dem angesprochenen Sinn betrieb. Er konnte dies, weil seine privilegierte Funktion als Fraktionsvorsitzender[63] es ihm ermöglichte, in diesem Sinne in die Fraktion hinein zu wirken und zugleich seine Positionen über die Medien so zu kommunizieren, dass sie in West- wie Ostdeutschland gleichermaßen beachtet wurden.

Für Dregger wie für viele deutschlandpolitische Akteure der 1980er Jahre gilt, dass »Erwartung« in ihrem politischen Wortschatz einen bedeutsamen Stellenwert einnahm. In den 1980er Jahren war die Deutschlandpolitik an einem Punkt angelangt, an dem nur ein kontrollierter Einsatz von Erwartungen dieses Politikfeld zu legitimieren vermochte. Deutschlandpolitik war per se auf die Erwartung gegründet gewesen, die Teilung Deutschlands überwinden zu können. Dass es sich dabei um eine schwierige Aufgabe handelte, war spätestens seit der Stabilisierung der DDR durch den Mauerbau 1961 offenkundig geworden. Diejenigen, die daraus nicht den Schluss zogen, sich mit der Teilung abzufinden, sondern an der Wiedervereinigung als operativem Ziel bundesdeutscher Politik festhielten, haben – so lässt sich formulieren – in einer sorgsamen Dosierung von Erwartungen eine adäquate Antwort gesucht. Das bedeutete zweierlei: Zum einen galt es, übertriebene Erwartungen einzudämmen, um nicht Enttäuschungen zu pro-

63 Vgl. Schindler: Politische Führung, S. 395–402.

duzieren. Konnten solche Erwartungen nicht eingelöst werden, drohte dies das Streben nach Wiedervereinigung zu delegitimieren. Zum anderen war in geeigneten Situationen, in denen es valide Anzeichen dafür gab, dass in die Deutschlandpolitik Bewegung gekommen war, diese Dynamik durch Erwartungsanreize zu beschleunigen. Erwartungsmanagement bedeutete hier also, immer wieder glaubhaft zu machen, dass es sich nach wie vor lohne, überhaupt Hoffnungen in eine mögliche Vereinigung der beiden Teile zu westlichen Bedingungen zu setzen – auch wenn mit dem Mauerbau die Teilung seit 1961 gleichermaßen zementiert schien, auch wenn die in ihm sich manifestierende »datensetzende Macht« (Heinrich Popitz) der DDR den Eindruck zu vermitteln suchte, dass sich an der Situation auf lange Sicht wenig ändern werde. Erwartungen aufrechtzuerhalten und immer wieder zu betonen, dass beide Staaten Teil einer gemeinsamen Kultur seien, diente also vor allem dazu, das Ziel der Deutschlandpolitik überhaupt im Erwartungshorizont der Zeitgenossen zu verankern – ernsthaft rechneten die wenigsten in den 1980er Jahren damit, dass sich die Möglichkeit einer Vereinigung ergeben könnte. Die Ereignisse ab Herbst 1989 sind denn auch meist als »unerwartet« oder »überraschend« beschrieben worden. Dass der Erwartungshorizont plötzlich ganz nahe gerückt war und sich ein ganz neuer politischer Handlungsspielraum in der Deutschlandpolitik eröffnete, führte zu einer Situation, in der »die Realität die Phantasie überholte«.[64]

In seiner Funktion als Leiter der stärksten Regierungsfraktion betrieb Dregger, was die Deutschlandpolitik betraf, so etwas wie politische Erwartungsdosierung. Dies bedeutet, dass er den Erwartungsdruck abbauen wollte, den der Honecker-Besuch gerade bei den deutschlandpolitischen Experten innerhalb der Fraktion aufgebaut hatte. Dafür schuf er zunächst ein kommunikatives Ventil, indem er – wie es seinem Führungsstil entsprach – den Kritikern die Gelegenheit bot, sich im geschützten Binnenraum der Fraktion Luft zu verschaffen. Er lud ausdrücklich zur offenen Aussprache ein, wenn er vor der Fraktion ausführte: »Ich meine, daß wir über dieses Ereignis nicht hinweggehen können, und begrüße es daher, daß noch eine Diskussion stattfindet.«[65] Davon machte nicht zuletzt der Abgeordnete Manfred Abelein Gebrauch. Er war dem entschieden konservativen Parteiflügel zuzuordnen, und sein Wort besaß insofern Gewicht, als er zu denjenigen innerhalb der Fraktion zählte, die sich in den Gremien von Fraktion und Bundestag hauptsächlich mit der Deutschlandpolitik beschäftig-

64 Klaus-Dietmar Henke (Hg.): Revolution und Vereinigung 1989/90. Als in Deutschland die Realität die Phantasie überholte. München 2009.

65 Dregger in der Fraktionssitzung vom 08.09.1987, ACDP, 08-001-1082/3, S. 15.

ten.[66] Mit Abelein meldete sich ein Kritiker zu Wort, der in Württemberg aufgewachsen und politisch sozialisiert worden war und der daher bei seinem passionierten Einsatz für eine aktive Deutschlandpolitik nicht von Reminiszenzen an eine alte mitteldeutsche Heimat geleitet war. Am 8. September 1987 führte er im Fraktionsplenum aus, trotz allem Respekt vor Dreggers deutschlandpolitischer Grundhaltung den Besuch des DDR-Staatsratsvorsitzenden in Bonn nicht verwinden zu können: »Herr Vorsitzender, normalerweise folge ich allem, was Sie hier in diesem Saale sagen und gesagt haben über die langen Jahre hinweg. [...] Ich muß offen gestehen: Mich schmerzt es, wenn ich den Bundeskanzler der Bundesrepublik Deutschland, freiheitlich gewählt, Seite an Seite stehen sehe mit dem Mann, der persönlich verantwortlich ist für den Mauerbau und für den Schießbefehl im Rahmen dieses Eindrucks vom Protokoll: mit Ehrenformation, den beiden deutschen Fahnen und Nationalhymnen.«[67] Abelein sprach damit nicht wenigen Unionsabgeordneten aus dem Herzen, in deren Augen die Zumutung eines Honecker-Besuchs nur dann politisch geheilt werden konnte, wenn die DDR-Führung dafür Gegenleistungen erbrachte, die über das sonst Übliche hinausgingen. Damit aber setzte Abelein wie der konservative Flügel den Bundeskanzler unter Erwartungsdruck und brachte dies auch expressis verbis auf den Punkt: »Nun ist gesagt worden [...] ›man dürfe den Besuch von Honecker nicht mit Erwartungen überfrachten‹. Ich frage mich nur: Was anderes rechtfertigt denn eigentlich diesen Besuch als diese Erwartungen?«[68]

Dregger hatte eine erwartungspolitische Antwort auf solche und andere Einwände parat. Dazu diente ihm die Tischrede des Bundeskanzlers beim offiziellen Bankett am Abend des 7. September 1987 als Fundament. Kohl selbst hatte im Vorfeld die Bedeutung seiner Rede in der Fraktion hervorgehoben[69] und damit zugleich hohe Erwartungen in sie geweckt, die nicht enttäuscht wurden. Er nutzte die Gelegenheit, vor der nationalen und internationalen Öffentlichkeit ein Bekenntnis zur Überwindung der deutschen Teilung abzulegen, wie es lange nicht mehr zu hören gewesen war. Hier wurde ein Staatsgast nicht mit diploma-

---

66 Abelein war während seiner 25-jährigen Tätigkeit als Bundestagsabgeordneter lange Zeit Leiter eines deutschlandpolitischen Arbeitskreises in der Fraktion und profilierte sich schon in den 1970er Jahren als einer der schärfsten Kritiker der sozialliberalen Deutschlandpolitik. Vgl. hierzu u.a. Deutscher Bundestag. Wissenschaftliche Dienste. Unterabteilung Wissenschaftliche Dokumentation (Hg.): Abgeordnete des Deutschen Bundestages. Aufzeichnungen und Erinnerungen. Bd. 12: Karl Becker. Boppard am Rhein 1993, S. 86.

67 Abelein in der Fraktionssitzung vom 08.09.1987, ACDP, 08-001-1083/3, S. 11.

68 Abelein, ebd., S. 12.

69 Kohl in der Fraktionssitzung vom 02.09.1987, Wortprotokoll, S. 10, ebd.

tischen Samthandschuhen angefasst, vielmehr wurde ihm kaum verklausuliert ins Gesicht gesagt, dass seine Herrschaft und sein Staat als etwas angesehen wurden, das es zu überwinden gelte. »An den unterschiedlichen Auffassungen der beiden Staaten zu grundsätzlichen Fragen, darunter zur nationalen Frage, kann und wird dieser Besuch nichts ändern«, betonte Kohl in seiner Tischrede: »Für die Bundesregierung wiederhole ich: Die Präambel unseres Grundgesetzes steht nicht zur Disposition, weil sie unserer Überzeugung entspricht. Sie will das vereinte Europa, und sie fordert das gesamte deutsche Volk auf, in freier Selbstbestimmung die Einheit und Freiheit Deutschlands zu vollenden. Das ist unser Ziel. Wir stehen zu diesem Verfassungsauftrag, und wir haben keinen Zweifel, daß dies dem Wunsch und Willen, ja der Sehnsucht der Menschen in Deutschland entspricht.«[70] Mit Verweis auf diese Rede konnte Dregger seine zutiefst aufgewühlten Fraktionskollegen beruhigen. Kohl hatte, von Dregger unterstützt, das Format einer Tischrede benutzt, um der Welt und vor allem den Deutschen in Ost und West gegenüber unmissverständlich den Willen zur nationalen Einheit zum Ausdruck zu bringen. So konnte Dregger, ganz im Sinne seiner Erwartungsdosierung, am Ende der Fraktionsdebatte über den Honecker-Besuch ausführen: »Lieber Herr Abelein, daß Ihnen die Sache nahegegangen ist wie mir, das ist bei der Bedeutung der ganzen Sache nicht nur verständlich, sondern auch notwendig. Und gestern Abend – ich war ja dabei, als die Tischreden ausgetauscht wurden – spürte man doch, daß die Anwesenden fühlten, was sich da ereignete.«[71]

Die DDR-Führung hatte ihrerseits deutschlandpolitische Konzessionen auch deswegen gewährt, weil sie sich im Bund mit der Geschichte wähnte, deren Verlauf vorherbestimmt sei. Man sollte sich hüten, den von Honecker immer wieder kolportierten Spruch »Den Sozialismus in seinem Lauf hält weder Ochs noch Esel auf«[72] als Sentimentalität eines Greises abzutun, der die Zeichen der Zeit nicht erkannt habe und sich an den naiven Glauben seiner Jugend klammere. Ohne die durch die Urväter des Marxismus verkörperte Zukunftsgewissheit lässt sich nicht verstehen, warum die DDR-Seite deutschlandpolitische Zugeständnisse machte. Wie solche Konzessionen auch immer beschaffen sein mochten, gemäß dem weltanschaulich verbürgten Heilsversprechen konnten sie den Lauf der Geschichte niemals ändern! Wichtiger noch aber scheint, dass Honeckers

70 Tischrede Kohls gemäß dem Abdruck im Bulletin des Presse- und Informationsamts der Bundesregierung, Nr. 83, 10.09.1987, S. 705–708, Zitat S. 706.

71 Dregger in der Fraktionssitzung am 08.09.1987, ACDP, 08-001-1083/3, S. 16 des Wortprotokolls.

72 Hierzu Karsten Timmer: Vom Aufbruch zum Umbruch. Die Bürgerbewegung in der DDR 1989. Göttingen 2000, S. 107.

Denken strukturell enttäuschungsresistent war, ja es bei ihm gar keinen Raum für Zweifel gab. Seine ideologischen Überzeugungen waren von Jugend an über die NS-Herrschaft, den Hitler-Stalin-Pakt und all die anderen potenziellen Enttäuschungen, die zur Abkehr zahlreicher Kommunisten von dem sowjetischen Modell führten, einfach hinweggegangen. Hinzu kam, dass ihm bewusst war, die einmal geweckten Erwartungen der DDR-Bewohner an die Sozialpolitik des eigenen Staates nicht enttäuschen zu dürfen. Deshalb blieben Maßnahmen aus, um der fatalen wirtschaftlichen Lage gegenzusteuern.[73]

Dregger hingegen konnte die Ambivalenz des Honecker-Besuchs problemlos in sein Konzept von der Offenheit des historischen Verlaufs integrieren: Ob die Visite sich »darstellt als ein Schritt zur Verfestigung der Teilung Deutschlands oder zur Überwindung der Teilung Deutschlands, das hängt von der ideologischen und politischen und geistigen Auseinandersetzung ab, die auch in den kommenden Jahren weitergehen wird.«[74] Dregger war aber kein Spieler, der politische Risiken einging, nur weil als möglicher Gewinn die Wiedervereinigung winkte. Er hütete sich davor, Bewegung in die festgefahrene Lage bringen zu wollen, indem er Vorstellungen wiederbelebte, die in den 1950er Jahren weit verbreitet waren und sich von einer Neutralisierung eines vereinigten Deutschland die erforderliche Zustimmung der Sowjetunion zur Einheit versprachen. Dass innerhalb der Unionsfraktion im Oktober 1987 nüchtern auch solche Möglichkeiten diskutiert wurden,[75] spricht dafür, dass das von Dregger geleitete Gremium sich die Zeit nahm, auch abseits des politischen Alltags ernsthaft über die großen, grundsätzlichen Fragen der Politik nachzudenken. Doch ein deutschlandpolitischer Coup, der die deutsche Frage aus den Zwängen des Ost-West-Konflikts lösen wollte, stellte für Dregger ein politisches Sicherheitsrisiko dar.

War Dregger – und dies muss immer wieder betont werden – in der Deutschlandpolitik ein Anwalt der Veränderung, wollte er doch die damit unweigerlich verbundene Dynamik kontrollieren und keineswegs einen Verlust an Freiheit riskieren. Ein solcher aber drohte für ihn immer dann, wenn die Sowjetunion dem freien Teil Deutschlands ihren Willen aufzwingen konnte. Sein deutschlandpolitisches Credo fußte auf Prämissen, die Adenauer den Westdeutschen einzuimpfen versucht hatte: Nur die feste Verankerung in der westlichen Welt werde die

73 Vgl. Martin Sabrow: Erich Honecker – Vom Hoffnungsträger zum Enttäuschungssymbol, in: Bernhard Gotto/Anna Ullrich (Hg.): Hoffen – Scheitern – Weiterleben. Enttäuschung als historische Erfahrung in Deutschland im 20. Jahrhundert. Berlin, Boston 2020, S. 205–215.

74 Dregger in der Fraktionssitzung vom 15.09.1987, ACDP, 08-001-1082/3, S. 84 des Wortprotokolls.

75 Vgl. dazu den Bericht des Leiters der Arbeitsgruppe Deutschlandpolitik der Fraktion, Eduard Lintner, in der Fraktionssitzung vom 06.10.1987, ACDP, 08-001-1083/1, S. 27–34.

Teilung Europas und in deren Gefolge auch die Teilung Deutschlands überwinden.[76] Adenauer hätte seine ungeteilte Freude daran gehabt, wie Dregger auf dem Höhepunkt der deutschlandpolitischen Grundsatzdebatte am 6. Oktober 1987 in der Unionsfraktion die untrennbare Verbindung zwischen der europäischen und der deutschen Frage betonte: »Deutsche Einheit und europäische Einheit sind miteinander gekoppelt.«[77] Der Fraktionsvorsitzende erteilte damit ganz in der Tradition Adenauers deutschen Alleingängen zur Erlangung der staatlichen Einheit eine entschiedene Absage; in der »politischen Union der freien Staaten Europas«[78] erblickte er den Königsweg zur Wiedervereinigung – auch weil sie auf der Prämisse beruhte, dass die Freiheit in keinem Fall als Gegenleistung für nationale Ziele eingetauscht werden dürfe.[79]

76 Vgl. Hans-Peter Schwarz: Anmerkungen zu Adenauer. München 2004, S. 76–83.
77 Dregger in der Fraktionssitzung vom 06.10.1987, ACDP, 08-001-1083/1, S. 98 des Wortprotokolls.
78 Ebd., S. 45 des Wortprotokolls.
79 Ebd., S. 46 des Wortprotokolls.

13. Im Kreuzfeuer der Kritik – Bewährungsprobe als Fraktionsvorsitzender

Die zentrale Aufgabe des Vorsitzenden einer die Bundesregierung stützenden Fraktion besteht darin, die richtige Balance zwischen zwei Rollen zu finden, die er auszufüllen hat:[1] Aus parlamentarischer Sicht hat er die Aufgabe, die Fraktion als gestaltenden Faktor der Regierungspolitik und dabei auch die Legitimität des parlamentarischen Mandats zur Geltung zu bringen. Bundestagsabgeordnete sollten nicht zu Befehlsempfängern von Weisungen werden, ob aus der Regierungs- oder der Parteizentrale! Doch zugleich muss ein Vorsitzender einer Regierungsfraktion darauf bedacht sein, der Regierung bei Abstimmungen im Bundestag die erforderliche Mehrheit für ihre Vorhaben zu sichern, weil sie als Ausweis der Regierungsfähigkeit gelten. Das Changieren zwischen beiden Rollen kommt nicht selten einer Gratwanderung gleich; und gelegentlich entstehen spannungsreiche Konstellationen, in denen ein Fraktionsvorsitzender zwischen den vereinnahmenden Ansprüchen der Regierung und den auf Autonomie pochenden Postulaten der Fraktion zerrieben zu werden droht. Von diesem strukturellen Problem ist auch Dregger nicht verschont geblieben. Wie er damit umging, kann als Bewährungsprobe dafür gelten, wie er sein politisches Amt ausübte. Aufschlussreich ist hier das Jahr 1988, weil sich in ihm ein Sturm zusammenbraute, der Dregger als Fraktionsvorsitzenden hinwegzufegen drohte. Dass er aus diesen unruhigen Zeiten politisch gestärkt hervorging, darf auch als Bestätigung seines Amtsverständnisses gelten.

Das Jahr 1988 entwickelte sich für die Unionsfraktion wenig erfreulich. Die Regierung aus CDU/CSU und FDP hatte nach der erfolgreichen Bundestagswahl im Januar 1987 Reformvorhaben im Bereich der Sozial- und Steuerpolitik angepackt, die der Bevölkerung Opfer abverlangten und deren Popularität sich entsprechend in Grenzen hielt. Zudem hatte die FDP ihre durch die Bundestagswahl gestärkte Position als Aufforderung interpretiert, ihre eigenen Vorstellungen stärker als bislang in die Regierungsarbeit einzubringen. Der größte Störenfried des Koalitionsfriedens war jedoch der CSU-Vorsitzende: Franz Josef Strauß ließ kaum eine Gelegenheit aus, geradezu lustvoll zu demonstrieren, dass

1 Hierzu grundlegend Schindler: Politische Führung, vor allem S. 279–286.

er sich für den besseren Bundeskanzler hielt – und schreckte dabei auch nicht vor Kraftproben zurück, die im Sommer 1988 die Unionsfraktion einer erheblichen Belastung aussetzten.[2]

Dregger hatte erkannt, dass diese Konstellation die Arbeit der gemeinsamen Bundestagsfraktion aus CDU- und CSU-Abgeordneten zu beeinträchtigen drohte. In einer Fraktionssitzung zu Beginn des Jahres 1988 brachte er zum Ausdruck, dass er um die Schwere der Aufgabe wusste, seiner Fraktion einen festen Platz in einem höchst dynamischen Kräftedreieck zu sichern: Da war auf der einen Seite der Umstand, dass es gleich zwei Parteien waren, die in Gestalt ihrer Vorsitzenden und Generalsekretäre an inhaltlicher Profilschärfung interessiert waren, was durchaus zu Lasten der gemeinsamen Fraktion gehen konnte. Im Visier hatte Dregger hierbei insbesondere CDU-Generalsekretär Geißler, der 1988 stärker denn je bestrebt war, die CDU zum Missfallen der Schwesterpartei für Positionen gerade in der Deutschlandpolitik zu öffnen, die mit einer engagierten Wiedervereinigungspolitik nicht zu vereinbaren waren.[3] Doch neben zwei selbstbewussten Parteien musste sich die gemeinsame Fraktion auch gelegentlicher Zumutungen einer Koalitionsregierung erwehren, die von der stärksten Regierungsfraktion hier und da Gefolgschaftstreue verlangte. In dieser dynamischen Situation die Unionsfraktion als »stabilisierendes Element der Union und der Koalition«[4] zur Geltung zu bringen, war ein anspruchsvolles Unterfangen. Anspruchsvoll auch deshalb, weil Dregger an seiner Grundsatzüberzeugung festhielt, dass in der Fraktion gleichberechtigte Volksvertreter versammelt waren und daher die Partizipation jedes einzelnen Bundestagsabgeordneten am fraktionsinternen Willensbildungsprozess zu gewährleisten sei.[5] Diese Grundsatzauffassung war beileibe keine Selbstverständlichkeit; die Geschichte des deutschen Parlamentarismus hält mehr als nur ein Beispiel dafür bereit, dass Fraktionsvorsitzende ihre politische Führungsaufgabe so interpretierten, der Fraktion die Richtung vorzugeben und, wenn nötig, als deren »Zuchtmeister« aufzutreten.[6] Dregger hingegen

---

2 Zum Zustand der CDU und ihrem innerparteilichen Leben in jenen Jahren vgl. Udo Zolleis: Die CDU. Das politische Leitbild im Wandel der Zeit. Wiesbaden 2008, S. 190 ff.; Bösch: Macht und Machtverlust, S. 129 ff.

3 Vgl. hierzu u. a. Wilhelm Bruns: Von der Deutschlandpolitik zur DDR-Politik? Prämissen, Probleme, Perspektiven. Opladen 1989, S. 200 f.; Gert-Joachim Glaeßner: Der schwierige Weg zur Demokratie. Vom Ende der DDR zur deutschen Einheit. Wiesbaden 1991, S. 157 f.

4 Dregger in der Fraktionssitzung vom 02.02.1988, ACDP, 08-001-1084/2, S. 2 des Wortprotokolls.

5 Zu den unterschiedlichen Rollenerwartungen an die Steuerungskapazität eines Fraktionsvorsitzenden vgl. Schindler: Politische Führung, vor allem S. 159 – 163.

6 Stilbildend dafür war der als »Zuchtmeister« apostrophierte SPD-Fraktionsvorsitzende Herbert Wehner. Zu ihm und seinem Führungsstil vgl. u. a. Christoph Meyer: Herbert Wehner. München

wollte von der Fraktion weder gefürchtet noch geliebt werden – Respekt war es, was er sich für seine Amtsführung erhoffte. Dafür wollte er die Fraktion als einen möglichst hierarchiefreien Raum etablieren. Kernstück dieses Herzensanliegens war die Öffnung des Fraktionsplenums für Grundsatzdebatten über die großen Linien der Politik, ohne dass er die Richtung der Debatte vorgab und ohne dass im Fraktionsvorstand Vorabsprachen stattfanden. In dieser Grundsatzfrage blieb Dregger eisern: »Jeder Kollege [muß] die Möglichkeit haben, seine Vorstellungen in den politischen Entscheidungsprozeß einzubringen.«[7]

Dass sein Führungsstil politische Risiken beinhaltete, war Dregger durchaus bewusst. Seinen Gegnern gab er Gelegenheit, ihn der Führungsschwäche zu bezichtigen, weil er die Debatten bewusst laufen ließ. Bundeskanzler Kohl, der in den Sitzungen des CDU-Bundesvorstands den Raum für freie Aussprachen kontinuierlich einengte, stieß sich daran, dass die Bundestagsfraktion zu dem herausragenden Ort wurde, an dem seine Kritiker es wagten, sich zu Wort zu melden. Das veranlasste den Fraktionsvorsitzenden, im Februar 1988 fraktionsinterne Regeln aufzustellen, um das Partizipationsverlangen der Fraktion mit ihrer Funktion als Stütze der Regierung in Einklang zu bringen. Im Kern liefen diese Regeln, die Dregger verschriftlichte und der Fraktion zur Kenntnis gab, darauf hinaus, dass sich jeder Ressortminister in jeder Phase der Gesetzgebung eng mit den zuständigen Facharbeitsgruppen der CDU/CSU-Bundestagsfraktion abstimmen sollte. Ein solches Verfahren wertete die Fraktion auf, weil sie ihren politischen Gestaltungsanspruch schon auf der Ebene des ministeriellen Referentenentwurfs einbringen konnte. Als ehemaliges Stadtoberhaupt wusste Dregger darum, wie wichtig es war, eine Fraktion bereits in die ersten Verwaltungsschritte auf Ministerialebene einzubinden, da dort die Fachleute saßen; »die bleiben immer, auch wenn die Regierungen wechseln«.[8]

Sein Anliegen formulierte Dregger dabei nicht als Bittsteller. Er sprach den allermeisten Fraktionsmitgliedern aus dem Herzen, wenn er ausführte: »Wir haben alle die gleiche Würde, wir sind die gewählten Abgeordneten des deutschen Volkes. Und deswegen haben wir einen Anspruch darauf, so behandelt zu werden.«[9] Damit sein Vorstoß nicht versickerte, wurde er dem Bundeskanzler kommuniziert und dieser wurde gebeten, »darauf auch von seiner Seite aus hin-

---

2006; Martin Rupps: Troika wider Willen. Wie Brandt, Wehner und Schmidt die Republik regierten. Berlin 2005.

7 So Dregger unmissverständlich in der Fraktionssitzung vom 02.02.1988, ACDP, 08-001-1084/2, S. 3 des Wortprotokolls.

8 Dregger in der Fraktion am 02.02.1988, ebd., S. 4 des Wortprotokolls.

9 Ebd., S. 6.

zuwirken«.[10] Politisch war der Vorstoß für Dregger nicht ohne Risiko: Gerieten Gesetzesvorhaben der Bundesregierung, die einen derartigen Abstimmungsprozess durchlaufen hatten, ins Kreuzfeuer der öffentlichen Kritik, konnten die Fraktion und damit ihr Vorsitzender in politische Mithaftung genommen werden. Umgekehrt drohte sich der Zorn der Fraktion zu entladen, wenn Parteigranden einsame Entscheidungen der Fraktion als alternativlos aufnötigten, was klar gegen den Geist der Februar-Erklärung verstieß. Vor allem den Fraktionsvorsitzenden musste das in einem solchen Fall treffen, der so engagiert für eine optimale Abstimmung zwischen Regierung, Partei und Fraktion geworben und sich damit exponiert hatte.

Dregger hatte die Fraktion als politischen Gestaltungsfaktor just in einer Phase neu aufgestellt, als sowohl die stärkste Regierungspartei als auch die Bundesregierung mit schweren Problemen zu kämpfen hatten. Die CDU steckte in einer Orientierungskrise. Geißler deklarierte von der Parteizentrale aus gerade in der Deutschlandpolitik Positionen als überholt, die für nationalliberale und konservative CDU-Mandatsträger zum Markenkern ihrer Partei zählten. Da der Parteivorsitzende Kohl seinen Generalsekretär gewähren ließ, wurde die Bundestagsfraktion zum Sammelbecken derer, die offenen Widerspruch anmeldeten. Allerdings war ihr politischer Handlungsspielraum begrenzt, mussten sie doch aus funktionalen Gründen die geforderte Loyalität zur Bundesregierung auch dann praktizieren, wenn es ihnen aus inhaltlichen Gründen besonders schwerfiel. Damit kam vor allem dem Fraktionsvorsitzenden die schwierige Doppelaufgabe zu, die Fraktion als Machtfaktor im innerparteilichen Richtungsstreit zur Geltung zu bringen und zugleich gegenüber der Regierung die schwierige Balance zwischen Loyalität und Mitbestimmung zu wahren. Eine solch anspruchsvolle Aufgabe hatte vor Dregger noch kein Unionsfraktionsvorsitzender zu meistern gehabt!

Das führte dazu, dass Dregger 1988 die politischen Tiefen seines Amts zu durchschreiten hatte. Am Jahresende wurde nicht nur innerhalb der Fraktion seine Autorität offen in Frage gestellt, auch der Bundeskanzler wollte ihn auf einen anderen Posten wegloben. Das zeugt davon, in welche Gefahrenzonen sich ein Fraktionsvorsitzender begab, der darauf beharrte, die Fraktion als gestaltenden Faktor einzubringen. Dass Dregger diese Bewährungsprobe unbeschadet überstehen sollte, hing auch damit zusammen, dass sein Führungsstil bei der übergroßen Mehrheit der Fraktion geschätzt wurde. Er war die Antipode eines Politikertypus, der in einem kumpelhaften Umgangston den Großteil seiner Zeit mit persönlicher Kontaktpflege verbrachte. Er bevorzugte eine genuin bürger-

10 Brief Dreggers an die Mitglieder der CDU/CSU-Bundestagsfraktion, 02.02.1988, ebd.

liche Distanz, die aber immer zugleich Wertschätzung seines Gegenübers bedeutete. In der Fraktionssitzung vom 23. Februar 1988 – am Beginn des für ihn turbulenten Jahres – formulierte er das Idealbild eines Politikers, das implizit auf ihn selber gemünzt war: »Zum Politiker gehören ja Leidenschaft und Selbstdisziplin.«[11] Auch Dreggers innerparteiliche Gegner respektierten seine Haltung; aus diesem Grund kamen die Angriffe auf ihn ohne jene polemischen Untertöne aus, die innerparteiliche Auseinandersetzungen seit den 1980er Jahren immer stärker kennzeichneten.

Auch als Dregger das Thema Deutschlandpolitik in den Schoß der Fraktion holte, wahrte er stets die Form und vermied offene Angriffe auf den CDU-Generalsekretär.[12] Nur wenn er die Diskussion im Fraktionsplenum über die Deutschlandpolitik so lenkte, dass sie nicht zu einem Tribunal über Geißler ausartete, konnte die Stimme der Fraktion politisches Gewicht für den deutschlandpolitischen Meinungsbildungsprozess innerhalb der Union erlangen. Aber auch ansonsten geriet die Fraktion zunehmend zu dem einzigen Forum, in dem ein offenes Wort gewagt und innerparteiliche Differenzen offen ausgetragen wurden. Je mehr sich unter Kohl der Bundesvorstand zu einem Gremium entwickelte, das die Ausführungen des Vorsitzenden ohne Widerspruch entgegennahm, und je stärker sich die CDU-Parteizentrale unter Geißler auf einen Kurs fixiert hatte, der gerade in der Deutschlandpolitik Widersprüche hervorrief, desto mehr wurde die Fraktion zum privilegierten Ort offener Meinungsäußerung, die auch vor herber Kritik an den Parteioberen nicht zurückschreckte. Unter dem Schutz des freien Mandats wagten sich Abgeordnete hervor, die ansonsten keinen Resonanzboden für ihre Einwürfe gefunden hätten.

In der Deutschlandpolitik hatte sich in der Fraktion Unmut angestaut, der sich 1988 entlud. Nicht wenige Unionsabgeordnete hatten den Staatsempfang für den Machthaber des DDR-Regimes im September 1987 mit zusammengebissenen Zähnen verfolgt und sich mit der Versicherung des Bundeskanzlers zu trösten versucht, dass dies eine unvermeidliche Konzession sei, die sich aber für eine unbeirrbar am Ziel der Wiedervereinigung festhaltende Deutschlandpolitik auszahlen werde. Doch mancher fragte sich sechs Monate später, ob der Besuch Honeckers wirklich die erhoffte politische Rendite abgeworfen hatte, verlief doch äußerlich alles weiterhin in den alten, festgefahrenen Bahnen. Abelein verlieh innerhalb der Fraktion immer wieder solchen Befindlichkeiten mit einem sprach-

11 Dregger in der Fraktionssitzung vom 23.02.1988, ACDP, 08-001-1084/2, Bl. 2 des Wortprotokolls.

12 Vgl. Dreggers einleitende Worte zu Beginn der Fraktionssitzung vom 23.02.1988, ebd., S. 3 des Wortprotokolls.

lich ausgefeilten Freimut Ausdruck, der deswegen seine Wirkung nicht verfehlte, weil er im Gegensatz zu manchen anderen Fraktionsmitgliedern nicht auf Regierungsposten schielte, wenn er sich politisch in Stellung brachte. Am 23. Februar 1988 beschrieb er in einer Fraktionssitzung, die Dregger ausdrücklich auch der Deutschlandpolitik gewidmet hatte, den Umgang mit der Wiedervereinigung mit Worten, die gerade unter dem Aspekt der Verarbeitung von Temporalität eine wörtliche Wiedergabe verdienen: »Ich habe manchmal den Eindruck, die Einheit Deutschlands und die Wiedervereinigung erhält zunehmend in etwa die gleiche Bedeutung wie das Reich Gottes in der Glaubenspraxis der Christen. Es wird zu einer Gebetsformel, die gebraucht wird bei bestimmten Gelegenheiten; in der Praxis spielt sie überhaupt keine Rolle. Niemand drängt sich vehement nach ihrer Verwirklichung. Und jeder geht davon aus, daß es zu seinen Lebzeiten ohnehin nicht kommt«.[13]

Abelein nahm seine Diagnose zum Anlass, eine aktivere Wiedervereinigungspolitik anzumahnen. Damit brachte er zum Ausdruck, was man als »Kontingenzbewusstsein«[14] auf den Begriff bringen kann: die reflektierte Annahme, dass das Unbestimmte imstande sei, scheinbare Gewissheiten umzustoßen, und dass man sich in der Politik strategisch auf den Einbruch der Kontingenz einstellen müsse. Die Wiedervereinigung lag für Abelein und seine Mitstreiter im Bereich des Möglichen, weil sie in deren Kontingenzbewusstsein als Handlungsmöglichkeit eingelassen war. Daraus schöpfte auch Dregger zwar nicht die Gewissheit, aber doch die Zuversicht, dass eine strategisch angelegte Deutschlandpolitik den Möglichkeitsraum für eine nicht *ad calendas graecas* vertagte Wiedervereinigung eröffne.

Einer der energischsten Kritiker war der CDU-Bundestagsabgeordnete Jürgen Todenhöfer, der nicht ohne leidenschaftliche Verbissenheit für seine Positionen eintrat. Dass er unter Lebensgefahr ab 1980 Afghanistan bereist und sich an der Seite der antisowjetischen Mudschaheddin vor Ort ein Bild von der sowjetischen Expansionspolitik gemacht hatte, nötigte ihm auch bei seinen zahlreichen innerparteilichen Gegnern Respekt ab. Am 12. April 1988 holte Todenhöfer in der Fraktion zu einem Generalangriff gegen die CDU-Spitze aus. Dabei nahm er vor allem die deutschlandpolitische Untätigkeit des Generalsekretärs und der zuständigen Bundesministerin Wilms aufs Korn. Ermuntert fühlte er sich dazu

13 Ebd., S. 29 des Wortprotokolls.

14 Zum Begriff des »Kontingenzbewusstseins« vgl. Arnd Hoffmann: Kontingenzerfahrung und Kontingenzbewusstsein aus historischer Perspektive, in: Katrin Toens/Ulrich Willems (Hg.): Politik und Kontingenz. Wiesbaden 2012, S. 49–63, hier S. 58 f.

offensichtlich durch die Führungskultur Dreggers, betonte er doch in der leidenschaftlich geführten Debatte innerhalb der Fraktion über den richtigen deutschlandpolitischen Weg: »Dies ist das Forum, in dem das diskutiert werden kann.«[15] Zwar warnten Stimmen davor, dass man in der Fraktion doch bitte schön nicht »eine Parteitagsdiskussion im vorhinein führen«[16] solle. Aber wer die festgefügte Parteitagsregie kannte, der musste dem CDU-Bundestagsabgeordneten Dieter Weirich beipflichten: Auch wenn Todenhöfer sachlich über das Ziel hinausgeschossen sei, sei die Fraktion der herausragende »Austragungsort für Sachkontroversen«.[17] In diesem geschützten Binnenraum könne man – im Unterschied zu Parteitagen – ohne öffentliche Aufsicht seine freie Meinung äußern, das gestatte die fraktionsinterne »Kommunikationskultur«[18].

Dregger, der in der leidenschaftlichen Debatte vom 12. April 1988 wohlweislich als Moderator fungierte und jede Positionierung in der Sache vermied, konnte für sich in Anspruch nehmen, die Fraktion auf diese Weise zum privilegierten Ort politischer Deliberation aufgewertet zu haben. Damit aber machte er sich bei Kohl-Getreuen keine Freunde – und die politische Rechnung für seine liberale Kommunikationskultur sollte ihm bald präsentiert werden. Anlass dazu gab eine politische Kraftprobe zwischen dem eigensinnigen bayerischen Ministerpräsidenten Strauß und der Bundesregierung, die sich an der politisch völlig nebensächlichen Frage entzündete, ob im Zuge der ehrgeizigen Steuerreform des Jahres 1988 auch eine Steuerbefreiung für Flugbenzin eingeführt werden sollte.[19] Strauß hatte auf diesen Punkt, von dem auch er als Privatflieger profitierte, so sehr beharrt, dass Bundeskanzler Kohl sich ihn zu eigen machte und die CDU/CSU-Bundestagsfraktion in diesem Punkt vor vollendete Tatsachen stellte. Damit verstieß Kohl eklatant gegen das vom Fraktionsvorsitzenden Dregger am 2. Februar 1988 angemahnte Verfahren, Regierungsvorhaben von der Referentenebene an von der Fraktion begleiten zu lassen. Die Fraktion fühlte sich mit Recht überrumpelt und stimmte am 7. Juni 1988 nur zähneknirschend der gesamten Gesetzesinitiative zu.

Doch damit war das heikle Thema nicht erledigt. Die Bundesregierung erlebte ein Kommunikationsdesaster, weil das Vorhaben der Steuerreform symbolisch auf die Befreiung von Privatfliegern von der Flugbenzinsteuer reduziert wurde,

15 Todenhöfer in der Fraktionssitzung vom 12.04.1988, ACDP, 08-061-1084/3, S. 24 des Wortprotokolls.

16 So der Siegener Abgeordnete Paul Breuer, ebd., S. 37 des Wortprotokolls.

17 Weirich, ebd., S. 43 des Wortprotokolls.

18 Ebd.

19 Vgl. hierzu Gros: Politikgestaltung, vor allem S. 178–187.

was nicht zuletzt bei treuen Unionswählern als schreiende Ungerechtigkeit eingestuft wurde. Dregger sah sich als Fraktionsvorsitzender seiner bislang schwersten Belastungsprobe ausgesetzt: Der Bundeskanzler höchstpersönlich hatte eine nebenrangige Sachfrage zu einer Existenzfrage für die Bundesregierung aufgewertet und damit auf den Fraktionsvorsitzenden einen massiven Konformitätsdruck ausgeübt. Zwei Tage vor den letzten Lesungen des Steuerreformgesetzes fuhr zudem der Statthalter des auf einer Auslandsreise weilenden Bundeskanzlers, Kanzleramtsminister Schäuble, schweres Geschütz auf, als er die innerfraktionellen Gegner mit dem Hinweis ermahnte, dass sie in einer für die Existenz der Koalition bedeutsamen Frage ihre Bedenken hintanzustellen und sich der vermeintlichen Fraktionsmehrheit zu unterwerfen hätten. Schäuble vertrat am 21. Juni 1988 in der Fraktion den Standpunkt, »daß im Grundsatz die Handlungsfähigkeit einer Fraktion in Gefahr gerät, wenn sie diesen Grundsatz nicht mehr verwirklichen kann«.[20] Damit reklamierte er die Deutungshoheit über die Spielregeln für sich und beanspruchte damit eine Position, die eigentlich nur der Fraktionsvorsitzende ausüben konnte.

Der Fraktionsvorsitzende selbst hatte den Ernst der Lage nicht richtig eingeschätzt. Gerade weil er die Fraktion nicht am kurzen Zügel geführt hatte, war er nicht imstande, den Unmut zu kanalisieren, der sich in der Flugbenzinfrage angestaut hatte. Zwar suchte er in der Fraktionssitzung am 21. Juni 1988 mit einem für seine Verhältnisse geradezu autoritären Hinweis – »Ich bin nicht dafür, daß wir jetzt noch über Flugbenzin reden, denn darüber haben wir lange genug geredet«[21] – eine weitere Debatte über das leidige Thema abzuwürgen. Damit erreichte er jedoch das genaue Gegenteil, da er so Wortmeldungen gerade von Abgeordneten provozierte, die sich sonst nicht in den Vordergrund drängten, durch ihren Kontakt mit ihren Wahlkreisen aber das Ohr an der Parteibasis hatten. Der Kölner Abgeordnete Heribert Blens sprach der Fraktionsmehrheit aus dem Herzen, als er sich an Dregger mit Ausführungen wandte, die an dieser Stelle ausführlich wiedergegeben werden sollen, weil sie das Stimmungsbild innerhalb der Fraktion getreulich widerspiegelten: »Ich habe, wie viele andere hier auch, mit Mitgliedern unserer Partei, mit Anhängern unserer Partei, mit Wählern unserer Partei in den letzten Tagen und Wochen diskutiert. Und ich muß sagen: Ich bin entsetzt über das Echo gerade auf diesen Beschluß zum Flugbenzin. Ich persönlich halte die Entscheidung in der Sache für falsch, politisch für dumm. […] Und ich behaupte: Wenn Sie hier in der Fraktion eine geheime Abstimmung machen

20 Schäuble in der Fraktionssitzung vom 21.06.1988, ACDP, 08-001-1086/1, S. 20 des Wortprotokolls.
21 Dregger in der Fraktionssitzung vom 21.06.1988, ebd., S. 5 des Wortprotokolls.

zu diesem Punkt, dann werden schätzungsweise 80 bis 90 % dieser Fraktion diese Sache ablehnen. […] Und ich weiß, wie schwer es ist, nachdem das Ganze ja keine Frage des Geldes ist, sondern eine reine Prestige-Frage für eine Person ist, da noch zu einer sachlichen Entscheidung zu kommen.«[22]

Letztlich war zwar auch Blens bereit, sich der Fraktionsdisziplin zu unterwerfen und mit zusammengebissenen Zähnen im Bundestag für die Steuerbefreiung von Flugbenzin als Teil der Steuerreform zu stimmen. Aber er machte ebenso wie viele andere durchaus loyale Fraktionsmitglieder deutlich, dass sich die Fraktion nicht noch einmal wegen einer politischen Nichtigkeit und des Privatinteresses von Spitzenpolitikern dem Machtkalkül unterwerfen werde: »Ich glaube, mit dieser Fraktion kann man nicht mehr so oft verfahren, sonst gibt das Ärger.«[23] Dregger musste daher hinnehmen, dass ausgerechnet er, der die Diskussionskultur innerhalb der Fraktion bislang stets gefördert hatte, für das autoritäre Gebaren der Bundesregierung auch von Fraktionsmitgliedern in die politische Verantwortung genommen wurde, die ihm doch eigentlich wohlmeinend gegenüberstanden. Er wurde politisch beschädigt, weil er in einer verfahrenen Situation dem Willen der Fraktion nicht mehr genügend Geltung hatte verschaffen können. Letztlich hatten der Regierungschef und seine Getreuen innerhalb der Fraktion deutlich gemacht, dass sie von ihr eine Unterwerfung unter die Funktionslogik des Mehrheitsbeschaffers verlangten. Vor diesem Hintergrund verdient Beachtung, dass in der entscheidenden dritten Lesung am 23. Juni 1988 sieben Rebellen der Befreiung des Flugbenzins von der Mineralölsteuer ihre Zustimmung verweigerten und acht sich enthielten.[24]

Der heftige Streit um die Flugbenzinsteuer hatte offengelegt, dass es, was das Rollenverständnis der Fraktion betraf, zu erheblichen Konflikten kommen konnte. Die Fraktion war ein komplexer politischer Organismus, in dem sich einfache Abgeordnete, fleißige Sachpolitiker, nach Regierungsämtern Strebende und die Privilegierten, die in Koalitionsrunden den Regierungskurs mit aushandelten, zusammenfanden. Die Führungskunst eines Fraktionsvorsitzenden bestand darin, die entsprechend divergierenden Interessen auszugleichen. Dregger hatte das mit Erfolg auch dadurch praktiziert, dass er immer wieder Grundsatzdebatten zu politischen Themen initiiert hatte, bei denen jeder Abgeordnete mitreden konnte, weil sie zur Identität der Unionsparteien zählten. Dieser Befriedungskurs stieß

22 Blens in der Fraktionssitzung vom 21.06.1988, ebd., S. 7 f. des Wortprotokolls.

23 Blens, ebd., S. 8 des Wortprotokolls.

24 Vgl. Gros: Politikgestaltung, S. 192.

dann aber an seine Grenzen, als die Regierung eine Kontroverse über eine untergeordnete Sachfrage zum Lackmustest für die Regierungsloyalität der Fraktion erhob. Auch weil Dregger die »Mund-zu-Mund-Beatmung« dissidierender Fraktionsmitglieder eine Last war, lief ihm die innerparteiliche Debatte aus dem Ruder. Einzelgespräche als Steuerungsinstrument der Fraktionsführung[25] waren bei »Don Alfredo« eher Ausnahme denn die Regel. Daher musste er es hinnehmen, dass »Rebellen« wie der Abgeordnete Herbert Lattmann die Flugbenzinfrage zu einer Angelegenheit der »eigenen Glaubwürdigkeit«[26] machten und nicht bereit waren, sich der Regierungsdirektive zu beugen. Der Dregger politisch nahestehende hessische CDU-Abgeordnete Dieter Weirich fasste die Stimmungslage der Fraktion in der denkwürdigen Fraktionssitzung am 21. Juni 1988 so zusammen: »Wenn wir selbstkritisch und ehrlich zu uns sind, dann entzündet sich der Punkt aus einem allgemeinen Frustempfinden: Wo stehe ich als armer Tropf in dieser Bundestagsfraktion zwischen ›Elefanten-Runden‹, Koalitionsgesprächen, Verbandslobbyisten-Interessen und dem Eindruck der politischen Führung? Die Jungs in der Fraktion sind relativ ›pflegeleicht‹, denn in der Vergangenheit waren wir ja außerordentlich freundlich zur politischen Führung. Und der Fraktionsvorsitzende hat auch immer die Einheit der Union beschworen. Das halte ich auch für eine richtige Aussage. Nur, wenn aus der heutigen Debatte deutlich wird, daß wir ›nicht so pflegeleicht‹ sind[,] wie Sie annehmen, dann hatte die Debatte ihren Wert.«[27]

Hier zeigte sich also, dass die überwältigende Mehrheit der Fraktion sich nicht zum politischen Fußvolk sachlich falscher Regierungsentscheidungen degradieren lassen wollte. Aufgabe des Fraktionsvorsitzenden war es nun, Schadensbegrenzung zu betreiben, indem er das Selbstwertgefühl der Abgeordneten pflegte. Auch deshalb setzte Dregger zwei Wochen nach der Bundestagsentscheidung über die Flugbenzinsteuer erstmals eine »offene Fraktionsvorstandssitzung« an, die allen interessierten Fraktionsmitgliedern offenstand. Klarer konnte er nicht zum Ausdruck bringen, dass er die Botschaft verstanden hatte und noch transparentere Kommunikationskanäle schaffen wollte. Damit traf er durchaus den Nerv vieler Fraktionsmitglieder. Pars pro toto sei die Stimme des Abgeordneten Hans Peter Schmitz aus Baesweiler im Kreis Aachen angeführt. Er vertrat nicht nur einen vom Steinkohlebergbau geprägten Wahlkreis in der westlichsten Ecke

25 Dazu Schindler: Politische Führung, S. 415.

26 Vgl. den Redebeitrag Lattmanns in der Fraktion am 21.06.1988, ACDP, 08-001-1086/1, S. 43 des Wortprotokolls.

27 Redebeitrag Weirichs, ebd., S. 46 des Wortprotokolls.

der Bundesrepublik, sondern kann als Prototyp eines im katholischen Milieu sozialisierten Unionspolitikers gelten, der in den 1980er Jahren die Lebensader der rheinischen CDU darstellte. Der politische Pragmatiker Schmitz sparte nicht mit Kritik am Verhalten der Fraktionsführung in der leidigen Flugbenzinfrage. Doch er zollte der Innovation des Fraktionsvorsitzenden zur Optimierung der fraktionsinternen Kommunikationskultur Respekt: »Deswegen meine Bitte, Herr Vorsitzender, öfters Veranstaltungen wie diese zu machen als ›offene Vorstandssitzungen‹ einmal. Denn es hat keinen Zweck, daß wir die nächsten drei Jahre [...] so miteinander umgehen, daß wir etwa das Gefühl bekommen: Wir werden nur dann gebraucht, dann, wenn wir die Stimme herzugeben haben. Und das darf nicht auftreten.«[28] Die rege Teilnahme an der offenen Vorstandssitzung (89 Abgeordnete waren erschienen, und mit 40 ergriff fast die Hälfte das Wort)[29] legt beredtes Zeugnis davon ab, dass der Fraktionsvorsitzende das Innenleben seiner Fraktion genauestens kannte und mit dem neuen Format fraktionsinterner Partizipation den Erwartungen und Bedürfnissen ihrer Mitglieder entsprach.

Allerdings lastete ein dunkler politischer Schatten auf dieser Debatte. Denn es hatte sich herumgesprochen, dass praktisch zeitgleich die beiden Vorsitzenden der Unionsparteien jenen zentralen Bestandteil des Beschlusses kassiert hatten, für den die Fraktion im Juni in die Pflicht genommen worden war. Der Privatflieger Strauß und der CDU-Vorsitzende Kohl hatten bilateral vereinbart, dass die Steuerbefreiung für Kerosin nun doch nicht für Hobby- und Sportflieger gelten solle. Es lässt sich unschwer ausmalen, dass dies bei der Fraktion mehr als gemischte Gefühle auslöste. Sachlich konnte man es nachvollziehen, weil es ja genau dem entsprach, was die Fraktion immer wieder angemahnt hatte. Doch musste man eine Fraktion in die eiserne Pflicht nehmen, um weniger als 14 Tage danach von einer Entscheidung abzurücken, die man ihr vorher mit den Mitteln der politischen Nötigung aufgezwungen hatte? Schmitz war einer derjenigen, der auf besonders authentische Weise seinem Unmut Ausdruck verlieh: Die Fraktion sei in ihrem Selbstwertgefühl beschädigt worden, und man könne es keinem Kritiker verdenken, wenn er zu den Unionsabgeordneten sage: »Was seid ihr für Trottel! Was seid ihr als Abgeordnete für Trottel eigentlich? Je nach Bedarf laßt ihr euch einsetzen.«[30] Er dürfte der Fraktion aus der Seele gesprochen haben,

---

28 Redebeitrag von Hans Peter Schmitz (Baesweiler) in der offenen Fraktionsvorstandssitzung vom 04.07.1988, ACDP, 08-001-1086/1, S. 78 des Wortprotokolls.

29 Vgl. Gros: Politikgestaltung, S. 194.

30 Redebeitrag Schmitz in der offenen Fraktionsvorstandssitzung vom 04.07.1988, ACDP, 08-001-1086/1, S. 77 des Wortprotokolls.

wenn er formulierte: »Irgendwo ist eine Grenze dessen erreicht, was wir alle miteinander verkraften können.«[31]

Jedes Fraktionsmitglied wusste, dass Strauß und Kohl damit auch die Autorität des Fraktionsvorsitzenden beschädigt hatten: Sie hatten Dreggers Loyalität damit »belohnt«, eine von ihm gegen erheblichen Widerstand innerhalb der Fraktion durchgefochtene Entscheidung wieder rückgängig zu machen. Dieses wenig rücksichtsvolle Vorgehen entsprach dabei durchaus dem Führungsstil des CDU-Vorsitzenden und Bundeskanzlers, der darauf ausgelegt war, von Gremien vorbehaltlose Unterstützung einzufordern. Kohl machte auch keinen Unterschied, ob es sich dabei um Gremien der Partei, der Regierung oder des Parlaments handelte, allenfalls die angewandten Mittel wichen graduell voneinander ab. Die obersten Parteigremien hatte Kohl fest im Griff; im Bundesvorstand und im Parteipräsidium war in den späten 1980er Jahren kein offener Widerspruch zu erwarten und gab es keine freie Debatte. Innerhalb der Bundesregierung war angesichts einer auf ihr Profil bedachten FDP und eines zu politischen Alleingängen neigenden Strauß der Einsatz der Kanzlerautorität dosierter. Es war eine Ausnahme, als Kohl im März 1988 im Kontext der Steuerreform die schärfste politische Waffe in Anschlag brachte, die ihm zur Verfügung stand: die unverhüllte Rücktrittsdrohung.[32] Gerade weil er dieses massive Geschütz anlässlich der Behandlung der Steuerreform gegenüber seinen Koalitionspartnern aufgefahren hatte, kann nicht verwundern, dass er von »seiner« Fraktion Gefolgschaftstreue verlangte: Wenn er schon so viel politische Energie in die Disziplinierung der Bundesregierung investieren musste, dann hatte ihm die Fraktion zu Diensten zu sein!

Damit sah sich der Vorsitzende der Bundestagsfraktion vor eine Mammutaufgabe gestellt: Dregger hatte es mit einem Regierungschef zu tun, der auf die Interessen der Fraktion umso weniger Rücksicht zu nehmen gedachte, je mehr er sich in politische Fingerhakeleien mit Strauß verwickelte. Gerade darin, dass die gemeinsame Bundestagsfraktion zum Vollzugsorgan dieses machtpolitischen Konflikts der beiden politischen Alpha-Tiere degradiert werden sollte, offenbarte sich dieser strukturelle Gegensatz. Die mangelnde Sensibilität des ehemaligen Fraktionsvorsitzenden Kohl für die Belange der Fraktion brachte den aktuellen Fraktionsvorsitzenden in eine schwierige Situation: Wollte er nicht die Loyalität zum Regierungschef aufkündigen, dann musste er darauf vertrauen, dass der Kanzler die Fraktion nicht noch einmal in eine solch heikle Lage bringen würde.

31 Ebd., S. 78 des Wortprotokolls.
32 Vgl. Gros: Politikgestaltung, S. 181.

Nur wenn Dregger entschlossen gewesen wäre, mit Kohl zu brechen und sich der vorerst noch grummelnden innerparteilichen Opposition gegen den CDU-Vorsitzenden anzuschließen, hätte er aus diesem Dilemma herausfinden können. Doch das entsprach weder seinem politischen Stil noch seinen Inhalten.

Dregger ahnte so schon im Juli 1988, dass ihm, der sich letztlich loyal zum Kanzler stellte, innerhalb der eigenen Fraktion eine strukturierte Opposition erwuchs. Der Umstand, dass seine Autorität durch die unselige Flugbenzinsteueraffäre Schaden genommen hatte, bot den Widersachern wohlfeile Argumentationshilfe. Bereits am 4. Juli 1988 bekam er einen Vorgeschmack darauf, als der einflussreiche rheinland-pfälzische Abgeordnete Johannes Gerster geradezu genüsslich auflistete, wie die Fraktion vorgeführt worden war. Zuerst habe sie auf Druck von oben etwas beschließen müssen, was sie nicht gewollt habe. Zur Krönung sei sie dann wieder von der politischen Spitze im Stich gelassen worden, indem diese den Fraktionsbeschluss politisch entsorgt habe. Gerster, der mit deutlichen Worten die tief empfundene Demütigung verbalisierte – »Am meisten in dieser Sache hat mich getroffen, daß die Fraktion so ›als halbe Eunuchen‹ dargestellt wurde, ›vergewaltigt‹ ist gesagt worden, ›genötigt‹«[33] –, sprach vielen Abgeordneten aus dem Herzen. Allerdings war auch nicht wenigen klar, dass er mit seiner Kritik weniger auf die Bundesregierung als auf den Fraktionsvorsitzenden zielte. Dregger war das schwächste Glied, und wer den Bundeskanzler attackieren wollte, musste seine loyalen Unterstützer angreifen.

Im Sommer und Herbst 1988 hatte sich im »Machtdreieck Partei, Fraktion, Regierung«[34] erkennbar eine dynamische und konfliktgeladene Konstellation entwickelt. Ließ sich dabei auch ein »politikgestalterischer Gravitationskern«[35] ausmachen? Ein solches Zentrum würde es erlauben, unter parlamentarismushistorischer Perspektive den Stellenwert des Vorsitzenden einer Regierungsfraktion in einer überaus konfliktreichen Gesamtsituation näher zu bestimmen. Im Grunde überkreuzten sich zwei Konfliktlinien: Zum einen hatte sich die CDU/CSU-Fraktion so unter das Joch der Regierung gebeugt, dass die Wunden auch noch nach Monaten nicht geheilt waren. Die übergroße Mehrheit der Abgeordneten war sich unabhängig von der innerparteilichen Positionierung darin einig, dass sich eine solche politische Demütigung nicht noch einmal wiederholen durfte. Als der Fraktionsvorsitzende im September 1988 zu einer Klausurtagung

33 Redebeitrag Gersters in der offenen Fraktionsvorstandssitzung am 04.07.1988, ACDP, 08-001-1086/1, S. 34 des Wortprotokolls.

34 So der Titel der Studie von Gros: Politikgestaltung.

35 Ebd., S. 391.

einlud, um ein Ventil für den aufgestauten Unmut zu schaffen und Vorkehrungen für die Zukunft zu treffen, legte insbesondere die Schar der Fachpolitiker, die das Rückgrat der Fraktion bildeten, großen Wert darauf, dass die Fraktion nie wieder als Akklamationsorgan des Regierungshandelns in Erscheinung treten dürfe.[36] Zum anderen war Kohls Position angeschlagen, hatte doch die CDU in diesem Jahr bei Landtagswahlen eine Niederlage nach der anderen erlitten. Der Bundestagsabgeordnete Todenhöfer, ein Einzelkämpfer, rechnete dem Vorsitzenden in der Fraktionssitzung vom 5. September 1988 vor, dass die CDU seit der Kanzlerschaft Kohls in zwölf Wahlen im Durchschnitt 5,8 Prozentpunkte pro Wahl verloren habe. Wenn Todenhöfer als Konsequenz aus dieser Analyse in der Fraktion wie in der Öffentlichkeit forderte, Kohl müsse den CDU-Vorsitz abgeben und sich ganz auf die Kanzlerschaft konzentrieren,[37] brachte er damit eine Lösung ins Spiel, mit der manche liebäugelten, auch wenn sie sich damit nicht in den Vordergrund wagten.

Der Fraktionsvorsitzende war weit davon entfernt, mit dieser Kampfansage an die Machtposition Kohls zu sympathisieren, und wies Todenhöfer in der Fraktion zurecht.[38] Doch schützte ihn dies nicht davor, dass der Bundeskanzler und CDU-Vorsitzende immer stärker mit der Vorstellung sympathisierte, Dregger politisch zu »entsorgen« und als politisches Bauernopfer einzusetzen, um die eigene Position als Kanzler und CDU-Vorsitzender zu festigen. Die Fraktion musste nach Kohls Auffassung auch deswegen besänftigt werden, weil er sie zweimal bei wichtigen Ministerernennungen übergangen hatte: Sowohl das Verteidigungsministerium als auch das Familienministerium hatte er mit politischen Quereinsteigern besetzt, die nicht der Bundestagsfraktion angehörten.[39] Daher liebäugelte er mit der Option, Dregger aus seinem Amt zu entfernen. Schon die kühle Art, mit der er sich bei der Fraktion und deren Vorsitzendem am 19. Septem-

36 Vgl. die Redebeiträge der Abgeordneten Dörflinger, Rauen, Hauser und Scharrenbroich auf der Fraktionsklausur vom 19.09.1988, ACDP, 08-001-1086/2, S. 6f., 9–11, 16 und 20 des Wortprotokolls.

37 Vgl. den Redebeitrag Todenhöfers in der Fraktionssitzung vom 05.09.1988, ebd., S. 14–18 des Wortprotokolls.

38 Vgl. Dreggers Rede in der Fraktion vom 05.09.1988 sowie die Replik Todenhöfers an die Adresse Dreggers, ebd., S. 3 und 16 des Wortprotokolls.

39 Im Mai 1988 wurde der Staatsrechtler Rupert Scholz, der politisch zuvor lediglich in der Berliner Landespolitik hervorgetreten war, zum Bundesminister für Verteidigung berufen; im Dezember 1988 wurde die Psychologin und Gerontologin Ursula Lehr zur Bundesministerin für Jugend, Familie, Frauen und Gesundheit ernannt, wobei ihre Vorgängerin Rita Süssmuth, die im September 1985 dieses Amt übernommen hatte, ebenfalls als »Seiteneinsteigerin« galt (vgl. Johanna Klatt: Rita Süssmuth. Politische Karriere einer Seiteneinsteigerin in der Ära Kohl. Stuttgart 2012).

ber 1988 für die Zusammenarbeit zwischen Regierung und Fraktion bedankte,[40] sprach Bände. Kohl setzte sich nicht kraft seiner Autorität für den absolut loyalen Fraktionsvorsitzenden ein, sondern wollte ihn als politische Verfügungsmasse instrumentalisieren. Damit aber drohte der Vorsitz der Bundestagsfraktion zur Disposition des Regierungschefs und Parteivorsitzenden zu stehen und Kohl sich in seiner doppelten Funktion als alleiniges Gestaltungszentrum zu etablieren.

Insofern schien sich der Sommer und Herbst 1988 als wichtiger Wendepunkt abzuzeichnen: Sollte sich Kohl durchsetzen, würde erstmals in der Geschichte des bundesdeutschen Parlamentarismus ein Fraktionsvorsitzender von Gnaden des Bundeskanzlers und hier auch Parteivorsitzenden bestellt werden. Dass es anders kam und der Fraktionsvorsitzende sogar gestärkt aus diesem Konflikt hervorging, zeugt davon, dass der bundesdeutsche Parlamentarismus starke Gegenkräfte zu entwickeln und sich gegen eine solche Instrumentalisierung zu behaupten vermochte. Gewiss blieb Kohl in seiner Eigenschaft als »Parteikanzler« und »Koalitionskanzler«[41] der weitaus wichtigste Akteur im Beziehungsgeflecht zwischen Regierung, Partei und Fraktion. Aber seine Stellung war nicht so unangefochten, dass er die Fraktion zum willfährigen Instrument seiner Machtausübung machen konnte.

Kohl hatte eine wesentliche Funktion der Fraktion nicht beachtet: Fraktionen sind politische Frühwarnsysteme, die den Regierenden signalisieren, welche Aktionen nicht mehr vermittelbar sind. Der Politikwissenschaftler Winfried Steffani hat hierfür die prägnante Formulierung vom »Resonanzboden des politisch Zumutbaren«[42] gewählt. Kohl hatte diese Funktion ignoriert, als er von der Fraktion in der Flugbenzinaffäre Gefolgschaft einforderte, statt deren Seismographenfunktion anzuerkennen. Der Parteichef und Bundeskanzler hatte die Gewissensnöte gerade loyaler Fraktionsmitglieder missachtet und den inneren Kampf ignoriert, den sie mit sich ausfochten, um schließlich mit zusammengebissenen Zähnen der Gesetzesvorlage zur Zustimmung zu verhelfen. Der Abgeordnete Abelein, der die Befindlichkeit der schweigenden Mehrheit in rhetorisch brillanten Auftritten zur Geltung brachte, fasste am 5. September 1988 in der Fraktion zusammen, wie unüberlegt Kohl mit der Fraktion umgesprungen war:

40 Rede Kohls auf der Klausurtagung vom 19.09.1988, ebd., S. 87 des Wortprotokolls.

41 Diese Begriffe bei Gros: Politikgestaltung, S. 400.

42 Winfried Steffani: Parlamentarische Demokratie – Zur Problematik von Effizienz, Transparenz und Partizipation, in: ders. (Hg.): Parlamentarismus ohne Transparenz. Opladen 1973, S. 17–47, Zitat S. 37.

»Ich habe noch vor meinem optischen Auge [...] Gruppen verzweifelter Kollegen, mit ihrem Gewissen ringend, wie sie nun nachher abstimmen sollten. Und viele haben sich dazu durchgerungen, nicht das ursprüngliche NEIN zu demonstrieren. [...] Ich sage Ihnen aber eines: Mit mir haben Sie das, was Sie mit dem Flugbenzin gemacht haben, das allerletzte Mal gemacht!«[43]

Doch Kohl beließ es nicht dabei, die Fraktion bei der Flugbenzinfrage auf Linie zu bringen. Er verpasste auch die einmalige Chance, die Fraktion mit einer Personalentscheidung zu versöhnen. Das parlamentarische Regierungssystem mit seiner Gegenüberstellung von Regierungsmehrheit und Opposition macht die Fraktion zu einer privilegierten Personalreserve für die Besetzung von Ministerämtern.[44] Gewiss besaß ein starker Bundeskanzler die Autorität, Minister auch ohne Einbindung der Fraktion in sein Kabinett aufzunehmen. Aber indem Kohl dies auch noch im November 1988 tat – also in einer Zeit, als das Verhältnis zur Fraktion immer noch angespannt war –, signalisierte er ihr gegenüber nicht gerade Wertschätzung. Zudem war es ein Affront gegen den Fraktionsvorsitzenden, brachte es ihn doch in Begründungsschwierigkeiten: Warum war die Fraktion – wieder einmal – übergangen worden?

Das Personalkarussell war in Bewegung geraten, als Bundestagspräsident Jenninger wegen einer missglückten Rede auf einem geschichtspolitisch sensiblen Feld zurücktreten musste. Seine Stelle nahm die bisherige Bundesministerin für Jugend, Frauen und Gesundheit, Rita Süssmuth, ein. Sie war als politische Quereinsteigerin von Kohl in ein Ministeramt befördert worden und hatte sich darin politisch rasch freigeschwommen und den linken Parteiflügel verstärkt. War nun nicht die Stunde der Fraktion gekommen und müsste nicht der Bundeskanzler, allein um ihr seine ausgestreckte Hand entgegenzuhalten, ein Fraktionsmitglied in das freigewordene Ministeramt befördern? Doch weit gefehlt: Dass Kohl mit der angesehenen Gerontologin und Universitätsprofessorin Dr. Ursula Lehr einer dem Politikbetrieb Fernstehenden, die zudem erst seit zwei Jahren der CDU angehörte, zu Ministerwürden verhalf, konnten weite Teile der Fraktion nur als Provokation auffassen, und dies umso mehr, als Kohl alle Einwände ungerührt hinwegfegte. Am 29. November 1988 präsentierte er einer völlig überraschten Fraktion die neue Ministerin in spe und nahm damit auch den Fraktionsvorsitzenden in politische Haftung. Die Fraktion konnte die Aktion nur als politisches Überrumpelungsmanöver auffassen: Sie wurden über eine Entscheidung

43 Redebeitrag Abeleins in der Fraktionssitzung vom 05.09.1988, ACDP, 08-001-1086/2, S. 25 und 27 des Wortprotokolls.

44 Hierzu Schüttemeyer: Fraktionen, S. 231 ff.

des Bundeskanzlers in Kenntnis gesetzt, die – wie Kohl selbst ausführte – ein Schlüsselressort betraf, und das Amt sollte mit einer der Fraktion praktisch unbekannten Person besetzt werden, über die während der Fraktionssitzung noch nicht einmal Basisinformationen in schriftlicher Form vorlagen.[45] Dass sich die Gruppe der weiblichen Fraktionsmitglieder übergangen fühlte,[46] war nur allzu verständlich. Für Dregger wiederum wuchs sich die Provokation des Bundeskanzlers zu einer Belastungsprobe aus, weil die Kritiker Kohls dem Fraktionsvorsitzenden die Missachtung der Fraktion bei wichtigen Personalentscheidungen anlasten konnten. So prasselte in der Fraktionssitzung vom 6. Dezember 1988 ein Hagel von Kritik auf Dregger herab, der in eine unverhüllte Aufforderung zum Rücktritt mündete. In der bundesdeutschen Parlamentarismusgeschichte gibt es nur ganz wenige Fälle, wo im Fraktionsplenum ein offener Aufstand gegen den Fraktionsvorsitzenden stattfand. Umso interessanter ist der Ablauf des 6. Dezember 1988, den wir dank des Wortprotokolls der Fraktionssitzung detailliert verfolgen können, für die Frage nach der Führungsfunktion eines Fraktionsvorsitzenden.

Es waren innerparteiliche Widersacher Kohls, die sich auf Dregger »eingeschossen« hatten und dessen Autorität offen in Frage stellten. Treibende Kraft war der ehrgeizige Ministerpräsident von Baden-Württemberg, Lothar Späth, der Kohl als Parteivorsitzenden zu beerben versuchte und sich damit zugleich für die Kanzlerschaft warmlief. Dazu benötigte Späth Hilfstruppen innerhalb der Bundestagsfraktion und der Bundespartei. Sie fand er bei den sogenannten »Reformern«, die bereit waren, vor allem lästige Positionen in der Gesellschafts- und Deutschlandpolitik abzuräumen, um Späth als Exponenten dieser Richtung den Weg an die Spitze zu bahnen.[47] Dazu musste die Bundestagsfraktion mit einer Person aus ihren Reihen besetzt werden. Aus diesem Grunde wollte man die Gunst der Stunde nutzen, die Dreggers Autoritätsverlust kurz vor Jahresende 1988 bot, indem man ihm vor versammelter Fraktion den Rückzug aus dem Amt nahelegte.

Mit verteilten Rollen stießen die Dregger-Kritiker in die offenen politischen Flanken. Der Hamburger CDU-Abgeordnete Volker Rühe, der Dregger in Fragen

45 Vgl. die Rede Kohls in der Fraktionssitzung vom 29.11.1988, ACDP, 08-001-1087/2, S. 1–5 des Wortprotokolls.

46 Vgl. dazu die Äußerungen von deren Sprecherin, der CSU-Abgeordneten Ursula Männle, in der Fraktionssitzung vom 29.11.1988, ebd., S. 8 f. des Wortprotokolls.

47 Vgl. hierzu u. a. Schwarz: Helmut Kohl, S. 491 ff.; Bösch: Macht und Machtverlust, S. 127 ff.; Hans Karl Rupp: Politische Geschichte der Bundesrepublik Deutschland. München 42009, S. 286; Klatt: Süssmuth, S. 76 und 91 ff.; Marlis Prinzing: Lothar Späth. Wandlungen eines Rastlosen. Zürich 2006, S. 262 ff.

der Sicherheitspolitik durchaus nahestand, warf den ersten Stein und hielt dem Fraktionsvorsitzenden in noch maßvoller Weise vor, sich nicht für eine angemessene Beteiligung der Fraktion bei der Besetzung von Regierungsämtern eingesetzt zu haben.[48] Frontal hingegen war die Attacke, die der stellvertretende Fraktionsvorsitzende Gerster, der zugleich an der Spitze der Landesgruppe Rheinland-Pfalz/Saarland stand, und der Vorsitzende der baden-württembergische Landesgruppe Repnik gegen Dregger ritten. Repnik, der allem Anschein nach als verlängerter Arm seines Ministerpräsidenten Späth agierte, erweckte den Eindruck, als stünden einflussreiche Vorsitzende der Landesgruppen hinter seinem Vorstoß, Dregger möge »persönliche Konsequenzen«[49] aus dieser Misstrauensbekundung ziehen. Gerster, der bereits am 5. März 1988 Dregger im Fraktionsvorstand den Rücktritt nahegelegt hatte, bekräftigte noch einmal dieses Ansinnen.[50] Schließlich hieb auch noch der Geißler-Vertraute Karl Lamers in diese Kerbe: Benötigt werde ein Fraktionsvorsitzender, der das gesamte politische Spektrum der Partei repräsentiere, Dregger jedoch vertrete nur »eine Flügelposition«[51] und sei daher an der Spitze der Fraktion nicht länger tragbar.

Im Dezember 1988 ging es also um nicht weniger als um das politische Überleben Dreggers in einem herausragenden politischen Amt. Er hatte zuvor alle Versuche, ihn auf den freigewordenen Posten des Bundestagspräsidenten wegzuloben, entschieden abgelehnt. Seine politische Zukunft erblickte er weiterhin ausschließlich dort, wo er die großen politischen Linien der Regierungspolitik mitgestalten konnte – im Amt des Fraktionsvorsitzenden. Wie sollte er aber die fundamentale Kritik an seiner Person abwehren, die von einflussreichen Fraktionsmitgliedern ausging? Wie mit der Situation umgehen, dass der in der Sitzung anwesende Bundeskanzler lange Zeit schwieg und ihm nicht von Anfang an mit einem politischen Machtwort zur Seite sprang?

Dregger setzte auf das, was man die Selbstmobilisierung der schweigenden Fraktionsmehrheit nennen kann. Er war davon überzeugt, dass sich sein politischer Führungsstil gerade in dieser Krise auszahlen würde. Hatte er nicht immer transparente Kommunikation gepflegt, alle wichtigen Themen im Plenum der Gesamtfraktion ausgebreitet und nach dem Flugbenzindesaster schonungslose Selbsterforschung betrieben? Gerade weil er partizipatorische Impulse gesetzt

48 Vgl. den Redebeitrag Rühes in der Fraktionssitzung vom 06.12.1988, ACDP, 08-001-1088/1, S. 26–28 des Wortprotokolls.

49 Vgl. den Redebeitrag Repniks, ebd., S. 32 des Wortprotokolls.

50 Vgl. den Redebeitrag Gersters, ebd., S. 53–58 des Wortprotokolls.

51 Redebeitrag Lamers, ebd., S. 37 des Wortprotokolls.

und kein majoritäres Führungsverhalten an den Tag gelegt hatte,[52] rechnete er sich gute Chancen aus, in der Fraktion nachhaltige Unterstützung gegen die Angriffe auf ihn zu finden. Diesem politischen Urvertrauen entsprach auch, dass Dregger allem Anschein nach im Vorfeld der Fraktionssitzung vom 6. Dezember 1988 seine politischen Bataillone innerhalb der Fraktion nicht zusammengetrommelt hatte, obgleich er seit der Sitzung des Fraktionsvorstands am Vortag wusste, was für ihn auf dem Spiel stand. Er ermunterte daher das Fraktionsplenum zu Beginn der entscheidenden Sitzung am 6. Dezember[53] zur Fortsetzung der am Vorabend begonnenen politischen Aussprache.

Sein Kalkül ging voll und ganz auf. Der Aufstand fiel in sich zusammen, weil aus der Mitte der Fraktion die Abgeordneten sich zu Wort meldeten, von denen die Gesamtfraktion wusste, dass sie dabei keine eigenen Karriereinteressen verfolgten. Der württembergische Abgeordnete Waldburg-Zeil wies direkt zu Beginn seinen Landesgruppenchef Repnik in die Schranken: Dieser habe kein Mandat seiner Landesgruppe besessen, als er Gespräche über einen möglichen Rücktritt Dreggers geführt habe.[54] Besonders ins Gewicht fiel die Rede des württembergischen Abgeordneten Abelein, dessen erfrischende Interventionen nicht nur wegen ihres Sprachwitzes geschätzt waren: Seine aufrechte Art wurde auch von denen geachtet, die ihm politisch nicht nahestanden, weil sie wussten, dass er sich aus Karrieregründen nicht anbiederte. Insofern war er ganz bei sich, als er Dreggers Verhalten in der Flugbenzinaffäre auch diesmal kritisierte und ihm vorwarf, sich zu pflegeleicht gegenüber der Regierung verhalten zu haben: »Herr Dr. Dregger. Ich war im übrigen nie bei einem Vieraugen- noch Sechsaugengespräch bei Ihnen. Ich muß Ihnen gestehen, mir liegt das nicht; das Antichambrieren liegt mir überhaupt nicht. Ich habe schon eine Reihe von Malen hier ganz offen meine Kritik auch gegenüber der Fraktionsarbeit und gegenüber der Fraktionsführung ausgesprochen.«[55]

Doch gerade weil Abelein als bekennender Kritiker des Verhaltens der Fraktionsführung politische Glaubwürdigkeit besaß, konnte er die eigensüchtigen Motive derjenigen bloßstellen, die Dreggers Rücktritt forderten. Es handele sich um Ehrgeizlinge, die eine günstige Stunde witterten, um ganz nach vorne zu kommen. Abelein scheute sich nicht, dabei vor allem den stellvertretenden Fraktionsvorsitzenden Volker Rühe aufs Korn zu nehmen, der in der Tat mehr

---

52 Vgl. zum Führungsstil von Fraktionsvorsitzenden Schindler, Politische Führung, vor allem S. 442–453.

53 Rede Dreggers zu Beginn der Fraktionssitzung vom 06.12.1988, ACDP, 08-001-1088/1, S. 2 des Wortprotokolls.

54 Vgl. des Redebeitrag Waldburg-Zeils, ebd., S. 46 des Wortprotokolls.

55 Redebeitrag Abeleins, ebd., S. 48 des Wortprotokolls.

als nur verdeckt angedeutet hatte, für seine politische Arbeit eine Gratifikation in Gestalt angemessener Ämter zu erwarten. Unter Heiterkeitsausbrüchen der Fraktion legte Abelein in seiner unnachahmlichen Weise die selbstsüchtigen Interessen der Dregger-Kritiker offen, ohne an seiner inhaltlichen Kritik an dessen Vorsitzendentätigkeit etwas zurückzunehmen. Damit hatte er Dreggers Widersacher politisch entwaffnet. An die Adresse Rühes gewandt, sagte er: »Wenn Sie wüßten (Heiterkeit), welche Schlachten von anderen schon geschlagen wurden, beispielsweise von einem ›Senkrechtstarter‹ wie mir über Legislaturperioden – und welche Belohnungen der erhalten hat! Also, aus mir spricht keinerlei Bitterkeit, damit Sie das recht verstehen. Sie werden es schon auch noch lernen! (Große Heiterkeit, Zurufe). Im übrigen gehören Sie doch eigentlich unter uns zu den weit Privilegierten hier in diesen Reihen; ich habe gar nichts dagegen, damit Sie mich nicht falsch verstehen. […] und haben auch sonst alle Möglichkeiten, die ein normaler back-bencher […] überhaupt nicht hat.«[56]

Die Stimmung der überwältigenden Mehrheit der Fraktion brachte der Ulmer Abgeordnete Herbert Werner auf den Punkt, der seit 1972 der Fraktion angehörte, keine bedeutenden Positionen innerhalb der Fraktion bekleidete und dessen Wort daher als Ausdruck der schweigenden Mehrheit besonderes Gewicht besaß. Werner sprach aus, was jedem Unbefangenen ins Auge springen musste: Zielscheibe der Kritik war ein Fraktionsvorsitzender, der die Fraktion eben nicht an der kurzen Leine geführt, sondern vielmehr bei jeder sich bietenden Gelegenheit zur Partizipation ermuntert hatte. Gewiss hätte sich die Fraktion gerade in der Flugbenzinfrage eine nachdrücklichere Vertretung ihrer Interessen bei der Regierung gewünscht. Hier lägen gewiss auch Versäumnisse des Vorsitzenden vor; doch dieser habe Kritik nicht abgewürgt, sondern ausdrücklich zu deren Artikulation aufgefordert. Insofern stießen die Vorwürfe gegen ihn ins Leere: »Jeder hatte sich hier äußern können. Jeder hatte die Möglichkeit, nachzufragen. Jeder, der unzufrieden war oder eine andere Meinung im Grundsätzlichen vertreten hat, hatte die Möglichkeit, zu Herrn Dregger […] zu gehen und sich dort zu äußern. Warum ist dies eigentlich […] nicht geschehen in dem erforderlichen Maße?«[57] Schützenhilfe erhielt Dregger zudem von Fraktionsmitgliedern, die, ohne dass er sie direkt oder indirekt dazu aufforderte, seine politische Fairness herausstrichen. Seine noble Art[58] war von keinem zu bestreiten, und daher

56 Ebd., S. 50 des Wortprotokolls.

57 Redebeitrag des Abgeordneten Herbert Werner, ebd., S. 44 f. des Wortprotokolls.

58 Der Abgeordnete Scheu führte aus: »Herr Dr. Dregger, ich halte Sie für einen ›Mann von Ehre‹«; ebd., S. 59 des Wortprotokolls.

konnte der Abgeordnete Otto Zink, der dem Gewerkschaftsflügel angehörte, als *communis opinio* anführen: »Es gibt niemanden hier, der unserem Fraktionsvorsitzenden in irgendeiner Form nachsagen könnte, daß er jemanden als Person unterhalb der Gürtellinie jemals angegriffen und verkauft hätte.«[59]

Dregger ging aus der Krisensituation im Dezember 1988 letztlich gestärkt hervor. Wie sich zeigte, war seine Art der politischen Führung trotz mancher Missgriffe in der Flugbenzinaffäre perfekt auf die Bedürfnisse einer selbstbewussten Fraktion zugeschnitten. Und gerade weil es um die Bewahrung der Eigenständigkeit der Fraktion als Machtfaktor ging, war das politische Doppelspiel mancher Dregger-Kritiker leicht zu durchschauen. Zu offenkundig waren die politischen Nebenabsichten der Kohl-Widersacher, und zu deutlich blitzte die Absicht der Kohl-Getreuen durch, den aufgestauten Unmut über den Bundeskanzler auf den Fraktionsvorsitzenden zu lenken. Das war etwa bei dem ansonsten in Fraktionssitzungen schweigsamen Abgeordneten Heinz Schwarz aus dem rheinland-pfälzischen Wahlkreis Neuwied der Fall, der ausgerechnet zu Beginn der Sitzung am 6. Dezember 1988 das Wort ergriff, um Dregger zu attackieren.[60] Schwarz war einer der treuesten Gefolgsleute Kohls; er hatte ihm von 1971 bis 1976 als Innenminister in Rheinland-Pfalz gedient und ihn 1976 bei dessen Wechsel in die Bundestagsfraktion nach Bonn begleitet. Es war der hessische Abgeordnete Dieter Weirich, der dieses durchsichtige Taktieren ohne Namensnennung, aber für jeden Eingeweihten unmissverständlich im Fraktionsplenum beim Namen nannte: Wenn der Unmut der Fraktion sich auch aus mangelnder Berücksichtigung bei Ministerernennungen speise, dann müsse man diese Kritik beim dafür Verantwortlichen (sprich: dem Bundeskanzler) anbringen. »Das können Sie aber doch bei Gott nicht bei Herrn Dregger abladen!«[61]

Der während der gesamten Fraktionssitzung anwesende Bundeskanzler registrierte die Debatte aufmerksam und musste dabei zur Kenntnis nehmen, wie viel Rückhalt der Fraktionsvorsitzende innerhalb der Fraktion besaß.[62] Er stärkte Dregger nicht den Rücken, indem er sich zu Wort meldete – er hätte ihn wohl ohne Zögern fallengelassen, wenn sich die Waage innerhalb der Fraktion in diese Richtung geneigt hätte. Vermutlich hatte Kohl für diesen Fall auch schon den Namen des Nachfolgers parat. Doch die Dinge entwickelten sich in eine andere

59 Beitrag von Otto Zink, ebd., S. 53 des Wortprotokolls.

60 Redebeitrag von Heinz Schwarz, ebd., S. 33 – 35 des Wortprotokolls.

61 Redebeitrag Weirich, ebd., S. 42 des Wortprotokolls.

62 So auch die zutreffende Einschätzung von Weirich, Dregger, S. 219; Weirich hat allem Anschein nach die Wortprotokolle der Fraktionssitzung ausgewertet.

Richtung, und der Bundeskanzler raffte sich am Ende der Debatte zu einer halbherzigen Redeintervention auf: »Und zu Alfred Dregger will ich noch einmal sagen: Ich bedanke mich ausdrücklich für diese loyale, faire Unterstützung. Auch dort, wo wir anderer Meinung waren [...], haben wir einen Weg zueinander gefunden. Und was an mir liegt, wird das in Zukunft so bleiben.«[63]

Die Vorkommnisse innerhalb der Bundestagsfraktion am 6. Dezember 1988 legen den Kern von Dreggers Rollenverständnis als Fraktionsvorsitzender frei: Er ließ sich von keiner Parteiung innerhalb der CDU instrumentalisieren – und genau deshalb stand er im Dezember 1988 sowohl den Kohl-Widersachern als auch den Kohl-Getreuen im Wege. Die Kohl-Gegner wollten Dregger aus dem Wege räumen, um einem potenziellen Kohl-Nachfolger ein Entrée innerhalb der Fraktion zu verschaffen und damit zugleich den aussichtsreichsten Kandidaten für den Fraktionsvorsitz nach der Ära Dregger, Wolfgang Schäuble, zu verhindern. Der Bundeskanzler betrachtete das Amt des Fraktionsvorsitzenden als politische Verfügungsmasse, der er sich dann bediente, wenn es in sein politisches Kalkül passte. Insofern hatte er keine Skrupel, einen nicht in das »System Kohl« Eingebundenen fallen zu lassen. Dass sich Dregger trotz dieser Konstellation als Fraktionsvorsitzender behaupten konnte, zeugt davon, wie sehr die Fraktion Wert darauf legte, von einem Vorsitzenden geleitet zu werden, der das hohe Gut der politischen Unabhängigkeit repräsentierte.

Damit hatte sich der Bundeskanzler mit Dregger als Fraktionsvorsitzendem abgefunden. Kohl konnte mit ihm leben, weil er sich auf dessen absolute Loyalität verlassen konnte und wusste, dass Dregger nie mit innerparteilichen Widersachern des Bundeskanzlers – gleich aus welcher Richtung – gemeinsame Sache machen würde. Allein schon wegen seines fortgeschrittenen Lebensalters hegte Dregger keine weiteren politischen Ambitionen als den Fraktionsvorsitz, und bei Lichte betrachtet war er aus Sicht des Bundekanzlers eine hervorragende Besetzung für dieses Amt – es sei denn, Kohl hätte einen bedingungslosen Ja-Sager an der Spitze der Fraktion gewünscht. Ganz anders waren die Worte, die der Vorsitzende der CSU-Landesgruppe und stellvertretende Fraktionsvorsitzende Waigel für Dregger fand. Waigel, dessen politische Karriere sich soeben durch die Übernahme des CSU-Vorsitzes beschleunigt hatte, hielt in seiner leidenschaftlichen Intervention eine Laudatio auf Dregger, in der er die drei entscheidenden Kriterien benannte, die zum Amt des Vorsitzenden der CDU/CSU-Bundestagsfraktion befähigten:

63 Beitrag Kohls in der Fraktionssitzung vom 06.12.1988, ACDP, 001-1088/1, S. 67 des Wortprotokolls.

politische Integrationskraft, Loyalität gegenüber dem Bundeskanzler sowie faire und solidarische Partnerschaft mit der CSU. Alle drei träfen auf Dregger perfekt zu, wobei Waigel, der dem liberalen Flügel der CSU zuzurechnen war, Dregger gegen Anfeindungen aus den eigenen Reihen vehement verteidigte: »Alfred Dregger ist kein [rechter] Flügelmann, das will ich noch einmal in aller Klarheit sagen. (Beifall). Er ist liberal, fast bis zur Selbstverleugnung im Umgang mit der FDP.«[64]

Außer seiner bisherigen Amtsführung als Fraktionsvorsitzender gab es einen weiteren nicht unwesentlichen Grund dafür, dass Dregger seine innerfraktionellen Gegner in die Schranken zu weisen vermochte: Er setzte engagiert seine Möglichkeiten der Außenkommunikation ein. So hatte er nicht tatenlos zugesehen, wie seine Gegner ihre Truppen in Stellung brachten, sondern mit einem klassischen Steuerungsinstrument des Fraktionsvorsitzenden den Angriff pariert: der gezielten Informierung der Öffentlichkeit. In der Zeitungslandschaft der 1980er Jahre gab es mit der »Frankfurter Allgemeinen Zeitung« (FAZ) und der »Welt« zwei Tageszeitungen, die den von Dregger vertretenen Inhalten tendenziell positiv gegenüberstanden. Daher lag es nahe, beide Journale über die Aktionen der Dregger-Widersacher in Kenntnis zu setzen, um die Öffentlichkeit zu alarmieren. Dregger nutzte dabei den Handlungsspielraum, der ihm qua Amt zur Verfügung stand: Durch seinen bevorzugten Zugang zu den Medien konnte ein gestaltungsfreudiger Fraktionsvorsitzender wie er kommunikative Signale aussenden – auch in eigener Sache, wenn es als politische Richtungsentscheidung ausgelegt werden konnte.[65]

Die »Frankfurter Allgemeine Zeitung«, damals das liberal-konservative Flaggschiff des bundesdeutschen Qualitätsjournalismus,[66] ist vermutlich von Dregger persönlich mit wortwörtlichen Ausführungen aus der Sitzung des Fraktionsvorstands am 5. Dezember versehen worden. Der Bericht unter der Überschrift »Der Konflikt in der CDU/CSU-Fraktion spitzt sich zu«[67] enthielt wörtliche Zitate, deren Authentizität die Widersacher Dreggers in der Fraktionssitzung einen Tag später unterstrichen: »Ich frage mich allerdings, Herr Dr. Dregger, wie Aussagen, die Sie gestern im Fraktionsvorstand gemacht haben, heute wortwörtlich – und sie entsprechen original den Worten, die Sie gestern Abend gebraucht haben –, in der FAZ zu finden sind.«[68] Dregger hatte durch seine offensive Informationspo-

64 Redebeitrag Waigel, ebd., S. 69 des Wortprotokolls.

65 Zur Medienpräsenz des Fraktionsvorsitzenden vgl. Schindler: Politische Führung, S. 395–402.

66 Vgl. Hoeres: Zeitung für Deutschland, S. 245 ff. und 317 ff.

67 Georg Paul Hefty: Der Konflikt in der CDU/CSU-Fraktion spitzt sich zu, in: FAZ, 06.12.1988.

68 So Rita Süssmuth in der Fraktionssitzung vom 06.12.1988, ACDP, 08-001-1088/1, S. 35 des Wortprotokolls.

litik einige seiner Gegner in die Defensive gedrängt, darunter die frisch gewählte Bundestagspräsidentin Rita Süssmuth. Als politische Quereinsteigerin hatte sie sich rasch von ihrem Mentor Kohl politisch emanzipiert und strebte an der Seite von Geißler und Späth nach Höherem. Als Zwischenstation auf diesem Weg war die Eliminierung Dreggers als Fraktionsvorsitzender ausersehen. Dass dazu die ehemalige Bundesministerin, die ihr Regierungsamt nicht aufopferungsvoller Arbeit in der Fraktion, sondern allein der Protektion durch den Bundeskanzler zu verdanken hatte, in den Chor derer einstimmte, die den Fraktionsvorsitzenden dafür in politische Mithaftung nahmen, dass der Bundeskanzler wieder einmal einer Seiteneinsteigerin den Vorzug vor einer altgedienten Bundestagsabgeordneten gab, war Dregger mehr als ein Ausrufezeichen wert. Indem er genau diese Botschaft lancierte,[69] trug er nicht unwesentlich dazu bei, die politische Glaubwürdigkeit seiner Rivalin zu beeinträchtigen.

Wenn Dregger im Herbst 1988 seine bislang schwerste politische Belastungsprobe unbeschadet überstand, hing das aber auch damit zusammen, dass er ein Feld politisch besetzt hatte, das im Laufe des Jahres 1989 zum Zentralthema der bundesdeutschen Politik avancieren sollte: die Deutschlandpolitik. Dregger profitierte davon, dass sich die innerfraktionellen Widersacher auf diesem Gebiet zu einem Zeitpunkt angreifbar gemacht hatten, als sie die Attacke gegen den Fraktionsvorsitzenden ausheckten. Generalsekretär Geißler hatte mit dosierten Vorstößen begonnen, ab Oktober 1988 die CDU semantisch auf eine Abkehr vom Nationalstaat einzustimmen. Seiner Auffassung nach handelte es sich um ein Auslaufmodell der Geschichte, eine Wiedervereinigung konnte sich Geißler daher nur als dessen Transzendierung vorstellen. Seine in diesem Kontext kühl kalkulierte Provokation, dass es ein Irrtum sei, die Wiedervereinigung als Wiederherstellung des Nationalstaats »in den Grenzen von 19xy«[70] anzustreben, löste einen Sturm der Entrüstung in dem Gremium aus, das sich dank Dreggers Einsatz kontinuierlich der ungelösten nationalen Frage angenommen hatte: der Bundestagsfraktion. Gerade weil man dort den CDU-Generalsekretär als Meister der politischen Semantik kennengelernt hatte, wirkte sein nachfolgender Versuch, seine Ausführungen zum Nationalstaat zu relativieren, verunglückt.[71]

---

69 Vgl. die wörtlichen Ausführungen Dreggers an die Adresse Süssmuths in der Fraktionsvorstandssitzung vom 05.12.1988, in: Georg Paul Hefty: Der Konflikt in der CDU/CSU-Fraktion spitzt sich zu, FAZ, 06.12.1988.

70 Vgl. Geißlers Wiedergabe einer entsprechenden Äußerung bei seiner Rede vor der Fraktion am 08.11.1988, ACDP, 001-08-1087/2, S. 32 des Wortprotokolls.

71 Vgl. dazu die Einschätzung Waigels, ebd., S. 57 des Wortprotokolls.

Zwar konnte im November 1988 keiner der Protagonisten präzise einschätzen, mit welcher Energie die nationale Frage zehn Monate später die politische Agenda beherrschen sollte. Aber noch waren insbesondere in der Bundestagsfraktion Positionen nicht mehrheitsfähig, die einen Gegensatz zwischen der von allen herbeigewünschten Einigung Europas und der Wiederherstellung eines deutschen Nationalstaats zu konstruieren suchten.[72] Hier lag Geißler mit seiner Einschätzung falsch. Im September 1989 bekam er in einem SPIEGEL-Streitgespräch mit dem präsumtiven Kanzlerkandidaten der SPD, Oskar Lafontaine, von diesem vorgehalten, seine von Lafontaine uneingeschränkt geteilte Position zum deutschen Nationalstaat sei in der CDU nicht mehrheitsfähig. Geißler replizierte mit Blick auf die Kritiker: »Das sind Randleute«,[73] wobei er nicht zuletzt Dregger im Sinn hatte. Doch da konnten politisch Weitsichtige schon ahnen, wie aus der Zeit gefallen diese beiden Verächter der Nationalstaats waren und wie sehr die politische Entwicklung in Mittel- und Südosteuropa sie und ihre Themen überrollen würde.

Dreggers beharrliches Festhalten an nationalliberalen Positionen war aber auch aus parteipolitischen Gründen für die CDU ratsam. Das Jahr 1989 hatte mit einer schweren Wahlniederlage im Bundesland Berlin begonnen. In der Folge verlor der populäre Regierende Bürgermeister Diepgen sein Amt, und eine Koalition aus SPD und linker »Alternativer Liste« bildete den Berliner Senat. Bedeutsamer für das Parteienspektrum war aber, dass einer Rechtspartei erstmals seit fast 20 Jahren der Sprung in ein Landesparlament gelang. Die 1983 gegründete Partei »Die Republikaner« zog mit 7,5 Prozent der abgegebenen Stimmen ins Berliner Abgeordnetenhaus ein, was für erheblichen Diskussionsbedarf in der CDU-Führung sorgte. Es stellte sich erneut ein Problem, das Dregger seit seiner Zeit als Vorsitzender der hessischen CDU bestens vertraut war: Wie konnte man Wähler davon abhalten, zu einer ausgesprochenen Rechtspartei – in den 1960er Jahren war das noch die NPD gewesen – abzuwandern, ohne diese Partei politisch aufzuwerten? Der CDU-Parteivorsitzende fand hierauf in der Sitzung des CDU-Bundesvorstands einen Tag nach der Berlin-Wahl eine Antwort, die dem Fraktionsvorsitzenden aus dem Herzen sprechen musste: Der überzeugte Europäer Kohl stellte klar, dass die klassischen Positionen der CDU in der Deutschlandpolitik nun mehr denn je gefragt seien. Und da Kohl auch zu semantischer Sensibilität aufrief, konnte Dregger dies als Einladung auffassen, bei seinem Lieb-

72 Vgl. dazu insbesondere die Redebeiträge der Abgeordneten von Schmude, Lowack, Czaja und Abelein, ebd., S. 29, 36, 41 und 44 des Wortprotokolls.

73 SPIEGEL-Gespräch zwischen Lafontaine und Geißler, in: Der Spiegel, 9/1989, 27.02.1989.

lingsthema besonders aktiv zu werden: »Ganz wesentliche Bedeutung habe dabei auch die Sprache. Die CDU dürfe sich die Begriffe ›Deutschland‹ und ›Vaterland‹ nicht vom Vorsitzenden der Republikaner stehlen lassen.«[74] Dregger konnte sich durch diese Wahlanalyse des CDU-Bundesvorsitzenden nur bestärkt sehen und nutzte sie zu einem Seitenhieb auf jene Kräfte innerhalb der Partei, die eine aktive Wiedervereinigungspolitik als politisches Dekorum abtaten. Der Wählerschwund sei auch »ein Stück Protest wegen Zweifelns an der nationalen Identität der CDU«.[75]

Am Ende erwiesen sich die im Dezember 1988 gipfelnden Attacken auf Dreggers Position als Fraktionsvorsitzender für den Angegriffenen dadurch als vorteilhaft, dass ihn seine Widersacher als Flügelmann abzustempeln suchten. Es ging nun nicht mehr allein um die Frage, ob nach sechs Jahren neues Personal an der Spitze der Fraktion angebracht sei, sondern im Kern darum, ob jener Spitzenpolitiker der CDU, der in der Bundespolitik am energischsten und nachhaltigsten für das nationalliberale Recht auf Selbstbestimmung der deutschen Nation eingetreten war, seinen Platz zu räumen hatte. Als ab Sommer 1989 die nationale Frage mit aller Macht die politische Tagesordnung okkupierte, war die CDU auch deswegen dafür besser als alle anderen politischen Konkurrenten gerüstet, weil Dregger in Partei und Fraktion unablässig die Bedeutsamkeit dieses Themas betont hatte. Die inhaltliche Übereinstimmung mit dem CDU-Parteivorsitzenden und Bundeskanzler in dieser nun alles andere überragenden Thematik führte dazu, dass Kohls Wertschätzung für den Fraktionsvorsitzenden spürbar wuchs. Da sah er Dregger auch nach, dass er – aber eben aus eindeutig nationalen Gründen – in einer politischen Frage von außen- und sicherheitspolitischer Relevanz eine dezidiert andere Position bezogen hatte: in der Frage, wie die Stationierung von Atomwaffen mit der sensiblen sicherheitspolitischen Situation in beiden deutschen Staaten zu vereinbaren sei.

74 Ausführung Kohls auf der erweiterten Sitzung des CDU-Bundesvorstands vom 30.01.1989, ACDP, 07-001-1101, S. 6 des Ergebnisprotokolls.

75 Ausführung Dreggers, ebd., S. 6 des Ergebnisprotokolls.

14. Gestaltungskraft in der Sicherheitspolitik

Dregger hatte sich von seinen Kritikern im Verlauf des Jahres 1988 immer wieder den Vorwurf gefallen lassen müssen, er habe das politische Gewicht der Fraktion nicht genügend eingebracht und sich darauf eingeschworen, dem Bundeskanzler treu Gefolgschaft zu leisten. Dass diese Vorwürfe nicht zuletzt dazu dienten, innerparteilichen Widersachern den Weg nach oben zu bahnen, wurde bereits deutlich. Die Fraktion hielt ihren Vorsitzenden aber keineswegs für einen willfährigen Erfüllungsgehilfen des Bundeskanzlers, und der Versuch, die Abgeordneten gegen Dregger einzunehmen, scheiterte in der »offenen Feldschlacht« einer Fraktionssitzung kläglich, weil die übergroße Mehrheit hinter ihm stand.

Wie kaum ein zweiter Fraktionskollege hatte Dregger verinnerlicht, dass in einer parlamentarischen Demokratie wie der bundesdeutschen die Regierung zwar auf den festen Rückhalt in der stärksten Regierungsfraktion angewiesen war, deren Korrektur- und Initiativfunktion dabei aber keinen Schaden nehmen durfte. Die Balance zwischen diesen beiden Zielen war dynamisch, und wie im Sommer 1988 die Fraktion Zumutungen von Seiten der Bundesregierung (Flugbenzinsteueraffäre) hatte ertragen müssen, so gab es auch Politikfelder von erheblicher Bedeutung, auf denen sich gerade ein gestaltungsfreudiger Vorsitzender wie Dregger profilieren konnte.[1] Nachhaltige Spuren hinterließ er dabei neben der bereits angesprochenen Deutschlandpolitik auf einem Gebiet, das deutschlandpolitische Implikationen besaß, hier aber gesondert zu betrachten ist: der Sicherheitspolitik.

Ab 1987 kam neue Dynamik in die Frage, bis zu welchem Punkt eine atomare Abrüstung stattfinden sollte, ohne die Sicherheit der Bundesrepublik zu gefährden. Dregger nahm in der Debatte eine eigenständige Position ein, die eine Alternative zum Kurs des Außenministers wie auch des Bundeskanzlers darstellte. Hier lohnt ein näherer Blick, weil seine Positionierung erstens davon zeugt, dass der Vorsitzende einer Regierungsfraktion in einem Kerngebiet der Politik alternative Handlungsentwürfe entwickeln und öffentlich kommunizieren konnte,

1 Zum Typus des aktiven Gestalters als Fraktionsvorsitzender vgl. Schindler: Politische Führung, S. 263.

die den Weg für eine Neuausrichtung der Sicherheitspolitik ebneten. Dregger war – pointiert formuliert – der Vorreiter eines sich von den USA emanzipierenden sicherheitspolitischen Konzepts, das später von der Regierung des sozialdemokratischen Bundeskanzlers Schröder vor allem beim zweiten Irak-Krieg 2003 realisiert wurde. Zweitens ist Dreggers Haltung für eine Kulturgeschichte des sogenannten Kalten Kriegs aufschlussreich: An seiner Person lässt sich zeigen, wie auch bei Nationalliberalen das scheinbar festgefügte Denken in Kategorien der Blocksolidarität und -konfrontation in Bewegung geriet. Dregger registrierte mit zunehmendem Unbehagen, wie sehr die atomare Militärdoktrin der USA von dem abrückte, was er als die Essenz des westlichen Militärbündnisses ansah: die gemeinschaftliche Haftung für alle mit der Abschreckung verbundenen Risiken. Für ihn war es politisch untragbar, dass die glaubhafte Drohung mit einem Einsatz von Atomwaffen auf einem Szenario beruhen sollte, in dem beide Teile Deutschlands das Hauptschlachtfeld einer ausschließlich mit Kurzstreckenwaffen ausgetragenen Auseinandersetzung bildeten.

Kulturtheoretisch gewendet bedeutet dies, dass bei Dregger und seinen politischen Mitstreitern ein ausgesprochenes Bewusstsein für die Kontingenz der sicherheitspolitischen Lage vorhanden war. Dieses Kontingenzbewusstsein führte gerade nicht dazu, sich hartnäckig an Bewährtes zu klammern und traditionelle sicherheitspolitische Positionen – allen voran das bedingungslose Bekenntnis zu den USA – noch zu verstärken. Gerade weil Dregger zunehmend Selbstzweifel plagten, ob die bisherige Sicherheitspolitik der Sachlage noch angemessen war, wollte er auf deren Revision hinwirken. Dregger ging es nicht darum, die sicherheitspolitische Architektur grundlegend umzustürzen, aber er strebte doch deren nachhaltige Veränderung an. Er ist damit ein markantes Beispiel dafür, dass eine Verschiebung des Kontingenzbewusstseins in alternative Handlungsoptionen münden kann, die mit zeitlicher Verzögerung in politische Entscheidungen überführt werden.[2]

Unbestritten ist, dass die dynamische Interaktion zwischen Kontingenz und Politik eine Verschiebung des Sicherheitsdiskurses zur Folge hatte. Doch es wäre zu kurz gegriffen, sich allein auf die Wandlungen des Sicherheitsverständnisses zu fokussieren.[3] Gerieten auch bei Nationalliberalen und Konservativen schein-

---

2 Zur Dynamik zwischen Politik und Kontingenz vgl. die überaus ertragreichen Ausführungen zweier Politikwissenschaftler: Katrin Toens/Ulrich Willems: Kontingenz und Politik – Interdisziplinäre und politikwissenschaftliche Perspektiven, in: dies. (Hg.), Politik und Kontingenz, Wiesbaden 2012, S. 14–22, hier S. 14f.

3 Vgl. für einen solchen Zugriff die Studie von Conze: Suche nach Sicherheit.

bar festgefügte Sicherheitsvorstellungen ins Wanken, bestand die tiefer liegende Ursache darin, dass sie sich für Kontingenzerfahrungen in einem Kernbereich der Politik öffneten. Sie setzten dabei andere Akzente als jene, die aus einer pazifistischen Grundhaltung heraus die Logik atomarer Abschreckung prinzipiell verwarfen. Für sie standen nicht zuletzt nationale Interessen im Vordergrund: So verheerend das Szenario eines Atomkriegs war und so sehr dieses Szenario nur mit rationalen Kraftanstrengungen als glaubhafte Sicherheitspolitik kommuniziert werden konnte, aus den Fugen geriet die atomare Einsatzoption erst dann, wenn sie dem existenziellen Verlangen der Westdeutschen nach einer atomaren Schicksalsgemeinschaft nicht mehr Rechnung trug. Insofern vollzogen sich bei pazifistischen Linken wie nationalliberalen Kräften in den ausgehenden 1980er Jahren parallele Entwicklungen, die im Zuge der Herausbildung eines Kontingenzbewusstseins dazu führten, dass der einstmals atomar definierte Sicherheitsbegriff neu akzentuiert wurde. Bezeichnet Kontingenz alles das, »was zugleich nicht notwendig, aber möglich ist«, so wird nachvollziehbar, dass das Bewusstsein von Kontingenz »die Selbstverständlichkeit der jeweiligen Gegenwart« zersetzt.[4] In diesem Sinne gingen bisherige Erwartungssicherheiten – nämlich mit den USA im Falle eines Atomkriegs in einem Boot zu sitzen – verloren. Eine nukleare Auseinandersetzung könnte auch ganz anders ablaufen. Die gewohnten Vorstellungen der atomaren Sicherheitspolitik wurden aufgeweicht, weil die Erwartungssicherheit, auf der sie beruhte, zweifelhaft wurde. Generell sind Sicherheitssemantiken seit der Sattelzeit eng mit Kontingenzerfahrungen und entsprechenden Bewältigungsversuchen verknüpft.[5] Dies zeigt sich auch im vorliegenden Fall der atomaren Sicherheitspolitik zu Beginn der 1980er Jahre: Die neue Unsicherheit musste mit neuen Semantiken und Strategien bearbeitet werden, um die Kontingenz zu bannen.

Die Leistung Dreggers bestand darin, dass er in strategischer und semantischer Hinsicht diese Kontingenzerfahrung besser verarbeiten konnte als in der Exekutive gefangene Politiker seiner Couleur. Ohne die Zwänge eines Regierungsamts vermochte er seine diskursiven Anstrengungen ergebnisoffen einzubringen und so den Diskurs zu öffnen. Damit stellte er die Gestaltungskraft des Vorsitzenden einer Regierungsfraktion nachdrücklich unter Beweis. Entsprach er damit auch den Erwartungen, die andere an dieses Amt hatten? In der lebhaften Fraktions-

4 Zitate nach Michael Th. Greven: Politisches Denken in Deutschland nach 1945. Erfahrungen und Umgang mit Kontingenz in der unmittelbaren Nachkriegszeit. Opladen 2007, S. 14.

5 Vgl. Eckart Conze: Geschichte der Sicherheit. Entwicklung – Themen – Perspektiven. Göttingen 2018, S. 141–144.

sitzung vom 6. Dezember 1988 beschrieb der Hanauer CDU-Bundestagsabgeordnete Weirich die Aufgaben eines Fraktionsvorsitzenden in einer Weise, die gewiss die Zustimmung nahezu der gesamten Fraktion gefunden hätte. Weirich griff dabei zunächst Vorwürfe der Gegner Dreggers auf, um zu zeigen, mit welchen divergierenden Rollenerwartungen[6] ein Fraktionsvorsitzender überfrachtet werden konnte: »Was werfen Sie ihm denn eigentlich vor? Ist er ›zu wenig Wehner‹, ist er also zu wenig loyal gegenüber der Regierung? Das hört man von manchen. Oder ist er zu sehr Einzelkämpfer, wie hier dargestellt wurde, oder ist er einfach zu lau als Integrations-Präsident, oder wirft er der Regierung zu wenig Knüppel zwischen die Beine, wie man beim Flugbenzin gehört hat.«[7] Von den hier verwendeten Typisierungen hätte Dregger sich wohl am ehesten die des »Integrators« zu eigen gemacht – ein »Zuchtmeister« vom Schlage des SPD-Fraktionsvorsitzenden Wehner war er bestimmt nicht. Das bedeutete aber nicht, dass er seine politische Eigenständigkeit aufgegeben hatte – im Gegenteil. Gerade weil seine Loyalität zum Bundeskanzler außer Frage stand und er die Fraktion zur Partizipation ermunterte, verfügte Dregger über den Handlungsspielraum, in Kernbereichen der großen Politik eigene Akzente zu setzen. Eben das strich auch Weirich heraus: »Ich kenn im Übrigen eine einzige Frage, wo er sich von einer Position des Kanzlers entfernt hat: Das war in der Abrüstungsfrage [...]. Und hier kann ich nur sagen: Es muss einem Fraktionsvorsitzenden gestattet sein, auch einmal eine abweichende Position zum Kanzler vorzunehmen.«[8]

Was aber trieb Dregger an, sich ausgerechnet in einer Kernfrage der Sicherheits- und Außenpolitik von der Regierungspolitik abzugrenzen und für seine abweichende Position politisch zu werben? Die Abrüstungsfrage war in den 1980er Jahren das politische Querschnittsthema – wie geschaffen für einen gestaltungsfreudigen Generalisten wie Dregger. Dabei umriss kaum jemand in der Unionsfraktion die neue Sicherheitslage in einer so unzweideutigen Sprache wie er. In einer Zeit, als die verteidigungspolitischen Experten sich in einem Spezialdiskurs verhedderten, in dem es von englischsprachigen Abkürzungen nur so wimmelte (SALT, INF, SRINF), legte Dregger mit seiner markanten Sprache ohne jede Beschönigung den Finger in die Wunde: Das westliche Verteidigungsbündnis war dabei, den Grundsatz der atomaren Haftungsgemeinschaft

6 Zu den Rollenerwartungen an einen Fraktionsvorsitzenden vgl. grundlegend Schindler: Politische Führung, vor allem S. 153–327.

7 Ausführungen von Weirich in der Fraktionssitzung vom 06.12.1988, ACDP, 08-001-1088/1, S. 41 des Wortprotokolls.

8 Weirich, ebd., S. 41 des Wortprotokolls.

aufzugeben. In Dreggers Worten: »Die Kriegsverhinderungsstrategie darf nicht durch eine Kriegsführungsstrategie ersetzt werden. Es darf keine regionalisierten Abwehrstrategien geben.«[9]

Dregger war wie kaum ein zweiter Unionspolitiker in der Lage, aus dem Thema »Abrüstung« die darin enthaltenen Grundsatzfragen herauszuschälen. Im Zentrum seiner Argumentation stand weiterhin die Prämisse, dass das westliche Verteidigungsbündnis der von der Sowjetunion ausgehenden militärischen Bedrohung nur mit der atomaren Abschreckung entgegentreten könne. In diesem Sinne war und blieb Sicherheitspolitik für Dregger wie für die Union insgesamt immer Schutz der Freiheit vor äußerer Bedrohung. Zwar hatte er die Entspannungssignale aufmerksam registriert, die von der seit 1985 amtierenden neuen sowjetischen Führung unter Generalsekretär Gorbatschow ausgingen. Dies bedeutete aber nicht, dass er seine Skepsis gegenüber den hegemonialen Bestrebungen der Sowjetunion aufgegeben hatte. Wehrhaftigkeit blieb für ihn weiterhin eine politische Grundtugend. Entsprechend ambivalent war für ihn die seit 1986 nicht zuletzt von der sowjetischen Führung in Gang gesetzte Abrüstungsdynamik: So sehr er es begrüßte, dass Atomwaffen aus den Rüstungsarsenalen verschwanden, so skeptisch beurteilte er die sich daraus für beide deutsche Staaten ergebende sicherheitspolitische Sonderlage. Wenn die Abrüstungsdynamik dazu führte, dass sämtliche landgestützten atomar bestückten Flugkörper verschrottet werden sollten, die das Territorium der Sowjetunion bedrohten, dann drohte eine Situation, in der nur noch atomare Kurzstreckenwaffen mit einer Reichweite von 500 Kilometern als Abschreckungsinstrument zur Verfügung standen. Aber konnte eine Bundesregierung einer solchen Lösung zustimmen, wenn das bedeutete, dass ein mit Atomwaffen ausgetragener Krieg lokalisiert werden konnte – und zwar auf deutschem Boden? Drohte nicht die Gefahr, dass die Deutschen in West und Ost zu politischen Geiseln der beiden Supermächte wurden, wenn die USA und die Sowjetunion – ungeachtet ihrer Fähigkeit, mit strategischen Atomwaffen jederzeit das Territorium des jeweils anderen zu erreichen – sich auf den für beide Seiten vorteilhaften Ausweg einigten, dass im Falle eines *worst case* Deutschland das Schlachtfeld sein sollte?

Kein führender Unionspolitiker hat so scharfsinnig wie Dregger erkannt, welche existenziellen Folgen für ganz Deutschland eine von den USA oktroyierte Änderung der NATO-Strategie[10] mit sich brachte. Gerade weil Dregger ein lei-

9 Dregger auf der Sitzung der CDU/CSU-Bundestagsfraktion vom 17.05.1988, ACDP, 08-001-1085/2, S. 15 des Wortprotokolls.

10 Zur Veränderung der sicherheitspolitischen Lage vgl. u. a. Michael Broers: Zwischen Konsens und Konflikt: Der NATO-Doppelbeschluß, der INF-Vertrag und die SNF-Kontroverse, in: Detlef Jun-

denschaftlicher Befürworter des westlichen Verteidigungsbündnisses war, hinterließ die Einsicht, dass die USA unter der konservativen Reagan-Administration dabei waren, die atomare Haftungsgemeinschaft aufzukündigen und die Bundesrepublik einer atomaren Sonderbedrohung auszusetzen, bei ihm tiefe Spuren. Dregger machte eine besonders markante Kontingenzerfahrung durch: die Erfahrung, dass einstmals unerschütterliche Pfeiler seiner politischen Vorstellungswelt ins Wanken geraten waren. Er zog daraus die Konsequenz, nach einem Ausweg Ausschau zu halten, der eine atomar gestützte Verteidigungsfähigkeit des westlichen Bündnisses aufrechterhielt, ohne dass Deutschland in den prekären Status eines isolierten atomaren Schlachtfeldes geriet.

Bereits 1985 hatte Dregger die Signale wahrgenommen, die aus den USA gekommen waren. Dort verfolgte Präsident Reagan, der als leidenschaftlicher Antikommunist und Wirtschaftsliberaler eigentlich den Wunschvorstellungen Dreggers für die Besetzung des wichtigsten Amtes der westlichen Welt in geradezu optimaler Weise entsprach, mit Energie ein bis dahin als unerreichbar geltendes Ziel: die Vereinigten Staaten von Amerika für sowjetische Atomwaffen unerreichbar zu machen. Durch neuartige technologische Abwehrsysteme sollten sowjetische Atomsprengköpfe bereits im Anflug ausgeschaltet werden können. Seit 1983 investierte die US-Regierung im Rahmen der »Strategic Defense Initiative« (SDI) riesige Summen in Forschung und Entwicklung für einen solchen Abwehrschirm. Während die Bundesregierung halbherzig auf die US-amerikanische Initiative reagierte und vor allem daran interessiert war, von dem damit verbundenen technologischen Innovationsschub zu profitieren, wies Dregger als einziger prominenter CDU-Politiker auf die gravierenden strategischen Folgen hin, welche die Realisierung eines solchen Projekts mit sich bringen musste:[11] Waren die USA für sowjetische Atomwaffen erst einmal unverwundbar, konnten sie als Konsequenz ihre Nukleargarantie für Westeuropa aufgeben. Da aber die Sicherheit der Bundesrepublik angesichts der gewaltigen Überlegenheit des Warschauer Pakts bei konventionellen Waffen von dem amerikanischen Atomwaffenschirm abhing, drohte das westliche Bündnis in eine Schieflage zu geraten. Gab es aber keine solidarische Risikoverteilung mehr, musste das die Sicherheit des NATO-Mitglieds am empfindlichsten treffen, das eine strategisch exponierte geographische Lage besaß – die Bundesrepublik.

---

ker (Hg.): Die USA und Deutschland im Zeitalter des Kalten Krieges 1945–1990, Bd. 2. Stuttgart 2001, S. 234–244.

11 Vgl. hierzu auch Tim Matthias Weber: Zwischen Nachrüstung und Abrüstung. Baden-Baden 1994, S. 220–227.

Dregger scheute sich nicht, seine Bedenken ausländischen Gesprächspartnern offen mitzuteilen. In gewisser Weise versuchte sich der Fraktionsvorsitzende an einer eigenständigen Außenpolitik, weil er nicht davon überzeugt war, dass die Bundesregierung die strategischen Konsequenzen der sich anbahnenden Entwicklung erkannt hatte. Er hielt das Auswärtige Amt unter Außenminister Genscher für nicht kreativ genug, und was den Bundeskanzler anbelangte, so befürchtete er, dieser würde aus bündnispolitischer Solidarität mit den USA letztlich nicht die nötige Energie aufbringen, über eine genuin europäische Antwort auf die amerikanische Herausforderung nachzudenken. Für Dregger hingegen stand außer Frage, dass bei einer Aufweichung der amerikanischen Nukleargarantie für Westeuropa die westeuropäischen Staaten sich nicht der Aufgabe entziehen konnten, einen eigenständigen nuklearen Verteidigungsbeitrag zu leisten. Damit hob er die Debatte um SDI auf eine Ebene, wo sie hingehörte – auf die einer politischen Gesamtstrategie. Eine vermeintlich für Rüstungsexperten reservierte Spezialfrage erhielt damit ihren angemessenen Status als politische Grundsatzfrage, die den Kern westdeutscher Sicherheitspolitik tangierte.

Ausgehend von solchen Erwägungen war Dregger bestrebt, seine US-amerikanischen Gesprächspartner für diese Dimension zu sensibilisieren. Als er im Juni 1985 in den USA weilte, wo er unter anderem mit Verteidigungsminister Weinberger sprach, suchte er den transatlantischen Partner dafür zu gewinnen, »daß Europäer und Amerikaner gemeinsam die strategisch-politischen Fragen durchdächten«.[12] Doch damit war ihm kein durchschlagender Erfolg beschieden – in den USA galt ein Fraktionsvorsitzender als politisches Leichtgewicht. Daher waren europäische Politiker wie der italienische Außenminister Andreotti seine wichtigsten Ansprechpartner. Dregger bekundete im Juli 1985 ihm gegenüber »seine besondere Sorge, daß Europa eine Zone geminderter Sicherheit würde, wenn es den beiden Supermächten gelänge, durch SDI ihr Territorium zu schützen«.[13]

Dem vom politischen Gegner gelegentlich verbreiteten Zerrbild Dreggers als eines »Kommunistenfressers« entsprach es ganz und gar nicht, dass er mit seinen Sorgen auch gegenüber hochrangigen Vertretern der Sowjetunion nicht hinterm Berg hielt. Und da dazu auch der ehemalige sowjetische Außenminister Gromyko zählte, der mit allen Wassern der Diplomatie gewaschen war und dem er in dessen neuer Funktion als Staatspräsident im Dezember 1985 seine

---

12 Vermerk der bundesdeutschen Botschaft in Washington über die Behandlung der SDI-Thematik bei den Gesprächen Dreggers vom 3. bis zum 5. Juni 1985, ACDP, 001-347-032/1.

13 So Dregger anlässlich einer Besprechung mit Andreotti am 04.07.1985 in Rom gemäß dem Kurzprotokoll, ACDP, 001-347-032/3, S. 2 des Protokolls.

Aufwartung machte, konnte Dregger wohl davon ausgehen, dass die sowjetische Seite seine Ausführungen als klare Kritik an den Plänen der USA zur strategischen Abkoppelung von Europa auffassen würde. »Die schlimmste Entwicklung für die Bundesrepublik Deutschland und alle Mittelstaaten in Europa wäre es«, so hatte er in Moskau ausgeführt, »wenn sich beide Weltmächte selbst vor einem Raketenangriff der anderen Seite schützen könnten, die europäischen Staaten aber ungeschützt blieben. Daraus müssten die strategischen Überlegungen für die europäischen Mittelstaaten abgeleitet werden.«[14]

Dregger war – dies sei noch einmal betont – wie kein zweiter Spitzenpolitiker der CDU der Auffassung, dass die Westeuropäer auf die US-amerikanischen Tendenzen zur Aufweichung der nuklearen Haftungsgemeinschaft reagieren mussten. Dazu galt es, eine genuin europäische Strategie zu entwerfen, um Westeuropa auch mit eigenen atomaren Mitteln gegen eine mögliche Aggression der Warschauer Pakt-Staaten zu schützen. Allerdings waren die ihm dafür zur Verfügung stehenden Mittel begrenzt. Ein Fraktionsvorsitzender konnte bei Auslandsbesuchen nicht als Vertreter einer Regierung agieren. Das nahm Dreggers Auftreten viel von seiner Wirkung. Daher musste er seinen Schwerpunkt im eigenen Land setzen: Es galt, in den Reihen der eigenen Partei für seine Position zu werben. Die CDU war ja durch die neuen Töne aus Washington tief verunsichert[15] und befand sich, wenn auch noch zaghaft, auf der Suche nach einer sicherheitspolitischen Neuorientierung. In diesem Zustand des Zerbröselns scheinbar gefestigter Gewissheiten war Dregger der wichtigste Amtsträger, der zugleich klare strategische Vorstellungen verfolgte.

Die Dynamik der Abrüstungsgespräche zwischen den Supermächten im Jahr 1986 konnte Dregger in seiner Grundauffassung nur bestätigen, dass die deutsche Verteidigungspolitik eine eigenständige europäische atomare Absicherung benötigte. Auf einem Gipfeltreffen im Oktober 1986 in der isländischen Hauptstadt Reykjavik hatten der US-amerikanische Präsident und der Generalsekretär der KPdSU die Weichen für das gestellt, was ein Jahr danach als »doppelte Null-Lösung« vertragliche Gestalt gewinnen sollte – die Abschaffung aller landgestützten atomaren Flugkörper von einer Reichweite ab 500 Kilometer bis 5500 Kilometer. Dies war ein Durchbruch in Sachen Abrüstung, der noch drei Jahre zuvor als undenkbar gegolten hatte und den kaum einer dem vermeintlichen »kalten Krieger« Reagan zugetraut hätte. Doch bei vielen Unionspolitikern mit Dregger an der Spitze verstärkte der Gipfel von Reykjavik die Verunsicherung, ob die

14 Vermerk über die Gespräche Dreggers in Moskau vom 29.11.bis 05.12.1985, ACDP, 001-347-031/4.
15 Vgl. Weber: Zwischen Nachrüstung und Abrüstung, vor allem S. 223 – 329.

USA weiterhin mit vollem atomarem Einsatz für die Sicherheit der Bundesrepublik bürgen würden. Denn nach der avisierten doppelten »Null-Lösung« verfügte die NATO nur noch über ein Arsenal landgestützter Flugkörper mit einer Reichweite bis 500 Kilometern, die folglich bei einem Einsatz fast ausschließlich deutsches Territorium treffen würden – eine nicht nur für Dregger unerträgliche Vorstellung. Er sah in der bilateralen Einigung der beiden Supermächte über die Köpfe der Deutschen hinweg ein sicherheitspolitisches Menetekel, das eine Zeitenwende markierte. Nicht nur für ihn, sondern für viele Unionspolitiker gerieten damit die Fundamente der westlichen Allianz ins Wanken. Rückblickend formulierte Dregger in gewohnt prägnanter Sprache: »Diese heile Welt besteht nicht mehr [...]; denn die Grundlage dieser heilen Welt war Risikoteilung und Abschreckungsverbund zwischen Europa und den Vereinigten Staaten von Amerika.«[16] Damit schlug innerhalb der stärksten Regierungspartei die Stunde origineller Querdenker, die sich angesichts der dramatischen Veränderung der sicherheitspolitischen Lage aufgefordert sahen, ausgetretene Pfade zu verlassen.[17]

Es war kein Zufall, dass der sicherheitspolitische Eisbrecher ein Mitglied der von Dregger geleiteten Bundestagsfraktion war. Der Fraktionsvorsitzende hatte die Unionsabgeordneten immer wieder ermuntert, zu den übergreifenden Fragen der Sicherheitspolitik und der Deutschlandpolitik innerhalb der Fraktion Stellung zu beziehen. Der Abgeordnete Bernhard Friedmann, dessen Wahlkreis Rastatt/Baden-Baden nicht weit von der Grenze zu Frankreich lag, hatte diese Möglichkeit besonders engagiert ausgeschöpft: Der Haushaltsexperte der Union setzte sich auch dank der Ermunterung durch den Fraktionsvorsitzenden über starre Zuständigkeitsregelungen hinweg und nahm sich die Freiheit heraus, schon ab November 1986 auch öffentlich für ein Umdenken zu werben.[18] Seine Kernaussage lautete, dass die unvorhersehbaren Folgen der Abrüstungsdynamik die ungelöste deutsche Frage in ein neues Licht tauchen würden. Daher sei es angebracht, die nicht mehr aufzuhaltende Entwicklung durch eine deutschlandpolitische Initiative zu gestalten und die »Wiedervereinigung als Sicherheitskonzept« ins Spiel zu bringen: »Wenn es der Sinn der derzeitigen Abrüstungsverhandlungen sein soll, mehr Sicherheit zu schaffen, dann kann und muß die Wiedervereinigung Bestandteil dieses Sicherheitskonzepts sein.«[19]

---

16 So Dregger in der Fraktionssitzung vom 25.04.1989, ACDP, 08-001-1089/2, S. 48 des Wortprotokolls.

17 Vgl. Weber: Zwischen Nachrüstung und Abrüstung, S. 302–304.

18 Ebd., S. 304.

19 Bernhard Friedmann: Einheit statt Raketen. Thesen zur Wiedervereinigung als Sicherheitskonzept. Herford 1987, beide Zitate S. 10f.

In gewisser Hinsicht bedeuteten die Gedanken Friedmanns einen Tabubruch. Sie implizierten die Option, als Gegenleistung für die Zustimmung der Sowjetunion zur staatlichen Vereinigung beider deutscher Staaten die politische und militärische Westbindung eines wiedervereinigten Gesamtdeutschlands zur Disposition zu stellen. Das war weit von dem entfernt, was in den Jahrzehnten davor in der Union als sicherheits-, aber auch deutschlandpolitischer Konsens gegolten hatte. Doch Friedmanns Initiative konnte nicht als eine Außenseiterposition abgetan werden, loderte doch in ihm ein aufrichtiges deutschlandpolitisches Feuer und sprach er vielen in der Fraktion aus dem Herzen, wenn er den Stillstand in dieser Frage monierte. Gerade weil ihn keine Karriereabsichten leiteten, konnte er sein Unbehagen darüber zum Ausdruck bringen, dass sich die Deutschlandpolitik gerade in Unionskreisen in eingeübten Floskeln erschöpfte: »Vieles, was wir bisher zur Deutschlandpolitik gesagt haben, läuft irgendwo auf Leerformeln hinaus.« Friedmann wollte diesen Stillstand dadurch beenden, dass er »die Zusammenhänge zwischen Abrüstung und Wiedervereinigung zu bedenken«[20] anmahnte.

Friedmann war ein jedem Nationalismus abholder Wertkonservativer mit altliberalen Vorstellungen, was eine solide Haushaltsführung anbelangte, und insofern Dregger durchaus ähnlich. Gerade weil er sich einen nüchternen Blick für die Zahlen bewahrt hatte und imstande war, auch die volkswirtschaftliche Bilanz der Sowjetunion auszuwerten, erkannte er eher als die allermeisten, die sich von der statistischen Fassade der Staaten des real existierenden Sozialismus blenden ließen, dass die Sowjetunion ihre bisherigen Rüstungsausgaben nicht mehr durchhalten konnte. Moskau habe daher ein ökonomisches Interesse an der Wiedervereinigung, insofern diese zum allgemeinen Spannungsabbau beitragen und eine Friedensdividende erbringen werde.[21] Mit Friedmann hatte kein verkappter Nationalneutralist das Thema »Wiedervereinigung« neu angestoßen, sondern ein aufmerksamer Beobachter der ökonomischen und finanziellen Situation der Sowjetunion, der dafür plädierte, die sich aus der desolaten volkswirtschaftlichen Gesamtlage der Sowjetunion ergebenden Chancen für eine aktive Wiedervereinigungspolitik beherzt zu ergreifen. Dass er damit einen politischen Nerv der CDU-Basis getroffen hatte, geht aus der Vielzahl an Einladungen hervor,

20 Friedmann auf der Sitzung der CDU/CSU-Bundestagsfraktion am 06.10.1987, ACDP, 08-001-1083/1, S. 38 f. des Wortprotokolls (für beide Zitate).

21 Vgl. die Argumentation in Friedmanns Thesenpapier vom 16.05.1987 über »Die Wiedervereinigung der Deutschen als Sicherheitskonzept«, bei Friedmann, Einheit statt Raketen, S. 145 – 152, vor allem S. 151.

die ihn aus Unionskreisen seit seinem öffentlichen Hervortreten erreicht hatten und die er seinem Fraktionsvorsitzenden Dregger mit Stolz, aber auch aus Loyalität anzeigte.[22]

Dregger schätzte das lautere Eintreten Friedmanns für die Wiedervereinigung genauso, wie er dessen Besorgnis über eine drohende Abkoppelung der US-amerikanischen von den deutschen Sicherheitsinteressen teilte. Am 8. Mai 1987 fand auf Dreggers Wunsch hin ein vertrauliches Gespräch zwischen beiden statt, über das Friedmann einen Aktenvermerk anfertigte. Deutlich wird die völlige Übereinstimmung beider in der Analyse der US-amerikanischen Politik. Dregger »zeigte sich außergewöhnlich verärgert über die Amerikaner und sagte mir, dass er nicht bereit sei, Deutschland zum Schlachtfeld der Großmächte werden zu lassen«.[23] Insofern pflichtete er Friedmann auch in der Kernanalyse bei, dass die veränderte sicherheitspolitische Gesamtlage neuen Elan in das Thema Wiedervereinigung hineinbringe. Auch deswegen öffnete Dregger das Plenum der Fraktion immer wieder für Generalaussprachen und erntete den ausdrücklichen Dank Friedmanns dafür, die Fraktion zum Zentralort der Debatte über dieses Zukunftsthema gemacht zu haben: »Nun habe ich Ihnen [gemeint ist Dregger, die Verf.] als erstes zu danken, daß Sie ausdrücklich den Zusammenhang zwischen Sicherheits- und Deutschlandpolitik bestätigt haben.«[24]

Musste Dregger angesichts dieser Lage nun aber nicht alle ihm zur Verfügung stehenden Möglichkeiten ausschöpfen, um die Bundesregierung auf einen sicherheitspolitischen Kurs zu führen, der die Folgen einer »doppelten Null-Lösung« zumindest begrenzte und möglicherweise auch neue deutschlandpolitische Erwägungen mit sich brachte? An diesem Punkt lassen sich besonders präzise die Grenzen, aber auch die Handlungsspielräume des Fraktionsvorsitzenden der stärksten Regierungspartei ablesen. Die Loyalität gegenüber dem Bundeskanzler galt auch einem Regierungschef, der gelegentlich als »Koalitionskanzler« aufzutreten und auf die besonderen Befindlichkeiten seines Partners Rücksicht zu nehmen hatte. Die FDP hatte sich jedoch auf die »doppelte Null-Lösung« so festgelegt, dass sie daran möglicherweise die Regierungskoalition hätte scheitern lassen, wie der Bundeskanzler einen Tag vor Dreggers Gespräch mit Friedmann

22 Vgl. das Schreiben Friedmanns an Dregger, 19.01.1988, ACDP, 01-579-135/1, sowie die in Friedmann: Einheit statt Raketen, S. 153–166 abgedruckten Stimmen.

23 Der Aktenvermerk ist abgedruckt bei Bernhard Friedmann: Undenkbares denken. Reinbek 2015, S. 77–79, Zitat S. 78.

24 Friedmann in der Fraktionssitzung vom 06.10.1987, ACDP, 08-001-1083/1, S. 85 des Wortprotokolls. Friedmann bezog sich dabei auf Dreggers Aussage in dieser Fraktionssitzung, »daß die Überwindung der Teilung auch ein Sicherheitsproblem ist«; ebd., S. 43 des Wortprotokolls.

unzweideutig zu erkennen gab. Kohl wollte damit die Fraktion nicht disziplinieren; er übertrieb nicht. Die FDP hatte vielmehr die »doppelte Null-Lösung« als ideales Thema zur Profilierung innerhalb der Regierungskoalition für sich entdeckt. Zudem entsprach sie ganz und gar der Linie des Bundesaußenministers und FDP-Vorsitzenden Hans-Dietrich Genscher, der in einer Abrüstungsdynamik mehr Chancen als Risiken erblickte, weil er darauf baute, dass die Sowjetunion aus eigener Einsicht jegliche konfrontativen Absichten gegenüber dem Westen im Allgemeinen und der Bundesrepublik Deutschland im Besonderen aufgeben würde.[25] Insofern verkörperte Genscher den Optimismus eines unbeirrten Entspannungspolitikers, während Dregger es für nicht ratsam hielt, in einer heiklen sicherheitspolitischen Lage sich auf Gedeih und Verderb einem strukturellen Wandel sowjetischer Politik auszuliefern. Die daraus abzuleitenden koalitionspolitischen Zwänge konnte ein loyaler Fraktionsvorsitzender wie Dregger nicht ignorieren. Es war unverantwortbar, es wegen der »doppelten Null-Lösung« zu einem Koalitionsbruch kommen zu lassen. »Man müsse bedenken, dass die CDU/CSU mit ihrer Einschätzung der Sicherheitslage allein dastünde. SPD, GRÜNE und FDP seien praktisch ausgestiegen.«[26]

Wie aber konnte ein Fraktionsvorsitzender denn überhaupt in einer politisch so heiklen Frage Einfluss nehmen? Berührt war ja nicht nur die Koalitionsräson, es ging ja auch um das ansonsten von der Exekutive eifersüchtig gehütete Feld der Sicherheitspolitik. In einer »Koordinationsdemokratie«[27] standen der Fraktion durchaus Einwirkungsmöglichkeiten auf diesem Gebiet zur Verfügung. So war ja die Durchsetzung der Nachrüstung ein politischer Kraftakt gewesen, mit dem die Fraktion ihre Bereitschaft und Fähigkeit bewiesen hatte, in einer emotional überfrachteten Frage einmütig den Regierungskurs zu unterstützen. Aus dieser »Folgebereitschaft«[28] konnte sie aber auch den Anspruch ableiten, bei der Neuauflage einer abrüstungspolitischen Debatte ein gewichtiges Wort mitzuspre-

---

25 Vgl. hierzu insbes. Hans-Dieter Heumann: Hans-Dietrich Genscher. Die Biographie. Paderborn u.a. 2012, S. 190 ff.; Hermann Wentker: Die Deutschen und Gorbatschow 1987 bis 1989. West- und ostdeutsche Perzeptionen zwischen Kontinuität und Wandel, in: Hanns Jürgen Küsters (Hg.): Der Zerfall des Sowjetimperiums und Deutschlands Wiedervereinigung. Köln u.a. 2016, S. 119 ff.; Benedikt Dettling/Michael Geske: Helmut Kohl: Krise und Erneuerung, in: Karl-Rudolf Korte (Hg.): »Das Wort hat der Herr Bundeskanzler«. Eine Analyse der großen Regierungserklärungen von Adenauer bis Schröder. Wiesbaden 2002, S. 236.

26 So Dregger zu Friedmann laut Aktenvermerk Friedmanns vom 08.05.1987, bei Friedmann: Undenkbares Denken, S. 78 f.

27 Wolfgang Jäger: Von der Kanzlerdemokratie zur Koordinationsdemokratie, in: Zeitschrift für Politik 35 (1988), S. 15–32.

28 Suzanne S. Schüttemeyer: Der ewige Zweite? Überlegungen zur Regierungsdominanz im Deut-

chen und zur Willensbildung der Regierung beizutragen. Darüber hinaus hatte sich innerhalb der Regierung noch kein klarer Kurs herausgebildet, was die anzustrebenden »Null-Lösungen« betraf. Insofern konnte gerade ein gestaltungsfreudiger Fraktionsvorsitzender sein Recht auf Mitsprache an diesem Punkt geltend machen.

Erster Adressat der Interventionen Dreggers war die stärkste Regierungspartei. Die CDU war im Frühjahr 1987 von der Dynamik der Abrüstungsfrage überrollt worden und hatte bei der Landtagswahl in Rheinland-Pfalz am 17. Mai 1987 die schmerzliche Erfahrung machen müssen, wie stark sich die FDP zu Lasten der Union als Abrüstungspartei zu profilieren vermochte. In der Sitzung des erweiterten CDU-Bundesvorstands kam es deswegen zu einer Grundsatzdebatte darüber, wie die Union mit dem Thema Abrüstung, das die Partei aufgrund der weltpolitischen Gesamtlage noch geraume Zeit begleiten würde, umzugehen habe. Die von Dregger bezogene Position ließ erkennen, dass die CDU in dieser Sachfrage gespalten war.

Auf der einen Seite stand mit Geißler ein meinungsstarker Generalsekretär, der sich im Grunde von der Doktrin des militärischen Gleichgewichts entfernt hatte und daher nicht mehr bereit war, bei einem militärischen Ungleichgewicht mit Modernisierung und Aufrüstung zu reagieren. Für ihn war der NATO-Doppelbeschluss vom Dezember 1979 »ein Fahrplan zur Null-Lösung«[29] gewesen; er sah es daher auch als Erfolg der CDU an, dass die Sowjetunion acht Jahre danach ihre Bereitschaft signalisierte, ihr gesamtes Arsenal an atomaren Mittelstreckenflugkörpern aufzulösen. Dregger hingegen hatte die sogenannte »Nachrüstung«, also die Stationierung landgestützter Mittelstreckensysteme, für militärstrategisch unerlässlich gehalten, weil nur auf diese Weise eine abgestufte Abschreckung sichergestellt und damit ein Risikoverbund zwischen den USA und den westeuropäischen NATO-Partnern garantiert wurde, da alle Partner im Falle eines Atomkriegs betroffen wären. Daher registrierte er mit tiefer Besorgnis, dass die von Abrüstungsenthusiasten gefeierte doppelte Null-Lösung die atomare Haftungsgemeinschaft der NATO aushöhlte. Dregger war der einzige prominente CDU-Politiker, der sich nicht scheute, öffentlich wie intern auszusprechen, dass damit Deutschland einer singulären Bedrohung – durch die dann noch übrig gebliebenen atomaren Flugkörper mit kurzer Reichweite – ausgesetzt wäre. Das

schen Bundestag, in: Silke I. Keil/ Isabell Thaidigsmann (Hg.): Zivile Bürgergesellschaft und Demokratie, Wiesbaden 2013, S. 451–468, Zitat S. 454.

29 Vgl. die Position Geißlers auf der Sitzung des erweiterten Bundesvorstands vom 18.05.1987, ACDP, 07-001-1085, S. 12 des Ergebnisprotokolls.

aber musste die Ratio der NATO in Frage stellen. Gegenüber den internationalen Wehrexperten, die sich im Februar 1988 auf dem wichtigsten Fachforum, der Münchner Wehrkundetagung, trafen, sprach er Klartext: »Wir müssen uns entscheiden: Entweder wir bilden eine strategische Einheit, die jeden potenziellen Angreifer – wenn auch abgestuft – mit dem höchsten Risiko abschreckt, das für ihn denkbar ist, oder die Allianz verliert ihre Grundlage.«[30] In ähnlicher Weise hatte er sich bereits im Bundesvorstand der CDU geäußert: Eine Singularisierung Deutschlands als atomares Schlachtfeld werde »zu einer Erosion der NATO führen«. Während Dregger die CDU und deren Parteivorsitzenden aufforderte, im westlichen Bündnis diese deutschen Sicherheitsinteressen nachdrücklich zur Geltung zu bringen, vertrat Geißler, dem die nationale Tonart Dreggers immer suspekt gewesen war, die These, dass »es keine deutschen Interessen gegen das westliche Bündnis gibt«.[31]

Der tiefe Graben zwischen Dregger und Geißler konnte nur notdürftig zugeschüttet werden, indem sich beide Kontrahenten in einer Frage trafen: Dregger war zumindest in einer Hinsicht ein geradezu vehementer Befürworter von Abrüstung – nämlich dann, wenn es um Atomwaffen ging, die ausschließlich auf deutschem Boden eingesetzt werden konnten. Entschiedener hatte kein Mitglied des CDU-Bundesvorstands diese Position formuliert als Dregger im Mai 1987: »Die Union will Abrüstung und nicht Umrüstung zugunsten der Raketen unter 500 km Reichweite, weil dies eine Umrüstung zu Lasten der Bundesrepublik Deutschland wäre.«[32]

Es war klar, dass Dregger für seine Position keine uneingeschränkte innerparteiliche Rückendeckung reklamieren konnte, solange die CDU in dieser Kardinalfrage keinen einheitlichen Kurs besaß. In der Bundestagsfraktion war es vor allem der Außenpolitiker Ortwin Lowack, der Dregger offen dafür kritisierte, in sicherheitspolitischen Fragen vorgeprescht zu sein und mit der Fraktion nicht abgestimmte Positionen zu vertreten.[33] Da Lowack allerdings der CSU angehörte, waren solche Stimmen für den sicherheitspolitischen Meinungsbildungsprozess innerhalb der CDU nicht relevant. Viel schwerer wog, dass der Parteivorsitzende und Bundeskanzler im Mai 1987 durchblicken ließ, für die Argumente Dreggers

30 Brief Dreggers an die Teilnehmer der Wehrkundetagung in München, 19.02.1988, ACDP, 001-579-135/1, S. 3 des Briefes.

31 Protokoll der CDU-Bundesvorstandssitzung vom 18.05.1987, ACDP, 07-001-1085, beide Zitate auf S. 9 und 12 des Protokolls.

32 Dregger, ebd., S. 9 des Protokolls.

33 So der Redebeitrag Lowacks in der Fraktionssitzung vom 14.02.1989, ACDP, 08-001-1088/2, S. 73 des Wortprotokolls.

aufgeschlossen zu sein: Die CDU dürfe nicht wegen unbefriedigender Landtagswahlergebnisse in eine Lage geraten, in der sie sich »womöglich auf eine falsche Fährte begibt und nicht die eigenen Interessen vertritt«.[34] Doch Dregger war bewusst, wie steinig der Weg sein würde, um sein Herzensanliegen in fassbare sicherheitspolitische Entscheidungen zu überführen. Nicht nur die CDU musste auf diesen Kurs einschwenken, auch die Bundesregierung mit ihrem sicherheitspolitisch so ambitionierten Außenminister Genscher musste ihn sich zu eigen machen – und vor allem: das westliche Verteidigungsbündnis hatte einem solchen Ausweg zuzustimmen.

Die Einwirkungsmöglichkeiten eines Fraktionsvorsitzenden auf den Willensbildungsprozess der NATO waren mehr als begrenzt, da er in keinem Entscheidungsgremium vertreten war. So wählte Dregger den einzigen Weg, der ihm offenstand, um die Verteidigungsexperten der NATO für sein Anliegen zu sensibilisieren. Das dafür prädestinierte Forum war die renommierte Wehrkundetagung in München, auf der sich das »Who's who« der Fachleute versammelte, die sicherheitspolitischen Argumenten gegenüber aufgeschlossen waren. Dregger nutzte seinen dortigen Auftritt im Februar 1988 dazu, so deutliche Worte an die westlichen Verbündeten zu richten, wie sie noch nie ein CDU-Repräsentant bei einer solchen Gelegenheit formuliert hatte. Dregger konnte für sich und seine Partei in Anspruch nehmen, 1983 die NATO-Nachrüstung gegen erhebliche innere Widerstände durchgesetzt zu haben; insofern gebe es keinen Anlass, ausgerechnet seine Partei des Ausscherens aus der westlichen Bündnissolidarität zu bezichtigen. Doch gerade deswegen dürften die Westdeutschen ihrerseits Verständnis für ihre spezifische Situation erwarten: »Wir sind geteilt, wir sind Grenzland, wir sind Zentraleuropa und wir sind atomar unbewaffnet.«[35] Dregger geißelte daher mit scharfen Worten die vor allem in den USA und Großbritannien in die Debatte eingebrachte Vorstellung einer durch Kurzstreckensysteme errichteten atomaren »Brandmauer«: »Die atomare Feuerwand, die den Durchbruch nach Westen verhindert, ist keine akzeptable Konzeption.«[36] Und er zog eine rote Linie, indem er unmissverständlich betonte, dass eine Änderung der NATO-Strategie allein zu Lasten Deutschlands für ihn untragbar sei: »Wenn wir

34 So fasste Kohl seine Bilanz der Vorstandssitzung vom 18.05.1987 zusammen, ACDP, 07-001-1085, S. 12 des Protokolls.

35 Diskussionsbeitrag Dreggers auf der 25. Wehrkundetagung am 06./07.02.1988 in München, ACDP, 001-579-135/1, dort S. 6.

36 Brief Dreggers an die Teilnehmer der Wehrkundetagung, 19.02.1988, ACDP 001-579-135/1, S. 2 des Briefes.

Deutschen uns an der Verteidigung Europas beteiligen, können wir uns nicht auf eine Strategie stützen, die, wenn sie verwirklicht wird, unsere Auslöschung bedeuten würde. Und das wäre bei einer Strategie der Fall, die sich fast ausschließlich und konzentriert auf die Waffensysteme unter 500 km stützt.«[37]

Dreggers Intervention hinterließ bei den hauptsächlich angesprochenen US-Amerikanern jedoch kaum Wirkung. Dies mag auch daran gelegen haben, dass er seine Bedenken ausschließlich in deutscher Sprache vortragen konnte und seine gelegentlichen Auftritte vor einem Fachpublikum in den USA nicht durch den Gebrauch der dortigen Landessprache verstärkt wurden.[38] Doch selbst eine Werbetour in perfektem Englisch hätte die Wirkung seiner Argumente in den Vereinigten Staaten nicht wesentlich verbessert. Die transatlantischen Beziehungen blieben dadurch schwer belastet, dass die US-Regierung auf eine Modernisierung der Kurzstreckenwaffen bestand.[39] Was für Dregger und immer mehr Unionspolitiker Ausdruck einer unerträglichen Sonderbedrohung Deutschlands war, erhob die US-Regierung in den Rang eines »Loyalitätstests für den Bündnispartner Bundesrepublik«.[40]

Dennoch blieb Dreggers Hartnäckigkeit nicht folgenlos, da die USA ihrem wichtigsten Bündnispartner eine Entscheidung von derartiger Relevanz nicht einfach aufzwingen wollten. Die Bundesrepublik besaß erhebliches Mitspracherecht, wenn sie sich diplomatisch klug verhielt und die übrigen NATO-Partner für ihre Position zu gewinnen suchte. Dazu war es zunächst aber unerlässlich, dass die Regierungsparteien auf die erstmals von Dregger in dieser Deutlichkeit vertretene Position einschwenkten. Um dies zu erreichen, musste Dregger vor allem die öffentliche Meinung in seinem Heimatland in seinem Sinne beeinflussen. Dabei wählte er zunächst den parlamentarischen Königsweg: Er hielt im Bundestag am 7. Mai 1987 eine programmatische Rede, in der er seine Position in aller Deutlichkeit darlegte. Hier meldete sich ein Fraktionsvorsitzender öffentlich zu Wort, der seine Auffassung nicht mit der Fraktion abgestimmt hatte und der sowohl eine sicherheitspolitische Lageanalyse als auch einen Lösungsvorschlag unterbreitete, der nicht parteipolitisch besetzt war. Zumindest hinsichtlich der Lageanalyse erntete Dregger denn auch vom Architekten der Ostpolitik, Egon

37 Diskussionsbeitrag Dreggers auf der 25. Wehrkundetagung, ACDP, 001-579-135/1, dort S. 4 der Aufzeichnung.

38 Vgl. den Vortrag Dreggers in deutscher Sprache »Nukleare Abrüstung – Konsequenzen für das Bündnis« vor dem American Institute for Contemporary German Studies der John-Hopkins-University in Washington am 05.05.1988, ACDP, 08-001-1085/2.

39 Vgl. auch Broers: Zwischen Konsens und Konflikt, S. 240.

40 Weber: Zwischen Nachrüstung und Abrüstung, S. 342.

Bahr, zustimmende Zwischenrufe, als er darauf verwies, dass bei einer doppelten Null-Lösung Deutschland einer atomaren Sonderbedrohung ausgesetzt sei: »Diese Kurzstreckensysteme und Gefechtsfeldwaffen allein reichen aus, um Deutschland völlig zu zerstören. (Bahr [SPD]: Sehr wahr!).«[41] Das musste ihm nicht unerwünscht sein, legte Dregger doch großen Wert darauf, auch außerhalb seiner eigenen Partei für seine Position zu werben. Auch sein späterer Auftritt auf der Münchener Sicherheitskonferenz im Februar 1988 bezog – wann immer möglich – »alle im Bundestag vertretenen Parteien«[42] ein.

Hier zeigte sich eine deutliche Veränderung gegenüber der bisherigen Haltung des Fraktionsvorsitzenden, der zwar die beiden Schwesternparteien der Union stets hatte zusammenhalten wollen, sonst aber um eine Abgrenzung zu den anderen Parteien bemüht gewesen war. Das sicherheitspolitische »Damaskuserlebnis« Dreggers, der Ausstieg der USA aus der atomaren Haftungsgemeinschaft der NATO, wie er im sogenannten INF-Vertrag mit der Sowjetunion im Dezember 1987 besiegelt wurde, hatte bei Dregger zu einer deutlichen Auflockerung der politischen Frontstellung geführt. Folgerichtig kam es zu einer Annäherung in sicherheitspolitischen Fragen bei dezidiert national eingestellten sozialdemokratischen Sicherheitsexperten, allen voran Egon Bahr. Als Architekt der »Neuen Ostpolitik« war Bahr Persona non grata bei nicht wenigen Unionspolitikern, die sich darüber beklagten, dass er es sich nicht nehmen ließ, vor allem im Jahr 1989 Dreggers Haltung in der Frage der Modernisierung der Kurstreckenwaffen zustimmend zu zitieren.[43] Dregger ließ solche Kritiker kühl abblitzen und gab zu verstehen, dass es ihm darauf ankomme, für seine sicherheitspolitischen Positionen parteiübergreifend zu werben.[44] Auch deswegen hatte er in Gesprächen mit dem DDR-Staatsratsvorsitzenden Honecker ausloten wollen, ob sich nicht die DDR-Führung aus einem gesamtdeutschen Interesse heraus für eine Abrüstung bei den atomaren Kurzstreckensystemen unter 500 Kilometer Reichweite einsetzen wolle.[45]

---

41 Bundestagsrede Dreggers vom 07.05.1987, Verhandlungen des Deutschen Bundestags, Stenographische Berichte, 11. Wahlperiode, 10. Sitzung, S. 538.

42 Dreggers Rede auf der Münchner Sicherheitskonferenz vom Februar 1988, ACDP, 001-579-135/1, Zutat S. 2.

43 Vgl. die harsche Kritik des Bundestagsabgeordneten Lowack in der Fraktion am 07.03.1989 sowie am 25.04.1989, ACDP, 08-001-1089/2, S. 17 bzw. 18 des Wortprotokolls.

44 Vgl. die Replik Dreggers auf Lowack in der Fraktionssitzung vom 25.04.1989, ebd., S. 47 des Wortprotokolls.

45 Vgl. Dreggers Aussagen im Gespräch mit Honecker am 08.09.1987 gemäß einem von DDR-Seite angefertigten Vermerk, Bundesarchiv Berlin, SAPMO, DY 1453, sowie die Niederschrift über ein

Nicht nur über die Parteigrenzen hinaus musste sich Dregger orientieren, sondern es galt auch, die Gesellschaft für die drängenden Fragen zu sensibilisieren. Vom Amt des Fraktionsvorsitzenden aus konnte er die sicherheitspolitischen Entscheidungen der Regierung nicht dirigieren, wohl aber den öffentlichen Diskurs so beeinflussen, dass die Regierung auf seine Linie einschwenkte. Dazu musste die Sicherheitspolitik als Thema aus den rein fachlichen Kreisen aus militärischen und militärpolitischen Spezialisten befreit werden. Dregger hatte stets Unbehagen verspürt, wenn sich sicherheitspolitische Experten in ihrem semantischen Mikrokosmos einigelten und es damit Außenstehenden erschwerten, in die Materie einzudringen.[46] Er teilte den Vorbehalt vieler Politiker – auch aus dem Lager des politischen Gegners –, wenn ein sicherheitspolitischer Code technokratischer Sachlichkeit den Eindruck suggerierte, man habe sich vermeintlichem Expertenwissen zu beugen und könne dies auch beruhigt tun. Insofern dürfte er Erhard Eppler, einem herausragenden Intellektuellen innerhalb der Sozialdemokratie, im Grunde seines Herzens beigepflichtet haben, als dieser die Abkoppelung eines Expertendiskurses von der öffentlichen Diskussion in der Frage der Sicherheitspolitik beklagte.[47] Eppler hatte als Sprachschöpfer keinen geringen Anteil daran gehabt, dass die nicht zuletzt von ihm intellektuell befeuerte Friedensbewegung mit aufrüttelnden Begriffen sicherheitspolitische Themen erfolgreich besetzt hatte.[48] Es war ihm gelungen, einen Gegendiskurs zu dem von ihm angeprangerten technokratischen Diskurs über Atomwaffen zu etablieren. Dregger hatte insofern von Eppler und der Friedensbewegung gelernt, als auch er den hohen Abstraktionsgehalt sicherheitspolitischer Fachtermini für ein unüberwindbares Hindernis hielt, um das zu führen, wonach es ihn verlangte: die von ihm immer wieder beschworene geistige Auseinandersetzung mit dem politischen Gegner.[49]

---

vertrauliches Vieraugengespräch zwischen Honecker und Dregger vom 27.05.1988, Bundesarchiv Berlin, SAPMO, DY 30, 41205.

46 Zum Aufkommen eines spezifischen, semantisch erkennbaren Typus von Sicherheitsexperten vgl. u.a. Eckard Conze: Modernitätsskepsis und die Utopie der Sicherheit, in: Zeitgeschichtliche Forschungen 9 (2010), S. 220–239, hier S. 228 f.

47 Vgl. Erhard Eppler: Das Wort als Waffe, in: Armin Burkhardt/Franz Hebel/Rudolf Hoberg (Hg.): Sprache zwischen Militär und Frieden: Aufrüstung der Begriffe? Tübingen 1989, S. 165–176.

48 Vgl. hierzu u.a. Friedhelm Boll/Jan Hansen: Doppelbeschluss und Nachrüstung als innerparteiliches Problem der SPD, in: Philipp Gassert/Tim Geiger/Hermann Wentker (Hg.): Zweiter Kalter Krieg und Friedensbewegung. Der NATO-Doppelbeschluss in deutsch-deutscher und internationaler Perspektive. München 2011, S. 203–228, hier S. 203 ff.; Renate Faerber-Husemann: Der Querdenker. Erhard Eppler – eine Biographie. Bonn 2010, S. 135 ff.

49 Vgl. dazu etwa eine Pressemitteilung Dreggers vom 15.11.1981 zu den innen- und außenpoliti-

So sehr Dregger den ehemaligen sicherheitspolitischen Sprecher der Unionsfraktion und amtierenden Verteidigungsminister Manfred Wörner schätzte: Experten dieses Schlages waren seiner Auffassung nach nicht geeignet, zugkräftige politische Botschaften in die öffentliche Debatte einzuspeisen, um so sicherheitspolitische Fragen auf einen allgemein verständlichen Kern zu komprimieren. Es war ein beredter Ausdruck semantischer Selbstbezüglichkeit, als Wörner in der Generalaussprache über den sicherheitspolitischen Kurs der CDU für die von ihm selbst als »Raketenzähler« titulierten Experten eine Lanze brach, da sie »ihre Fachdiskussion genauso führen müssen wie die Sozialpolitiker, die Finanzpolitiker und die AIDS-Politiker«[50]. Dregger hingegen, der in sicherheitspolitischen Fragen auch aufgrund seiner Führungserfahrungen aus dem Weltkrieg mehr als jeder andere Generalist mitreden konnte, hütete sich stets vor der Versuchung, sich im von Fachtermini strotzenden Reich der Militärsprache gegenüber abweichenden politischen Meinungen abzuschotten. Er orientierte sich auch in diesem Fall an einer klaren Leitlinie: »Wie macht man den Bürgern komplizierte politische Zusammenhänge verständlich?«[51]

Dregger leistete auf diesem Gebiet einen unverwechselbaren Beitrag, wenngleich er das Erstgeburtsrecht für eine prägnante Formulierung an den sicherheitspolitischen Sprecher seiner Fraktion Rühe abtreten musste, mit dem er – anders als noch bei anderen Auseinandersetzungen in der Fraktion – in der Frage der Kurzstreckenwaffen auf einer Linie lag. Rühe hatte schon im April 1987 seine Bedenken gegen eine auf Kurzstreckenwaffen reduzierte atomare Einsatzoption der NATO in die Worte gekleidet: »Je kürzer die Reichweite, desto toter die Deutschen.«[52] Auch Dregger bediente sich dieses Ausdrucks,[53] fand aber daneben zu eigenen Variationen, die im Kern dasselbe besagten: »Je kürzer die Reichweite, desto deutscher die Zerstörung.«[54] Auch der DDR-Staatsratsvorsitzende Honecker machte sich einen solchen Ausdruck fast wortgleich zu eigen, wenn er in einem vertraulichen Gespräch mit Dregger am 27. Mai 1988 ausführte: »Hinsicht-

---

schen Themen, ACDP, PA-P1-1070, sowie Dreggers Positionierung auf dem CDU-Parteitag in Düsseldorf 1971, CDU-Bundesgeschäftsstelle (Hg.): 18. CDU-Bundesparteitag, S. 259 und 264.

50 Wörner auf der Sitzung des erweiterten CDU-Bundesvorstands, 18.05.1987, ACDP, 07-001-1085, S. 11 des Ergebnisprotokolls.

51 Dregger auf der Bundesvorstandssitzung vom 18.05.1987, ebd., S. 8 des Wortprotokolls.

52 Zitiert nach Weber: Zwischen Nachrüstung und Abrüstung, S. 309; dort auch weitere Varianten der Sprachschöpfung Rühes.

53 Vgl. sein Schreiben an die Teilnehmer der Münchner Wehrkundetagung, 19.02.1988, ACDP, 001-579-135/1, S. 1 des Schreibens.

54 So Dregger in seiner programmatischen Bundestagsrede vom 07.05.1987, Verhandlungen des Deutschen Bundestags, Stenographische Berichte, 11. Wahlperiode, 10. Sitzung, S. 538.

lich der Feststellung, je kürzer die Reichweite, um so deutscher die Toten, gebe es völlige Übereinstimmung.«[55] Solche eingängigen Formulierungen wirkten auch deswegen diskursstrukturierend, weil sich Nicht-Regierungspolitiker darin wiederfinden konnten, die von der parteiübergreifenden Sorge um eine Singularisierung der atomaren Bedrohung angetrieben wurden. Dazu zählte mit dem abrüstungspolitischen Sprecher der SPD-Bundestagsfraktion Hermann Scheer ein parteiübergreifend geachteter Parlamentarier. Scheer, der im Jahr 1986 ein größeres Werk zu dem Themenkomplex verfasst hatte,[56] griff Dreggers Aussage im Bundestag in Gestalt einer Zwischenfrage sofort auf.[57] So verschieden die Auffassungen von Scheer und Dregger teilweise waren, so sehr ähnelten sie sich in ihrer Überzeugung, langfristig die sicherheitspolitische Abhängigkeit von den USA überwinden zu müssen, indem vor allem die Beziehungen zu Frankreich in Richtung einer deutsch-französischen Sicherheitsachse forciert wurden.

Alles in allem, so wird man konstatieren können, zahlte sich die Beharrlichkeit Dreggers und seiner Mitstreiter aus. Ihr Verdienst bestand darin, innerhalb der CDU eine sicherheitspolitische Sensibilisierung vorangetrieben zu haben, ohne dass dies als Abkehr von der Bündnissolidarität verunglimpft werden konnte. Der Fraktionsvorsitzende plädierte ja auch nie für deutsche Sonderwege, sondern stets für eine abgestimmte Lösung zusammen mit dem wichtigsten Bündnispartner USA. Um zu verhindern, dass sich die NATO auf eine Modernisierung der Kurzstreckenwaffen versteifte, sprach sich Dregger frühzeitig für ein »Gesamtabrüstungskonzept«[58] aus, in dessen Rahmen diese heikle Frage ihren Platz finden und damit politisch neutralisiert werden konnte. Dass sich die Staats- und Regierungschefs des Nordatlantikpakts Ende Mai 1989 nach heftigen Auseinandersetzungen schließlich auf ein solches Gesamtkonzept verständigten und damit eine isolierte Modernisierungsentscheidung im Kurzstreckenbereich vermieden,[59] war nicht zuletzt ein Verdienst des Vorsitzenden der größten Regierungsfraktion. Das Auswärtige Amt unter Genscher gehörte jedenfalls nicht zu den treibenden Kräften. Dregger traf den Kern der Sache, wenn er in der Frak-

55 Niederschrift der DDR-Seite über das Gespräch Honeckers mit Dregger vom 27.05.1988, in: Bundesarchiv Berlin, SAPMO, DY 30, 41205.

56 Hermann Scheer: Die Befreiung von der Bombe. Weltfrieden, europäischer Weg und die Zukunft der Deutschen. Köln 1986.

57 Vgl. die Zwischenfrage Scheers vom 07.05.1987, Verhandlungen des Deutschen Bundestags, Stenographische Berichte, 11. Wahlperiode, 10. Sitzung, S. 538.

58 Schreiben Dreggers an die Teilnehmer der Wehrkundetagung, 19.02.1988, ACDP, 01-579-135/1, Zitat S. 5 des Schreibens.

59 Dazu Weber: Zwischen Nachrüstung und Abrüstung, S. 337 f.

tion am 25. April 1989 darauf verwies, dass nicht das Genscher-Ministerium der Architekt des Gesamtkonzepts gewesen sei, sondern er diese Idee aufgegriffen habe.[60] Nicht zu Unrecht verwies er dabei auf die eigene Haltung, hatte er doch bereits im September 1986 gegenüber der »Frankfurter Allgemeinen Zeitung« seine Überzeugung dargelegt, »auch die Mittelstreckenraketen kürzerer Reichweite – das sind Waffen mit einer Reichweite von 150 bis 500 Kilometern – in Verhandlungen mit der Sowjetunion um eine Zwischenlösung für die Mittelstreckenraketen einzubeziehen und nicht nur solche zu berücksichtigen, die weiter als 500 Kilometer reichen.«[61]

Die größte Regierungspartei hatte sich schließlich nach langen internen Debatten im Frühjahr 1989 auf eine einheitliche Linie verständigt. Sie entsprach mehr oder weniger Dreggers schon drei Jahre vorher geäußerter Position. Es ist keine Übertreibung, wenn man konstatiert, dass Kohl die von Dregger beharrlich vertretene Position uneingeschränkt übernommen hatte. Als der Kanzler in einer turbulenten Fraktionssitzung am 25. April 1989 den sicherheitspolitischen Kurs seiner Regierung kurz vor dem entscheidenden NATO-Gipfel erklärte, verwies er mehrfach auf die Vorarbeit des Fraktionsvorsitzenden. Da sich Kohl großes politisches Vertrauenskapital in den USA erworben hatte und er auch nicht im Geringsten in Verdacht stand, sicherheitspolitische Dissonanzen als Argument für eine allmähliche Abkehr von den USA zu nutzen, räumte sein Plädoyer die Zweifel derer aus, die Dregger allein nicht gefolgt wären: »Gehen Sie bitte davon aus: Solange ich auf diesem Platz sitze, werden wir keine Politik als Bundesregierung machen, die die Interessen der Allianz verläßt. Aber Interesse der Allianz muß immer auch heißen: Interessen der Deutschen auch! Die Deutschen sind nicht Teilnehmer der Allianz zweiten Ranges.«[62]

Die CDU stand in dieser Frage so geschlossen da, dass der Parteivorsitzende und Bundeskanzler in der Sitzung des Bundesvorstands deutlich machte, dass er gegenüber den NATO-Partnern von dieser Position nicht abrücken werde. Gehe das westliche Verteidigungsbündnis nicht auf die deutschen Bedenken ein, werde dies »zu einer Sprengung der NATO führen«.[63] Und diesen Worten ließ Kohl Taten folgen. Er spielte seine diplomatische Stärke aus und verstand es, im

60 Vgl. Dreggers Ausführungen in der Fraktionssitzung vom 25.04.1989, ACDP, 08-001-1089/2, S. 47 des Wortprotokolls.

61 Die Union will Raketen kürzerer Reichweiten einbezogen wissen, in: FAZ, 30.09.1986.

62 So Kohl in der Fraktionssitzung vom 25.04.1989, ACDP, 08-001-1089/2, S. 26 des Wortprotokolls.

63 Kohl auf der Sitzung des erweiterten CDU-Bundesvorstands vom 08.05.1989, ACDP, 07-001-1105, S. 1 des Ergebnisprotokolls.

Verein mit dem seit Januar 1989 amtierenden US-Präsidenten George Bush die starre Position der Atommacht Großbritannien aufzuweichen, die auf einer Modernisierung der Kurzstreckenwaffen beharrt hatte. Der NATO-Gipfel in Brüssel fasste im Mai 1989 dann einen Beschluss, der eine mögliche Produktion und Modernisierung atomarer Kurzstreckenwaffen als nicht entscheidungsreif deklarierte und auf das Jahr 1992 vertagte.[64]

Insgesamt lässt sich an Dreggers Agieren eingehend der Frage nachgehen, inwieweit Regierungsfraktionen an staatlichen Entscheidungsprozessen beteiligt sind und diese beeinflussen können. Dregger kam das Verdienst zu, den Umgang mit den Kurzstreckenwaffen als Entscheidungsproblem der westlichen Allianz thematisiert und damit einen erheblichen Beitrag zur sicherheitspolitischen Entscheidungskultur geliefert zu haben. Konstitutive Grundbedingung für eine jede Entscheidung ist es, das Problembewusstsein dafür zu schärfen, dass mindestens zwei Handlungsoptionen miteinander konkurrieren.[65] Dregger hatte vom Frühjahr 1987 an unablässig dafür geworben, im westlichen Bündnis einen echten Entscheidungsprozess in Gang zu setzen, indem auch politische Alternativen zur Aufrüstung im Kurzstreckenbereich ins Auge gefasst wurden. Geradezu inständig flehte er die Verbündeten wie die hinter der Bundesregierung stehenden Kräfte an, »jetzt keine isolierte Entscheidung über die Modernisierung von Kurzstreckensystem zu treffen«.[66] Dreggers Insistieren ist ein beredtes Bespiel dafür, dass Entscheidungen inhaltlich in eine andere Richtung gelenkt werden können, wenn das Entscheidungsprozedere geändert wird. Es gelang ihm, darauf hinzuwirken, dass Einwände und Bedenken auf eine höhere Ebene gehoben wurden und damit ein Entscheidungsprozess in Gang kommen konnte, der das Sicherheitsproblem schließlich entschärfte. Indem Dregger ein »Gesamtabrüstungskonzept« als unerlässliche Voraussetzung für alle weiteren sicherheitspolitischen Schritte anmahnte, verlangte er nach einer von allen NATO-Partnern mitgetragenen neuen Strategie für den Umgang mit der Sowjetunion.[67]

Das Einfordern einer schlüssigen NATO-Gesamtstrategie trug entscheidend dazu bei, einen für die Bundesrepublik fatalen Aufrüstungsautomatismus im Bereich der Kurzstreckensysteme abzuwehren. Gewiss war Dregger nicht der einzige Akteur, der seinen Anteil daran hatte, dass die bundesdeutsche Seite in

64 Vgl. Schwarz: Kohl, S. 506–512.
65 Grundlegend hierzu ist Schimank: Entscheidungsgesellschaft.
66 Schreiben Dreggers an die Teilnehmer der Münchner Wehrkundetagung, 19.02.1988, ACDP, 01-579-135/1, S. 5 des Schreibens.
67 Ebd.

einer für sie vitalen sicherheitspolitischen Frage letztlich die Diskurshoheit über Entscheidungsprozesse innerhalb der westlichen Allianz auszuüben vermochte. Doch angesichts der weit verbreiteten Vorstellung, Regierungsfraktionen hätten in den vermeintlich für die Exekutive reservierten Bereichen der Verteidigungs- und Außenpolitik keinen nennenswerten politischen Einfluss ausgeübt, macht das Beispiel des Vorsitzenden der stärksten Regierungsfraktion eines der wichtigsten europäischen NATO-Mitglieder deutlich, dass hier Korrekturbedarf besteht. Und so liefert Dreggers politisches Wirken auch eine Antwort auf die Grundsatzfrage, die sein Fraktionskollege Manfred Abelein in einer Fraktionssitzung aufgeworfen hatte, wobei er nahezu allen Fraktionsmitgliedern aus dem Herzen sprach. Abelein hatte die Kardinalfrage gestellt, »wo die Entscheidungen tatsächlich fallen«. Er knüpfte also an das Resultat von Entscheidungen an und fragte danach, wer zu einer verbindlichen Auswahl aus gegebenen Handlungsalternativen legitimiert war. Ein solcher enger Entscheidungsbegriff musste die Fraktion ratlos stimmen: In ihren Reihen wurden keine inhaltlich verbindlichen Letztentscheidungen – und schon gar nicht über außen- und sicherheitspolitische Kernthemen – getroffen, wie Abelein selbst niedergeschlagen feststellte, als er die möglichen entscheidungsbefugten Institutionen durchging. »In der ›Elefantenrunde‹« – gemeint war die Zusammenkunft der Spitzen der Koalitionsparteien –, »in Experten-Gremien, vielleicht sogar in der Regierung? [...] Mir ist nicht ganz klar, wo die Entscheidungen fallen. Nur wo sie nicht fallen eigentlich, inhaltlich – das ist mir klar, nämlich hier!«[68] Doch dem lag ein verkürzter Entscheidungsbegriff zugrunde, der außer Acht ließ, dass auch die Konstruktion, die Formulierung des politischen Entscheidungsproblems als entscheidungsrelevantes Handeln einzustufen ist.[69] In diesem Sinne aber war auch die Unionsfraktion an Entscheidungsprozessen in erheblichem Maße beteiligt – und dank ihres Vorsitzenden sogar in sicherheitspolitischen Fragen, die inhaltlich auf Bündnisebene entschieden wurden.

Damit hatte die Bundesregierung einen Handlungsspielraum gewonnen, der sich für sie auszahlte, als ab Juni 1989 atemberaubende Umbrüche in Mittel- und Südosteuropa das Ende der Teilung Europas einleiteten. Dregger hatte auf seine Art erheblich dazu beigetragen, dass der Bundeskanzler – durch die Über-

---

68 Ausführungen Abeleins in der Sitzung der CDU/CSU-Fraktion am 05.09.1988, ACDP, 08-001-1086/2, S. 28 des Wortprotokolls, dort auch das vorige Zitat.

69 Zu einem Entscheidungsbegriff, der auch die Definition dessen, was zum Gegenstand von Entscheidungsprozessen erhoben wird, inkludiert, vgl. Philip Hoffmann-Rehnitz/André Krischer/Matthias Pohlig: Entscheiden als Problem der Geschichtswissenschaft, in: Zeitschrift für Historische Forschung 45 (2018), S. 217–281, sowie Schimank: Entscheidungsgesellschaft, S. 30–32.

nahme von Dreggers Position in der Frage der Modernisierung von Kurzstreckensystemen – in abrüstungspolitischer Hinsicht gegenüber der Sowjetunion eine Politik der ausgestreckten Hand betreiben konnte, deren politische Rendite sich im Sommer 1989 offenbaren sollte. Wenn aber schließlich auch Bewegung in die deutsche Frage kam, war das nicht zuletzt darauf zurückzuführen, dass die Bundesregierung ihre sicherheitspolitischen Abstimmungen innerhalb der westlichen Allianz nicht mit deutschlandpolitischen Vorstößen überfrachtet hatte. Als Hüter des Erbes von Adenauer lehnte Bundeskanzler Kohl alle zarten Gedankenspiele strikt ab, die Bundesrepublik möge sich deutschlandpolitische Zugeständnisse der Sowjetunion dadurch erkaufen, dass sie die sicherheitspolitische Bindung an die westliche Staatengemeinschaft lockerte. Daher reagierte er auch mehr als distanziert[70] auf den bereits erwähnten Vorstoß des Abgeordneten Bernhard Friedmann, beide Themenfelder derart miteinander zu verknüpfen, dass der Bündnisstatus eines wiedervereinigten Deutschlands verhandelbar sei.[71] Friedmann wiederholte seinen Vorstoß in einer denkwürdigen Sitzung in der CDU/CSU-Bundestagsfaktion am 6. Oktober 1987: Er plädierte leidenschaftlich dafür, die neue Dynamik in der Abrüstungspolitik zu nutzen, um erstmals seit 30 Jahren die deutsche Frage wieder zum Gegenstand von Viermächteverhandlungen zu machen, wobei er nicht explizit ausschloss, dass auch ein neutralisiertes Gesamtdeutschland am Ende solcher Verhandlungen stehen könnte.[72]

Dregger war – wie ihm auch Friedmann bescheinigte[73] – der einzige hochrangige Unionspolitiker ohne Regierungsverantwortung, der erkannte und öffentlich artikulierte, dass die neue sicherheitspolitische Dynamik bislang ungeahnte Chancen für die Wiedervereinigung eröffnete. Der Fraktionsvorsitzende hob sich damit deutlich von Entspannungspolitikern aller Parteien ab, die Abrüstungsinitiativen begrüßten, aber aus Indifferenz gegenüber der deutschen Teilung weit davon entfernt waren, die jeweiligen Handlungsoptionen auszuloten. Zugleich aber sah Dregger die Westbindung als unverzichtbar an, so dass er jenen engagierten Deutschlandpolitikern nicht folgen konnte, die in dieser historischen Zeitenwende die Einbindung eines vereinigten Deutschlands in den Westen zur Disposition stellten. Sein Begriff von »Westen« war allerdings im Kern ein europäischer und implizierte eine kulturelle Distanz zu Amerika. Dass die USA, wie

70 Vgl. das Schreiben Kohls an Friedmann, 25.01.1988, ACDP, 01-579-135/1.

71 Friedmann: Einheit statt Raketen, S. 119.

72 Ausführungen Friedmanns in der Fraktionssitzung vom 06.10.1987, ACDP, 08-001-1083/1, S. 35–39 des Wortprotokolls.

73 Friedmann, ebd., S. 85 des Wortprotokolls.

sich nun zeigte, imstande waren, sich bilateral mit der Sowjetunion ohne ausreichende Berücksichtigung genuin gesamtdeutscher Sicherheitsinteressen zu verständigen, war für Dregger ein politischer Weckruf, die europäische Integration energisch voranzutreiben. Kohl und er waren in dieser Hinsicht untrennbare politische Weggefährten mit gemeinsamen deutschlandpolitischen und europapolitischen Überzeugungen. Bei Dregger, der nicht in die Kabinettsdisziplin eingebunden war und daher deutlichere Worte gebrauchen konnte, wenn es um den Bündnispartner ging, klang dies so: Ziel sei eine »politische Union der freien Staaten Europas. Was entstünde dann? Ein ernstzunehmender Gesprächspartner der beiden Weltmächte. [...] Wenn man mal überlegt, daß in Reykjavik die Sicherheitsstrukturen Europas verändert wurden, ohne daß ein einziger Europäer am Tisch saß, was ja nicht die Schuld der Amerikaner ist, sondern daran liegt, daß die Europäer, soweit sie frei sind, die Möglichkeit nicht genutzt haben, sich zu einer politischen Union zusammenzuschließen, dann muß man doch nur sagen, das ist doch Europas unwürdig und gefährlich zugleich.«[74]

Nicht nur Kohl, auch Dregger erteilte – ohne den Begriff direkt zu verwenden – allen »Sonderwegen« in der deutschen Frage eine entschiedene Absage. Insofern gehörte auch er zu den Enkeln Adenauers, die dessen politisches Vermächtnis umzusetzen versuchten, wonach der freie Teil Deutschlands der Versuchung widerstehen sollte, nationale Alleingänge zu unternehmen. Dem Fraktionsvorsitzenden kam es ebenso wie dem Kanzler darauf an, dass die Bundesrepublik auch in der nationalen Frage im Einvernehmen mit seinen europäischen Partnern agierte. Das ergab sich allein schon daraus, dass für ihn die Überwindung der deutschen Teilung untrennbar mit der Erfüllung des unbändigen Freiheitsverlangens aller unter kommunistischer Herrschaft stehenden europäischen Völker verknüpft war. Nur die von ihm vehement geforderte Vertiefung der europäischen Integration hin zu einer politischen Union »würde allen anti-deutschen Ressentiments und auch dem anti-deutschen Mißtrauen die Grundlage entziehen«.[75]

Insofern gehörte Dregger zweifellos zu den europäischen Politikern, die der europäischen Integration eine dezidiert sicherheitspolitische Dimension verleihen wollten. Er engagierte sich daher in dem 1984 wiederbelebten »Aktionskomitee für Europa«, das im Geiste seines Gründervaters Jean Monnet eine handlungsfähige europäische Staatengemeinschaft anstrebte. Das sogenannte Monnet-Komitee gab im März 1987 eine Erklärung ab, in der auf Dreggers Initi-

74 Ausführungen Dreggers in der Fraktionssitzung vom 06.10.1987, ebd., Zitat S. 45 des Wortprotokolls.

75 Ebd., S. 45.

ative hin gefordert wurde, die europäische Integration um einen sicherheitspolitischen Pfeiler zu erweitern. Im Kern lief diese Idee auf die Wiederbelebung des Konzepts einer europäischen Verteidigungsgemeinschaft hinaus, die von 1952 bis 1954 bereits zum Greifen nah gewesen war. Im Deutschen Bundestag warb Dregger in seiner Eigenschaft als Fraktionsvorsitzender für diese Vorstellung und brachte damit zum Ausdruck, dass er auch in der Europapolitik eigene Akzente setzte: »Wir treten dafür ein, die Europäische Gemeinschaft zu einer politischen Union, d. h. auch zu einer Sicherheitsunion weiterzuentwickeln.«[76]

Dregger setzte seine Hoffnung mithin darauf, dass eine Forcierung der europäischen Integration auch deutschlandpolitische Früchte tragen würde – eine Auffassung, die bei Friedmann[77] und anderen auf unverhohlene Skepsis stieß. Was Friedmann und Dregger jedoch verband, war ihre übereinstimmende Zeitdiagnose. Wie alle engagierten Deutschlandpolitiker waren sie bestrebt, den Status quo aufzubrechen. Dies setzte voraus, dass grundstürzende Entwicklungen im sowjetischen Machtbereich neue Bewegung in die vermeintlich festgefahrene deutsche Frage brachten. Was die immer kleiner werdende Schar aktiver Deutschlandpolitiker aller im Bundestag vertretenen Parteien einte, war ihr spezifisches, deutschlandpolitisch ausgerichtetes Kontingenzbewusstsein.[78] Dieses Bewusstsein vom Einbruch neuer Zeiten konnte zu der Diagnose führen, dass man in der Deutschlandpolitik unkonventionelle Wege wie eine bilaterale Verständigung mit der Sowjetunion nicht ausschließen dürfe, weil ansonsten die Zeit davonlaufe.[79] Es konnte aber genauso – wie bei Dregger – in ein vehementes Plädoyer münden, als Europäer endlich zur Selbstbesinnung zu kommen und das eigene sicherheitspolitische Gewicht in die Waagschale der Weltpolitik zu werfen: »Es ist in der Geschichte immer so, daß man gewisse Augenblicke ergreifen muß, wenn sie nicht endgültig verlorengehen sollen.«[80] Nicht zuletzt ihre Beobachtung einer ungeahnten Beschleunigung war es, die Deutschlandpolitikern vom Schlage Dreggers eine ideale Ausgangsposition verschaffte, um für die weltpolitische Zäsur gewappnet zu sein, deren erste Konturen sich im Juni 1989 in Ungarn abzeichneten.

---

76 Verhandlungen des Deutschen Bundestags, Stenographische Berichte, 11. Wahlperiode, 10. Sitzung, 07.05.1987, S. 539; dort auch der Hinweis auf Dreggers Engagement im Monnet-Komitee.

77 Vgl. Friedmann: Einheit statt Raketen, S. 133 f.

78 Zur Kategorie Kontingenzbewusstsein vgl. Hoffmann: Kontingenzerfahrung, S. 58.

79 So Friedmanns zeithistorisches Argument gegen Dreggers Plädoyer für eine verstärkte Europäisierung; Friedmann: Einheit, S. 134.

80 Dregger auf der Sitzung der CD/CSU-Bundestagsfraktion, 06.10.1987, ACDP, 08-001-1083/1, S. 46 des Wortprotokolls.

Politveteran im wiedervereinigten Deutschland

15. Erfüllung des Lebenstraums

Die deutsche Wiedervereinigung zählt zu den welthistorischen Geschehnissen, die in besonderer Weise als »kontingent« zu gelten haben. Hätte sich ein führender Politiker der Bundesrepublik im Mai 1989 zu der Aussage hinreißen lassen, ein Jahr später sei die DDR am Ende und die Wiedervereinigung zum Greifen nahe, wäre er politisch nicht ernst genommen worden. Die staatliche Einheit Deutschlands gehört damit zu jenen Ereignissen, die Lucian Hölscher zufolge »zwar als Möglichkeit schon gesehen, aber faktisch nicht oder nur von wenigen erwartet wurden«.[1]

Der Einbruch des Unerwarteten ist ein besonders geeigneter Maßstab, um das Handeln der ausschlaggebenden politischen Akteure einschätzen zu können. Es eignet sich als ein politischer Lackmustest dafür, ob und wie sich Akteure für die Eventualität gerüstet haben, dass eine Konstellation eintritt, in der das erreichbar wird, was, auch wenn es als unwahrscheinlich gilt, doch angestrebt oder gar herbeigesehnt wurde. So war eine Wiedervereinigung im Frühjahr 1989 zwar aus dem Horizont einer politischen Naherwartung gerückt. Doch da sie in der Präambel des Grundgesetzes als Verfassungsauftrag verankert war, ergab sich für diejenigen, die sich mit Leidenschaft für das Erreichen dieses Zieles einsetzten, eine politische Verpflichtung, alles daran zu setzen, zumindest die Möglichkeit einer solchen Entwicklung ins Auge zu fassen und sich auf entsprechende Eventualitäten einzustellen. Dregger zählte zu der überschaubaren Schar bundesdeutscher Spitzenpolitiker, die ihre politische Energie darauf verwandten, diesen schmalen Möglichkeitskorridor offenzuhalten. Insofern lässt sich an seinem politischen Wirken typologisch ablesen, welche Handlungsmöglichkeiten einer bundesdeutschen Politik offenstanden, die sich für den Einbruch der Kontingenz in Gestalt der Wiedervereinigung rüsten wollte.

Oberstes Gebot war es, im öffentlichen Diskurs dem Wunsch nach einer Wiedervereinigung (und auch deren Erwünschtheit) Ausdruck zu verleihen. In den 1980er Jahren mehrten sich in Publizistik, gesellschaftlichen Großgruppen und Parteien die Stimmen jener, die sich in der Zweistaatlichkeit eingerichtet

1 Hölscher: Zufall, S. 84.

hatten und keinen Drang nach deren Überwindung verspürten.[2] Solche Kräfte gab es auch in der CDU, wo sie sich insbesondere in der Parteizentrale unter Generalsekretär Geißler konzentrierten.[3] Dregger schwamm alles andere als auf einer Woge innerparteilicher Zustimmung, wenn er als deutschlandpolitischer Mahner seine Partei zum Festhalten an dem nationalpolitischen Ziel der Einheit Deutschlands aufrief. Dabei nutzte er den Umstand, dass sich die Union in den ersten Monaten des Jahres 1989 in einem politischen Tief befand.

Die Wahl zum Berliner Abgeordnetenhaus im Januar 1989 verunsicherte die Union nicht nur wegen ihres Ergebnisses, das den Verlust der Regierungsverantwortung nach sich zog. Strategisch bedrohlicher war der bei dieser Wahl sichtbare Aufstieg einer Rechtspartei. Erstmals in den 1980er Jahren hatte eine solche, »Die Republikaner«, den Einzug in ein Landesparlament geschafft. Das Ungemach setzte sich bei den folgenden Wahlen fort: Im März 1989 stürzte die CDU bei der Kommunalwahl in Hessen ab und hatte drastische Verluste zu verzeichnen, die sie nicht zuletzt die Mainmetropole Frankfurt kostete. Dies musste den ehemaligen hessischen Landesvorsitzenden Dregger besonders schmerzen. Bei der Europawahl am 18. Juni 1989 konnte sich die Union bei Stimmenverlusten von mehr als 8 Prozentpunkten gerade noch einmal knapp vor der SPD als stärkste Partei behaupten, und auch hier gelang den Republikanern mit mehr als 7 Prozent der Einzug ins Europaparlament. Die strategische Lage für die Union schien Mitte 1989 hoffnungslos zu sein: Am rechten Rand büßte sie Wähler ein, die der Regierung Untätigkeit vor allem in der Ausländer- und »Asylantenfrage« vorhielten; die Ökopartei »DIE GRÜNEN« nagte ebenfalls am CDU-Wählerpotenzial, indem ihr in städtischen Vierteln, wo das gutsituierte Bürgertum lebte, tiefe Einbrüche in die ehemalige CDU-Klientel gelangen; und generell machte sich Unsicherheit darüber breit, ob es der CDU noch einmal gelingen würde, allein mit ihrer Wirtschaftskompetenz Wahlen zu gewinnen. Insgesamt verfielen auch langgediente Unionspolitiker in einen gewissen Fatalismus, den der CDU-Bundestagsabgeordnete Schartz aus Trier wie folgt auf den Punkt brachte: »Es gibt einen Grundtrend gegen die CDU.«[4]

Geradezu händeringend hielt die Unionsführung nach einem politischen Thema Ausschau, mit dem eine als verbraucht geltende Regierungspartei wieder

2 Dazu mit einer immensen Fülle von Belegen Hacker: Deutsche Irrtümer.

3 Vgl. ebd., S. 186–188 und 313–316; siehe auch Wolfgang Jäger: Die CDU und das Ziel der deutschen Einheit, in: Lammert (Hg.): Christlich Demokratische Union, S. 301–333, vor allem S. 322 f.

4 Schartz war Landwirt und vertrat mit dem Wahlkreis Trier eine traditionelle CDU-Hochburg; sein Redebeitrag in der Fraktionssitzung vom 20.06.1989, ACDP, 08-001-1090/1, S. 51 f. des Wortprotokolls, Zitat S. 51.

in die politische Offensive gelangen konnte. Das verschaffte einem Politiker wie Dregger eine gute Ausgangslage, der immer die Auffassung vertreten hatte, dass der politische Erfolg der CDU nicht allein durch eine ansehnliche ökonomische Leistungsbilanz ihres Regierungshandelns garantiert werden könne. Dregger hatte Politik als Ringen um die Deutungsmacht bei Themen definiert, die seinen politischen Grundwert »Freiheit« zum Ausdruck brachten und sich daher für eine Grundsatzdebatte eigneten, bei der man sich vom politischen Gegner auf der Linken abgrenzen konnte. Auch sein unablässiges Eintreten für die deutsche Einheit war in diesem Lichte zu sehen, wie an den bisher betrachteten Stationen seines Werdeganges immer wieder deutlich geworden ist. Insofern kann es nicht ganz überraschen, wenn Dregger ausgerechnet in einem Jahr, das so desaströs für die CDU begonnen hatte, der festen Überzeugung war, dass die Union über politisches Kapital verfügte, das in Bälde mehr denn je nachgefragt werde: ein unnachgiebiges Festhalten an der Wiederherstellung des deutschen Nationalstaats als Teil einer gesamteuropäischen Lösung der deutschen Frage. Pointiert formuliert: Dregger hatte so etwas wie politische Vorratsspeicherung betrieben, indem er den nationalliberalen Markenkern in der Deutschlandpolitik gepflegt hatte. Offensichtlich glaubte er auch, dass sich diese Weitsicht schon in naher Zukunft auszahlen werde – zumindest brachte dies seine erste parlamentarische Initiative zu Beginn der Sitzungsperiode des Jahres 1989 zum Ausdruck.

Am 19. Januar 1989 brachten die Koalitionsfraktionen einen Entschließungsantrag zum Vertragsentwurf zur Gründung einer Europäischen Union ein. Bemerkenswert ist er insofern, als er die »offensivste Formulierung« enthielt, welche der Bundestag in den 1980er Jahren »zur Frage der Einheit Deutschlands und der Einheit Europas bisher verabschiedet« hatte. Der zweite Absatz des Antrags postulierte in der Tat ein politisches Ziel, das weit über die bevorstehende Vertiefung des Integrationsgrads der bislang in der »Europäischen Gemeinschaft« (EG) zusammengeschlossenen west, süd- und nordeuropäischen Staaten hinausreichte: Sie sollten sich zur Überwindung der Teilung Europas und damit auch der Teilung Deutschlands verpflichten: »Deshalb fordert der Deutsche Bundestag die Regierungen der Staaten der EG, die Institutionen der EG und das Europäische Parlament auf, bei der Ausarbeitung des Entwurfs für eine Europäische Union als gemeinsames Ziel zu verankern, die Teilung Deutschlands und Europas zu überwinden.«[5]

5 Hier zitiert nach der Wiedergabe durch Dregger, ebd., S. 8 des Wortprotokolls; siehe auch den Entschließungsantrag der Fraktionen von CDU/CSU und FDP zum Vertragsentwurf zur Gründung der Europäischen Union vom 19.01.1989: Deutscher Bundestag, 11. Wahlperiode, Drucksache 11/3866.

Nun darf man die Bedeutung von Entschließungen des Bundestags gewiss nicht überschätzen, und das gilt auch für den Entschließungsantrag vom 19. Januar 1989, der Dreggers ganz persönliches Anliegen war. Dieser Antrag wurde in das übliche parlamentarische Verfahren eingespeist und dem Auswärtigen Ausschuss überwiesen, der am 14. Juni 1989 dazu einen Bericht verfasste, der keine großen öffentlichen Wellen schlug.[6] Doch Dregger sorgte in eigener Person dafür, dass der politische Kern der Entschließung den Weg in die Öffentlichkeit fand. Am 15. Juni 1989 ergriff er im Bundestag das Wort – was er nur dann tat, wenn es um politische Grundsatzfragen ging. Drei Tage vor der Europawahl debattierte das Parlament über die Weiterentwicklung der Europäischen Gemeinschaft zu einer Europäischen Union, und genau in diesem Kontext verwies Dregger explizit auf den Entschließungsantrag vom Januar 1989.[7] Er betonte dessen zentrale Aussage, dass die voranschreitende Einigung Europas eine politische Dynamik schaffen werde, welche die Staaten im sowjetischen Machtbereich erfassen und auf diesem Wege auch die Teilung Deutschlands überwinden werde. Dies war nichts anderes als ein Bekenntnis zur Verklammerung von Europa- und Deutschlandpolitik, wie es der erste Bundeskanzler unablässig postuliert hatte und wie es Dregger im Fraktionsplenum noch einmal beschwor: eine Politik, »die wir, mit Konrad Adenauer beginnend, erfolgreich geführt haben und die wir weiterführen werden unter der Führung von Helmut Kohl«.[8]

Es war keine politische Selbstverständlichkeit, ausgerechnet zu einem Zeitpunkt, in dem die eigene Partei und der von ihr gestellte Bundeskanzler angeschlagen waren, so offensiv wie nie zuvor Europapolitik und Deutschlandpolitik miteinander zu verknüpfen. Immerhin nahm damit die Europapolitik den Charakter einer aktiven Wiedervereinigungspolitik an. Hier unterschied sich Dregger erheblich von dem Geißler-Flügel in der CDU, der in einer Vertiefung der Integration Westeuropas letztlich die Möglichkeit erblickte, die nationalstaatliche Perspektive einer Vereinigung beider deutscher Staaten auszublenden und diese Frage zumindest in eine unbestimmte Zukunft zu schieben. Dregger hingegen wollte aus der sich anbahnenden Entspannung zwischen den Weltmächten deutschlandpolitisches Kapital schlagen: 1989 war für ihn das Jahr der »großen Veränderungen in der Sowjetunion und in ihrem Machtbereich«,[9] und diese Ver-

6 Vgl. den Bericht des Auswärtigen Ausschusses vom 14.06.1989, Deutscher Bundestag, 11. Wahlperiode, Drucksache 11/4751.

7 Vgl. die Bundestagsrede Dreggers vom 15.06.1989, Verhandlungen des Deutschen Bundestags, Stenographische Berichte, 11. Wahlperiode, hier S. 11043.

8 Dregger in der Fraktionssitzung vom 17.01.1989, ACDP, 08-001-1088/1, S. 7 des Wortprotokolls.

9 Dregger in der Fraktion am 17.01.1989, ebd., S. 3 des Wortprotokolls.

änderungen ließen in seinen Augen erstmals die Verwirklichung der Vision Adenauers in realistische Reichweite rücken.

Dreggers Rolle innerhalb der CDU bis zum August 1989 lässt sich durchaus als die eines deutschlandpolitischen Taktgebers bezeichnen. Er nutzte das Potenzial seines Amts als Fraktionsvorsitzender, um die Union in deutschlandpolitischer Hinsicht programmatisch für den Zeitpunkt zu rüsten, an dem die Dynamik des Freiheitsverlangens auch auf die Völker Mittel- und Ostmitteleuropas übergreifen würde. Damit übernahm er in der CDU eine Funktion, die Generalsekretär Geißler für sich beansprucht hatte und an deren Überdehnung er letztlich scheitern sollte: die Schärfung des programmatischen Profils.[10] Dregger vermochte in diese Rolle zu schlüpfen, weil die CDU-Parteizentrale unter der Führung Geißlers ein deutschlandpolitisches Vakuum erzeugt hatte und auch der Parteivorsitzende Kohl kein brennendes Verlangen verspürte, sich auf diesem Politikfeld hervorzutun. Er konnte auch deswegen mit Geißler konkurrieren, weil beide streitbaren Politiker um die semantische Dimension des Politischen wussten: Die Grenzen des politisch Möglichen werden durch die semantische Deutungsmacht markiert. Wenn Geißler in der Bundesvorstandssitzung vom 18. Mai 1987 darauf hinwies, »daß Sprache und Darstellung der Ziele, die eine Partei verfolgt, auch Auswirkungen auf die Politik haben. Nicht die Dinge bewegen in erster Linie den Menschen, sondern die Worte über die Dinge«,[11] sprach er Dregger gewissermaßen aus dem Herzen.[12] Daher legte Dregger so großen Wert darauf, seine deutschlandpolitischen Positionen in die Öffentlichkeit zu tragen und die CDU in toto dafür zu gewinnen. Nur wenn sich die Union deutlich zur Überwindung der Teilung Europas bekannte und darin den Königsweg zur Wiederherstellung des deutschen Nationalstaats erblickte, konnte man sie seiner Auffassung nach überhaupt erst gestalten. Ein Beharren auf Völkerrechtspositionen reichte dazu nicht: »Genauso wenig wie die Einheit Europas vom Himmel fällt, genauso wenig ist das mit der Einheit Deutschlands zu erwarten. Die Einheit Deutschlands ist auch nicht nur ein Rechtsproblem. […] Rechts-

10 Dass Geißler seine Aufgabe in diesem Sinne aufgefasst hatte, kommt u. a. in seiner Stellungnahme auf der Sitzung des CDU-Bundesvorstands vom 28.08.1989 zum Ausdruck, ACDP, 07-001-1108, S. 4 des Ergebnisprotokolls.

11 Geißler auf der Sitzung des CDU-Bundesvorstands am 18.05.1987, ACDP, 07-001-1085, S. 7 des Ergebnisprotokolls.

12 »Dregger unterstützt die Ausführungen von Generalsekretär Dr. Geißler über die Bedeutung der Sprache in der Politik«; ebd., S. 8 des Ergebnisprotokolls.

positionen können nur Entwicklungen offenhalten, sie können aber keine Entwicklungen bewirken.«[13]

Nun war das politische Thema, von dem Dregger ausging, dass es die deutsche und europäische Politik die nächsten Jahre prägen würde, ausgerechnet eines, das seine innerparteilichen Widersacher ebenso wie weite Teile der veröffentlichten Meinung als »ewiggestrig« bezeichneten: die aktive Überwindung der Teilung Deutschlands und Europas. Dregger schwamm mithin nicht auf einer Woge öffentlicher Zustimmung, als er innerhalb seiner Partei mit neu entflammter Zuversicht dafür warb, die nationale Frage ins Zentrum der europäischen Politik zu rücken. Er gehörte einer immer weiter schrumpfenden Schar bundesdeutscher Politiker an, in deren Kontingenzbewusstsein in ganz unzeitgemäßer Weise die Wiederentstehung des deutschen Nationalstaats in absehbarer Zeit verankert war. Seine deutschlandpolitische Wächterrolle konnte er auch deswegen so leidenschaftlich ausüben, weil der Zustand der öffentlichen Meinung ihn gegen Enttäuschungen feite. Gerade weil große Teile der meinungsbildenden Elite in der Bundesrepublik die Vorstellung, die Frage der Wiedervereinigung werde in Bälde machtvoll an die Türen der europäischen Politik klopfen, für ein politisches Hirngespinst hielten,[14] setzte sich Dregger keinem Erwartungsdruck aus, als er diese Idee im Verlaufe des Jahres 1989 immer vernehmlicher postulierte.

Der CDU-Bundesvorsitzende Kohl ließ Dregger gewähren, ohne ihm öffentlich oder privat an die Seite zu springen. Kohl pflegte bis zum Sommer 1989 eine deutschlandpolitische Zurückhaltung[15] – auch weil er sich als Pragmatiker nicht unnötig für ein Ziel aufreiben wollte, dessen Realisierung nicht in Reichweite zu sein schien. Doch ab Sommer 1989 erkannte Kohl mit wachem Gespür den Wert nationaler Positionen. Ein Grund war, dass er sich damit seine innerparteilichen Widersacher vom Leibe halten konnte. Damit aber stieg der politische Wert des Fraktionsvorsitzenden für den angeschlagenen CDU-Vorsitzenden Kohl erheblich. Dregger wurde für ihn zu einem unersetzlichen Gegengewicht gegen die Zielsetzungen der CDU-Parteizentrale, deren Leiter in inhaltlicher wie personeller Hinsicht gegen den Führungsanspruch des Parteivorsitzenden opponierte, sowie gegen diejenigen, die wie der baden-württembergische Ministerpräsident Späth Kohl weiter schwächen wollten, um eigene Ambitionen voranzutreiben. Dass Kohl den innerparteilichen Machtkampf gegen seine Herausforderer auf

13 Dregger in der Fraktionssitzung vom 17.01.1989, ACDP, 08-001-1088/1, Zitate S. 6 f. des Wortprotokolls.

14 Eine Fülle von derartigen Zeugnissen bei Hacker: Deutsche Irrtümer.

15 So auch Jäger: Die CDU und das Ziel der deutschen Einheit, S. 320 – 324.

ganzer Linie für sich entscheiden und danach als Kanzler der Einheit in die Geschichtsbücher eingehen konnte, verdankte er auch einem Fraktionsvorsitzenden, dessen Loyalität sich nicht zuletzt daraus speiste, dass der Bundeskanzler die Deutschlandpolitik neu entdeckt hatte und nun, als sich der Möglichkeitsraum angesichts der europäischen Entwicklungen neu darstellte, auch ganz nach den Vorstellungen Dreggers betrieb.

Ein Faustpfand Kohls in den innerparteilichen Machtspielen war der Umstand, dass seine Person eine überaus gedeihliche Zusammenarbeit mit der Schwesterpartei CSU garantierte. Nicht wenige CDU-Politiker hegten nach dem Tod des übermächtigen Franz Josef Strauß im Oktober 1988 die Hoffnung, eigenmächtige Interventionen wie im Falle der Flugbenzinsteuer würden endlich der Vergangenheit angehören und der Nachfolger werde sich solidarischer verhalten. Insofern war es ein Glücksfall, dass Theo Waigel Strauß als CSU-Parteivorsitzender nachfolgte, den mit Kohl eine politische und persönliche Freundschaft verband. Sein Eintritt in die Regierung als Finanzminister im April 1989 stärkte Kohl gegenüber seinen Widersachern in der CDU.[16] Doch damit wurde auch die Position Dreggers beim Kanzler aufgewertet, hatte doch Waigel bis zu seiner Berufung ins Bundesfinanzministerium auch die Leitung der CSU-Landesgruppe im Bundestag innegehabt und sich in dieser Funktion als ein überaus verlässlicher Partner Dreggers erwiesen. Nicht zuletzt im Dezember 1988 war er ihm eine große Stütze gewesen, als Dreggers Führungsanspruch aus der Fraktion heraus in Frage gestellt worden war.

Hielt Kohl sich zugute, er garantiere wesentlich besser als seine sich ständig an der CSU abmühenden Rivalen die Einheit der gesamten Union als politische Gesinnungsgemeinschaft, dann gewann dieses Argument noch mehr an Durchschlagskraft, wenn er Dregger an seiner Seite wusste. Immerhin übte der Vorsitzende der gemeinsamen Fraktion das einzige Amt aus, das beide Parteien zu einem politischen Willensverband integrierte. Es war kein Zufall, dass Dregger diese Funktion auf dem Bremer CDU-Parteitag im September 1989 gebührend herausstrich und sich dabei auf Konrad Adenauer und dessen Diktum berief, dass die Bundestagsfraktion ein »die Einheit der Union verkörperndes Organ«[17] sei. Daher konnte Dregger auch als Vollstrecker einer gemeinsamen Position der Union auftreten, wenn Theo Waigel – in seiner doppelten Rolle als CSU-Vorsit-

---

16 Vgl. Schwarz: Kohl, S. 499–501.

17 So Dregger am 11.09.1989 auf dem Bremer Parteitag, CDU-Bundesgeschäftsstelle (Hg.): 37. Bundesparteitag der Christlich Demokratischen Union. Niederschrift, Bremen, 11.–13. September 1989. Bonn 1989, S. 141.

zender und Chef der CSU-Landesgruppe – in der Fraktionssitzung am 14. Februar 1989 der CDU ins Gewissen redete, die Einheit der Nation offensiver und mutiger zu vertreten. Mit feinem Gespür hatte Waigel registriert, dass Intellektuelle wie Martin Walser, die sich bislang als links eingestuft hatten, die nationale Frage wieder öffentlich thematisierten – und dahinter dürfe die gesamte Union nicht zurückbleiben.[18] Wenn die CSU mit schwesterlicher Güte eine Rückbesinnung der CDU auf nationale Kernanliegen empfahl, assistierte sie damit Dregger bei dessen politischem Lebensziel, dem Thema »Wiedervereinigung« innerhalb und außerhalb der CDU wieder mehr Gehör zu verschaffen. Dregger fühlte sich in seiner Grundsatzauffassung bestärkt, dass die Sprache der Politik die Agenda bestimme und ihr Handlungsspielräume eröffne oder verschließe. In der Fraktion betonte er, »daß es aber nicht nur auf das Tun ankommt, sondern auch auf das Reden. Meine Damen und Herren, wir müssen von Deutschland reden«.[19]

Der Bundeskanzler und CDU-Vorsitzende nutzte auf die ihm eigene Weise die offenkundige Renaissance der Nation. Es war die Bundestagsfraktion, die für ihn auch als politische Versuchsanordnung diente, um die Wertigkeit dieses Themas zu testen. Wieder einmal zeigte sich die Bedeutung der Bundestagsfraktion als unentbehrlicher Resonanzboden, der auf Vorhaben der Regierung eine Antwort gab. Wenn Kohl im Frühjahr 1989 erstmals in dieser Deutlichkeit die »Frage nach der nationalen Identität«[20] in der Fraktion aufwarf, dann grenzte er sich damit zugleich auch mehr als deutlich vom Geißler-Flügel ab, dem seitens der Fraktion immer schärfere Kritik entgegenschlug. Gestandene Deutschlandpolitiker verwahrten sich dagegen, dass das Festhalten an einer aktiven Wiedervereinigungspolitik aus den eigenen Reihen als »Stahlhelm-Politik«[21] denunziert wurde. Und sie wiesen darauf hin, wie schädlich es für die CDU sei, wenn die Parteizentrale die Zeichen der Zeit nicht erkenne und die Deutschlandpolitik der eigenen Regierung nicht engagiert unterstütze: »Gerade eine so gute Deutschlandpolitik wie die von Helmut Kohl hat es nicht verdient, ins Zwielicht gezogen zu werden durch Attacken, die Wähler verunsichern, die gerade hier ihr Herzblut in diese Deutschlandpolitik hineingeben.«[22]

---

18 Vgl. die Rede Waigels in der Fraktionssitzung vom 14.02.1989, ACDP, 08-001-1088/2, S. 69–73 des Wortprotokolls.

19 Rede Dreggers in der Fraktion am 14.02.1989, ebd., S. 12 des Wortprotokolls.

20 Rede Kohls in der Fraktionssitzung vom 14.03.1989, ebd., S. 13 des Wortprotokolls.

21 Rede des Abgeordneten Czaja in der Fraktionssitzung vom 14.02.1989, ebd., S. 94 des Wortprotokolls

22 Rede des CDU-Abgeordneten Claus Jäger in der Fraktionssitzung vom 14.02.1989, ebd., S. 77 des Wortprotokolls.

Die Renaissance der Deutschlandpolitik schweißte Kohl und Dregger enger denn je zusammen. Für Kohl erwies sich diese Allianz von strategischer Bedeutung, als es galt, den bedrohlichsten Angriff gegen seine politische Stellung abzuwehren. Im Sommer 1989 hatten die Kohl-Kritiker, beflügelt vom Stimmungstief der CDU, ernsthafte Sondierungen unternommen mit dem Ziel, einen Gegenkandidaten zu Kohl auf dem im September 1989 in Bremen stattfindenden Parteitag zu präsentieren. Treibende Kraft war der noch amtierende CDU-Generalsekretär Geißler; als Kandidat für das Amt des Parteivorsitzenden trat der baden-württembergische Ministerpräsident Späth in Erscheinung; und mit Bundestagspräsidentin Süssmuth und Bundesarbeitsminister Blüm waren zwei politische Schwergewichte mit dabei, die in der Bundestagsfraktion verankert waren. Die Widersacher Kohls waren allesamt dem selbsternannten Reformflügel der Partei zuzurechnen, der links von der Mitte das zukunftsfähige Wählerpotenzial für die CDU erblickte und auch deswegen dezidiert nationalliberale Positionen in der Deutschlandpolitik als obsolet und unzeitgemäß ansah. Ihr strategisches Dilemma bestand darin, dass sie diese inhaltlichen Gemeinsamkeiten nicht nach außen gegen den amtierenden Bundesvorsitzenden einsetzen konnten, weil sie damit ihre politischen Aussichten geschwächt hätten. Einer Bundespartei, die ohnehin nicht zu politischer Rebellion neigte, konnte man nötigenfalls einen Austausch der Parteiführung schmackhaft machen, nicht aber einen gravierenden politischen Richtungswechsel.

Doch Kohl zwang seine innerparteilichen Widersacher dazu, aus der inhaltlichen Deckung herauszutreten, indem er am 22. August 1989 dem konsternierten Geißler offenbarte, ihn auf dem Parteitag nicht wieder für das Amt des Generalsekretärs zu nominieren. Damit stellte er die immer noch zögerlichen Rivalen vor die Wahl, entweder die offene Feldschlacht auf dem Parteitag zu suchen oder sich der Autorität des Bundesvorsitzenden zu beugen.[23] Der Zeitpunkt war insofern ideal gewählt, als die innerparteiliche Fronde auch inhaltlich in die Defensive geraten war. So zeichnete sich Ende August 1989 überdeutlich ab, dass ausgerechnet das von den Kohl-Rivalen als antiquiert gebrandmarkte Festhalten an deutschlandpolitischen Grundüberzeugungen der Union ein politisches Comeback verhieß. Dass der CDU-Parteivorsitzende seine Rivalen in inhaltliche Bedrängnis bringen konnte, war nicht zuletzt dem Umstand geschuldet, dass er eine deutschlandpolitische Autorität wie Dregger an seiner Seite wusste, die sich für die Standfestigkeit Kohls verbürgte.

---

23 Vgl. Schwarz: Kohl, S. 524–526.

Kohl hatte bereits im Umfeld der Europa-Wahl vom 18. Juni 1989 mit der Frage der Wiedervereinigung argumentiert, als seine Widersacher noch in Abwehrhaltung verharrten. Bei dieser Wahl, die auch als Stimmungstest für die Regierung und den Bundeskanzler gelten konnte, vermochte sich die Union knapp vor der SPD als stärkste Partei zu behaupten. Damit war der *worst case* nicht eingetreten, und Kohl konnte zwei Tage später die Fraktionssitzung nutzen, auf dem von Dregger bestellten Feld der Deutschlandpolitik gegenüber seinem Hauptrivalen Geißler zu punkten. Wieder war es die Fraktion, die Kohl einen politischen Stimmungstest ermöglichte, um die Kräfteverhältnisse innerhalb der Union einschätzen zu können. Ende Juni 1989 war bereits die politische Dynamik zu erkennen, welche die Deutschen in der DDR, aber auch die unter der erodierenden kommunistischen Herrschaft lebenden Völker im immer mehr zerfasernden »Ostblock« erfasst hatte. Begründete der CDU-Generalsekretär ausgerechnet zu diesem Zeitpunkt seine Skepsis gegenüber der Wiederkehr der nationalen Frage mit dem Argument, dies arbeite den rechtsradikalen Republikanern in die Hände,[24] so schlug ihm nicht nur von Seiten seines Parteivorsitzenden blankes Unverständnis entgegen. Geißler wollte nicht wahrhaben, dass die Wiederherstellung der Einheit in Freiheit ein Kernthema der CDU war, das sie gerade deswegen genau jetzt angehen konnte, weil die Union nie einen Zweifel daran gelassen hatte, dass sie für eine europakompatible Lösung der nationalen Frage einstand. Der CDU-Vorsitzende hingegen nahm die Wiederkehr der Nation als politisches Gottesgeschenk gerne entgegen und bezog zum Thema Nation eine knallharte Gegenposition zu seinem Generalsekretär: »Das dürfen wir nicht dem Schönhuber überlassen, […] weil das doch unser Thema ist. Wer soll es eigentlich behandeln, wenn wir nicht dieses Thema behandeln? Und das hat was zu tun – ich glaube, der Alfred Dregger hat es vorhin auch so formuliert –, was ich einmal jetzt ganz einfach sage, obwohl ja viele das für altmodisch halten: mit patriotischer oder nationaler Gesinnung.«[25]

Auf der entscheidenden Sitzung des CDU-Bundesvorstands am 28. August 1989 fuhr Kohl nicht zuletzt dank Dreggers Vorarbeit die politische Ernte ein. Angesichts der grundstürzenden Entwicklungen in Ungarn, das als erster Staat des »Ostblocks« dabei war, den Übertritt von Ostdeutschen nach Österreich und damit deren Weiterreise in die Bundesrepublik zu ermöglichen, wäre es politisch fahrlässig gewesen, den strukturellen Vorteil der CDU nicht auszuspielen, in der

24 Vgl. den Tenor der Rede Geißlers in der Fraktionssitzung am 20.06.1989, ebd., S. 36–40 des Wortprotokolls.

25 Rede Kohls in der Fraktion am 20.06.1989, ebd., S. 20 des Wortprotokolls.

Deutschlandpolitik im Vergleich zu den politischen Mitbewerbern insgesamt wesentlich besser aufgestellt zu sein. Hatte die Union Mitte Juni 1989 noch geradezu verzweifelt nach einem Thema Ausschau gehalten, mit dem man sie positiv in Verbindung bringen konnte, war ihr dank der Dynamik in der deutschen Frage ein solches zugefallen! Insofern entwaffnete Kohl seine ohnehin bereits kleinlaut gewordenen Rivalen, als er die Vorstandssitzung am 28. August 1989 mit der unwidersprochenen Bemerkung eröffnete, dass nach seiner Überzeugung »die Deutschlandpolitik eines der großen Themen auch der Bundestagswahl«,[26] die turnusmäßig Anfang 1991 stattfinden sollte, sein werde.

Inhaltlich hatte Kohl damit ins Schwarze getroffen. Der ehemalige Fraktionsvorsitzende und Bundespräsident Carstens, ein politischer Geistesverwandter Dreggers, griff dies auf und hielt dem scheidenden Generalsekretär Geißler auf seine noble Art vor, er habe die nationalen Themen vernachlässigt.[27] Der Angegriffene verteidigte sich nur schwach[28] und musste im Verlauf der Bundesvorstandssitzung erleben, dass kein einziger seiner politischen Weggefährten Kohls strategisches Argument in Frage stellte. Ihr Rückzug auf ganzer Linie kam in dem müden Versuch zum Ausdruck, den Umgangsstil des Parteivorsitzenden zu kritisieren, obgleich niemand dessen Legitimation zur Nominierung eines Generalsekretärs in Zweifel zog. Die Kapitulation Biedenkopfs, notorischer Kohl-Widersacher und Vorgänger Geißlers, manifestierte sich darin, dass er sich darauf beschränkte, eine Erneuerung der innerparteilichen Diskussionskultur gerade im Bundesvorstand anzumahnen.[29] Späth, Hoffnungsträger der Kohl-Widersacher, gab ebenfalls klein bei und monierte nur Kohls Führungsstil, ohne den Kanzler offen herauszufordern.[30] Insofern konnte sich Dregger bei dieser Gelegenheit darauf beschränken, pointierter als jeder andere Redner Fundamentalkritik an Geißler zu üben. Dieser habe die CDU inhaltlich in eine Sackgasse geführt, indem er sie als »schicke Programmpartei« habe positionieren wollen, die sich dabei ihrer deutschlandpolitischen Grundsatzpositionen zu entledigen habe. Geißler habe damit Politik auf eigene Rechnung gegen den CDU-Vorsitzenden und Bundeskanzler betrieben. Seine Entlassung sei daher »nicht nur das Recht, sondern auch die Pflicht« Kohls gewesen.[31]

---

26 So Kohl auf der Sitzung des CDU-Bundesvorstands vom 28.08.1989, ACDP, 07-001-1108, S. 1 des Ergebnisprotokolls.

27 Vgl. den Redebeitrag Carstens, ebd., S. 3 f. des Ergebnisprotokolls.

28 Vgl. den Redebeitrag Geißlers, ebd., S. 4 f. des Ergebnisprotokolls.

29 Redebeitrag Biedenkopfs, ebd., S. 16 f. des Ergebnisprotokolls.

30 Redebeitrag Späths, ebd., S. 7 f. des Ergebnisprotokolls.

31 Redebeitrag Dreggers, ebd., S. 14 des Ergebnisprotokolls.

Die Entwicklungen im Ost-West-Verhältnis waren Wasser auf Dreggers Mühlen, und auf dem Bremer Parteitag erlebte er die Krönung seines innerparteilichen Einsatzes. Seite an Seite mit dem Bundeskanzler, der sich immer mehr als überaus energischer Deutschlandpolitiker entpuppte, wurde Dregger Zeuge einer perfekten politischen Choreographie: Der Bundesparteitag begann am 11. September 1989 – und just an diesem Tag gab Ungarn die Öffnung seiner Grenzen nach Österreich bekannt. Es ermöglichte damit eine Massenflucht von Zehntausenden Ostdeutscher, die dort auf diese Gelegenheit warteten – die Systemkrise in der DDR spitzte sich für alle erkennbar zu.[32] In seiner Rede vor den Parteitagsdelegierten konnte Dregger mit Fug und Recht diese dynamische Entwicklung als Bestätigung der von ihm gegen alle innerparteilichen Anfeindungen verfochtenen Politik auffassen. Die grundstürzenden Ereignisse bestärkten nicht nur ihn in der Überzeugung, dass nunmehr eine echte Chance auf »Freiheit und Einheit Deutschlands«[33] erwachsen sei, die es zielgerichtet zu ergreifen gelte – und zwar unter der Führung des alten und neuen Parteivorsitzenden.

Die Entwicklungen im zerbröckelnden sowjetischen Machtbereich schufen für die CDU die Gelegenheit, nun endlich ein politisches Zukunftsthema zu besetzen. In den Anfangsjahren hatte die CDU mit der Westintegration und der Sozialen Marktwirtschaft die außen- und wirtschaftspolitischen Weichenstellungen der Bundesrepublik gegen erhebliche Widerstände im Innern durchgesetzt. Daher konnte es nicht verwundern, dass Dregger in seiner Parteitagsrede deren Exponenten – Konrad Adenauer und Ludwig Erhard – gebührend herausstrich.[34] Doch seitdem waren keine vergleichbaren zukunftsweisenden Initiativen mehr von der CDU ausgegangen – und dies konnte Dregger besser als viele langgediente CDU-Parteigrößen beurteilen, weil er selber der Partei erst in reifen Jahren beigetreten war. Nun zahlte sich Grundsatztreue in seinem zentralen Politikfeld – der Deutschlandpolitik – aus. Die Entwicklung im Osten spielte der CDU *das* Thema in die Hand, das für die nächsten Jahre die Zukunft Deutschlands prägen würde, wie es davor nur die genannte außen- und wirtschaftspolitische Ausrichtung der jungen Bundesrepublik getan hatte. Dregger brachte das prägnanter als alle anderen CDU-Spitzenpolitiker auf den Punkt, wenn er ausführte: »Eine Partei wird nicht wegen ihrer Leistungen in

---

32 Vgl. dazu Stefan Karner/Philipp Lesiak (Hg.): Der erste Stein aus der Berliner Mauer. Das paneuropäische Picknick 1989. Graz 2019.

33 Parteitagsrede Dreggers am 11.09.1989, in: CDU-Bundesgeschäftsstelle (Hg.): 37. Bundesparteitag, S. 144.

34 Ebd., S. 145.

der Vergangenheit, sondern wegen ihrer Hoffnungen und Erwartungen für die Zukunft gewählt.«[35]

Dregger nutzte das Forum des Parteitags, um in der ihm eigenen Art mit seinen innerparteilichen Widersachern abzurechnen. Wie immer enthielt er sich jeder Polemik und blieb maßvoll in seiner Sprachwahl. Doch jeder wusste, wer gemeint war, wenn er unter Berufung auf die dynamische Entwicklung in der deutschen Frage die Partei dazu aufforderte, jetzt ihre »nationale Kontur«[36] zu schärfen. Ohne triumphalistisches Gebaren verwies er die Partei-»Freunde« in die Schranken, welche die nationale Frage für obsolet gehalten und der CDU empfohlen hatten, von vermeintlich veralteten Positionen abzurücken. Der Bremer Parteitag sollte für Dregger den innerparteilichen Klärungsprozess zum Abschluss bringen[37] – und in der Tat erfüllte er alle diese Hoffnungen: Die Widersacher Kohls wagten sich auf dem Parteitag nicht aus der Deckung und traten nicht mit einem Gegenkandidaten an, so dass Kohl mit komfortabler Mehrheit als Parteivorsitzender bestätigt wurde. Abgestraft wurden diejenigen, die gegen Kohl konspiriert, aber nicht den Mut gefunden hatten, auf dem Parteitag offen dafür einzutreten. Dass der baden-württembergische Ministerpräsident Späth, den die Kohl-Gegner intern zum Nachfolger ausgeguckt hatten, bei der Wahl zum Parteipräsidium durchfiel,[38] dürfte nicht nur Dregger als gerechten Lohn für eine inhaltlich wie strategisch völlig fehlgeschlagene Aktion gedeutet haben.

Im Oktober und November 1989 wurde der innere Zerfall der DDR immer offenkundiger. Nach der Flüchtlingswelle der Deutschen aus der DDR, die über Ungarn den Weg in den Westen fand, folgte wenige Wochen später eine zweite ungesteuerte »Ausreisewelle« von Tausenden Ostdeutscher, die sich in der bundesdeutschen Botschaft in Prag verschanzt hatten. Die DDR verlor die Kontrolle über ihr rigides Grenzregime, und als am 9. Oktober 1989 eine Massendemonstration von annähernd 100.000 Menschen in Leipzig nicht unterdrückt werden konnte, waren die Schleusen auch im Innern geöffnet. In Windeseile brachen sich Formen genuin zivilgesellschaftlichen Protests Bahn, die nicht nur das Macht-

35 Ebd., S. 143.
36 Ebd., S. 146.
37 Ebd., S. 147.
38 Da es insgesamt nur neun Kandidaten für die sieben zu vergebenden Positionen eines stellvertretenden Vorsitzenden gab, gehörte schon viel dazu, damit die Delegierten einen als erfolgreich geltenden Ministerpräsidenten durchfallen ließen. Späth belegte aber den vorletzten Platz und verfehlte damit die Wahl in das höchste Parteigremium. Vgl. CDU-Bundesgeschäftsstelle (Hg.): 37. Bundesparteitag, S. 133.

monopol der SED offensiv in Frage stellten, sondern mit der Parole »Deutschland einig Vaterland« unüberhörbar den Wunsch nach einer Überwindung der deutschen Teilung auf die politische Agenda setzten.

Es geht an dieser Stelle nicht darum, die intensiv erforschte Geschichte des Wiedervereinigungsprozesses[39] noch einmal auszubreiten. Aufschlussreich dürfte aber sein, diesem Ereignis anhand der Frage nach Kontingenzbewältigung neue Facetten abzugewinnen. Ohne Zweifel hat sich die Wiedervereinigung im Laufe des Jahres 1989 nicht nur als vage Möglichkeit, sondern als konkrete Handlungsoption unverhofft herauskristallisiert. Damit lautet die Frage, ob es Handlungsmuster gab, denen jene, die eine solche Entwicklung in Betracht gezogen hatten, folgten. Dregger eignet sich dafür in besonderer Weise, da er sich, was die deutsche Einheit betraf, von einem ausgeprägten Kontingenzbewusstsein hatte leiten lassen. Wie setzte Dregger die Ressource Zeit ein, als sein politischer Lebenstraum zum Greifen nahe schien? Letztlich geht es darum, nachzuverfolgen, wie sich eine spezifische Deutung des Zukünftigen im konkreten politischen Handeln niederschlägt und ob dabei bestimmte Handlungsmuster zu erkennen sind.[40]

Gewiss ist der Prozess der Wiedervereinigung, der ein Jahr lang von Oktober 1989 bis zum Oktober 1990 dauerte, von der Exekutive und hierbei vom Bundeskanzler und seinem Stab dominiert worden. Allerdings sollte auch die Fraktion und allen voran ihr Vorsitzender nach den Vorstellungen des Kanzlers dabei eine wichtige Rolle spielen – und zwar auf dem Feld der »Erwartungspolitik«. Gemeint ist ein Politikfeld, bei dem die Dämpfung überschäumender Erwartungen eine zentrale Bedeutung einnimmt, um zu vermeiden, dass politische Entscheider unter ungebührlichen Zeitdruck geraten und sich dies negativ auf das Ergebnis auswirkt. Im Herbst 1989 war eine solche Haltung auch durchaus angebracht, drohten doch zu große Erwartungen das Ziel der Wiedervereinigung gleich in mehrfacher Weise zu beschädigen. Sie konnten den Hardlinern in der sowjetischen Politik einen willkommenen Vorwand geben, Gorbatschow der Preisgabe sowjetischer Positionen zu bezichtigen und ihm in der hochsensiblen Frage der Deutschlandpolitik ihren harten Kurs aufzuzwängen. Aber auch bei den westlichen Verbündeten konnte eine allzu deutliche Wiedervereinigungseuphorie Verunsicherung stiften und jenen Politikern Auftrieb geben, die entsprechende Bestrebungen zu sabotieren versuchten, weil sie nicht nur im Innern ihres Herzens

---

39 Vgl. vor allem Andreas Rödder: Deutschland einig Vaterland. Die Geschichte der Wiedervereinigung. München 2009.

40 Die Verbindung von Zukunftserwartungen und praktischem Handeln gilt in der Kontingenzforschung als Forschungsdesiderat; vgl. etwa Brakensiek: Ermöglichen und Verhindern.

die Teilung Deutschlands für ein Los hielten, das dieses Land nach der Katastrophe des Zweiten Weltkriegs verdient habe. Und schließlich gab es auch noch eine offene innenpolitische Flanke: Oskar Lafontaine, aller Wahrscheinlichkeit nach der nächste SPD-Kanzlerkandidat, suchte alle auf eine Wiedervereinigung zulaufenden Bestrebungen dadurch zu unterminieren, dass er die Welle ostdeutscher Übersiedler nach Westdeutschland zum Anlass für eine Kampagne nahm, in der er die damit verbundenen sozialen Folgen – Versorgung der Übersiedler mit Wohnraum, Arbeitsplätzen und finanzieller Grundausstattung – als nachteilig für den Besitzstand der Westdeutschen hinstellte. Es war im Herbst 1989 bei weitem nicht ausgemacht, dass in Westdeutschland die nationale Solidarität über die Mobilisierung von Sozialneid dominieren würde, zumal Lafontaine bei der Landtagswahl im Saarland am 28. Januar 1990 einen triumphalen Wahlsieg einfuhr und das Ergebnis der SPD um mehr als 5 Prozentpunkte auf sensationelle 54,4 Prozent verbesserte.

Der Umgang der CDU-Spitze mit der sich nun auf einmal eröffnenden Chance auf Wiedervereinigung ist ein besonders anschauliches Exempel für die Komplexität von Erwartungspolitik, handelt es sich dabei doch um den historisch eher seltenen Fall, dass ein an den Rand des Erwartungshorizonts gerücktes Ziel binnen weniger Monate in greifbare Reichweite rückt. Auf einmal wurde der Umgang mit Kontingenz zur zentralen Herausforderung für die leitenden politischen Akteure. Wie sollten sie umgehen mit diesem abrupten Zeitenwechsel, wo etwas, das eben noch höchstens in der ungewissen Zukunft sein Dasein fristete, nun plötzlich im Bereich des politisch Möglichen lag? Damit geriet richtiges politisches Timing zur kardinalen Anforderung – und zwar vor allem an Politiker vom Schlage Dreggers, die der Einheit förmlich entgegenfieberten. Sich hier zu disziplinieren und den Einbruch des Kontingenten so zu kommunizieren, dass ihm der Charakter der Überrumpelung genommen und die sich abzeichnende Wiedervereinigung als Beseitigung eines unnatürlichen Zustands hingestellt wurde, war die zentrale zeitpolitische Aufgabe. Dabei betrat auch Dregger politisches Neuland: Wie die gesamte Unionsführung befand er sich in einer temporalpolitischen Suchbewegung, tastete sich behutsam auf unbekanntes Terrain vor und war im Oktober und November 1989 bestrebt, die richtige Balance zu finden. Diese temporalpolitische Suchbewegung wurde dadurch nicht einfacher, dass der zentrale Begriff, der für diese Operationen zur Verfügung stand, der klassische Terminus »Wiedervereinigung«, nicht zu der Kategorie dynamischer Prozessbegriffe[41] wie »Demokratisierung« oder »Europäisierung« gehörte, in denen eine

41 Zur Kategorie der Prozeßbegriffe vgl. Geulen, Plädoyer, S. 89.

positive Zukunftsverheißung bereits eingeschrieben war. In semantischer Hinsicht musste mithin die Wiederherstellung des deutschen Nationalstaats ohne diese Entwicklung flankierende starke Prozessbegriffe auskommen.

Daher bedurfte es einer sorgfältigen und vorsichtigen Annäherung an eine ungewohnte Konstellation, in der sich unterschiedliche Zeitschichten verdichteten. Die Dimension dieser Herausforderung wird besonders deutlich, wenn wir die beiden deutschlandpolitischen Akteure Strauß und Kohl einander gegenüberstellen. Strauß, der über alle deutschlandpolitischen Zweifel erhaben war, hatte im Januar 1988 vor der CDU/CSU-Bundestagsfraktion seinen deutschlandpolitischen Fahrplan erläutert, nachdem er ein ausführliches Gespräch mit Gorbatschow geführt hatte. Von dessen Reformwillen war auch Strauß überzeugt, und doch war selbst für ihn die Wiedervereinigung auch nach dieser Unterredung zeitlich keinesfalls näher gerückt. Sie blieb ein fernes Ziel, für das es sich einzusetzen lohnte, bei dem aber mehr als unsicher war, ob die aktiven Politiker der 1980er Jahre den verdienten politischen Lohn würden einstreichen können: »Die Wiedervereinigung kann, wenn sie überhaupt zustande kommt [...,] nur das Ende eines langen geschichtlichen Prozesses sein. Das Ende eines geschichtlichen Prozesses, dessen Dauer heute kein Mensch bestimmen kann.«[42] Manchem mag hier das Gleichnis von den klugen und törichten Jungfrauen aus dem Matthäusevangelium in den Sinn kommen, das dem bibelfesten Strauß gewiss passend erschienen wäre: So wie die Jungfrauen auf den himmlischen Bräutigam warteten, so erging es den bundesdeutschen Politikern. Die klugen unter ihnen hielten sich für das Erscheinen dessen bereit, von dem man nicht wissen konnte, wann es geschehen würde. Insofern proklamierte Strauß einen politischen Bereitschaftsdienst, der die Lebensspanne und den Erwartungshorizont eines aktiven Politikers überstieg, der sich auf dem Zenit seines politischen Schaffens befand.

War für Strauß das Thema Wiedervereinigung daher im Kern nicht entscheidungsrelevant, so hatte Kohl diese Frage immerhin in sein mittelfristiges Kalkül einbezogen. Er wusste, dass in diesem Fall eine Zeitenwende anbrach – und dann wollte er an der Spitze marschieren und den Takt angeben nach dem alten sozialdemokratischen Motto »Mit uns zieht die neue Zeit«. Zeitpolitisch war er dafür insofern präpariert, als er schon im Herbst 1987 allgemeine Überlegungen[43] darüber angestellt hatte, dass ein übermäßiger Erwartungsdruck die Entschei-

---

42 Strauß in der Sitzung der CDU/CSU-Bundestagsfraktion vom 12.01.1988, ACDP, 08-001-1084/1, S. 19 des Wortprotokolls.

43 Kohl auf der Sitzung der CDU/CSU-Bundestagsfraktion vom 02.09.1987, ACDP, 08-001-1082/3, S. 17 des Wortprotokolls.

dungsgewalt beeinträchtigte. Kohl besaß ein waches Gespür dafür, dass die Deutungshoheit über die Zeit eine ausschlaggebende Ressource bei der Gestaltung von Entscheidungen ist.[44]

Allerdings tappte Kohl auch noch im Herbst 1989 im Dunkeln bei der Frage, wann der ideale Zeitpunkt gekommen war, eine einmalige Gestaltungschance – nämlich die Möglichkeit zur Wiedervereinigung – mit beiden Händen zu ergreifen und in die deutschlandpolitische Offensive zu gehen. Im Kern ging es noch bis weit in den Dezember 1989 hinein darum, zu definieren, wann genau der geeignete Kairos – also der ideale und unwiderrufliche Moment für eine bestimmte Entscheidungsfindung – gegeben war. Dass eine auf Wiedervereinigung ausgerichtete Deutschlandpolitik einen solchen Kairos benötigte, war dem Altphilologen Strauß so vertraut, dass er auch Gorbatschow darauf aufmerksam machte: »die Ausnutzung der richtigen Gelegenheit zur richtigen Zeit«.[45]

Im Herbst 1989 kam es für Kohl darauf an, diesen Kairos zu finden. Dabei war dem Kanzler bewusst, wie behutsam er auf dem zeitpolitischen Feld agieren musste. Unbedachte und vorschnelle öffentliche Äußerungen konnten die Handlungsspielräume so stark einengen, dass der günstige Moment verpasst wurde oder sich nicht einstellte. Daher mahnte Kohl im Herbst 1989 immer wieder zur sprachlichen Zurückhaltung. In den eigenen Reihen beanspruchte er die semantische Hegemonie über den sich anbahnenden Prozess, der nicht durch allzu siegessicheres Gebaren gefährdet werden durfte. Sein wichtigster sprachpolitischer Assistent hierbei war Dregger. In seiner Eigenschaft als nationales Gewissen der CDU war er besser als jeder andere imstande, überschäumende Erwartungen zu dämpfen. Zudem verfügte Dregger über die dazu erforderliche zeitpolitische Sensibilität. Als jemand, der sein Abitur noch in den alten Sprachen abgelegt hatte, war ihm wie Strauß der Begriff »Kairos« nur allzu vertraut. Gerade weil Dregger so lange auf die ersehnte Chance zur Wiedervereinigung gewartet hatte, wollte er diese einmalige Gelegenheit nicht durch unbedachtes Vorpreschen oder träges Hinterherhinken verspielen. Insofern kam es darauf an, die Situation reifen zu lassen und im genau richtigen Moment beherzt zuzugreifen: »Der ›Kairos‹ – so nannten das die alten Griechen – der geschichtliche Augenblick ist da.«[46] Der Parlamentarier Dregger hatte es sich angewöhnt, programmatische Erklärungen immer vor der Volksvertretung abzugeben. Es war daher eine Bundestagsrede, in

44 Zu diesem wichtigen Aspekt vgl. Schimank: Kulturelles am Entscheiden, S. 401.

45 Bericht von Strauß am 12.01.1988 vor der Bundestagsfraktion über seinen Besuch bei Gorbatschow, ACDP, 08-001-1084/1, S. 10 des Wortprotokolls.

46 So Dregger im CDU/CSU-Pressedienst vom 24.06.1990, ACDP, PA-P 1-1074.

welcher Dregger explizit die klassisch-antike Kategorie als zeitpolitische Handlungsanweisung proklamierte: »Der Kairos, der geschichtliche Augenblick, ist da. Wer ihn versäumt, setzt unsere Zukunft aufs Spiel.«[47]

Kohl gab im CDU-Bundesvorstand den Kurs vor, wenn er seine Partei dazu aufrief, keine falschen Signale auszusenden, die den Widersachern der Wiedervereinigung wohlfeile Munition liefern würden. Ihm ging es um das, was man in Anlehnung an einen treffenden Terminus von Sebastian Rojek »Enttäuschungsprävention«[48] nennen kann: Es galt, die Erwartungen bewusst zu dämpfen, um die ohnehin dynamische Entwicklung auf eine Vereinigung unter Beibehaltung der Westintegration auszurichten.[49] Dabei hielt Kohl an der für ihn unverrückbaren Position fest, dass die Wiederherstellung der staatlichen Einheit Deutschlands Hand in Hand gehen müsse mit der Überwindung der Teilung Europas. Keiner hat ihn bei diesem Gleichklang zwischen Deutschlandpolitik und Europapolitik massiver unterstützt als der Fraktionsvorsitzende. Auch Dregger hatte stets – dies ist deutlich geworden – die Überwindung der deutschen Teilung als Bestandteil der Überwindung der Teilung Europas angesteuert, und er fühlte sich auf ganzer Linie dadurch bestärkt, dass es der Zerfall der sowjetischen Hegemonie über Ostmittel- und Südosteuropa war, der auch die deutsche Frage einer genuin europäischen Lösung zuführte.[50]

Dregger gab bereits am 10. November 1989 – also ein Tag nachdem die Mauer gefallen war und die DDR-Führung die Kontrolle über die innerdeutsche Grenze verloren hatte – vor der Fraktion eine Zukunftsprognose ab, die sich ohne Abstriche bewahrheiten sollte: Die deutsche Teilung werde genauso überwunden werden, wie es Artikel 7 des Deutschlandvertrags aus dem Jahr 1955 angestrebt habe – durch ein fest im Westen verankertes freiheitliches Gesamtdeutschland, das integraler Bestandteil einer europäischen Gemeinschaft sei. Dregger prognostizierte zu einem Zeitpunkt, als auch viele Verfechter einer aktiven Wiedervereinigungspolitik nicht zu glauben hofften, dass Adenauers Konzept zur Überwindung der Teilung ohne Abstriche aufgehen würde, dessen ungeschmälerte Erfüllung: Die Hauptverbündeten hätten sich im Deutschlandvertrag dazu ver-

47 Bundestagsrede Dreggers vom 23.05.1990, Verhandlungen des Deutschen Bundestags, Stenographische Berichte, 11. Wahlperiode, S. 16683.

48 Rojek: Versunkene Hoffnungen, S. 263 und 543.

49 Vgl. Kohls Äußerungen auf den Sitzungen des CDU-Bundesvorstands gemäß dem Ergebnisprotokoll vom 09.10.1989, S. 3, vom 06.11.1989, S. 1, und vom 15.11.1989, S. 3 f., ACDP, 07-001-1110 bis 1113.

50 Vgl. Dreggers Positionierungen in der Fraktionssitzung vom 26.09.1989, S. 9 und 22 des Wortprotokolls, sowie vom 03.10.1989, S. 8 des Wortprotokolls, ACDP, 08-001-1090-3.

pflichtet, »mit uns gemeinsam die staatliche Einheit der Deutschen nach dem Beispiel einer Verfassung des Grundgesetzes anzustreben, und eines Deutschland, das integriert ist in der Europäischen Gemeinschaft. Genau so wird es kommen. Das ist die Politik, die Adenauer begonnen hat und deren Früchte wir jetzt sammeln können, wenn wir es hartnäckig, richtig und besonnen machen«.[51]

An diesem Zitat wird zweierlei deutlich: Als Beobachter der Entwicklungen vertrat Dregger die Prognose, dass die Bundesrepublik die staatliche Einheit mit der DDR qua Westbindung erreichen werde. Zugleich allerdings war er nicht nur Beobachter, sondern auch Handelnder und vertrat in dieser Hinsicht ein Programm, das es zu verfolgen galt. Prognosen sind soziale Tatsachen, die den Gang der Ereignisse beeinflussen, und in diesem Sinne war Dreggers Prognostik zugleich programmatisch.[52] Damit fand er zugleich einen probaten Weg, mit der Kontingenz der Wiedervereinigung umzugehen: Sein prognostisches Wissen war politisches Führungswissen, indem es die zukünftige Entwicklung vom Makel einer ungebändigten und ungeordneten Entwicklung befreite. Es war von einem unmittelbaren Handlungsbezug, weil der politische Kompass unverrückbar war: Die Ziele wurden im dynamischen Prozess, der mit ungeheurer Wucht über die Beteiligten hereinbrach, nicht umdefiniert. Es blieb bei einem eisernen Festhalten an dem Ziel der staatlichen Einheit Deutschlands, das fester Bestandteil der westlichen Gemeinschaft zu sein hatte. An den Grundfesten, die Adenauer der CDU als Erbe hinterlassen hatte, durfte nicht gerüttelt werden. Die Kontingenz war also beherrschbar, weil sie mit den vertrauten Rezepten Adenauers angegangen und mit staatsmännischem Handeln gemanagt wurde.

An diesem Kontingenzmanagement hatte Dregger erheblichen Anteil, weil er schon am 10. November 1989 den beglückenden Einbruch des Kontingen-

51 So Dregger auf der Sondersitzung der CDU/CSU-Bundestagsfraktion vom 10.11.1989, ACDP, 08-001-1091/2, S. 6 des Wortprotokolls.

52 Vgl. zu der wichtigen Unterscheidung zwischen Programm und Prognose: Lucian Hölscher: Weltgericht oder Revolution. Protestantische und sozialistische Zukunftsvorstellungen im deutschen Kaiserreich. Stuttgart 1989, hier S. 15 f.: »Das handelnde Subjekt entwirft für die Zukunft einen *Plan*, ein *Programm*, das beobachtende Subjekt eine Prognose. In Abgrenzung zu Programmen lassen sich Prognosen als Voraussagen über den Eintritt von Ereignissen oder die Wirkung von Prozessen beschreiben, auf die der Beobachter keinen Einfluß hat. Übt er gleichwohl als Handelnder Macht über sie aus, so hat seine Voraussage nicht nur prognostischen, sondern auch programmatischen Charakter. Nun sind die Beobachter sozialer Prozesse aber nicht allein tatsächlich häufig zugleich auch handelnde Subjekte, sondern ihre Prognose ist, indem sie an die Öffentlichkeit tritt, selbst schon eine soziale Handlung, die den Gang der Ereignisse gelegentlich zu beeinflussen vermag. Darin liegt die Möglichkeit der self-fulfilling und der deceiving bzw. misleading prophecies, der Wunsch- ebenso wie der Warnungsprognosen begründet.«

ten in Gestalt des Mauerfalls mit Hinweis auf die alles überragende Gestalt in der noch jungen Tradition der deutschen Christdemokraten – also Konrad Adenauer – in eine klare Richtung gelenkt hatte. Er verkündete das Narrativ, dass die CDU von der Entwicklung nicht überfahren werden könne, weil sie ja mit dem Adenauer-Enkel Kohl einen Steuermann besitze, der es im Geiste Adenauers richten werde. Damit verschaffte Dregger der Union zugleich einen wichtigen Zeitvorsprung bei dem beginnenden Deutungskampf darum, wer nun welche Verdienste um die Wiedervereinigung vorweisen konnte. Die SPD mit ihrem ganz in der Zweistaatlichkeit gefangenen Kanzlerkandidaten Lafontaine war auf dem falschen Fuß erwischt und von der Entwicklung überrollt worden. Für sie war der Einbruch der Kontingenz keine beglückende Verheißung, sondern eher eine Bedrohung vermeintlicher Gewissheiten. Aus der sozialdemokratischen Führungsriege erkannte im November 1989 nur der ehemalige Parteivorsitzende und Altkanzler Willy Brandt, dass die Stunde geschlagen hatte und dass die sich abzeichnende Wiedervereinigung eben auch als Bestätigung der von ihm eingeleiteten »Neuen Ostpolitik« ausgegeben werden konnte. Sie war für ihn jene »praktische Politik« gewesen, mit der er den Gegebenheiten Rechnung getragen, dabei aber das Ziel der Wiedervereinigung nie aus den Augen verloren hatte.[53] Demgegenüber hatten sich die meisten seiner Parteifreunde spätestens Anfang der 1980er Jahre mit der Existenz zweier deutscher Staaten abgefunden.[54] Konnte Brandt dem Kontingenten den Anschein einer zielgerichteten Umsetzung seiner genau diesen Möglichkeitsraum eröffnenden Politik verleihen, so hatte der selbsternannte Brandt-Enkel Lafontaine dieses Erbe nie gepflegt und wurde daher vom Strom der Ereignisse mitgerissen, ohne selbst in sie eingreifen zu können.

Dregger präsentierte sich also als politischer Testamentsvollstrecker von Konrad Adenauer und erteilte seiner Fraktion einen Schnellkurs in historischer Selbstvergewisserung, als er am 14. November 1989 – fünf Tage nach dem Fall der Mauer – die Fraktion mit einem langen Adenauer-Zitat aus dem Jahr 1961 bedachte. Mit ihm erschien der erste Bundeskanzler als politischer Visionär, der für Ausdauer geworben hatte, um die Teilung Europas und damit zugleich die Teilung Deutschlands zu überwinden. Der Weg zur deutschen Einheit stellte sich somit als ein Mittelstreckenlauf dar – und im November 1989 war die Ziellinie endlich in Reichweite gerückt und damit Adenauers Prognose Realität geworden:

53 Vgl. hierzu auch Claudia Hiepel: Europakonzeptionen und Europapolitik, in: Bernd Rother (Hg.): Willy Brandts Außenpolitik. Wiesbaden 2014, S. 46 f.

54 Vgl. hierzu Reißig: Dialog.

»Was wir jetzt ernten, sind die Früchte der Politik, die Adenauer bereits begonnen hat. Ohne die Entscheidung für den Westen, ohne die Entscheidung für die Atlantische Allianz und für die Europäische Union hätten wir heute weder Verbündete im Westen noch Optionen im Osten.«[55] Dregger reanimierte Adenauer als weitsichtigen und weisen Deutschlandpolitiker und entkräftete zugleich den oft gehörten Vorwurf, der Urkölner habe so sehr nach Westen geschaut, dass ihm die Wiedervereinigung kein Herzensanliegen gewesen sei. Dass sich Adenauers Prognose bewahrheitet hatte, wonach nur auf dem Umweg der Westintegration die Wiedervereinigung zu erreichen sei, war eine Geschichtslektion, die prognostisches Wissen einsetzte, um bestimmte Handlungen auszuschließen – etwa das Liebäugeln mit neutralistischen Positionen – und andere als alternativlos hinzustellen. Dregger nutzte nach dem Fall der Mauer jede Möglichkeit, diese historische Lektion nicht nur seinen Parteifreunden ins Stammbuch zu schreiben, sondern auch der breiteren Öffentlichkeit zu vermitteln. Vor allem die Verleihung des Adenauer-Freiheitspreises im Juli 1990 bot ihm die Gelegenheit, Adenauers Konzept als wesentliche Voraussetzung für den Fall der Mauer und die nahende staatliche Einheit zu würdigen.[56]

Die operative Deutschlandpolitik und damit die Umsetzung dessen, was Dregger als Vermächtnis Adenauers ausgab, war dann allerdings nicht die Aufgabe des Fraktionsvorsitzenden, sondern des Bundeskanzlers. Ihm traute Dregger zu, den idealen Zeitpunkt zu finden, um die Wiedervereinigung offensiv auf die Tagesordnung der Weltpolitik zu setzen. Und so verblüffte Kohl am 28. November 1989 die Öffentlichkeit in Deutschland und der Welt, aber auch den konsternierten Außenminister Genscher mit einem 10-Punkte-Plan, der eine politische Marschrichtung für den Wiedervereinigungsprozess formulierte. Dregger war allem Anschein nach nicht in diese Initiative Kohls eingeweiht, aber er musste dies auch nicht sein, da er Kohl voll und ganz zutraute, den richtigen Zeitpunkt zu erkennen und zu nutzen: »Man muß warten können in der Politik. Aber wenn die Stunde da ist, dann muß man handeln.«[57] Von Anfang an rühmte Dregger das perfekte Timing der Initiative Kohls, die er als das erkannte, was sie war: ein »Deutschlandplan«, der aber nicht offiziell so heißen durfte. Als die Fraktion erstmals nach diesem Paukenschlag zusammentrat, bemerkte der Fraktionsvorsit-

55 Dregger in der Fraktionssitzung vom 14.11.1989, ebd., S. 5 des Wortprotokolls. Dregger ließ das Adenauer-Zitat noch am selben Tage der Presse zukommen; ebd., S. 47 des Wortprotokolls.

56 »Die Einheit ist die Ernte der Saat, die Adenauer einst gestreut hat«, in: Deutschland-Magazin 7/1990, S. 19. Ähnlich auch Dregger gegenüber der FAZ (Günter Mick: »Django« reitet wieder für Deutschland, in: FAZ, 24.11.1991).

57 So Dregger zu Kohls 10-Punkte-Plan im CDU/CSU-Pressedienst vom 24.06.1990, PA-P 1-1074.

zende: »Sie kam zum richtigen Zeitpunkt.«[58] Dregger rechnete es Kohl hoch an, dass dieser seine wegweisende Initiative nicht auf einer Pressekonferenz oder bei einem Staatsbesuch verkündet hatte, sondern im Bundestag. Erwies der Kanzler dem Parlament damit großen Respekt, war das auch deswegen eine wichtige Botschaft, weil – und dies konnte Dregger ahnen – alle weiteren symbolträchtigen Stationen zur deutschen Einheit nicht mehr im Bundestag absolviert werden würden. Mit dem »10-Punkte-Plan« Kohls schlug die Stunde der Exekutive, hinter der das Parlament auch symbolisch zurücktrat.

Ab diesem Zeitpunkt sah Dregger seine Aufgabe als Fraktionsvorsitzender darin, dem Kanzler in zeitpolitischer Hinsicht zu assistieren. Das bedeutete, dass die Fraktion den Zeitplan des Bundeskanzlers zustimmend zur Kenntnis nehmen und keineswegs als Drängler in Erscheinung treten sollte. Dregger und Kohl fanden in der deutschen Geschichte genügend Anschauungsunterricht für den richtigen oder falschen Einsatz der Ressource Zeit. Es war ein genuin historisches Wissen, das ihnen dabei half, die Kontingenz praktisch zu bewältigen. Dem promovierten Historiker Kohl, der in engem Austausch mit herausragenden akademischen Vertretern dieses Fachs stand, diente die Gestalt Bismarcks als Lehrmeister in Sachen Zeitpolitik. Der Bundeskanzler berief sich am 5. Dezember 1989 vor der Fraktion ausdrücklich auf den einstigen Reichskanzler, um seine Auffassung zu unterstreichen, dass Gelassenheit und Geduld zeitpolitische Tugenden seien, um das in greifbare Nähe gerückte Herzensziel zu erreichen: »Lassen wir doch gemeinsam auch die Zeit arbeiten. Es war nie eine große Begabung der Deutschen, mit dem Faktor Zeit, Bismarck hat darüber meditiert, zu operieren.«[59] Allem Anschein nach rezipierte der Bundeskanzler hier eine auf den führenden Bismarck-Forscher Lothar Gall zurückgehende Interpretation von Bismarcks Zeitmanagement.[60] Gall, dessen Bismarck-Opus Kohl gründlich gelesen hatte und mit dem er sich gelegentlich auch über geschichtswissenschaftliche Fragen austauschte, konnte sich bei dieser Einschätzung auf Selbstzeugnisse Bismarcks stützen, in denen der Reichseiniger unter anderem formuliert hatte, dass die »deutsche Einheit« dann kommen werde, wenn sie als »reife Frucht« vorliege.[61] In Anknüpfung an diese Metapher könnte man sagen, dass Kohl den

58 Dregger in der Fraktion am 05.12.1989, ACDP, 08-001-1092/1, S. 2 des Wortprotokolls; das vorige Zitat dort auf S. 3.

59 Kohl in der Fraktionssitzung vom 05.12.1989, ACDP, 08-001-1092/1, S. 11 des Wortprotokolls.

60 Vgl. Lothar Gall: Bismarck. Der weiße Revolutionär. Berlin 1980, S. 415 f.

61 Hier ist vor allem zu denken an das Schreiben Bismarcks an den preußischen Gesandten in München, Georg von Werthern, 26.02.1869, abgedruckt in: Otto von Bismarck: Die gesammelten Werke, Bd. 6b. Berlin 1931, S. 2.

Reifezustand für die Wiedervereinigung nun als gegeben ansah und es als seine Aufgabe betrachtete, die reife Frucht zu pflücken; dazu aber bedurfte es eines Entscheidungsmodus, nämlich des kräftigen Rüttelns am Stamm zu passender Zeit.

Das Jahr 1990 erlebte einen nie gekannten Gleichklang zwischen der Bundestagsfraktion und dem Bundeskanzler. Kohl nötigte auch notorischen Kritikern widerwillige Anerkennung ab, weil er in puncto Wiedervereinigung eine staatsmännische Leistung vollbrachte: Die staatliche Einheit Deutschlands vollzog sich im Einvernehmen sowohl mit den westlichen Verbündeten als auch mit der Sowjetunion. Kohl und sein Stab hatten die Zügel fest in der Hand, und die Fraktion ließ sich mitreißen vom Wiedervereinigungselan und applaudierte ansonsten dem Bundeskanzler, als dieser in der Fraktion deutschlandpolitische Durchbrüche verkündete, die noch vor einem Jahr als schöner Traum erschienen wären. Erster Gratulant war stets der Fraktionsvorsitzende, der Kohl aus tiefer Überzeugung lobte und in ihm den idealen Vollstrecker seiner deutschlandpolitischen Wunschvorstellungen erblickte.[62] Als Kohl am 13. Februar 1990 das Ergebnis seiner Gespräche mit der sowjetischen Führung mitteilte, wonach die Sowjetunion die Einbindung eines vereinigten Deutschland in NATO und Europäischer Gemeinschaft nicht blockieren werde, hatte der Bundeskanzler aus Sicht seiner Fraktion nicht weniger als die Ideallösung der deutschen Frage erreicht. Dreggers Wertschätzung für die staatsmännische Leistung des Kanzlers drückte fraglos die allgemeine Stimmung der Fraktion aus: »Ohne Sie hätte es diesen Tag nicht gegeben.«[63]

Nun mussten nur noch die Deutschen in der DDR den Fahrplan zur Einheit legitimieren. Die Gelegenheit dazu bot die erste und einzige freie Wahl, die jemals für das Parlament der DDR stattfand. Am 18. März 1990 entschieden die Deutschen in der DDR darüber, ob sie einen eigenständigen zweiten deutschen Staat wünschten oder so schnell wie möglich eine Vereinigung mit der Bundesrepublik unter Übernahme des dortigen politischen und wirtschaftlichen Systems anstrebten. Anfänglich war Dregger noch unsicher, wie sich die Ostdeutschen entscheiden würden, zumal er befürchtete, dass die Anhänger der alten SED

62 Vgl. dazu die geradezu choreographierten Auftritte Dreggers und Kohls in den Fraktionssitzungen vom 16.01.1990 (ACDP, 08-001-1092/1, S. 1–19 des Wortprotokolls), 06.02.1990 (ebd., S. 1–15 des Wortprotokolls), 13.02.1990 (ebd., S. 1–3 und 36–52) und 06.03.1990 (ebd., S. 1–17 des Wortprotokolls).

63 Dregger in der Fraktionssitzung vom 13.02.1990, ebd., S. 52 des Wortprotokolls.

noch einmal alle Register ziehen würden, um den Ausgang des Urnengangs zu manipulieren.[64] Seine Zweifel verflogen jedoch in dem Moment, als er sich in den Wahlkampf stürzte und in eine Woge nationaler Begeisterung eintauchte, wie sie im Westen nicht mehr anzutreffen war. Hatte er in der alten Bundesrepublik erhebliche Anstrengungen unternehmen müsse, um das Ziel der staatlichen Einheit Deutschlands nicht nur als möglich, sondern auch als legitim zu kommunizieren, so traf er in der DDR eine geradezu paradiesische Situation an: Abgesehen von einer kleinen Minderheit war die Frage, ob es eine Wiedervereinigung geben solle, eine rein rhetorische, da es den Ostdeutschen vor allem darum ging, eine solche so schnell wie möglich zu erreichen. Schon bei den zwölf Veranstaltungen, die er vor der Volkskammerwahl in der DDR durchführte, war er von der Welle der Sympathie überrascht, die ihm dort entgegenschlug. Sie erfreute ihn umso mehr, als »die Menschen in der DDR meinen Kurs kennen«,[65] in ihm also tatsächlich – anders als viele im Westen – einen Botschafter der Freiheit und Demokratie erblickten. Daher verfestigte sich im Zuge seiner rund 25 Auftritte, die er im Vorfeld der ersten gesamtdeutschen Wahl in den ostdeutschen Landesteilen absolvierte, seine Überzeugung, dass die Menschen die »schwierige Umstellung«, die ihnen nun bevorstand, bewältigen würden.[66] Dabei war ihm zu dem Zeitpunkt das gesamte Ausmaß der erforderlichen Veränderungen und der damit verbundenen Zumutungen für die Bevölkerung noch nicht bewusst.

Der Wahlkampf in der DDR wirkte wie ein politischer Jungbrunnen für Dregger, dem man nicht anmerkte, dass er sein siebzigstes Lebensjahr im Jahr der Wiedervereinigung vollendete. Dregger lebte förmlich auf – und das nicht nur deswegen, weil sein nationaler Herzenswunsch kurz vor der Erfüllung stand. Zugleich focht er in der DDR eine Schlacht gegen den Sozialismus, den er in seinem gesamten politischen Leben als Hauptbedrohung der Freiheit wahrgenommen hatte. Das Ergebnis der Volkskammerwahl war daher für ihn eine Genugtuung, erschien es ihm doch als Beweis, dass der Sozialismus in der DDR wie in allen Staaten des sowjetischen Machtbereichs eine Bankrotterklärung abgegeben habe: »Gescheitert ist der Sozialismus, der reale Sozialismus ist gescheitert! Und die Leute in Ost- und Mitteleuropa wollen vom Sozialismus nichts mehr wissen und

64 Alfred Dregger: UNO sollte DDR-Wahl überwachen, in: Deutschland-Union-Dienst vom 09.01.1990, ACDP, PA-P1-1069.

65 »Die Einheit ist die Ernte der Saat, die Adenauer einst gestreut hat«, in: Deutschland-Magazin 7/1990, S. 21.

66 CDU/CSU-Fraktion im Deutschen Bundestag/Pressedienst am 03.12.1990, Dregger zum Ergebnis der Bundestagswahl, ACDP, PA-P1-1074.

nichts mehr hören.«[67] Man merkte Dregger förmlich die Beglückung an, als er unter dem Beifall der Fraktion neun Tage nach der Volkskammerwahl ausführte: »Es war gewiß [...] der schönste Wahlkampf, den ich je in meiner politischen Laufbahn geführt habe.«[68]

Nach dem Wahlsieg der unionsnahen »Allianz für Deutschland« nahm der Wiedervereinigungsprozess eine solche Dynamik an, dass eine Wiederherstellung der staatlichen Einheit Deutschlands noch im Jahr 1990 in greifbare Reichweite rückte. Dregger kostete die Genugtuung darüber, dass er entgegen den Vorhersagen nicht nur politischer Gegner in der Deutschlandpolitik auf ganzer Linie recht behalten hatte, nur mäßig aus. Allenfalls gelegentlich blitzte auf, dass er und seine prinzipienfesten Mitstreiter sich bestärkt fühlen konnten in ihrer Auffassung, dass es sich lohne, einen langen Atem zu bewahren und sich von Überzeugungen nicht voreilig zu verabschieden. Das brachte etwa Gerhard Reddemann, ein Dregger auch persönlich eng verbundener Bundestagsabgeordneter,[69] im Juni 1990 vor der Fraktion zum Ausdruck. Er führte ein Wort von Klaus Bölling, Dregger und Reddemann seien die letzten, »die noch an so etwas [die Wiedervereinigung, d. Verf.] glaubten«,[70] als unwiderruflichen Beleg dafür an, dass selbst der ehemalige Regierungssprecher von Bundeskanzler Schmidt die Wiederherstellung der staatlichen Einheit Deutschlands abgeschrieben hatte. Dahinter steckte auch eine zeitpolitische Grundüberzeugung: Langfristig ausgerichtete Erwartungen konnten politische Erfüllung finden, wenn man sie trotz eher frustrierender Gegenwartserfahrungen nicht aufgab. Die Pointe bestand allerdings darin, dass nicht zuletzt Politiker vom Schlage eines Klaus Bölling, der als gebürtiger Potsdamer und ehemaliger Leiter der ständigen Vertretung der Bundesrepublik bei der DDR eigentlich disponiert gewesen wäre, die Wiedervereinigung mit heißem Herzen zu verfolgen, keinen Erwartungsdruck hinsichtlich einer aktiven Wiedervereinigungspolitik aufbauten. Damit schufen sie ein optimales zeitpolitisches Setting, als die Wiedervereinigung von 1989 an die Agenda beherrschte.

67 Dregger in der Fraktionssitzung vom 27.03.1990, ebd., S. 4 des Wortprotokolls.

68 Ebd., S. 2 f. des Wortprotokolls.

69 Dregger steuerte beispielsweise die Einführung zu einer Publikation Reddemanns bei, in der dieser die letzten Jahre der Regierung Schmidt aufs Korn nahm: Gerhard Reddemann, Die Aussteiger. Mainz 1983, S. 7 f.

70 So Reddemann in der Fraktionssitzung vom 19.06.1990, ACDP, 09-001-1094/1, S. 33 des Wortprotokolls. Vermutlich bezog sich Reddemann dabei auf eine Passage aus Klaus Bölling: Bonn von außen betrachtet. Stuttgart 1986, S. 154, in der Dregger und Reddemann als ewiggestrige »ordentliche Patrioten« hingestellt wurden. Zu Böllings deutschlandpolitischem Standpunkt siehe auch Hacker: Deutsche Irrtümer, S. 405 f.

Im Mai 1990 schien der Zeitpunkt gekommen zu sein, die günstige Lage zu nutzen, alle Zurückhaltung fahren zu lassen und energisch die Wiedervereinigung anzugehen. Hatten Kohl und Dregger zuvor eher auf die Bremse getreten, weil sie nicht zu hohe Erwartungen wecken und die Großmächte nicht beunruhigen wollten, so drückten sie nun aufs Tempo. Ihre Kernbotschaft lautete im Mai 1990: Der Kairos sei nun da – also jener magische Zeitpunkt, an dem die Tür zur deutschen Einheit offenstand. Es gelte, diesen Moment nicht zu verpassen, weil die Tür nicht immer geöffnet sei. Indem Kohl mit Unterstützung Dreggers den Wiedervereinigungsprozess unter Zeitdruck setzte, beanspruchte er die Hoheit über den zentralen Faktor von Entscheidungen überhaupt,[71] nämlich darüber, wann eine grundlegende Entscheidung zu treffen ist. Das kleidete Kohl in die bildmächtige Metapher eines Zuges, der den Lauf der Geschichte verkörpert und diejenigen zu Verlierern stempelt, die es aus Säumigkeit verpassen, ihn vor der endgültigen Abfahrt zu besteigen: »Der Zug der deutschen Geschichte fährt jetzt durch den deutschen Bahnhof. Er fährt langsam, und wir müssen aufsteigen. Jeder, der dies nicht merkt, muß wissen: Der kommt so schnell nicht wieder, wenn wir jetzt nicht aufsteigen.«[72] Auch Dregger ließ seine Vorliebe für die Zugmetapher erkennen.[73] Sie stilisierte die Geschichte zu einem Subjekt, dessen Ziele nur ein Staatsmann erkennen könne. Zugleich griffen sie damit ein Bild auf, das nicht parteipolitisch besetzt war. Auch Willy Brandt, wie Kohl und Dregger emotional der deutschen Einheit eng verbunden, hatte seiner Partei auf deren Programmparteitag im Dezember 1989 nicht nur ins deutschlandpolitische Gewissen geredet, sondern sich der Metapher vom Zug bedient, der nach einem bestimmten Fahrplan den Bahnhof erreicht.[74]

Indem Dregger wie Kohl die Deutungshoheit über das Tempo und die Richtung des Geschichtszugs für sich reklamierten, versahen sie die zu treffenden Entscheidungen mit einer zeitpolitischen Legitimation. Wer nach Beispielen sucht, wie die Ressource Zeit für politische Entscheidungsprozesse eingesetzt wird, wird somit beim CDU-Vorsitzenden und beim Fraktionsvorsitzenden der Unionfraktion gleichermaßen fündig. Dregger krönte seine Legitimationsstrategie überdies mit einem Kronzeugen, der im Jahr 1990 über jeden Verdacht

71 Dazu Schimank: Kulturelles am Entscheiden, S. 401; zum Einsatz der Ressource Zeit bei komplexen Entscheidungsprozessen vgl. auch Schimank: Coping.

72 Kohl in der Fraktionssitzung vom 15.05.1990, ACDP, 08-001-1093/2, S. 9 des Wortprotokolls.

73 »Wer jetzt den Zug zur deutschen Einheit behindert, der verpaßt ihn«, so Dregger in der Fraktionssitzung vom 18.05.1990, ebd., S. 2 des Wortprotokolls.

74 Die Rede Brandts findet sich in: Protokoll vom Programm-Parteitag. SPD: Berlin 18.–20.12.1989. Bonn 1990, S. 124–142, Zitat S. 129.

erhaben war: Michail Gorbatschow. Diesem war ein Diktum in den Mund gelegt worden, das er in dieser Form nie von sich gegeben hatte, wenngleich er die darauf gemünzte Reformunfähigkeit der DDR-Führung im Herbst 1989 auch öffentlich getadelt hatte: »Wer zu spät kommt, den bestraft das Leben.«[75] Ein halbes Jahr später war dieses vermeintliche Gorbatschow-Zitat, das sein Urheber nie dementierte und damit indirekt legitimierte, eine zeitpolitische Allzweckwaffe, die sich ein semantisch versierter Politiker wie Dregger nicht entgehen ließ, wenn er in seiner Fraktion und in der Öffentlichkeit den sowjetischen Parteichef in Anspruch nahm, um in der Deutschlandpolitik auf Eile zu insistieren: »Und Gorbatschow hat recht: Wer zu spät kommt, den bestraft das Leben.«[76] In einer Presserklärung fügte Dregger sogar Zugmetapher und Gorbatschow-Zitat zu einer schlagkräftigen zeitpolitischen Synthese zusammen: »Wer jetzt den Zug zur deutschen Einheit behindert, der verpaßt ihn und – Gorbatschow hat Recht – ›wer zu spät kommt, den bestraft das Leben‹.«[77]

Auf die konkrete Situation im Frühsommer 1990 übertragen, hieß diese zeitpolitische Handlungsanweisung, dass der Fraktionsvorsitzende energisch dafür warb, noch 1990 eine gesamtdeutsche Bundestagswahl durchzuführen und nicht eine aus seiner Sicht überflüssige Wahl abzuhalten, die nur für den westdeutschen Teilstaat galt.[78] Mit dieser Forderung drückte Dregger weiter aufs Tempo, gab es doch für die Bundestagswahl ein klares Zeitfenster von Anfang Dezember 1990 bis Ende Januar 1991. Ein solcher Zeitdruck hatte zudem den Vorteil, dass der Fraktionsvorsitzende damit jene in den eigenen Reihen disziplinierte, die den Prozess gegebenenfalls noch verzögern konnten: die sogenannten »Vertriebenenpolitiker«. Denn Dregger war klar, dass sich das vereinigte Deutschland mit der Existenz der polnischen Westgrenze abfinden musste[79] und dass damit das, was Dregger stets als »Ostdeutschland« zu bezeichnen pflegte, dem polnischen Staat endgültig überantwortet wurde. Er wusste darum, dass der Bundestag so schnell wie möglich ein Signal nicht nur an Polen, sondern auch an die westlichen Ver-

---

75 Vgl. Sebastian Klinge: 1989 und wir. Geschichtspolitik und Erinnerungskultur nach dem Mauerfall. Bielefeld 2015, S. 181.

76 Dregger in der Fraktionssitzung vom 18.05.1990, ACDP, 08-001-1093/2, S. 2 des Wortprotokolls.

77 Alfred Dregger: Wir wollen die historische Stunde nutzen, Deutschland-Union-Dienst am 18.05.1990, ACDP, PA-P1-1069.

78 So Dregger in der Fraktionssitzung vom 15.05.1990, ebd., S. 15 des Wortprotokolls; vgl. auch Dreggers Statement in der Fraktionssitzung vom 12.06.1990, ACDP, 08-001-1094/1, S. 23 des Wortprotokolls.

79 Am 8. Mai 1987 hatte Dregger dem Abgeordneten Friedmann, der wie er ein engagierter Deutschlandpolitiker war, anvertraut, »dass wir die Ostgebiete ja ohnehin abschreiben müssten«, Aktenvermerk Friedmanns über das Gespräch mit Dregger, bei Friedmann: Undenkbares, S. 78.

bündeten aussenden musste, indem er allen territorialen Besitzansprüchen mit Blick auf die deutsche Ostgrenze abschwor. Seine nüchterne Haltung in dieser Frage belegt einmal mehr, dass Dregger jeglicher Revisionismus fernlag, und alle Versuche, ihn in die politisch rechte Ecke zu stellen, zeugen von der Unkenntnis seines pragmatischen Handelns. Gewiss fiel es ihm wie vielen Unionsabgeordneten nicht leicht, den förmlichen Verzicht auf die ehemaligen »Ostgebiete« auszusprechen. Aber er war viel zu sehr eingefleischter Europäer, als dass er nicht die mit der endgültigen Regelung der deutschen Ostgrenze verbundenen Chancen erkannt hätte, die Beziehungen zum polnischen Volk zu intensivieren. Als er am 21. Juni 1990 im Bundestag für die Annahme eines entsprechenden Entschließungsantrags warb, sprach er von einer »Grenze der Versöhnung« und betonte: »Wer keine Perspektive hat, der hat auch keine Zukunft.«[80]

Dass nur 13 Unionsabgeordnete der Entschließung ihre Zustimmung verweigerten, war auch Dreggers Verdienst. Noch einmal – ein letztes Mal – war der Vorsitzende in die Rolle desjenigen geschlüpft, der die Fraktion mit seiner vornehmen Art zu Geschlossenheit anhielt. Die Logik des parlamentarischen Regierungssystems machte es erforderlich, dass die Koalition aus eigener Kraft eine Mehrheit für den Entschließungsantrag zustande brachte und nicht auf die Stimmen der Opposition angewiesen war.[81] Potenziellen »Abweichlern« drohte der Vorsitzende jedoch keine Sanktionen an, sondern appellierte an deren Einsicht, so etwa im Falle des dem konservativen Flügel zuzurechnenden Claus Jäger: »Bitte, Herr Jäger, wir kennen uns seit langem, denken Sie noch mal darüber nach.«[82] Seine Art und Weise trug wesentlich zur Beruhigung eines Themas bei, das noch vor wenigen Jahren zu einer erheblich größeren Emotionalisierung innerhalb der Fraktion geführt hätte. Selbst Herbert Czaja, der 1990 der bekannteste Repräsentant der »Vertriebenenpolitiker« in der Unionsfraktion war, zügelte seine Leidenschaften, als er in der Fraktion sein »Nein« begründete.[83] Dregger hatte für »ostdeutsche« Anliegen immer ein offenes Ohr gehabt und die Fraktion zu einem Ort der Aussprache auch über solche brenzligen Fragen gemacht. Daher konnte man ihm nicht vorwerfen, er wolle dieses heikle Thema abwürgen.[84]

---

80 Rede Dreggers vom 21.06.1990, Verhandlungen des Deutschen Bundestags, Stenographische Berichte, 12. Wahlperiode, 35. Sitzung, S. 17202.

81 So die eindeutige Ansage Dreggers an seine Fraktion zu Beginn der Fraktionssitzung vom 19.06.1990, ACDP, 08-001-1094/1, S. 6 des Wortprotokolls

82 Dregger in der Fraktionssitzung am 19.06.1990, ebd., S. 24 des Wortprotokolls.

83 Czaja in der Fraktionssitzung am 19.06.1990, ebd., S. 42 – 44 des Wortprotokolls.

84 In seinen Memoiren erweckt Czaja einen tendenziell anderen Eindruck: Czaja: Unterwegs zum kleinsten Deutschland?, vor allem S. 682 – 686 zur Entschließung vom 21.06.1990.

Dregger und Kohl bestritten auch den Sommer und Herbst 1990 als ein perfekt eingespieltes Team: Der Fraktionsvorsitzende betätigte sich als erster Gratulant, der nicht mit Lob geizte, wenn er »seinem« Bundeskanzler aus vollem Herzen immer wieder bescheinigte, die deutsche Einheit in einer optimalen Weise zu gestalten. Kohl wiederum revanchierte sich mit einer Würdigung Dreggers, als dieser am 15. Juli 1990 in München den von einer Stiftung verliehenen »Konrad-Adenauer-Freiheitspreis« erhielt. Erstmals unternahm Kohl in seinem Grußwort eine für die breite Öffentlichkeit bestimmte politische Einschätzung Dreggers, der mittlerweile zu einem vertrauten politischen Weggefährten herangewachsen war. Er würdigte ihn als Erben Adenauers, weil Dregger unbestreitbar wie Adenauer die Einheit Europas und die Einheit Deutschlands zusammengedacht hatte: »Alfred Dregger hat sich – im Geiste Konrad Adenauers – immer als deutscher Patriot und überzeugter Europäer verstanden.«[85] Dregger griff den Ball auf, indem er in seiner Dankesrede die europäische Mission Deutschlands hervorkehrte und dabei explizit an das vornationalstaatliche Heilige Römische Reich Deutscher Nation anknüpfte – ein »geschichtliches Erbe, das wir fruchtbar machen wollen für unsere und die Zukunft Europas«.[86]

Am 3. Oktober 1990 erfüllte sich mit der Wiedervereinigung der politische Lebenstraum Dreggers, für den er mehr als 25 Jahre in vorderster Front gestritten hatte. Das Jahr 1990 wurde noch dadurch gekrönt, dass die Unionsparteien bei der ersten gesamtdeutschen Bundestagswahl am 2. Dezember 1990 mit 43,8 Prozent ein stattliches Ergebnis einfuhren, das ihnen die strategische Mehrheit im Bundestag bescherte. Der Wahlkampf war ein politischer Selbstläufer, da acht Wochen nach der vollzogenen Wiedervereinigung die erste gesamtdeutsche Wahl ganz im Schatten dieses epochalen Ereignisses stand und die Unionsparteien zusammen mit der FDP von dieser Themensetzung enorm profitierten. Auch dank Dreggers Einsatz konnte die CDU die politische Ernte einfahren.

Dregger selbst sah das Ergebnis nicht zuletzt als Bestätigung seines Führungsstils an. Dazu gehörte vor allem die Fähigkeit zur Delegation. Nur wenn der Fraktionsvorsitzende die parlamentarische Alltagsarbeit auslagerte und ihm dafür fähige wie loyale Erste Parlamentarische Geschäftsführer zur Seite standen, konnte er sich auf die ihn eigentlich interessierenden und motivierenden »großen Themen« konzentrieren und in seinem Sinne auf den Generalkurs der

85 Grußwort Kohls vom 15.07.1990, in: Bulletin des Presse- und Informationsamts der Bundesregierung Nr. 92, 17.07.1990, S. 793.

86 Dankesrede Dreggers anlässlich der Preisverleihung, 15.07.1990, ACDP, 01-347-071/1, S. 10 des Redemanuskripts Dreggers.

Union einwirken. Dregger hatte hierbei großes personelles Geschick bewiesen: Alle drei Ersten Parlamentarischen Geschäftsführer hielten ihm geräuschlos den Rücken frei – auch weil sie ein Eigengewicht innerhalb der Fraktion besaßen. Die drei engsten politischen Mitstreiter Dreggers auf Fraktionsebene – Wolfgang Schäuble, Rudolf Seiters und Friedrich Bohl – verfügten zudem aus Dreggers Sicht über den Vorteil, dass sie ein gutes, ja vertrauliches Verhältnis zu Bundeskanzler Kohl pflegten. Erfolgte die Koordination zwischen Fraktion und Bundesregierung somit effizient und ohne Reibungsverluste, konnte das für den Fraktionsvorsitzenden nur von Vorteil sein. Dass man von Ersten Parlamentarischen Geschäftsführern, die gewissermaßen den Marschallstab im Tornister mitführten, allerdings nicht erwarten durfte, die Fraktion auf gelegentliche Kraftproben mit der Kohl-Regierung einzustimmen, verstand sich von selbst. Alle drei machten unter Kohl in der Regierung einen weiteren Karrieresprung – Schäuble und Seiters wurden Innenminister, nachdem sie vorher das Kanzleramt geleitet hatten, Bohl wurde Kanzleramtsminister. Aus Dreggers Sicht war das wahrlich kein Nachteil, hatte sich so doch die Fraktion als politische Kaderschmiede erwiesen, in der sich die Fraktionsmanager für höhere Aufgaben empfehlen konnten.[87]

Als Dregger kurz vor Ende der Legislaturperiode seinen drei engsten Mitstreitern dankte, beschrieb er damit zugleich ein Erfolgsrezept seiner politischen Arbeit als Fraktionsvorsitzender: Wenn man die Namen Schäuble, Seiters und Bohl höre, »dann wird mancher sagen: Der Dregger hat mal wieder Glück gehabt, daß er solche Parlamentarischen Geschäftsführer gefunden hat. Aber ich will Ihnen sagen: Solches Glück habe ich immer gehabt. Ich glaube, daß Delegieren und Motivieren Führungskunst ist und daß beides zusammenhängt. Wer nicht delegiert, kann auch nicht motivieren.«[88] Zugleich konnte man diese Worte auch als Einleitung seines Rückzugs auf das politische Altenteil verstehen. Er hatte acht Tage nach der ersten gesamtdeutschen Bundestagswahl sein siebzigstes Lebensjahr vollendet. Konnte man sich einen geeigneteren Zeitpunkt für den Abschied vom Amt des Fraktionsvorsitzenden vorstellen? Hatte der politische Kämpfer Dregger nicht seine politische Mission erfüllt und war es nicht an der Zeit, das Steuer der Fraktion in jüngere Hände zu legen?

---

87 Zur Funktion der Ersten Parlamentarischen Geschäftsführer vgl. Petersen: Manager.

88 So Dregger in der Fraktionssitzung vom 29.10.1990, ACDP, 08-001-1095/2, S. 9 des Wortprotokolls.

16. Strategische Meisterleistung zum Abschied – Entscheidung über die Bundeshauptstadt

Die klare Bestätigung der Regierung Kohl/Genscher bei der ersten gesamtdeutschen Bundestagswahl fiel zeitlich mit der Vollendung des siebzigsten Lebensjahres von Dregger zusammen. Damit musste bei der Konstituierung des Fraktionsvorstands die Frage auftauchen, ob ein Politiker weiterhin die stärkste Regierungsfraktion führen sollte, der in seine achte Lebensdekade ging. Dregger signalisierte seine Absicht, den unvermeidlichen Stabwechsel im Amt des Fraktionsvorsitzenden in der Mitte der Legislaturperiode – also nach zwei Jahren – zu vollziehen. Dabei konnte er auf die Unterstützung seines präsumtiven Nachfolgers Schäuble zählen. Allerdings sperrten sich die Vorsitzenden mächtiger Landesgruppen wie Wilhelm Rawe für Nordrhein-Westfalen und Johanes Gerster für Rheinland-Pfalz dagegen und bestanden darauf, Dregger nur eine Verlängerung von einem Jahr zu gewähren. Dabei handelte es sich um Akteure, die bereits im Dezember 1988 am »Aufstand« gegen Dregger beteiligt gewesen waren. Damals hatte er die Revolte abwehren können, weil er die Mehrheit der Fraktion und insbesondere die CSU hinter sich gewusst hatte. Doch angesichts des Umstands, dass er in jedem Fall ein Fraktionsvorsitzender auf Abruf war, wollte sich Dreggers nicht in einen neuerlichen Kampf für eine zweijährige Restlaufzeit des Fraktionsvorsitzes begeben und begnügte sich mit der Verlängerung um ein Jahr.[1]

Damit machte Dregger zugleich den Weg frei für den von ihm geschätzten Wolfgang Schäuble. Dass diesem der Fraktionsvorsitz als Sprungbrett für höhere Ambitionen dienen sollte, kann man auch als Wertschätzung dieses Amtes deuten. Waren Parteivorsitz und Kanzlerschaft in einer Hand, so blieb der Fraktionsvorsitz die einzige Möglichkeit, sich für allerhöchste Aufgaben zu empfehlen. In der Vergangenheit hatte nur Rainer Barzel während der Kanzlerschaft Ludwig Erhards von diesem Potenzial Gebrauch gemacht, und Schäuble hätte diese Linie fortgesetzt. Doch was bedeutete es für einen Amtsinhaber, wenn er nur noch ein Fraktionsvorsitzender auf Abruf war? Eine solche Konstellation hatte es in der Unionsfraktion bislang nicht gegeben.

1 Vgl. das Protokoll der Sitzung des Vorstands der CDU/CSU-Bundestagsfraktion vom 19.12.1990, ACDP, 08-012-098/3.

Dregger und die Fraktion hatten sich darauf geeinigt, dass für den Rest seiner Amtszeit der Fraktionsvorsitzende nicht mehr als kraftvoller Gestalter, sondern nur noch als ausgleichender Moderator in Erscheinung treten sollte. In typologischer Hinsicht treffen daher auf Dreggers letzte Amtszeit alle Kriterien eines »echten Moderators« zu, der Routineaufgaben souverän erledigt, keinerlei eigene Ambitionen erkennen lässt und sich politisch nicht in den Vordergrund drängt.[2] Aus Sicht der Fraktion war dies eine funktionale Besetzung ihres höchsten Amtes insofern, als für das verbleibende Jahr die politischen Weichen so gestellt schienen, dass keine neuen Fragen von grundsätzlicher Relevanz auf der Agenda standen. Der Fraktion war bewusst, dass die Ausgestaltung der deutschen Einheit und damit die Herstellung gleichwertiger Verhältnisse im Beitrittsgebiet das alles überragende Thema sein würden. Gewiss meinten manche Abgeordnete, dass die Fraktion gegenüber der Regierung nun auch einmal die Muskeln spielen lassen sollte, nachdem die Exekutive im Vereinigungsjahr 1990 der Fraktion die Rolle zugewiesen hatte, sich auf die Akklamation von Regierungshandeln zu beschränken. Aber genau deswegen hatte sie mit Wolfgang Schäuble einen künftigen Vorsitzenden in Aussicht, dessen unbändiger Gestaltungswille auch der Fraktion neues Selbstvertrauen einimpfen sollte.[3]

Vor diesem Hintergrund waren die Abgeordneten durchaus gewillt, dem bisherigen Vorsitzenden einen Vertrauensbonus zu schenken, als sich Dregger am 19. Dezember 1990 der ersten gesamtdeutschen Fraktion zur Wiederwahl stellte. Von 300 abgegebenen Stimmen erhielt der einzige Bewerber Dregger 268; 21 Abgeordnete stimmten mit Nein, 11 enthielten sich. Dies war ein Ergebnis, in dem sich auch Respekt vor der politischen Lebensleistung Dreggers widerspiegelte, dem man einen guten Start seiner letzten Amtsperiode bescheren wollte; zugleich war es das, was Politiker in solchen Kontexten als »ehrliches Ergebnis« zu bezeichnen pflegen. Es ziemte sich, dass der Bundeskanzler der Fraktion Dregger zur Wiederwahl vorschlug. Kohl wählte dabei Worte, aus denen kein Enthusiasmus, sondern eine pflichtschuldige Dankesbezeugung herauszuhören war.[4]

Dregger fand sich mit der ihm übertragenen Rolle von Anfang an ab. Er haderte nicht großartig damit, dass er in absehbarer Zeit ins zweite Glied zurücktreten musste und die Restlaufzeit als Fraktionsvorsitzender mit Routineaufgaben auszufüllen hatte. Auch daran lässt sich ablesen, dass er ein leidenschaftlicher

2 Dazu grundlegend Schindler: Politische Führung, S. 261 – 267.

3 Ebd., S. 287 – 291.

4 Vgl. Kohls Rede in der Fraktion am 19.12.1990, ACDP, 08-012-105/1, S. 9 des Wortprotokolls; hier S. 10 auch das Ergebnis der Wahl zum Fraktionsvorsitzenden.

Parlamentarier war, der die Funktionsbedingungen des bundesdeutschen Parlamentarismus verinnerlicht hatte und auch in der Moderatorenrolle keine zweitklassige Aufgabe erblickte. Vor allen Dingen war Schäuble sein Wunschnachfolger, weil er vom Politikertypus genau seinem Anforderungsprofil entsprach. Dregger hatte Schäuble zwar erst nach der Übernahme des Fraktionsvorsitzes näher kennengelernt, obgleich beide zuvor schon zehn Jahre lang dem Bundestag angehört hatten. Die beiden verband dann aber ein enges Arbeitsverhältnis, weil Schäuble als Erster Parlamentarischer Geschäftsführer die Alltagsarbeit der Fraktion steuerte. Auch machte Dregger keinen Hehl daraus, dass Schäuble in dieser Rolle immer ein Stück »Kohl's Mann in der Fraktion« blieb.[5] Aber schon bald wurde deutlich, dass Schäuble sich nicht auf die Rolle des Statthalters des Bundeskanzlers reduzieren lassen wollte, sondern nach eigenen Politikfeldern Ausschau hielt, auf denen er sich profilieren konnte.

Diese politische Emanzipation Schäubles hat Dregger nicht nur gebilligt, sondern auch nach Kräften gefördert. So übertrug er ihm gelegentlich rednerische Aufgaben im Bundestag, die eigentlich ihm als Fraktionsvorsitzendem zugestanden hätten. Dreggers »Freude an seiner Scharfzüngigkeit«[6] dürfte der Überzeugung entsprungen sein, dass die Politik leidenschaftliche Debattenredner benötigte, zu denen Dregger sich selbst rechnen durfte. Vor allem entsprach Schäubles Aufstieg seinem Verständnis von Teamarbeit, das er spätestens seit seiner Wahl zum Vorsitzenden der hessischen CDU im Jahr 1967 immer wieder praktiziert hatte. Nicht zuletzt aus seinem Hineinschnuppern in Organisationsabläufe der Wirtschaft vor seiner Karriere als Kommunal- und Landes-, dann als Bundespolitiker hatte Dregger die feste Überzeugung gewonnen, »daß ein Team zum Nutzen aller einschließlich des Anführers umso besser ist, je mehr Profilierungs- und Gestaltungsmöglichkeiten jeder einzelne in ihm hat«.[7] Er schob daher die politische Laufbahn des mehr als 25 Jahre Jüngeren mit seinen Möglichkeiten an, indem er ihm innerhalb der Fraktion Gelegenheiten eröffnete, seine reichhaltigen Talente zur Geltung zu bringen. Und er stand Schäuble auch zur Seite, als dieser 1984 ins Bundeskanzleramt wechselte: Dregger bestand darauf, dass Schäuble nicht wie dessen Vorgänger lediglich als Staatsminister fungierte, sondern den Rang eines Bundesministers und zugleich die Funktion des Amtschefs erhielt.[8] Schließlich

5 Aufzeichnung Dreggers vom 24.04.1992: »Wolfgang Schäuble – was er als 1. Parlamentarischer Geschäftsführer für mich bedeutete«, ACDP, 01-347-185/2, Zitat S. 3 der Aufzeichnung.

6 Ebd., S. 3.

7 Ebd., S. 3.

8 Ebd., S. 4. Vgl. zum Wechsel im Bundeskanzleramt auch Wirsching: Abschied, S. 178–180.

schätzte er an Schäuble die Art des Umgangs mit den Fraktionskollegen. Schäuble würde – da war sich Dregger sicher – einen Fraktionsvorsitzenden abgeben, der nicht um Popularität buhlte und sich kumpelhaft anbiederte. »Nicht durch Kameraderie oder Verbrüderung, sondern durch intensive Gesprächskontakte und enge Anbindung«[9] entfalte Schäuble seine Wirkung – Dreggers Charakterisierung klang wie eine versteckte Beschreibung seines eigenen Führungsideals.

Aber fand sich in dieser Situation ein Thema, das Dregger während der verbleibenden Zeit als Fraktionsvorsitzender in Schwung hielt? Gewiss schlug sein Herz weiterhin dafür, dass sich die Europäische Gemeinschaft eine eigene Sicherheitsstruktur gab, um nicht länger von der US-Sicherheitsgarantie existenziell abhängig zu sein. Er setzte sich weiter vehement für eine Konzeption ein, die er als einer der sicherheitspolitischen Vordenker seiner Partei bekanntlich seit Mitte der 1980er Jahre unablässig verfochten hatte. Die eher seltenen Gelegenheiten, in denen er im Bundestag das Wort ergriff, widmete er nicht zuletzt diesem seinem Lieblingsanliegen: »Es hat sich gezeigt, daß Europa bisher ein seiner ökonomischen Bedeutung entsprechendes außenpolitisches Gewicht nicht besitzt und daher in internationalen Fragen nur sehr begrenzt handlungsfähig ist. [...] Die Konsequenz: Die Europäer müssen sich endlich auch sicherheitspolitisch zusammenschließen.«[10] Doch fehlte Dregger diesmal insofern der besondere Reiz, als er mit seiner Position nahezu überall Beifall erntete. Er fühlte sich wohler, wenn er eine Debatte anschob, als wenn er allseits Zustimmungsfähiges verkündete. Zudem lag die Ausgestaltung Europas zu einer Sicherheitsunion weder in seiner originären Kompetenz noch in seiner politischen Lebensplanung.

Eine wichtige Frage kam jedoch auf, bei der Dregger seine Fähigkeiten entfalten konnte, zumal sie perfekt auf seine neue Rolle als vermittelnder Moderator zugeschnitten war: Wo sollte das gesamtdeutsche Parlament seinen Sitz nehmen – weiterhin in Bonn oder im nun vereinigten Berlin?[11] Dabei handelte es sich aus drei Gründen nicht um eine politische Nebensächlichkeit, weshalb der ganze Einsatz des Fraktionsvorsitzenden der stärksten Regierungsfrak-

---

9 Ebd., S. 3.

10 Bundestagsrede Dreggers vom 31.01.1991, Verhandlungen des Deutschen Bundestags, Stenographische Berichte, 12. Wahlperiode, Zitat S. 110 f.; vgl. auch seine Bundestagsrede vom 13.03.1991, ebd., S. 749.

11 Zur Hauptstadtdebatte vgl. u. a. Klaus von Beyme: Hauptstadt Berlin. Von der Hauptstadtsuche zur Hauptstadtfindung. Wiesbaden 2019, S. 45 ff.; Frank Brunssen: Das neue Selbstverständnis der Berliner Republik. Würzburg 2005, S. 11 ff.; Markus Heintzen: Der verfassungsrechtliche Status der Bundesstadt Bonn. Berlin 2000.

tion gefordert war. Erstens berührte diese Angelegenheit das Selbstverständnis der wiedervereinigten Bundesrepublik: Würde sich deren politische Orientierung auf schleichendem Wege verändern, wenn der Bundestag und mit ihm die zentralen Regierungsorgane in Berlin angesiedelt wären? Würde nicht das kostbarste Erbe der Bundesrepublik – die unzweideutige Westbindung – aufgeweicht, wenn das politische Herz Deutschlands an einem Ort schlug, der nicht eine unverbrüchliche Ausrichtung auf den Westen, sondern eher entgegengesetzte Traditionen deutscher Geschichte repräsentierte? Zweitens war dieses Thema gerade deswegen angetan, Zwist innerhalb der Unionsfraktion zu säen. Hier prallten verschiedene Interessen aufeinander und wurden tiefsitzende Empfindlichkeiten deutlich, die gerade die Unionsfraktion bewegten: Würde eine Verlagerung des politischen Zentrums nach Berlin das neue Deutschland nicht nur »östlicher«, sondern auch protestantischer machen? Damit waren konfessionelle Befindlichkeiten und politische Sorgen berührt, die innerhalb der Unionsparteien selbst im Jahr 1991 nicht verschwunden waren: das in ihre politische DNA eingeschriebene Bemühen, den alten konfessionellen Streit nicht wieder aufleben zu lassen. Drittens zeichnete sich ab, dass die Entscheidung über den Parlamentssitz ganz in die Hoheit des Bundestags gelegt werden würde. Das Parlament konnte hier also zu sich selbst finden und seiner Funktion als Ausdruck des Volkswillens ungeschmälert gerecht werden, ohne dass es dabei Rücksicht auf Vorgaben seitens der Regierung zu nehmen hatte. Dies bedeutete für den Fraktionsvorsitzenden, dass er keinen Fraktionszwang verhängen musste und sich fraktionsübergreifende Allianzen von Bonn- beziehungsweise Berlin-Befürwortern bilden konnten.

An Dregger lag es nun, ein Verfahren in Gang zu setzen, das dieser komplexen Gemengelage Rechnung trug. Dabei kam es entscheidend darauf an, einen fraktionsinternen Meinungsbildungsprozess zu eröffnen, der eine ergebnisoffene Zirkulation der unterschiedlichen Ansichten ermöglichte und diese in ein transparentes Verfahren zur Entscheidungsfindung einspeiste. Den fraktionsinternen Prozess zu steuern, zählt zu den zentralen Wirkungsmöglichkeiten eines Fraktionsvorsitzenden.[12] Insofern konnte Dregger auch noch im Jahr 1991 die Möglichkeiten seines Amts in vollem Maße ausschöpfen.

Für die mit der Hauptstadtfrage verbundene Aufgabe gab es kaum einen Geeigneteren als Dregger. Er lief zur Höchstform auf, weil er immer schon großen Wert darauf gelegt hatte, die gesamte Fraktion zur Partizipation zu ermuntern. Dregger hatte sich bei seinen Fraktionskollegen ein derart großes Vertrauens-

12 Grundlegend dazu Schindler: Politische Führung, S. 403–411.

kapital erworben, dass sie es ihm zugestanden, ein entsprechendes Verfahren festzulegen. Sie wussten, dass er für größtmögliche Offenheit und Fairness sorgen würde. Insofern bildete sein partizipationsorientierter Führungsstil mit der Bereitschaft der Fraktion, ihm hier freie Hand zu gewähren, eine Einheit.

Dregger enttäuschte die in ihn gesetzten Erwartungen nicht: Als die Stunde der parlamentarischen Entscheidung näher rückte, sorgte er zunächst dafür, ein fraktionsinternes Meinungsbild zu erstellen. Dabei ermunterte er ausdrücklich jeden Abgeordneten, seinen Standpunkt offen darzulegen. Im nächsten Schritt bündelte und systematisierte er als Moderator die artikulierten Positionen, um einen Weg zu ermöglichen, der die unterlegene Seite nicht als Verlierer dastehen ließ. Und als die parlamentarische Entscheidung unmittelbar bevorstand, suchte er nach einem Weg, um die dann getroffene Entscheidung mit einem solchen Legitimationsgrad zu versehen, dass auch die in der parlamentarischen Abstimmung unterlegene Seite die Position der Mehrheit mittragen konnte. »Fairness« war daher der Leitbegriff, mit dem Dregger innerhalb der Fraktion sein Verfahren kommunizierte.

Am 24. April 1991 rief er die Fraktion zu einer Sondersitzung zusammen, um ein Meinungsbild zu erstellen. Er trug Sorge dafür, dass die von ihm initiierte Debatte zielorientiert verlief, um zu verhindern, dass es zu ausufernden Meinungsbekundungen kam, die aufgrund ihrer Heterogenität schwer in ein ergebnisorientiertes Verfahren zu integrieren gewesen wären. Daher wählte er zwei politische Schwergewichte aus, die – wie er sich ausdrückte – als »Fürsprech«[13] für Berlin bzw. Bonn das Wort ergreifen sollten. Zudem bat er zwei seiner Amtsvorgänger – Karl Carstens und Rainer Barzel – ebenfalls um Stellungnahmen. Damit wollte er die politische Weisheit von zwei ehemaligen politischen Führungskräften der Fraktion für die Entscheidungsfindung aktivieren, ohne dass er wusste, wofür sich die beiden jeweils aussprechen würden: »Wofür sie votieren, weiß ich nicht. Ich habe nicht gefragt. Überraschungen sind immer angenehm. Und dann wird es eine freie Diskussion geben.«[14]

Dregger wollte erreichen, dass politische Schwergewichte zu Beginn ihre Ansichten in die Diskussion einbrachten, die wie ins Wasser geworfene Steine weite Kreise ziehen und damit dem Meinungsbildungsprozess Struktur verleihen sollten. Es war mehr als ein Nebeneffekt, dass Dregger dabei zugleich Schäuble eine politische Bühne bot. Wir haben gesehen, dass er zielgerichtet daran mitgewirkt hatte, dass sich sein designierter Nachfolger über seine diversen Funktionen

13 So Dregger auf der Sondersitzung vom 24.04.1991, ACDP, 08-012-106/3, S. 2 des Wortprotokolls.
14 Ebd., S. 2.

in Fraktion und Regierung hinaus als politischer Generalist zu profilieren vermochte. Damit wuchs Schäuble in die Position desjenigen hinein, der als einziger Bundespolitiker von Format für die Nachfolge Kohls in Frage kam, mussten doch sowohl der CDU-Vorsitzende wie auch der Bundeskanzler politisch breit aufgestellt sein. Dregger trug zur Ausweitung des politischen Portfolios Schäubles bei, indem er ihn für die Funktion des Fürsprechers gewann.[15] Damit erhielt der nunmehrige Bundesinnenminister nicht nur Gelegenheit, seine rhetorischen Fähigkeiten auszuspielen. Schäuble konnte zugleich unter Beweis stellen, dass er als gesamtdeutscher Politiker taugte und auch in Ostdeutschland anschlussfähig war. Dem Südbadener Schäuble, der seinen alemannischen Zungenschlag nie verleugnete, war nicht unbedingt in die Wiege gelegt worden, auch in Brandenburg, Mecklenburg oder Ostsachsen »anzukommen«. Aber weil er ein entschiedener Advokat Berlins war und dafür – ganz in seiner Art – überzeugend die großen Linien der Politik und sein profundes historisches Wissen heranziehen konnte, war sein Auftritt als Anwalt der ehemaligen Reichshauptstadt für ihn eine exzellente Gelegenheit zu demonstrieren, dass ein künftiger Bundeskanzler nicht mehr in der alten Vorstellungswelt der Bonner Republik gefangen sein durfte. Ein präsumtiver Kanzler und künftiger Parteivorsitzender musste die Hauptstadtfrage von einem übergeordneten Standpunkt aus in den Blick nehmen. Dies hieß, die Union dafür zu sensibilisieren, dass ein Votum gegen Berlin insbesondere in den »neuen Ländern« auf sie zurückschlagen und ihre Mehrheitsfähigkeit dort bedrohen würde.[16]

Dregger begnügte sich in der Hauptstadtfrage aber nicht allein mit der Rolle eines Moderators. Als Fraktionsvorsitzender musste er auch in die Fraktion hineinhorchen und in dieser so kontroversen Frage einen Modus finden, der keine Gräben aufriss und die Arbeitsfähigkeit der Fraktion garantierte. Dazu diente die allgemeine Aussprache am 24. April 1991, mit der er ein offenes Forum schaffen wollte, ohne die Debatte bereits in irgendeiner Weise inhaltlich zu strukturieren. Daher musste Dregger seine persönliche Ansicht in dieser Frage elegant verhüllen, um bei den Mitgliedern der Fraktion, ob sie nun zu Berlin oder zu Bonn als Hauptstadt tendierten, nicht den Verdacht aufkommen zu lassen, dass der Vorsitzende die Debatte insgeheim in eine bestimmte Richtung lenkte: »Sie wissen, daß ich meine persönliche Position bisher nicht bekanntgegeben habe. Ich habe

---

15 Diese Offerte Dreggers kam allem Anschein nach für Schäuble überraschend; vgl. dessen Auftritt vor der Fraktion am 24.04.1991, ebd., S. 5 des Wortprotokolls.

16 Vgl. die Äußerung Schäubles in der Sitzung des Fraktionsvorstands vom 17.06.1991, ACDP, 08-012-099/1.

das bewußt unterlassen, weil ich der Auffassung war, daß diese Fraktion in dieser Situation, in der es keine Fraktionsposition gibt, einen Vorsitzenden braucht, der es ihr ermöglicht, eine faire Diskussion zu führen.«[17]

Als sich als Resultat dieser ergebnisoffenen fraktionsinternen Aussprache am 24. April 1991 abzeichnete, dass sich beide Positionen ziemlich die Waage hielten, ergriff Dregger die Initiative: Er wollte ausloten, ob es einen dritten Weg gab, der eine Aufgabenverteilung zwischen Bonn und Berlin vorsah, so dass sich keine der beiden Parteien als klarer Verlierer der Hauptstadtdebatte fühlen musste. Daher richtete er eine fraktionsinterne Kommission ein, in der unter Vorsitz von Ex-Generalsekretär Geißler Bonn- wie Berlinbefürworter gemeinsam nach einem Ausweg suchten, der zu einer Kompromisslösung führen konnte.[18] Am 13. Mai 1991 ebnete er den Weg für diese »Konsenslösung«, an die er von vornherein die Bedingung knüpfte, dass sie »praktikabel« sein müsse.[19]

Dass und wie sich Dregger um eine Konsenslösung bemühte, ist ein vorzüglicher Indikator für sein Amtsverständnis und für seinen strategischen Weitblick. Ihm kam es in allererster Linie darauf an, eine Beschädigung der Union durch die Hauptstadtdebatte zu verhindern. Immerhin hatten CDU und CSU hier unendlich mehr zu verlieren als die SPD: Wollten sich die Unionsparteien die Herstellung der deutschen Einheit positiv anrechnen lassen, dann mussten sie auch in Kauf nehmen, dass ein Fehlschlag bei deren Vollendung auf sie zurückfallen würde. Der alte politische Weggefährte Dreggers, Bundespostminister Christian Schwarz-Schilling, verlieh diesem Argument in einem leidenschaftlichen Debattenbeitrag besonders klar Ausdruck, indem er die Stellung der Union in der Hauptstadtdebatte zur »Frage der Glaubwürdigkeit« erhob.[20] Der ehemalige Bundesverteidigungsminister Rupert Scholz brachte die allgemeine Stimmung innerhalb der Fraktion und Partei auf den Punkt, wenn er betonte, was für die Union politisch auf dem Spiel stand: »Ganz gleich, was rauskommt, uns wird man anlasten oder sagen: Die Union hat ihrer Führungsaufgabe im Lande in der Vollendung der Einheit genügt.«[21]

Damit nahm die Fraktion ihren Vorsitzenden in die Pflicht und wies ihm eine doppelte Aufgabe zu: Er hatte die Union zu befrieden und zugleich ihre Gestaltungsmacht in der Hauptstadtdebatte zu sichern. Angesichts der heterogenen

---

17 So Dregger in der Fraktionssitzung vom 13.05.1991, ebd., S. 1f. des Wortprotokolls.

18 Vgl. die Ausführungen Dreggers in der Fraktionssitzung vom 24.04.1991, ACDP, 08-012-106/3, S. 66 und 106 f. des Wortprotokolls.

19 Dregger in der Fraktionssitzung vom 13.05.1991, ebd., S. 2 des Wortprotokolls.

20 Schwarz-Schilling in der Fraktion am 18.06.1991, ACDP, 08-012-107/3, S. 50 des Wortprotokolls.

21 Scholz in der Fraktion am 13.06.1991, ACDP, 08-012-107/2, S. 12 des Wortprotokolls.

Ansichten in Fraktion und Partei war ihm damit eine überaus heikle Aufgabe zugefallen, deren Lösung den Einsatz seines gesamten strategischen Geschicks verlangte. Sein Fraktionskollege, der niedersächsische Abgeordnete Horst Eylmann, hatte pars pro toto pointiert formuliert, was auf dem Spiel stand: »Es geht um die Einheit der Union.«[22] Dregger war sich der Dimension der Herausforderung bewusst. Daher wählte er ein Verfahren, das für innerparteiliche Befriedung sorgen sollte. Sein beharrliches Bemühen, die Fraktion für einen von ihm stets als »Konsenslösung«[23] bezeichneten Ausweg zu gewinnen, speiste sich aus seiner politischen Führungsaufgabe, zu verhindern, dass die Hauptstadtfrage politische Gräben zwischen Ost und West, zwischen evangelisch und katholisch, zwischen »preußisch« und süddeutsch aufriss. Hierbei arbeitete er einträchtig mit dem Bundeskanzler zusammen, der Dreggers Konsenssuche vor allem aus parteiinternen Gründen unterstützte. Es spricht Bände, dass Kohl, der sich ansonsten aus den Fraktionsdebatten weitgehend heraushielt, einen Tag vor der entscheidenden Bundestagsabstimmung deutlich zu verstehen gab, dass die Konsenssuche für ihn parteitaktischen Zwecken diente: »Ich möchte es hier als Parteivorsitzender sagen: Wir haben bis in die letzte Minute versucht einen Konsens zu finden.«[24]

Das von Dregger gewählte Verfahren sollte somit signalisieren, dass die Fraktionsführung ernsthaft bemüht war, eine für beide Seiten akzeptable Lösung zu finden. Er definierte seine Aufgabe insofern als innerparteiliche Befriedungsmission. Aus diesem Grund ging er auch nicht den nächsten Schritt, zu versuchen, eine unionsinterne Kompromisslösung mit den übrigen Fraktionen so abzustimmen, dass sie eine breite Mehrheit im Bundestag finden würde. Dregger hielt sich in diesem Punkte auffällig zurück und überließ einer Arbeitsgruppe unter der Leitung der Bundestagspräsidentin Rita Süssmuth die »mission impossible«, die divergierenden Interessen nicht nur der Fraktionen, sondern auch der übrigen beteiligten Verfassungsorgane, etwa des Bundesrats, einer gemeinsamen Lösung zuzuführen.

Dregger erwies sich damit als kühl kalkulierender Stratege: Er investierte enorme Kraft in eine Konsenslösung, deren Realisierung er von Anfang an skeptisch eingeschätzt hatte. Doch entscheidend war die politische Signalwirkung eines transparenten Verfahrens, das zur Herstellung innerparteilichen Friedens beitragen sollte. Dass dem Fraktionsvorsitzenden am Ende der dann letztlich vergeblichen Bemühungen Lob zuteilwurde (»Als erstes möchte ich sagen, daß ich

---

22 Eylmann in der Fraktion am 18.06.1991, ACDP, 08-012-107/3, S. 23 des Wortprotokolls.

23 Dregger in der Fraktion am 11.06.1991, ACDP, 08-012-107/2, S. 2 des Wortprotokolls.

24 Kohl in der Fraktionssitzung vom 19.06.1991, ACDP, 08-012-107/3, S. 21 des Wortprotokolls.

sehr dankbar bin für diese aufwendigen und arbeitsaufwendigen Versuche, um einen Konsens zu finden«[25]), dürfte Dregger als Anerkennung für seinen Einsatz angesehen haben. Antriebskraft war ihm aber auch der politische Gestaltungsanspruch der stärksten Bundestagsfraktion. In einer der vitalen Gegenwartsfragen sollte die Union eine Vorreiterrolle einnehmen – und dies hieß nach Lage der Dinge, auch nach einer dritten Lösung jenseits von Bonn und Berlin Ausschau zu halten, die außerhalb der Union nicht wirklich ernsthaft erwogen wurde: »Damit würden wir unsere Führungsaufgabe erfüllen, als die stärkste Fraktion des Deutschen Bundestages.«[26]

Allerdings verfolgte Dreggers innerparteiliche Pazifizierungsstrategie die verborgene Nebenabsicht, eine politische Hintertür für Berlin zu öffnen: Indem er das Konsensargument in den Vordergrund schob mit der sich daraus ergebenden Botschaft, dass Bonn und Berlin sich auf eine Arbeitsteilung zu einigen hätten, verschaffte er Berlin eine bessere Ausgangsposition für den wahrscheinlichen Fall, dass eine Konsenslösung nicht zustande kommen sollte. Bei einer dann folgenden Abstimmung zwischen Bonn und Berlin besaß die Stadt an der Spree einen strukturellen Vorteil, sofern der von Dregger immer wieder unterstrichene Aspekt Berücksichtigung fand, dass keine der beiden Städte leer ausgehen dürfe: Berlin konnte hier großzügiger sein und Bonn wichtige Ministerien überlassen, weil die deutsche Hauptstadt bislang weder mit dem Parlament noch mit Bundesministerien ausgestattet war. Bonn hingegen würde Berlin lediglich mit dem Trostpreis Bundesrat und Bundespräsident abfinden können, weil es sich schwertat, auf die bereits dort angesiedelten parlamentarischen und exekutiven Spitzeneinrichtungen zu verzichten. Insofern war in der Strategie Dreggers von Anfang an angelegt, dass im Falle des Scheiterns einer Konsenslösung Berlin vom Pazifizierungsverfahren des Fraktionsvorsitzenden profitierte. Daher wird man ohne Übertreibung behaupten können, dass nicht nur der in diesem Kontext immer wieder genannte Bundestagsauftritt Wolfgang Schäubles, sondern nicht minder Alfred Dreggers Management maßgeblich dazu beitrug, dass sich Berlin wider alle Erwartungen gegen Bonn durchsetzte.[27]

---

25 So der Thüringer Fraktionskollege Hans-Jürgen Kronberg in der Fraktion am 19.06.1991, ebd., S. 13 des Wortprotokolls.

26 Dregger in der Fraktionssitzung vom 11.06.1991, ACDP, 08-012-107/2, S. 12 des Wortprotokolls.

27 Zu den Gründen, warum Berlin bei der entscheidenden Abstimmung obsiegte, vgl. ausführlich Wolfram Pyta. Berlin statt Bonn. Die Hauptstadtentscheidung des Bundestags vom 20. Juni 1991 als Ergebnis überfraktioneller Willensbildung, in. Zeitschrift für Parlamentsfragen 53 (2022), S. 409 – 433.

Vieles deutet darauf hin, dass die beiden in dieser Frage als strategische Partner agierten. Wie Dregger hatte sich auch Schäuble innerhalb der Fraktion für eine Konsenslösung eingesetzt. Das ist deswegen besonders bemerkenswert, weil er bekanntermaßen bei der ersten fraktionsinternen Sondierung auf Wunsch Dreggers als Fürsprecher für Berlin hervorgetreten war. Schäuble agierte dabei in doppelter Funktion: Als Bundesinnenminister suchte er Zweifel zu zerstreuen, aus infrastrukturellen und bautechnischen Gründen könnten Bonn und Berlin keine überlappenden Funktionen ausüben.[28] Doch als die Abstimmung am 20. Juni nahte, machte er aus seiner Skepsis keinen Hehl, dass sich der Kompromiss, den die fraktionsinterne Arbeitsgruppe unter Geißler ausgearbeitet hatte, tatsächlich als tragfähig und vor allem mehrheitsfähig erweisen könnte.[29] Der Vorschlag der Geißler-Kommission sah vor, den Sitz von Parlament und Regierung zu trennen, wobei Berlin den Bundestag, Bonn die Bundesregierung erhalten sollte. Alles deutet darauf hin, dass Dregger und Schäuble in abgesprochenen Rollen agierten: Der Fraktionsvorsitzende schwor die Union auf eine Konsenslösung ein, die im überaus wahrscheinlichen Falle des Scheiterns Berlin in eine vorteilhafte Ausgangssituation für die Kampfabstimmung mit Bonn beförderte; und der designierte Fraktionsvorsitzende schloss sich diesem Konsensstreben an, um dann in der alles entscheidenden Bundestagssitzung am 20. Juni in seine eigentliche Rolle als Fürsprecher Berlins zurückzukehren. Mit seiner Rede trug er entscheidend dazu bei, dass die Strategie der beiden aufging. So hielt sich denn auch Dregger in der entscheidenden parlamentarischen Debatte zurück und ergriff gar nicht das Wort – wohl wissend, dass Schäuble seine Sache glänzend machen würde.

Neben den parteipolitischen Erwägungen gab es allerdings noch einen weiteren Grund, warum sich Dregger in der Hauptstadtfrage so stark engagierte: Der leidenschaftliche Verfechter der repräsentativen Demokratie wollte eine Sternstunde des deutschen Parlamentarismus ermöglichen. Diese bestand nicht nur darin, dass der Bundestag – und nur er – die Entscheidung darüber fällte, wo Parlament und Regierung künftig ihren Sitz haben sollten. Dregger war zugleich darum bemüht, dass diese Entscheidung ein Höchstmaß an Legitimität auf sich vereinigen konnte. Gewiss hatte er keinen Zweifel daran, dass in einer parlamentarischen Demokratie das Parlament den Willen des Volkes repräsentierte und daher dessen Entscheidung keiner zusätzlichen demokratischen Legitimation

---

28 Vgl. die Ausführungen Schäubles in der Fraktionssitzung vom 11.06.1991, ebd., S. 8 – 11 des Wortprotokolls.

29 Vgl. die Bemerkungen Schäubles in der Fraktionssitzung vom 18.06.1991, ACDP, 08-012-107/3, S. 18 des Wortprotokolls.

bedurfte. Doch Dregger erkannte frühzeitig, dass der Charakter der Bonn-Berlin-Debatte zum Einfallstor für eine Aushöhlung der parlamentarischen Demokratie werden konnte, indem das weitgehende Kräftegleichgewicht im Bundestag zwischen den Bonn- und den Berlin-Anhängern den politischen Kräften Auftrieb gab, die durch den Einbau plebiszitärer Elemente das gesamte politische System transformieren wollten.

Der Wiedervereinigungsprozess hatte die lange Zeit schlummernde Debatte angefacht, ob die Zeit nicht reif dafür sei, auf Bundesebene durch das Instrument des Volksentscheids direktdemokratische Elemente einzuführen. Die Skepsis gegen alle Spielarten plebiszitärer Demokratie war in den 1980er Jahren einer immer stärkeren Bereitschaft gewichen, das »Volk« in bestimmten Fragen an der Entscheidungsfindung zu beteiligen. Das aber musste – ohne dass die Befürworter einer solchen Lösung es immer mit der gebotenen Klarheit aussprachen – im Gegenzug auf einen Bedeutungsverlust des Parlaments hinauslaufen. Bereits die Debatte um die Nachrüstung hatte solche Positionen befeuert, und bei der Wiedervereinigung hatten Erwägungen, ob das vereinigte Deutschland nicht eine neue Verfassung brauche, die plebiszitär zu legitimieren sei, den Boden dafür bereitet, nun in der Hauptstadtfrage dieses Verfahren aktiv anzustreben.[30]

Es war die SPD, die dem Thema neuen Schwung verlieh und damit die stärkste Regierungsfraktion unter Zugzwang brachte. Anfang Juni 1991 unternahm die Führung der Sozialdemokraten einen Vorstoß im Bundestag, um das Grundgesetz mit verfassungsändernder Mehrheit so umzugestalten, dass die Hauptstadtfrage per Volksabstimmung entschieden werden sollte. Gewiss war diese Initiative auch dem Umstand geschuldet, dass sich die SPD zuvor auf einem Parteitag mit der denkbar knappsten Mehrheit – einer Stimme – für Bonn ausgesprochen hatte.[31] Der Griff zum plebiszitären Verfahren war daher zugleich der Versuch, aus einer innerparteilichen Pattsituation einen Ausweg zu finden, der beide Seiten versöhnte. Doch damit setzte die SPD ein Argument frei, das geeignet war, über die eigene Partei hinaus zu wirken: War nicht eine Volksbefragung die geeignetste Möglichkeit, in einer vitalen Frage eine Entscheidung herbeizuführen, in der beide großen Volksparteien zu keiner klaren Willensbildung imstande waren?

---

30 Vgl. hierzu auch Klaus von Beyme: Das politische System der Bundesrepublik Deutschland. Eine Einführung. Opladen, Wiesbaden 91999, S. 31 f.; Bärbel Weixner: Direkte Demokratie in den Bundesländern. Verfassungsrechtlicher und empirischer Befund aus politikwissenschaftlicher Sicht. Wiesbaden 2002, S. 47 f.

31 Hierzu auch Einhart Lorenz: Willy Brandt. Deutscher – Europäer – Weltbürger. Stuttgart 2012, S. 225.

So gesehen war der Vorstoß der SPD auch eine bohrende Anfrage an die Unionsfraktion, ob sich bei ihr denn ein so eindeutiges Votum abzeichnete, dass der elegante Ausweg einer Volksbefragung hinfällig gewesen wäre. Und da das Meinungsbild innerhalb der Unionsfraktion keineswegs eindeutiger war als das des sozialdemokratischen Gegenübers, erhöhte dessen Vorpreschen den Druck auf die Fraktionsspitze, in der Hauptstadtfrage eine Konsenslösung herbeizuführen. Das Ganze ging nun über die Sachfrage hinaus: Zeigte sich die Unionsfraktion handlungsfähig und wies einen Ausweg, der auch für die anderen Fraktionen attraktiv war, dann konnte man zugleich die neu entflammte Debatte über den Stellenwert des Parlamentarismus im eigenen Sinne steuern. Ein Parlament, das in einer vitalen politischen Frage fraktionsübergreifend einen breiten Konsens herzustellen vermochte, hätte eindrucksvoll seine Entscheidungskompetenz demonstriert. Auch deswegen unternahm Dregger das in seiner Macht Stehende, um die Unionsfraktion auf einen solchen Kompromiss einzuschwören.[32] Sein Wort bekam dadurch zusätzliches Gewicht, dass er maßgebliche Protagonisten, die in der Fraktion für Berlin oder Bonn das Wort ergriffen hatten, für die Suche nach einer Kompromisslösung gewinnen konnte. Insbesondere Schäuble warnte vor einer Konstellation, in der bei einer Alternative Bonn oder Berlin der Bundestag mit knapper Mehrheit für eine der beiden Lösungen votierte, und favorisierte daher einen Konsens als Königsweg, der breite Zustimmung verheißen würde.[33]

Doch damit war die Frage noch nicht beantwortet, ob denn der von der Fraktionsführung befürwortete Kompromiss nicht die Funktionsfähigkeit eines Parlamentarismus lähmen würde, zu dessen Rettung vor plebiszitären Gefahren er ergriffen wurde. Er sah vor, die Regierung weiterhin in Bonn zu belassen, dafür aber den Sitz des Parlaments nach Berlin zu transferieren.[34] Doch dieser Vorschlag stieß in der Fraktion auf heftige Ablehnung bei den »einfachen« Abgeordneten, die ein schlagendes Argument einbrachten, dem sich kaum einer aus ihren Reihen zu entziehen vermochte: Eine so weitgehende geographische Trennung von Regierungs- und Parlamentssitz laufe auf einen Verlust parlamentarischer Kontrolle über die Regierung hinaus. Lege man eine räumliche Distanz von mehr als 600 Kilometern zwischen Volksvertretung und Regierung, dann werde die Regierung vom Parlament abgekoppelt und führe ein Eigenleben. Dies sei mit dem Geist parlamentarischer Demokratie nicht vereinbar: »Die einen kontrol-

---

32 Vgl. die eingehenden Ausführungen Dreggers in der Fraktionssitzung vom 03.06.1991, ACDP, 08-012-107/1, S. 1–5.

33 Schäuble in der Fraktionssitzung vom 03.06.1991, ebd., S. 26 f. des Wortprotokolls.

34 Vgl. die Ausführungen Dreggers in der Fraktion vom 03.06.1991, ebd., S. 4 des Wortprotokolls.

lieren als Bundestag irgendwo in Berlin, und die anderen regieren hier.«[35] Es waren mithin systemimmanente Gründe, die einen solchen Vorschlag als »faulen Kompromiss« delegitimierten: Es ergebe keinen Sinn, den Parlamentarismus vor den Einschränkungen der plebiszitären Demokratie schützen zu wollen, zugleich aber seine Arbeitsfähigkeit zu untergraben, indem man die Regierung gegen das Parlament abschirme und ihr damit ein Eigenleben erlaube, an der kein Parlamentarier ein Interesse haben könne.

Dregger konnten solche Einwände nicht überraschen. Dazu kannte er das Innenleben seiner Fraktion zu gut, und gerade er hatte ja immer wieder die Abgeordneten aufgefordert, selbstbewusst von ihrer Rolle als Volksvertreter gegenüber der Regierung Gebrauch zu machen. Man kann sich daher des Eindrucks nicht erwehren, dass er eine solche Reaktion bewusst provozieren wollte, als er die Geißler-Kommission beauftragte, einen Vorschlag zur Arbeitsteilung zwischen Bonn und Berlin auszuarbeiten. Nun nahm er befriedigt zur Kenntnis, dass gerade die »einfachen« Abgeordneten, die er auch in dieser Frage zur Partizipation ermutigte, den im Schoße der Kommission geborenen Weg verwarfen.[36] Andererseits musste er verhindern, dass die Fraktion in der stürmischen Sitzung vom 3. Juni 1991 eine Konsenslösung ganz vom Tisch fegte, da eine solche aus den erwähnten strategischen Gründen weiterhin auf der Agenda stehen sollte. Daher machte er in der Fraktionssitzung inhaltliche Abstriche und dirigierte die Fraktion in eine Richtung, welche die Möglichkeit einer Konsenslösung nicht gänzlich ausschloss, aber jede inhaltliche Festlegung auf die von der Geißler-Kommission empfohlene Arbeitsteilung zwischen Bonn und Berlin stillschweigend eliminierte. Sein getreuer Adlatus Friedrich Bohl unterbreitete der Fraktion diesen Vorschlag,[37] der bei nicht wenigen Abgeordneten zu großer Erleichterung führte.[38] Um das Verfahren noch klarer in die von ihm gewünschte Richtung zu lenken, stellte er am Ende besagter Sitzung nicht den Vorschlag zur Abstimmung, den der Erste Parlamentarische Geschäftsführer formuliert hatte, sondern seine eigene Version: »Wir bieten den anderen Fraktionen das Gespräch nach einer Konsenslösung an. Ich empfehle dringend, das zu billigen.«[39]

35 So der Abgeordnete Gerhard O. Pfeffermann (Gießen) am 03.06.1991, ebd., S. 38 des Wortprotokolls.

36 Vgl. außer dem besonders wirkmächtigen Beitrag Pfeffermanns noch die Reden der Abgeordneten von Stetten, Böhm und Meseke, denen auch Bundestagspräsidentin Süssmuth beipflichtete, ebd., S. 41 f., 51 und 55 des Wortprotokolls.

37 Bohl am 03.06.1991, ebd., S. 53.

38 Vgl. die auf Bohls Antrag folgende Ausführung des Abgeordneten Blank, ebd., S. 54.

39 Dregger zum Abschluss der Fraktionssitzung am 03.06.1991, ebd., S. 62 des Wortprotokolls.

In Windeseile zog Dregger die Abstimmung über seinen Vorschlag durch, der erwartungsgemäß mit eindeutiger Mehrheit angenommen wurde. Das überfallartige Manöver stieß jedoch bei einer aufmerksamen Abgeordneten, die der Fraktion erst seit der Wahl vom Dezember 1990 angehörte, auf Verwunderung: Dr. Angela Merkel. Die neue Bundesministerin für Frauen und Jugend, die in der DDR sozialisiert worden und erst sehr spät über die Bürgerbewegung zur Politik gestoßen war, bekundete ihr Erstaunen, als sie an die Adresse Dreggers gewandt sich wie folgt äußerte: »Wir haben aber jetzt über Ihre Worte abgestimmt und nicht über das, was Herr Bohl …«[40] Der Fraktionsvorsitzende machte in seiner Antwort deutlich, dass sich sein politischer Führungsanspruch sowohl auf das Verfahren wie auch auf die Formulierung praktikabler Vorschläge erstreckte: »So ist es. Deswegen bin ich auch der Vorsitzende. Völlig richtig (Große Heiterkeit und Beifall)«.[41]

Damit war eine Ausgangslage geschaffen, bei der Dregger nunmehr in den Hintergrund treten konnte. Er hatte als Fraktionsvorsitzender alles unternommen, um einen Konsens zu finden. Dabei hatte er einkalkuliert, dass die Arbeitsteilung zwischen Bonn und Berlin aus inhaltlichen Gründen nicht mehrheitsfähig war und eine Abstimmung über einen solchen Vorschlag im Bundestag allein deswegen scheitern würde, weil die anderen Fraktionen gar nicht eingebunden worden waren. Doch weil für ihn die Kompromisslösung nur ein Mittel war, um die Fraktion zu befrieden, hatte sie ihren Zweck bereits erfüllt. Und zugleich bestätigten sich seine Erwartungen, dass Berlin von seinem Manöver erheblich profitieren würde. Die von Dregger angeschobene fraktionsinterne Kompromisssuche hatte dazu geführt, dass die Berlin-Befürworter sich in ihrer Position bewegt hatten und nun der Gegenseite ein faires Angebot unterbreiteten: Bonn sollte damit abgefunden werden, dass wichtige Ministerien in der künftigen »Bundesstadt« verblieben und neben dem Parlament nur Bundeskanzler und die Schlüsselministerien nach Berlin übersiedelten.[42] Der sächsische Abgeordnete Manfred Kolbe fasste diesen Sachverhalt so zusammen: »Der Berliner Vorschlag […] ist ein Kompromiß, weil er Bonn sehr viel gibt. Er gibt Bonn den Großteil der Ministerien und damit einen Großteil der Arbeitsplätze.«[43]

40 Intervention von Angela Merkel, ebd., S. 63 des Wortprotokolls.

41 So Dreggers Replik auf Merkel, ebd., S. 63 des Wortprotokolls.

42 Hierzu Hanns Jürgen Küsters: Der Bonn/Berlin-Beschluss vom 20. Juni 1991 und seine Folgen, in: Historisch-politische Mitteilungen 19 (2012), S. 1 ff.; Franz Möller: Der Beschluss. Bonn/Berlin-Entscheidungen von 1990 bis 1994. Bonn 2002, S. 28 ff.

43 So Kolbe in der Fraktionssitzung vom 18.06.1991, ACDP, 08-012-107/3, S. 55 des Wortprotokolls. Vgl. auch den Diskussionsbeitrag seines Fraktionskollegen Scharrenbroich, der zwar weiterhin für

Doch die Bonner wollten im Gegenzug Berlin unverhältnismäßig wenig anbieten – am Ende der Konsenssuche war die Disproportionalität beider Positionen offensichtlich. Dies lag auch daran, dass die Anhänger Bonns siegesssicher waren und daher keine Zugeständnisse für nötig hielten. Es waren denn auch in erster Linie die Verfechter Bonns, die sich innerhalb der Unionsfraktion gar nicht auf einen Kompromissvorschlag einlassen wollten und in der Bundestagssitzung am 20. Juni 1991, als zuerst über den von Geißler eingebrachten Vorschlag abgestimmt wurde, konsequent mit Nein votierten. Von den aus der Unionsfraktion stammenden Nein-Stimmen gegen den »Konsensantrag Berlin/Bonn« stammten fast drei Viertel von Abgeordneten, die sich in der »Kampfabstimmung« für Bonn aussprachen, nur etwas mehr als ein Viertel von jenen, die später für Berlin votierten. Dass der Konsensantrag abgeschmettert wurde, lag nicht nur daran, dass außerhalb der Unionsfraktion nur ganze 18 Abgeordnete für ihn votierten, sondern auch an der mangelnden Unterstützung in den eigenen Reihen.[44]

Gewiss sprachen ernsthafte Gründe dafür, die Sinnhaftigkeit einer Trennung von Parlaments- und Regierungssitz anzuzweifeln. Dies war der einzige Punkt, bei dem sich Berlin- und Bonn-Befürworter weitgehend einig waren. Doch bei den Bonn-Sympathisanten schimmerte immer stärker die Absicht durch, den Kompromiss auch deswegen zu verwerfen, weil man glaubte, bei einer sich daraus ergebenden Kampfabstimmung Berlin hinter sich lassen zu können.[45] Berlin sollte mit minimalen Konzessionen abgefunden werden: Die minder bedeutenden Verfassungsorgane wie Bundespräsident und Bundesrat konnten dorthin abgeschoben werden, Bundeskanzler und Außenminister sollten einen zweiten Amtssitz erhalten und der Reichstag sollte als Ausweichparlament in Ausnahmefällen herhalten. Bezeichnend war der Tonfall, in dem diese Zugeständnisse kommuniziert wurden: Von oben herab wurde signalisiert, man wolle Berlin für solche Notbehelfe ausstatten, wobei kein Hehl daraus gemacht wurde, in welch miserablem Zustand die dortige Infrastruktur sei. Entsprechend wurde der Reichstag, der immer ein Symbol deutscher Nationalstaatlichkeit gewesen war,[46] nicht als symbolisch

Bonn eintrat, aber konstatierte, dass »im Rahmen der Konsenssuche beide Gruppen […] ihre Positionen erheblich angereichert« hätten; ebd., S. 56.

44 Zum Abstimmungsverhalten vgl. Verhandlungen des Deutschen Bundestags, Stenographische Berichte, 12. Wahlperiode, 34. Sitzung, 20.06.1991, S. 2840 f. sowie 2846.

45 Vgl. die entsprechenden Redebeiträge der Abgeordneten Krey (11.06.1991, ACDP, 08-012-107/2, S. 18 f.), Pesch, Müller (Wesseling), Limbach und Herkenrath (alle 18.06.1991, ACDP, 08-012-107/3, S. 30, 34, 39 und 42 f. des Wortprotokolls).

46 Ausführlich dazu Wolfram Pyta: Der Reichstag als Symbol der deutschen Nation, in: Tilman Mayer (Hg.): 150 Jahre Nationalstaatlichkeit in Deutschland. Baden-Baden 2021, S. 135–165.

hervorstechender Ort angesehen, sondern als ein für den Notfall einzusetzendes Parlamentsgebäude, das mit dem Bonner Plenarsaal nicht wirklich konkurrieren könne: »Dazu gehört ganz wesentlich auch, daß der Reichstag so ausgebaut werden soll [...], daß wir wirklich in diesem Gebäude auch tagen können. Denn da sind wir uns ja leider einig, daß das derzeitig so ist, daß das keine Werbung für Berlin ist. Und deswegen soll gewissermaßen die Chancengleichheit für Berlin hergestellt werden, indem Berlin so ausgebaut wird, daß dort Tagungen nicht mehr abschreckend wirken.«[47]

In der Tat kristallisierte sich in der Unionsfraktion kurz vor der entscheidenden Abstimmung im Bundestag die Auffassung heraus, dass Bonn als Sieger hervorgehen werde. Dies hinterließ bei den Berlin-Befürwortern Spuren, wovon der Redebeitrag des Berliner Abgeordneten Peter Kittelmann Zeugnis ablegt. Kittelmann zeigte pflichtschuldigen Optimismus, um dann geradezu verzweifelt die Autorität Kohls zu bemühen, dessen positive Haltung zu Berlin weitgehend bekannt war, der sich aber innerhalb der Fraktion völlig zurückgenommen hatte: »Berlin hat noch eine gute Chance, die Mehrheit am Donnerstag zu erhalten. [...] Ich gehe auch davon aus, daß Bundeskanzler Helmut Kohl in dieser Frage sein Schweigen noch brechen wird.«[48] Doch der Kohl tat Kittelmann diesen Gefallen nicht, weil er sich in dieser Frage nicht über Gebühr exponieren wollte.

Letztlich war es das vom Gespann Dregger/Schäuble vorhergesehene Unvermögen der Bonner, die »im Hochgefühl« des Sieges glaubten, »nicht kompromißbereit sein zu können«,[49] das Berlin in die Karten spielte.[50] Damit sich aber die Konsenslösung auch im Falle ihrer Ablehnung zugunsten Berlins auswirken konnte, kam es darauf an, einen taktischen Abstimmungsmodus festzulegen, der es erlaubte, ein Votum für den Kompromissvorschlag mit einem Votum für Berlin zu vereinen. Es galt, die Ernsthaftigkeit der Konsenssuche nach außen zu signalisieren, um nach dem erwartbaren Scheitern des Kompromissvorschlags darauf hinzuweisen, dass von den beiden noch verbliebenen Alternativen Berlin am ehesten kompromissfähig sei und so ein zündendes Argument pro Berlin zu schmieden. Auf keinen Fall durften daher im Ausschlussverfahren der Konsensvorschlag sowie die Vorschläge Bonn und Berlin gleichzeitig zur Abstimmung gestellt werden.

---

47 So der engagierte Bonn-Befürworter Lamers am 18.06.1991, ebd., S. 44 des Wortprotokolls.

48 Kittelmann am 18.06.1991, ebd., S. 38f. des Wortprotokolls.

49 So Kittelmann, ebd., S. 39.

50 In eine ähnliche Richtung zielt auch die Argumentation von Küsters: Bonn/Berlin-Beschluss, S. 13 f.

Genau damit aber liebäugelte die Bundestagspräsidentin.[51] Es war dem konzertierten Einsatz Dreggers und seines Ersten Parlamentarischen Geschäftsführers Friedrich Bohl zu verdanken, dass dieser aus ihrer Sicht verhängnisvolle Abstimmungsmodus revidiert wurde. Denn in diesem Fall hätten viele Befürworter der Konsenslösung, die aber wie Dregger eigentlich Berlin die Türen öffnen wollten, das Risiko gescheut, nicht für Berlin zu stimmen, weil die Front der Bonn-Befürworter ungeachtet der Konsenslösung weitgehend geschlossen agierte. Das Ergebnis einer solchen Abstimmung hätte zwar keine absolute Mehrheit, aber doch einen so erheblichen Stimmenvorsprung für Bonn ergeben, dass sich daraus eine politische Sogwirkung contra Berlin ergeben hätte. Daher spielten sich Dregger und Bohl in der einen Tag vor der Bundestagsabstimmung stattfindenden Fraktionssitzung derart die Bälle zu, dass die aus ihrer Sicht richtige Reihenfolge der Abstimmung festgelegt wurde: zuerst über den Konsensvorschlag, der im parlamentarischen Sprachgebrauch als Antrag Geißler firmierte, und nach dessen möglicher Ablehnung über Berlin und Bonn, die dann in einem Ausscheidungswettbewerb standen. Bohl scheute sich dabei nicht, die Bundestagspräsidentin deutlich zu kritisieren: »Vielleicht haben Sie Verständnis dafür, daß ich bei Zustimmung zu den sonstigen Ausführungen von Frau Präsidentin Süssmuth in einem für mich wichtigen Detailpunkt eine kleine Korrektur anbringe.«[52] Dregger unterstützte ihn mit der Autorität des Fraktionsvorsitzenden, und der ehemalige Verteidigungsminister Rupert Scholz, auch er ein Berlin-Befürworter, brachte die Mehrheitsmeinung in der Fraktion auf den Punkt: »Ein Kompromißmodell muß die Chance kriegen, zunächst abgestimmt zu werden – ausschließlich. Es muß jedem unbenommen bleiben, wenn der Kompromiß scheitert, zu dem er sich vielleicht durchgerungen hat mitzumachen, dann auf seine ursprüngliche Auffassung zurückzugehen.«[53]

Trotz aller taktischen Winkelzüge legt die Art und Weise, wie Dregger das Verfahren in der hitzigen Hauptstadtdebatte steuerte, doch Zeugnis ab für den überragenden Wert des Kompromisses als essenzieller Bestandteil lebendiger Parlamentskultur. Bei einem Thema, das den Zwängen der Fraktionsdisziplin enthoben war, drängte es sich geradezu auf, eine Lösung zu finden, die sich einem fairen Ausgleich divergierender Positionen verpflichtet fühlte. Insofern gehört eine Kompromisskultur zum Wesenskern einer funktionierenden parlamentari-

51 Vgl. die Äußerung Süssmuths in der Unionsfraktion vom 19.06.1991, ebd., S. 24 des Wortprotokolls.

52 Bohl in der Fraktionssitzung vom 19.06.1991, ebd., S. 25 des Wortprotokolls.

53 Scholz in der Fraktionssitzung vom 19.06.1991, ebd., S. 30 des Wortprotokolls.

schen Demokratie.[54] Indem Dregger den Kompromiss zum Leitfaden seiner Strategie in der Hauptstadtfrage machte, bewährte er sich als überzeugender Anwalt einer auf Ausgleich ausgerichteten Parlamentskultur. Weil er für die Integrität des von ihm verbürgten fraktionsinternen Verfahrens zur Befriedung des Hauptstadtthemas bürgte, konnte er ganz am Ende eines langwierigen Prozesses, nämlich am Morgen des Abstimmungstags, seine Position ohne Glaubwürdigkeitsverlust darlegen: »Ich persönlich werde den Geißler-Antrag unterstützen. Wenn er keine Mehrheit bekommt, werde ich für Berlin stimmen.«[55]

In der leidenschaftlichen Debatte am 20. Juni 1991 hielt sich Dregger bewusst zurück. Es war Schäuble, der die gemeinsam gesäte politische Ernte einfahren konnte. Dabei hatte sich Schäuble nach der Fraktionssitzung am selben Morgen spontan zu einer Rede im Bundestagsplenum entschlossen – wohl auch weil er den Eindruck hatte, dass es in einer offenen Entscheidungssituation seines Redeeinsatzes bedurfte, um die gewünschte Mehrheit zu erzielen.[56] Nachdem der Kompromissvorschlag wie erwartet keine Mehrheit gefunden hatte, rückte Schäuble in dem rhetorischen Ausscheidungswettbewerb zwischen Bonn und Berlin ein Argument ins Zentrum, das gerade in der Unionsfraktion seine Wirkung nicht verfehlen konnte: das der Glaubwürdigkeit. Zudem war es den Berlin-Befürwortern gelungen, mit tatkräftigem Einsatz des Chefs der baden-württembergischen Landesgruppe, Otto Hauser, erstaunlich viele CDU-Abgeordnete aus dem Südwesten für Berlin zu gewinnen – und zwar nicht zuletzt mit dem Argument, dass der Kompromissvorschlag an der Intransigenz der Bonn-Lobby gescheitert war und dass daher in der alles entscheidenden Endausscheidung Berlin der Vorzug gebühre.[57]

Entschieden wurde die Abstimmung aber auch dadurch, dass es den Berlin-Befürwortern gelang, die Hauptstadtfrage mit einem Diskurs über die Glaubwürdigkeit der Politik zu verknüpfen. Bereits die offene Aussprache innerhalb der Unionsfraktion am 24. April 1991 hatte die Bedeutung dieses Arguments zum Ausdruck gebracht.[58] Schäuble nahm diesen Faden wieder auf und erinnerte daran, dass die bundesdeutsche Politik in Zeiten der Teilung Berlin immer wieder

54 Vgl. dazu die systematischen Ausführungen in Wolfram Pyta: Die Weimarer Republik als Experimentierfeld demokratischer Kompromisskultur, in: Historisches Jahrbuch 140 (2020), S. 22–67.

55 Dregger in der Fraktionssitzung vom 20.06.1991, ACDP, 08-012-107/3, S. 6 des Wortprotokolls.

56 Vgl. Pyta: Reichstag, S. 159.

57 Vgl. ausführlich Pyta, Berlin statt Bonn.

58 Vgl. die Redebeiträge der Abgeordneten Geißler, Günter Kraus, Bierling, Eylmann, von Schorlemer und Lummer in der Fraktionssitzung vom 24.04.1991, ACDP, 08-012-106/3, S. 63, 68, 75, 85, 89 und 101 des Wortprotokolls.

mit der Versicherung Mut zugesprochen habe, die geteilte Stadt nach Überwindung der Zweistaatlichkeit selbstverständlich in die ihr zustehende Hauptstadtfunktion wieder einzusetzen. In der entscheidenden Bundestagsdebatte am 20. Juni 1991 hob er unaufdringlich auf die politische Bindungswirkung dieser vergangenen Zusagen als politische Selbstverständlichkeit ab. Er verschaffte ihnen Durchschlagskraft, indem er betonte, »daß in den 40 Jahren niemand Zweifel hatte, daß Parlament und Regierung nach der Herstellung der Einheit Deutschlands ihren Sitz wieder in Berlin haben werden«.[59]

Im Votum für Berlin drückte sich damit auch aus, wie stark die Entscheidung von einem enttäuschungspolitischen Kalkül beherrscht wurde. Es konnte nur zugunsten von Berlin zur Wirkung gebracht werden, weil nur in diesem Fall in den Zeiten der Teilung Erwartungen geweckt worden waren, deren Zerplatzen bittere Enttäuschung hervorrufen musste. Daran erinnerte der letzte Ministerpräsident der DDR, der Ost-Berliner Lothar de Maizière, seine Fraktionskollegen bereits im April: »Ich spreche ganz bewußt als einer, der fast sein ganzes Leben in Ost-Berlin gelebt hat. Und für mich ist das wichtigste Argument das Argument der Glaubwürdigkeit. [...] Und wenn heute hier von Bitterkeit [...] die Rede war, möchte ich auch sagen, wie bitter enttäuschte Hoffnungen sein können. Und dies wäre eine solche enttäuschte Hoffnung, wenn die Entscheidung nicht so [d. h. für Berlin, die Verf.] fiele.«[60]

Am Ende fiel die Entscheidung für Berlin mit 338 gegen 320 Stimmen aus. Das Votum kam überraschend; Beobachter hatten fest mit einem Sieg Bonns gerechnet. Die Strippenzieher innerhalb der Unionsfraktion, die das Votum aus Baden-Württemberg im Vorhinein besser einschätzen konnten, zeigten sich allerdings weniger überrascht und konnten die Früchte einer mit dem Fraktionsvorsitzenden eingefädelten politischen Ernte einfahren.[61] Alle Anzeichen sprechen zudem dafür, dass sich schwankende Abgeordneten von dem eben genannten Argument beeindrucken ließen, das auf der grundsätzlichen Ebene der Politik angesiedelt war: der »Enttäuschungsprävention«.[62] Ursprünglich war Bonn als Provisorium vorgesehen worden, es hatte sich aber aufgrund der Erfolge des westdeutschen Staatswesens so in seiner Rolle eingerichtet, dass es die Hauptstadtfunktionen des vereinigten Deutschland für sich reklamierte. Auf

59 Bundestagsrede Schäubles vom 20.06.1991, Verhandlungen des Deutschen Bundestags, Stenographische Berichte, 34. Sitzung, S. 2746.

60 Lothar de Maizière in der Fraktionssitzung vom 24.04.1991, ebd., S. 55 des Wortprotokolls.

61 Hierzu Pyta, Berlin statt Bonn, S. 432f.

62 Dieser Begriff nach Rojek: Versunkene Hoffnungen, S. 263 und 441.

eine offizielle Zusage von Seiten der großen Politik konnte es jedoch im Unterschied zu Berlin nicht zurückgreifen. Daher war nur dort ein erhebliches Enttäuschungspotenzial vorhanden – und daraus ließ sich letztlich in einem von Dregger maßgeblich gesteuerten Verfahren das siegbringende Argument für Berlin schmieden. In den Jahrzehnten der Teilung hatte man relativ risikofrei Erwartungen an eine offene Zukunft formulieren können, zumal die Wahrscheinlichkeit einer tatsächlichen Vereinigung der beiden deutschen Staaten immer geringer erschienen war. In dem Moment aber, in dem der Realitätstest eintrat, verwandelten sich all die in mehr oder weniger pflichtschuldigen Sonntagsreden geweckten Erwartungen in eine massive Erwartungslast. Dieser strukturelle Zusammenhang zwischen Erwartung und Enttäuschung prägte schließlich massiv die Hauptstadtdebatte. Offenbar erschienen die Enttäuschungskosten vielen Abgeordneten als zu hoch, und sie setzten darauf, durch eine Erwartungserfüllung Vertrauen zu generieren.[63] So bestätigt auch dieser Fall, dass »Erwartungen und Enttäuschungen […] sich immer wieder als überaus wichtige Antriebskräfte politischen Handelns« erweisen.[64]

Der Sieg Berlins in der Hauptstadtdebatte krönte Dreggers deutschlandpolitische Bestrebungen: Das wiedervereinigte Deutschland sollte eine seiner Größe und Bedeutung angemessene Kapitale erhalten. Nun aber brauchte die Politik ausreichend Zeit, um die Hauptstadt auch baulich zum neuen politischen Kraftzentrum Deutschlands zu machen. Dregger warnte daher schon bald nach der Bundestagsentscheidung energisch vor einem überhasteten Umzug nach Berlin. Nicht zuletzt der Reichstag müsse als architektonisches Prunkstück deutscher Parlamentarismusgeschichte wieder in einen Zustand versetzt werden, der es dem Bundestag ermögliche, dort würdevoll zu tagen.[65] Es war klar, dass Dregger aufgrund der von ihm selbst auf mindestens zehn Jahre geschätzten Übergangsphase nicht mehr als Parlamentarier im neu gestalteten Reichstag tätig sein würde. War sein Erfolg in der Hauptstadtfrage daher nicht der ideale Zeitpunkt, sich vom Amt des Fraktionsvorsitzenden zurückzuziehen?

Alle Anzeichen deuten darauf hin, dass in der politischen Sommerpause des Jahres 1991 die Weichen in diese Richtung gestellt wurden. Dregger verkündete

---

63 Vgl. grundlegend zu diesen Zusammenhängen zwischen Erwartung, Enttäuschung und Vertrauen Rojek, ebd., bes. S. 4–5.

64 Ebd., S. 444.

65 Vgl. die Ausführungen Dreggers in der Fraktionssitzung vom 27.06.1991, ACDP, 08-012-07/3, S. 6 f. des Wortprotokolls.

der Fraktion am 17. September 1991 einen konkreten Zeitplan für sein Ausscheiden aus dem Amt:[66] Der neue Fraktionsvorsitzende sollte demnach am 25. November 1991 gewählt werden, und er selbst stand dafür nicht mehr zur Verfügung. Allem Anschein nach hat er in eigener Souveränität den Termin seines Amtsverzichts erheblich mitbestimmt – verbunden mit der Einsicht, dass die Zeit für einen Personal- und Generationswechsel reif war. Der Abgang wurde ihm dadurch erleichtert, dass die Fraktion für ihn das neue Amt eines »Ehrenvorsitzenden« schaffen wollte.[67]

In der Restlaufzeit von zwei Monaten führte Dregger die Fraktion in unveränderter Weise; ein Autoritätsverlust war nicht zu registrieren. Erneut war er in einer für die Unionsfraktion heiklen Frage als Vermittler gefragt. Diesmal ging es um ein Thema, das die Union heftig aufwühlte: die Reform des § 218 Strafgesetzbuch, der Abtreibung unter Strafe stellte, sofern keine von vier Indikationen (medizinische, eugenische, kriminologisch, soziale) zutraf. Für die CDU und insbesondere die CSU war der strafrechtliche Umgang mit der Frage der Abtreibung seit den 1970er Jahren ein emotional aufgeladenes Thema, bei dem sie den Schutz des ungeborenen Lebens in den Vordergrund gestellt und sich so scharf von der sozialliberalen Regierung abgegrenzt hatten. Nach der Wiedervereinigung wurde dieses sensible Thema erneut angeschnitten, weil in der DDR eine uneingeschränkte Fristenregelung gegolten hatte, in der während der ersten drei Monate nach Schwangerschaftsbeginn eine Abtreibung straffrei vorgenommen werden konnte. Zwar war die Unionsfraktion die einzige politische Kraft im Bundestag, in der eine solche Fristenregelung nicht mehrheitsfähig war, weil gegen sie der Lebensschutz argumentativ in Stellung gebracht wurde. Aber auch innerhalb der Union hatten sich nach der leidenschaftlichen Debatte um die Fristenlösung in den 1970er Jahren die Gewichte verschoben, zumal nicht wenige ostdeutsche Abgeordnete aus den eigenen Reihen mit einer Fristenregelung sympathisierten.

Damit stand Dregger als Fraktionsvorsitzender erneut vor einer veritablen Herausforderung. Es galt, in einer emotional besetzten Frage eine Debattenkultur innerhalb der Fraktion herzustellen, die dafür bürgte, dass den Vertretern der beiden Meinungspole Respekt und Wertschätzung entgegengebracht wurden: Den Verfechtern eines strikten Schutzes für das ungeborene Leben sollte nicht unterstellt werden, dass sie die Gewissensnöte abtreibungswilliger Frauen gering-

66 Ausführung Dreggers vor der Fraktion am 17.09.1991, ACDP, 08-012-108/3, S. 2 des Wortprotokolls.

67 Vgl. die Ankündigung des Vorsitzenden der CSU-Landesgruppe Bötsch in der Sitzung vom 17.09.1991, ebd., S. 2.

schätzten und kein Verständnis für deren Notlage besäßen. Umgekehrt sollte der Gegenseite nicht nachgesagt werden, dass sie sich zum Vorreiter einer schrankenlosen Selbstbestimmung der Frauen nach dem Slogan »Mein Bauch gehört mir!« mache und das werdende Leben der alleinigen Verfügungsgewalt der Schwangeren überantworte. Darüber hinaus musste der Fraktionsvorsitzende dafür sorgen, dass die Union im Gesetzgebungsprozess als gestaltende politische Kraft auftrat. In jedem Fall galt es, in dieser heiklen Frage einen Riss innerhalb der Fraktion zu verhindern, der zu einer Mehrheit gegen den offiziellen Fraktionsantrag führen konnte, weil Abgeordnete aus den eigenen Reihen dagegen votierten.

Auch hier galt es also, einen Verfahrensweg zu etablieren, der dafür sorgte, dass sich am Ende keine Seite majorisiert fühlte. Der erste Schritt in diese Richtung war die Einrichtung einer Kommission. Dregger achtete peinlich darauf, dass die weiblichen Unionsabgeordneten dort überproportional stark vertreten waren. Im Grunde besaßen die Unionsfrauen in dieser Frage ein Veto-Recht: Sollte verhindert werden, dass das Grundsatzthema Abtreibung auf eine Geschlechterauseinandersetzung reduziert wurde, dann mussten Frauen von Anfang an in prominenter Funktion eingebunden werden.[68] Es war daher eine strategische Wahl, dass der Fraktionsvorstand Maria Michalk zur Kommissionsvorsitzenden bestimmte. Michalk war als katholische Frau aus dem Osten eine Idealbesetzung: Sie entkräftete die Bedenken derer, die der Union vorwarfen, in der Abtreibungsfrage das in diesem Punkt »fortschrittliche Erbe« der DDR gänzlich zu ignorieren – immerhin war Michalk in einem Staat mit einer strikten Fristenregelung aufgewachsen. Zugleich schlug die Mutter von drei Kindern eine Brücke zu den Gegnern einer gesamtdeutschen Fristenregelung, weil sie aufgrund ihrer katholischen Konfession eine ausgeprägte Sensibilität für Fragen des Lebensschutzes an den Tag legte. Insofern war Dreggers Personalentscheidung ein deutliches Signal an die Fraktion, dass bei der Union das Thema Lebensschutz weiterhin eine Rolle spielte. Zugleich aber – und darauf kam es dem Fraktionsvorsitzenden an – erhöhte sich die Aussicht, auch konservative Lebensschützer für einen Fraktionsentwurf zu gewinnen, der eine modifizierte Indikationenregelung vorsah, wenn er eine als durchaus konservativ geltende katholische Frau aus dem Osten mit der Leitung der Kommission beauftrage, die diesen Entwurf ausarbeiten sollte.

Die Kommission unter Leitung von Michalk erarbeitete einen Vorschlag, der auf den von Dregger avisierten Kompromiss hinauslief: Er sah zwei Indikationen vor, die medizinische und die psychosoziale, wobei die Indikationsstellung

---

68 Dies kam auch auf der Sitzung des Fraktionsvorstands am 11.03.1991 zum Ausdruck; vgl. das entsprechende Protokoll, ACDP, 08-012-098/3.

von Arzt/Ärztin und der schwangeren Frau gemeinsam erfolgen sollte; die Frist wurde generell auf zwölf Wochen festgelegt; und einem geplanten Schwangerschaftsabbruch sollte in jedem Fall eine zum Leben ermutigende Beratung vorausgehen, die nicht zuletzt die sozialen und finanziellen Hilfen für die Mutter in den Mittelpunkt stellen sollte.[69] Damit hatte das vom Fraktionsvorsitzenden angestoßene Verfahren ein aus seiner Sicht mehr als vorzeigbares Ergebnis erzielt: Zwar ging die Union nicht mit einem einzigen Gesetzentwurf in die abschließenden parlamentarischen Beratungen der Reform des § 218. Aber die übergroße Mehrheit hatte sich in einer Frage, in der sich die Emotionen nur schwer zum Ausgleich bringen ließen, an einem gemeinsamen Punkt getroffen, was Dregger ausdrücklich würdigte: »Und daß es dieser Kommission gelungen ist, das auf einen Nenner zu bringen, war eine großartige integrative Leistung, wofür ich Frau Michalk und allen, die daran mitgewirkt haben, herzlich danke.«[70]

Allerdings musste Dregger mit dem »Makel« umgehen, dass die Unionsfraktion in dieser Frage nicht absolut geschlossen auftrat und damit Gefahr lief, in einer zentralen politischen Frage Getriebener einer von anderen angestoßenen Entwicklung zu werden. So schärfte er der Fraktion am 8. Oktober 1991 die Bedeutung einer weitgehend geschlossenen Haltung ein: »Wie werden wir diese wichtige Entscheidung beeinflussen? Werden wir sie überhaupt beeinflussen oder werden wir am Rande stehen und die anderen entscheiden?«[71] Um »operationsfähig«[72] zu werden, setzte Dregger auf seine bewährte Methode, den Meinungsbildungsprozess nicht von oben herab zu dirigieren, sondern eine offene Debatte anzuschieben, um danach strukturierend einzugreifen. Bei der Reform des § 218 war das eine besonders anspruchsvolle Aufgabe, weil es in der stärksten Regierungsfraktion drei verschiedene Standpunkte gab: Wollten die einen an der bisherigen Indikationsregelung festhalten, so traten andere für deren Verschärfung in Richtung eines stärkeren Schutzes des ungeborenen Lebens ein, während eine dritte Gruppierung die entgegengesetzte Position einer straffreien Fristenregelung bevorzugte. Die übergroße Mehrheit der Fraktion konnte sich hinter der ersten Position versammeln, die sich dann auch in einem Fraktionsantrag widerspiegelte. Dregger räumte aber auch den beiden Minderheitsmeinungen eine Vertretung in einem 42-köpfigen Sonderausschuss ein, den der Bundestag am 25. September 1991 gebildet hatte. Die Union verzichtete also darauf, mit ei-

69 Arbeitsbericht 1991 der CDU/CSU-Bundestagsfraktion, S. 10 ff., ACDP, PA-P1-1065.
70 So Dregger in der Fraktionssitzung vom 19.09.1991, ACDP, 08-012-109/1, S. 9 des Wortprotokolls.
71 Dregger in der Fraktionssitzung vom 08.10.1991, ACDP, 08-012-109/2, S. 10 des Wortprotokolls.
72 Dregger in der Fraktionssitzung vom 15.10.1991, ebd., S. 3 des Wortprotokolls.

ner Stimme in diesem wichtigen parlamentarischen Gremium zu sprechen: »Ich weiß nicht, ob das geschickt war. Aber es war fair. Und ich glaube, das ist ganz wichtig. Denn wenn wir unsere Kräfte nicht völlig zersplittern wollen, dann ist die erste Voraussetzung, daß wir fair miteinander umgehen.«[73]

Dregger hatte damit seinem Nachfolger ein Thema in einem Zustand hinterlassen, der es der stärksten Regierungsfraktion erlaubte, ihre Gestaltungskraft unter Beweis zu stellen. Das war keine geringe Leistung, da der »Schutz des ungeborenen Lebens« den politischen Markenkern einer christdemokratischen Partei berührte und daher ihre Glaubwürdigkeit auf eine ernste Probe stellte. Hinzu kam, dass Kirchenvertreter intervenierten, und gerade Dregger als Fraktionsvorsitzender war Adressat einer an Eindeutigkeit nicht zu überbietenden Einlassung des Fuldaer Erzbischofs Johannes Dyba.[74] Dass die Entwicklung dann doch an der Fraktion vorbeilief und im Bundestag im Juni 1992 mit den Stimmen von Unions-»Dissidenten« eine Fristenlösung vereinbart wurde, die der Fraktionsmehrheit zuwiderlief, konnte man Dregger gewiss nicht anlasten.

Vereinbarungsgemäß trat Dregger am 25. November 1991 vom Amt des Vorsitzenden der CDU/CSU-Bundestagsfraktion zurück, und wie angekündigt wählte ihn die Fraktion zum Ehrenvorsitzenden. Dass einem Fraktionsvorsitzenden, der neun Jahre amtiert hatte, verbale Kränze zum Abschied geflochten wurden, gehört zu den Gepflogenheiten des politischen Betriebs. Doch bei Dregger waren es durchweg aufrichtige Worte, die er zum Abschied erntete. Die kleinen Laudationes, die auf ihn angestimmt wurden, legten den Markenkern eines Politikertypus frei, den Dregger geradezu idealtypisch repräsentiert hatte: den eines gestaltungsfreudigen Fraktionsvorsitzenden, der in zentralen Politikfeldern Akzente setzte, einen unverwechselbaren Führungsstil pflegte und eine personelle Klammer zwischen den beiden Schwesterparteien CDU und CSU bildete.

Es war kein Zufall, dass mit Wolfgang Bötsch der Vorsitzende der CSU-Landesgruppe Dregger zum Abschied den Dank der gesamten Fraktion entrichtete und dies nutzte, um zwei markante Eigenschaften des scheidenden Vorsitzenden herauszustreichen. Bötsch hob hervor, wie sehr Dregger sich sowohl in die Deutschlandpolitik als auch in die Außen- und Sicherheitspolitik eingebracht habe.[75] Vor

73 Dregger, ebd., S. 3.

74 Dyba hatte in einer öffentlichen Stellungnahme die Union aufgefordert, in der Frage des Lebensschutzes kompromisslos zu bleiben auch auf die Gefahr hin, keine Mehrheit für eine solche Position zu erlangen; vgl. Dreggers Hinweis in der Sitzung des Fraktionsvorstands vom 26.09.1991, ACDP, 08-012-099/1, S. 2 des Protokolls.

75 Bötsch in der Fraktionssitzung vom 25.11.1991, ACDP, 08-012-110/1, S. 3 des Wortprotokolls.

allem aber strich er heraus, dass Dregger in einer ganz ungewöhnlichen Weise von seinem Amt aus die Brücke zwischen CDU und der bayerischen Schwesterpartei geschlagen habe.[76] Tatsächlich hat kein Fraktionsvorsitzender vor und nach Dregger im gleichen Maße verinnerlicht, dass die Fraktionsgemeinschaft das einzige Band war, das CDU und CSU zu einer institutionellen Einheit werden ließ. Ihr geschlossenes Auftreten entsprach zum einen der Funktionslogik des Parlamentarismus. Zum anderen erhöhte es die Wahlchancen der Unionsparteien. Gewiss konnte die Fraktion nicht vermeiden, dass ein eigenwilliger Politiker wie Franz Josef Strauß mit seinen unberechenbaren Aktionen Zwist zwischen CSU und CDU säte. Doch einem besonnenen Fraktionsvorsitzenden wie Dregger gelang es, politische Schadensbegrenzung zu betreiben, indem er sich nicht zur Parteinahme gegen Strauß verleiten ließ. Gerade weil Dregger landes- oder bundespolitische Ambitionen fernlagen, als er das Amt des Fraktionsvorsitzenden antrat, widerstand er der Versuchung, sich auf Kosten der CSU zu profilieren.

Dregger verkörperte aus Sicht der Fraktion das Zoon politikon, das voller Leidenschaft und Kampfgeist für die eigene Sache stritt, ohne die persönliche Integrität des politischen Gegners zu verletzten. Wenn ihm zum Abschied eine »noble Gesinnung«[77] bescheinigt wurde, war dies die Anerkennung für einen politischen Stil, der sich parteiübergreifend weitgehend verflüchtigt hatte. Dregger selbst fühlte sich von seiner Fraktion bestens verstanden; und als sie sich mit »stehenden Ovationen«[78] bei ihm bedankte, fasste er dies als Bestätigung dafür auf, dass die von ihm vorgelebten politischen Tugenden der »Kameradschaft und Loyalität«[79] auf fruchtbaren Boden gefallen waren. Bestätigung erfuhr dieses Narrativ auch beim Koalitionspartner. Der FDP-Fraktionsvorsitzende Hermann Otto Solms hob vor dem Bundestag hervor, Dregger als Politiker zeichne aus, stets »loyal, kameradschaftlich, freundschaftlich« gewesen zu sein, auch wenn der politische Gegner ihn ganz anders dargestellt habe: »Sie haben sich mehr als andere mit Zerrbildern und Feindbildern in der deutschen Politik auseinandersetzen müssen.«[80]

Respekt für Dreggers »parlamentarische Leistung« entbot ihm selbst die SPD-Opposition. Als der frisch gewählte SPD-Fraktionsvorsitzende Hans-Ulrich Klose am 27. November 1991 erstmals in seiner Funktion im Bundestag das Wort

---

76 Ebd., S. 6 des Wortprotokolls.

77 So Kohl in der Fraktionssitzung vom 25.11.1991, ACDP, 08-012-110/1, S. 10 des Wortprotokolls; vgl. auch die Worte Schäubles, ebd., S. 18 des Wortprotokolls.

78 Stehende Ovationen vermerkt das Protokoll nach den Dankesworten von Bötsch, ebd., S. 7.

79 So bezeichnete Dregger die beiden Stützpfeiler seiner politischen Haltung, ebd., S. 8.

80 So Solms am 27.11.1991 im Bundestag, Verhandlungen des Deutschen Bundestags, Stenographische Berichte, 12. Wahlperiode, 60. Sitzung, S. 5008.

ergriff, würdigte er Dreggers Wirken für den Parlamentarismus. Dass Dreggers Duz-Freund Hans-Jochen Vogel zwei Wochen zuvor sein Amt als Faktionsvorsitzender niedergelegt hatte, verlieh Kloses Aussagen besonderes Gewicht, da sie frei waren von persönlichen Empfindungen und Erinnerungen an die geneinsam in Marburg verbrachte Studienzeit. Klose, der vor seiner Zeit als Regierender Bürgermeister von Hamburg im dortigen Landesparlament als Fraktionsvorsitzender der Mehrheitsfraktion gewirkt hatte, beschrieb ganz treffend die große Herausforderung, die der Fraktionsvorsitzende Dregger zu meistern gehabt hatte: »Es ist nicht leicht, einer selbstbewußten Fraktion gegenüber der eigenen Regierung genügend Entfaltungsmöglichkeiten zu schaffen und zugleich, sogar in erster Linie, diese Regierung verteidigen zu müssen.«[81] Klose beschrieb damit recht präzise das Anforderungsprofil, das ein gestaltungsfreudiger Fraktionsvorsitzender zu erfüllen hatte.

Man wird Dregger insgesamt attestieren können, dass er die Balance zwischen Loyalität zur Regierung und Wahrnehmung eigener Gestaltungsansprüche in optimaler Weise zu wahren wusste. Es gab bis zu seinem Ausscheiden aus dem hohen parlamentarischen Amt unter den Vorsitzenden der stärksten Regierungsfraktion keinen, der dieses Gleichgewicht in diesem Maße vorgelebt hätte. Unter den Fraktionsvorsitzenden der Union hatte Barzel resolut seine eigenen Interessen verfolgt und sich nach dem Sturz Erhards selbst für das Amt des Kanzlerkandidaten warmgelaufen.[82] Von den SPD-Fraktionsvorsitzenden entsprach der zwischen 1969 und 1983 amtierende Herbert Wehner wohl am besten dem Prototyp eines gestaltungsfreudigen Fraktionsvorsitzenden. Zugleich mangelte es ihm aber an Loyalität gegenüber Bundeskanzler Willy Brandt, und er kooperierte sogar mit der DDR-Führung, um aus seiner Sicht missliebige enge Mitarbeiter des Bundeskanzlers wie Egon Bahr zu diskreditieren und zu entfernen.[83] Helmut Schmidt hatte sich in den knapp drei Jahren als Fraktionsvorsitzender der SPD in der Großen Koalition gewiss als stabilisierender Faktor der Regierung erwiesen, doch war der Posten für ihn in erster Linie ein Sprungbrett für höchste Regierungsämter. Schmidt verband mit Dregger allerdings eine bestimmte Auffassung, wie Politik zu gestalten sei. Und auch beim Umgang mit einem geschichtspolitisch sensiblen Thema wie der Wehrmacht im Zweiten Weltkrieg trennten die beiden ehemaligen Wehrmachtsoffiziere keine Welten.

---

81 Ausführungen Kloses vom 27.11.1991, ebd., S. 4973, dort S. 4974 auch das vorhergehende Zitat.

82 Vgl. Wambach: Barzel, S. 276–425.

83 Dies bestreitet auch nicht die ansonsten gegenüber Wehner wohlwollende Darstellung von August Hermann Leugers-Scherzberg: Herbert Wehner und der Sturz Willy Brandts am 7. Mai 1974, in: Vierteljahrshefte für Zeitgeschichte 50 (2002), S. 303–322.

17. Eine Frage der Ehre

Wie findet ein ehemaliger Fraktionsvorsitzender, der noch nicht aus der Politik ausgestiegen ist, eine ihm gemäße Rolle? Dregger war nicht der erste in der Union, der sich mit diesem Thema zu beschäftigen hatte. Alle seine fünf Amtsvorgänger mussten sich der Frage stellen; aber Dregger war der Erste, der sich einer neuartigen Konstellation gegenübersah und darauf eine auch für die Geschichte des deutschen Parlamentarismus aufschlussreiche Antwort fand. Der Weg von Helmut Kohl führte vom Fraktionsvorsitz zum Bundeskanzler; er kann daher hier außer Acht bleiben. Aber auch die zwischen 1949 und 1964 amtierenden Vorsitzenden Heinrich von Brentano und Heinrich Krone fielen als Vorbilder für Dregger aus: Beide setzten nach ihrem (im Falle von Brentanos ersten) Ausscheiden aus dem Fraktionsvorsitz ihre politische Karriere als Minister in der Bundesregierung fort. Karl Carstens hatte 1973 die Fraktionsführung als parlamentarischer Neuling in einer personellen Notlage übernommen und sie drei Jahre lang innegehabt, um danach ohne Murren ins Glied zurückzutreten; für seine vorbildliche Loyalität nominierte ihn die Union für das Amt des Bundespräsidenten, das er von 1979 an fünf Jahre lang bekleidete. Rainer Barzel war 1973 am Vertrauensentzug der Fraktion als Fraktions- wie als Parteivorsitzender gescheitert, hatte sich danach in den Schmollwinkel zurückgezogen, um dann im ersten Kabinett Kohl 1982 noch einmal für kurze Zeit zu Ministerwürden zu gelangen. Dregger hingegen strebte nach seinem Abgang als Fraktionsvorsitzender kein herausgehobenes Amt an – allein schon aus Altersgründen. Immerhin war er zum Zeitpunkt seines Ausscheidens der gemessen an seinem Lebensalter älteste Ex-Fraktionsvorsitzende. Was konnte ein fast 71Jähriger in der Politik noch bewirken? Wäre es nicht angebracht, die bis 1994 währende Legislaturperiode als Parlamentarier gemächlich ausklingen zu lassen?

Als Vorteil kann sicher gelten, dass Dregger kein »Politik-Junkie« war, der ohne Amt, Würden und mediale Aufmerksamkeit verkümmert wäre. Er hatte viele Jahre die Bundespolitik mitbestimmt und sich vor allem in seiner Zeit als Fraktionsvorsitzender als diskursmächtiger Gestalter erwiesen, der die politische Agenda in den ihm besonders am Herzen liegenden Themenfeldern maßgeblich prägte: der Deutschland- und Sicherheitspolitik. Die Wiedervereinigung und die damit einhergehende Überwindung der Spaltung Europas hatten seinen politischen Lebenstraum jedoch in einer solchen Weise verwirklicht, dass er keine genuine Aufgabe in diesem Bereich mehr vorfand. Es ging ihm im Kern wie jenen Nationalliberalen nach der Reichsgründung von 1871, die keine wirklich zündenden politischen Antriebskräfte mehr besaßen, nachdem sie ihr großes Ziel erreicht hatten.[1] Dregger war seine politische Vision abhandengekommen, weil sie zur Wirklichkeit geworden war: ein geeintes Deutschland und Europa, in dem es keine kommunistische Bedrohung der Freiheit mehr gab. Wo sollten da noch die Ziele herkommen, für die sich Dregger mit seiner gewohnt kämpferischen Attitüde ins Zeug legen konnte?

Dennoch verfiel Dregger nicht in den Zustand politischer Ermattung. Vielmehr war er sogar bereit, Konflikte mit seiner Partei bei einem Thema in Kauf zu nehmen, das ihm am Herzen lag, das er aber vom Fraktionsvorsitz aus nicht mit der gebotenen Energie hatte in Angriff nehmen können, weil mit diesem Amt bestimmte Verhaltenserwartungen einhergingen. Dregger fand daher seine späte politische Berufung darin, öffentlich für das einzutreten, was er die Wiederherstellung der Ehre des deutschen Soldaten nannte. Damit leistete er vor allem ein Stück autobiographischer Aufarbeitung. Er fühlte sich für diese Aufgabe insofern bestens gerüstet, als er nach der Wiedervereinigung der einzige deutsche Spitzenpolitiker im Bundestag war, der im Zweiten Weltkrieg als Wehrmachtsoffizier an Kampfeinsätzen an vorderster Front mitgewirkt hatte. Sein Lebensalter und seine Vita als Berufssoldat waren es, die ihn aus seiner Sicht legitimierten, als Sprachrohr der Frontsoldatengeneration aufzutreten.

Betrachtet man Dreggers Äußerungen zu Nationalsozialismus und Wehrmacht nach 1945, so wird deutlich, dass der ehemalige Offizier sich in einem Begriffshaushalt eingerichtet hatte, der um die Konzepte Ehre und Pflichterfüllung kreiste – und damit um jene Kategorien, die lange Zeit als zentrale »Codes militärischer Tugenden« galten.[2] Ehre und Pflichterfüllung dienten in solchen Diskursen als »Kommunikationskonventionen«, die »immer auch als Legitimierungsstrategien für eigenes oder fremdes, individuelles oder kollektives Handeln begriffen« wurden.[3] Die diffuse Bedeutung dieser Begriffe erlaubte gerade

1 Vgl. hierzu Ansgar Lauterbach: Im Vorhof der Macht. Die nationalliberale Reichstagsfraktion in der Reichsgründungszeit (1866 – 1880). Frankfurt/Main u. a. 2000.

2 Vgl. Ulrike Ludwig/John Zimmermann: Ehre und Pflichterfüllung als Codes militärischer Tugenden – Einführende Bemerkungen, in: Ulrike Ludwig/Markus Pöhlmann/Zimmermann, John (Hg.): Ehre und Pflichterfüllung als Codes militärischer Tugenden (Krieg in der Geschichte, Bd. 69). Paderborn u. a. 2014, S. 11 – 27.

3 Ebd., S. 12.

ihren Einsatz »als soziale Normen i. S. von Verhaltenserwartungen«.[4] Deshalb verstellten sie »alternative Perspektiven«, denn diese Codes forderten »zu einem unbedingten Handeln und Verhalten auf, das tendenziell anderen moralischen und rechtlichen Bewertungen enthoben ist«.[5] Nach dem Krieg äußerte sich diese Einstellung auf Kameradschafts- und Veteranentreffen oder aber in rechtfertigenden Darstellungen in der Öffentlichkeit, nur seine Pflicht getan und die Ehre des deutschen Soldaten nicht beschmutzt zu haben.

Dieser Code funktionierte aber – ähnlich wie der Kameradschaftsdiskurs[6] – umso weniger, je weiter der Krieg in die Vergangenheit rückte und nachrückende Generationen oder auch selbstkritische Zeitgenossen ihr eigenes Verhalten oder das ihrer Vorfahren hinterfragten. Dregger musste also mit ansehen, wie der Diskurs, der ihm bisher dabei geholfen hatte, seine eigene Kriegserfahrung mit Sinn zu versehen, zunehmend an den Rand gedrängt wurde. Welche Reaktionsmöglichkeiten blieben ihm angesichts dieser Lage übrig? Eine selbstkritische Befragung in aller Öffentlichkeit war für ihn zunächst keine Option. Vielmehr sah er sich offenbar in der Pflicht, die ehemaligen Kameraden und deren »Ehre« zu verteidigen. Hieran zeigt sich, dass er weiterhin im kommunikativen Code militärischer Tugend dachte, wenn es um seine Militärzeit ging.

Als letzter ehemaliger Frontoffizier in herausgehobener Funktion in der CDU/CSU-Bundestagsfraktion sah Dregger sich in besonderer Weise dazu berufen, sich für die ehemaligen Kameraden einzusetzen. Er tat dies, indem er sich zum Sprecher seiner Generation bzw. der ehemaligen Soldaten der Wehrmacht aufschwang. Dass er diese Rolle erst recht spät am Ende seiner politischen Laufbahn ergriff und auszufüllen suchte, macht deutlich, dass politische Generationen keineswegs per se existieren. Auch werden sie nicht durch gemeinsame Erlebnisse geschaffen, sondern erst ein »Prozess der ›Generationsrede‹ lässt im Nachhinein politische Generationen entstehen«[7]. Sie werden also in einer Diskussion geprägt,

---

4 Ebd., S. 21. Vgl. hierzu auch den Klassiker Heinrich Popitz: Verhaltenswertung und Verhaltensnormierung, in: ders.: Soziale Normen. Herausgegeben von Friedrich Pohlmann und Wolfgang Eßbach. Frankfurt/Main 2006, S. 76–93.

5 Ludwig/Zimmermann: Ehre und Pflichterfüllung, S. 27.

6 Vgl. zum langsamen Abstieg der »Kameradschaft« als gesellschaftliches relevantes Verhaltensmuster Kühne: Kameradschaft. Die Soldaten des nationalsozialistischen Krieges, S. 253–270.

7 Vgl. lediglich Christina von Hodenberg: Zur Generation der 45er. Stärken und Schwächen eines Deutungsmusters, in: Aus Politik und Zeitgeschichte 70, 4–5/2020, S. 4–9, hier S. 8. Vgl. auch die Ausführungen zur Generationsrede bei Benjamin Möckel: Erfahrungsbruch und Generationsbehauptung. Die ›Kriegsjugendgeneration‹ in den beiden deutschen Nachkriegsgesellschaften. Göttingen 2014, S. 9 und 16f., sowie Bernd Weisbrod: Generation und Generationalität in der Neueren Geschichte, in: Aus Politik und Zeitgeschichte 8/2005, S. 3–9.

die bestimmte Erlebnisse als Referenzpunkte nimmt; sie entstehen nicht durch die Erlebnisse selbst. Es handelt sich um eine Selbsteinordnung von Akteuren, die ihre persönlichen Erlebnisse in diese kollektiven Erzählungen einbetten. Der Vorteil der Generationsrede liegt darin, dass den isolierten Erfahrungen Sinn zugesprochen werden kann, dass die eigenen Erlebnisse kommunikativ anschlussfähig werden und dass die Vorstellung von der Existenz politischer Generationen das Private und die politische Entwicklung miteinander zu verzahnen vermag. Dregger hatte Teil an diesem Prozess, indem er durch eine »Generationsrede« versuchte, eine anschlussfähige Erzählung zu generieren.

In diese Funktion als selbsternannter Sprecher der »Frontsoldatengeneration« konnte er schlüpfen, weil er Vorkehrungen getroffen hatte, um gegen allzu aufdringliche Fragen nach seiner Vergangenheit gewappnet zu sein. Ohnehin profitierte er wie alle anderen Bundestagsabgeordneten vom vergangenheitspolitischen Konsens, der sich bislang auch für das einstige NSDAP-Mitglied Dregger als politischer Schutzschild erwiesen hatte. Im Bundestag herrschte bis weit in die 1970er Jahre hinein parteiübergreifende Übereinstimmung darin, nicht zu thematisieren, wie sich bestimmte Kollegen zwischen 1933 und 1945 mit Blick auf den Nationalsozialismus verhalten hatten. Die sich daraus ergebende »autobiographische Selbstbeschränkung«[8] schirmte den Parlamentarier Dregger zumindest bis Ende der 1970er Jahre gegen allzu energische Nachforschungen ab, was er möglicherweise an der Ostfront getan haben könnte. Es war kein geringerer als Willy Brandt, die Personifizierung des »anständigen Deutschlands«, der Dregger im Oktober 1979 schriftlich ausrichten ließ, dass er persönlich gar nichts von investigativem Nachbohren in dieser Angelegenheit halte. Der SPD-Vorsitzende lehnte es ab, »aus Mangel an Argumenten Nachforschungen darüber anzustellen, was ein Politiker in der NS-Zeit gedacht und geschrieben hat, welchen NS-Organisationen er beigetreten ist und welche Bindungen er geglaubt hat, in dieser Zeit aufgeben zu müssen«.[9]

Doch solch eine großzügige Versicherung garantierte nicht unbedingt, dass der Kandidat für das Amt des hessischen Ministerpräsidenten dem politischen Gegner keine Angriffsflächen bot, wenn ruchbar werden sollte, dass er 1940 der Hitler-Partei beigetreten war. Zwar hatten auch prominente hessische Sozialdemokraten wie der mehrfache Landesminister und Frankfurter Oberbürgermeister Rudi Arndt der NSDAP angehört; aber CDU-Politiker, die einmal Mitglied

8 Rigoll: Grenzen des Sagbaren, Zitat S. 134.

9 Diese schriftliche Auskunft des Büroleiters von Brandt, Rosen, in einem Schreiben an Dregger, 04.10.1979, ACDP, 001-347-060/1.

der NSDAP gewesen waren, unterlagen einer besonders intensiven öffentlichen Aufsicht, was Dregger mehr als vertraut war. Wohl auch deswegen hatte er dafür gesorgt, dass seine ihn belastende NSDAP-Mitgliedskarte im Jahr 1976 im Safe des Leiters jener Einrichtung landete, welche die Mitgliederkartei der NSDAP archivarisch betreute.[10] Allem Anschein nach war es eine parteiübergreifend geübte Praxis, mit stillschweigender Zustimmung des unter US-Kontrolle stehenden »Berlin Document Center« (BDC) die dort verwahrten Mitgliederkarten bundesdeutscher Politprominenz in den Panzerschrank des Leiters zu verbringen und damit der wissenschaftlichen Benutzung (bzw. der politischen Ausnutzung) zu entziehen.[11] Vermutlich konnte deshalb so geräuschlos verfahren werden, weil die US-Seite damit die verbündeten bundesdeutschen Politiker gegen vergangenheitspolitische Kampagnen der DDR schützen wollte. Ost-Berlin hätte aus diesen Mitgliederkarten politisches Kapital geschlagen, wenn es Wind davon bekommen hätte, dass ein Dregger, ein Horst Ehmke oder ein Hans-Dietrich Genscher der Hitler-Partei beigetreten waren. Die Spezialisten in der DDR, die privilegierten Zugang zu Akten und Archiven besaßen und eifrig Material über die politische Prominenz des »Klassenfeindes« sammelten, um interessierte Kreise im Westen damit zu munitionieren, bekamen von Dreggers Parteizugehörigkeit nicht einmal Wind, geschweige denn von den Details seines Engagements als Offizier an der Ostfront. Das Einzige, was sie darüber in Erfahrung brachten, war der letzte Dienstgrad in der »faschistischen Wehrmacht«.[12] Ansonsten stocherten sie im Dunkeln, so dass die dicken Dossiers, die sie über ihn verfassten, nicht mehr enthielten als das, was auch der westlichen Presse zu entnehmen war. Dennoch war es aus Dreggers Sicht ratsam, sich in seiner politisch aktiven Zeit auf diesem heiklen Feld nicht so zu positionieren, dass er zur Zielscheibe investigativer Nachforschungen wurde.

Dazu passte, dass sich der hessische Landesvorsitzende gerade im Vorfeld der hessischen Landtagswahl vom Oktober 1978 in bemerkenswerter Weise öffentlich gegen eine zu strikte Handhabung des sogenannten »Radikalenerlasses« aussprach. Ausgerechnet der als vermeintlicher »Law and order«-Mann vom politischen Gegner geächtete Dregger plädierte im Mai 1978 für einen großzügigen Umgang mit Personen, die sich in jungen Jahren auf politische Irrwege begeben

10 Vgl. Rigoll: Grenzen des Sagbaren, S. 137.

11 Vgl. dazu Sven Felix Kellerhoff: 50 Tonnen politischer Sprengstoff, in: Sabine Weißler/Wolfgang Schäche (Hg.): Daten-Reich im Verborgenen. Marburg 2010, S. 41–52, sowie Heinz Fehlauer: NS-Unterlagen aus dem Berlin Document Center und die Debatte um ehemalige NSDAP-Mitgliedschaften, in: Historical Social Research 35 (2010), S. 22–35.

12 BSTU, MfS ZAIG, Nr. 24104, Biographie Nr. 001371 über Dregger, Alfred.

und einer linksextremen Studentenbewegung angehört hätten: »Bitte weg mit Jugendsünden«.[13] Gewiss war Dreggers Absage an »Gesinnungsschnüffelei«[14] auch taktisch motiviert, weil er damit ein politisches Thema entschärfte, das der von ihm angestrebten Koalition mit der FDP auf Landesebene im Weg stand. Diese Positionierung stellte ein sicherlich verlockendes Angebot für die hessische FDP dar, die sich als Hüterin eines liberalen Rechtsstaates präsentierte.[15] Doch dahinter steckte vor allem der Versuch Dreggers, sich selbst vergangenheitspolitische Entlastung zu verschaffen. Wenn er öffentlich kundtat: »Wer einmal hinter einer roten Fahne hergelaufen ist, ist keineswegs ungeeignet, Staatsdiener zu sein, genauso wenig wie derjenige, der irgendwann einmal hinter der Hakenkreuzfahne hergelaufen ist«,[16] dann führte er einen verdeckten Selbstentschuldungsdiskurs – der zweite Teil der Aussage scheint für ihn der wichtigere gewesen zu sein.

Es war kein Zufall, dass Dregger ausgerechnet im Mai 1978 mit solchen Äußerungen an die Öffentlichkeit trat. Zu diesem Zeitpunkt drohten die CDU und ihre führenden Repräsentanten von einem auf die NS-Vergangenheit zielenden Schulddiskurs eingeholt zu werden. Im Mai 1978 war der ihm politisch eigentlich nahestehende Ministerpräsident von Baden-Württemberg und stellvertretende CDU-Vorsitzende Hans Filbinger wegen seines Verhaltes im »Dritten Reich« ins Kreuzfeuer der öffentlichen Kritik geraten. Stein des Anstoßes war dabei weniger die NSDAP-Mitgliedschaft des 1913 geborenen Filbinger, sondern der Umstand, als Marinerichter und damit Angehöriger der Militärgerichtsbarkeit noch kurz vor Kriegsende Todesurteile gegen Deserteure verhängt zu haben. Der Dramatiker Rolf Hochhuth hatte Filbingers bis dahin der Öffentlichkeit unbekanntes Verhalten erstmals öffentlich gemacht, und als die Presse das Thema aufgriff, war garantiert, dass die CDU-Spitze, der Dregger angehörte, in Erklärungsnot geriet. Erschwerend kam hinzu, dass Filbinger nicht die leiseste Selbstkritik erkennen ließ, sondern sich unter Zuhilfenahme von Rechtsmitteln verteidigte und sein Verhalten trotzig mit den entlarvenden Worten erklärte: »Was damals rechtens

13 Interview Dreggers mit dem Deutschlandfunk, 26.05.1978, 18:15 Uhr, Fundort: Archiv für Soziale Demokratie, Bonn, 11 Rad-Erlaß 7 – B 1 Ostpol B, Bl. 29–34, Zitat Bl. 32; die Verfasser danken Dominik Rigoll (Potsdam) für den Hinweis auf dieses Interview Dreggers.

14 Ebd.

15 Am 18. Mai 1978 hatte Dregger als hessischer Landesvorsitzender eine entsprechende Pressemitteilung veröffentlichen lassen, in der unter anderem eindeutig festgehalten war: »Die CDU sei ferner der Meinung, sogenannte politische Jugendsünden dürften nicht berücksichtigt werden, wenn der Einstellungsbewerber auf dem Boden der Verfassung stehe«; ACDP, 01-347-100/1.

16 Interview Dreggers mit dem Deutschlandfunk, 18.05.1978, Archiv für Soziale Demokratie, 11 Rad-Erlaß 7b 1 – Ostpol B, Bl. 32.

war, kann heute nicht Unrecht sein«. Damit aber ebnete er die wesensmäßigen Unterschiede zwischen NS-Regime und demokratischem Rechtstaat ein.[17] Es war Filbingers selbstgerechter Umgang mit einer in Fragen der NS-Vergangenheit zunehmend sensibilisierten Öffentlichkeit, der ihn auch innerhalb der CDU-Führungsspitze isolierte.[18]

Alle jene, die Dregger als – um einen normativen Begriff seiner politischen Gegner aufzugreifen – »rechtskonservativ« einordneten,[19] wunderten sich darüber, dass er seinem Kollegen im CDU-Präsidium nicht demonstrativ den Rücken stärkte, sondern in aller Öffentlichkeit von ihm abrückte. Dregger war der erste ranghohe CDU-Politiker als stellvertretender Bundesvorsitzender, der Mitte Juli 1978 öffentlich den desaströsen Eindruck benannte, den die allein auf Schuldabwehr ausgerichteten Reaktionen des Betreffenden hinterlassen hatten, indem er »von peinlichen Erklärungen Filbingers, die zu decken nicht unsere Aufgabe ist«, sprach.[20] Dass er damit ein eindeutiges Signal an seine noch zögernden Parteifreunde aussandte, einem Uneinsichtigen den einzig möglichen Schritt – also den Rücktritt – nahezulegen, macht die öffentliche Intervention Dreggers so bedeutsam. Es dauerte dann auch nur noch drei Wochen, bis Filbinger die Konsequenzen zog und am 7. August 1978 sein Amt als Ministerpräsident niederlegte.

Warum warf ausgerechnet Dregger den ersten Stein und scherte als Erster aus der nur noch mühsam aufrechterhaltenen Parteisolidarität aus? Gewiss lag ihm daran, die negativen Konsequenzen einer sich dahinschleppenden Affäre für seine Landtagswahl am 8. Oktober 1978 zu minimieren. Aber Dreggers Haltung war nicht allein wahltaktisch bestimmt, sie war grundsätzlicher Art. Er bemängelte das uneinsichtige Verhalten Filbingers gegenüber seinen Kritikern, verurteilte aber nicht grundsätzlich dessen Verhalten als Marinerichter. Filbinger hatte einen nicht angemessenen Umgang mit der Vergangenheit gewählt, als er juristisch mit Unterlassungsklagen gegen Kritik an seinem Verhalten vorging.

17 Filbinger wollte diesen Satz, der zuerst im »Spiegel« publiziert worden war, angeblich nie gesagt haben. Vgl. hierzu Hoeres: Zeitung für Deutschland, S. 277–279. In jedem Fall brachte das Zitat aber Filbingers ungeschickten Umgang mit der ganzen Affäre treffend auf den Punkt und ist wohl nicht zuletzt deshalb in den bundesdeutschen Zitatenschatz eingegangen.

18 Vgl. zum Fall Filbinger Wolfram Wette (Hg.), Filbinger – eine deutsche Karriere. Springe 2006, sowie Bruno Heck (Hg.): Hans Filbinger – Der »Fall« und die Fakten. Mainz 1980.

19 Joachim Besser: Ist das der neue Stil der CDU?, in: Vorwärts, 07.12.1972; »Django« kommt in die Jahre, in: Stern, 50/1985, 05.12.1985.

20 So die bestätigte Äußerung in einem Telefoninterview Dreggers mit dem »Deutschlandfunk«, 17.07.1978, 17 Uhr, Fundort: BStU, Archiv der Zentralstelle, MfS HA IX/11 PA, Nr. 3765, Bd. 2, Bl. 47.

Wenn er hingegen »gesagt hätte, bitte, ich habe in einer tragischen Situation geglaubt, das Rechte zu tun und glaube es noch heute, aber ich stelle mich dem Urteil meiner Mitbürger und dem Urteil der Geschichte, dann wären alle diese Peinlichkeiten nicht entstanden, die aus dem Zivilprozess [...] hervorgegangen sind«.[21] Dregger wollte mit anderen Worten das, was er unter einer »politischen Auseinandersetzung« verstand: einen Diskurs, in dem leidenschaftlich für die eigene Position – auch die Filbingers – gestritten wurde, aber eben mit den Mitteln des publizistischen Meinungskampfes und nicht mit den inadäquaten Mitteln eines Zivilrechtsprozesses. Wie schon in der Deutschlandpolitik hielt Dregger nichts davon, ein genuin politisches Thema in ein juristisches zu verwandeln, weil man ihm damit seinen Wesenskern raubte und vor allem einen untauglichen Weg wählte.

Aber es war nicht nur das. Der unangemessene Umgang Filbingers mit einem Thema, das aus Dreggers Sicht allein geschichtspolitisch zu behandeln gewesen wäre, war nicht der einzige Grund, sich von seinem Präsidiumskollegen zu distanzieren. Er befürchtete auch, dass Filbingers Verhalten eine Debatte über die Rolle der Wehrmacht im NS-Staat lostreten könnte. Damit aber bestand die Gefahr, dass sie in eine aus Dreggers Sicht unangemessene Nähe zum NS-Regime rückte. Genau das war im Juli 1978 eingetreten. Ausgerechnet der Vorsitzende der CDU-Sozialausschüsse Norbert Blüm, mit dem sich Dregger im CDU-Bundesvorstand mehr als nur gelegentliche Wortgefechte lieferte, war hier vorgeprescht und hatte im »Spiegel«, der ohnehin schon in vorderster Front den Fall Filbinger öffentlich gemacht hatte und in Unionskreisen als politisches Feindesland galt, einen Artikel publiziert, in dem er die Wehrmacht direkt mit den Konzentrationslagern des NS-Systems in Beziehung brachte. Dabei kritisierte Blüm eine unspezifische Pflichterfüllung als Code militärischer Tugend, der Dregger alarmieren musste. Der Sozialpolitiker führte aus: »Ich habe die Gesänge von der treuen Pflichterfüllung nie verstanden, wenn nicht zuvor geklärt war, in wessen Dienst diese Pflicht steht. Ob einer im KZ Hitler gedient hat oder an der Front, macht in meinen Augen nur einen graduellen Unterschied aus. Das KZ stand schließlich nur so lange, wie die Front hielt.«[22]

Blüm nutzte somit die Filbinger-Affäre, um einen Stein ins Rollen zu bringen, der sich zu einer geschichtspolitischen Lawine entwickeln konnte. War im politischen Raum bislang keine Debatte über den Stellenwert der Wehrmacht für das Funktionieren des NS-Herrschaftssystems entbrannt, drohte nun Blüms

---

21 Interview Dreggers mit dem Deutschlandfunk, 17.07.1978, ebd., Bl. 49.

22 Norbert Blüm: »Die Zeit der Schuldlosen ist Utopie«, in: Der Spiegel, 28/1978, 10.07.1978, S. 32.

Intervention den Fokus der öffentlichen Aufmerksamkeit von der NS-Militärjustiz hin zur Wehrmacht zu verschieben. Das aber wollte Dregger mit den ihm zur Verfügung stehenden Mitteln verhindern, weil er darin eine Entehrung der Wehrmacht und auch eine Entehrung seiner Person und nicht zuletzt seines Bruders erblickte, der aus dem Krieg nicht zurückgekehrt war. Es war diese Verknüpfung der eigenen Biographie als Wehrmachtsoffizier mit der geschichtspolitisch sensiblen Frage nach der Rolle der Wehrmacht, die Dregger in einen kämpferischen Gestus fallen ließ, der vor harscher Zurechtweisung nicht zurückschreckte. Der spätere Dregger von 1995, der in ähnlicher Weise für die vermeintliche Ehre der Wehrmacht (und seiner Person) stritt, war mit dem Dregger des Jahres 1978 wesensgleich. Der Unterschied bestand darin, dass Dreggers Kritik im Jahr 1978 nicht an die Öffentlichkeit drang, weil er eine parteiinterne Maßregelung Blüms erreichte. Es gelang ihm gewissermaßen, die eigene Frontlinie zu begradigen, so dass die Causa erledigt zu sein schien, während es später im Jahre 1995 der politische Gegner war, der aus Dreggers Sicht die Entehrung der Wehrmacht betrieb, weshalb sich das geschichtspolitische Abwehrgefecht nun in aller Öffentlichkeit abspielte. 1978 war das noch nicht erforderlich.

Vier Tage nach dem Vorstoß Blüms im »Spiegel« fuhr Dregger das schärfste politische Geschütz auf, das ihm zur Verfügung stand. Er hob die inkriminierte Aussage Blüms auf eine persönliche Ebene, womit sie den Status einer persönlichen Beleidigung erhielt: Der ungediente Blüm, der als »weißer Jahrgang« um den Dienst bei der Bundeswehr herumgekommen war, habe sich angemaßt, ein Pauschalurteil über die Wehrmacht abzugeben: »Wer Frontsoldaten mit KZ-Bewachern Hitlers auch nur andeutungsweise vergleicht, beleidigt mich und mit mir Millionen deutscher Frontsoldaten. So darf niemand mit unserer Geschichte umgehen.«[23] Die Frontsoldaten hätten eben auch dafür gekämpft, Deutschland vor der totalen Vernichtung durch die Alliierten zu bewahren, und dies sei »ehrenhaft« gewesen. Dregger machte sich aber nicht nur zum Sprachrohr der Frontsoldatengeneration; er rief auch den Geist seines Bruders auf, »der mit 18 Jahren 1945 gefallen ist«. Wer Alfreds innige Beziehung zu seinem Bruder Wolfgang kannte, der wusste, dass er damit Blüm den Fehdehandschuh hingeworfen hatte.

Was Dregger wollte, war klar: Blüm sollte sich öffentlich von dieser Äußerung distanzieren, um das geschichtspolitische Feuer zu löschen, bevor es sich wie ein Flächenbrand ausbreitete. Um dies zu erreichen, sollte Blüm von der Parteiführung – und dies hieß auch vom CDU-Vorsitzenden Kohl, dem er eine Durchschrift seines Brandbriefs an Blüm zukommen ließ – diszipliniert werden. Der

23 Dregger an Blüm, 14.07.1978, ACDP, 01-347-115/1.

so Gescholtene sah sich – angestoßen von Dregger – so heftiger innerparteilicher Kritik ausgesetzt, dass das CDU-Bundespräsidium am 14. August 1978 Blüm eine Art Maulkorb verpasste. Damit hatte Dregger sein Ziel erreicht. Der Bundesvorsitzende stellte im Präsidium klar: »Der Dienst deutscher Soldaten darf nicht in einen durch nichts zu rechtfertigenden Zusammenhang mit den Verbrechen des NS-Regimes gebracht werden.«[24] Und auch der als liberal geltende Ministerpräsident von Schleswig-Holstein, der promovierte und habilitierte Historiker Gerhard Stoltenberg, stimmte in diesen Chor ein, weil er die Gefahr erblickte, dass der politische Gegner ermuntert werden könnte, sich prominente CDU-Politiker vorzunehmen und sie durch vergangenheitspolitische Kampagnen zu beschädigen.[25]

Am 29. August 1978 gab Blüm eine entsprechende öffentliche Erklärung ab: Ihm sei nach vielen Gesprächen und Briefen, die er erhalten habe, »klar geworden, daß die meisten Leser die Sätze als moralische Gleichsetzung der Soldaten mit KZ-Bewachern verstehen mußten«, was aber »nie meine Meinung« gewesen sei.[26] Damit hatte Dregger die eigenen Reihen geschlossen und seine biographisch grundierte Lesart der Wehrmacht im NS-Staat als hegemonialen Diskurs innerhalb der Union verankert. Seither sollte kein Mitglied der CDU-Führungsgremien mit einem solchen geschichtspolitischen Vorstoß mehr aufwarten. Entsprechende Interventionen gab es zwar durchaus, sie kamen aber aus dem »linken Lager«, womit deren Abwehr leichter fiel, weil sie parteipolitisch eingeordnet werden konnten. Und da Blüms Vorstoß weder einen Widerhall beim politischen Gegner noch in der Geschichtswissenschaft gefunden hatte, versickerte die Anfrage Blüms, wie man über das Verhältnis zwischen Wehrmacht und NS-System angemessen reden könne. Mit seiner Erklärung vom 29. August 1978 gaben sich viele von denen, die sich in ihrer Ehre verletzt gefühlt hatten, zufrieden.[27] Die aufgeworfenen Gräben schienen vorerst wieder zugeschüttet zu sein.

Die nächste große geschichtspolitische Kraftanstrengung unternahm Dregger sieben Jahre später – im Jahr 1985. Vierzig Jahre nach Ende des Zweiten Weltkriegs war die Zeit gekommen, um über die Bedeutung der Kapitulation der Wehrmacht am 8. Mai 1945 einen öffentlichen Diskurs anzustoßen, der dazu führen sollte,

---

24 Ergebnisprotokoll der Sitzung des CDU-Präsidiums vom 14.08.1978, ACDP, 07-001-1411, S. 2 des Protokolls.

25 Ebd.

26 Abdruck der Stellungnahme Blüms in Soziale Ordnung/Dokumentation (03.09.1978), S. 11, ACDP,01-347-115/1.

27 Ebd., S. 11 f.

diesen Tag in das kollektive Gedächtnis der mittlerweile erwachsen gewordenen Bundesrepublik zu integrieren.[28] Ähnlich wie 1978 war Dreggers schärfster Widersacher jemand aus den eigenen Reihen: Richard von Weizsäcker. Der Sohn von Hitlers Staatssekretär im Auswärtigen Amts, Ernst Freiherr von Weizsäcker, und Offizier an der Ostfront hatte eine steile Karriere in der CDU hingelegt, die parallel zu der seines wichtigsten Protektors Helmut Kohl verlief. Kohls Laufbahn erreichte mit der Kanzlerschaft 1982 ihren Höhepunkt, während Weizsäckers Karriere 1984 mit dem Amt des Bundespräsidenten gekrönt wurde. Im höchsten Staatsamt ging Weizsäcker gegenüber seiner alten politischen Heimat allmählich auf Abstand, und als er am 8. Mai 1985 in der wichtigsten Rede, die jemals ein Bundespräsident gehalten hatte,[29] dieses Datum als »Tag der Befreiung«[30] adelte und ihm damit eine spezifische geschichtspolitische Bedeutung verlieh, hatte er eine klare Gegenposition zu Dregger eingenommen. Es steht zu vermuten, dass Weizsäcker dabei ähnlich wie Dregger auch biographische Motive leiteten. Tatsächlich lässt sich zeigen, dass seine Rhetorik der Vergangenheitsbewältigung zwar geschichtspolitisch neue Standards setzte, aber hinsichtlich seiner eigenen Erfahrung und Biographie an deutliche Grenzen stieß.[31] Denn wenn er den Tag, an dem er als Wehrmachtsoffizier die Waffen endgültig niedergelegt hatte, mit der Autorität seines Amtes als Tag der Freude und der Befreiung kommunizierte, dann schirmte er seine Vita vor unangenehmen vergangenheitspolitischen Nachfragen ab.

Dazu gehörte insbesondere die bohrende Frage, wie intensiv sein Vater Ernst, der in der SS den Rang eines Brigadeführers bekleidet hatte, institutionellen Anteil an der Durchführung des Holocaust hatte. Schon 1982 war eine Edition der Briefe und Aufzeichnungen Ernst von Weizsäckers erschienen. Der Verleger

---

28 Vgl. zum Begriff des kollektiven Gedächtnisses u.a. Jan Assmann: Das kulturelle Gedächtnis. Schrift, Erinnerung und politische Identität in frühen Hochkulturen. München ^{8}2018; Aleida Assmann: Der lange Schatten der Vergangenheit. Erinnerungskultur und Geschichtspolitik. München 2006.

29 Vgl. generell zur Einordnung dieser Rede Wirsching: Abschied, S. 481–483; ders.: Primärerfahrung und kulturelles Gedächtnis. Richard von Weizsäcker und die Erinnerung an den Nationalsozialismus, in: Frank Bajohr/Anselm Doering-Manteuffel/Claudia Kemper/Detlef Siegfried (Hg.): Mehr als *eine* Erzählung. Zeitgeschichtliche Perspektiven auf die Bundesrepublik. Göttingen 2016, S. 113–128; Herbert: Geschichte Deutschlands, S. 1016f.; Weber: Getrennt und doch vereint, S. 1057f.

30 »Der 8. Mai 1945 war ein Tag der Befreiung.« Ansprache des Bundespräsidenten Richard von Weizsäcker am 8. Mai 1985 im Plenarsaal des Deutschen Bundestages, in: Bulletin des Presse- und Informationsamtes der Bundesregierung, Nr. 52, 09.05.1985, S. 441.

31 Vgl. hierzu exzellent Wirsching: Primärerfahrung und kulturelles Gedächtnis.

Wolf Jobst Siedler rezensierte sie und schilderte dabei die Rolle des Protagonisten im »Dritten Reich« überaus kritisch. In der Folge kam ihm zu Ohren, dass die Familie Weizsäcker von diesen Aussagen alles andere als begeistert war und sogar überlegte, ihn zu verklagen. Richard von Weizsäcker beschwerte sich, Siedler habe seinen Vater als eine Art Hugenberg dargestellt.[32] Als Siedler 1986 eine akribisch recherchierte Dissertation in sein Verlagsprogramm aufnahm, die der Historiker Hans-Jürgen Döscher über das Auswärtige Amt, die Verbindungen zum Judenmord und die Rolle Ernst von Weizsäckers verfasst hatte,[33] wollte er sich zunächst absichern. Im Vorfeld der Publikation schrieb er an den »Spiegel«-Herausgeber Rudolf Augstein, dass er dem Bundespräsidenten als »dem Sohn unseres problematischen Helden« versichert habe, der Verlag werde »alles in seinen Kräften stehende tun«, damit »eine Skandalstory im Stile von ›Die Wahrheit über Ernst von Weizsäcker‹« verhindert werde.[34] Dem Bundespräsidenten selbst versprach er brieflich, den Band nur »sehr ruhig« zu bewerben, damit für den Amtsinhaber keine Probleme entstünden.[35] Mit dieser Übereinkunft konnte Weizsäcker offenbar gut leben, zumal ein Skandal oder eine größere Debatte ausblieb. Eine große Rezension der Dissertation Döschers im Wochenblatt »Die Zeit« durch Theodor Eschenburg wurde durch Weizsäckers Bruder Carl Friedrich gekontert, der feststellte, dass jüngeren Historikern offenbar die hermeneutischen Fähigkeiten abgingen, um die Texte seines Vaters adäquat zu interpretieren.[36] In den 1990er Jahren wiederum intervenierte Richard von Weizsäcker gegen Historiker, die sich den Verbrechen der Wehrmacht und von Weizsäckers ehemaligem Regiment auf breiter Quellenbasis widmeten.[37]

Diese Vorgänge zeigen, dass der Bundespräsident zwar geschichtspolitisch wirkmächtig war, aber im Hinblick auf seine Biographie sowie die Rolle seines Vaters und seiner ehemaligen Regimentskameraden nicht besonders weit von Dreggers Haltung entfernt war. Dennoch lief seine Vorstellung von Befreiung darauf hinaus, dass unabhängig von den jeweils individuellen Erfahrungen bei Kriegsende die Bundesbürger sich selbst diesen Teil ihrer Geschichte *als* Befrei-

---

32 Vgl. Magnus Brechtken: Mehr als Historikergeplänkel. Die Debatte um »Das Amt und die Vergangenheit«, in: Vierteljahrshefte für Zeitgeschichte 63 (2015), S. 59–91, hier S. 72.

33 Hans-Jürgen Döscher: Das Auswärtige Amt im Dritten Reich. Diplomatie im Schatten der »Endlösung«. Berlin 1987.

34 Wolf Jobst Siedler an Rudolf Augstein, 03.12.1986, zit. nach Brechtken: Historikergeplänkel, S. 73. Vgl. auch Wirsching: Primärerfahrung, S. 123.

35 Wolf Jobst Siedler an Bundespräsident Richard von Weizsäcker, 14.01.1987, zit. nach ebd.

36 Vgl. hierzu Wirsching: Primärerfahrung, 123 f.

37 Vgl. Wirsching: Primärerfahrung, S. 121–123.

ung erzählen sollten, schon allein weil dies der Perspektive der Opfer entsprach. Dieser Weg sollte zur Selbstanerkennung der Bundesrepublik beitragen. Die Voraussetzung hierfür war aber, dass Weizsäcker den 8. Mai geschichtspolitisch nur besetzen konnte, indem er einen bis dahin stillschweigend geltenden generationellen Konsens aufgekündigt hatte: Die ehemaligen Kriegsteilnehmer deuteten den 8. Mai immer auch als Teil ihrer eigenen Soldaten-Vita; damit aber stand er stets auch im Schatten der militärischen Niederlage. Weizsäckers Vorvorgänger Walter Scheel und Bundeskanzler Schmidt hatten sich 1975 mit ihren Stellungnahmen anlässlich des 30. Jahrestags des Kriegsendes noch im Rahmen dieses generationellen Sagbarkeitskorridors bewegt.[38] Doch Weizsäcker – wie Dregger Angehöriger des Jahrgangs 1920 – hatte sich über diese generationelle Selbstbeschränkung hinweggesetzt und mit dem Befreiungsdiskurs ein semantisches Angebot unterbreitet, das zwar die individuellen Erfahrungen der Frontsoldaten entwertete, dafür aber für alle Nachgeborenen anschlussfähig war und so eine überaus verlockende Offerte darstellte. Allerdings war für Weizsäckers Deutung nicht der größere Abstand zum Kriegsende ausschlaggebend, hatte er doch bereits als frisch gewählter Bundestagsabgeordneter am 8. Mai 1970 zu diesem historischen Datum Stellung genommen und durchblicken lassen, dass er im Befreiungsdiskurs eine mögliche Deutung des Kriegsendes sah.[39]

Dregger kannte Weizsäcker aus der gemeinsamen Fraktionsarbeit gut genug, um in ihm den Hauptkontrahenten in einer geschichtspolitischen Debatte zu erblicken, die im Jahr 1985 an verschiedenen Schauplätzen ausgetragen wurde. Schon zu Beginn des Jahres hatte Dregger einen Gegenvorstoß unternommen mit dem Ziel, die Ambivalenz des 8. Mai zu betonen, um auf diese Weise auch die Sinnhaftigkeit seines eigenen soldatischen Tuns vor sich und der Geschichte zu retten. Seine soldatische Biographie flocht Dregger dabei geschickt ein, indem er den soldatischen Kameradschaftsdiskurs abrief. Parteipolitisch nicht besetzt, hatte dieser in der Vergangenheit dazu gedient, das Erzählmuster über den Krieg

38 Vgl. dazu Georg Stötzel: Geschichtliche Selbstinterpretation im öffentlichen Sprachgebrauch seit 1945. Der Befreiungsdiskurs zum 8. Mai, in: Heidrun Kämper/Hartmut Schmidt (Hg.): Das 20. Jahrhundert. Sprachgeschichte – Zeitgeschichte. Berlin, New York 1998, S. 250–274, hier S. 260.

39 Weizsäcker erklärte damals: »Unsere Erfahrungen mit dem 8. Mai entsprechen einander nicht. Jeder hat ihn auf eigene Weise erlebt. Der eine kehrte heim, der andere wurde heimatlos. Dieser wurde befreit, für jenen begann die Gefangenschaft. Verbittert standen manche vor zerrissenen Illusionen, dankbar andere vor dem geschenkten neuen Anfang. Vielen von uns hat der 8. Mai wie kein zweites Datum das Bewußtsein geprägt. Andere haben überhaupt kein Interesse an diesem Tag. Keiner möge seine persönlichen Erlebnisse zum Maßstab für alle machen.« Verhandlungen des Deutschen Bundestags, Stenographische Berichte, 6. Wahlperiode, 51. Sitzung, 08.05.1970, S. 2567.

diskursiv einzuhegen. Doch bereits 1985 zeigte sich, dass er brüchig geworden war, weil er sich generationell nicht erneuerte und nur für diejenigen Sinnangebote enthielt, die aktive soldatische Kriegsteilnehmer gewesen waren.[40] Insofern betrieb Dregger ein semantisches Abwehrgefecht, als er den Tag des Kriegsendes auch deswegen zum Tag der Trauer ausrief, weil er trauern werde »um meine Kameraden, die an meiner Seite gefallen sind«.[41] Eine individuelle Note enthielt diese Botschaft noch dadurch, dass diese Trauer explizit seinen Bruder einschloss, »der als achtzehnjähriger im Kurlandkessel geblieben ist«.[42]

Schon zu Beginn des Gedenkjahres 1985 sandte Dregger somit Signale aus, die den 8. Mai mit einem Trauerdiskurs zu belegen versuchten. Dieser besaß den strukturellen Vorteil, auch über die ehemaligen Wehrmachtssoldaten hinaus anschlussfähig zu sein, weil er Millionen von Angehörigen der Kriegstoten und damit auch die Generation der Söhne und Töchter der Gefallenen einschloss. Zudem bettete er den 8. Mai in eine gesamteuropäische Perspektive ein. Damit aber konnte das Kriegsende nicht mehr auf den Aspekt der Befreiung reduziert werden: Die Teile Europas, die am 8. Mai 1945 unter sowjetischen Einfluss geraten waren, mochten sich zwar über die »Niederlage Hitlers« freuen, aber darin mischte sich ein bitterer Beigeschmack angesichts »der Herrschaft der Sowjetunion über die Hälfte Europas«.[43] Und das, so konnte Dregger geltend machen, betraf auch das deutsche Schicksal, habe doch die Ausbreitung der Sowjetunion in der Mitte Europas »die Zerstückelung Deutschlands«[44] zur Folge gehabt.

Die Perspektive, die Dregger bei der Deutung des 8. Mai 1945 einnahm, lässt sich als nationalliberal bezeichnen: Er maß den 8. Mai daran, ob er den Völkern ganz Europas uneingeschränkte Freiheit beschert habe. Diese Bilanz aber konnte nur ambivalent ausfallen, weil in Ostmittel- und Südosteuropa die Befreiung von Hitler keinen Aufbruch in eine selbstbestimmte Freiheit bedeutet hatte. Und auch für Deutschland erbrachte eine solche Freiheitsperspektive eine gemischte Bilanz, da den Deutschen in der DDR die Freiheit vorenthalten wurde. Mit dieser Einschätzung traf er sich im Übrigen mit keinem geringeren als Rudolf Augstein, dem Herausgeber des »Spiegels«. Augstein stand nationalliberalen Denkweisen nicht fern, und als ehemaliger Wehrmachtsleutnant konnte er,

40 Vgl. zur abnehmenden Bedeutung der »Kameradschaft« Kühne: Kameradschaft. Die Soldaten des nationalsozialistischen Krieges, S. 253–270.

41 Alfred Dregger: Der 8. Mai und die deutsche Frage, in: Stichworte dieser Woche der CDU/CSU-Bundestagsfraktion vom 25.01.1985, ACDP, 01-579-128/3.

42 Ebd.

43 Dregger in der Fraktionssitzung vom 15.01.1985, ACDP, 08-001-1073/2, S. 5 des Wortprotokolls.

44 So Dregger in der Fraktionssitzung vom 22.01.1985, ebd., S. 5 des Wortprotokolls.

ganze drei Jahre jünger als Dregger, durchaus nachvollziehen, dass der 8. Mai eine gemischte historische Bilanz enthielt. In seinem Nachrichtenmagazin nahm er mit Worten Stellung, die auch von Dregger hätten stammen können, auf den er zum Abschluss ausdrücklich verwies: »Ein nicht kleiner Teil [Europas, d. Verf.] wurde überhaupt nicht befreit, sondern nur einer neuen Schreckensherrschaft unterworfen. […] Da kann man mit Alfred Dregger ausnahmsweise einmal einig sein: Laßt sie feiern, weil sie den Krieg gewonnen haben. Wir gucken zu und feiern nicht mit.«[45]

Das Gegenstück zu dieser gemischten Freiheitsbilanz bildete bei Dregger ein Trauerdiskurs, der keineswegs im Gedenken an seinen vermissten Bruder aufging. Gewiss traf Dregger im Jahr 1985 mit seinem Traueransatz den Nerv der Kriegerwitwen und Angehörigen, die ihre Männer noch in den letzten Kriegswochen verloren hatten. Die Authentizität solcher Trauerzeugnisse war unbestritten, und Dregger zitierte in der Fraktionssitzung vom 23. April 1985 aus einigen besonders zu Herzen gehenden Schreiben, die ihn in dieser Angelegenheit erreicht hatten.[46] Doch es ging ihm auch um eine präventive Rehabilitation der Wehrmachtssoldaten: Er bereitete im Frühjahr 1985 eine argumentative Position vor, um das Weiterkämpfen der Wehrmacht bis zur Kapitulation mit einem Sinn zu belegen, der nicht nur an einen nationalen Diskurs anschließbar war, sondern sich aus soldatischen Werten speiste, die in seinen Augen über das NS-Regime hinaus Geltung besaßen. Bereits in der Fraktionssitzung vom 23. April 1985 brachte er die Wehrmacht ins Spiel und integrierte darin auch die Waffen-SS.[47] Berufen konnte er sich dabei auf den ehemaligen SPD-Vorsitzenden Kurt Schumacher, der 1951 deren Angehörige als gewöhnliche Waffenträger dargestellt hatte.

Der Bundestag war nur ein Schauplatz bei diesem Ringen um den 8. Mai. Drei Tage vor der Weizsäcker-Rede, also am 5. Mai 1985, hatte Bundeskanzler Kohl ein geschichtspolitisches Zeichen setzen wollen, das Dreggers Intention einer »Versöhnung an den Gräbern« entsprach. Der Bundeskanzler bewog US-Präsident Ronald Reagan, einem Soldatenfriedhof in Bitburg die Ehre eines Besuchs zu erweisen, auf dem 2000 Gefallene der Wehrmacht begraben waren, die 1944/45 in den Kämpfen auch gegen US-Truppen ihr Leben verloren hatten. Damit inkludierte er die deutschen Kriegsgefallenen in einen Trauerdiskurs, der keinen

45 Rudolf Augstein: »Auf die schiefe Ebene der Republik«, in: Der Spiegel, 2/1985, S. 22–32, Zitate S. 29 und S. 32.

46 ACDP, 08-001-1074/1, S. 4 f. des Wortprotokolls; darunter war auch ein Schreiben des FAZ-Journalisten Helmut Herles, dessen Vater im März 1945 in Ostpreußen verschollen war.

47 Ebd., S. 4 des Wortprotokolls.

Unterschied mehr darin feststellen wollte, für welche Seite die Soldaten ihr Leben verloren hatten. Das von Kohl für den Bitburg-Besuch geschnürte erinnerungspolitische Paket,[48] dessen wichtigster Teil das Gedenken an die deutschen Gefallenen war, geriet aber in dem Moment in Gefahr, als die Öffentlichkeit erfuhr, dass sich auch 49 Angehörige der Waffen-SS unter den in Bitburg Bestatteten befanden und dass zudem zunächst keine Geste zur Erinnerung an die Opfer des Holocaust geplant gewesen war.[49] Diese Nachricht fachte vor allem in den USA die Debatte um den Bitburg-Besuch an: Sollte der US-Präsident mit der vorgesehenen Kranzniederlegung auch Angehörigen der Waffen-SS ehrendes Andenken erweisen?

Dregger sprang dem außen- und innenpolitisch unter heftiger Kritik stehenden Bundeskanzler mit einem offenen Brief bei und setzte sich in robuster Weise dafür ein, dass Reagan am Besuch festhielt. Er nahm dabei die vertraute Rolle des Anwalts der deutschen Wehrmachtssoldaten ein, der sich mit harschen Worten öffentliche Kritik an einer Versöhnungsgeste über den Gräbern verbat. Adressat dieser Frontsoldatenbelehrung waren US-Senatoren, die ihren Präsidenten brieflich zum Verzicht auf den Besuch auf dem Bitburger Soldatenfriedhof aufgefordert hatten. In scharfer, ausgesprochen undiplomatischer Weise wies Dregger ihre Intervention zurück und zog dabei alle Register, inklusive des Hinweises auf seinen gefallenen Bruder. Indirekt waren Dreggers Worte auch an die bundesdeutschen Kritiker dieses Auftritts und der damit verbundenen geschichtspolitischen Signalwirkung gerichtet: »Wenn Sie Ihren Präsidenten auffordern, die von ihm geplante noble Geste auf dem Soldatenfriedhof in Bitburg zu unterlassen, muss ich das als Beleidigung meines Bruders und meiner gefallenen Kameraden empfinden.«[50]

Mit der Weizsäcker-Rede am 8. Mai 1985 verschob sich der Bereich dessen, wie über das Kriegsende in Europa gesprochen werden konnte, immer mehr zugunsten der vom Bundespräsidenten qua Amt in Umlauf gebrachten Deutung als Befreiung. Dregger suchte mit seinen Mitteln, einen Gegendiskurs zu etablieren, der an den von ihm gepflegten Trauerdiskurs anknüpfte, diesen aber immer mehr als Brücke nutzte, um die aus seiner Sicht einzig noch verbliebene semantische

48 Zu den erinnerungspolitischen Intention Kohls vgl. Wirsching: Abschied, S. 478–480.

49 Vgl. allg. zu dem Besuch und der gescheiterten Aussöhnung, die zu einer geschichtspolitischen Polarisierung in beiden Ländern führte, Pia Nordblom: Bitburg – (k)eine Geste der Versöhnung. Zur Ambivalenz von Versöhnen und Erinnern beim Staatsbesuch Ronald Reagans in der Bundesrepublik 1985, in: Corine Defrance/Ulrich Pfeil (Hg.): Verständigung und Versöhnung nach dem »Zivilisationsbruch«? Deutschland in Europa nach 1945. Bruxelles u. a. 2016, S. 117–136.

50 Schreiben Dreggers an US-Senator Metzenbaum, 19.04.1985, ACDP, 01-347-124/2. Vgl. hierzu auch Nordblom: Bitburg, S. 128.

Legitimationsreserve zu mobilisieren, mit deren Hilfe dem Tun einer bis zum Schluss kämpfenden Wehrmacht Sinn verliehen werden konnte: den Ehrdiskurs. Der Zentralbegriff der »Ehre« hatte im Laufe des 19. Jahrhunderts einen erheblichen Wandlungsprozess durchlaufen: War sie nach bürgerlichem Selbstverständnis der Ausweis einer Achtungswürdigkeit, die dem Individuum geschuldet war, weil sich das Individuum durch seine soziale Stellung und sein Verhalten diese Achtung erwarb, so entfernte sich der Ehrbegriff im 20. Jahrhundert von seinen bürgerlich-liberalen Wurzeln.[51] Ehre wurde immer mehr zu einem Kollektivphänomen: Eine Gruppe pochte darauf, dass ihr als Kollektivkörper öffentliche Achtung zustand, sofern sie sich an einen eigenen Ehrenkodex band. Nach 1945 war die einzige gesellschaftliche Großgruppe, in der es einen intakten Ehrdiskurs gab, das Militär. Daher kann es nicht verwundern, dass die Wehrmachtselite in ihrem Bemühen um politische Anerkennung in der jungen Bundesrepublik ihr Verhalten im NS-Staat just mit einem solchen Ehrdiskurs rechtfertigte: Man sei den selbstgesetzten soldatischen Normen ungeachtet der NS-Herrschaft treu geblieben, und dieses ehrenhafte Verhalten verdiene die gebotene gesellschaftliche Anerkennung. In den 1950er Jahren war diese Strategie insofern erfolgreich, als durch den Verweis auf soldatische Ehre eine vertiefte Debatte über die Rolle der Wehrmacht im NS-Staat verhindert werden konnte.[52]

Dregger griff nach 1985 auf das semantische Potenzial des Ehrbegriffs auch deswegen zurück, weil dieser Terminus nicht per se auf die Kriegsgeneration und deren Erfahrungen eingeschränkt war. Auch die Generation der Nachgeborenen konnte soldatischem Tun Ehrenhaftigkeit zubilligen, wenn sie akzeptierte, dass dieses Tun einem selbstgesetzten Kodex genügte. Dregger reklamierte den Ehrbegriff offensiv auch für Wehrmachtssoldaten, weil sie wie alle Soldaten der kriegführenden Armeen im Zweiten Weltkrieg den militärischen Ehrvorstellungen treu geblieben seien – was immerhin implizierte, dass sie keine Kriegsverbrechen begangen und sich nicht an der Zivilbevölkerung vergriffen hatten. Er setzte darauf, dass der Ehrbegriff zum archimedischen Punkt eines Gegendiskurses aufsteigen könnte.

In diesem Sinne war Dreggers Rede angelegt, die er am 16. November 1986 anlässlich der zentralen Feierstunde des Volksbundes Deutsche Kriegsgräberfür-

51 Hierzu grundlegend Winfried Speitkamp: Ohrfeige, Duell und Ehrenmord. Eine Geschichte der Ehre. Stuttgart 2010; sowie Ludgera Vogt: Zur Logik der Ehre in der Gegenwartsgesellschaft. Frankfurt/Main 1995.

52 Hierzu vor allem Bert-Oliver Manig: Die Politik der Ehre. Die Rehabilitierung der Berufssoldaten in der frühen Bundesrepublik. Göttingen 2004; sowie Ludwig/Pöhlmann/Zimmermann (Hg.): Ehre und Pflichterfüllung.

sorge in Bonn hielt. Traditionsgemäß wurde mit ihr der Toten gedacht, die in beiden Weltkriegen ihr Leben verloren hatten. Dregger unternahm nichts weniger als eine Umwidmung dieses Formats: Er nahm sich die Freiheit heraus, das rituelle Totengedenken zu nutzen, um eine Ehrenrettung der deutschen Soldaten zu betreiben. Gewiss war der Volkstrauertag von Politikern und Personen des öffentlichen Lebens immer auch zu einer geschichtspolitischen Manifestation genutzt worden.[53] Doch Dregger schlug einen neuen Ton an, indem er den Ehrdiskurs in den Vordergrund rückte. Er pries den Einsatz der gefallenen deutschen Soldaten im Zweiten Weltkrieg und verkündete die Botschaft, der deutsche Soldat habe sich nicht gemein mit »Hitler und seinen verbrecherischen Helfern« gemacht und bei seinem Einsatz »seine Ehre nicht verloren«[54]. An das Totengedenken wurde so von Dregger der Anspruch gestellt, den toten Soldaten auf allen Seiten die ihnen gebührende Ehrenbezeugung nicht zu verweigern: »Wer sich persönlich ehrenhaft verhalten hat, der hat Anspruch darauf, daß wir seiner in Ehrfurcht gedenken. Das gilt für alle und für jeden, gleichgültig, welchem Volk er entstammt oder welcher Waffengattung er angehört hat.«[55] Letztlich zielte Dreggers Rede darauf ab, das soldatische Erbe als ein kulturell bewahrenswertes zu revitalisieren. Die im soldatischen Ehrbegriff eingelassene Kategorie der Tugend bot hier einen Ansatzpunkt. Wer Ehre als Schild von Tugendhaftigkeit ausgab und für wen ehrenvolles Verhalten Ausdruck einer durch Tugenden verbürgten festen Grundhaltung war, der konnte die Pflege soldatischer Ehre auch als Auftrag verstehen, einen Tugenddiskurs in Umlauf zu bringen, der sich an soldatischen Tugenden orientierte. Dregger gelang dieser Brückenschlag, indem er Preußen als Sinnbild von Tugenden vereinnahmte, die zu Unrecht in Misskredit geraten seien, aber der Wiederbelebung harrten: »Pflichtgefühl, Unbestechlichkeit, Verantwortungsbewußtsein und Opferbereitschaft«.[56] Der untergegangene Staat galt ihm so immer noch als wertvolle Ressource für die Gegenwart. Hier wird einmal mehr deutlich, dass die sogenannten »preußischen Tugenden« in unterschiedlichen Situationen für jeweils unterschiedliche Ziele abgerufen oder vielmehr erfunden werden konnten, aber auch, wie kontingent und letztlich an

---

53 Vgl. die Zusammenstellung der wichtigsten Reden in: Hans Soltau u. a. (Hg.): Wir gedenken … Reden zum Volkstrauertag 1951–1995. Eine Auswahl von Reden, die anläßlich der zentralen Gedenkstunde des Volksbundes Deutsche Kriegsgräberfürsorge gehalten wurden. O. O. [Kassel] 1995.

54 Alfred Dregger: Die Ehre und das Vermächtnis der Toten. Rede zum Volkstrauertag 1986, Kassel 1986, S. 5.

55 Ebd., S. 7.

56 Ebd., S. 8.

konkrete Interessen der Gegenwart die Zuschreibungen letztlich gebunden waren.[57]

Dregger war nicht der Einzige, der Mitte der 1980er Jahre eine Renaissance preußisch-soldatischer Tugenden für erstrebenswert hielt. Was seinem Vorstoß besonderes Gewicht verlieh, war nicht nur der Umstand, dass er auch als Vorsitzender der stärksten Regierungsfraktion das Wort ergriff. Vor allem bürgte seine Persönlichkeit für die Lauterkeit seiner Absichten: Dregger galt parteiübergreifend als »Ehrenmann« und »Gentleman«,[58] der in seinem persönlichen Verhalten durch Selbstkontrolle und formgerechte Umgangsformen Respekt gegenüber anderen offenbarte und daher Gleiches auch für sich einfordern konnte. Er hatte nie einen Hehl daraus gemacht, dass ihm die Verteidigung der Ehre des deutschen Soldaten am Herzen lag. Dass er sich damit Ende der 1980er Jahre auch innerparteilich angreifbar machte, nahm er in Kauf. Der Aufstand einiger Fraktionsmitglieder gegen seine Führung am 6. Dezember 1988 hatte auch durch seine unbeirrte Haltung in dieser Frage Nahrung erhalten. Doch Dregger stand zu seiner Position und nötigte selbst seinen innerparteilichen Widersachern Respekt ab.[59]

Aber es war schon 1986 absehbar, dass seinem Versuch kein Erfolg beschieden sein würde. Zu sehr war der soldatische Ehrbegriff mit einem Tugendkodex verschmolzen, der in der Bundeswehr keine systematische Pflege erfahren hatte. Damit fehlte Dregger ein wichtiger Anknüpfungspunkt. Diese Parlaments- und Wehrpflichtarmee verteidigte – wie es im Gelöbnis hieß – »das Recht und die Freiheit des deutschen Volkes«, ohne dabei Anleihen bei einem Ehrdiskurs zu machen, der die Grenzen zwischen den politischen Systemen verwischte.[60] Aber selbst die Bundeswehr allein wäre ein schwacher Resonanzboden für Dreggers Wiederbelebungsversuch gewesen, weil von den westdeutschen Streitkräften und deren Führungskader keine diskursprägenden Initiativen ausgingen.[61]

57 Vgl. Ewald Frie: Preußische Identitäten im Wandel (1760–1870), in: Historische Zeitschrift 272 (2001), S. 353–375; Rojek: Versunkene Hoffnungen, S. 270–274.

58 Herbert Lilge: Ärmer nach Dreggers Weggang, in: Fuldaer Zeitung, 20.11.1982; Norbert A. Sklorz: Wertkonservativer aus Überzeugung, in: Bonner Rundschau, 10.12.1990.

59 »Was hätte ich denn tun sollen? Sollte ich mich verbiegen? Sollte ich ein Neutrum werden? Das wichtigste, was ich sein muß: Ich muß bleiben, wer ich bin!«, so Dregger in der Sitzung der CDU/CSU-Bundestagsfraktion vom 06.12.1988, ACDP, 08-001-1098/1, S. 71 des Wortprotokolls.

60 Hierzu u.a. schon Donald Abenheim: Bundeswehr und Tradition. Die Suche nach dem gültigen Erbe des deutschen Soldaten. München 1989; Ulrich Schlie: Bundeswehr und Tradition, in: Eberhard Birk/Winfried Heinemann/Sven Lange (Hg.): Tradition für die Bundeswehr. Neue Aspekte einer alten Debatte. Berlin 2012, S. 11ff.

61 Hierzu jetzt die Pionierstudie von Neitzel: Deutsche Krieger, vor allem S. 249–265.

Hinzu kam, dass der soldatische Ehrbegriff ausgesprochen männlich konnotiert war, was seine Anziehungskraft deutlich verringern musste in einer Zeit, in der Frauen verstärkt nach Diskursteilhabe drängten. Möglicherweise hätte Dregger das Soldatentum aufwerten können, wenn er versucht hätte, über den militärischen Widerstand gegen Hitler eine Brücke zu soldatischen Tugenden zu schlagen. Doch dazu war er ausdrücklich nicht bereit, weil er dann einen Unterschied innerhalb des Militärs hätte machen müssen zwischen den nicht zuletzt aus dem Generalstab stammenden Widerständlern, die den Diktator beseitigen wollten, auch wenn dies die Kampfkraft der Wehrmacht geschwächt hätte, und jenen, die bis zum bitteren Ende dem Obersten Befehlshaber der Wehrmacht die Treue hielten. Dregger ebnete die Unterschiede zwischen beiden Verhaltensmustern ein, indem er die Kategorie des Tragischen bemühte und auf diese Weise die im Krieg Gefallenen wie seinen Bruder strukturell mit den Opfern des Widerstands gleichsetzte: »Von den tragischen Verstrickungen unserer Geschichte sind die meisten Opfer des Widerstandes gewiß nicht freier als z. B. mein Bruder, der 1944 als 18jähriger an der Ostfront vermißt blieb?«[62] Dreggers eher seltene Würdigungen führender Militärs des 20. Juli blieben daher blutleer und floskelhaft; zu Stauffenberg fiel ihm nur ein, dass er mit seiner Tat »ein politisches und moralisches Zeichen«[63] gesetzt habe. Auffällig ist auch seine Verwendung des Begriffs der »Verstrickungen«, ein beliebtes Wort, das auch Weizsäcker und etliche andere bemühten, um die konkrete Verantwortung individueller Personen in einer allgemeinen Tragik untergehen zu lassen, zumal wenn es um Kollektivakteure wie »die Deutschen« oder »die Soldaten« ging. Auch andere in diesem Entschuldungsdiskurs beliebte Vokabeln wie »Verführung« oder »Missbrauch« wiesen in die gleiche Richtung einer übermächtig tragischen Geschichte, die schlicht alles umgriff und in der jede Schuld unsichtbar wurde.[64]

Dreggers Einsatz für die »Ehre« der Wehrmachtssoldaten war für ihn bis zum November 1991 ein Nebenstrang geblieben, weil er sich als Fraktionsvorsitzender auf andere Themen konzentrieren musste. Doch sein Ausscheiden aus dem Amt veränderte diese Gewichtung grundlegend, und Dregger fand in dem Streiten für die Wehrmacht das alles überragende Thema für die letzten Jahre seiner parlamentarischen Tätigkeit. Dass er sich förmlich darin verbiss, hing nicht zuletzt

---

62 Kolumne Dreggers für die »Nordsee-Zeitung«, in: Pressedienst der CDU/CSU-Fraktion im Deutschen Bundestag, 09.05.1986, ACDP, PA-P1-1068.

63 So Dregger im »Deutschland Union Dienst, Nr. 216, 12.11.1987, ebd.

64 Vgl. zur Semantik tragischer Verstrickungen Wirsching: Primärerfahrung, S. 123 f.

mit seiner Vita zusammen: Dregger wähnte sich als der letzte politische Vertreter einer Generation, die den Weltkrieg als Offizier der Wehrmacht mitgemacht hatte und deren Andenken, so seine Wahrnehmung, von geschichtsvergessenen Kräften beschädigt wurde. Systematisch aufschlussreich ist Dreggers Versuch der Rehabilitierung der Wehrmacht vor allem deswegen, weil er die Grenzen des Sagbaren in seinem Sinne zu markieren suchte. Seine Reaktivierung soldatischer Ehrvorstellung hatte jedoch schon 1985/86 wenig Anklang gefunden, und zehn Jahre später war mehr als deutlich, dass auch das Konzept der »Kameradschaft« keine semantische Schützenhilfe mehr leisten konnte. Dregger focht einen einsamen Kampf, da sein Appell an den Kameradschaftsdiskus selbst bei denjenigen nicht verfing, die wie er viele Jahre lang im Range eines Wehrmachtsoffiziers Uniform getragen hatten. Dieser Diskurs taugte nicht mehr dazu, dass sich die ehemaligen Offiziere der Wehrmacht als Teil einer Schicksalsgemeinschaft wähnten, die gegen alle vermeintlichen Anfeindungen zusammenhalten und die Reihen fest schließen mussten.

Dies lässt sich am besten am Verhalten des zwei Jahre älteren Helmut Schmidt ablesen. Als Offizier der Luftwaffe hatte er in der Wehrmacht bei einer leichten Flakabteilung an der Ostfront gedient und dort die Kameradschaft schätzen gelernt. Allerdings hatte Schmidt die in der Kameradschaft enthaltene Solidaritätsverpflichtung politisch so ausgelegt, dass sie ihm den Anschluss an die ihm bis dahin eher fremde Sozialdemokratie erleichterte. Insofern ist Schmidts politischer Lebensweg auch ein Beispiel dafür, dass Kameradschaft als soldatische Tugend das Ankommen in der Demokratie und das politische Engagement für diese erleichtern konnte. Im Rückblick schrieb er 1968: »Der Maxime der Kameradschaft liegt – und das entdecke ich mit vielen meiner Kameraden gemeinsam – die gleiche sittliche Grundhaltung im Verhältnis zu anderen zugrunde wie dem Solidaritätsprinzip der Sozialisten.«[65] Diese Aussage deckt sich mit seinen Notizen aus dem Jahr 1945 und belegt, dass der Hamburger vom Kameradschaftsdiskurs aus Zugänge zu Grundwerten der Sozialdemokratie wie Solidarität und Brüderlichkeit fand.[66]

Parteipolitisch konnten ehemalige Wehrmachtsoffiziere mit der Kameradschaft im ideellen Tornister also unterschiedliche Wege einschlagen. Kameradschaft hatte sich aus ihrer Einbettung in militärische Sozialisationsformen gelöst

65 Helmut Schmidt: Die Kriegsgeneration. Mein Weg zur Sozialdemokratie (1968), in: ders.: Pflicht zur Menschlichkeit. Beiträge zu Politik, Wirtschaft und Kultur. Düsseldorf 1981, S. 251 – 263, hier S. 258.

66 Vgl. Soell: Helmut Schmidt. 1918 – 1969, vor allem S. 153 – 162.

und war zu einer Solidaritätsverpflichtung allgemeiner Art gereift. Sie konnte nicht mehr automatisch mit soldatischen Ehrvorstellungen verbunden werden. »Kameradschaftsehre« war damit eine exklusive Offerte, die selbst für die Generation ehemaliger Wehrmachtsoffiziere nicht umstandslos galt, wie das Werben Dreggers um die Zustimmung Schmidts zu seinem Feldzug für die Kollektivehre der Wehrmacht offenbarte. Im Jahr 1999 führten die beiden alten Herren einen von Dregger ausgehenden brieflichen Austausch, in dem Dregger den ehemaligen Wehrmachtsleutnant Schmidt davon zu überzeugen versuchte, dieser habe sich »als Vertreter einer beleidigten Generation … für die Ehre unserer Kameraden einzusetzen«.[67] Schmidt wies Dreggers Ansinnen kühl zurück, weil für ihn Kameradschaft keinen kulturellen Code bildete, der das individuelle Handeln der Wehrmachtsoldaten einebnete und der Wehrmacht in toto eine Ehrbescheinigung ausstellte, die als Generalklausel alle von ihren Angehörigen begangenen Verfehlungen und Verbrechen deckte: »Genau wie es keine kollektive Schuld und keine kollektive Unschuld gibt, so kann es auch weder eine kollektive Ehre von 18 Millionen deutschen Soldaten geben noch deren kollektive Schande.«[68]

Gerade solche Ablehnung von Generationenangehörigen trug dazu bei, dass sich Dregger immer mehr in die Rolle des einzig noch verbliebenen Sprechers einer mundtot gemachten Generation hineinsteigerte. Damit aber verengte er sein politisches Profil und leitete Wasser auf die Mühlen derjenigen, die in ihm schon immer einen verkappten Nationalisten erblickt hatten. Bis in die frühen 1990er Jahre hatte Dregger seine Kriegserfahrung nur gelegentlich öffentlich angesprochen und dies meist mit dem Hinweis verknüpft, dass er daraus die Lehre für sich abgeleitet habe, für die Verständigung zwischen den Völkern einzutreten.[69] Damit sorgte er für eine kommunikative Anschlussfähigkeit, da die Mahnung zur Versöhnung eine Botschaft darstellte, die über die Kriegserlebnisgeneration hinaus auch an die Angehörigen der nachfolgenden Generationen vermittelbar war. Frieden, Verständigung, Annäherung und Aussöhnung waren kommunikative Codes, deren Gebrauch nicht davon abhing, selbst Krieg und Völkerhass erlebt zu haben. Zudem durchdrangen sie die (außen-)politische Sprache und Symbolik der Bundesrepublik im normativen Sinne und markierten so als Prozessbegriffe eine politische Daueraufgabe, die es immer wieder zu erfüllen gelte. Gerade

67 Zitiert bei Karlauf: Schmidt, S. 311.

68 Schreiben Schmidts an Dregger, 24.08.1999, ACDP, 01-347-141/2.

69 Vgl. Dreggers Rede im Bundestag vom 07.06.1984, in der er darauf verwies, dass er »im Mai 1940 als junger Gefreiter […] in Frankreich einmarschiert« sei; Verhandlungen des Deutschen Bundestags, Stenographische Berichte, 10. Wahlperiode, S. 5352 f.

hierin lag die Zukunftsfähigkeit einer politischen Sprache, die auf Verständigung und Versöhnung setzte.[70] Anders verhielt es sich mit einem genuin soldatischen Ehrbegriff. Er trocknete in dem Maße aus, in dem er nicht mehr lebensweltlich erneuert werden konnte. In der bundesdeutschen Politik, Wirtschaft und Gesellschaft besaßen Ehrvorstellungen seit den 1960er Jahren keinen herausragenden Platz mehr. Sie blieben marginalisiert, und wenn sie gelegentlich zur Verbürgung der Integrität eigenen Handelns reaktiviert wurden, blieb dies ohne nachhaltige Folgen. Im Falle des berüchtigten Ehrenworts des schleswig-holsteinischen Ministerpräsidenten Uwe Barschel am 18. September 1987 trug diese Mobilisierung der dem Berufsstand des Politikers geschuldeten Ehre eher dazu bei, eine ohnehin angeschlagene Berufsgruppe noch mehr in Misskredit zu bringen, weil Barschel seine »Ehre« zur Deckung von Unwahrhaftigkeiten eingesetzt hatte.[71]

Vor allem wurden Ehrvorstellungen dort nicht mehr gepflegt, wo sie noch bis in die 1950er Jahre hinein einen unerschütterlichen Stellenwert besessen hatten: im Militär. Die Bundesrepublik Deutschland verzichtete darauf, Weltkriegsteilnehmer zu »ehren« und ihnen einen festen Platz im kommunikativen Gedächtnis zuzuweisen; hier zeigte sich ein deutlicher Unterschied zu den in Siegerstaaten wie Großbritannien gepflegten Erinnerungsdiskursen.[72] Soldatische Traditionspflege wurde in private Zirkel ausgelagert und fand keinen Eingang mehr in öffentliches Gedenken, sei es auf kommunaler oder gesamtstaatlicher Ebene.[73] Und auch die Bundeswehr machte sich im öffentlichen Raum rar; wagte sie sich – etwa bei Gelöbnissen von Wehrpflichtigen – aus den Kasernen, empfing sie nicht nur gelegentlich ein Schwall von Beschimpfungen und sogar gewalttätige Attacken wie im Mai 1980 im Bremer Weserstadion, wo Sicherheitskräfte die Kontrolle über gewalttätige Gegner dieses Gelöbnisses verloren.[74]

Doch entscheidend dafür, dass die Bundeswehr kein Auffangbecken für traditionelle militärische Ehrvorstellungen wurde, war eine gründliche Zivilisierung der politischen Kultur auch und gerade in den Reihen der bundesdeutschen Streitkräfte. Die erste Generation von Bundeswehroffizieren hatte im Zweiten

70 Vgl. zu den Konjunkturen dieser Begriffe Corine Defrance/Ulrich Pfeil: Verständigung und Versöhnung. Eine Herausforderung für Deutschland nach 1945, in: dies. (Hg.): Verständigung und Versöhnung nach dem »Zivilisationsbruch«? Deutschland und Europa nach 1945. Brüssel u. a. 2016, S. 13–56.

71 Generell zur Marginalisierung des Ehrdiskurses in der Bundesrepublik Speitkamp: Ohrfeige, S. 221–229.

72 Vgl. Vogt: Logik der Ehre, S. 287.

73 Vgl. Manig: Politik der Ehre, S. 601 f.

74 Siehe Neitzel: Deutsche Krieger, S. 351.

Weltkrieg aktive Kampfeinsätze durchgeführt und die damals gültigen soldatischen Ehrvorstellungen internalisiert. In der neuen Bundeswehr fanden diese Vorstellungen jedoch keinen fruchtbaren Boden, da für die neue Armee das Leitbild des »Bürgers in Uniform« gelten und sie ein getreues Abbild des Gesellschafts- und Wertewandels darstellen sollte. Insofern gelang es dieser ersten Kohorte von Bundeswehroffizieren nur bedingt, ihren Ehrenkodex auf eine in der Bundesrepublik sozialisierte Nachfolgegeneration zu transferieren.[75] Dem Soldaten der Bundeswehr – ob Wehrpflichtigem, Zeitsoldat oder Berufssoldat – blieb der Ehrdiskurs fremd; er eignete sich nur noch als Vergemeinschaftungsprojekt der Generation Dregger.

In einer seiner rar gewordenen Bundestagsreden bekannte sich Dregger im November 1994 ausdrücklich zum selbstverliehenen Generationenauftrag: »Als Vertreter der Kriegsgeneration, die auch die Generation war, die Deutschland nach dem Krieg wiederaufgebaut hat, möchte ich sagen: Niemand hat das Recht, den deutschen Soldaten des Zweiten Weltkriegs pauschal die Ehre abzusprechen.«[76] Zugleich setzte er bei dieser Gelegenheit Akzente, die verdeutlichen, dass er mit seinem Ehrdiskurs Anschluss an andere Diskurse suchte, die nicht auf seine Generation beschränkt waren. Immer stärker schälte sich heraus, dass sein Streiten für die Ehre der Wehrmachtssoldaten von ihm als Dienst für die nationale Sache empfunden wurde. Dregger glaubte nur eine »selbstbewußte Nation«, die mit sich im Reinen war, für die Herausforderungen der Zukunft gerüstet: »Mir geht es […] nicht um die Vergangenheit, sondern um die Zukunft unseres Volkes. Denn kein Volk erträgt es, immer nur an den dunklen Seiten seiner Geschichte gemessen zu werden.«[77] In solchen Formulierungen offenbarte sich einmal mehr Dreggers Verständnis der Nation als eines Gefühlsraumes, in der »die deutsche Geschichte« dazu diente, emotionale Bedürfnisse zu befriedigen.

Eine Revision des Geschichtsbilds strebte Dregger indes nicht an; ihm ging es nicht darum, dass das wiedervereinigte Deutschland machtstrotzend nach außen auftrumpfen konnte. Er war und blieb ein überzeugter Europäer – aber gerade deswegen wollte er den vermeintlichen Entwicklungsrückstand Deutschlands zu selbstbewussten Nationalstaaten wie Frankreich und Großbritannien aufholen, die sich zu den glorreichen Momenten ihrer Geschichte affirmativ verhielten und

75 Vgl. Rudolf Josef Schlaffer: Nach der Wehrmacht: Ritterlichkeit, Ehre und Pflicht – Tugenden für die Bundeswehr?, in: Ludwig/Pöhlmann/Zimmermann (Hg.): Ehre und Pflichterfüllung, S. 95–107.

76 Bundestagsrede Dreggers vom 23.11.1994, Verhandlungen des Deutschen Bundestags, Stenographische Berichte, 13. Wahlperiode, S. 107.

77 Ebd.

auch militärische Leistungen entsprechend würdigten. Im Kern kam es Dregger darauf an, dass das wiedervereinigte Deutschland mit der eigenen Geschichte ebenso unbefangen umging wie seine Nachbarn. Mit den Worten der Historikerin Brigitte Seebacher-Brandt wird man diese Haltung so einstufen können: »Normalität heißt, sein wie andere sind, andere Demokratien, die auf je eigene Weise zu Normalität haben finden müssen.«[78]

Dregger suchte so etwas wie einen Normalwert im Umgang mit der Nation zu bestimmen, der sich daraus ergeben sollte, dass sich Deutschland an Nationalstaaten mit ungebrochener nationaler Traditionspflege orientierte. Der Diskurstheoretiker Jürgen Link hat hierfür ein überaus anschlussfähiges methodisches Konzept vorgelegt, das er als »flexiblen Normalismus« bezeichnet. Dabei handelt es sich um deutungskulturelle Anstrengungen auch auf dem Feld der Politik, das Normale als »Durchschnitt des Politischen«[79] zu bestimmen. Wem es gelingt, seine Lesart von politischer Normalität erfolgreich zu verbreiten, erlangt eine strategisch bedeutsame Diskurshoheit. In politischer Hinsicht zählt insbesondere das Verhältnis zwischen Nationalstaat und Normalität zu den Kampfzonen deutungskultureller Anstrengungen.[80] Angesichts des Verlaufs der deutschen Nationalgeschichte lautet die zentrale Frage: Lag dem deutschen Nationalstaat ein »Normalnationalismus« zugrunde, der dazu berechtigt, diesen Staat auf einer Ebene mit Frankreich und Großbritannien anzusiedeln? Oder hat die deutsche Nationalgeschichte derart extreme nationalistische Ausschläge zu verzeichnen – mit dem Nationalsozialismus als Höhepunkt –, dass sich daraus ein qualitativ anderer Umgang mit der eigenen Nation als politischer Auftrag ergibt?

Die erste Frage hat Dregger mit einem klaren Ja, die Anschlussfrage mit einem ebenso deutlichen Nein beantwortet. Er wollte die deutsche Geschichte durch einen Normalismusdiskurs heilen, indem er sie nicht an den Untaten Hitlers maß. Der nicht durch nationale Selbstzweifel angekränkelte Umgang der Briten und Franzosen mit der eigenen Geschichte war der für ihn erstrebenswerte Maßstab, nicht die betont skrupulöse Herangehensweise, mit der Deutschland sich international isoliere und einen Sonderweg einschlage. Dregger bediente sich dabei eines Argumentationsmusters, das auch linksliberale Historiker als Grundlage einer Meistererzählung der deutschen Geschichte bis in die 1980er Jahre hinein verbrei-

---

78 Brigitte Seebacher-Brandt: Norm und Normalität, in: Heimo Schwilk/Ulrich Schacht (Hg.): Die selbstbewußte Nation. Frankfurt/Berlin 1994, S. 43–56, Zitat S. 56.

79 Jürgen Link: Versuch über den Normalismus. Wie Normalität produziert wird. Göttingen 2006, S. 423.

80 Vgl. ebd., vor allem S. 18–23 und 448–450.

tet hatten. Zu messen hatte sich die deutsche Geschichte demnach an einem idealisierten Modernisierungsparadigma, das als westlicher Normalweg ausgegeben wurde. Die Abweichung der deutschen Nationalgeschichte von diesem westlichen Tugendpfad galt wiederum als wichtigste strukturelle Ursache für die Herrschaft des Nationalsozialismus.[81] Auch wenn Dregger in inhaltlicher Hinsicht den normativ aufgeladenen Standpunkt der Sonderwegshistoriker nicht teilte, übernahm er doch deren Prämisse, dass Deutschland von einem vermeintlichen Normalweg abgekommen sei. Sonderwegshistoriker und Dregger griffen so gleichermaßen zu einem Normalismusnarrativ, dem der feine Blick für Ambivalenzen fehlte und das eine deutsche Geschichte aus einem Guss darbieten sollte.

Ohne dass sich Dregger diesen Begriff expressis verbis zu eigen machte, wird man mithin davon sprechen können, dass er mit seiner Geschichtspolitik das Ende eines »deutschen Sonderwegs«[82] bewirken wollte, der sich in seinen Augen durch Büßertum und demonstrative Schuldbeladenheit auszeichnete. Dregger berief sich dabei ausdrücklich auf ausländische Staatsmänner und Intellektuelle, wenn er sich dafür stark machte, eine vermeintlich selbstquälerische Vergangenheitsbewältigung zu beenden. In seiner Bundestagsrede vom 23. November 1994 rief er den russischen Präsidenten Jelzin und den französischen Historiker Rovan in den Zeugenstand dafür, dass das deutsche Volk sich seiner Vergangenheit nicht zu schämen brauche.[83]

Das Hauptfeld der politischen Betätigung Dreggers lag somit spätestens seit 1994 darin, ein »politisches Normalitäts-Dispositiv«[84] zu errichten: Er wollte die öffentlichen Debatten über den deutschen Nationalstaat in der Weise beeinflussen, dass die Wehrmacht nicht als Teil des Sonderwegs, sondern als Teil der »Normalitätsgeschichte« Deutschlands angesehen wurde. Und das sollte sich auch in korrespondierenden symbolischen Praktiken niederschlagen. Wir können bereits an dieser Stelle konstatieren, dass Dregger diesen Normalismusdiskurs nicht zu seinen Gunsten entscheiden konnte. Er musste hinnehmen, dass seine Lesart der deutschen Nationalgeschichte zunehmend randständig wurde und sich nicht mehr als Normalitätsreferenz eignete. Dies führte dazu, dass er,

---

81 Vgl. nur Thomas Welskopp: Identität *ex negativo*. Der »deutsche Sonderweg« als Metaerzählung in der bundesdeutschen Geschichtswissenschaft der siebziger und achtziger Jahre, in: Konrad H. Jarausch/Martin Sabrow (Hg.): Die historische Meistererzählung. Göttingen 2002, S. 109 – 139.

82 So dezidiert Heimo Schwilk/Ulrich Schacht: Einleitung, in: dies. (Hg.): Die selbstbewußte Nation. Frankfurt/Main, Berlin 1994, S. 11 – 17, Zitat S. 17.

83 Bundestagrede Dreggers vom 23.11.1994, Verhandlungen des Deutschen Bundestags, Stenographische Berichte, 13. Wahlperiode, S. 107.

84 Link: Versuch über den Normalismus, S. 423.

zunehmend in die Defensive gedrängt, in eine agonale Subjektposition einrückte und sich immer mehr auf die Position eines Ehrenretters der Wehrmacht versteifte. Diese monothematische Fixierung[85] ist letztlich biographisch zu erklären: Der letzte Vertreter der Wehrmachtsgeneration im Deutschen Bundestag war bestrebt, seine eigene Biographie vor der Geschichte zu rechtfertigen, indem er sich zum Sprachrohr der Frontsoldatengeneration des Zweiten Weltkriegs erhob.

Solche Normalisierungsversuche hatten mit demselben Problem zu kämpfen, das Sonderwegsdebatten generell auszeichnete. Welches Verhältnis zur eigenen Geschichte konnte als »normal«, welches als Abweichung gelten? Musste nicht der postulierte Normalweg angesichts der Vielfalt historischer Entwicklungsstränge der deutschen Geschichte immer Fiktion bleiben? Und welche militärischen Ereignisse – zumal in Deutschland – sollten es denn wert sein, affirmativ erinnert zu werden? Der Zweite Weltkrieg und der Holocaust jedenfalls kamen hierfür nicht in Frage. Die zivilen Werte und der Liberalisierungsprozess nach 1945 erlaubten eine positive Erinnerung an vermeintlich militärische Glanztaten allein noch im Medium dekontextualisierender Landserliteratur.[86] Damit aber mussten Dreggers Versuche, die Erinnerung an den Zweiten Weltkrieg so zu zerlegen, dass ein Teil der Lebensgeschichte der Frontsoldaten in das kulturelle Gedächtnis des geeinten Deutschland einfließen konnte, auf natürliche generationelle Grenzen stoßen. Rang er mit »dem enormen Druck der Geschichte, der angeblich auf dieser Generation lastet«[87], erschien das als ein Sonderanliegen, das auch in den Reihen seiner politischen Gesinnungsgemeinschaft zunehmend als Auslaufmodell betrachtet wurde.

Mit seiner Haltung sah sich Dregger in der eigenen Partei zunehmend isoliert. Das zeigte sich etwa an einer geschichtspolitischen Aktion, die im Vorfeld des 50. Jahrestags des Weltkriegsendes in Europa gestartet wurde. Von dem FDP-Mitglied, promovierten Historiker und Publizisten Rainer Zitelmann[88] initiiert, fanden sich in ihr zum einen jene konservativen und nationalliberalen Stimmen aus FDP, CSU und CDU zusammen, welche die Reduzierung des 8. Mai auf den Tag der »Befreiung« als eine unerträgliche Verengung des Geschichtsbildes

---

85 Dazu auch Weirich: Dregger, S. 291.

86 Vgl. Matías Martínez: Der trivialisierte Krieg. Die »Landser«-Hefte zwischen Erlebnisbericht und Schemaliteratur, in: Jens Westemeier (Hg.): »So war der deutsche Landser …«. Das populäre Bild der Wehrmacht. Paderborn 2019, S. 101–122; Gerhard Wiechmann: »Blaue Jungs« als »Landser« zur See – Autostereotype und Feindbilder in Marine-Heftchen 1953 bis 2013, in: ebd., S. 247–266.

87 So die Beobachtung des Historikers Fritz Stern, in: ders./Joschka Fischer: Gegen den Strom. Ein Gespräch über Geschichte und Politik. München 2013, S. 132.

88 Dazu vgl. Rainer Zitelmann: Wenn du nicht mehr brennst, starte neu. München 2017, S. 123–125.

ansahen, weil in ihr die Vertreibung und Unterwerfung Ostmitteleuropas unter sowjetische Herrschaft keinen Platz mehr fänden. Zum anderen schwang in dem von Zitelmann verfassten Aufruf »8. Mai 1945 – Gegen das Vergessen« die Auffassung mit, dass sich Deutschland ein Geschichtsbild zu eigen machen müsse, das der europäischen Norm entspreche, nicht zu selbstkritisch mit der eigenen Vergangenheit umzugehen. Das bisherige Geschichtsbild »kann nicht Grundlage für das Selbstverständnis einer selbstbewußten Nation sein, die wir Deutsche in der europäischen Völkerfamilie werden müssen«.[89] Unter den aktiven Politikern war der von der CSU kommende Bundesminister für wirtschaftliche Zusammenarbeit und Entwicklung, Carl-Dieter Spranger, der ranghöchste; Dregger konnte für sich in Anspruch nehmen, einst das unter den Unterzeichnern wichtigste politische Amt ausgeübt zu haben; und auch der ehemalige Bundesverteidigungsminister Hans Apel, ein Sozialdemokrat durch und durch, hatte den Erstaufruf unterzeichnet. Der Aufruf lag ganz auf der Linie, die Dregger vertrat. Er hatte bekanntlich bereits zehn Jahre zuvor eine Gegenposition zu dem Narrativ eingenommen, das der damalige Bundespräsident Weizsäcker durch seine Rede zum 8. Mai verbreitet hatte. Insofern konnte es nicht verwundern, dass der Ehrenvorsitzende der CDU/CSU-Fraktion seine Unterschrift unter den Aufruf als Ausdruck innerster Überzeugung verstand und sich auch öffentlich dazu bekannte.[90]

Auch einen acht Monate danach veranstalteten Empfang aus Anlass seines 75. Geburtstags nutzte Dregger dazu, einen anderen Umgang mit dem 8. Mai anzumahnen und dabei den französischen Staatspräsidenten Mitterrand als Kronzeugen zu bemühen. Mitterand hatte in seiner Ansprache in Berlin am 8. Mai 1995 ausdrücklich betont, dass die Wehrmachtssoldaten zwar für eine schlechte Sache gekämpft hätten, aber ihre Tapferkeit und ihre Vaterlandsliebe davon unberührt geblieben seien.[91] Indem er sich auf diese Äußerung des französischen Präsidenten bezog, konnte Dregger in Zusammenhang mit dem 50 Jahrestags des Kriegsendes den politischen Bogen zur Wehrmacht schlagen. In geschichtspolitischer Hinsicht verstand er sich inzwischen ganz als Anwalt der Wehrmacht, deren Ehre er gekränkt sah, wenn man sie in die Nähe zum NS-Regime rückte.

Bereits früher hatte Dregger immer wieder durchblicken lassen, dass aus seiner Sicht die Wehrmacht von ihrem obersten Befehlshaber Hitler zu trennen war.

---

89 Aufruf »8. Mai 1945 – Gegen das Vergessen«, in: FAZ, 07.04.1995, S. 3.

90 Vgl. Dreggers Pressemitteilung vom 03.05.1995, ACDP, 01-347-195/5 sowie ein Schreiben Dreggers an den »Rheinischen Merkur«, 14.12.1995, ACDP, 01-347-092/2.

91 Rede Dreggers zu seinem Geburtstagsempfang am 17.01.1996 im Palais Schaumburg, ACDP, 01-347-092/2, S. 9 des Redemanuskripts.

Ab dem Frühjahr 1995 dominierte bei ihm diese Deutung, und er unterfütterte die von ihm proklamierte Lauterkeit der Wehrmachtssoldaten mit der Behauptung, dass der Krieg, den sie zu führen gehabt hätten, kein Vernichtungskrieg gewesen sei. Auf der baden-württembergischen Landesvertreterversammlung des Verbandes Deutscher Soldaten in Heilbronn trug er am 25. März 1995[92] erstmals öffentlich ein in sich geschlossenes Narrativ über den Weltkrieg vor, das sich aus folgenden Kernargumenten speiste: Die »schrecklichen Verbrechen«, insbesondere die »Ausrottungsmorde an den europäischen Juden«, seien das Werk Hitlers und seiner Helfershelfer gewesen. Die meisten Deutschen sowie die »große Masse der deutschen Soldaten« hätten daran keinen Anteil gehabt. Dreggers Argumentation beruhte also darauf, Hitlers Vernichtungskrieg analytisch von der Funktion der Wehrmacht zu entkoppeln und der überwältigenden Mehrheit der Wehrmachtssoldaten zu bescheinigen, seit der Forderung der Alliierten nach »bedingungsloser Unterwerfung« auch einen Krieg zur Verteidigung Deutschlands geführt zu haben: »Wir haben nicht an den Fronten gekämpft, um das Vernichtungswerk dahinter zu ermöglichen.«

Diese Stellungnahme war zwar auch eine autobiographische Glättung seiner Vita. Immerhin ließ sich dem eigenen Fronteinsatz nur dann Sinn zusprechen, wenn man ausblendete, dass Hitler sein Vernichtungswerk allein aufgrund der militärischen Erfolge der Wehrmacht in Gang setzen konnte. Aber Dregger ging es um mehr, er traf damit eine dezidiert geschichtspolitische Aussage: Das wiedervereinigte Deutschland brauchte, so seine feste Überzeugung, wie andere selbstbewusste Nationen ein ungebrocheneres Verhältnis zur eigenen Geschichte und auch zur Militärgeschichte und musste daher auch die Soldaten des Zweiten Weltkriegs zumindest als Opfer in eine neue nationale Erzählung integrieren. Allerdings gebrauchte Dregger dabei Signalworte, die einer sich formierenden »Neuen Rechten« als willkommene Anknüpfungspunkte dienten, um ihn für ihr viel weitergehendes Anliegen in Beschlag zu nehmen. Sprach Dregger von der »zynischen Einseitigkeit unserer Nationalmasochisten«[93], lieferte er genau diesen Kreisen ein wohlfeiles Stichwort. Es verwundert daher nicht, dass die weit rechts stehende »Junge Freiheit«, das publizistische Sprachrohr der »Neuen Rechten«, just diesen Passus herauspickte und als Überschrift über Auszüge aus der Rede Dreggers setzte.[94]

92 Dreggers Rede wurde noch im März 1995 als Eigendruck der CDU/CSU-Fraktion mit dem Titel »Der ganzen Wahrheit ins Auge sehen. Rede Dr. Alfred Dregger« herausgebracht, Fundort: ACDP, 01-347-122/3; die folgenden Zitate aus dieser Rede ebd., S. 5.

93 Ebd., S. 4.

94 Alfred Dregger: Gegen die zynische Einseitigkeit der Nationalmasochisten. Dilemma der Frontsoldaten, in: Junge Freiheit, Jg. 10, Nr. 15, 14.04.1995, S. 2.

Dregger hatte mit »Nationalmasochismus« einen Begriff verwendet, den die rechte Szene begierig aufgriff, um an den vom Ehrenvorsitzenden der CDU/CSU-Fraktion angestoßenen Diskurs anzuknüpfen und ihn in ihrem Sinne zu instrumentalisieren. »Nationalmasochismus« war ein Wort, das Armin Mohler, einer der zentralen rechtsintellektuellen Netzwerker, schon in den 1960er Jahren eingeführt hatte,[95] um einen selbstkritischen Umgang mit der eigenen Geschichte zu pathologisieren.

Dregger fand sich damit in einer Gesellschaft wieder, die er sich nicht ausgesucht hatte, der er aber mit seinen Begrifflichkeiten Gelegenheit gab, sich auf ihn als Gewährsmann zu beziehen. Es war kein Zufall, dass das Zentralorgan der »Neuen Rechten«,[96] die »Junge Freiheit«, Dregger für sich in Anspruch zu nehmen suchte. 1986 als inoffizielles Organ der Jugendorganisation der rechten »Freiheitlichen Volkspartei«, einer Abspaltung der »Republikaner«,[97] gegründet, stand die Zeitung in den folgenden Jahren den »Republikanern« nahe und versuchte stets, sich an die Rechtspartei anzulehnen, die den Anschluss ans bürgerliche Lager zu ermöglichen schien. Bis Mitte der 1990er Jahre etablierte sich das Blatt trotz permanenter Finanzprobleme als Wochenzeitung am rechten Rand[98] und suchte von dort verstärkt seit 1994 »die Anschlussfähigkeit zum konservativen und nationalliberalen Bereich«.[99] Der Begriff »Konservatismus« wurde dabei

95 Vgl. zur Genese des Begriffs »Nationalmasochismus« Steber: Hüter der Begriffe, S. 294 f.; zur Rolle Mohlers Axel Schildt: Armin Mohler und die konservativen Revolutionäre, in: Jörg Später/Thomas Zimmer (Hg.): Lebensläufe im 20. Jahrhundert. Göttingen 2019, S. 187–204; Volker Weiß: Die autoritäre Revolte. Die Neue Rechte und der Untergang des Abendlandes. Stuttgart 2017, S. 39–63.

96 Vgl. allg. zu den wiederkehrenden Diagnosen einer ›Neuen Rechten‹ Martin Langebach/Jan Raabe: Die ›Neue Rechte‹ in der Bundesrepublik Deutschland, in: Fabian Virchow/Martin Langebach/Alexander Häusler (Hg.): Handbuch Rechtsextremismus. Wiesbaden 2016, S. 561–592.

97 Vgl. zu dieser Partei und ihren Kontexten Bajohr: Von Remer zu Schönhuber, bes. S. 66–70; Angelika Königseder: Rechtsextreme Parteien und Organisationen in Deutschland. Ein Überblick, in: Wolfgang Benz (Hg.): Auf dem Weg zum Bürgerkrieg? Rechtsextremismus und Gewalt gegen Fremde in Deutschland. Frankfurt/Main 2001, S. 118–133, hier bes. S. 124–128; Steffen Kailitz: Die Republikaner (REP), in: Frank Decker/Viola Neu (Hg.): Handbuch der deutschen Parteien. 3., erw. und aktual. Aufl. Wiesbaden 2018, S. 454–461.

98 Britta Schellenberg: Junge Freiheit, in: Wolfgang Benz (Hg.): Handbuch des Antisemitismus. Judenfeindschaft in Geschichte und Gegenwart, Bd. 6. Berlin, Boston 2013, S. 387–389; Helmut Kellershohn: Kurzchronologie der »Jungen Freiheit« 1986 bis 2006, in: Stephan Braun/Ute Vogt (Hg.): Die Wochenzeitung »Junge Freiheit«. Kritische Analysen zu Programmatik, Inhalten, Autoren und Kunden. Wiesbaden 2007, S. 43–56; Klaus Kornexl: Das Weltbild der Intellektuellen Rechten in der Bundesrepublik Deutschland. Dargestellt am Beispiel der Wochenzeitschrift Junge Freiheit (Beiträge zur Politikwissenschaft Bd. 9). München 2008, S. 57–65.

99 Stephan Braun/Alexander Geisler/Martin Gerster: Die »Junge Freiheit« der »Neuen Rechten«. Bundes- und landespolitische Perspektiven zur »Jungen Freiheit« und den Medien der »Neuen Rechten«, in: Braun/Vogt (Hg.): Wochenzeitung »Junge Freiheit«, S. 15–41; Stephan Braun/Ute

so weit ausgedehnt, dass hierunter auch die NPD, die Republikaner und andere rechte Parteien oder Personen fielen.[100]

Indem Dregger von der »Jungen Freiheit« als Kronzeuge für einen geschichtspolitischen Revisionismus in Anspruch genommen wurde, stieß er in den eigenen Reihen zunehmend auf Skepsis. Schwerer wog für die CDU-Führung aber der Umstand, dass Dregger mit seinem geschichtspolitischen Einsatz eine parteipolitische Konkurrenz bediente, die im Unterschied zu den »Republikanern« nicht als reine Rechtspartei zu verorten war und daher für die Union eine gewisse Konkurrenz darstellte: den »Bund Freier Bürger«. 1994 vom ehemaligen FDP-Mann Manfred Brunner gegründet, suchte diese Partei bürgerlichen Protest gegen die als zu europafreundlich eingeschätzte Politik der Kohl-CDU anzufachen und für sich zu nutzen. Sie speiste sich nicht nur aus der Kritik an der Aufgabe der DMark und deren Ersatz durch die Gemeinschaftswährung Euro, sondern sympathisierte auch mit einer neuen Sicht auf die deutsche Geschichte.[101] Daher bedeutete es eine für die Union problematische politische Aufwertung Brunners, wenn Dregger mit ihm zusammen auftrat und ihm damit eine politische Bühne bot.

Die CDU-Führung war daher alarmiert, als die Initiatoren der von Zitelmann initiierten Anzeigenkampagne eine Fortführung ihrer Aktion planten, deren Höhepunkt eine in München stattfindende Veranstaltung am 7. Mai 1995 werden sollte. Nicht allein der Umstand, dass Dregger als Starredner dieser Veranstaltung auftreten sollte, verstörte den CDU-Vorsitzenden. Vor allem nahmen Kohl und mit ihm auch Fraktionschef Schäuble Anstoß daran, dass ausgerechnet Manfred Brunner die Gesprächsleitung der anschließenden Podiumsdiskussion ausüben sollte, und bearbeiteten Dregger, seine Zusage zurückzuziehen. Dregger verschloss sich den intensiven Appellen an die Parteiräson nicht und fand einen für ihn gangbaren Mittelweg: Er stand als Redner weiterhin zur Verfügung – allerdings unter der Auflage, dass Brunner ausgeladen oder die Podiumsdiskus-

---

Vogt: Vorwort, in: ebd., S. 15–41, Zitat S. 18; vgl. auch Helmut Kellershohn: Volk, Staat und Nation. Konturen des völkischen Nationalismus in der »Jungen Freiheit«, in: ebd., S. 117–145, hier S. 122.

100 Thomas Pfeiffer/Michael Puttkammer: Warum das Land Nordrhein-Westfalen die »Junge Freiheit« in seinen Verfassungsschutzberichten geführt hat, in: Braun/Vogt (Hg.): Wochenzeitung »Junge Freiheit«, S. 57–74, hier S. 68–69. Nicht einmal Adolf Hitler galt der Zeitung als rechtsextrem; vgl. Kornexl: Weltbild, S. 115.

101 Vgl. Frank Decker/Florian Hartleb: Bund Freier Bürger (BFB), in: ders./Viola Neu (Hg.): Handbuch der deutschen Parteien. 3., erw. und aktual. Aufl. Wiesbaden 2018, S. 236–241. Brunner verließ die sich immer weiter nach rechts entwickelnde Partei 1999 wieder und schloss sich kurzfristig erneut der FDP an.

sion abgesagt werde. Da sich die Initiatoren nicht auf diese Bedingung einließen, platzte die gesamte Veranstaltung.[102]

Letztlich blieb Dregger so davor bewahrt, in organisatorische Zusammenhänge eingebunden zu werden, die eine klare Abgrenzung zur Rechten unmöglich machten. Dass generell ein Bewusstsein für die sich hier zeigende Problematik bestand, zeigt sich auch an zwei der Initiatoren der geplanten Versammlung. So waren der nationalliberal eingestellte Zitelmann und Peter Gauweiler, ein eigenwilliger CSU-Politiker, der bajuwarische Traditionspflege mit nationalpatriotischer Gesinnung verband, strikt auf Abgrenzung nach rechts bedacht, um »rechtsradikalen Trittbettfahrern«[103] kein Forum zu bieten.

Dreggers offensive Geschichtspolitik war im Jahr 1995 an inhärente Grenzen gestoßen. Ein letztes geschichtspolitisches Aufbäumen verursachte bei ihm wie bei Gleichgesinnten eine von einer privaten Einrichtung, dem »Hamburger Institut für Sozialforschung«, organisierte Wanderausstellung über »Verbrechen der Wehrmacht«, die seit März 1995 in fast allen deutschen Großstädten gezeigt wurde. Die Ausstellung suchte der breiteren Öffentlichkeit eine Erkenntnis zu vermitteln, die unter Fachhistorikern kein Geheimnis war: Wehrmachtsangehörige waren aktiv an nationalsozialistischen Verbrechen wie dem Holocaust, der Ausraubung und Plünderung der besetzten Gebiete, Massenmorden an der Zivilbevölkerung sowie der Erschießung sowjetischer Kriegsgefangener beteiligt gewesen. Man konnte an der Einseitigkeit und der militärkritischen Stoßrichtung der Ausstellung Anstoß nehmen, dessen Organisator Hannes Heer sich von der Fachwelt zahllose sachliche Fehler, Ungenauigkeiten und unsauberes wissenschaftliches Arbeiten vorhalten lassen musste.[104] Doch die Kernaussage hatte ungeachtet solchen ideologischen Eifers Bestand: Angehörige der Wehrmacht waren in unterschiedlicher Weise in die nationalsozialistische Vernichtungspolitik eingebunden gewesen.

Allerdings hatte es der Ausstellungsmacher darauf abgesehen, die Wehrmacht in toto als Handlanger der Vernichtungspolitik hinzustellen und damit umstandslos alle Wehrmachtsangehörigen in den Dunstkreis verbrecherischer Handlungen zu rücken.[105] Damit löste er eine erbitterte geschichtspolitische

102 Vgl. die ausführliche und zuverlässige Wiedergabe bei Zitelmann: Wenn Du nicht mehr brennst, S. 127–129.

103 Zitelmann, ebd., S. 128.

104 Vgl. hierzu Wilfried Scharf: Deutsche Diskurse. Die politische Kultur von 1945 bis heute in publizistischen Kontroversen. Hamburg 2009, S. 158 f.

105 Die Ausstellungsmacher betonten zwar, dass die Ausstellung »kein verspätetes und pauschales

Debatte aus, in der unterschiedliche Diskurse miteinander verwoben waren. Bei ehemaligen und politisch aktiven Wehrmachtsangehörigen bewirkte sie erwartungsgemäß einen Aufschrei der Empörung, wobei es durchaus graduelle Abstufungen gab: Während die einen eine Kollektivschuld der Wehrmacht von sich wiesen, aber nicht bestritten, dass nicht wenige Wehrmachtsverbände aktiv an Vernichtungsaktionen mitgewirkt hatten, soldarisierten sich andere mit der Wehrmacht als Institution und deklarierten verbrecherische Handlungen von Soldaten als Nebensächlichkeit, die dem Bild von einer ehrenvollen Wehrmacht nichts anhaben könne.[106] Die erste Position wurde von bundespolitischer Prominenz wie dem ehemaligen Verteidigungsminister und Bundeskanzler Helmut Schmidt vertreten: Er ließ keinen Zweifel daran aufkommen, dass »auch hohe Generale und Angehörige der Wehrmacht«[107] derartige Verbrechen begangen hätten. Doch wies er alle »Pauschal- und Kollektiv-Verurteilungen« strikt von sich: »Jedoch hat sich kaum irgendwo die große Mehrheit aller kämpfenden Truppen eines Kriegsverbrechens schuldig gemacht.« Dregger hingegen nutzte die Provokation der »Wehrmachtsausstellung«, um im Frühjahr 1997 ein letztes Gefecht zugunsten der vermeintlich beschädigten Ehre der gesamten Wehrmacht zu führen.

Es zeichnete sich rasch ab, dass dies ein Rückzugsgefecht sein würde. Nicht nur befand sich Dregger geschichtspolitisch in der von ihm wenig geliebten Defensive und hielt sich die Zahl einflussreicher Mitstreiter in Grenzen. Auch der ihm zur Verfügung stehende Kommunikationsraum wurde immer schmaler. Dregger hatte aus den Vorkommnissen im Frühjahr 1995 die Lehre gezogen, jede kommunikative Annäherung nach rechts zu unterlassen. Dies bedeutete, dass er im respektierten bürgerlichen Medienumfeld Adressaten finden musste, die seine Positionen abdruckten, was die Auswahl einengte. Die »Frankfurter Allgemeine Zeitung« bot sich hier an, hatte sie doch schon 1996 ihrem ehemaligen Redakteur Günther Gillessen, einem promovierten Historiker, ein Forum zur Kritik

Urteil über eine ganze Generation ehemaliger Soldaten fällen« wolle (vgl. den Einleitungstext des Ausstellungskatalogs bei Etienne Schinkel: Holocaust und Vernichtungskrieg. Die Darstellung der deutschen Gesellschaft und Wehrmacht in Geschichtsschulbüchern für die Sekundarstufe I und II. Göttingen 2018, S. 188), wandten aber Techniken an, mit denen der Eindruck erweckt wurde, dass gleichsam alle Wehrmachtsangehörigen Kriegsverbrecher gewesen seien (vgl. hierzu u. a. Andreas Hettiger: Erinnerung als Ritual. Rhetorische Verfahren zur Konstruktion einer Kriegsveteranenkultur. Tübingen 2005, S. 20 f.).

106 Als Beispiel für diese eher apologetische Sichtweise Klaus Sojka (Hg.): Die Wahrheit über die Wehrmacht. Reemtsmas Fälschungen widerlegt. München 1998.

107 Schreiben von Helmut Schmidt an Alfred Dregger, 24.08.1999, ACDP, 01-347-141/2, hier auch das folgende Zitat.

an der »Wehrmachtsausstellung« geboten.[108] Dregger griff daher im April 1997 zur Feder, um in der »Frankfurter Allgemeinen Sonntagszeitung« seine Position darzulegen. Er wies ähnlich wie Helmut Schmidt die pauschale Anklage gegen eine »verbrecherische Wehrmacht« zurück: »Die vielen Millionen Soldaten [...] waren keine Mörder und Kriegsverbrecher, wie das von jener monströsen Ausstellung insinuiert wird, die zur Zeit im In- und Ausland die Menschen gegeneinander aufbringt.«[109] Doch begnügte er sich nicht mit dieser Aussage und setzte neue Akzente, indem er die Soldaten der Wehrmacht selbst zu Opfern Hitlers stilisierte. Die Zeitung machte daraus die Überschrift »Die Soldaten waren Hitlers Opfer«.

Dregger positionierte sich auch deswegen so pointiert, weil die Frontalattacke auf die Wehrmacht einen blanken Nerv in ihm getroffen hatte. Er fühlte sich persönlich angegriffen und gekränkt, weil ihm als Angehörigem der Wehrmacht indirekt die Beteiligung an Verbrechen vorgehalten wurde. Und er nutzte dazu den zweiten ihm noch zur Verfügung stehenden Kommunikationskanal: den Deutschen Bundestag. Dort gab er im selben Monat zu Protokoll: »In meiner Truppe, der 6. Rheinisch-Westfälischen Infanteriedivision, hat es solche Verbrechen, wie die Ausstellung sie schildert, nicht gegeben«.[110] Jetzt, als die Debatte um die Wehrmacht schließlich auch das Parlament erreichte, gewann Dreggers Position wieder eine gewisse Elastizität und Reflexionshöhe. Das war der politische Kommunikationsraum, in dem er als leidenschaftlicher Parlamentarier zwar hart diskutierte, aber doch stets darum bemüht blieb, die Anschlusskommunikation zu wahren, die in der Logik der parlamentarischen Institution liegt.[111]

Am 13. März 1997 debattierte der Bundestag in einer vielbeachten Sitzung, die inzwischen als eine der »Sternstunden« des Parlamentarismus gilt,[112] auf Antrag

---

108 Vgl. hierzu Scharf: Deutsche Diskurse, S. 158.

109 Alfred Dregger: »Die Soldaten waren Hitlers Opfer«, in: Frankfurter Allgemeine Sonntagszeitung, Nr. 15, 13.04.1997, S. 4.

110 Alfred Dregger: Erklärung zur Abstimmung gemäß § 31 der Geschäftsordnung des Deutschen Bundestages zum Zusatzpunkt 6 vom 24.04.1997, Verhandlungen des Deutschen Bundestags, Stenographische Berichte, 13. Wahlperiode, 172. Sitzung, S. 15580.

111 Vgl. hierzu generell Mergel: Parlamentarische Kultur, S. 47–67, 231–311. Eine ähnlich gründliche Untersuchung für die Kommunikationskultur im Bundestag fehlt bislang. Allerdings dürfte sich hier noch weitaus stärker als im Weimarer Reichstag ein gemeinsamer kommunikativer Konsens herausgebildet haben, da hier Parteien fehlten, die diese Praxis grundsätzlich ablehnten oder herausforderten.

112 Vgl. https://www.bpb.de/politik/hintergrund-aktuell/244026/wehrmachtsausstellung sowie Die Zeit, Nr. 13, 21.03.1997, FAZ, Nr. 62, 14.03.1997, S. 5, Jürgen Leinemann: Am Ende des langen Marsches, in: Der Spiegel, 25/1997, S. 110–119, hier S. 110f.

der PDS über die Ausstellung »Vernichtungskrieg. Verbrechen der Wehrmacht 1941 bis 1944«.[113] Diese Debatte, die zunächst mit durchaus harten Bandagen ausgetragen wurde, zu gelegentlicher Unruhe führte und deren Redner anfangs immer wieder durch Zwischenrufe unterbrochen wurden, zeichnete sich dadurch aus, dass Abgeordnete aller Parteien das Thema nicht nur mit Verweisen auf die historische Forschung, sondern vor allem mit längeren persönlichen Bemerkungen zur eigenen Biographie oder ihrer Familiengeschichte verbanden. Hier wurde deutlich, auf welch unterschiedliche Weise der Zweite Weltkrieg das Leben der Deutschen geprägt hatte. Dregger selbst meldete sich in dieser Debatte zweimal ausführlich zu Wort und brachte zunächst seine üblichen Argumente vor. Mehrere Rednerinnen und Redner zeigten sich im Verlauf der Diskussion von dem Erfahrungsaustausch berührt, etwa als Otto Schily in einem reflektierten Beitrag mit seiner Fassung rang, während er die Auswirkungen des Krieges auf seine Familie schilderte. Auch Dregger zeigte sich von dem Erfahrungsaustausch beeindruckt und signalisierte ein Entgegenkommen, nachdem seine Position mehrfach kritisiert worden war. Der ehemalige Soldat bemerkte schließlich unter Beifall des gesamten Hauses: »Ich will […] bekunden, daß die Kritik, die an mir geübt worden ist, von mir geprüft werden wird, daß ich sie nicht schlankweg zurückweisen werde.«[114] Obwohl die Debatte hitzig und polemisch begonnen hatte, waren die Ausführungen zunehmend von einem wechselseitigen Verständnis für die unterschiedlichen Erfahrungsdimensionen geprägt. Dregger machte hierfür explizit die parlamentarische Kommunikation verantwortlich, die in der Lage sei, unterschiedliche Positionen zum Ausdruck zu bringen, ohne einzelne Kollegen der Gegenseite vollständig auszuschließen. Die Auseinandersetzung mit seiner Position sei »tiefgehend, aber auch nicht in einem einzigen Moment beleidigend oder […] ausschließend gewesen. Ich glaube, das ist ein Beispiel für Parlamentarismus.«[115] Aus diesem Grund dankte Dregger allen Abgeordneten, die sich konstruktiv an der Aussprache beteiligt hatten.

Tatsächlich wurde der Bundestag in der öffentlichen Auseinandersetzung um den Vernichtungskrieg und die Ausstellung zu einer Art integrativem Zentrum. Die Sitzung machte deutlich, dass es möglich war, aufeinander zuzugehen und darüber zu verhandeln, welche Art von Konsens im Umgang mit der Vergangenheit es geben könne. Es war also die Logik dieses Kommunikationsraums,

113 Vgl. Verhandlungen des Deutschen Bundestags, Stenographische Berichte, 13. Wahlperiode, 163. Sitzung, 13.03.1997, S. 14708 – 14728.
114 Vgl. ebd., S. 14720 (C).
115 Ebd.

die Dregger, der sich in seiner verzweifelten Suche nach Bundesgenossen weit nach rechts bewegt hatte, wieder einzubinden vermochte. Sein Hinweis auf diese Funktion des Parlamentarismus macht deutlich, dass er ein Verständnis politischen Handelns vertrat, für das eine zwar harte, aber auch um Verständnis und Annäherung bemühte Auseinandersetzung in der Volksvertretung der geeignete Ort ist, im Rahmen demokratischer Politik gesellschaftliche Konsenszonen zu schaffen. Obwohl Dregger sich in der Minderheit wähnte, erschien er doch nicht mehr als Ausgeschlossener, sondern als jemand, dessen Erfahrungen und daraus resultierende Positionen zwar nicht dazu führten, dass die Kritiker ihm beipflichteten, aber doch dazu, dass sie seine Sehnsucht nach Anerkennung wahrnahmen und respektierten. Der Sozialdemokrat Walter Kolbow bemerkte in diesem Sinne, mit seinem abschließenden Wortbeitrag habe Dregger gezeigt, dass er bereit sei, seine Position im Lichte anderer Argumente und Erfahrungen zu relativieren. Kolbow machte nun selbst einen Schritt in Richtung Dregger, indem er feststellte, dass die »Abarbeitung unserer Vergangenheit [...] immer wieder von uns allen mit den Unzulänglichkeiten versucht wird, die in uns selbst stecken«.[116] Es war diese Anerkennung unterschiedlicher persönlicher Erfahrungen, welche die Debatte zu einem Glanzlicht deutscher Parlamentsgeschichte machte und auch Dregger wieder in sie einschloss. Sie lässt sich damit als Höhe- und Wendepunkt des Streits um die Wehrmacht deuten, der zur Etablierung eines neuen Konsenses auch jenseits des Parlaments führte.[117] Seitdem war in der Öffentlichkeit zunehmend ein Bewusstsein dafür vorhanden, dass die Wehrmacht in hohem Maße aktiv in den NS-Vernichtungskrieg eingebunden gewesen war, ohne dass damit die Frage nach individueller Verantwortung jedes einzelnen Soldaten schon beantwortet wäre.

Dregger klangen die Worte dieser Debatte noch lange in den Ohren. Der Parlamentarismus hatte sich von seiner besten Seite gezeigt, weil er dafür gesorgt hatte, dass eine Anschlusskommunikation in einem geschichtspolitisch sensiblen Feld stattfand. Wenn der eher auf dem linken Flügel der SPD beheimatete Freimut Duwe Dregger attestierte, dass dieser »manchmal sehr ergreifend berichtet hat, was er erlebt hat und was er empfinden mußte, als er mit den Flüchtlingen zurückgetrieben wurde«,[118] dann war dies ungeachtet aller sachlichen Kritik an den Auslassungen Dreggers eine Respektsverbeugung. Es war kein Zufall, dass

116 Ebd., S. 14237 (A).

117 Vgl. auch Herbert: Geschichte Deutschlands, S. 1198–1201.

118 Verhandlungen des Deutschen Bundestags, Stenographische Berichte, 13. Wahlperiode, 163. Sitzung, 13.03.1997, S. 14718.

Dregger Duwe direkt ansprach, als er zum zweiten Mal das Wort in der Debatte ergriff, um sich persönlich bei ihm für den Stil der Kritik zu bedanken.[119] Das Parlament hatte sich für Dregger hier in dieser schwierigen Thematik seines späten politischen Wirkens als wertvoller denn je erwiesen. Umso drängender stellte sich die Frage, ob der älteste Abgeordnete des Deutschen Bundestags bei der Bundestagswahl 1998 noch einmal antreten sollte.

119 Ebd., S. 14720.

18. Stiller Abgang

Der Bundestag stellte für den ältesten Abgeordneten des Hohen Hauses eine Art politischen Jungbrunnen dar. Für Dregger war es daher eine mehr als ernsthafte Option, im September 1998 noch einmal für den Bundestag zu kandidieren. Es gab auch keinen Zweifel, dass er selbst bei einem schlechten Abschneiden der Union auf Bundesebene den Wahlkreis Fulda, wenn er sich für ihn nominieren ließe, erneut gewinnen und damit zum neunten Mal in den Bundestag gewählt werden würde. Andererseits war Dregger ein politischer Profi, der genau wusste, dass die Kandidatur eines fast 78Jährigen unter besonderem Rechtfertigungsdruck stand. 1991 hatte er auf vorbildliche Weise den Fraktionsvorsitz geräumt und neun Jahre zuvor in Hessen den Weg für andere freigemacht. Wäre nun nicht der ideale Zeitpunkt gekommen, der Politik Adieu zu sagen und damit die Maxime zu beherzigen, selbst Abschied zu nehmen, bevor man von außen zu diesem Schritt gedrängt wird?[1]

Zudem hatte sich aber auch seine Stellung in der Union geändert. Gerade die geschichtspolitischen Auseinandersetzungen der letzten Jahre hatten ihm deutlich gemacht, dass er sich mit seinen Mahnungen in der eigenen Partei allmählich in der Rolle eines Außenseiters wiederfand. Gelegentlich öffnete er sich alten Wegbegleitern wie dem Journalisten der »Frankfurter Allgemeinen Zeitung« Karl Feldmeyer, den Dreggers Klage, mit seinen Reden kaum noch Beachtung zu finden, kaum zu überraschen vermochte. Auch in seiner Redaktion, die im Ruf stand, das konservative Sprachrohr der alten Bundesrepublik gewesen zu sein und entsprechenden Positionen auf ihren Seiten immer ausgiebig Platz eingeräumt zu haben, schwand die Zustimmung zu den Ansichten, die »der altkonservative Dregger« äußerte.[2]

Mehr und mehr mutierte er in der öffentlichen Wahrnehmung zu einem betagten politischen Starrkopf, dessen Nähe selbst Parteifreunde mieden, um nicht in den karrierehemmenden Geruch des »Rechten« zu geraten. Nicht einmal mehr

1 Vgl. hierzu Michael Philipp: Persönlich habe ich mir nichts vorzuwerfen. Politische Rücktritte in Deutschland von 1950 bis heute. München 2007, S. 57 ff., 122 ff., 304 ff. und 324 ff.

2 Feldmeyer am 15.07.1994 an Dregger, ACDP, 01-347-127/5. Zur politischen Ausrichtung der FAZ in jenen Jahren vgl. Hoeres: Zeitung für Deutschland, S. 373 ff.

der klangvolle Titel des Ehrenvorsitzenden der Unionsfraktion ließ sich in politische Autorität ummünzen. Mit einem Anflug von Bitterkeit nahm Dregger zur Kenntnis, dass damit keine zusätzliche personelle oder finanzielle Ausstattung verbunden war, die es ihm ermöglicht hätte, den toten Titel mit Leben zu füllen. Eigentlich schwebte ihm vor, seine Tätigkeit als Ehrenvorsitzender der Fraktion zu einer Art Sonderbeauftragtem für die »Kriegs- und Aufbaugeneration« auszubauen.[3] Die Parteikasse reichte aber für nicht mehr als ein Büro im Konrad-Adenauer-Haus,[4] von wo aus Dregger die sich selbst gestellte Aufgabe wahrzunehmen versuchte. Diese Stiefmütterlichkeit wertete er als ein Signal, dass die CDU in ihm und seinen Anhängern einen Kreis erblickte, um den man sich nicht mehr sonderlich zu bemühen brauche. Als im November 1998 Schäuble die Nachfolge von Kohl im Amt des Parteivorsitzenden antrat, warnte Dregger ihn ausdrücklich davor, diese Klientel weiter zu vernachlässigen.[5]

Gerade angesichts dieser Veränderungen war Dregger andererseits davon überzeugt, weiterhin innerhalb der CDU eine unersetzliche Aufgabe erfüllen zu müssen. Er gab den Unionsanhängern, die sich in den beiden letzten Jahrzehnten der alten Bundesrepublik leidenschaftlich an den Themen »Einheit« und »Freiheit« aufgerichtet hatten, Stimme und Gesicht. Zudem hatte er es nicht an der Pflege seines Wahlkreises fehlen lassen: Dregger hatte seiner Wahlheimat Fulda die Treue gehalten und überhaupt in Osthessen stets Präsenz gezeigt. Regelmäßig stattete er den dortigen Gemeinden und Regionen, beispielsweise im Vogelsberg- oder Main-Kinzig-Kreis, Besuche ab, um sich ein Bild von der Lage zu machen. Dabei führte er Gespräche mit kommunalen Amtsträgern, mit Wirtschaftsbetrieben, Verbänden, Institutionen und Sicherheitsorganen, stand in Bürgersprechstunden den Menschen Rede und Antwort, übernahm die Schirmherrschaft über zahllose Veranstaltungen von Sportvereinen, Feuerwehren und Verbänden und lud Besuchergruppen zu Informationsreisen nach Bonn ein.[6] Zwar brachten viele Menschen ihre Frustration darüber zum Ausdruck, dass die Bundesregierung zur Finanzierung des »Aufbaus Ost« zahlreiche Sparmaßnahmen beschlossen hatte, die sich auf ihren Alltag negativ auszuwirken begannen.[7] Doch gleichzeitig verspürte er Respekt gegenüber seiner Person und eine gewisse Dankbarkeit dafür, dass er sich nach seinem Abschied als Oberbürgermeister von Fulda weiterhin intensiv

3 Dregger am 24.09.1998 an Schäuble, ACDP, 01-347-128/2.
4 Dregger am 06.01.1999 an Hupka, ACDP, 01-347-141/2.
5 Dregger am 09.11.1998 an Schäuble, ACDP, 01-347-128/3.
6 Tätigkeitsbericht Dreggers vom 26.11.1982, ACDP, 01-347-045/2.
7 Kramer am 08.02.1993 an die Mitglieder der CDU im Kreisverband Fulda, ACDP, 01-347-056/3.

für die Interessen der Region verwandt hatte. Gleichgültig, ob es um Ortsumgehungsstraßen, die B 254 zwischen Fulda und Alsfeld oder die Autobahn A 66 ging, durch deren Ausbau die Verbindung zwischen Fulda und Frankfurt/Main wesentlich verbessert werden konnte, viele in seinem Wahlkreis hatten nicht vergessen, dass solche Investitionen, durch die der Anschluss an die rasante wirtschaftliche Entwicklung der Rhein-Main-Region gehalten werden konnte, auch auf seine parlamentarische Umtriebigkeit zurückzuführen waren.[8] Durch zahlreiche Initiativen hatte er dafür gesorgt, dass die beabsichtigte Auflösung einzelner Bundesbahnstrecken im Wahlkreis nicht realisiert wurde.[9] Er hatte für den Erhalt des Bundesbahnausbesserungswerks in Fulda gekämpft, das die Deutsche Bahn hatte schließen wollen, sich für die Verlegung der Besoldungskasse der Oberpostdirektion von Frankfurt nach Fulda eingesetzt, gegen den Abzug einer Reihe von Bundes- und Landesbehörden aus dem Oberzentrum des osthessischen Zonenrandgebietes protestiert und bei den zuständigen Ministern interveniert, wenn es irgendwo in seinem Wahlkreis bei geplanten Infrastrukturmaßnahmen, beim Ausbau des Telefonnetzes oder der Einhaltung des Lärmschutzes gehakt hatte.[10] Er hatte die Entlastung einkommensschwacher landwirtschaftlicher Betriebe bei den Ausgaben für die soziale Sicherung vorangetrieben, die Ausweitung benachteiligter und damit förderungswürdiger Agrarzonen im Kreis Fulda forciert und allein für die Jahre 1985 und 1986 für seinen Wahlkreis Fördermittel für die Zonenrandförderung in Höhe von 8 Millionen DM organisiert, mit denen kulturelle Maßnahmen, Sporteinrichtungen, Rehabilitationsprogramme, Jugendzentren und Schulen finanziert werden konnten.[11] Dregger hatte so erfolgreich den politischen Spagat zwischen der lokalen Basis und der Weltpolitik praktiziert. Auch wenn sein Herz für die großen Themen schlug und er erst in politischen Grundsatzfragen zu Hochform auflief, hatte er die Pflege der politischen Basis nicht vernachlässigt.

Es war jedoch ausgerechnet eine lokale Parteigröße, die Dreggers Wiederaufstellung als Bundestagskandidat verhinderte: der Vorsitzende des CDU-Kreis-

---

8 Dregger am 06.10.1970 an Arndt sowie Dregger am 16.10.1970 an Henne, beide ACDP, 01-347-081/3; Tätigkeitsbericht Dreggers vom 26.11.1982, ACDP, 01-347-045/2.

9 Tätigkeitsbericht Dreggers vom 26.11.1982, ACDP, 01-347-045/2.

10 Dregger am 03.07.1985 an Dollinger, ACDP, 01-347-046/2; Entwurf für erste Annonce im Wahlkreis 132 vom 02.12.1986, ACDP, 01-347-076/1; Dregger am 04.12.1981 an Hilgen, ACDP, 01-347-111/4; Dregger am 31.01.1980 an Börner, ACDP, 01-347-118/1; Dregger am 02.04.1979 an Gscheidle sowie Dregger am 24.11.1980 an Hauff, beide ACDP, 01-347-118/2; Dregger am 08.01.1987 an Dollinger, ACDP, 01-347-320/2.

11 Entwurf für erste Annonce im Wahlkreis 132 vom 02.12.1986 sowie Dregger am 11.11.1986 an Schrimpf, beide ACDP, 01-347-076/1.

verbands Fulda, Friedrich Kramer. Der 1938 geborene Kramer gehörte zur Kategorie der einflussreichen kommunalen Amtsträger, die bei der Aufstellung von Bundestagskandidaten ein gewichtiges Wort mitzureden hatten. Die politikwissenschaftliche Forschung betont schon seit längerem die Autonomie lokaler Amtsträger bei der Kandidatenrekrutierung für die Bundestagswahl.[12] Insofern lässt sich dies mit der Auseinandersetzung um die Kandidatur im Wahlkreis Fulda an einem besonders prominenten Beispiel veranschaulichen. Unter parlamentarismushistorischen Gesichtspunkten ist ebenso aufschlussreich, dass nicht nur Dreggers politische Karriere von einem kommunalen Spitzenamt, dem Oberbürgermeisteramt von Fulda, aus begonnen hatte, sondern auch seine Wiederaufstellung im Jahr 1997 an genau jener lokalen Autonomie scheiterte, die ihm mehr als 30 Jahre zuvor seinen Einstieg in die Landes- und Bundespolitik ermöglicht hatte.

Hier lohnt sich, Dreggers Abgang mit dem politischen Aus zu vergleichen, das eine andere politische Größe der Union einige Jahre zuvor erfahren hatte. Friedrich Zimmermann, fünf Jahre älter als Dregger, war insofern dessen politischer Weggefährte, als sich beide über viele Jahre in der CDU/CSU-Bundestagsfraktion begegnet waren. Hier hatte Zimmermann als Vorsitzender der CSU-Landesgruppe von 1976 bis 1982 eine Schlüsselposition innegehabt. Bundeskanzler Kohl übernahm Zimmermann in sein Bundeskabinett, wo er sieben Jahre lang als Innenminister und ein Jahr als Verkehrsminister amtierte. Ausgerechnet dieser gewiefte Strippenzieher[13] musste es hinnehmen, dass ihm sein Wahlkreis Landshut-Kelheim im November 1989 die Gefolgschaft aufkündigte. Die Delegierten erteilten in einer Kampfabstimmung dem altgedienten Bundesminister, der seit 1957 den Wahlkreis Landshut im Bundestag vertrat, eine Abfuhr und zogen an seiner Statt den dreißig Jahre jüngeren Bewerber Wolfgang Götzer vor.

Was Zimmermann zum Verhängnis wurde, war seine mangelnde Anwesenheit vor Ort. Er bewohnte eine Villa in der Nähe von München und unterhielt in seinem Wahlkreis kein eigenes Büro. Da sein Terminkalender zudem mit den Verpflichtungen als Minister ausgefüllt war, konnte er in den Jahren ab 1982 nicht die gleiche Wahlkreispflege betreiben wie sein stärkster Gegenkandidat Dr. Wolfgang Götzer, der seit 1982 als Kreisvorsitzender der CSU Landshut-Stadt

12 Vgl. dazu vor allem Bodo Zeuner: Kandidatenaufstellung zur Bundestagswahl 1965. Den Haag 1970, vor allem S. 60–69 und 84–87; Joachim Henkel: Die Auswahl der Parlamentsbewerber. Berlin 1976; Christian Steg: Die Kandidatenaufstellung zur Bundestagswahl. Baden-Baden 2016, S. 271–279.

13 Vgl. zu ihm das prägnante Kurzporträt von Volker Stalmann in: ders. (Bearb.): Die CSU-Landesgruppe im Deutschen Bundestag. Sitzungsprotokolle 1972–1983. Düsseldorf 2019, S. 46*–49*.

fungierte und im dortigen Stadtrat kommunalpolitisch verwurzelt war.[14] In ländlichen Wahlkreisen wie dem niederbayerischen Wahlkreis Landshut-Kelheim war die politische Kultur vor Ort oft noch stark kommunalisiert.[15] Da konnte sich selbst eine Parteigröße wie Zimmermann mangelnden Einsatz vor Ort nicht dauerhaft leisten, wenn ein profilierter Gegenbewerber auftrat, der kommunal bestens vernetzt war.

Doch genau diese Konstellation traf auf den Wahlkreis Fulda nicht zu. Dregger hatte Fulda als Lebensmittelpunkt und Wohnsitz stets die Treue gehalten. Zudem trat sein lokaler Widersacher Kramer gar nicht selbst gegen ihn an, sondern schickte einen kommunalen Amtsträger vor, den Bürgermeister der Gemeinde Neuhof, der dieses Amt seit 1984 ausübte. Die Verdrängung Dreggers entsprach damit einem anderen Typus der angesprochenen lokalen Autonomie von Parteigruppierungen bei der Wahlkreiskandidatenaufstellung: Der Lokalmatador beerbt den altgedienten Abgeordneten nicht selbst, sondern räumt ihn aus dem Weg, um einem von ihm ausgesuchten Nachfolger Platz zu machen.

Der Kreisvorsitzende Kramer war auch deswegen die treibende Kraft, weil er als gewählter Landrat des Kreises Fulda über seine Parteifunktion hinaus ein wichtiges Amt in der kommunalen Selbstverwaltung ausübte. Seit 1973 als Landrat tätig, war Kramer die unumstrittene Führungsfigur der CDU im Kreis Fulda. Mit Dregger verband ihn eine gemeinsame Zeit in der Führungsspitze der hessischen CDU, und auch politisch lag er durchaus auf dessen Linie. Es gab keine politischen Differenzen, die der Landrat glaubhaft gegen Dregger ins Feld führen konnte. Was blieb, war das zeitlos gültige Altersargument: Dregger vollendete 1997 sein 77. Lebensjahr, seine körperliche und geistige Leistungsfähigkeit nahm sichtbar ab. Daher konnte der 18 Jahre jüngere Kramer mit dem Hinweis auf einen Generationenwechsel den entscheidenden Durchbruch in den Parteigremien erzielen. Um dem Argument besondere Nachdrücklichkeit zu verleihen, fiel seine Wahl als Nachfolger Dreggers auf den 1948 geborenen Martin Hoh-

14 Quellengrundlage hierfür ist eine Analyse der einschlägigen Presseberichterstattung: Fridolin Engelfried: Alle Rettungsversuche halfen dem Minister nicht mehr, in: Augsburger Allgemeine Zeitung, 15.11.1989; Roswin Finkeller: Zimmermann verliert seinen Wahlkreis, in: FAZ, 15.11.1989; Hans Holzhaiser: Kurzerhand vom Sockel gestürzt, in: Süddeutsche Zeitung, 15.11.1989; Fritze Dimido, in: Der Spiegel, 44/1989, 30.10.1989, S. 58 f.

15 Vgl. insbesondere Johann Kirchinger: Ermershausen, oder: Das Ende der Kommunikation unter Anwesenden? Die Kommunalisierung der politischen Kultur Bayerns, in: Ferdinand Kramer (Hg.): Orte der Demokratie in Bayern. München 2018, S. 241–265; Zeuner: Kandidatenaufstellung, S. 84–87; Heinrich Josef Schröder: Die Kandidatenaufstellung und das Verhältnis des Kandidaten zu seiner Partei in Deutschland und Frankreich. Berlin 1971; Dietrich Herzog: Politische Karrieren. Opladen 1975, S. 85–93.

mann, der zum Zeitpunkt der Nominierung gerade einmal das 50. Lebensjahr erreicht hatte.[16]

Dregger stand vor der Wahl, sich dem eigenmächtigen Vorgehen des Kreisvorsitzenden zu beugen oder die offene Auseinandersetzung zu suchen und seine Kandidatur gegen den Willen des Lokalmatadors anzumelden. Die Antwort auf diese Frage hing vor allem davon ab, ob Dregger für sich eine genuine politische Aufgabe zu definieren vermochte, die er in einer weiteren Legislaturperiode wahrnehmen wollte – wie gesehen, verknüpfte er mit einem Wählerauftrag stets auch einen politischen Gestaltungsauftrag. Als er sich dazu entschied, um sein Bundestagsmandat zu kämpfen, war das darauf zurückzuführen, dass er für sich eine politische Mission reklamierte, die ihm ein Alleinstellungsmerkmal verschaffte. Und gerade hier konnte er das Altersargument zu seinen Gunsten wenden: Nur der im Jahr 1920 geborene Dregger sei in der Lage, die »Kriegs- und Aufbaugeneration«[17] zu repräsentieren, deren Einsatz die Bundesrepublik ihren Wohlstand verdanke. Akribisch listete Dregger auf, dass bei der Bundestagswahl 1998 über drei Millionen Wähler 80 Jahre und älter sein würden. Ohne es direkt auszusprechen, gab er zu verstehen, dass nur ein Altersgenosse – also er selbst – die Sorgen und Nöte dieser Alterskohorte kenne.

Darüber hinaus machte sich Dregger zum Repräsentanten eines bestimmten Teils dieser Altersgruppe, die er mit dem Ausdruck »geschundene Generation« belegte: der Heimatvertriebenen und der »alten Soldaten«. Er definierte damit eine wichtige Wählergruppe der Union als politische Generation, deren Kriterium bei den »alten Soldaten« die Zugehörigkeit zu einer Erfahrungsgemeinschaft war, in die man hineingeboren worden war und deren Schicksal man dadurch teilte. Dregger machte sich so einen Generationenbegriff zu eigen, der nicht frei war von einer romantischen Übersteigerung einer generationenüberlagernden »Erlebnisschichtung«.[18] Bereits in der Debatte um die Wehrmachtsausstellung hatte Dregger die Kriegsteilnehmer als Erfahrungskollektiv zu vereinnahmen versucht; nun nutzte er diesen Ansatz, um damit in einem innerparteilichen Wettstreit zu reüssieren. Er wollte sich mit dem Argument unverzichtbar machen,

16 Vgl. dazu das Protokoll des Dregger-Mitarbeiters Markus Berger vom 13.05.1997 über ein wegweisendes Gespräch zwischen Kramer und Dregger vom 09.05.1997, ein Schreiben Dreggers an Kramer vom 12.05.1997 und das Antwortschreiben Kramers an Dregger vom 13.05.1997, alles in: ACDP, 01-347-140/3.

17 Schreiben Dreggers an die Kreisvorstände und Vorsitzenden der Stadt- und Ortsverbände der CDU im Wahlkreis Fulda, Mai 1997, ACDP, 01-347-140/3, hieraus auch alle folgenden Zitate.

18 Dazu wichtig Benjamin Ziemann: Generationen im 20. und 21. Jahrhundert. Zur Kritik eines problembeladenen Begriffs, in: Aus Politik und Zeitgeschichte 70 (52–53/2020), S. 4–9.

dass er allein befähigt sei, einer Gruppe, die in Vergessenheit zu geraten drohte, politisches Gesicht und eine politische Stimme zu geben, weil er selbst zu ihr gehöre und sich dadurch diesen Anspruch erworben habe.

Der Erfolg dieser Profilierungsstrategie hing jedoch nicht davon ab, ob die CDU Dreggers Alleinvertretungsanspruch bei dieser Thematik akzeptierte. Ausschlaggebend war vielmehr, ob der Stellenwert des von ihm verkündeten Narrativs, die Soldaten der Wehrmacht hätten sich alles in allem ehrenhaft verhalten, innerparteilich als so bedeutsam erschien, dass die CDU-Prominenz ihrem Ehrenfraktionsvorsitzenden den Rücken stärkte und die Fuldaer Lokalgrößen entsprechend bearbeitete. Die Antwort auf diese Frage fiel eindeutig aus: Mochte Dregger gehofft haben, dass der Bundeskanzler, den er in seinem Bewerbungsschreiben an die Fuldaer Parteiprominenz in Beschlag genommen hatte,[19] seinem loyalen Weggefährten öffentlich zur Seite sprang, so wurde er bitter enttäuscht. Hier hatte sich der altgediente Unionspolitiker offensichtlich verschätzt.

Als er seinen Schritt zur erneuten Kandidatur erwogen hatte, hatte Dregger seine Gedanken geordnet und auf die Kardinalfrage »Braucht man mich?« noch optimistisch als Antwort notiert: »In Bonn viele, unter ihnen Buka« Kohl.[20] Doch das sah die Parteispitze offenkundig anders. Ausgerechnet Kanzleramtsminister Friedrich Bohl, der unter Dregger von 1989 an in der Bundestagsfraktion als Erster parlamentarischer Geschäftsführer gewirkt hatte, ließ für die Ambitionen Dreggers nicht mehr als nur laue Sympathien erkennen. Zwar sprach er in einem Telefonat, das er nicht mit Dregger selbst, sondern nur mit dessen Büroleiter am 20. Mai 1997 führte, davon, eine erneute Kandidatur Dreggers sei durchaus nützlich.[21] Bohl unternahm aber keine praktischen Schritte, um diese auch herbeizuführen. Damit war das politische Schicksal Dreggers besiegelt: Ohne massive Rückendeckung von oben stand er in seinem Wahlkreis auf verlorenem Posten.

An Dregger konnte man nun exemplarisch sehen, wie ein angeschlagener Parteigrande von der »Basis« endgültig zur Strecke gebracht wurde. Dazu gehörte es, dass Sonderorganisationen der CDU sich aus der Deckung wagten. Den Anfang machte die Junge Union Fulda, die den bislang politisch nicht sonderlich exponierten Neuhofer Bürgermeister Hohmann favorisierte. Hohmann

19 »Der Kanzler sieht in mir einen der letzten Vertreter der Kriegs- und Aufbaugeneration im Deutschen Bundestag«; Schreiben Dreggers an die Parteiorganisationen im Wahlkreis Fulda, Mai 1997, ACDP, 01-347-140/3.

20 Notizen Dreggers vom 14.05.1997, ebd.

21 »Zusammenfassung des Telefongesprächs mit Herrn Bundesminister Bohl vom 20. Mai 1997«, 21.05.1997, ebd.

nutzte diese Rückendeckung, um gegen seinen Konkurrenten Dregger auszuteilen. Welche schärfere Attacke konnte es geben, als ihm nachzusagen, dass sich »besonders die älteren Bürger nicht mehr von Dregger repräsentiert fühlten«?[22] Zwar wusste Dregger noch das Präsidium der hessischen CDU hinter sich, in dem alte Weggefährten wie Wallmann und Kanther ihrem Bedauern über seine Ausbootung Ausdruck verliehen. Aber der CDU-Kreisvorstand Fulda ließ sich das Heft des Handelns nicht aus der Hand nehmen und gab am 19. Juli 1997 im Vorfeld der Delegiertenversammlung zur Nominierung des CDU-Kandidaten eine eindeutige Wahlempfehlung ab: 16 Stimmberechtigte votierten für den Gemeindebürgermeister von Neuhof, lediglich zwei für den Ehrenvorsitzenden der Bundestagsfraktion.[23] Das mehr als deutliche Ergebnis kam einer politischen Demütigung Dreggers gleich, gaben ihm doch die Fuldaer Funktionäre unmissverständlich zu verstehen, dass seine Zeit abgelaufen war. Damit hatte sich wieder einmal der Befund bestätigt, dass – von Sonderfällen abgesehen – die lokalen Parteigremien die Hoheit über die Aufstellung von Bundestagskandidaten ausüben und Interventionen von außen abwehren.

Der einzige Ausweg aus dieser desolaten Lagre hätte darin bestanden, den ehemaligen Landesvorsitzenden auf der hessischen Landesliste zu platzieren. Das aber hätte gegen den Grundsatz der hessischen CDU verstoßen, nur Direktkandidaten auf der Liste abzusichern.[24] Die Parteiführung wollte dieses geheiligte Prinzip nicht durch eine »Lex Dregger« aufbrechen. Damit war im Juli 1997 eine Lage geschaffen, bei der Dregger keine andere Wahl mehr hatte, als auf eine erneute Kandidatur für den Bundestag zu verzichten.[25] Was Dregger noch blieb, war einzig und allein der Versuch, wenigstens Hohmann als seinen Nachfolger zu verhindern. Auf die Altersfrage ging er mit dem süffisanten Hinweis ein, dass der politische Rivale mit 49 Jahren auch nicht mehr der Jüngste sei.[26] Vielleicht konnte Dregger aber auch einschätzen, dass der Neuhofer Bürgermeister ein politisch unbeschriebenes Blatt mit problematischen Einstellungen war, die seiner Ansicht nach in einer liberalen Partei keinen Platz hatten. Jedenfalls unterstützte Dregger den 33jährigen Gegenkandidaten Rainer Bomba, einen seiner Bewun-

---

22 So hat sich Hohmann gegenüber der Jungen Union gemäß einem Zeitungsbericht geäußert, den Dreggers Büroleiter Rolland in einem Vermerk vom 11.06.1997 wiedergab, ebd.

23 Vgl. das Schreiben des Kreisvorsitzenden Kramer an die CDU-Kreis- und Ortsvorstände im Bundestagswahlkreis Fulda, 21.07.1997, ebd.

24 Vgl. dazu Weirich: Dregger, S. 295 – 297.

25 Vgl. das Protokoll der Sitzung des Präsidiums der hessischen CDU vom 25.07.1997, ACDP, 01-347-140/3.

26 Vgl. Aufbruch der Küken, in: Der Spiegel, 22.12.1997, S. 41.

derer, der dem Ehrenvorsitzenden der CDU-Bundestagsfraktion auch in der Auseinandersetzung um den Wahlkreis zunächst beigestanden und erst nach dem erzwungenen Rückzug seinen Hut im Kampf um die Nachfolge in den Ring geworfen hatte.[27] Der hessischen CDU wären ebenso wie der Gesamtpartei zahlreiche unangenehme Schlagzeilen erspart geblieben, wenn sie in dieser Frage dem politischen Instinkt Dreggers vertraut hätte: Hohmann, der sich gegen Bomba durchsetzte, sorgte am 3. Oktober 2003 mit einer Rede im osthessischen Neuhof für derartiges Missfallen, dass die Unionsfraktion ihn wenige Wochen danach aus der Fraktionsgemeinschaft ausschloss.[28]

Mit der Bundestagswahl vom 27. September 1998, die auch das Ende der christlich-liberalen Ära und der Kanzlerschaft Kohls bedeutete, schied Dregger nach 26 Jahren als Abgeordneter aus dem Bundestag aus. Dies war die eigentlich einschneidende Zäsur in seinem Leben, da er erstmals seit 1967 kein wichtiges politisches Wahlamt mehr innehatte. Was blieb, war der Abschied von seinem Lebenselixier. Konnte man sich Alfred Dregger ohne eine politische Aufgabe vorstellen? Musste er nicht seelisch verkümmern, wenn er die Zeitläufte nur von außen betrachtete?

Die Rolle eines *elder statesman* der hessischen CDU wäre Dregger auf den Leib geschneidert gewesen. Immerhin hatte er die Union in Hessen als »Kampfverband« aufgebaut, und sein Ansehen blieb in dem Bundesland ungebrochen. Manches deutet darauf hin, dass Dregger durchaus mit Wohlgefallen registrierte, wie sich seine politischen Enkel in Hessen aufführten und wie sie seine politische Saat mit dem Wahlsieg bei der Landtagswahl 1999 krönten, der Roland Koch, fast vierzig Jahre jünger als Dregger, ins Amt des Ministerpräsidenten beförderte. Aber um als großväterlicher Berater zu fungieren, fehlten Dregger die persönlichen Beziehungen zu der neuen Politikergeneration, die in Hessen nun den Ton angab.[29] Obwohl es seit Ende der 1970er Jahre gelegentliche Kontakte zu Volker Bouffier gab, dem hessischen Landesvorsitzender der Jungen Union,[30] entstand daraus ebenso wenig ein enges Verhältnis wie zu Roland Koch, der 1998, im Jahr des Rückzugs von Dregger aus der Bundespolitik, den Landesvorsitz der hessischen CDU übernahm.

27 Vgl. Claus-Peter Müller: Ich hoffe, Sie haben Verständnis, in: FAZ, 26.11.1997.

28 Zum Fall Hohmann vgl. Frederik Weinert: Nazi-Vergleiche und Political Correctness. Eine sprach- und kommunikationswissenschaftliche Analyse. Baden-Baden 2018, S. 260 ff.

29 Vgl. Weirich: Dregger, S. 306.

30 Zu den Kontakten Dreggers zur Jungen Union ab den späten 1970er Jahren: ACDP, 01-347-119/1 und 01-347-119/2.

Da war es für Dregger einfacher, mit dem nur zehn Jahre jüngeren Helmut Kohl auf seine alten Tage eine Duz-Beziehung zu pflegen. Wenn Dregger jemandem das »Du« anbot, war dies ein kaum zu überschätzender Vertrauensbeweis. Es war kein Zufall, dass er zu Kohl hielt, als dieser in der sogenannten Parteispendenaffäre in seine schwerste Krise geriet und sich reihenweise alte Weggefährten von dem Ex-Kanzler abwandten.[31] Dreggers Verständnis von politischer Treue hingegen bewog ihn dazu, sich gerade in solchen Zeiten mit demjenigen zu solidarisieren, dessen Einsatz für die Wiedervereinigung in seinen Augen alle politischen Sünden vergessen machte. Das geeignete Format hierfür war ein persönliches Schreiben zu Kohls Siebzigstem am 3. April 2000: »Dass nun die Neinsager und Bedenkenträger von einst Dir auch noch in schäbiger Weise menschlich nahetreten, um Deine Verdienste zu schmälern und die Geschichte umzuschreiben, das wird auf die Dauer ohne Erfolg bleiben. Lass' Dich davon nicht erschüttern.«[32]

Der Zahn der Zeit hatte mittlerweile an der Physis Dreggers immer mehr genagt; seit dem Jahr 2000 verfielen seine Kräfte immer mehr. Sein 80. Geburtstag hätte noch einmal Gelegenheit geboten, nicht nur eine Heerschar von Gratulanten zu empfangen, sondern auch eine Art politisches Vermächtnis öffentlich kundzutun. Doch dazu kam es nicht, weil der Jubilar schon derart geschwächt war, dass er sich anlässlich des von der Stadt Fulda ausgerichteten Empfangs nicht mehr bei seinen Gästen persönlich bedanken konnte.[33] Dregger war verstummt und verabschiedete sich unmerklich von der Politik. Als er am 29. Juni 2002 verstarb, flocht ihm die Nachwelt ein letztes Mal Kränze.

»De mortuis nihil nisi bene« – wenn diese Pietätsregel auch für den verstorbenen Dregger galt, dann wird man aus den Nachrufen kaum einen analytisch ergiebigen Zugang zu seinem politischen Wirken gewinnen können. Und in der Tat: Die Etiketten, die dem Verschiedenen angeheftet wurden, werfen vor allem Licht auf den Standpunkt derjenigen, die auf diese Weise Deutungshoheit über ihn erlangen wollten. Das Gros der Medien gefiel sich darin, Dregger zu einem Musterkonservativen zu stilisieren, wobei diese Bezeichnung häufig mehr als nur leise Kritik an der politischen Grundorientierung implizierte – vor allem dann, wenn aus Dregger ein »strammer Konservativer«[34] wurde. Aber ein »kämpfender

31 Vgl. Schwarz: Kohl, S. 870–895.

32 Dregger am 03.04.2000 an Kohl, ACDP, 01-347-141/1.

33 Vgl. Weirich: Dregger, S. 310.

34 Lars Langenau: »Freiheit statt Sozialismus«. Zum Tode von Alfred Dregger, in: Süddeutsche Zeitung, 01.07.2002.

Konservativer«[35] blieb er auch für die seiner Grundeinstellung nahestehenden Medien. Diese Definitionsmacht über Dregger, die bezeichnenderweise auf kein einziges authentisches Dregger-Wort rekurrieren konnte, war auch eine aus der Begriffsnot geborene Zuschreibung, da die Kategorie »nationalliberal« keinen politischen Gebrauchswert besaß.

In der CDU war man mit politischen Flügelbezeichnungen wesentlich zurückhaltender. Der amtierende Fraktionsvorsitzende Merz, der beim Requiem für Dregger im Fuldaer Dom die Traueransprache hielt, rühmte Dregger als einen »Mann fester Überzeugungen und klarer Worte«[36] – ohne allerdings diesen Grundsatzpolitiker mit einem politischen Fahnenwort zu belegen und ihn damit innerhalb des von der CDU abgedeckten Spektrums für eine bestimmte Richtung zu vereinnahmen. Dass Dregger von einem Freiheitsdrang getrieben worden war und man ihn damit am besten in die Traditionen freiheitlicher Politik einzuordnen hatte, brachte die Politikerin zum Ausdruck, welche die längste Zeit ihres Lebens in einer freiheitserstickenden Diktatur gelebt hatte: Angela Merkel legte als CDU-Vorsitzende den Akzent genau auf diesen Aspekt. Dregger sei »ein streitbarer Verfechter unserer freiheitlichen Verfassung« gewesen, er habe sich vor allem in jenen Bereichen betätigt, in denen »die Fundamente der Freiheit berührt waren«. Abgerundet worden sei sein Wirken durch »sein unbeirrtes Eintreten für die Wiedervereinigung unseres Vaterlandes und für die europäische Einigung«.[37] Gerade weil Merkel nicht in den Flügelkämpfen und parteiinternen Auseinandersetzungen der CDU der alten Bundesrepublik politisch sozialisiert worden war, konnte sie einen wichtigen Kern des Politikers Dregger freilegen. Aber auch im Deutschen Bundestag fand man eine angemessene Einordnung. Als sich dieser am 3. Juli 2002 zum Gedenken an Dregger versammelte, strich Bundestagsvizepräsident[38] Seiters heraus, dass Dregger im Parlamentarismus seine politische Erfüllung gefunden habe: »Er blieb ausschließlich Parlamentarier.«[39] Der Stellenwert Dreggers – und darin wird man dem Bundestag beipflichten – liegt vornehmlich, wenngleich nicht ausschließlich, in der deutschen Parlamentarismusgeschichte.

---

35 Gernot Facius: Mit Alfred Dregger starb ein kämpfender Konservativer, in: Die Welt, 01.07.2002.

36 Friedrich Merz: Gedenken an Alfred Dregger. Traueransprache beim Requiem im Fuldaer Dom, 05.07.2002, in: CDU/CSU Fraktion im Deutschen Bundestag, Pressemitteilung vom 09.07.2002.

37 Traueranzeige der CDU-Vorsitzenden Merkel, FAZ, 04.07.2002.

38 Der amtierende Bundestagspräsident Thierse verzichtete auf die Gedenkrede wohl deswegen, weil er erst 1990 ins Parlament gewählt worden war und daher kaum Berührungen mit Dregger gehabt hatte.

39 Verhandlungen des Deutschen Bundestags, Stenographische Berichte, 14. Wahlperiode, 247. Sitzung, 03.06.2002, S. 24979.

Fazit

Welche Spezifika fallen ins Auge, wenn man den politischen Lebensweg Alfred Dreggers unter systematischen Aspekten in den Blick nimmt? Gewiss trägt jede Vita eines Politikers ihren Sinn in sich; die Entwicklung einer politischen Persönlichkeit wird an ihren jeweiligen Lebensstationen deutlich und entfaltet sich im chronologischen Ablauf. Doch hier ging es nicht darum, das Leben Dreggers retrospektiv abzuschreiten und bis in kleinste Verästelungen hinein seine Handlungen und Denkbewegungen auszubreiten. Die historische Bedeutsamkeit Dreggers lässt sich nicht mit einer detailgesättigten Aufzählung seiner Taten aufzeigen, sondern indem jene Aspekte herausgearbeitet werden, die über seine Person hinausweisen und an übergreifende Fragestellungen anschließen. Mit diesem Anspruch werden zum Schluss die leitenden Gesichtspunkte in komprimierter Form dargeboten. Wofür also steht das politische Leben von Alfred Dregger?

Erstens: Alfred Dreggers Vita zeugt davon, wie sich Angehörige einer für den Nationalsozialismus anfälligen Generation und eines entsprechend disponierten Milieus in die Gestaltung der bundesdeutschen Demokratie einbrachten. Dregger repräsentiert dabei eine soziokulturelle Kohorte, die für diese Fragestellung besonders ergiebig ist: In seiner Person lässt sich das Zusammenfallen eines ausgeprägten, familiär tradierten Nationalismus mit einem soldatischen Habitus, der sich in der Wehrmacht Hitlers in Kampfeinsätzen an der Ostfront zur Geltung brachte, nachzeichnen. Damit eignet er sich als Repräsentant für einen bestimmten Generationszusammenhang. Dregger verkörpert dabei nicht die Frontsoldaten des Zweiten Weltkriegs als Großgemeinschaft, weil deren Kriegserfahrung überaus heterogen war und von Einsatzort, Frontnähe und Dienstgrad abhing.[1] Aber er kann durchaus eine gewisse Repräsentativität für jene um 1920 geborenen Berufssoldaten in Anspruch nehmen, die ihre Erfüllung in Kampfeinsätzen an vorderster Front im Osten fanden und hierin auch eine Bewährung ihrer Führungseigenschaften erblickten. Politisch einte sie die feste Überzeugung, dass das Deutsche Reich einen gerechten Krieg um seine ihm zustehende Großmachtrolle kämpfe und daher zu Expansion berechtigt sei; und als sich das

1 Vgl. dazu Ziemann: Generationen, S. 7f.

Kriegsglück wendete, führten sie den Krieg weiter, damit das Deutsche Reich als nationaler Machtstaat erhalten bleiben sollte.

Diese Synthese aus Deutschnationalismus und Kriegertum war mit Dreggers Zugehörigkeit zum Katholizismus vereinbar, weil sein Katholizismus nicht als normatives politisches Gerüst diente und in dieser Hinsicht keine hohen Schranken gegenüber dem Nationalsozialismus errichtete. Dreggers Familie und er selbst rechneten sich zum »nationalen Lager«, das im NS-Staat ein Vehikel erblickte, um Deutschlands Machtentfaltung zur Geltung zu bringen und dem Deutschen Reich eine vorherrschende Rolle in der Mächtepolitik zu verschaffen. Ein solcher Nationalismus bildete ungeachtet vieler Differenzen zu den Kernzielen des Nationalsozialismus – wie für viele Angehörige des »nationalen Lagers«[2] – die inhaltliche Brücke zum NS-Regime. Daher war Dreggers Beitritt zur NSDAP keine jugendliche Verirrung, sondern eine durchaus folgerichtige Bestätigung seines soldatischen Nationalismus, der ohne rassenideologische Flankierung auskam, darin aber kein Hindernis für eine Mitgliedschaft in der Partei sah.

Insofern war kein geringer Weg zurückzulegen, um die »Generation Dregger« nicht nur in das politische System der Bundesrepublik zu integrieren, sondern sie zu einem aktiven Engagement für die zweite deutsche Demokratie zu bewegen. An der politischen Entwicklung Dreggers lässt sich näher herausarbeiten, wie diese Kohorte von »deutschen Kriegern« ihr aktivistisches Streben und ihre Führungskraft für die konstruktive Weiterentwicklung der Bonner Republik einsetzte.

Es war vor allem der auf politischen Angriff ausgerichtete Stil des demokratischen Parteipolitikers Dregger, in dem sich seine Prägung als Wehrmachtsoffizier niederschlug. Inhaltlich kam das erst in seiner politischen Spätphase ab 1995 ungefiltert zum Ausdruck, als der seiner politischen Führungsfunktionen ledige Dregger seine politische Rolle neu definierte und sich als Sprachrohr der Wehrmachtssoldaten verstand. Er verschrieb sich dabei einem Generationenverständnis, das die formale Zugehörigkeit zur Wehrmacht zum ausschlaggebenden Kriterium erhob. Damit überging Dregger die sehr unterschiedlichen Erlebnisschichtungen, die der Zweite Weltkrieg im Millionenheer der Landser hinterlassen hatte. Er versuchte, ein bereits in die Defensive geratenes Narrativ über die Wehrmacht zu konservieren, das das kriegerische Handeln unter Rekurs auf überzeitliche und dem Kontext der NS-Herrschaft enthobene Ehrvorstellungen zu legitimieren und ihm so Sinn zu verleihen trachtete. Die Kriegserfahrungen waren jedoch viel zu heterogen, als dass sein Versuch erfolgreich sein konnte.

2 Vgl. Ulrich Herbert: Wer waren die Nationalsozialisten? München 2021, S. 33f.

Dass Dregger mit seiner neuen Positionierung nur wenig Anklang fand und keine breitere Wirkung erzielte, lag auch an der fehlenden Anschlussfähigkeit an jene Teile der Bevölkerung, die in der Bundesrepublik geboren und sozialisiert worden waren. Der im generationellen Diskurs immer bedeutsamer werdende Verweis auf künftige Generationen[3] speiste sich aus der Erwartung, dass die Nachfolgenden bereit und fähig seien, das Erbe der Vorfahren aufzugreifen und weiterzuführen. Doch dazu fehlte im zutiefst unmilitärischen Staatswesen Bundesrepublik mit seiner allem Militärischen abholden politischen Kultur der Nährboden. Es waren immer älter werdende Männer, die eine Generationsrede anstimmten, ohne sie durch intragenerationell übertragbare Erfahrungen beglaubigen zu können. Damit blieb es ein reiner Selbstverständigungsdiskurs, der im Falle Dreggers noch dadurch verstärkt wurde, dass er nicht nur für sich, sondern auch für seinen im Krieg gefallenen Bruder das Wort ergriff. Damit engte er seinen Kommunikationsraum am Ende seines politischen Lebens so ein, dass er sich in seiner politischen Heimat isolierte und von einer sich regenden »Neuen Rechten« als Stichwortgeber instrumentalisiert wurde. Dregger hat aber die Trennlinie zur »Neuen Rechten« nie überschritten, weil er zu einem unbestrittenen Anwalt einer freiheitlichen Demokratie avanciert war, der sich auch im fortgeschrittenen Alter nicht aus der Bahn werfen ließ.

Zweitens: Dregger steht auch für die politische Standortbestimmung der in Kampfeinsätzen an der Ostfront sozialisierten Wehrmachtsoffiziere in der Bundesrepublik Deutschland. Es ist kein Zufall, dass ihn die politische Suchbewegung in der Bundesrepublik zum Nationalliberalismus führte. Diese politische Strömung ermöglichte es, sich gestalterisch in das westdeutsche Staatswesen einzubringen, schlug zugleich aber eine feste Brücke zu Dreggers normativem Fixpunkt, dem Bekenntnis zur Nation als politischem Kraftzentrum. Am Beispiel Dreggers lässt sich die funktionale Bedeutung des Nationalliberalismus für das Ankommen und Heimischwerden einer soldatisch geprägten Formation in der zweiten deutschen Demokratie ablesen: Der Nationalliberalismus übte eine wichtige Vermittlerrolle für Angehörige eines soldatisch imprägnierten Nationalismus aus. Er offerierte denjenigen unter ihnen, die bereit waren, die politische Ordnung der Bundesrepublik als Entfaltungsraum von Freiheit zu bejahen und sich für diese zu engagieren, ein geradezu maßgeschneidertes politisches Angebot, weil dieses Freiheitsverlangen immer auch auf die Nation als Zentralobjekt ausgerichtet war. Der nationale Liberalismus der Bundesrepublik verband

3 Vgl. Möckel: Erfahrungsbruch und Generationenbehauptung; Ulrike Jureit: Generationenforschung, Göttingen 2006.

den Freiheitsdiskurs mit dem Verlangen nach nationaler Einheit; und genau das machte ihn für Dregger so anziehend, als sich dieser in der bundesdeutschen Politik einrichtete. Insofern kann sein Fall dazu dienen, sich in systematischer Hinsicht ähnlich gelagerten Politikern wie Erich Mende, aber auch Publizisten wie Rudolf Augstein zuzuwenden.

Drittens: Dreggers politisches Wirken ist ein wichtiger Indikator dafür, dass der bundesdeutsche Nationalliberalismus nicht nur – und seit den ausgehenden 1960er Jahren immer weniger – in der FDP seine parteipolitische Heimat fand. Gewiss hätte Dregger mit seiner politischen Grundeinstellung und seiner familiären Sozialisation auch in der FDP der 1950er Jahre Karriere machen können. Die CDU war jedenfalls nicht der natürliche politische Standort für einen Wehrmachtsoffizier mit Kampferfahrung, dessen Elternhaus dem politischen Katholizismus ferngestanden hatte und in dem ein ausgeprägter Nationalismus gepflegt worden war. Dass Dregger bei der CDU landete und dort eine durchaus rasante Karriere hinlegte, ist auch ein Ausweis für die Kontingenz biographischer und geschichtlicher Entwicklungen: Er hatte seinen Einstieg in die Parteipolitik einem Mentor mit einer lupenreinen christdemokratischen und antinationalsozialistischen Vita zu verdanken, Cuno Raabe, dem Bürgermeister der osthessischen Bischofsstadt Fulda, einer katholischen und damit christdemokratischen Enklave in Hessen. Unter dessen Protektion konnte Dregger politisch durchstarten und als Parteineuling das Amt des Fuldaer Oberbürgermeisters erlangen. Sein Einstieg in die Parteipolitik erfolgte so auf kommunalpolitischer Ebene, wo pragmatische Fragen kommunaler Daseinsvorsorge im Zentrum standen – das nationalliberale Feld innerhalb der CDU konnte er zunächst nicht bestellen. Dazu musste er Fulda als alleinigen politischen Wirkungskreis hinter sich lassen und auf landes- und bundespolitischer Ebene seine Stimme erheben.

Dreggers politischer Aufstieg erfolgte über die Landespolitik. Hessen war das ideale Pflaster, um innerhalb eines CDU-Landesverbandes nationalliberale Positionen auf die politische Agenda zu setzen, da die hessische CDU weit über ihre christdemokratische, agrarkonservative und christlich-soziale Kernwählerschaft expandieren musste, wenn sie der in Hessen bis in die ausgehenden 1960er Jahre übermächtigen SPD Paroli bieten wollte. Dazu war der von Dregger repräsentierte Liberalismus wie maßgeschneidert: Die hessische CDU konnte damit jenen Wählern eine neue politische Heimat bieten, die in der egalitär ausgerichteten Gesellschafts- und Kulturpolitik der hessischen SPD eine Beschneidung individueller Freiheiten erblickten. Nicht zuletzt war die Dregger-CDU für jene Nationalliberalen ein politisches Auffangbecken, die sich in einer nach links rückenden FDP nicht mehr beheimatet fühlten.

Nachdem Alfred Dregger 1967 den Landesvorsitz der hessischen CDU übernommen hatte, baute er sie zu einer liberalen Musterpartei aus. Es gab keinen anderen Landesverband der Union, der in den 1970er Jahren bei drei Landtagswahlen hintereinander die »liberale Erneuerung« ins Zentrum des Wahlprogramms rückte und dies durch die Aufstellung des immer gleichen Spitzenkandidaten personalisierte. Der unangefochtene Spitzenmann Dregger kannte allerdings das Innenleben der CDU gut genug, um seine nationalliberale Grundeinstellung nicht offensiv in den Vordergrund zu stellen und begrifflich zum Ausdruck zu bringen. Zwar beteiligte er sich durchaus erfolgreich daran, dass auch die Bundes-CDU in den 1970er Jahren das Hochwertwort »liberal« zunehmend für sich entdeckte. Dezidiert nationalliberal wollte und konnte sich die CDU allerdings nach außen nicht geben, weil dies eine politische Verengung ihres Profils als Volkspartei bedeutet hätte. Vor allen Dingen hätte man sich auf exegetische Kämpfe um die Unterschiede zwischen Nationalliberalen und Linksliberalen einlassen müssen; diesen Familienzwist um den »richtigen« Liberalismus überließ man wohlwissend der FDP und freute sich im Stillen darüber, dass auf der CDU-Bank in Hessen mit Erich Mende und Knut von Kühlmann-Stumm ein ehemaliger Parteivorsitzender der FDP und ein ehemaliger Vorsitzender der FDP-Bundestagsfraktion Platz genommen hatten. Der hessische Landesvorsitzende Dregger war daran nicht unmaßgeblich beteiligt.

Nicht nur in Hessen, auch in der Bundespolitik spielte Dregger die nationalliberale Karte. Hier war die Wirtschaftspolitik sein erster Ansatzpunkt. Dregger erkannte, dass die CDU nach dem wenig rühmlichen Abgang Ludwig Erhards ein deutliches Defizit an wirtschaftsliberalen Ordnungsvorstellungen aufwies. Hier tat sich zugleich eine politische Marktlücke für den hessischen Senkrechtstarter auf, der sich auf dem Parteitag der CDU im Jahr 1971 in der Frage der betrieblichen Mitbestimmung mit einem nach ihm benannten wirtschaftsliberalen Antrag gegen die Position der Parteiführung durchsetzen konnte. Seit 1971 war Dreggers Name in der Bundes-CDU ein Begriff, und seitdem gehörte Dregger zu deren erweitertem Führungsteam. Seine Bemühungen, die CDU als *die* Partei zu präsentieren, die am energischsten einer kollektivistischen Beschränkung individueller Freiheitsräume entgegentrat, kulminierte in dem CDU-Slogan für den Bundestagswahlkampf 1976 »Freiheit statt Sozialismus«. Dieses kämpferische und zuspitzende Wahlkampfmotto war auch ein semantisches Erbe des Nationalliberalismus, weil das Beschwören der Freiheit zu den klassischen nationalliberalen Pathosformeln seit den 1860er Jahren zählte.

VIERTENS: Das nationalliberale Projekt prägte auch den politischen Stil Dreggers. Weil es das Streben nach Freiheit mit dem Bekenntnis zur Wiederherstellung nationalstaatlicher Einheit verknüpfte, lud es die politische Auseinandersetzung normativ so auf, dass sie um die Hochwertworte »Freiheit« und »Nation« kreiste. Damit war ein neuer Politikertypus gefragt, der in performativer Hinsicht – also in der Art und Weise, wie er redete und auftrat – diese Schlüsselbegriffe glaubhaft repräsentierte. Ein überzeugendes Reden über »Freiheit« und »Nation« gelang nicht, wenn man mühsam vom Blatt ablas. Die damit verbundenen Vorstellungen mussten vom Redner emotional Besitz ergreifen, um ihn als authentischen Boten von Freiheit und Nation zu legitimieren.

Dregger verkörperte in geradezu idealtypischer Weise einen solchen »Freiheitskämpfer«. Er fühlte sich im politischen Angriffsmodus am wohlsten, ohne dabei bürgerliche Konventionen des Sprechens preiszugeben. Die Verunglimpfung des politischen Gegners und die Herabwürdigung von Kontrahenten lagen ihm fern und waren mit seinem in diesem Sinne genuin bürgerlichen Habitus nicht kompatibel. Doch es war kein Honoratiorenliberalismus, den Dregger verkörperte, sondern im Gegenteil ein Kämpfertum, das – ohne sich im Stil zu vergreifen – mit unbändiger Leidenschaft für die eigene Überzeugung eintrat. Hier lässt sich eine semantisch gebändigte und in die politische Arena verlagerte Einsatzbereitschaft ausmachen, die Dregger bereits an der Front ausgezeichnet hatte. In der Bundesrepublik wurde sie durch eine spezifische Gefährdungsanalyse untermauert: Der kämpferische und leidenschaftliche Einsatz für die Freiheit sei deswegen geboten, weil sie von sozialistischen Kräften im Innern und durch einen expansiven Weltkommunismus mit dem Zentrum Sowjetunion von außen bedroht sei. In diesem Sinne war Dregger einer der vehementesten Vertreter dessen, was der jüdisch-deutsch-amerikanische Politikwissenschaftler Karl Loewenstein mit dem Begriff »militant democracy« bezeichnet: die aktive Selbstbehauptung der liberalen Demokratie gegen ihre freiheitsverachtenden Gegner.

Dreggers nationalliberaler Kompass befähigte ihn dazu, die politischen Diskurse auf eine engagierte Auseinandersetzung um Grundsatzfragen zu komprimieren. In seiner Spielart der »militant democracy« waren »Freiheit« und »Nation« die Leitplanken, die einen semantischen Korridor vorgaben, in dem er sich diskursschöpferisch betätigte. Vor allem verstand er dies auch in seinem Auftreten und Reden glaubhaft zu machen. Er unterschied sich darin klar von Parteifreunden, die aus dem Reservoir des politischen Katholizismus oder des Konservatismus schöpften. Verfechter der katholischen Soziallehre und Anwälte eines konservativen Gesellschaftsmodells, in dem das Individuum seinen Platz zugeteilt bekam, waren im Regelfall wenig geeignet, ihre Kernbotschaft mit einem Redeeinsatz zu verkünden, bei dem die Authentizität des empathischen Auftritts die Durchschlagskraft des Inhalts verbürgte.

Auf diese Weise erlangte Dregger innerhalb seiner Partei und auch innerhalb der Bundestagsfraktion, der er ab 1972 angehörte, geradezu ein Alleinstellungsmerkmal: Er war einer der ganz wenigen CDU-Spitzenpolitiker, der sich im Modus der politischen Rede verwirklichte und Grundsatzdebatten über den Stellenwert von »Freiheit« und »Nation« führen konnte. In der politischen Rede fand er zu sich selbst; sie war kein oratorisches Beiwerk, sondern bildete den Kern der politischen Marke »Alfred Dregger«. Eine ausgesprochene Sensibilität für die Bedeutsamkeit politischer Sprache zeichnete ihn aus. Dass Wörter politische Waffen sein konnten, dass die Einschleusung bestimmter Signalwörter in den politischen Diskurs die Grenzen des politisch Sagbaren und damit auch des Machbaren in eine bestimmte Richtung zu verschieben vermochte – all dies gehörte zu Dreggers Ausstattung, seit er sich ab 1967 mit ganzem Einsatz in die politische Arena begeben hatte.

Politik war für Dregger mithin auch und nicht zuletzt Sprachhandeln. Eine Beschäftigung mit ihm schärft den Blick dafür, dass Politik nicht nur von nüchternen Administratoren und großen Staatsmännern betrieben wird, sondern dass auch sprachgestalterische Akteure erheblichen Anteil daran haben, die – wie Dregger – kein Regierungsamt auf Landes- oder Bundesebene ausüben. Dregger hat nie auf administrative Mittel allein vertraut, auch nicht bei der Bekämpfung von Verfassungsfeinden im Innern. Stets stand für ihn die genuin politische Auseinandersetzung im Vordergrund. Ihm ging es gleichsam um eine Vorverlagerung des Verfassungsschutzes durch diskursive Anstrengungen.

FÜNFTENS: Damit stellt sich die Frage, welche Politikfelder sich für Dreggers sprachpolitische Initiativen am besten eigneten. Es war die Deutschlandpolitik, in der Sprache das wichtigste politische Gestaltungsmedium bildete. Da die Teilung Deutschlands ein Ergebnis des Kalten Kriegs war und westdeutsche Alleingänge nach Auffassung Dreggers nicht geeignet waren, die Einheit Deutschlands zu befördern, musste sich eine aktive Deutschlandpolitik darauf beschränken, die Überwindung der Teilung im politischen Diskurs zu verankern. Gerade weil er nicht durch ein Staatsamt zur Rücksichtnahme in dieser sensiblen Frage angehalten war, konnte Dregger hier eine Schlüsselrolle zufallen. Er beherrschte die Kunst der semantischen Gratwanderung: Es gelang ihm, die Offenheit der deutschen Frage zu betonen, ohne sich an einen Zeitplan zu binden, bis wann die Wiedervereinigung erreicht sein würde. Dregger betrieb semantische Enttäuschungsprävention, indem er das Ziel der Wiedervereinigung auf die Tagesordnung einer operativen Deutschlandpolitik platzierte, ohne es als Naherwartung zu propagieren. Die Wiedervereinigung wurde mithin in einem zeitlichen Zwischenstadium verortet: Sie war nicht zum Greifen nah, aber eben auch nicht in so weite Ferne gerückt, dass sie nur spätere Generationen erleben würden. Gerade weil er nicht in die Regierungsverantwortung eingebunden war, trug Dregger maßgeblich dazu bei, die CDU auf dem Feld der Deutschlandpolitik sprachfähig zu erhalten. Damit war sie nach dem Ende der SED-Herrschaft, das auch er in dieser Geschwindigkeit nicht erwartet hatte, auf dem nun ausschlaggebenden Feld der Deutschlandpolitik semantisch bestens gerüstet. Dregger sollte auf diese Weise gegenüber seinem innerparteilichen Widerpart Heiner Geißler die Oberhand behalten, der als CDU-Generalsekretär die politische und damit auch semantische Entsorgung deutschlandpolitischer Positionen vorangetrieben hatte.

Es gab noch ein zweites zentrales Politikfeld, auf dem sich Dreggers sprachpolitisches Engagement in korrespondierenden politischen Entscheidungen niederschlug: die Sicherheitspolitik. Sie war für Dregger immer ein Kerngebiet gewesen, weil im Sinne der »militant democracy« die Bundesrepublik als Teil des Westens ihre militärische Verteidigungsfähigkeit gegenüber dem sowjetisch beherrschten Machtbereich sicherstellen musste. In diesem Sinne war die Durchsetzung der NATO-Nachrüstung im Jahr 1983 ein sicherheitspolitischer Kraftakt, den Dregger in seiner Eigenschaft als Vorsitzender der Bundestagsfraktion von CDU/CSU in gewohnter Weise auch rhetorisch flankierte. Er konnte dies ohne innere Reserve tun, weil es voll und ganz seinem sicherheitspolitischen Credo entsprach: Die USA als Führungsmacht des Westens bildeten mit den Westeuropäern und damit den Westdeutschen eine unverbrüchliche Risikogemeinschaft, in der jeder Angriff auf das westeuropäische Territorium wie ein Angriff auf US-Territorium behandelt wurde.

Doch Mitte der 1980er Jahre lockerte sich diese Haftungsgemeinschaft. Die USA suchten sich mit der östlichen Führungsmacht so zu verständigen, dass Westeuropa und damit vor allem die Bundesrepublik eine sicherheitspolitische Sonderzone zu werden drohte. Im Verteidigungsfall wären nur Kurzstreckenwaffen aus dem Atomwaffenarsenal zum Einsatz gekommen, die allein deutsches Territorium – sei es in der Bundesrepublik, sei es in der DDR – betroffen hätten. Dieser Strategiewechsel der USA führte zu einer großen sicherheitspolitischen Verunsicherung gerade innerhalb der CDU, die in der Bundesrepublik am entschiedensten auf die US-amerikanische Sicherheitsgarantie setzte. In dieser Phase, als alte Gewissheiten ins Wanken gerieten, schlug Dreggers Stunde: Er profilierte sich auf dem Feld der Sicherheitspolitik als Taktgeber und Antreiber innerhalb der eigenen Partei, aber auch für die Bundesregierung Kohl/Genscher. Dies gelang ihm zum einen, indem er die Sicherheitspolitik aus der Nische des Expertendiskurses in die Mitte der Politik holte. Zum anderen flankierte er den nationalpolitischen Impetus seines sicherheitspolitischen Vorstoßes – Deutschland könne es aus nationalen Interessen nicht zulassen, zum alleinigen Schauplatz einer atomaren Auseinandersetzung zwischen den Bündnissen degradiert zu werden – mit einer kühnen europapolitischen Verteidigungsinitiative und entkräftete damit den Verdacht einer national motivierten Absage an Bündnispflichten. Am Ende konnte er die Früchte seiner Bemühungen insofern ernten, als die NATO die sensible Frage der Modernisierung der allein deutsches Territorium bedrohenden atomaren Kurzstreckenwaffen aufschob – und zwar rechtzeitig bevor der Zusammenbruch des sowjetischen Imperiums die Kernwaffenproblematik entschärfte.

SECHSTENS: In systematischer Hinsicht ist Dreggers Beitrag zur Überwindung der deutschen Teilung am ergiebigsten, liefert er doch einen analytischen Schlüssel zur näheren Betrachtung von Wiedervereinigungspolitiken und Wiedervereinigungspolitikern. An Dregger lässt sich zwar nicht der windungsreiche Weg zur deutschen Einheit in politikhistorischer Perspektive exemplifizieren, da er kein zentraler Akteur wie Bundeskanzler Kohl oder der sowjetische Generalsekretär Gorbatschow war. Aufschlussreich ist er als politische Figur aber, wenn man nach dem temporalen Status der Wiedervereinigungspolitik fragt. Dabei geht es darum, wie politische Akteure mit in die Zukunft verlagerten Zielen umgehen, die für ihr politisches Selbstverständnis konstitutiv sind.

Eine solche für die Forschung ergiebige Betrachtung rückt den Umgang mit einem spezifischen Typus von Kontingenz ins Zentrum, den Lucian Hölscher[4] näher umrissen hat: Es geht darum, sich politisch zu rüsten für ein in der Zukunft liegendes Ereignis, das in normativer Hinsicht als höchst erwünscht, dessen Eintreffen aber als eher unwahrscheinlich gilt. Das Beharren auf der Wiedervereinigung – und damit der Kern der politischen Identität des Nationalliberalen Dregger – besitzt diesen von Hölscher beschriebenen Kontingenzstatus. Dregger vertraute sich wie alle engagierten Deutschlandpolitiker dem kontingenten Status von Geschichte an. Nur das Urvertrauen, dass der Lauf der Geschichte unwägbar sei, dass es entgegen allen Prognosen und Erwartungen auch ganz anders kommen könne und dass deswegen die Nichtdeterminiertheit des Geschehens den Deutschen einst auch die staatliche Einheit bescheren könne, hielt das deutschlandpolitische Feuer in ihm am Brennen.

Das Streben nach Wiedervereinigung ist insofern auf derselben Ebene anzusiedeln wie etwa das Verlangen französischer Politiker nach einer Rückgewinnung der 1871 an das Deutsche Reich verlorenen Provinzen Elsass und Lothringen. Die französische Politik der damaligen Zeit wird häufig auf einen Ausspruch von

4 Hölscher, Kontingenzen.

Gambetta reduziert, der mit Blick auf den Umgang mit Kontingenz formulierte: »Rien en parler, mais toujours y penser.« Öffentlich artikulierte Zukunftserwartungen werden als kontraproduktiv eingestuft und stattdessen wird empfohlen, das heiß ersehnte Ziel im Herzen zu bewahren. Dieser Seitenblick nach Frankreich zeigt, dass die zeitpolitische Funktion Dreggers bei der Wiedervereinigung geeignet ist, Kategorien bereitzustellen, um ähnlich gelagerte Fälle zu vermessen und aus ihnen systematisch ergiebige Erkenntnisse zu gewinnen.

Damit lautet die Kardinalfrage an Dregger: Wie sah seine spezifische Form der Kontingenzbewältigung aus? Denn es gab eine erhebliche Bandbreite an möglichen Antworten, die durch bestimmte politische Akteure repräsentiert wurden. Der erste Weg der Kontingenzbewältigung bestand darin, auf einer deklamatorischen Ebene das Ziel der Wiedervereinigung zu beschwören, es zugleich aber durch routinehaftes Abspulen von Floskeln in eine so ferne Zukunft zu rücken, dass es der christlichen Vorstellung vom Wiederkommen Christi auf Erden glich: ein dogmatisch verfestigter Glaubenssatz, der aber kein praktisches Zukunftshandeln zur Konsequenz hatte. Eine andere Variante der Kontingenzbewältigung kehrte das zeitliche Erwartungsgefüge um: Das glühend ersehnte Ziel der Wiedervereinigung sollte durch die Erprobung phantasievoller, die bisherigen Regeln durchbrechender Alternativen in den Bereich der politischen Naherwartung hineingeholt werden und zu einer unmittelbaren Zukunftsperspektive avancieren.

Dregger – und mit ihm das Gros der leidenschaftlichen Deutschlandpolitiker – verwarf beide Optionen und ließ sich stattdessen von einem spezifischen Kontingenzbewusstsein leiten. In diesem war das Eintreffen eines wünschbaren Ereignisses in der Zukunft an die Voraussetzung geknüpft, dass schon in der Gegenwart durch aktives Handeln auf diesen Zustand hinzuwirken sei. Mit pathetischen Reden über Deutschlands Einheit war es daher nicht getan, wenn sie nicht von praktischem Handeln flankiert wurden. Unter den Bedingungen der Teilung konnte deutschlandpolitische Praxis indes nur bedeuten, die Substanz der Nation als Bekenntnisgemeinschaft dadurch zu erhalten, dass die persönliche Kommunikation zwischen den Deutschen in der DDR und den Deutschen in der Bundesrepublik intensiviert wurde. Wenn dies gelang, bestand auch keine Notwendigkeit zu riskanten politischen Manövern, unter Außerachtlassung des Ost-West-Konflikts die deutsche Einheit auf eigene Faust anzustreben.

Um diesen Umgang mit Kontingenz auf vergleichbare Phänomene übertragen zu können, ist der Begriff Zukunftshandeln hilfreich. Gewissermaßen handelt es sich um den kategorischen Imperativ, der sich aus einem spezifischen Kontingenzbewusstsein speist: Handle so, dass deine Handlungen von heute dazu beitragen, die Erreichung eines in der Zukunft liegenden, klar umrissenen

Ziels voranzutreiben. Für die Deutschlandpolitik bedeutete dies: Unterlasse alle Handlungen, welche die Chancen auf Wiedervereinigung schmälern! Nutze jede Gelegenheit für Schritte, die die lebenspraktische Relevanz der Wiedervereinigung betonen!

Dregger hatte sich wie seine Gesinnungsgenossen in der Kontingenz eingerichtet: In ihren Augen eröffnete die strukturelle Offenheit der deutschen Frage die prinzipielle Aussicht auf Wiedervereinigung. Sein grundlegender Beitrag bestand darin, dieses Kontingenzbewusstsein im Sinne des eben skizzierten kategorischen Imperativs glaubhaft zu vertreten und durch entsprechende Zukunftshandlungen einzulösen. Dregger besaß hierbei seine eigene Agenda und blieb ein gerade in deutschlandpolitischer Hinsicht eigenständiger Kopf, der sich nicht sklavisch in die Regierungsdisziplin einbinden ließ. So torpedierte er 1984 den ins Auge gefassten Besuch des DDR-Staatsratsvorsitzenden Honecker, indem er ihn in ironischer Weise als persona non grata hinstellte. Dreggers genüsslich vorgetragenes Diktum, die »Zukunft« hänge nicht davon ab, dass das Aushängeschild der SED-Diktatur dem freien Teil Deutschlands »die Ehre seines Besuchs erweist«, war nicht nur ein gezielter kommunikativer Affront, der den gewünschten Effekt erzielte. Die Intervention war insofern eine strategisch angelegte Zukunftshandlung, als nach Dreggers Einschätzung ein Honecker-Besuch in der Bundesrepublik im Jahr 1984 für den deutschlandpolitischen Imperativ kontraproduktiv gewesen wäre.

Drei Jahre später hingegen stand Dregger uneingeschränkt hinter dem Vorhaben der Bundesregierung, Honecker die Ehre eines Staatsbesuchs zuteilwerden zu lassen und ihm im wahrsten Sinne des Wortes den roten Teppich auszurollen – diesmal sah er darin eine deutschlandpolitisch ertragreiche Zukunftshandlung. Er ging davon aus, dass gerade wegen der unbestreitbar mit dem Besuch verbundenen internationalen Aufwertung der DDR deren Führung unter erheblichen Erwartungsdruck der eigenen Bevölkerung geraten würde, so dass sie keine andere Möglichkeit hätte, als zum Zeichen des Entgegenkommens in nie gekanntem Maße Ostdeutschen die Möglichkeit zu Reisen in den Westen zu geben. Diese Zugeständnisse würde die DDR-Führung nicht mehr zurücknehmen können – und diese Unumkehrbarkeit versprach eine Eigendynamik zu entfesseln, die das überragende Ziel der Einheit ein wesentliches Stück näher rücken ließ. Dregger schirmte nun – anders als noch wenige Jahre zuvor – als Vorsitzender der stärksten Regierungsfraktion dieses Zukunftshandeln von Bundeskanzler Kohl gegen massive Kritik aus den eigenen Reihen ab.

Siebtens: Die eigentliche Bewährungsprobe für das Zukunftshandeln unter den Bedingungen von Kontingenz ergibt sich, wenn das lange Zeit in ferner Zukunft liegende Ziel plötzlich in greifbare Reichweite rückt. Ein solcher abrupter Zeitenwechsel ereignete sich Ende 1989: Nach dem Fall der Berliner Mauer am 9. November 1989 trat die Wiedervereinigung in den Bereich politischer Naherwartung. Damit veränderte sie ihren Kontingenzstatus: Sie war kein Ziel mehr, auf dessen Verwirklichung man sich durch unermüdlichen politischen Bereitschaftsdienst vorbereitete, das aber noch in unabsehbarer Zukunft lag. Die Wiedervereinigung war vielmehr in den Verwirklichungsraum vorgedrungen und damit zum Gegenstand konkreter politischer Entscheidungen geworden. Für diese gab es aber keine etablierten Handlungsroutinen; auch Dregger verfügte über kein Handbuch zur Wiedervereinigung. Vielmehr handelte es sich um einen überaus komplexen Prozess, der sich jeder Planbarkeit entzog. Damit lautet die auch hier über den konkreten Fall hinausreichende, weil allgemein für politisches Handelns unter Kontingenzbedingungen relevante Frage, auf die Dreggers Verhalten eine anschlussfähige Antwort gibt: *Was sind die entscheidungstheoretischen Implikationen eines solchen Zukunftshandelns?*

Der Soziologe Uwe Schimank hat ein Modell zur Bewältigung komplexer Entscheidungssituationen vorgelegt[5], das dazu dient, die temporale Matrix des Handelns Dreggers und seiner Weggefährten freizulegen. Die leitende Prämisse dabei ist, dass das angemessene Handeln in hochkomplexen Entscheidungssituationen vor allem eine zeitpolitische Dimension besitzt: Nicht nur wie man handelt, entscheidet über Erfolg oder Misserfolg, sondern auch, ob man den richtigen Zeitpunkt zum Handeln getroffen hat. Mit Hilfe eines solchen Kompasses lässt sich das Handeln Dreggers in der bewegten Hochphase des Vereinigungsprozesses von Oktober 1989 bis Oktober 1990 folgendermaßen aufschlüsseln:

Zunächst wirkte Dregger zusammen mit dem Bundeskanzler, mit dem er eine zeitpolitische Achse bildete, darauf hin, dass der Verheißungscharakter der Wiedervereinigung nicht dazu führte, dass die zu treffenden Entscheidungen aus dem zeitpolitischen Rhythmus gerieten. Dreggers Euphorie darüber, dass das ersehnte Ziel in greifbare Reichweite gerückt war, verleitete ihn nicht dazu, Druck aufzubauen, um den Vorgang zu beschleunigen. Er postulierte die Hoheit der Entscheidungsträger über das nun entscheidungsreife Thema Wiedervereinigung, obgleich er wie der Bundeskanzler die kaum durchschaubare Komplexität der Entscheidungssituation wahrnahm. Eine solch hochkomplexe Situation speiste sich nicht zuletzt aus der herrschenden Erwartungsunsicherheit. Denn bei den westlichen Bündnispartnern Großbritannien und Frankreich war mehr als Verunsicherung zu spüren, als plötzlich die deutsche Einheit auf der Tages-

5 Schimank, Coping.

ordnung stand, die man zwar verbal proklamiert, aber nie aus vollem Herzen unterstützt hatte. Auch war die Lage in der DDR überaus fluide, konnte doch Anfang 1990 niemand prognostizieren, welches Ergebnis die erste freie Parlamentswahl dort zeitigen würde. Und über allem schwebte die große Ungewissheit, ob und wie lange sich der sowjetische Staats- und Parteichef Gorbatschow mit einem Kurs im eigenen Land würde behaupten können, der darauf hinauslief, den Menschen im sowjetischen Machtbereich – und damit auch den Deutschen in der DDR – die Selbstbestimmung über ihre politische Zukunft anzuvertrauen. In dieser dynamischen Lage war zunächst ein kalkuliertes Abwarten gefragt, ohne in ein passives Zuschauen zu verfallen. Dregger plädierte dafür, mit Augenmaß die Situation einzuschätzen; für ihn war ausschlaggebend, den richtigen Moment zum Zugreifen nicht zu verpassen. Er beherzigte mithin das, was in der entscheidungsförmigen Bewältigung solch hochkomplexer und ungewohnter Lagen als Kernelement von Entscheidungshandeln gilt: das Zupacken zum richtigen Zeitpunkt.[6]

Dregger musste den Bundeskanzler nicht zu einem solchen Schritt drängen, da Kohl von sich aus am 28. November 1989 mit seinem »Zehn-Punkte-Plan« die Initiative ergriff und seitdem einen energischen, aber zugleich zeitsensiblen Wiedervereinigungskurs betrieb. An dem Fraktionsvorsitzenden lag es, diesen Kurs in der Fraktion abzufedern, indem er die Drängler mit dem stets wiederkehrenden Verweis beruhigte, dass für den entscheidenden Schritt erst der »Kairos« kommen müsse, der ideale Moment des Zugreifens. Dregger reflektierte intensiv über die zeitpolitische Rahmung von Entscheidungen und ließ die Ergebnisse dieser Reflexion, die auch auf altphilologische Wissensbestände zurückgreifen konnten, in seine politische Arbeit einfließen. Das zeugt davon, dass er der ideale zeitpolitische Kommunikator an der Seite Kohls war, der ebenfalls wusste, wie sehr es bei der Bewältigung dieser komplexen Lage auf das richtige Timing ankam. Die historische Bedeutsamkeit Dreggers liegt nicht zuletzt darin, dass er eine zeitpolitische Handlungsanleitung für komplexe und nicht planbare Entscheidungssituationen entwarf.

Achtens: Besonders aufschlussreich ist die Beschäftigung mit Alfred Dregger für die Parlamentarismusforschung. Dregger war ein Parlamentarier durch und durch, der im Amt des Vorsitzenden der stärksten Regierungsfraktion seine politische Erfüllung fand. Seit seinem Einzug in den Bundestag im Jahr 1972 hatte er immer mehr politische Energien in die parlamentarische Arbeit investiert und seine landespolitische Tätigkeit in Hessen in den Hintergrund gerückt.

6 Schimank, Coping, S. 206f.

In der Bundestagsfraktion gehörte er zu den treibenden Kräften, die sie zum Zentralort politischer Grundentscheidungen aufzuwerten suchten. Dies zeigte sich im Sommer 1979, als die Fraktion in der höchst bedeutsamen Frage der Nominierung eines von CDU und CSU gemeinsam getragenen Kanzlerkandidaten die Initiative an sich riss. Dregger war innerhalb der CDU-Führung der zentrale Akteur, der sich nicht dem Willen des CDU-Vorsitzenden Kohl unterwarf und gemeinsam mit hessischen Mitstreitern wie Walter Wallmann bestrebt war, die bayerische Schwesterpartei CSU in dieser Frage nicht zu majorisieren. Dass Dregger mit Erfolg die gemeinsame Fraktion von CDU und CSU als das einzig berufene Gremium ins Spiel brachte, dem bei einer Blockade zwischen den Parteigremien von CDU und CSU das Nominierungsverfahren zufallen sollte, ist nicht zuletzt in parlamentarismushistorischer Perspektive überaus bedeutsam. So gewann die Fraktion vor allem dank Dregger die Hoheit über das Verfahren und nötigte selbst den Fraktionsvorsitzenden Kohl dazu, sich dem unterzuordnen. Dass am Ende einer lebhaften Debatte innerhalb der gemeinsamen Bundestagsfraktion der Vorsitzende der kleineren bayerischen Schwesterpartei Franz Josef Strauß und nicht der von den CDU-Oberen empfohlene niedersächsische Ministerpräsident Ernst Albrecht zum Zuge kam, ist auch auf die Dynamik der Meinungsbildungsprozesse in einem Fraktionsplenum zurückzuführen. Als dann drei Jahre später Kohl auch aufgrund des von Strauß eingefahrenen Wahlergebnisses zum Bundeskanzler gewählt wurde, drängte es Dregger nicht in ein Ministeramt. Vielmehr griff er aus eigener Initiative nach dem wichtigsten parlamentarischen Amt, das des Fraktionsvorsitzenden. Er verdankte dies nicht der Gunst des neuen Bundeskanzlers Kohl, sondern seiner festen Verankerung in der Bundestagsfraktion.

Was zeichnete den Fraktionsvorsitzenden Dregger besonders aus? Zweifellos gehörte er zum Typus des gestaltungsfreudigen Fraktionsvorsitzenden.[7] Dieser versteht es, die Balance zu halten zwischen der sich aus der Systemlogik ergebenden Loyalität der stärksten Regierungsfraktion zur Bundesregierung auf der einen Seite und dem Anspruch auf politische Mitsprache der Fraktion auf der anderen Seite. Dregger entsprach diesem Anforderungsprofil in nahezu perfekter Weise. Er stand loyal hinter Bundeskanzler Kohl und verfolgte keine eigenen politischen Ambitionen, was ein Regierungsamt betraf. Diese innere Freiheit befähigte ihn dazu, das Selbstbewusstsein der Fraktion durch einen partizipationsorientierten Führungsstil zu pflegen. Er etablierte eine fraktionsinterne Debattenkultur, bei der die großen Querschnittsthemen engagiert und auch kontrovers erörtert wurden. Auf diese Weise kompensierte die Fraktion den Umstand,

7 Grundlegend dazu Schindler, Politische Führung.

dass die CDU-Parteigremien unter dem übermächtigen Parteivorsitzenden Kohl immer mehr zu Akklamationsorganen herabsanken. Angesichts dieser Entwicklung war es in funktionaler Hinsicht umso wichtiger, selbst einen politischen Resonanzboden zu bilden, der mehr als nur ein Stimmungsbild für die Regierenden abgab. Dies hinderte die Regierung Kohl nicht daran, die Fraktion im Jahr 1988 einer harten Belastungsprobe auszusetzen, indem sie ihr in einer eigentlich nebensächlichen Sachfrage ihren Willen aufzwang und zur Gefolgschaft verpflichtete. Der Fraktionsvorsitzende Dregger war der Leidtragende dieser Aktion, weil parteiinterne Gegner dies zum Anlass nahmen, im Dezember 1988 den offenen Aufstand gegen ihn zu proben. Dass Dregger daraus letztlich gestärkt hervorging, war auch das Ergebnis seines Führungsstils: Gerade die »einfachen Abgeordneten« ohne höheres Amt und ohne Ambitionen auf Ministersessel setzten sich für ihren zur Mitsprache ermunternden Vorsitzenden ein. Es hing aber auch damit zusammen, dass Dregger auf die energische Unterstützung der CSU-Landesgruppe und des designierten CSU-Vorsitzenden Waigel zählen konnte. Dregger war insofern ein idealer Fraktionsvorsitzender, als er das einzige politische Spitzenamt, das CDU- und CSU-Politiker gemeinsam vertrat – den Vorsitz der gemeinsamen Bundestagsfraktion –, so mit Leben füllte, dass es eine Klammer zwischen den Abgeordneten beider Schwesterparteien bildete. Er wusste um die inneren Befindlichkeiten einer vielgestaltigen Fraktion und geriet nie in die Versuchung, sich als CDU-Politiker auf Kosten der CSU zu profilieren.

Nach der Vollendung der deutschen Einheit neigte sich Dreggers Amtszeit als Fraktionsvorsitzender dem Ende zu: Die gesamtdeutsche Fraktion von CDU/CSU billigte ihm im Januar 1991 noch eine Verweildauer von zehn Monaten zu. In dieser Zeit bewies er Geschick beim Zusammenwachsen der Fraktion und betätigte sich als vorausschauender Moderator. Das waren besonders gefragte Fähigkeiten eines Fraktionsvorsitzenden, als im Juni 1991 die Frage, ob die Bundesregierung und der Bundestag weiterhin in Bonn oder stattdessen in Berlin ihren Sitz nehmen sollten, zu einer Zerreißprobe für die stärkste Regierungsfraktion wurde. Dregger war mit ganzem Einsatz gefordert, weil die deutsche Einheit vor allen Dingen der von ihm geführten Fraktion angerechnet wurde und es daher auf diese zurückschlagen musste, sollte sie sich in der Frage nach dem Regierungssitz nicht als gestaltungsfähig erweisen. In dieser heiklen Lage, in der sich konfessionelle, landsmannschaftliche und kulturelle Gräben in der gemeinsamen Fraktion auftaten, die lange als überwunden gegolten hatten, erwies sich Dregger in doppelter Weise als geschickter Stratege: Zum einen trug er dazu bei, dass der Bundestag der alleinige Ort der politischen Entscheidung bildete. Sein Selbstverständnis als leidenschaftlicher Anwalt des Parlamentarismus bewirkte, dass er entschieden alle Vorhaben bekämpfte, dieses Thema zum Einfallstor plebiszitärer Verfahren auf Bundesebene zu machen. Zum anderen wählte Dregger ein Verfahren, das den Meinungsbildungsprozess innerhalb der Fraktion befriedete: Er griff auf das klassische parlamentarische Verfahren des Kompromisses zurück. Dazu setzte er innerhalb seiner Fraktion einen Mechanismus in Gang, der dazu führte, dass sich eine erhebliche Anzahl von Fraktionsmitgliedern auf einen Kompromissvorschlag einigte, der eine Teilung der beiden wichtigsten Verfassungsorgane Bundesregierung und Bundestag auf Bonn bzw. Berlin vorsah.

Dregger hatte als Fraktionsvorsitzender stets Geschick darin besessen, mit der anderen Regierungsfraktion, jener der FDP, Kompromisse zu schmieden. Doch der von ihm im Juni 1991 in die Wege geleitete Vorschlag unterschied sich qualitativ von der herkömmlichen Kompromissfindung, weil die Frage nach dem Sitz von Regierung und Parlament strukturell nicht für einen wirklichen Kompromiss geeignet war: Die vermeintlich salomonische Lösung einer Aufteilung zwischen Bonn und Berlin wäre auf eine Schwächung des Parlamentarismus hinausgelaufen, weil ein Parlament, das durch einen fast 600 Kilometer weiten Sicherheitsabstand von der Regierung ferngehalten wurde, seine Funktion einer Kontrolle der Regierung nur vermindert hätte wahrnehmen können. Daher war das von Dregger initiierte Kompromissangebot keine wirklich ernst gemeinte Option, sondern eine taktische Maßnahme zur innerfraktionellen Befriedung. Sie erfüllte diesen Hauptzweck und warf für Dregger dazu noch den angenehmen Nebeneffekt ab, seinen heimlichen Favoriten Berlin in eine bessere Position für die Endausscheidung mit Bonn zu versetzen. Insofern war Dregger einer der wichtigsten parlamentarischen Strategen dafür, dass sich Berlin am 20. Juni 1991 im Bundestag mit knapper Mehrheit gegen Bonn durchsetzte. Damit hatte sich Dreggers Mission als Fraktionsvorsitzender erfüllt.

NEUNTENS: Was bleibt rückblickend von der politischen Lebensleistung Alfred Dreggers? Bei der Beantwortung dieser Frage liegt es nahe, einen Blick darauf zu werfen, wie es den Nationalliberalen in den ersten Jahrzehnten des von ihnen entscheidend mitbegründeten Deutschen Reiches erging. Sie gestalteten es an der Seite Bismarcks bis 1879 mit, ehe sie dann in eine wechselvolle Beziehung mit der Reichsleitung eintraten. Zwanzig Jahre nach der Reichsgründung hatten sich ihre inhaltlichen Impulse erschöpft; vor allen Dingen fehlte ihnen eine mittelfristige Zukunftsperspektive. So büßten sie an Schwung ein und verloren ihre gestalterische Kraft.

Man ist versucht, diese Traditionslinie bei dem bundesdeutschen Nationalliberalen Alfred Dregger in neuer Form wiederzuerkennen. Dregger war einer der wichtigsten nationalliberalen Motoren dafür, dass die CDU von 1989 an ein politisches Zukunftsprojekt besetzen konnte, das zur emotionalen Mobilisierung taugte. Doch je mehr sich nach der staatlichen Vereinigung die Gräben zwischen Ost und West schlossen, desto mehr kam dem Nationalliberalen Dregger das Zukunftsthema abhanden. In dieser Situation griff er ähnlich wie der Nationalliberalismus nach 1890 zu der Vorstellung, dass die außenpolitische Mission des Nationalstaats dessen stärkere machtpolitische Kraftentfaltung erfordere. Der nationalliberale Drang nach imperialer Weltgeltung des Kaiserreichs ist nicht identisch mit Dreggers Werben für eine selbstbewusste Nation, die auch der Wehrmacht einen Platz im kulturellen Gedächtnis sichern solle, um sich dereinst für höhere machtpolitische Aufgaben zu rüsten. Aber sie zeigen beide das Dilemma des Nationalliberalismus: Nachdem er das Zukunftsthema »Nationalstaat« durch aktive Mitgestaltung zu einem Erfolg geführt hat, leidet er strukturell unter innerer Auszehrung. Dies ist ein Hauptgrund dafür, warum Alfred Dregger in der deutschen Politik keinen nationalliberalen Nachfolger gefunden hat.

Danksagung

Die Verfasser möchten an dieser Stelle denjenigen Dank sagen, die in verschiedener Weise dieses Werk ermöglicht haben.

Das für die Studie unerlässliche Aufspüren und Erschließen neuer Aktenbestände wäre ohne die engagierte Unterstützung fachkundiger Archivare nicht möglich gewesen. Stellvertretend hierfür sei Michael Hansmann, Leiter des Archivs für Christlich-Demokratische Politik in Sankt Augustin, genannt. Die tatkräftige Unterstützung der Konrad-Adenauer-Stiftung hat die Grundvoraussetzung für das vorliegende Werk geschaffen; namentlich sei hier Michael Borchard und Wolfgang Tischner gedankt. Die Kommission für Geschichte des Parlamentarismus und der politischen Parteien hat durch Joachim Wintzer wertvolle Quellenbestände bereit gestellt.

Sebastian Rojek hat die Studie durch vielfältige Hinweise und Anregungen befruchtet; ihm gilt ein besonderer Dank. Suzanne Schüttemeyer hat erheblich dazu beigetragen, dass der thematische Fokus des Werkes geschärft wurde. Sönke Neitzel, Martin Cüppers, Carsten Kretschmann und Martin Otto haben einzelne Kapitel einer kritischen Durchsicht unterzogen. Christoph Möllers und Kristian Buchna waren eine wertvolle Unterstützung bei der Einordnung Dreggers in die Geschichte des Liberalismus. Doina Pyta hat die Studie von Anfang an auf mannigfache Weise begleitet und zu deren Entstehung erheblich beigetragen. Wichtiges Material aus Familienbesitz und Auskünfte steuerten Dagmar Dregger, Burkard Dregger und Meinulf Dregger bei. Peter Hoeres und Johann Kirchinger haben aus dem Kontext ihrer Forschungen die Quellenbasis ergänzt.

Durch mündliche oder schriftliche Auskünfte haben Weggefährten Dreggers die Studie bereichert; aufrichtiger Dank gilt an dieser Stelle Wolfgang Schäuble und Roland Koch sowie den mittlerweile verstorbenen Johannes Gerster und Bernhard Friedmann.

Quellen- und Literaturverzeichnis

Ungedruckte Quellen/Archivalia

1. Archiv für Christlich-Demokratische Politik in Sankt Augustin (ACDP): 01-347, 01-579; 01-636; 01-824; 01-867; 07-001; 08-001; 08-012; PAP1
2. Archiv für Christlich-Soziale Politik in München (ACSP): Familie Strauß 8251
3. Archiv für Soziale Demokratie in Bonn (ASD): 11 Rad-Erlaß 7 – B 1 Ostpol B
4. Bundesarchiv in Berlin (BAB): R 9361-IX, Kartei/6810992; R 9361-II/178997; R 9361-IX, Kartei/6810933; R 9361-IX, Kartei/6811000, NS 6/346
5. Bundesarchiv in Koblenz (BAK): N 1371
6. Bundesarchiv-Militärarchiv in Freiburg (BA-MA): Pers 6/267764 (Personalakte Alfred Dregger)
7. Bundesbeauftragte[r] für die Unterlagen des Staatssicherheitsdienstes der ehemaligen DDR (BStU): MfS ZAIG Nr. 24104, HV A 115, HA IX/11 PA, Nr. 3765, Bd. 2
8. Hessisches Hauptstaats-Archiv in Wiesbaden (HHStA): 520 Marb.St. BIIE, Nr. 22108
9. Hauptstaatsarchiv Stuttgart (HStAS): Q 1/30 Bü 115
10. Landesarchiv NRW, Abteilung Rheinland (LANRW): Bestand NW 1035, Signatur 9111
11. Stadtarchiv Fulda (StAFu): Stadt Fulda-Amt 10/3 (Personalakte Dr. Alfred Dregger); FFul143; Sammlung Nüchter, Karton 13 (55); 6 Hauptamt/315; FFUL248; Oberbürgermeister Dregger: Etatrede 1959
12. Stadtarchiv Hagen (StAHa): Personalakte Raabe, Nr. 8148b
13. Staatsarchiv Nürnberg (StANü): Oberlandesgericht Nürnberg 2016–02, 976
14. Stadtarchiv Werl (StAWe): kleiner Bestand 125, Nr. 256
15. Archiv der Universität Marburg (UAM): UAM, 3076/2172, Promotionsakte Alfred Dregger
16. Stiftung Archiv der Parteien und Massenorganisationen der DDR im Bundesarchiv (SAPMO): DY 30/2398, DY 1453, DY 30, 41205
17. Privatbesitz Meinulf Dregger

Gedruckte Quellen

Zeitungen, Zeitschriften (einzelne Jahrgänge)

Augsburger Allgemeine, Bild, Bonner Rundschau, Capital, Das Parlament, Der Arbeitgeber, Der Freimütige an der Haar, Der Spiegel, Die Welt, Die Woche, Die Zeit, Epoche, Frankfurter Allgemeine Zeitung (FAZ), Frankfurter Neue Presse, Fuldaer Zeitung, General-Anzeiger, Handelsblatt, Hannoversche Neue Presse, Kölner Stadt-Anzeiger, Marabo, Münchner Merkur, Nordwest-Zeitung, Offenbach-Post, Passauer Neue Presse, Presse Fuldaer Zeitung, Publik, Quick, Rheinische Post, Saarbrücker Zeitung, Schwäbische Zeitung, Stern, Stuttgarter Nachrichten, Stuttgarter Zeitung, Süddeutsche Zeitung, taz, Westdeutsche Allgemeine Zeitung, Westfälischer Anzeiger.

Quellensammlungen, Erinnerungen, Jahresberichte, Protokolle, Stenographische Berichte, programmatische Schriften

Barzel, Rainer: Ein gewagtes Leben. Erinnerungen. Stuttgart 2001.
Bismarck, Otto von: Die gesammelten Werke, Bd. 6b. Berlin 1931.
Buchstab, Günter (Bearb.): Barzel: »Unsere Alternativen für die Zeit der Opposition«. Die Protokolle des CDU-Bundesvorstands 1969 – 1973. Düsseldorf 2009.
– (Bearb.): Kohl: »Wir haben alle Chancen«. Die Protokolle des CDU-Bundesvorstands 1973 – 1976. Düsseldorf 2015.
– (Bearb.): Kohl: »Stetigkeit, Klugheit, Geduld und Zähigkeit«. Die Protokolle des CDU-Bundesvorstands 1976 – 1980. Düsseldorf 2018.
– (Bearb.): Kohl: »Gelassenheit und Zuversicht«. Die Protokolle des CDU-Bundesvorstands 1980 – 1983. Düsseldorf 2018.
Bundesverband der Deutschen Industrie (Hg.): Der Weg zum industriellen Spitzenverband. Darmstadt 1956.
Carstens, Karl: Politische Führung. Stuttgart 1971.
CDU-Bundesgeschäftsstelle/Presse- und Informationsdienste der Christlich Demokratischen Union Deutschlands Verlagsgesellschaft mbH (Hg.): 17. Bundesparteitag der Christlich Demokratischen Union Deutschlands. Niederschrift, Mainz, 17./18. November 1969. O. O., o. J.
– 18. CDU-Bundesparteitag. Düsseldorf, 25. – 27. Januar 1971. Niederschrift. O. O., o. J.
– 19. Bundesparteitag der Christlich Demokratischen Union Deutschlands. Niederschrift. Bonn 1971.
– 20. Bundesparteitag der Christlich Demokratischen Union Deutschlands. Niederschrift. Wiesbaden, 9. – 11. Oktober 1972. Bonn 1973.
– 23. Bundesparteitag Mannheim 23. – 25.06.1975. Protokoll. Bonn, o. J.
– 24. Bundesparteitag der Christlich Demokratischen Union Deutschlands. Niederschrift, Hannover, 24. – 26. Mai 1976. Bonn, o. J.
– 25. Bundesparteitag der Christlich Demokratischen Union Deutschlands. Niederschrift, Düsseldorf, 7. – 9. März 1977.
– 26. Bundesparteitag der Christlich Demokratischen Union Deutschlands. Niederschrift, Ludwigshafen, 23. – 25. Oktober 1978.
– 28. Bundesparteitag der Christlich Demokratischen Union Deutschlands. Niederschrift, Berlin, 19. – 20. Mai 1980.
– 30. Bundesparteitag der Christlich Demokratischen Union Deutschlands. Niederschrift, Hamburg, 2. – 5. November 1981.

– 37. Bundesparteitag der Christlich Demokratischen Union. Niederschrift, Bremen, 11.–13. September 1989. Bonn 1989.
Czaja, Herbert: Unterwegs zum kleinsten Deutschland? Marginalien zu 50 Jahren Ostpolitik. Frankfurt/Main 1996.
Das Kgl. Preußische (Westfälische) Jäger-Bataillon Nr. 7 (Feldbataillon) im Weltkrieg 1914–18. Herausgegeben von dem Verein der Offiziere des ehemaligen Kgl. Preußischen (Westfälischen) Jäger-Bataillons Nr. 7. Oldenburg i. D., Berlin 1929.
Deutscher Bundestag. Wissenschaftliche Dienste. Unterabteilung Wissenschaftliche Dokumentation (Hg.): Abgeordnete des Deutschen Bundestages. Aufzeichnungen und Erinnerungen. Bd. 12: Karl Becker. Boppard am Rhein 1993.
Die Gemeinden und Gutsbezirke des Preußischen Staates und ihre Bevölkerung. Nach den Urmaterialien der allgemeinen Volkszählung vom 1. Dezember 1871, bearbeitet und zusammengestellt vom Königlichen Statistischen Bureau. Bd. IX: Provinz Westfalen. Berlin 1874.
Domarus, Max: Hitler. Reden und Proklamationen 1932–1945 (Bd. II). München 1965.
Dregger, Alfred: Haftungsverhältnisse bei der Vorgesellschaft. (Die Rechtswirkungen der für AG, GmbH, Genossenschaft und Verein vor ihrer Eintragung in das Register vorgenommenen Rechtshandlungen.) Jur. Diss. Marburg 1950.
– Die Stadt und ihre Region. Stuttgart 1962.
– Die Alternative – Eine Politik für die Freiheit Europas, in: Hans Huyn (Hg.): Ostpolitik im Kreuzfeuer. Willy Brandt zu den Ostverträgen. Beitrag von Bruno Heck [u. a.]. Stuttgart 1971, S. 167–221.
– Die Ehre und das Vermächtnis der Toten. Rede zum Volkstrauertag 1986. Kassel 1986.
Eppler, Erhard: Das Wort als Waffe, in: Armin Burkhardt/Franz Hebel/Rudolf Hoberg (Hg.): Sprache zwischen Militär und Frieden: Aufrüstung der Begriffe? Tübingen 1989, S. 165–176.
Euler, Helmuth: Werl unterm Hakenkreuz. Brauner Alltag in Bildern, Texten, Dokumenten. 2. Aufl. Werl 1984.
Fischer, Joschka: Von grüner Kraft und Herrlichkeit. Reinbek bei Hamburg 1984.
Fischer, Joschka/Stern, Fritz: Gegen den Strom. Ein Gespräch über Geschichte und Politik. München 2013.
Fraenkel, Ernst: Gesammelte Werke, Bd. 5: Demokratie und Pluralismus. Hg. von Alexander v. Brünneck. Baden-Baden 2007.
Friedmann, Bernhard: Einheit statt Raketen. Thesen zur Wiedervereinigung als Sicherheitskonzept. Herford 1987.
– Undenkbares denken. Nicht alle unter den Teppich kehren. Reinbek 2015.
Glotz, Peter: Kampagne in Deutschland. Politisches Tagebuch 1981–1983. Hamburg 1986.
Großmann, Horst: Die Geschichte der rheinisch-westfälischen 6. Infanterie-Division 1939–1945. Bad Nauheim 1958.
Hessischer Kreis. 1959–2019: 60 Jahre. Frankfurt/Main 2019.
Huyn, Hans (Hg.): Ostpolitik im Kreuzfeuer. Willy Brandt zu den Ostverträgen. Beitrag von Bruno Heck [u. a.]. Stuttgart 1971.

Jehle, Peter/Springhorn, Peter-Volker (Hg.): Werner Krauss. Ein Romanist im Widerstand. Briefe an die Familie und andere Dokumente. Berlin 2004.

Jünger, Ernst: In Stahlgewittern. Historisch-kritische Ausgabe, 2 Bde. Hg. von Helmuth Kiesel. Stuttgart 2013.

Kiep, Walther Leisler: Was bleibt ist große Zuversicht. Erfahrungen eines Unabhängigen. Ein politisches Tagebuch. Berlin, Wien 1999.

Kohl, Helmut: Erinnerungen 1982–1990. München 2005.

Lammert, Norbert (Hg.): Christlich Demokratische Union. Beiträge und Positionen zur Geschichte der CDU. München 2020.

Mende, Erich: Das verdammte Gewissen. Zeuge der Zeit 1921–1945. München, Berlin 1982.

– Von Wende zu Wende 1962–1982. München 1986.

Möller, Franz: Abgeordnete des Deutschen Bundestages. Aufzeichnungen und Erinnerungen. Bd. 17: Franz Möller. München 2004.

Nagel, Anne-Christine (Hg.): Die Philipps-Universität Marburg im Nationalsozialismus. Dokumente zu ihrer Geschichte. Stuttgart 2000.

Protokoll vom Programm-Parteitag. SPD: Berlin, 18.–20.12.1989. Bonn 1990.

Reddemann, Gerhard: Die Aussteiger. »Aus meinem Tagebuch«. Mainz 1983.

Scheer, Hermann: Die Befreiung von der Bombe. Weltfrieden, europäischer Weg und die Zukunft der Deutschen. Köln 1986.

Schmidt, Helmut: Pflicht zur Menschlichkeit. Beiträge zu Politik, Wirtschaft und Kultur. Düsseldorf 1981.

– Weggefährten. Erinnerungen und Reflexionen. München 1998.

Schmitt, Carl: Politische Theologie. München 1934.

Schönhoven, Klaus (Hg.): Willy Brandt: »Im Zweifel für die Freiheit«. Bonn 2012.

Schwab, Michael/Stadt Fulda (Hg.): Alfred Dregger für Fulda und Deutschland. Petersberg 2008.

Schwarz-Schilling, Christian: Der Friede von Shan-Yüan 1005 n. Chr. – ein Beitrag zur Geschichte der chinesischen Diplomatie. Wiesbaden 1959.

Soltau, Hans u.a. (Hg.): Wir gedenken ... Reden zum Volkstrauertag 1951–1995. Eine Auswahl von Reden, die anläßlich der zentralen Gedenkstunde des Volksbundes Deutsche Kriegsgräberfürsorge gehalten wurden. O. O. [Kassel] 1995.

Stalmann, Volker (Bearb.): Die CSU-Landesgruppe im Deutschen Bundestag. Sitzungsprotokolle 1972–1983. Düsseldorf 2019.

Stenographische Protokolle des Hessischen Landtags. V.–VII. Wahlperiode. Wiesbaden 1962 ff.

Verhandlungen des Deutschen Bundestags. Stenographische Berichte [6.–13. Wahlperiode]. Bonn 1969 ff.

Zehender, Kathrin (Bearb.): Die CDU/ CSU-Fraktion im Deutschen Bundestag. Sitzungsprotokolle 1969–1972. Zweiter Halbband: Juli 1971 bis September 1972. Düsseldorf 2016.

Monographien, Sammelbände, Aufsätze

Abenheim, Donald: Bundeswehr und Tradition. Die Suche nach dem gültigen Erbe des deutschen Soldaten. München 1989.

Amos, Heike: Die SED-Deutschlandpolitik 1961 bis 1989. Ziele, Aktivitäten, Konflikte. Göttingen 2015.

Arnim, Hennig von: Der Beamte als Vorgesetzter. Hamburg 1961.

Assmann, Aleida: Der lange Schatten der Vergangenheit. Erinnerungskultur und Geschichtspolitik. München 2006.

Assmann, Jan: Das kulturelle Gedächtnis. Schrift, Erinnerung und politische Identität in frühen Hochkulturen. 8. Aufl. München 2018.

Auer, Frank von: Alfred Dregger. Ein kritisches politisches Portrait. Mit einem Vorwort von Armin Clauss. Berlin 1974.

Backes, Uwe/Jesse, Eckhard: Politischer Extremismus in der Bundesrepublik Deutschland. Berlin 1993.

Bähr, Johannes/Kopper, Christopher: Industrie, Politik, Gesellschaft. Der BDI und seine Vorgänger 1919–1990. Göttingen 2019.

Bajohr, Frank: Von Remer zu Schönhuber. Geschichte und Aktualität des Rechtsradikalismus in Deutschland nach 1945, in: Detlev J. K. Peukert/Frank Bajohr: Rechtsradikalismus in Deutschland. Zwei historische Beiträge. Hamburg 1990, S. 31–78.

Bajohr, Frank/Pohl, Dieter: Der Holocaust als offenes Geheimnis. Die Deutschen, die NS-Führung und die Alliierten. München 2006.

Bange, Oliver: SS 20 und Pershing II, in: Christoph Becker-Schaum/Philipp Gassert/Martin Klimke u. a. (Hg.): »Entrüstet Euch!«. Paderborn 2012, S. 71–87.

Baring, Arnulf: Machtwechsel. Die Ära Brandt-Scheel. Stuttgart 1982.

Baron, Udo: Kalter Krieg und heißer Frieden. Der Einfluss der SED und ihrer westdeutschen Verbündeten auf die Partei ›Die Grünen‹. Münster, Hamburg, London 2003.

Bavendamm, Dirk: Bonn unter Brandt. Machtwechsel oder Zeitenwende. Wien 1971.

Becker, Frank: Konfessionelle Nationsbilder im Deutschen Kaiserreich, in: Heinz-Gerhard Haupt/Dieter Langewiesche (Hg.): Nation und Religion in der deutschen Geschichte. Frankfurt/Main 2001, S. 389–418.

Behring, Rainer: Polen in den politischen Konzeptionen Willy Brandts 1939–1966, in: Vierteljahrshefte für Zeitgeschichte 58 (2010), S. 35–68.

Benz, Wolfgang: Deutschland unter alliierter Besatzung 1945–1949. Stuttgart 2009 (= Gebhardt Handbuch der deutschen Geschichte, Bd. 22).

– (Hg.): Wie wurde man Parteigenosse? Die NSDAP und ihre Mitglieder. Frankfurt/Main 2009.

Berding, Helmut/Eiler, Klaus (Hg.): Hessen. 60 Jahre Demokratie (Politische und parlamentarische Geschichte des Landes Hessen 45). Wiesbaden 2006.

Berge, Otto: Raabe, Cuno. in: Neue Deutsche Biographie 21 (2003), S. 54.

Berghahn, Volker R.: Der Stahlhelm. Bund der Frontsoldaten 1918–1935. Düsseldorf 1966.

Bernhard, Patrick: Kriegsdienstverweigerung per Postkarte. Ein gescheitertes Reformpro-

jekt der sozialliberalen Koalition 1969 – 1978, in: Viertelsjahrshefte für Zeitgeschichte 53 (2005), S. 109 – 139.
– Zivildienst zwischen Reform und Revolte. Eine bundesdeutsche Institution im gesellschaftlichen Wandel 1961 – 1982. München 2005.
Bernhardt, Markus/Brakensiek, Stefan/Scheller, Benjamin (Hg.): Ermöglichen und Verhindern. Vom Umgang mit Kontingenz. Frankfurt/Main 2016.
Beyme, Klaus von: Das politische System der Bundesrepublik Deutschland. Eine Einführung. 9. Aufl. Opladen, Wiesbaden 1999.
– Hauptstadt Berlin. Von der Hauptstadtsuche zur Hauptstadtfindung. Wiesbaden 2019.
Biebricher, Thomas: Neoliberalismus zur Einführung. Hamburg 2012.
– Geistig-moralische Wende. Die Erschöpfung des deutschen Konservatismus. Berlin 2019.
Blank, Ralf/Marra, Stephanie/Sollbach, Gerhard E.: Hagen. Die Geschichte einer Großstadt und ihrer Region. Essen 2008.
Blumler, Jay G./Gurevitch, Michael: The Crisis of Public Communication. London, New York 1995.
Boer, Jan-Hendryk de: Praktiken, Praxen und Praxisformen, oder: Von Serienkillern, verrückten Wänden und der ungewissen Zukunft, in: ders. (Hg.): Praxisformen. Zur kulturellen Logik von Zukunftshandeln. Frankfurt/Main 2019, S. 21 – 43.
Böhler, Jochen: Auftakt zum Vernichtungskrieg. Die Wehrmacht in Polen 1939. Frankfurt/Main 2006.
Bolesch, Hermann O./Goyke, Ernst: Kennen Sie eigentlich den? Band 4: Erich Mende, Bonn 1961, S. 7 – 32.
Boll, Friedhelm/Hansen, Jan: Doppelbeschluss und Nachrüstung als innerparteiliches Problem der SPD, in: Philipp Gassert/Tim Geiger/Hermann Wentker (Hg.): Zweiter Kalter Krieg und Friedensbewegung. Der NATO-Doppelbeschluss in deutsch-deutscher und internationaler Perspektive. München 2011, S. 203 – 228.
Boller, Reiner: Wilder Westen made in Germany. Frankenthal 2018.
Bölling, Klaus: Bonn von außen betrachtet. Stuttgart 1986.
Bösch, Frank: Die Adenauer-CDU. Gründung, Aufstieg und Krise einer Erfolgspartei 1945 – 1969. Stuttgart, München 2001.
– Macht und Machtverlust. Die Geschichte der CDU. Stuttgart 2002.
– Film, NS-Vergangenheit und Geschichtswissenschaft. Von »Holocaust« zu »Der Untergang«, in: Vierteljahrshefte für Zeitgeschichte 55 (2007), S. 1 – 32.
– Die Krise als Chance. Die Neuformierung der Christdemokraten in den siebziger Jahren, in: Konrad H. Jarausch (Hg.): Am Ende der Zuversicht? Die siebziger Jahre als Geschichte. Göttingen 2008, S. 296 – 309.
– Zeitenwende 1979. Als die Welt von heute begann. München 2019.
Bösch, Frank/Brandes, Ina: Die Vorsitzenden der CDU. Sozialisation und Führungsstil, in: Daniela Forkmann/Michael Schlieben (Hg.): Die Parteivorsitzenden in der Bundesrepublik Deutschland 1949 – 2005. Wiesbaden 2005, S. 23 – 63.
Bösch, Frank/Hertefelder, Thomas/Metzler, Gabriele: Grenzen des Neoliberalismus. Der Wandel des Liberalismus im späten 20. Jahrhundert, in: Frank Bösch/Thomas Herte-

felder/Gabriele Metzler (Hg.): Grenzen des Neoliberalismus. Der Wandel des Liberalismus im späten 20. Jahrhundert. Stuttgart 2018, S. 13–36.
Bourdieu, Pierre: Die biographische Illusion, in: BIOS I (1990), S. 75–81.
Brakensiek, Stefan: Ermöglichen und Verhindern, in: Markus Bernhardt/Stefan Brakensiek/Benjamin Scheller (Hg.): Ermöglichen und Verhindern. Vom Umgang mit Kontingenz. Frankfurt/Main 2016, S. 9–22.
Braun, Stephan/Geisler, Alexander/Gerster, Martin: Die »Junge Freiheit« der »Neuen Rechten«. Bundes- und landespolitische Perspektiven zur »Jungen Freiheit« und den Medien der »Neuen Rechten«, in: Stephan Braun/Ute Vogt (Hg.): Die Wochenzeitung »Junge Freiheit«. Kritische Analysen zu Programmatik, Inhalten, Autoren und Kunden. Wiesbaden 2007, S. 15–41.
Braun, Stephan/Vogt, Ute: Vorwort, in: dies. (Hg.): Die Wochenzeitung »Junge Freiheit«. Kritische Analysen zu Programmatik, Inhalten, Autoren und Kunden. Wiesbaden 2007, S. 15–41.
Brauner-Orthen, Alice: Die Neue Rechte in Deutschland. Opladen 2001.
Brechtken, Magnus: Mehr als Historikergeplänkel. Die Debatte um »Das Amt und die Vergangenheit«, in: Vierteljahrshefte für Zeitgeschichte 63 (2015), S. 59–91.
Brodocz, André: Die politische Theorie des Dezisionismus: Carl Schmitt, in: André Brodocz/Gary S. Schaal (Hg.): Politische Theorien der Gegenwart. Opladen, Toronto 2016, S. 287–322.
Broers, Michael: Zwischen Konsens und Konflikt: Der NATO-Doppelbeschluß, der INF-Vertrag und die SNF-Kontroverse, in: Detlef Junker (Hg.): Die USA und Deutschland im Zeitalter des Kalten Krieges 1945–1990, Bd. 2. Stuttgart 2001, S. 234–244.
Bruns, Wilhelm: Von der Deutschlandpolitik zur DDR-Politik? Prämissen, Probleme, Perspektiven. Opladen 1989.
Brunssen, Frank: Das neue Selbstverständnis der Berliner Republik. Würzburg 2005.
Buchna, Kristian: »Liberale« Vergangenheitspolitik. Die FDP und ihr Umgang mit dem Nationalsozialismus, in: Elke Seefried/Ernst Wolfgang Becker/Frank Bajohr/Johannes Hürter (Hg.): Liberalismus und Nationalsozialismus. Eine Beziehungsgeschichte. Stuttgart 2020, S. 407–450.
Buddrus, Michael: Totale Erziehung für den totalen Krieg. Hitlerjugend und nationalsozialistische Jugendpolitik. Teil 1, München 2003.
Canzler, Weert/Knie, Andreas/Ruhrort, Lisa/Scherf, Christian: Erloschene Liebe? Das Auto in der Verkehrswende. Soziologische Deutungen. Bielefeld 2018.
Capdepón, Ulrike: Vom Fall Pinochet zu den Verschwundenen des Spanischen Bürgerkrieges. Die Auseinandersetzung mit Diktatur und Menschenrechtsverletzungen in Spanien und Chile. Bielefeld 2015.
Conze, Eckart: Sicherheit als Kultur. Überlegungen zu einer »modernen Politikgeschichte« der Bundesrepublik Deutschland, in: Vierteljahrshefte für Zeitgeschichte 53 (2005), S. 357–380.
– Die Suche nach Sicherheit. Eine Geschichte der Bundesrepublik Deutschland von 1949 bis in die Gegenwart. München 2009.

– Modernitätsskepsis und die Utopie der Sicherheit, in: Zeitgeschichtliche Forschungen 9 (2010), S. 220 – 239.
– Akzeptanz der Teilung oder Weg zur deutschen Einheit? Motive, Ziele und Wirkungen der Ost- und Deutschlandpolitik der sozialliberalen Koalition, in: Bernd Rother (Hg.): Willy Brandt. Neue Fragen, neue Erkenntnisse. Bonn 2011, S. 99 – 113.
– Geschichte der Sicherheit. Entwicklung – Themen – Perspektiven. Göttingen 2018.
Cornelißen, Christoph: Zur Wahlkampfkultur unter »hessischen Verhältnissen«, in: Norbert Kartmann (Hg.), Hesse ist, wer Hesse sein will …? Landesbewusstsein und Identitätspolitik seit 1945. Wiesbaden 2017, S. 104 – 115.
Creuzberger, Stefan/Hoffmann, Dierk (Hg.): »Geistige Gefahr« und »Immunisierung der Gesellschaft«. Antikommunismus und politische Kultur in der frühen Bundesrepublik. München 2014.
Daum, Andreas W.: Kennedy in Berlin. Paderborn 2003.
Decker, Frank/Hartleb, Florian: Bund Freier Bürger (BFB), in: Frank Decker/Viola Neu (Hg.): Handbuch der deutschen Parteien. 3., erw. und aktual. Aufl. Wiesbaden 2018, S. 236 – 241.
Defrance, Corine/Pfeil, Ulrich: Verständigung und Versöhnung. Eine Herausforderung für Deutschland nach 1945, in: dies. (Hg.): Verständigung und Versöhnung nach dem »Zivilisationsbruch«? Deutschland und Europa nach 1945. Brüssel u. a. 2016, S. 13 – 56.
Deist, Wilhelm: Bemerkungen zur Entwicklung der Militärgeschichte in Deutschland, in: Thomas Kühne/Benjamin Ziemann (Hg.): Was ist Militärgeschichte? Paderborn u. a. 2000, S. 315 – 322.
Dettling, Benedikt/Geske, Michael: Helmut Kohl: Krise und Erneuerung, in: Karl-Rudolf Korte (Hg.): »Das Wort hat der Herr Bundeskanzler«. Eine Analyse der großen Regierungserklärungen von Adenauer bis Schröder. Wiesbaden 2002, S. 217 – 246.
Dieckmann, Christoph/Quinkert, Babette: »Kriegsnotwendigkeiten« und die Eskalation der deutschen Massengewalt im totalen Krieg. Einführende Bemerkungen, in: Christoph Dieckmann/Babette Quinkert (Hg.): Kriegführung und Hunger 1939 – 1945. Zum Verhältnis von militärischen, wirtschaftlichen und politischen Interessen. Göttingen 2015, S. 9 – 32.
Dietz, Bernhard/Neumaier, Christopher/Rödder, Andreas (Hg.): Gab es den Wertewandel? Neue Forschungen zum gesellschaftlich-kulturellen Wandel seit den 1960er Jahren. München 2014.
Dilthey, Wilhelm: Der Aufbau der geschichtlichen Welt in den Geisteswissenschaften. Frankfurt/Main 1981.
Dittberner, Jürgen: Der Wirtschaftsrat der CDU e. V., in: ders./Rolf Ebbinghausen (Hg.): Parteiensystem in der Legitimationskrise. Opladen 1973, S. 200 – 228.
– FDP – Partei der zweiten Wahl. Ein Beitrag zur Geschichte der liberalen Partei und ihrer Funktionen im Parteiensystem der Bundesrepublik. Opladen 1987.
Doering-Manteuffel, Anselm: Wie westlich sind die Deutschen? Amerikanisierung und Westernisierung im 20. Jahrhundert. Göttingen 1999.
Dorn, Wolfram/Wiedner, Wolfgang: Der Freiheit gehört die Zukunft. Wolfgang Döring. Eine politische Biographie. Bonn 1974.

Döscher, Hans-Jürgen: Das Auswärtige Amt im Dritten Reich. Diplomatie im Schatten der »Endlösung«. Berlin 1987.

Dufner, Georg: Partner im Kalten Krieg. Die politischen Beziehungen zwischen der Bundesrepublik Deutschland und Chile. Frankfurt/Main 2014.

Dülffer, Jost: Hitler, Nation und Volksgemeinschaft, in: Otto Dann (Hg.): Die deutsche Nation. Geschichte, Probleme, Perspektiven. Vierow bei Greifswald 1994, S. 96–116.

– Andreas Hillgruber – Deutsche Großmacht, NS-Verbrechen und Staatensystem, in: Hans Ehlert (Hg.): Deutsche Militärhistoriker von Hans Delbrück bis Andreas Hillgruber. Potsdam 2010, S. 69–84.

Ebbinghausen, Rolf/Kaltenborn, Wilhelm: Arbeiterinteressen in der CDU? Zur Rolle der Sozialausschüsse, in: Jürgen Dittberner/Rolf Ebbinghausen (Hg.): Parteiensystem in der Legitimationskrise. Opladen 1973, S. 172–199.

Echternkamp, Jörn: Soldaten im Nachkrieg. Historische Deutungskonflikte und westdeutsche Demokratisierung 1945–1955. München 2014.

Eckel, Jan: »Unter der Lupe«. Die internationale Menschenrechtskampagne gegen Chile in den siebziger Jahren, in: Stefan-Ludwig Hoffmann (Hg.): Moralpolitik. Geschichte der Menschenrechte im 20. Jahrhundert. Göttingen 2010, S. 368–396.

– Humanitarisierung der internationalen Beziehungen? Menschenrechtspolitik in den 1970er Jahren, in: Geschichte und Gesellschaft 38 (2012), S. 603–635.

– Die Ambivalenz des Guten. Menschenrechte in der internationalen Politik seit den 1940er Jahren. Göttingen 2015.

– Salvador Allende und die weltpolitischen Konflikte der siebziger Jahre, in: Jörg Später/Thomas Zimmer (Hg.): Lebensläufe im 20. Jahrhundert. Göttingen 2019, S. 287–305.

Eichmüller, Andreas: Die SS in der Bundesrepublik. Debatten und Diskurse über ehemalige SS-Angehörige 1949–1985. Berlin 2018.

Eilers, Rolf: Konfession und Lebenswelt. 75 Jahre Bund Neudeutschland 1919–1994. Mainz 1998.

Ellwein, Thomas: Regierung und Verwaltung. Stuttgart 1970.

Engelhard, Peter: Die Ökonomen der SPD. Eine Geschichte sozialdemokratischer Wirtschaftspolitik in 45 Porträts. Bielefeld 2010.

Engenhardt, Gerold F.: Die Macht der Banken. Politische Positionen zur Neuregelung der gesetzlichen Grundlagen. Wiesbaden 1995.

Etzemüller, Thomas: Biographien. Lesen – erforschen – erzählen. Frankfurt/Main, New York 2012.

Fahrmeir, Andreas: Die Deutschen und ihre Nation. Geschichte einer Idee. Ditzingen 2017.

Falk, Ulrich: Ein Gelehrter wie Windscheid. Erkundungen auf den Feldern der sogenannten Begriffsjurisprudenz. Frankfurt/Main 1989.

Faerber-Husemann, Renate: Der Querdenker. Erhard Eppler – eine Biographie. Bonn 2010.

Fehlauer, Heinz: NS-Unterlagen aus dem Berlin Document Center und die Debatte um ehemalige NSDAP-Mitgliedschaften, in: Historical Social Research 35 (2010), S. 22–35.

Felken, Detlef: Dulles und Deutschland. Die amerikanische Deutschlandpolitik 1953–1959. Bonn 1993.
Fest, Joachim: Hitler. Eine Biographie. 11. Aufl. München 2010.
Fetz, Bernhard: Die vielen Leben der Biographie. Interdisziplinäre Aspekte einer Theorie der Biographie, in: ders. (Hg.): Die Biographie – Zur Grundlegung ihrer Theorie. Berlin 2009, S. 3–66.
Flümann, Gereon: Streitbare Demokratie in Deutschland und den Vereinigten Staaten. Der staatliche Umgang mit nichtgewalttätigem politischem Extremismus im Vergleich. Opladen 2015.
Förster, Peter: Junge Ostdeutsche auf der Suche nach der Freiheit. Eine Längsschnittstudie zum politischen Mentalitätswandel bei jungen Ostdeutschen vor und nach der Wende. Opladen 2002.
François, Étienne/Siegrist, Hannes/Vogel, Jakob: Die Nation. Vorstellungen, Inszenierungen, Emotionen, in: dies. (Hg.): Nation und Emotion. Deutschland und Frankreich im Vergleich. 19. und 20. Jahrhundert. Göttingen 1995, S. 13–35.
Frei, Norbert: 1968. Jugendrevolte und globaler Protest. München 2018.
Frei, Norbert/Schmitz, Johannes: Journalismus im Dritten Reich. München 1999.
Fricke-Finkelnburg, Renate (Hg.): Nationalsozialismus und Schule. Amtliche Erlasse und Richtlinien 1933–1945. Opladen 1989.
Frie, Ewald: Preußische Identitäten im Wandel (1760–1870), in: Historische Zeitschrift 272 (2001), S. 353–375.
Frieser, Karl-Heinz: Der Zusammenbruch der Heeresgruppe Mitte im Sommer 1944, in: ders. (Hg.): Die Ostfront 1943/44. Der Krieg im Osten und an den Nebenfronten (Das Deutsche Reich und der Zweite Weltkrieg, Bd. 8). München 2007, S. 526–603.
– Die Blitzkrieg-Legende. München 2012.
Fuchs, Stephan: »Vom Segen des Krieges«. Katholische Gebildete im Ersten Weltkrieg. Eine Studie zur Kriegsdeutung im akademischen Katholizismus. Stuttgart 2004.
Galindo Sazo, Loreto: Die Zusammenarbeit zwischen CDU und PDC während der Zeit der chilenischen Militärdiktatur 1973–1999, in: Historisch-politische Mitteilungen 2 (2014), S. 183–213.
Gall, Lothar: Bismarck. Der weiße Revolutionär. Berlin 1980.
Gallus, Alexander: Politikwissenschaft (und Zeitgeschichte), in: Christian Klein (Hg.): Handbuch Biographie. Methoden, Traditionen, Theorien. Stuttgart, Weimar 2009, S. 382–387.
Gassert, Philipp: Kurt Georg Kiesinger 1904–1988. München 2006.
Geiger, Tim: Atlantiker gegen Gaullisten. Außenpolitischer Konflikt und innerparteilicher Machtkampf in der CDU/CSU 1958–1969. München 2008.
– Die Regierung Schmidt-Genscher und der NATO-Doppelbeschluß, in: Philipp Gassert/Tim Geiger/Hermann Wentker (Hg.): Zweiter Kalter Krieg und Friedensbewegung. München 2011, S. 95–122.
– Vergeblicher Protest? Der NATO-Doppelbeschluß und die deutsche Friedensbewegung, in: Frank Bösch/Peter Hoeres (Hg.): Außenpolitik im Medienzeitalter, Göttingen 2013, S. 273–297.

Geppert, Dominik: Die ungeschriebenen Regeln der repräsentativen Demokratie. Neuere Ansätze der historischen Parlamentarismusforschung, in: Geschichte in Wissenschaft und Unterricht 71 (2020), S. 237–244.

Gerlach, Christian: Der Mord an den europäischen Juden. Ursachen, Ereignisse, Dimensionen. München 2017.

Geulen, Christian: Plädoyer für eine Begriffsgeschichte des 20. Jahrhundert, in: Zeithistorische Forschungen 7 (2010), H. 1, S. 79-97.

Giese, Birgit/Schiebel, Martina: Bourdieu und die Biographieforschung, in: Helma Lutz/Martina Schiebel/Elisabeth Tuider (Hg.): Handbuch Biographieforschung. 2., korr. Aufl. Wiesbaden 2018, S. 115–126.

Giesler, Ingeborg/Giesler, Friedrich: Spurensuche Klaus Erwin Scholl. Ein Opfer der NS-Militärjustiz. Marburg 2015.

Glaeser, Ernst: Köpfe und Profile. Zürich u. a. 1952.

Glaeßner, Gert-Joachim: Der schwierige Weg zur Demokratie. Vom Ende der DDR zur deutschen Einheit. Wiesbaden 1991.

Goltermann, Svenja: Die Gesellschaft der Überlebenden. Deutsche Kriegsheimkehrer und ihre Gewalterfahrungen im Zweiten Weltkrieg. München 2009.

Goltz, Anna von der: Eine Gegen-Generation von »1968«? Politische Polarisierung und konservative Mobilisierung an westdeutschen Universitäten, in: Massimiliano Livi u. a. (Hg.): Die 1970er Jahre als schwarzes Jahrzehnt. Politisierung und Mobilisierung zwischen christlicher Demokratie und extremer Rechter. Frankfurt/Main 2010, S. 73–89.

– Other '68ers in West Berlin: Christian Democratic Students and the Cold War City, in: Central European History 50 (2017), S. 86–112.

Gosnell, Harold B.: Champion Campaigner. Franklin D. Roosevelt. New York 1952.

Gotto, Bernhard: Enttäuschung in der Demokratie. Erfahrung und Deutung von politischem Engagement in der Bundesrepublik Deutschland während der 1970er und 1980er Jahre. Berlin 2018.

Grau, Andreas: Gegen den Strom. Die Reaktion der CDU/CSU-Opposition auf die Ost- und Deutschlandpolitik der sozial-liberalen Koalition 1969–1973. Düsseldorf 2005.

Greiwe, Ulrich: Augstein. Ein gewisses Doppelleben. München 2003.

Greven, Michael Th.: Politisches Denken in Deutschland nach 1945. Erfahrungen und Umgang mit Kontingenz in der unmittelbaren Nachkriegszeit. Opladen 2007.

Gros, Jürgen: Politikgestaltung im Machtdreieck Partei, Fraktion, Regierung. Berlin 1998.

Groß, Gerhard P.: Stahlhelm, in: Gerhard Hirschfeld u. a. (Hg.): Enzyklopädie Erster Weltkrieg, erneut aktualisierte und erweiterte Studienausgabe. Paderborn u. a. 2014, S. 863–864.

Grünbaum, Robert: Deutsche Einheit. Wiesbaden 2000.

Haberhauer, Margarete/Maneval, Helmut: Kriegsdienstverweigerung in der Bundesrepublik Deutschland, in: Jahrbücher für Nationalökonomie und Statistik 220 (2000), S. 129–146.

Hacke, Jens: Philosophie der Bürgerlichkeit. Die liberalkonservative Begründung der Bundesrepublik. Göttingen 2006.

– Die Gründung der Bundesrepublik aus dem Geist des Liberalismus? Überlegungen zum Erbe Weimars und zu liberalen Legitimitätsressourcen, in: Anselm Doering-Manteuffel/Jörn Leonhard (Hg.): Liberalismus im 20. Jahrhundert. Stuttgart 2015, S. 219–238.
– Existenzkrise der Demokratie. Zur politischen Theorie des Liberalismus in der Zwischenkriegszeit. Berlin 2018.
Hacker, Jens: Deutsche Irrtümer. Schönfärber und Helfershelfer der SED-Diktatur im Westen. Berlin 1992.
Haferkamp, Hans-Peter: Georg Friedrich Puchta und die Begriffsjurisprudenz. Frankfurt/Main 2004.
Hamberger, Wolfgang: In Memoriam – Der Mensch Alfred Dregger, in: Jahrbuch des Landkreises Fulda. Berichte und Informationen zum Schwerpunktthema Fremdenverkehr und Tourismus 30 (2002/2003), S. 17–25.
– Die schwere Geburt des OB-Kandidaten Dregger, in: Michael Schwab/Stadt Fulda (Hg.): Alfred Dregger für Fulda und Deutschland. Petersberg 2008, S. 32–36.
Hansen, Jan: Parteien, in: Christoph Becker-Schaum/Philipp Gassert/Martin Klimke/Wilfried Mausbach/Marianne Zepp (Hg.): »Entrüstet Euch!«. Paderborn 2012, S. 103–117.
Hansen, Michael: »Idealisten« und »gescheiterte Existenzen«. Das Führerkorps des Reichsarbeitsdienstes. Inaug.-Diss. Trier 2004.
Hansmann, Marc: Wege in den Schuldenstaat, in: Vierteljahrshefte für Zeitgeschichte 55 (2007), S. 425–461.
Hartmann, Christian: Unternehmen Barbarossa. Der deutsche Krieg im Osten 1941–1945. München 2011.
Hartmann, Christian/Hürter, Johannes/Jureit, Ulrike (Hg.): Verbrechen der Wehrmacht. Bilanz einer Debatte. München 2005.
Haupt, Heinz-Gerhard (Hg.): Aufbruch in die Zukunft. Die 1960er Jahre zwischen Planungseuphorie und kulturellem Wandel. DDR, ČSSR und Bundesrepublik Deutschland im Vergleich. Weilerswist 2004.
Havemann, Nils: Fußball unterm Hakenkreuz. Der DFB zwischen Sport, Politik und Kommerz. Frankfurt/Main 2005.
Heck, Bruno (Hg.): Hans Filbinger – Der »Fall« und die Fakten. Mainz 1980.
Heer, Sebastian: Parlamentsmanagement. Herausbildungs- und Funktionsmuster parlamentarischer Steuerungsstrukturen in Deutschland vom Reichstag bis zum Bundestag. Düsseldorf 2015.
Heidenreich, Bernd/Schacht, Konrad (Hg.): Hessen. Wahlen und Politik. Stuttgart, Berlin, Köln 1996.
Hein, Dieter: Zwischen liberaler Milieupartei und nationaler Sammlungsbewegung. Gründung, Entwicklung und Struktur der Freien Demokratischen Partei 1945–1949. Düsseldorf 1985.
Heintzen, Markus: Der verfassungsrechtliche Status der Bundesstadt Bonn. Berlin 2000.
Hembus, Joe/Hembus, Benjamin: Das Western-Lexikon. 1567 Filme von 1894 bis heute, erw. Neuausgabe. München 1995.

Hemecker, Wilhelm: Between Art and Academia: Wilhelm Dilthey's Theory of Biography, in: ders. (Hg.): Biography in Theory. Berlin 2017, S. 35 – 46.
Henke, Klaus-Dietmar (Hg.): Revolution und Vereinigung 1989/90. Als in Deutschland die Realität die Phantasie überholte. München 2009.
Henkel, Joachim: Die Auswahl der Parlamentsbewerber. Berlin 1976.
Hennig, Eike: »Ohne Zellenleiter und Blockwart«: Die Staatsgründung des Landes Hessen (1945 – 1954), in: Michael Th. Greven/Hans-Gerd Schumann (Hg.): 40 Jahre Hessische Verfassung – 40 Jahre Politik in Hessen. Wiesbaden 1989, S. 47 – 70.
Henzler, Christoph: Fritz Schäffer, 1945 – 1967. München 1995.
Hepp, Gerd F.: Bildungspolitik in Deutschland. Eine Einführung. Wiesbaden 2011.
Heptner, Bernd: »Das Ziel kann nur die Mehrheit sein«, Michael Schwab/Stadt Fulda (Hg.): Alfred Dregger für Fulda und Deutschland. Petersberg 2008, S. 56 – 64.
Herbert, Ulrich: Vernichtungspolitik. Neue Antworten und Fragen zur Geschichte des ›Holocaust‹, in: ders. (Hg.): Nationalsozialistische Vernichtungspolitik 1939 – 1945. Neue Forschungen und Kontroversen. Frankfurt/Main 1998, S. 9 – 66.
– (Hg.): Wandlungsprozesse in Westdeutschland. Belastung, Integration, Liberalisierung. Göttingen 2002.
– Geschichte Deutschlands im 20. Jahrhundert. München 2014.
– Das Dritte Reich. Geschichte einer Diktatur. München 2016.
– Wer waren die Nationalsozialisten? München 2021.
Herzog, Dietrich: Politische Karrieren. Opladen 1975.
Hettiger, Andreas: Erinnerung als Ritual. Rhetorische Verfahren zur Konstruktion einer Kriegsveteranenkultur. Tübingen 2005.
Hettling, Manfred: Bürgerlichkeit als kulturelles System. Halle an der Saale 2010.
Hettling, Manfred/Hoffmann, Stefan-Ludwig: Zur Historisierung bürgerlicher Werte. Einleitung, in: Manfred Hettling/Stefan-Ludwig Hoffmann (Hg.): Der bürgerliche Wertehimmel. Innenansichten des 19. Jahrhunderts. Göttingen 2000, S. 7 – 21.
Heumann, Hans-Dieter: Hans-Dietrich Genscher. Die Biographie. Paderborn u. a. 2012.
Hiepel, Claudia: Europakonzeptionen und Europapolitik, in: Bernd Rother (Hg.): Willy Brandts Außenpolitik. Wiesbaden 2014.
Hildebrand, Klaus: Das Dritte Reich. 6. Aufl. München 2003.
Hillgruber, Andreas: Die »Endlösung« und das deutsche Ostimperium als Kernstück des rassenideologischen Programms des Nationalsozialismus, in: Vierteljahrshefte für Zeitgeschichte 20 (1972), S. 133 – 153.
Hinck, Gunnar: Wir waren wie Maschinen. Die bundesdeutsche Linke der siebziger Jahre. Berlin 2012.
Hochstetter, Dorothee: Hasso von Manteuffel (1897 – 1978). Vom Panzergeneral zum Bundestagsabgeordneten, in: Jahrbuch zur Liberalismus-Forschung 27 (2015), S. 205 – 237.
Hodenberg, Christina von: Konsens und Krise. Eine Geschichte der westdeutschen Medienöffentlichkeit 1945 – 1973. Göttingen 2006.
– Zur Generation der 45er. Stärken und Schwächen eines Deutungsmusters, in: Aus Politik und Zeitgeschichte 70, 4 – 5/2020, S. 4 – 9.

Hoell, Joachim: Oskar Lafontaine. Provokation und Politik. Eine Biografie. Braunschweig 2004.
Hoeres, Peter: Außenpolitik und Öffentlichkeit. Massenmedien, Meinungsforschung und Arkanpolitik in den deutsch-amerikanischen Beziehungen von Erhard bis Brandt. München 2013.
– Von der »Tendenzwende« zur »geistig-moralischen Wende«. Konstruktion und Kritik konservativer Signaturen in den 1970er und 1980er Jahren, in: Vierteljahrshefte für Zeitgeschichte 61 (2013), S. 93 – 119.
– Zeitung für Deutschland. Die Geschichte der FAZ. München/Salzburg 2019.
– Verrat der Neuen Ostpolitik. Die Mobilisierung einer diskursiven Ressource, in: André Krischer (Hg.): Verräter. Geschichte eines Deutungsmusters. Wien, Köln, Weimar 2019, S. 331 – 345.
Hof, Tobias: Rechtsextremer Terrorismus in der Bundesrepublik Deutschland, in: Martin Löhnig/Mareike Preisner/Thomas Schlemmer (Hg.): Ordnung und Protest. Eine gesamtdeutsche Protestgeschichte von 1949 bis heute. Tübingen 2015, S. 217 – 238.
Hoffmann, Arnd: Kontingenzerfahrung und Kontingenzbewusstsein aus historischer Perspektive, in: Katrin Toens/Ulrich Willems (Hg.): Politik und Kontingenz. Wiesbaden 2012, S. 49 – 63.
Hoffmann, Stefan-Ludwig (Hg.): Moralpolitik. Geschichte der Menschenrechte im 20. Jahrhundert. Göttingen 2010.
Hoffmann-Rehnitz, Philip/Krischer, André/Pohlig, Matthias: Entscheiden als Problem der Geschichtswissenschaft, in: Zeitschrift für Historische Forschung 45 (2018), S. 217 – 281.
Hofmeister, Wilhelm: Chile: Option für die Demokratie. Die Christlich-Demokratische Partei (PDC) und die politische Entwicklung in Chile 1964 – 1994. Paderborn 1995.
Hölscher, Lucian: Weltgericht oder Revolution. Protestantische und sozialistische Zukunftsvorstellungen im deutschen Kaiserreich. Stuttgart 1989.
– Alternative Moderne. Die Zukunftsvorstellungen der Generation vor 1914 in Deutschland, in: Isabel Kranz (Hg.): Was wäre wenn? München 2017, S. 41 – 62.
– Der Zufall als Problem der Geschichtsschreibung, in: Wolfram Pyta (Hg.): Krieg und Revolution. Historische Konstellationen seit der Französischen Revolution. Stuttgart 2022, S. 81 – 98.
Horne, John/Kramer, Alan: Deutsche Kriegsgräuel 1914. Die umstrittene Wahrheit. Hamburg 2004.
Hösch, Sebastian: Heimattage. Methoden der Beheimatung in Hessen, Baden-Württemberg und Westfalen (1945 – 1985). Paderborn 2019.
Hübner, Christoph: Die Rechtskatholiken, die Zentrumspartei und die katholische Kirche in Deutschland bis zum Reichskonkordat von 1933. Ein Beitrag zur Geschichte des Scheiterns der Weimarer Republik, Berlin 2014.
Humburg, Martin: Das Gesicht des Krieges. Feldpostbriefe von Wehrmachtssoldaten aus der Sowjetunion 1941 – 1944. Wiesbaden 1998.
Hürten, Heinz: Die katholische Kirche im Ersten Weltkrieg, in: Wolfgang Michalka (Hg.):

Der Erste Weltkrieg. Wirkung, Wahrnehmung, Analyse. München, Zürich 1994, S. 725–735.
Hürter, Johannes: Regieren gegen Terrorismus, in: ders. (Hg.): Terrorismusbekämpfung in Westeuropa. München 2015, S. 63–79.
Jahrbuch Werl gestern – heute – morgen. Hg. von der Stadt Werl und dem Neuen Heimat- und Geschichtsverein Werl e. V. Werl 2013.
Jäger, Wolfgang: Von der Kanzlerdemokratie zur Koordinationsdemokratie, in: Zeitschrift für Politik 35 (1988), S. 15–32.
– Die »Wende« 1982. Bruch der Koalition und Regierungsbildung, in: Historisch-politische Mitteilungen 19 (2012), S. 167–176.
– Die CDU und das Ziel der deutschen Einheit, in: Norbert Lammert (Hg.): Christlich Demokratische Union. Beiträge und Positionen zur Geschichte der CDU. München 2020, S. 301–333.
Jasper, Andreas: Kriegserfahrungen deutscher Soldaten in Ost und West 1939–1945. Paderborn 2011.
Jens, Tilman: Axel Cäsar Springer. Ein deutsches Feindbild. Freiburg im Breisgau 2012.
Jesse, Eckhard: Wahlrecht zwischen Kontinuität und Reform. Düsseldorf 1985.
– Die Totalitarismusforschung und ihre Repräsentanten. Konzeptionen von Carl J. Friedrich, Hannah Arendt, Eric Voegelin, Ernst Nolte und Karl Dietrich Bracher, in: Aus Politik und Zeitgeschichte 48, 20/1998, S. 3–18.
– Deutsche Kommunistische Partei (DKP), in: Frank Decker/Viola Neu (Hg.): Handbuch der deutschen Parteien. Bonn 2013, S. 238–240.
Jun, Uwe: Koalitionsbildung in den deutschen Bundesländern. Theoretische Betrachtungen, Dokumentation und Analyse der Koalitionsbildungen auf Länderebene seit 1949. Wiesbaden 1994.
Jureit, Ulrike: Generationenforschung, Göttingen 2006.
Jürgs, Michael: Der Verleger. Der Fall Axel Springer. München 2001.
Kailitz, Steffen: Die Republikaner (REP), in: Frank Decker/Viola Neu (Hg.): Handbuch der deutschen Parteien. 3., erw. und aktual. Aufl. Wiesbaden 2018, S. 454–461.
Kany, Werner: Inoffizielle Personennamen. Bildung, Bedeutung und Funktion. Tübingen 1992.
Karlauf, Thomas: Helmut Schmidt. Die späten Jahre. München 2016.
Karner, Stefan/Lesiak, Philipp (Hg.): Der erste Stein aus der Berliner Mauer. Das paneuropäische Picknick 1989. Graz 2020.
Kartmann, Norbert (Hg.): Hesse ist, wer Hesse sein will …? Landesbewusstsein und Identitätspolitik seit 1945. Wiesbaden 2017.
Keller, Ulrich: Schuldfragen. Belgischer Untergrundkrieg und deutsche Vergeltung im August 1914. Mit einem Vorwort von Gerd Krumeich. Paderborn 2017.
Kellerhoff, Sven Felix: 50 Tonnen politischer Sprengstoff, in: Sabine Weißler/Wolfgang Schäche (Hg.): Daten-Reich im Verborgenen. Marburg 2010, S. 41–52.
Kellershohn, Helmut: Kurzchronologie der »Jungen Freiheit« 1986 bis 2006, in: Stephan Braun/Ute Vogt (Hg.): Die Wochenzeitung »Junge Freiheit«. Kritische Analysen zu Programmatik, Inhalten, Autoren und Kunden. Wiesbaden 2007, S. 43–56.

– Volk, Staat und Nation. Konturen des völkischen Nationalismus in der »Jungen Freiheit«, in: Stephan Braun/Ute Vogt (Hg.): Die Wochenzeitung »Junge Freiheit«. Kritische Analysen zu Programmatik, Inhalten, Autoren und Kunden. Wiesbaden 2007, S. 117–145.

Kiefer, Bernd: Western, in: Thomas Koebner (Hg.): Reclams Sachlexikon des Films. 3., aktual. u. erw. Aufl. Stuttgart 2011, S. 773–777.

Kiesel, Helmuth: Ernst Jünger. Die Biographie. München 2007.

– In Stahlgewittern (1920) und Kriegstagebücher, in: Matthias Schöning (Hg.): Ernst Jünger-Handbuch. Leben – Werk – Wirkung. Stuttgart, Weimar 2014, S. 41–59.

Kieseritzky, Wolther von: »Wie eine Art Pfingsten…« Willy Brandt und die Bewährungsprobe der zweiten deutschen Republik, in: Frank Möller (Hg.): Charismatische Führer der deutschen Nation. München 2004, S. 219–258.

Kipp, Michaela: Reinlichkeitsvorstellungen in Feldpostbriefen. Herausforderung für die Kriegsgeschichte, in: Veit Didczuneit/Jens Ebert/Thomas Jander (Hg.): Schreiben im Krieg. Schreiben vom Krieg. Feldpost im Zeitalter der Weltkriege. Essen 2011, S. 457–468.

– »Großreinemachen im Osten«. Feindbilder in deutschen Feldpostbriefen im Zweiten Weltkrieg. Frankfurt/Main, New York 2014.

Kirchinger, Johann: Ermershausen, oder: Das Ende der Kommunikation unter Anwesenden? Die Kommunalisierung der politischen Kultur Bayerns, in: Ferdinand Kramer (Hg.): Orte der Demokratie in Bayern. München 2018, S. 241–265.

Kittel, Manfred: Franz Josef Strauß und der Milliardenkredit für die DDR 1983, in: Deutschlandarchiv 40 (2007), S. 647–656.

Klatt, Johanna: Rita Süssmuth. Politische Karriere einer Seiteneinsteigerin in der Ära Kohl. Stuttgart 2012.

Klee, Ernst: Das Personenlexikon zum Dritten Reich. Wer war was vor und nach 1945. 2. Aufl. Frankfurt/Main 2003.

Klein, Josef: Kann man »Begriffe besetzen«? Zur linguistischen Differenzierung einer plakativen politischen Metapher, in: Frank Liedtke/Martin Wengeler/Karin Böke (Hg.): Begriffe besetzen. Opladen 1991, S. 44–69.

Klein, Josef/Steyer, Kathrin: Fraktionsdebatte und Medienstrategien, in: Armin Burkhardt/Kornelia Pape (Hg.): Sprache des deutschen Parlamentarismus. Opladen 2000, S. 288–318.

Klein, Thomas: Geschichte – Mythos – Identität. Zur globalen Zirkulation des Western-Genres. Berlin 2015.

Kleinmann, Hans Otto: Geschichte der CDU, 1945–1982. Stuttgart 1993.

Kleßmann, Christoph: Antikommunismus und Ostkolleg. Anmerkungen zur politischen Kultur der (alten) Bundesrepublik, in: Frank Bajohr u. a. (Hg.): Mehr als *eine* Erzählung. Zeitgeschichtliche Perspektiven auf die Bundesrepublik. Göttingen 2016, S. 83–95.

– Die historische Bedeutung der sozialdemokratischen Ost- und Deutschlandpolitik, in: Bernd Faulenbach/Bernd Rother (Hg.): Außenpolitik zur Eindämmung entgrenzter

Gewalt. Historische Erfahrungen der Sozialdemokratie und gegenwärtige Herausforderungen. Essen 2016, S. 77–93.

Klinge, Sebastian: 1989 und wir. Geschichtspolitik und Erinnerungskultur nach dem Mauerfall. Bielefeld 2015.

Koch, Diether: Heinemanns Kritik an Adenauers Deutschlandpolitik, in: Josef Foschepoth (Hg.): Adenauer und die Deutsche Frage. Göttingen 1988, S. 207–234.

Koch-Arzberger, Claudia/Hohmann, Eckart (Hg.): Hessen im Wandel. Daten, Fakten und Analysen zur Entwicklung von Gesellschaft, Staat und Wirtschaft seit 1946. Opladen 1996.

Koch-Wegener, Anette: Erhard und die FDP – Aufstieg eines Wirtschaftsministers, Sturz eines Kanzlers?, in: Jahrbuch zur Liberalismus-Forschung 20 (2008), S. 129–151.

Koenen, Gerd: Das Rote Jahrzehnt. Unsere kleine deutsche Kulturrevolution. Köln 2001.

Koerfer, Daniel: Kampf ums Kanzleramt. Erhard und Adenauer. München 2020.

Kögler, Johannes-Paul: Ehre als tragbares Zeichen. Zur politischen, sozialen und kulturgeschichtlichen Bedeutung von Orden und Ehrenzeichen am Beispiel des Königsreichs Hannover 1814–1866. Baden-Baden 2018.

Kohlhaas, Wilhelm: Eberhard Wildermuth. Ein aufrechter Bürger. Ein Lebensbild. Bonn 1960.

Koischwitz, Svea: Der Bund Freiheit der Wissenschaft in den Jahren 1970–1976. Ein Interessenverband zwischen Studentenbewegung und Hochschulreform. Köln, Weimar, Wien 2017.

Königseder, Angelika: Rechtsextreme Parteien und Organisationen in Deutschland. Ein Überblick, in: Wolfgang Benz (Hg.): Auf dem Weg zum Bürgerkrieg? Rechtsextremismus und Gewalt gegen Fremde in Deutschland. Frankfurt/Main 2001, S. 118–133.

Kopecek, Michael: Human Rights Facing a National Past. Dissident «Civic Patriotism" and the Return of History in East Central Europe, 1968–1989, in: Geschichte und Gesellschaft 38 (2012), S. 573–602.

Kopke, Christoph: Die Aktion Widerstand 1970/71: Die »nationale Opposition« zwischen Sammlung und Zersplitterung, in: Massimiliano Livi u. a. (Hg.): Die 1970er Jahre als schwarzes Jahrzehnt. Politisierung und Mobilisierung zwischen christlicher Demokratie und extremer Rechter. Frankfurt/Main 2010, S. 249–262.

Kornexl, Klaus: Das Weltbild der Intellektuellen Rechten in der Bundesrepublik Deutschland. Dargestellt am Beispiel der Wochenzeitschrift Junge Freiheit. München 2008.

Korte, Hermann: Eine Gesellschaft im Aufbruch. Die Bundesrepublik Deutschland in den sechziger Jahren. Wiesbaden 2009.

Koselleck, Reinhart: Geschichte, Historie V. Die Herausbildung des modernen Geschichtsbegriffs, in: Otto Brunner/Werner Conze/Reinhart Koselleck (Hg.): Geschichtliche Grundbegriffe. Bd. 2, Stuttgart 1975, S. 647–691.

– »Erfahrungsraum« und »Erwartungshorizont« – zwei historische Kategorien, in: ders.: Vergangene Zukunft. Zur Semantik geschichtlicher Zeiten. Frankfurt/Main 1989, S. 349–375.

– Zur historisch-politischen Semantik asymmetrischer Gegenbegriffe, in: ders.: Vergangene Zukunft. Zur Semantik geschichtlicher Zeiten. Frankfurt/Main 1989, S. 211–259.

– Feindbegriffe, in: ders.: Begriffsgeschichten. Studien zur Semantik und Pragmatik der politischen und sozialen Sprache. Mit zwei Beiträgen von Ulrike Spree und Willibald Steinmetz sowie einem Nachwort zu Einleitungsfragmenten Reinhart Kosellecks von Carsten Dutt. Frankfurt/Main 2010, S. 274 – 284.
– ›Fortschritt‹ und ›Niedergang‹ – Nachtrag zur Geschichte zweier Begriffe, in: ders.: Begriffsgeschichten. Studien zur Semantik und Pragmatik der politischen und sozialen Sprache. Mit zwei Beiträgen von Ulrike Spree und Willibald Steinmetz sowie einem Nachwort zu Einleitungsfragmenten Reinhart Kosellecks von Carsten Dutt. Frankfurt/Main 2010, S. 159 – 181.
– Vorwort, in: Geschichtliche Grundbegriffe, Bd. 7, Stuttgart 1992, S. VII.
Kösters, Christoph: Katholische Verbände und moderne Gesellschaft. Organisationsgeschichte und Vereinskultur im Bistum Münster 1918 bis 1945. Paderborn 1995.
– »Fest soll mein Taufbund immer stehn …« – Demonstrationskatholizismus im Bistum Münster 1933 bis 1945, in: Rudolf Schlögl/Hans-Ulrich Thamer (Hg.): Zwischen Loyalität und Resistenz. Soziale Konflikte und politische Repression während der NS-Herrschaft in Westfalen. Münster 1996, S. 158 – 184.
Kraus, Jürgen (Bearb.): Stahlhelme. Vom Ersten Weltkrieg bis zur Gegenwart (Veröffentlichungen des Bayerischen Armeemuseums, Bd. 8). Ingolstadt 1984.
Kraushaar, Wolfgang: Aufstieg und Zerfall der Protestbewegung, in: Günter Hörman (Hg.): Begleitheft. Filme zur Studentenbewegung 1967 – 1969. O. O., o. J., S. 8 – 16.
Krawietz, Werner (Hg.): Theorie und Technik der Begriffsjurisprudenz. Darmstadt 1976.
Krönig, Waldemar/Müller, Klaus-Dieter: Nachkriegssemester, Stuttgart 1990.
Kruke, Anja: Demoskopie in der Bundesrepublik. Meinungsforschung, Parteien und Medien 1949 – 1990 (Beiträge zur Geschichte des Parlamentarismus und der politischen Parteien, 149). Düsseldorf 2007.
Krumeich, Gerd: Die unbewältigte Niederlage. Freiburg 2018.
Kühne, Thomas: Kameradschaft – »das Beste im Leben eines Mannes«. Die deutschen Soldaten des Zweiten Weltkriegs in erfahrungs- und geschlechtergeschichtlicher Perspektive, in: Geschichte und Gesellschaft 22 (1996), S. 504 – 529.
– Zwischen Männerbund und Volksgemeinschaft. Hitlers Soldaten und der Mythos der Kameradschaft, in: Archiv für Sozialgeschichte 38 (1998), S. 165 – 189.
– Gruppenkohäsion und Kameradschaftsmythos in der Wehrmacht, in: Rolf-Dieter Müller/Hans-Erich Volkmann (Hg.): Die Wehrmacht. Mythos und Realität. München 1999, S. 534 – 549.
– (Hg.): Von der Kriegskultur zur Friedenkultur? Zum Mentalitätswandel in Deutschland seit 1945. Münster u. a. 2000.
– Kameradschaft. Die Soldaten des nationalsozialistischen Krieges und das 20. Jahrhundert (Kritische Studien zur Geschichtswissenschaft 173). Göttingen 2006.
– Zärtlichkeit und Zynismus. Militärische Vergemeinschaftung 1918 – 1945, in: Manuel Borutta/Nina Verheyen (Hg.): Die Präsenz der Gefühle. Männlichkeit und Emotion in der Moderne. Bielefeld 2010, S. 179 – 202.
– Kameradschaft, in: Gerhard Hirschfeld u. a. (Hg.): Enzyklopädie Erster Weltkrieg. Erneut aktualisierte und erweiterte Studienausgabe. Paderborn 2014, S. 602 – 603.

Kühner, Stephanie: »Lebensgestaltung in Christus«. Katholische Jugendbewegung in der Zwischenkriegszeit (1919 – 1938) aufgezeigt am Beispiel des Bundes Neudeutschland. Freiburg im Breisgau 1999.

Küsters, Hanns Jürgen: Kanzlerfraktion unter Alfred Dregger, 1982 – 1991, in: Hans-Peter Schwarz (Hg.): Die Fraktion als Machtfaktor. München 2009, S. 161 – 179.

– Der Bonn/Berlin-Beschluss vom 20. Juni 1991 und seine Folgen, in: Historisch-politische Mitteilungen 19 (2012), S. 1 – 24.

Kuropka, Joachim (Hg.): Zur Sache – das Kreuz! Untersuchungen zur Geschichte des Konflikts um Kreuz und Lutherbild in den Schulen Oldenburgs, zur Wirkungsgeschichte eines Massenprotests und zum Problem nationalsozialistischer Herrschaft in einer agrarisch-katholischen Region. 2. Aufl. Vechta 1987.

Langebach, Martin/Raabe, Jan: Die ›Neue Rechte‹ in der Bundesrepublik Deutschland, in: Fabian Virchow/Martin Langebach/Alexander Häusler (Hg.): Handbuch Rechtsextremismus. Wiesbaden 2016, S. 561 – 592.

Langewiesche, Dieter: Nationalismus im 19. und 20. Jahrhundert: zwischen Partizipation und Aggression, in: ders.: Nation, Nationalismus, Nationalstaat in Deutschland und Europa. München 2000, S. 35 – 54.

– Gefühlsraum Nation. Eine Emotionsgeschichte der Nation, die Grenzen zwischen öffentlichem und privatem Gefühlsraum nicht einebnet, in: Zeitschrift für Erziehungswissenschaft 15 (2012), S. 195 – 215.

Latzel, Klaus: Tourismus und Gewalt. Kriegswahrnehmung in Feldpostbriefen, in: Hannes Heer/Klaus Naumann (Hg.): Vernichtungskrieg. Verbrechen der Wehrmacht 1941 – 1944. Hamburg 1995, S. 447 – 459.

– Vom Kriegserlebnis zur Kriegserfahrung. Theoretische und methodische Überlegungen zur erfahrungsgeschichtlichen Untersuchung von Feldpostbriefen, in: Militärgeschichtliche Mitteilungen 56 (1997), S. 1 – 30.

– Deutsche Soldaten – nationalsozialistischer Krieg? Kriegserlebnis – Kriegserfahrung 1939 – 1945. Paderborn u. a. 1998.

– Wehrmachtssoldaten zwischen »Normalität« und NS-Ideologie, oder: Was sucht die Forschung in der Feldpost?, in: Rolf-Dieter Müller/Hans-Erich Volkmann (Hg.): Die Wehrmacht. Mythos und Realität, München 1999, S. 573 – 588.

Lauschke, Karl: Die halbe Macht. Mitbestimmung in der Eisen- und Stahlindustrie 1945 bis 1989. Essen 2007.

Lauterbach, Ansgar: Im Vorhof der Macht. Die nationalliberale Reichstagsfraktion in der Reichsgründungszeit (1866 – 1880). Frankfurt/Main u. a. 2000.

Laux, Eberhard: Planung als Führungsmittel der Verwaltung. Baden-Baden 1967.

Leistenschneider, Stephan: Auftragstaktik im preußisch-deutschen Heer 1871 bis 1914. Hamburg 2002.

Lemke, Bernd/App, Reiner: Der Weltkrieg im Groschenheft-Format. Über den Lektüre-Reiz der Landser-Romane und ihre Verherrlichung des Zweiten Weltkriegs, in: Geschichte in Wissenschaft und Unterricht (GWU) 56 (11/2005), S. 636 – 641.

Lenger, Friedrich: Werner Sombart 1863 – 1941. Eine Biographie. 3. Aufl. München 2012.

Lenski, Daniel: Von Heuss bis Carstens. Das Amtsverständnis der ersten fünf Bundespräsidenten unter besonderer Berücksichtigung ihrer verfassungsrechtlichen Kompetenzen. Leipzig, Berlin 2009.

Leonhard, Jörn: Die Büchse der Pandora. Geschichte des Ersten Weltkriegs. München 2014.

Lethen, Helmut: Verhaltenslehren der Kälte. Lebensversuche zwischen den Kriegen. Frankfurt/Main 1994.

– Die Staatsräte. Elite im Dritten Reich: Gründgens, Furtwängler, Sauerbruch, Schmitt. Berlin 2018.

Leugers, Antonia: Jesuiten in Hitlers Wehrmacht. Kriegslegitimation und Kriegserfahrung. Mit 66 bisher unveröffentlichten Dokumenten. Paderborn 2009.

Leugers-Scherzberg, August Hermann: Herbert Wehner und der Sturz Willy Brandts am 7. Mai 1974, in: Vierteljahrshefte für Zeitgeschichte 50 (2002), S. 303 – 322.

Liedhegener, Antonius: Christentum und Urbanisierung. Katholiken und Protestanten in Münster und Bochum 1830 – 1933. Paderborn u. a. 1997.

Link, Jürgen: Versuch über den Normalismus. Wie Normalität produziert wird. Göttingen 2006.

Link, Werner: Außen- und Deutschlandpolitik in der Ära Brandt, in: Karl Dietrich Bracher/Wolfgang Jäger/Werner Link: Republik im Wandel 1969 – 1974. Stuttgart 1986, S. 163 – 284.

– Die CDU/CSU-Fraktion und die neue Ostpolitik – in den Phasen der Regierungsverantwortung und der Opposition, 1966 – 1975, in: Hans-Peter Schwarz (Hg.): Die Fraktion als Machtfaktor. CDU/CSU im Deutschen Bundestag 1949 bis heute. München 2009, S. 115 – 139.

Löhdorf, Heinz: Infanterie-Regiment 58. O. O. 1976.

Löhnig, Martin/Preisner, Mareike (Hg.): Weimarer Zivilrechtswissenschaft. Tübingen 2014.

Lommatzsch, Erik: Betrachtungen zu den Koalitionen in der Zeit der Kanzlerschaft Helmut Kohls 1982 – 1998, in: Philipp Gassert/Hans Jörg Hennecke (Hg.): Koalitionen in der Bundesrepublik. Bildung, Management und Krisen von Adenauer bis Merkel. Paderborn 2017, S. 185 – 202.

Longerich, Peter: Hitler. Biographie. München 2015.

Lorenz, Einhart: Willy Brandt. Deutscher – Europäer – Weltbürger. Stuttgart 2012.

Löw, Martin: Militärseelsorge unter dem Hakenkreuz. Paderborn 2014.

Lucke, Andrea von: Die Krise von 1956. Die Spaltung der FDP-Bundestagsfraktion unter der Führung August Martin Eulers und die Folgen für die hessische FDP, in: Jahrbuch zur Liberalismus-Forschung 20 (2008), S. 97 – 112.

Luckmann, Thomas: Die »massenkulturelle« Sozialform der Religion, in: Hans-Georg Soeffner (Hg.): Kultur und Alltag. Göttingen 1988, S. 37 – 48.

Ludwig, Ulrike/Zimmermann, John: Ehre und Pflichterfüllung als Codes militärischer Tugenden – Einführende Bemerkungen, in: Ulrike Ludwig/Markus Pöhlmann/Zimmermann, John (Hg.): Ehre und Pflichterfüllung als Codes militärischer Tugenden (Krieg in der Geschichte, Bd. 69). Paderborn u. a. 2014, S. 11 – 27.

Luhmann, Niklas: Organisation und Entscheidung. Opladen u. a. 2000.

Lütjen, Torben: Karl Schiller (1911 – 1994). »Superminister« Willy Brandts. Bonn 2007.
Manig, Bert-Oliver: Die Politik der Ehre. Die Rehabilitierung der Berufssoldaten in der frühen Bundesrepublik. Göttingen 2004.
Mannheim, Karl: Konservatismus. Ein Beitrag zur Soziologie des Wissens. Frankfurt/ Main 1984.
Manthe, Barbara: Rechtsterroristische Gewalt in den 1970er Jahren. Die Kühnen-Schulte-Wegener-Gruppe und der Bückeburger Prozess 1979, in: Vierteljahrshefte für Zeitgeschichte 68 (2020), S. 63 – 93.
Marko, Kurt: Antikommunismus, in: Sowjetsystem und demokratische Gesellschaft. Eine vergleichende Enzyklopädie, Bd. 1. Freiburg, Basel, Wien 1966, Sp. 238 – 245.
Martínez, Matías: Der trivialisierte Krieg. Die »Landser«-Hefte zwischen Erlebnisbericht und Schemaliteratur, in: Jens Westemeier (Hg.): »So war der deutsche Landser …«. Das populäre Bild der Wehrmacht. Paderborn 2019, S. 101 – 122.
Martiny, Martin: Die Durchsetzung der Mitbestimmung im deutschen Bergbau, in: Hans Mommsen/Ulrich Borsdorf (Hg.): Glück auf, Kameraden. Die Bergarbeiter und ihre Organisationen in Deutschland. Köln 1979, S. 389 – 414.
Mathieu, Jon: Zeit und Zeitperzeption. Historische Beiträge zur interdisziplinären Debatte. Göttingen 2020.
Mayer, Florian: Vom Niedergang des unternehmerisch tätigen Staates. Privatisierungspolitik in Großbritannien, Frankreich, Italien und Deutschland. Wiesbaden 2006.
Mecking, Sabine: Regionale Disparitäten, Raumordnung und das Ideal der Chancengleichheit in Westdeutschland, in: Stefan Grüner/Sabine Mecking (Hg.): Wirtschaftsräume und Lebenschancen. München 2017, S. 77 – 89.
Meier, Christian: Die parlamentarische Demokratie. München 2001.
Mergel, Thomas: Überlegungen zu einer Kulturgeschichte der Politik, in: Geschichte und Gesellschaft 28 (2002), S. 574 – 606.
– Der mediale Stil der »Sachlichkeit«. Die gebremste Amerikanisierung des Wahlkampfs in der alten Bundesrepublik, in: Bernd Weisbrod (Hg.): Die Politik der Öffentlichkeit. Die Öffentlichkeit der Politik. Politische Medialisierung in der Geschichte der Bundesrepublik. Göttingen 2003, S. 29 – 53.
– Parlamentarische Kultur in der Weimarer Republik. Politische Kommunikation, symbolische Politik und Öffentlichkeit im Reichstag. Düsseldorf 2005.
– Propaganda nach Hitler. Eine Kulturgeschichte des Wahlkampfs in der Bundesrepublik 1949 – 1990. Göttingen 2010.
– Zeit des Streits. Die siebziger Jahre in der Bundesrepublik als eine Periode des Konflikts, in: Michael Wildt (Hg.): Geschichte denken. Perspektiven auf die Geschichtsschreibung heute. Göttingen 2014, S. 224 – 243.
Merseburger, Peter: Willy Brandt 1913 – 1992. Visionär und Realist. Stuttgart, München 2002.
– Rudolf Augstein. Der Mann, der den »Spiegel« machte. München 2007.
Metzler, Gabriele: Am Ende aller Krisen? Politisches Denken und Handeln in der Bundesrepublik der sechziger Jahre, in: Historische Zeitschrift 275 (2002), S. 57 – 103.
– Erzählen, Aufführen, Widerstehen: Westliche Terrorismusbekämpfung in Politik, Ge-

sellschaft und Kultur der 1970er Jahre, in: Johannes Hürter (Hg.): Terrorismusbekämpfung in Westeuropa. München 2015, S. 117–136.
Meyer, Christoph: Herbert Wehner. Biographie. München 2006.
Michal, Wolfgang: Die SPD – staatstreu und jugendfrei. Wie altmodisch ist die Sozialdemokratie? Reinbek bei Hamburg 1988.
Micus, Matthias: Tribunen, Solisten, Visionäre. Politische Führung in der Bundesrepublik. Göttingen 2010.
Miller, Max: Eugen Bolz. Staatsmann und Bekenner. Stuttgart 1951.
Möckel, Benjamin: Erfahrungsbruch und Generationsbehauptung. Die »Kriegsjugendgeneration« in den beiden deutschen Nachkriegsgesellschaften. Göttingen 2014.
Mödinger, Daniel: Vom Freiheitskämpfer zum Friedenspolitiker. Willy Brandt als Regierender Bürgermeister von Berlin. Paderborn 2019.
Möller, Franz: Der Beschluss. Bonn/Berlin-Entscheidungen von 1990 bis 1994. Bonn 2002.
Möller, Horst: Franz Josef Strauß. Herrscher und Rebell. München 2015.
Möllers, Christoph: Freiheitsgrade. Elemente einer liberalen politischen Mechanik. Berlin 2020.
Moyn, Samuel: The Last Utopia. Human Rights in History. Cambridge (Mass.) 2010.
– Die neue Historiographie der Menschenrechte, in: Geschichte und Gesellschaft 38 (2012), S. 545–572.
Müller, Albrecht: Willy wählen '72. Siege kann man machen. Annweiler 1997.
Müller, Matthias: Die SPD und die Vertriebenenverbände 1949–1977. Eintracht, Entfremdung, Zwietracht. Berlin 2012.
Müller, Sven Oliver: Deutsche Soldaten und ihre Feinde. Nationalismus an Front und Heimatfront im Zweiten Weltkrieg. Frankfurt/Main 2007.
Müller-Armack, Alfred: Wirtschaftslenkung und Marktwirtschaft. Hamburg 1947.
Münkel, Daniela: Zwischen Diffamierung und Verehrung. Das Bild Willy Brandts in der bundesdeutschen Öffentlichkeit (bis 1974), in: Carsten Tessmer (Hg.): Das Willy Brandt-Bild in Deutschland und Polen. Berlin 2000, S. 23–40.
– »Alias Frahm« – Die Diffamierungskampagnen gegen Willy Brandt in der rechtsgerichteten Presse, in: Claus-Dieter Krohn/Axel Schild (Hg.): Zwischen den Stühlen? Remigranten und Remigration in der deutschen Medienöffentlichkeit der Nachkriegszeit. Hamburg 2002, S. 397–418.
– Konsum auf dem Land vom Kaiserreich bis in die Bundesrepublik, in: Heinz-Gerhard Haupt/Claudius Torp (Hg.): Die Konsumgesellschaft in Deutschland 1890–1990. Ein Handbuch. Frankfurt/Main 2009, S. 205–217.
Nagel, Anne Christine: Ein Mensch und zwei Leben. Erwin Stein (1903–1992). Köln 2018.
Neitzel, Sönke: Abgehört. Deutsche Generäle in britischer Kriegsgefangenschaft 1942–1945. Mit einem Geleitwort von Ian Kershaw. 6. Aufl. Berlin 2012.
– Deutsche Krieger. Vom Kaiserreich zur Berliner Republik – eine Militärgeschichte. Berlin 2020.
Nelles, Irma: Der Herausgeber. Erinnerungen an Rudolf Augstein. Berlin 2017.
Neubert, Erhart: Geschichte der Opposition in der DDR 1949–1989. Berlin 1998.

Neumann, Arijana: Parteiensystem und Wählermilieus in Hessen, in: Wolfgang Schoeder/Arijana Neumann (Hg.): Politik und Regieren in Hessen. Wiesbaden 2016, S. 229 – 247.
Neumann, Arijana/Schmid, Josef: Die Hessen-CDU: Kampfverband und Regierungspartei, in: Wolfgang Schroeder (Hg.): Parteien und Parteiensystem in Hessen. Vom Vier- zum Fünfparteiensystem? Wiesbaden 2008, S. 107 – 141.
Niethammer, Lutz: Angepaßter Faschismus. Politische Praxis der NPD. Frankfurt/Main 1969.
– Die Mitläuferfabrik. Die Entnazifizierung am Beispiel Bayerns. Bonn 1999.
– Nach dem Dritten Reich ein neuer Faschismus? Zum Wandel der rechtsextremen Szene in der Geschichte der Bundesrepublik [1981], in: Ulrich Herbert u. a. (Hg.): Deutschland danach. Postfaschistische Gesellschaft und nationales Gedächtnis. Bonn 1999, S. 59 – 73.
Nolte, Paul: Lebens Werk. Thomas Nipperdeys Deutsche Geschichte – Biographie eines Buches. München 2018.
Nordblom, Pia: Bitburg – (k)eine Geste der Versöhnung. Zur Ambivalenz von Versöhnen und Erinnern beim Staatsbesuch Ronald Reagans in der Bundesrepublik 1985, in: Corine Defrance/Ulrich Pfeil (Hg.): Verständigung und Versöhnung nach dem »Zivilisationsbruch«? Deutschland in Europa nach 1945. Bruxelles u. a. 2016, S. 117 – 136.
Nowak, Werner: Das gemeinnützige Unternehmen als Instrument der Wohnungspolitik. Berlin 1973.
Nunn, Christian: Rudolf Müller-Erzbach. 1874 – 1959. Von der realen Methode über die Interessenjurisprudenz zum kausalen Rechtsdenken. Frankfurt/Main u. a. 1998.
Nützenadel, Alexander: Stunde der Ökonomen. Wissenschaft, Politik und Expertenkultur in der Bundesrepublik 1949 – 1974. Göttingen 2005.
Oldenburg, Manfred: Ideologie und militärisches Kalkül. Die Besatzungspolitik der Wehrmacht in der Sowjetunion 1942. Köln, Weimar, Berlin 2004.
Pamperrien, Sabine: Helmut Schmidt und der Scheißkrieg. Die Biografie 1918 bis 1945. München, Zürich 2014.
Penzlin, Carsten: Rainer Barzel als Kanzlerkandidat im Bundestagswahlkampf 1972, in: Historisch-politische Mitteilungen 14 (2007), S. 121 – 136.
– Wahlkampf und Außenpolitik – Eine vergleichende Studie zu den Bundestagswahlen von 1957 und 1972. Rostock 2009.
Petersen, Sönke: Manager des Parlaments. Parlamentarische Geschäftsführer im Deutschen Bundestag – Status, Funktionen, Arbeitsweise. Opladen 2000.
Petzold, Joachim: Franz von Papen. München 1995.
Pfetsch, Barbara: Politische Kommunikationskultur. Politische Sprecher und Journalisten in der Bundesrepublik und den USA im Vergleich. Opladen 2003.
Pfeiffer, Thomas/Puttkammer, Michael: Warum das Land Nordrhein-Westfalen die »Junge Freiheit« in seinen Verfassungsschutzberichten geführt hat, in: Stephan Braun/Ute Vogt (Hg.): Die Wochenzeitung »Junge Freiheit«. Kritische Analysen zu Programmatik, Inhalten, Autoren und Kunden, Wiesbaden 2007, S. 57 – 74.
Philipp, Michael: Persönlich habe ich mir nichts vorzuwerfen. Politische Rücktritte in Deutschland von 1950 bis heute. München 2007.

Pollack, Detlef/Wielgohs, Jan (Hg.): Dissent and Opposition in Communist Eastern Europe. Aldershot 2004.
Popitz, Heinrich: Soziale Normen. Hg. von Friedrich Pohlmann und Wolfgang Eßbach. Frankfurt/Main 2006.
Pörksen, Bernhard/Schulz von Thun, Friedemann: Die Kunst des Miteinander-Redens. München 2020.
Prinzing, Marlis: Lothar Späth. Wandlungen eines Rastlosen. Zürich 2006.
Pruys, Karl Hugo: Bequem war er nie. Christian Schwarz-Schillings Leben für die Politik. Berlin 2000.
Pyta, Wolfram: Franz von Papen – Grenzgänger zwischen Unternehmertum und Politik, in: Manfred Rasch (Hg.): Adel als Unternehmer im bürgerlichen Zeitalter, Münster 2006, S. 289 – 307.
– German football: a cultural history, in: Alan Tomlinson/Christopher Young (Hg.): German Football. London 2006, S. 1 – 22.
– Hindenburg. Herrschaft zwischen Hohenzollern und Hitler. München 2007.
– Geschichtswissenschaft, in: Christian Klein (Hg.): Handbuch Biographie. Stuttgart 2009, S. 331 – 338.
– Heimatvorstellungen in Gemeinschaftsbezügen, in: Detlef Lehnert (Hg.): Gemeinschaftsdenken in Europa. Köln 2013, S. 173 – 184.
– Hitler. Der Künstler als Politiker und Feldherr. München 2015.
– Die Weimarer Republik als Experimentierfeld demokratischer Kompromisskultur, in: Historisches Jahrbuch 140 (2020), S. 22 – 67.
– Militärische Entscheidungskultur. Prolegomena zu einer dezisionistischen Führungskultur des Militärs, in: Martin Clauss/Christoph Nübel (Hg.): Militärisches Entscheiden. Voraussetzungen, Prozesse und Repräsentationen einer sozialen Praxis von der Antike bis zum 20. Jahrhundert. Frankfurt/Main 2020, S. 49 – 72.
– Der Reichstag als Symbol der deutschen Nation, in: Tilman Mayer (Hg.): 150 Jahre Nationalstaatlichkeit in Deutschland. Baden-Baden 2021, S. 135 – 165.
– (Hg.): Krieg und Revolution. Historische Konstellationen seit der Französischen Revolution. Stuttgart 2022.
– Berlin statt Bonn. Die Hauptstadtentscheidung des Bundestags vom 20. Juni 1991 als Ergebnis überfraktioneller Willensbildung, in: Zeitschrift für Parlamentsfragen 53 (2022), S. 409 – 433.
Pyta, Wolfram/Kretschmann, Carsten (Hg.): Bürgerlichkeit. Spurensuche in Vergangenheit und Gegenwart. Stuttgart 2016.
Pyta, Wolfram/Lange, Carolin: Die darstellungstechnische Seite von »Mein Kampf«, in: Totalitarismus und Demokratie 13 (2016), S. 45 – 69.
Raiser, Thomas/Veil, Rüdiger: Mitbestimmungsgesetz und Drittelbeteiligungsgesetz. Kommentar. 5. Aufl. Berlin 2009.
Rass, Christoph: »Menschenmaterial«: Deutsche Soldaten an der Ostfront. Innenansichten einer Infanteriedivision 1939 – 1945. Paderborn 2003.
Reichardt, Sven: Authentizität und Gemeinschaft. Linksalternatives Leben in den siebziger und frühen achtziger Jahren. Berlin 2014.

Reimann, Aribert: Der große Krieg der Sprachen. Untersuchungen zur historischen Semantik in Deutschland und England zur Zeit des Ersten Weltkriegs. Essen 2000.
– Dieter Kunzelmann, die Revolte und ihr Medium, in: Sven Grampp/Kay Kirchmann/Marcus Sandl/Rudolf Schlögl/Eva Wiebel (Hg.): Revolutionsmedien – Medienrevolutionen. Konstanz 2008, S. 651 – 676.
– Dieter Kunzelmann. Avantgardist, Protestler, Radikaler, Göttingen 2009.
Reißig, Rolf: Dialog durch die Mauer. Die umstrittene Annäherung von SPD und SED. Mit einem Nachwort von Erhard Eppler. Frankfurt/Main, New York 2002.
Reitmayer, Morten: »Unternehmer zur Führung berufen« – durch wen?, in: Volker R. Berghahn/Stefan Unger/Dieter Ziegler (Hg.): Die deutsche Wirtschaftselite im 20. Jahrhundert. Essen 2003, S. 317 – 336.
Richardt, Dirk: Ausbildung und Auswahl junger Offiziere 1930 – 1945. Zur sozialen Genese des deutschen Offizierskorps. Inaug.-Diss. Marburg 2002.
Ridder, Winfried: Verfassung ohne Schutz. Die Niederlagen der Geheimdienste im Kampf gegen den Terrorismus. München 2013.
Riekenberg, Michael: Kleine Geschichte Argentiniens. München 2009.
Rigoll, Dominik: Grenzen des Sagbaren. NS-Belastung und NS-Verfolgungserfahrung bei Bundestagsabgeordneten, in: Zeitschrift für Parlamentsfragen 45 (2014), S. 128 – 140.
Rock, Philipp: Macht, Märkte und Moral. Zur Rolle der Menschenrechte in der Außenpolitik der Bundesrepublik Deutschland in den sechziger und siebziger Jahren. Frankfurt/Main 2010.
Rödder, Andreas: Die radikale Herausforderung. München 2002.
– Die Bundesrepublik Deutschland 1969 – 1990. München 2003.
– Deutschland einig Vaterland. Die Geschichte der Wiedervereinigung. München 2009.
Rohe, Karl: Politische Kultur und ihre Analyse. Probleme und Perspektiven der politischen Kulturforschung, in: Historische Zeitschrift 250 (1990), S. 321 – 346.
Rohstock, Anne: Von der »Ordinarienuniversität« zur »Revolutionszentrale«? Hochschulreform und Hochschulrevolte in Bayern und Hessen 1957 – 1976. München 2010.
Rojek, Sebastian: Versunkene Hoffnungen. Die Deutsche Marine im Umgang mit Erwartungen und Enttäuschungen 1871 – 1930. Berlin, Boston 2017.
Römer, Felix: Der Kommissarbefehl. Wehrmacht und NS-Verbrechen an der Ostfront 1941/42. Paderborn u. a. 2008.
– Volksgemeinschaft in der Wehrmacht?, in: Harald Welzer/Sönke Neitzel/Christian Gudehus (Hg.): »Der Führer war wieder viel zu human, viel zu gefühlvoll«. Frankfurt/Main 2011, S. 55 – 95.
– Kameraden. Die Wehrmacht von innen. München, Zürich 2012.
– Die Wehrmacht und der Kommissarbefehl. Neue Forschungsergebnisse, in: Militärgeschichtliche Zeitschrift 69 (2012), S. 243 – 274.
Rosenthal, Gabriele: »Wenn alles in Scherben fällt«. Von Leben und Sinnwelt der Kriegsgeneration. Typen biographischer Wandlungen. Opladen 1987.
Roth, Margit: Innerdeutsche Bestandsaufnahme der Bundesrepublik 1969 – 1989. Neue Deutung. Wiesbaden 2014.

Rückert, Joachim: Abschiede vom Unrecht. Zur Rechtsgeschichte nach 1945. Tübingen 2015.

Rudloff, Wilfried: Bildungspolitik als Gesellschafts- und Sozialpolitik, in: Archiv für Sozialgeschichte 47 (2007), S. 237–268.

Rupp, Hans Karl: Politische Geschichte der Bundesrepublik Deutschland. 4. Aufl. München 2009.

Rupps, Martin: Troika wider Willen. Wie Brandt, Wehner und Schmidt die Republik regierten. Berlin 2005.

– Helmut Schmidt. Ein Jahrhundertleben. Freiburg im Breisgau, Basel, Wien 2013.

Rüter, Anne: Franz Blücher als Marshallplan – Minister und Parteivorsitzender, in: Jahrbuch zur Liberalismus-Forschung 20 (2008), S. 59–83.

Rüthers, Bernd: Geschönte Geschichten – Geschönte Biografien. Sozialisationskohorten in Wendeliteraturen. Ein Essay. Tübingen 2001.

– Die unbegrenzte Auslegung. Zum Wandel der Privatrechtsordnung im Nationalsozialismus. 8. Aufl. Tübingen 2017.

Sabrow, Martin: Erich Honecker – Vom Hoffnungsträger zum Enttäuschungssymbol, in: Bernhard Gotto/Anna Ullrich (Hg.): Hoffen – Scheitern – Weiterleben. Enttäuschung als historische Erfahrung in Deutschland im 20. Jahrhundert. Berlin 2021, S. 205–215.

Saldern, Adelheid von: Das »Harzburger Modell«. Ein Ordnungssystem für bundesrepublikanische Unternehmen, 1960–1975, in: Thomas Etzemüller (Hg.): Die Ordnung der Moderne. Social Engineering im 20. Jahrhundert. Bielefeld 2009, S. 303–329.

Schaefer, Felicitas: Der Führer der »Stahlhelm-Fraktion«. Ein Porträt des CDU-Fraktionschefs Alfred Dregger, in: Blätter für deutsche und internationale Politik 11/1985, S. 1356–1366.

Schall, Wolfgang: Führungstechnik und Führungskunst in Armee und Wirtschaft. Bad Harzburg 1965.

Schanetzky, Tim: Die große Ernüchterung. Wirtschaftspolitik, Expertise und Gesellschaft in der Bundesrepublik 1966 bis 1982. Berlin 2007.

Scharf, Wilfried: Deutsche Diskurse. Die politische Kultur von 1945 bis heute in publizistischen Kontroversen. Hamburg 2009.

Schellenberg, Britta: Junge Freiheit, in: Wolfgang Benz (Hg.): Handbuch des Antisemitismus. Judenfeindschaft in Geschichte und Gegenwart, Bd. 6. Berlin, Boston 2013, S. 387–389.

Schildt, Axel: Im Kern gesund? Die deutschen Hochschulen 1945, in: König, Helmut (Hg.): Vertuschte Vergangenheit. Der Fall Schwerte und die NS-Vergangenheit der deutschen Hochschulen. München 1997, S. 223–240.

– Konservatismus in Deutschland. Von den Anfängen im 18. Jahrhundert bis zur Gegenwart. München 1998.

– Antikommunismus von Hitler zu Adenauer, in: Norbert Frei/Dominik Rigoll (Hg.): Der Antikommunismus in seiner Epoche. Weltanschauung und Politik in Deutschland, Europa und den USA. Göttingen 2017, S. 186–203.

– Armin Mohler und die konservativen Revolutionäre, in: Jörg Später/Thomas Zimmer (Hg.): Lebensläufe im 20. Jahrhundert. Göttingen 2019, S. 187–204.

Schildt, Axel/Sywottek, Arnold (Hg.): Modernisierung im Wiederaufbau. Die westdeutsche Gesellschaft der 50er Jahre. Bonn 1998.
Schiller, Kay/Young, Christopher: The 1972 Munich Olympics and the Making of Modern Germany. Berkeley 2010.
Schimank, Uwe: Die Entscheidungsgesellschaft. Komplexität und Rationalität der Moderne. Wiesbaden 2005.
– Coping: Entscheiden, wenn das kaum noch möglich ist, in: Leviathan 47 (2019), S. 192–214.
– Kulturelles am Entscheiden, in: Ulrich Pfister (Hg.): Kulturen des Entscheidens. Göttingen 2019, S. 387–404.
Schindler, Danny: Politische Führung im Fraktionenparlament. Rolle und Steuerungsmöglichkeiten der Fraktionsvorsitzenden im Deutschen Bundestag. Baden-Baden 2019.
Schinkel, Anders: Imagination as a Category of History: An Essay concerning Koselleck's Concepts of Erfahrungsraum und Erwartungshorizont, in: History and Theory 44 (2005), S. 42–54.
Schinkel, Etienne: Holocaust und Vernichtungskrieg. Die Darstellung der deutschen Gesellschaft und Wehrmacht in Geschichtsschulbüchern für die Sekundarstufe I und II. Göttingen 2018.
Schirmer, Oliver: Ernst Fraenkel. Pluralismus und Neopluralismus. München 2003.
Schlaffer, Rudolf Josef: Nach der Wehrmacht: Ritterlichkeit, Ehre und Pflicht – Tugenden für die Bundeswehr?, in: Ulrike Ludwig/Markus Pöhlmann/John Zimmermann (Hg.): Ehre und Pflichterfüllung als Codes militärischer Tugenden. Paderborn 2014, S. 95–107.
Schlie, Ulrich: Bundeswehr und Tradition, in: Eberhard Birk/Winfried Heinemann/Sven Lange (Hg.): Tradition für die Bundeswehr. Neue Aspekte einer alten Debatte. Berlin 2012, S. 11–28.
Schmid, Josef: Die CDU. Organisationsstrukturen, Politiken und Funktionsweisen einer Partei im Föderalismus. Opladen 1990.
Schmidt, Manfred G.: Das politische System Deutschlands. Institutionen, Willensbildung und Politikfelder. 2., überarbeitete, aktual. u. erw. Aufl. München 2011; 3., überarb., aktual. und erw. Aufl. München 2016.
Schmucki, Barbara: Der Traum vom Verkehrsfluss. Städtische Verkehrsplanung seit 1945 im deutsch-deutschen Vergleich. Frankfurt/Main, New York 2001.
Scholtyseck, Joachim: Die FDP in der Wende, in: Historisch-politische Mitteilungen 19 (2012), S. 197–220.
Schönhoven, Klaus: Wendejahre. Die Sozialdemokratie in der Zeit der Großen Koalition 1966–1969. Bonn 2004.
Schörken, Rolf: »Schülersoldaten« – Prägung einer Generation, in: Rolf-Dieter Müller/Hans-Erich Volkmann (Hg.): Die Wehrmacht. Mythos und Realität. München 1999.
Schreckenberg, Heinz: Erziehung, Lebenswelt und Kriegseinsatz der deutschen Jugend unter Hitler. Anmerkungen zur Literatur. Münster 2001.
Schreckenberger, Waldemar: Infomelle Verfahren der Entscheidungsvorbereitung zwi-

schen der Bundesregierung und den Mehrheitsfraktionen: Koalitionsgespräche und Koalitionsrunden, in: Zeitschrift für Parlamentsfragen 25 (1994), S. 329 – 346.
Schröder, Hans Joachim: Die gestohlenen Jahre. Erzählgeschichten und Geschichtserzählungen im Interview. Der Zweite Weltkrieg aus der Sicht ehemaliger Mannschaftssoldaten. Tübingen 1992.
Schröder, Heinrich Josef: Die Kandidatenaufstellung und das Verhältnis des Kandidaten zu seiner Partei in Deutschland und Frankreich. Berlin 1971.
Schroeder, Wolfgang: Die hessische SPD zwischen Regierung und Opposition, in: Wolfgang Schroeder (Hg.): Parteien und Parteiensystem in Hessen. Vom Vier- zum Fünfparteiensystem? Wiesbaden 2008, S. 77 – 106.
Schroeder, Wolfgang/Neumann, Arijana: Politische Herausforderungen in Hessen, in: dies. (Hg.): Politik und Regieren in Hessen. Wiesbaden 2016, S. 1 – 7.
Schulz, Andreas: Lebenswelt und Kultur des Bürgertums im 19. und 20. Jahrhundert. 2. Aufl. Berlin u. a. 2014.
Schulz, Andreas/Wirsching, Andreas (Hg.): Das Parlament als Kommunikationsraum. Düsseldorf 2012.
Schulz, Günther: Wiederaufbau in Deutschland. Die Wohnungsbaupolitik in den Westzonen und der Bundesrepublik von 1945 bis 1957. Düsseldorf 1994.
Schulz-Walden, Thorsten: Anfänge globaler Umweltpolitik. Umweltsicherheit in der internationalen Politik (1969 – 1975). München 2013.
Schuster, Friedemann: Ein Kanzlerkandidat des Großkapitals. Dregger (Marxistische Taschenbücher). Frankfurt /Main 1971.
Schüttemeyer, Suzanne S.: Der Bundestag als Fraktionenparlament, in: Jürgen Hartmann/Uwe Thaysen (Hg.): Pluralismus und Parlamentarismus in Theorie und Praxis. Opladen 1992, S. 113 – 136.
– Fraktionen im Deutschen Bundestag 1949 – 1997. Opladen 1998.
– Der ewige Zweite? Überlegungen zur Regierungsdominanz im Deutschen Bundestag, in: Silke I. Keil/Isabell Thaidigsmann (Hg.): Zivile Bürgergesellschaft und Demokratie. Wiesbaden 2013, S. 451 – 468.
Schwarz, Hans-Peter: Die Ära Adenauer. Stuttgart 1981.
– Adenauer. Der Aufstieg: 1876 – 1952. Stuttgart 1986.
– Anmerkungen zu Adenauer. München 2004.
– Axel Springer. Die Biografie. Berlin 2008.
– Helmut Kohl. Eine politische Biographie. München 2012.
– Langzeitwirkungen der Wende 1982/83, in: Historisch-politische Mitteilungen 19 (2012), S. 237 – 251.
Schwilk, Heimo/Schacht, Ulrich: Einleitung, in: dies. (Hg.): Die selbstbewußte Nation. Frankfurt/Main, Berlin 1994, S. 11 – 17.
Seebacher-Brandt, Brigitte: Norm und Normalität, in: Heimo Schwilk/Ulrich Schacht (Hg.): Die selbstbewußte Nation. Frankfurt/Main, Berlin 1994, S. 43 – 56.
Seeßlen, Georg: Filmwissen: Western. Grundlagen des populären Films. Marburg 2011.
Seifert, Manfred: Kulturarbeit im Reichsarbeitsdienst. Theorie und Praxis nationalsozia-

listischer Kulturpflege im Kontext historisch-politischer, organisatorischer und ideologischer Einflüsse. Münster, New York 1996.
Sheehan, James J.: Kontinent der Gewalt. Europas langer Weg zum Frieden. München 2008.
Siebenmorgen, Peter: Franz Josef Strauß. Ein Leben im Übermaß. München 2015.
Siegeroth, Ludwig: 1933 – 1945, in: Städtisches Marien-Gymnasium Werl (Hg.): 75 Jahre Marien-Gymnasium Werl. 1907 – 1982. Werl 1982, S. 24 – 36.
Siegfried, Detlef: Vom Teenager zur Pop-Revolution. Politisierungstendenzen in der westdeutschen Jugendkultur 1959 bis 1968, in: Axel Schildt/Karl C. Lammers/Detlef Siegfried (Hg.): Dynamische Zeiten. Die 60er Jahre in den beiden deutschen Gesellschaften. Hamburg 2000, S. 582 – 623.
Sigg, Marco: Der Unterführer als Feldherr im Taschenformat. Paderborn 2014.
Soell, Hartmut: Fritz Erler. Eine politische Biographie. Bd. 2, Bonn 1976.
– Helmut Schmidt. 1918 – 1969. Vernunft und Leidenschaft. München 2003.
– Helmut Schmidt. 1969 bis heute. Macht und Verantwortung. München 2008.
Sojka, Klaus (Hg.): Die Wahrheit über die Wehrmacht. Reemtsmas Fälschungen widerlegt. München 1998.
Speitkamp, Winfried: Ohrfeige, Duell und Ehrenmord. Eine Geschichte der Ehre. Stuttgart 2010.
Spraul, Gunter: Der Franktireurkrieg 1914. Untersuchungen zum Verfall einer Wissenschaft und zum Umgang mit nationalen Mythen. Berlin 2016.
Stargardt, Nicholas: Der deutsche Krieg 1939 – 1945. Frankfurt/Main 2014.
Stasch, Gregor K. (Hg.): »Alles für Fulda!« Aspekte der Kommunalpolitik 1946 – 2006. Begleitband zur Ausstellung 28. April – 9. Juli 2006. Fulda 2006.
Stauft, Wolfgang: Liberale in Hessen seit 1945. Materialien zum 50jährigen Bestehen der FDP in Hessen. St. Augustin 1996.
Staupe, Achim: »Innere Sicherheit« und »law and order«. Die politische Semantik von Ordnung, Sicherheit und Freiheit in der bundesdeutschen Innenpolitik, in: Johannes Hürter (Hg.): Terrorismusbekämpfung in Westeuropa. München 2015, S. 172 – 200.
Steber, Martina: Die Hüter der Begriffe. Politische Sprachen des Konservativen in Großbritannien und der Bundesrepublik Deutschland 1945 – 1980. Berlin 2017.
Steffani, Winfried: Parlamentarische Demokratie – Zur Problematik von Effizienz, Transparenz und Partizipation, in: ders. (Hg.): Parlamentarismus ohne Transparenz. Opladen 1973, S. 17 – 47.
– Pluralistische Demokratie. Studien zur Theorie und Praxis. Opladen 1980.
Steg, Christian: Die Kandidatenaufstellung zur Bundestagswahl. Baden-Baden 2016.
Steiner, Udo: Rechtsstaat im (Wieder)Aufbau, in: Martin Löhnig (Hg.): Zwischenzeit: Rechtsgeschichte der Besatzungsjahre. Regenstauf 2011, S. 175 – 186.
Steinmetz, Willibald: Das Sagbare und das Machbare. Zum Wandel politischer Handlungsspielräume. England 1780 – 1867. Stuttgart 1993.
– Ungewollte Politisierung durch die Medien? Die Contergan-Affäre, in: Bernd Weisbrod (Hg.): Die Politik der Öffentlichkeit – Die Öffentlichkeit der Politik. Göttingen 2003, S. 195 – 228.

– Europa im 19. Jahrhundert. Frankfurt/Main 2019.

Steinmetz, Willibald/Haupt, Heinz-Gerhard: The Political as Communicative Space in History: The Bielefeld Approach, in: Willibald Steinmetz/Heinz-Gerhard Haupt/Ingrid Gilcher-Holtey (Hg.): Writing Political History Today. Frankfurt/Main 2013, S. 11–33.

Stickler, Matthias: Ostdeutsch heißt Gesamtdeutsch. Organisation, Selbstverständnis und heimatpolitische Zielsetzungen der deutschen Vertriebenenverbände 1949–1972. Düsseldorf 2004.

Stollberg-Rilinger, Barbara (Hg.): Was heißt Kulturgeschichte des Politischen? Berlin 2005.

Stolleis, Michael: Theodor Maunz – ein Staatsrechtslehrerleben, in: Kritische Justiz 26 (4/1993), S. 393–396.

– Geschichte des öffentlichen Rechts. Bd. 4: Staats- und Verwaltungsrechtswissenschaft in West und Ost 1945–1990. München 2017.

Stötzel, Georg: Geschichtliche Selbstinterpretation im öffentlichen Sprachgebrauch seit 1945. Der Befreiungsdiskurs zum 8. Mai, in: Heidrun Kämper/Hartmut Schmidt (Hg.): Das 20. Jahrhundert. Sprachgeschichte – Zeitgeschichte. Berlin, New York 1998, S. 250–274.

Sundermeyer, Olaf: Gauland. Die Rache des alten Mannes. München 2018.

Szatkowski, Tim: Karl Carstens. Eine politische Biographie. Köln, Weimar, Wien 2007.

Szöllösi-Janze, Margit: Fritz Haber. 1868–1934. Eine Biographie. München 1998.

– Lebens-Geschichte – Wissenschafts-Geschichte. Vom Nutzen der Biographie für Geschichtswissenschaft und Wissenschaftsgeschichte, in: Berichte zur Wissenschaftsgeschichte 23 (2000), S. 17–35.

– Biographie, in: Stefan Jordan (Hg.): Lexikon Geschichtswissenschaft. Hundert Grundbegriffe. Stuttgart 2002, S. 44–48.

– Zwischen »Endsieg« und Examen. Studieren an der Universität Köln 1943–1948. Brüche und Kontinuitäten. Köln 2007.

Timmer, Karsten: Vom Aufbruch zum Umbruch. Die Bürgerbewegung in der DDR 1989. Göttingen 2000.

Toens, Katrin/Willems, Ulrich: Kontingenz und Politik – Interdisziplinäre und politikwissenschaftliche Perspektiven, in: dies. (Hg.): Politik und Kontingenz. Wiesbaden 2012, S. 14–22.

Topp, Wilhelm: Die Wahlen 1933 und der Beginn der Nazi-Schreckensherrschaft in Werl. Werl vor 80 Jahren, in: Jahrbuch Werl gestern – heute – morgen. Hg. von der Stadt Werl und dem Neuen Heimat- und Geschichtsverein Werl e. V. Werl 2013, S. 78–89.

Töppel, Roman: Kursk 1943. Die größte Schlacht des Zweiten Weltkriegs. Paderborn 2017.

Tuchel, Johannes: »und ihrer aller wartet der Strick«. Das Zellengefängnis Lehrter Straße 3 nach dem 20. Juli 1944. Berlin 2014.

Uertz, Rudolf: Christentum und Sozialismus in der frühen CDU. Grundlagen und Wirkungen der christlich-sozialen Ideen in der Union 1945–1949. Stuttgart 1981.

Ullrich, Anna: Von »jüdischem Optimismus« und »unausbleiblicher Enttäuschung«. Erwartungsmanagement deutsch-jüdischer Vereine und gesellschaftlicher Antisemitismus 1914–1938. Berlin, Boston 2019.

Ullrich, Volker: Geschichte von unten. Die neue Bewegung zur Erforschung des Alltags, in: Journal für Geschichte 2/1984, S. 9 – 15.
– Adolf Hitler. Bd. 1: Die Jahre des Aufstiegs 1889 – 1939. Frankfurt/Main 2013.
Veen, Hans-Joachim: Opposition im Bundestag. Ihre Funktionen, institutionellen Handlungsbedingungen und das Verhalten der CDU/CSU-Fraktion in der 6. Wahlperiode 1969 – 1972. Bonn 1976.
Verheyen, Nina: Diskussionslust. Eine Kulturgeschichte des »besseren Arguments« in Westdeutschland. Göttingen 2010.
Vogel, Jakob: Die Pickelhaube, in: Étienne François/Hagen Schulze (Hg.): Deutsche Erinnerungsorte II. München 2011, S. 299 – 314.
Vogt, Ludgera: Zur Logik der Ehre in der Gegenwartsgesellschaft. Frankfurt/Main 1995.
Volkmann, Peer Oliver: Heinrich Brüning (1885 – 1970). Nationalist ohne Heimat. Eine Teilbiographie. Düsseldorf 2007.
Vollhardt, Ulla-Britta: Staatliche Heimatpolitik und Heimatdiskurse in Bayern 1945 – 1970. Identitätsstiftung zwischen Tradition und Modernisierung. München 2008.
Walter, Franz: Erich Mende: Der Liberale aus dem Schützengraben, in: ders.: Charismatiker und Effizienzen. Porträts aus 60 Jahren Bundesrepublik. Frankfurt/Main 2009, S. 131 – 136.
– Walter Scheel: Fröhlicher Realist mit Fortune, in: ders.: Charismatiker und Effizienzen. Porträts aus 60 Jahren Bundesrepublik. Frankfurt/Main 2009, S. 136 – 142.
Wambach, Kai: Rainer Barzel. Eine Biographie. Paderborn 2019.
Weber, Klaus: Die Konjunktur der Linksliberalen 1966 – 1970 – Das Beispiel Ralf Dahrendorf, in: Jahrbuch zur Liberalismus-Forschung 20 (2008), S. 153 – 172.
Weber, Petra: Getrennt und doch vereint. Deutsch-deutsche Geschichte 1945 – 1989/90. Berlin 2020.
Weber, Tim Matthias: Zwischen Nachrüstung und Abrüstung. Die Nuklearwaffenpolitik der Christlichen Demokratischen Union Deutschlands zwischen 1977 und 1989. Baden-Baden 1994.
Webert, Karin: Die Opposition im Deutschen Bundestag 1990 – 2005. Hamburg 2009.
Wehler, Hans-Ulrich: Deutsche Gesellschaftsgeschichte 1849 – 1914. Bd. 3: Von der »Deutschen Doppelrevolution« bis zum Beginn des Ersten Weltkrieges 1849 – 1914. München 1995.
– Deutsche Gesellschaftsgeschichte. Bd. 4: Vom Beginn des Ersten Weltkriegs bis zur Gründung der beiden deutschen Staaten 1914 – 1949. München 2003.
– Deutsche Gesellschaftsgeschichte. Bd. 5: Bundesrepublik und DDR 1949 – 1990. München 2008.
Wehrs, Nikolai: Protest der Professoren. Der »Bund Freiheit der Wissenschaft« in den 1970er Jahren. Göttingen 2014.
Weichlein, Siegfried: Nationsbilder und Staatskritik im deutschen Katholizismus des 19. und 20. Jahrhundert, in: Urs Altermatt/Franziska Metzger (Hg.): Religion und Nation. Katholizismen im Europa des 19. und 20. Jahrhunderts. Stuttgart 2007, S. 136 – 151.

Weidenfeld, Werner/Korte, Karl-Rudolf (Hg.): Handbuch zur deutschen Einheit, 1949–1989–1999. Frankfurt/Main, New York 1999.

Weinert, Frederik: Nazi-Vergleiche und Political Correctness. Eine sprach- und kommunikationswissenschaftliche Analyse. Baden-Baden 2018.

Weirich, Dieter: Alfred Dregger. Haltung und Herz – eine Biographie. Frankfurt/Main 2019.

Weisbrod, Bernd: Generation und Generationalität in der Neueren Geschichte, in: Aus Politik und Zeitgeschichte 8/2005, S. 3–9.

Weiß, Volker: Die autoritäre Revolte. Die Neue Rechte und der Untergang des Abendlandes. Stuttgart 2017.

Weitbrecht, Dorothee: Profite versus Menschenleben. Argentinien und das schwierige Erbe der deutschen Diplomatie, in: Blätter für deutsche und internationale Politik 7/2013, S. 93–104.

Weixner, Bärbel: Direkte Demokratie in den Bundesländern. Verfassungsrechtlicher und empirischer Befund aus politikwissenschaftlicher Sicht. Wiesbaden 2002.

Welskopp, Thomas: Identität *ex negativo*. Der »deutsche Sonderweg« als Metaerzählung in der bundesdeutschen Geschichtswissenschaft der siebziger und achtziger Jahre, in: Konrad H. Jarausch/Martin Sabrow (Hg.): Die historische Meistererzählung. Göttingen 2002, S. 109–139.

Welzer, Harald: Die Deutschen und ihr »Drittes Reich«, in: Aus Politik und Zeitgeschichte 14–15/2007, S. 21–28.

Wengeler, Martin: *Nachrüstung* – Von der Legitimationsvokabel zum »vorbelasteten Begriff«, in: Armin Burkhardt/Franz Hebel/Rudolf Hoberg (Hg.): Sprache zwischen Militär und Frieden: Aufrüstung der Begriffe? Tübingen 1989, S. 233–245.

– Vom *Wehrbeitrag* bis zu *Friedensmission*. Zur Geschichte der sprachlichen Legitimierung und Bekämpfung von Rüstung und Militär, in: Georg Stötzel/Martin Wengeler: Kontroverse Begriffe. Geschichte des öffentlichen Sprachgebrauchs in der Bundesrepublik Deutschland. Berlin, New York 1995, S. 129–162.

– 25 Jahre Düsseldorfer Sprachgeschichtsschreibung für die Zeit nach 1945, in: ders. (Hg.): Sprachgeschichte als Zeitgeschichte. Hildesheim 2005, S. 1–18.

Wengeler, Martin/Ziem, Alexander (Hg.): Diskurs, Wissen, Sprache. Berlin, Boston 2018.

Wentker, Hermann: Die Deutschen und Gorbatschow 1987 bis 1989. West- und ostdeutsche Perzeptionen zwischen Kontinuität und Wandel, in: Hanns Jürgen Küsters (Hg.): Der Zerfall des Sowjetimperiums und Deutschlands Wiedervereinigung. Köln u.a. 2016, S. 119–150.

Wette, Wolfram (Hg.): Filbinger – eine deutsche Karriere. Springe 2006.

Wick, Regina: Die Mauer muss weg – Die DDR soll bleiben. Die Deutschlandpolitik der Grünen von 1979 bis 1990. Stuttgart 2012.

Wieacker, Franz: Privatrechtsgeschichte der Neuzeit unter besonderer Berücksichtigung der deutschen Entwicklung. 3. Aufl. Göttingen 2016.

Wiechmann, Gerhard: »Blaue Jungs« als »Landser« zur See – Autostereotype und Feindbilder in Marine-Heftchen 1953 bis 2013, in: Jens Westemeier (Hg.): »So war der deutsche Landser …«. Das populäre Bild der Wehrmacht. Paderborn 2019, S. 247–266.

Wiest-Raabe, Brigitte: Dr. Cuno Raabe im Widerstand, in: Fuldaer Geschichtsblätter 60 (1984), S. 174–200.
Wilke, Kurt: Veteranen der Waffen-SS in der frühen Bundesrepublik, in: Jan Erik Schulte/Michael Wildt (Hg.): Die SS nach 1945. Göttingen 2018, S. 75–97.
Winckler, Stefan: Gerhard Löwenthal. Ein Beitrag zur politischen Publizistik der Bundesrepublik Deutschland. Berlin 2011.
Wirsching, Andreas: Die mediale »Konstruktion« der Politik und die »Wende« 1982/83, in: Historisch-politische Mitteilungen 9 (2002), S. 127–140.
– Abschied vom Provisorium. Geschichte der Bundesrepublik Deutschland 1982–1990. Stuttgart 2004.
– Primärerfahrung und kulturelles Gedächtnis. Richard von Weizsäcker und die Erinnerung an den Nationalsozialismus, in: Frank Bajohr/Anselm Doering-Manteuffel/Claudia Kemper/Detlef Siegfried (Hg.): Mehr als *eine* Erzählung. Zeitgeschichtliche Perspektiven auf die Bundesrepublik. Göttingen 2016, S. 113–128.
– Eine »Ära Kohl«? Die widersprüchliche Signatur deutscher Regierungspolitik 1982–1998, in: ders.: Demokratie und Gesellschaft. Historische Studien zur europäischen Moderne. Hg. von Magnus Brechtken u. a. Göttingen 2019, S. 360–382.
Wolf, Werner: Neubeginn und Kampf um die Mehrheit. Die CDU Hessen unter Alfred Dregger 1967–1982, in: ders. (Hg.): CDU Hessen 1945–1985. Politische Mitgestaltung und Kampf um die Macht, S. 59–97.
Wolfrum, Edgar: Geschichtspolitik in der Bundesrepublik Deutschland. Der Weg zur bundesrepublikanischen Erinnerung 1948–1990. Darmstadt 1999.
– Geschichte als Waffe. Vom Kaiserreich bis zur Wiedervereinigung. Göttingen 2001.
– Die Bundesrepublik Deutschland 1949–1990 (Gebhardt Handbuch der deutschen Geschichte, Bd. 23). Stuttgart 2005.
– Die geglückte Demokratie. Geschichte der Bundesrepublik Deutschland von ihren Anfängen bis zur Gegenwart. Aktual. Aufl. München 2007.
– Geschichtspolitik, in: Dieter Nohlen/Florian Grotz (Hg.): Kleines Lexikon der Politik. 5., überarb. und erw. Aufl. München 2011, S. 207–210.
Yorck, Dietrich: Franz Etzel als Finanzpolitiker, in: Historisch-politische Mitteilungen 2 (1995), S. 173–187.
Zacher, Hans-Jürgen: Die Synagogengemeinde Werl in der Zeit von 1847–1941. Phil. Diss. Dortmund 1988.
Zeuner, Bodo: Kandidatenaufstellung zur Bundestagswahl 1965. Den Haag 1970.
Ziebill, Otto: Politische Parteien und kommunale Selbstverwaltung. Stuttgart 1964.
– Kommunale Selbstverwaltung und Politische Wissenschaft, in: Archiv für Kommunalwissenschaften 3 (1964), S. 25–40.
Ziemann, Benjamin: Feldpostbriefe und ihre Zensur in den zwei Weltkriegen, in: Klaus Beyrer/Hans-Christian Täubrich (Hg.): Der Brief. Eine Kulturgeschichte der schriftlichen Kommunikation. Heidelberg 1996, S. 163–171.
– Katholische Religiosität und die Bewältigung des Krieges. Soldaten und Militärseelsorger in der deutschen Armee 1914–1918, in: Friedhelm Boll (Hg.): Volksreligiosität und Kriegserleben. Münster 1997, S. 116–136.

– Veteranen der Republik. Kriegserinnerung und demokratische Politik 1918 – 1933. Bonn 2014.
– Generationen im 20. und 21. Jahrhundert: Zur Kritik eines problembeladenen Begriffs, in: Aus Politik und Zeitgeschichte 70 (52 – 53/2020), S. 4 – 9.
Zimmer, Matthias: Nationales Interesse und Staatsräson. Zur Deutschlandpolitik der Regierung Kohl 1982 – 1989. Paderborn u. a. 1992.
Zinn, Holger: Zwischen Republik und Diktatur. Die Studentenschaft der Philipps-Universität Marburg in den Jahren von 1925 bis 1945. Köln 2002.
Zitelmann, Rainer: Adenauers Gegner. Streiter für die Einheit. Erlangen 1991.
– Wenn du nicht mehr brennst, starte neu. München 2017.
Zolleis, Udo: Die CDU. Das politische Leitbild im Wandel der Zeit. Wiesbaden 2008.

Internetressourcen

Fraktionen im Deutschen Bundestag 1949 – 1990, URL: https://fraktionsprotokolle.de [18.07.2022].
Haushalt 2018: Rede von Oberbürgermeister Dr. Heiko Wingenfeld zur Einbringung des Haushaltsentwurfes in die Stadtverordnetenversammlung Fulda, URL: https://www.fulda.de/fd/20_Stadtkaemmmerei/20.1_Haushaltsabteilung/Haushalt_2018/Haushaltsrede_2018_OB.pdf [10.11.2018].
Kirschner, Albrecht: Abschlussbericht der Arbeitsgruppe zur Vorstudie »NS-Vergangenheit ehemaliger hessischer Landtagsabgeordneter« der Kommission des Hessischen Landtags für das Forschungsvorhaben »Politische und parlamentarische Geschichte des Landes Hessen«, URL: https://www.die-linke-thl.de/fileadmin/lv/dokumente/Themendokumente/braunes-erbe/hessen_landtag.pdf, [23.08.2022].
Konrad-Adenauer-Stiftung: DDR-Mythos und Wirklichkeit. Die Einheit der Nation als bleibende politische Aufgabe, URL: https://www.adenauercampus.de/ddrtutorium/innerdeutsche-beziehungen/einheit-als-bleibende-politische-aufgabe [11.09.2022].
Lexikon der Wehrmacht, URL: http://www.lexikon-der-wehrmacht.de/Gliederungen/InfErsBat/InfErsBat58-R.htm [10.02.2018].
Pöhlmann, Markus: Habent sua fata libelli. Zur Auseinandersetzung um das Buch »German Atrocities 1914«, in: Portal Militärgeschichte, 16. November 2017, URL: https://www.portal-militaergeschichte.de/sites/default/files/pdf/Poehlmann_Habent%20sua%20fata.pdf [11.09.2022].

Personenregister